INPRO Innovationsgesellschaft für
fortgeschrittene Produktionssysteme
in der Fahrzeugindustrie mbH
Halierstraße 1, 10587 Berlin
☎ 030 / 399 97 - 0

Sig: 1084

Prognoserechnung

Peter Mertens (Hrsg.)

Prognoserechnung

Fünfte, neu bearbeitete
und erweiterte Auflage

Mit Beiträgen von

M. Deistler, Th. Eckardt, J. Falk, J. Griese, K. Hansen,
M. Helm, M. Hüttner, Ph. Janetzke, H. Langen, G. Matt,
P. Mertens, K. Neusser, E. Neuwirth, N. Niederhübner,
A. Nowack, W. Schläger, H. Schneeberger, M. Schröder,
R. Stäglin, W. Trux, F. Weinthaler, R. Wildner

Physica-Verlag

Ein Unternehmen
des Springer-Verlags

Prof. Dr. Dr.h.c.mult. Peter Mertens
Informatik-Forschungsgruppe B (Betriebliche Anwendungen),
Institut für Mathematische Maschinen und Datenverarbeitung,
und Lehrstuhl für Betriebswirtschaftslehre, insb. Wirtschafts-
informatik I, Betriebswirtschaftliches Institut, der Friedrich-
Alexander-Universität Erlangen-Nürnberg, Martensstr. 3,
D-91058 Erlangen

Mit 116 Abbildungen

ISBN 3-7908-0758-3 Physica-Verlag Heidelberg

ISBN 3-7908-0239-5 4. Aufl. Physica-Verlag Würzburg-Wien

Dieses Werk ist urheberrechtlich geschützt. Die dadurch begründeten Rechte, insbesondere die der Übersetzung, des Nachdruckes, des Vortrags, der Entnahme
von Abbildungen und Tabellen, der Funksendungen, der Mikroverfilmung oder
der Vervielfältigung auf anderen Wegen und der Speicherung in Datenverarbei-
tungsanlagen, bleiben, auch bei nur auszugsweiser Verwertung, vorbehalten. Eine
Vervielfältigung dieses Werkes oder von Teilen dieses Werkes ist auch im Einzelfall nur in den Grenzen der gesetzlichen Bestimmungen des Urheberrechtsgesetzes der Bundesrepublik Deutschland vom 9. September 1965 in der Fassung vom
24. Juni 1985 zulässig. Sie ist grundsätzlich vergütungspflichtig. Zuwiderhandlun-
gen unterliegen den Strafbestimmungen des Urheberrechtsgesetzes.

© Physica-Verlag Heidelberg 1981, 1994
Printed in Germany

Die Wiedergabe von Gebrauchsnamen, Handelsnamen, Warenbezeichnungen
usw. in diesem Werk berechtigt auch ohne besondere Kennzeichnung nicht zu der
Annahme, daß solche Namen im Sinne der Warenzeichen- und Markenschutz-
Gesetzgebung als frei zu betrachten wären und daher von jedermann benutzt werden dürften.

88/2202-5 4 3 2 1 - Gedruckt auf säurefreiem Papier

Vorwort zur fünften Auflage

Mit der fünften Auflage werden einige neuere Entwicklungen der Vorhersagemethodik berücksichtigt. So kommen inzwischen wesentliche Impulse für die Prognoserechnung aus dem Informatik-Forschungsgebiet der sogenannten Künstlichen Intelligenz. Mit Techniken aus diesem Bereich bringt man dem Rechner Wissen mathematischer Experten und erfahrener Prognostiker bei, das auch "mathematische Laien" in die Lage versetzt, komplizierte Prognosemodelle auszuwählen und zu parametrieren. Zur Zeitreihenanalyse eignen sich Methoden der Mustererkennung, die eine aufwendige Modellbildung ersparen. Die Vorschläge und Experimente, die bisher bekannt sind, aber auch Vergleiche mit konventionellen Verfahren sind in einem neuen Beitrag zusammengestellt.

Der Prognose mit Hilfe von Markovprozessen ist jetzt ein eigenes Kapitel gewidmet. Hier werden die analytischen Grundlagen systematisch aufbereitet, die für eine geeignete Simulation bei komplexen Bedingungen der Praxis unentbehrlich sind.

Der Abschnitt über Sättigungsmodelle wurde völlig umstrukturiert, um die theoretischen Fortschritte auf dem Gebiet der flexiblen Verfahren und Methoden mit Komponenten für Wiederholungskäufe aufzunehmen. Es schließt sich ein neuer Beitrag über Marktanteilsprognosen auf Basis von Paneldaten an, in dem ein spezielles Modell und ein Anwendungssystem der Praxis vorgestellt werden. Das System bietet Simulationsmöglichkeiten, um auf die Reaktionen des Marktanteils von Verbrauchsgütern bei verändertem Marketing-Mix zu schließen.

Die Beiträge über Indikator- und Hochrechnungsprognosen wurden neu verfaßt und mit aktuellen Beispielen versehen. Auch die Abschnitte über kurzfristige Zeitreihenprognosen, Adaptive Einflußgrößenkombination, Input-Output-Rechnung und autoregressive Verfahren sind erweitert worden.

Man bemüht sich mittlerweile verstärkt darum zu zeigen, daß die Kombination mehrerer Verfahren theoretisch als auch praktisch Einzelmethoden überlegen ist. Dem wurde mit einem Abschnitt in einem völlig umgestalteten, abschließenden Aufsatz über Vergleich und Auswahl von Prognosemodellen Rechnung getragen.

Bei der Herausgabe der Neuauflage haben mich Frau Waltraud Rück und vor allem Frau Marga Stein in dankenswerter Weise unterstützt. Wertvolle konstruktiv-kritische Hinweise verdanke ich Herrn Dipl.-Math. Dr. Reimund Belz und Herrn Dipl.-Math. Günter Matt. Herr Dipl.-Ing. Jürgen Falk ist mir mit großem Engagement bei der Koordination der Autoren und Beiträge zur Hand gegangen und hat sich insgesamt um diese Auflage große Verdienste erworben.

Nürnberg, im Oktober 1993　　　　　　　　　　　　　　　　　　　　　　　Peter Mertens

Vorwort zur ersten Auflage

Insbesondere in Verbindung mit dem Aufkommen computergestützter Dispositions- und Planungssysteme gewinnt die Prognoserechnung zunehmende Bedeutung. Seit einiger Zeit werden daher an den verschiedensten Stellen entsprechende Forschungsarbeiten geleistet, unter anderem auch am Betriebswirtschaftlichen Institut der Universität Erlangen-Nürnberg. Jedoch fehlt es noch an einer zusammenfassenden Darstellung, die Forschungsergebnisse sind bisher sehr verstreut veröffentlicht worden, vor allem in den nicht allgemein zugänglichen Programmbeschreibungen der EDV-Hersteller. Auch in der angelsächsischen Literatur existierte zum Zeitpunkt der Fertigstellung dieses Manuskriptes kein Buch, das über die individuellen Ansätze einzelner Forscher (vor allem *Box*, *Brown*, *Jenkins* und *Theil*) hinaus einen Überblick über jene Verfahren vermitteln kann, die vor allem im Zusammenhang mit betriebswirtschaftlichen Systemen eingesetzt werden. (Im national-ökonomisch-ökonometrischen Sektor ist es etwas anders.)

Daher habe ich mich zur Herausgabe dieses Bandes entschieden. Allen Autoren bin ich zu großem Dank verpflichtet, darüber hinaus meinem Assistenten, Herrn Dipl.-Ing. *Dieter Helmut Schönlein*, für die Hilfen bei der redaktionellen Arbeit und Frau *Marga Stein* für das Schreiben des Manuskriptes. Dem *Physica-Verlag* danke ich dafür, daß er trotz des schwierigen Satzes die Drucklegung übernommen hat.

Nürnberg, im Dezember 1971   Peter Mertens

Autorenverzeichnis

Prof. Dr. Manfred Deistler
  Institut für Ökonometrie, Operations Research und Systemtheorie der Technischen Universität Wien

Prof. Dr. Thomas Eckardt
  Fachbereich Betriebswirtschaft der Fachhochschule Nürnberg

Dipl.-Ing. Jürgen Falk
  Betriebswirtschaftliches Institut der Universität Erlangen-Nürnberg

Prof. Dr. Joachim Griese
  Institut für Wirtschaftsinformatik der Universität Bern

Prof. Dr. Klaus Hansen
  Institut für Unternehmensforschung der Universität Hamburg

Dipl.-Phys. Dr. Meinhard Helm
  Siemens AG, München

Prof. Dr. Manfred Hüttner
  Fachbereich Wirtschaftswissenschaft der Universität Bremen

Dipl.-Inf. Philipp Janetzke
  Erlangen

Prof. Dr. Heinz Langen[†]
  zuletzt Abteilung für Allgemeine Betriebswirtschaftslehre, Wirtschaftsprüfung und betriebliche Steuerlehre der Universität Tübingen

Dipl.-Math. Günter Matt
  Augustdorf

Prof. Dr. Dr. h. c. Peter Mertens
  Betriebswirtschaftliches Institut der Universität Erlangen-Nürnberg

Univ.-Doz. Dr. Klaus Neusser
  Institut für Wirtschaftswissenschaften der Universität Wien

Dr. Erich Neuwirth
  Institut für Statistik und Informatik der Universität Wien

Dipl.-Inf. Norbert Niederhübner
  Gäufelden-Nebringen

Dipl.-Ing. Dipl.-Wirtsch.-Ing. Arthur Nowack
  Nowack EDV GmbH, Rosenheim

Dipl.-Kfm. Werner Schläger
  Landesgewerbeanstalt Bayern, Nürnberg

Prof. Dr. Hans Schneeberger
  Institut für Statistik der Universität Erlangen-Nürnberg

Mag. rer. soc. oec. Dr. Michael Schröder
  Industrieautomationsprojekte, Beratung und Durchführung, Pucking

Prof. Dr. Reiner Stäglin
  Deutsches Institut für Wirtschaftsforschung, Berlin, und Freie Universität Berlin

Dr. Walter Trux
  Aufsichtsratsvorsitzender Deutsche Bundespost POSTDIENST, Bonn

Dipl.-Kfm. Fritz Weinthaler
  Berlin

Dr. Raimund Wildner
  GfK AG, Nürnberg

Inhaltsverzeichnis

1 Prognoserechnung - Einführung und Überblick	
von P. Mertens	1
1.1 Zur Bedeutung der Prognoserechnung	1
1.2 Überblick	2
1.3 Voraussetzungen beim Leser	5
1.4 Literatur	5
2 Einführung in die kurzfristige Zeitreihenprognose und Vergleich der einzelnen Verfahren	
von M. Schröder	7
2.1 Überblick	7
2.2 Allgemeine Probleme der kurzfristigen Zeitreihenprognose	7
2.2.1 Anforderungen an kurzfristige Prognoserechnungssysteme	7
2.2.2 Daten - Auswahl und Analyse	9
2.2.2.1 Datenquellen	9
2.2.2.2 Datenanalyse	9
2.2.3 Prognoseintervall und Vorhersagezeitraum	10
2.2.4 Modelle	11
2.2.4.1 Einleitung	11
2.2.4.2 Beschreibung der Modelle	11
2.2.4.2.1 Graphische Übersicht über die Möglichkeiten zur Modellbildung	11
2.2.4.2.2 Mathematische Beschreibung der wichtigsten Modelle	13
2.2.4.2.2.1 Konstantes Modell	13
2.2.4.2.2.2 Lineares Modell	14
2.2.4.2.2.3 Modelle höherer Ordnung	14
2.2.4.2.2.4 Trigonometrische Modelle	14
2.2.5 Übersicht über die Methoden zur Abschätzung der Modellkoeffizienten	15
2.3 Methoden zur Abschätzung des Koeffizienten im konstanten Modell	16
2.3.1 Gleitende Durchschnitte erster Ordnung	17
2.3.2 Gewogene gleitende Durchschnitte	18
2.3.3 Exponentiell gewogene Durchschnitte (exponentielles Glätten erster Ordnung)	19
2.3.3.1 Übergang von gleitenden Durchschnitten zum exponentiellen Glätten	20
2.3.3.2 Prinzip des exponentiellen Glättens	21
2.3.3.3 Bestimmung des Glättungsfaktors	22
2.3.3.4 Reaktion auf plötzliche Veränderungen	26
2.3.3.4.1 Reaktion auf einen Impuls	26
2.3.3.4.2 Reaktion auf eine Niveauänderung	27
2.3.3.5 Bedeutung und Vorteile des exponentiellen Glättens	29
2.4 Methoden zur Abschätzung der beiden Koeffizienten im linearen Modell mit Trend	30
2.4.1 Exponentielles Glätten mit Trendkorrektur	30

	2.4.2 Exponentielles Glätten zweiter Ordnung (nach Brown)	31
	2.4.2.1 Verwendung von Glättungswerten erster und zweiter Ordnung	31
	2.4.2.2 Direkte Fortschreibung der Modellkoeffizienten	33
	2.4.2.3 Vergleich zwischen exponentiellem Glätten mit Trendkorrektur und exponentiellem Glätten zweiter Ordnung (nach Brown)	36
2.5	Mehr-Parameter-Modelle - Darstellung und Vergleiche	36
	2.5.1 Zwei-Parameter-Modell nach Holt	36
	2.5.2 Zwei-Parameter-Modell mit gedämpftem Trend	38
	2.5.3 Drei-Parameter-Modell mit Fehlerdifferenzausdruck	38
2.6	Literatur	38

3 Einführung in die Zeitreihenprognose bei saisonalen Bedarfsschwankungen und Vergleich der Verfahren von Winters und Harrison
von W. Schläger — 41

3.1	Einleitung	41
3.2	Annahmen für die Komponenten der Zeitreihen	41
3.3	Das Verfahren von Winters	42
	3.3.1 Die Prognoseformel	42
	3.3.2 Die Berechnung des Grundwertes	43
	3.3.3 Die Berechnung der Saisonfaktoren	43
	3.3.4 Die Berechnung des Trendfaktors	44
	3.3.5 Der Bedarf an Speicher und Rechenzeit	44
	3.3.6 Initialisierung und Ablauf des Verfahrens	44
	3.3.7 Beispiel zum Verfahren	44
3.4	Das Verfahren von Harrison	46
	3.4.1 Die Prognoseformel	46
	3.4.2 Die Berechnung des Grundwertes	47
	3.4.3 Die Berechnung des Trendfaktors	47
	3.4.4 Die Berechnung der Saisonfaktoren	47
	3.4.5 Die Berechnung der Fourier-Koeffizienten	51
	3.4.6 Der Bedarf an Speicher und Rechenzeit	52
	3.4.7 Initialisierung und Ablauf des Verfahrens	52
3.5	Zusammenfassung und Vergleich	52
3.6	Literatur	54

4 Prognose bei unregelmäßigem Bedarf
von A. Nowack — 57

4.1	Abgrenzung zwischen regelmäßigem und unregelmäßigem bzw. sporadischem Bedarf	57
	4.1.1 Kennzeichen des "regelmäßigen Bedarfs"	57
	4.1.2 Festlegung des "sporadischen Bedarfs" im IMPACT-Verfahren	57
4.2	Vorhersage bei unregelmäßigem Bedarf - Verfahren von Trux	58
	4.2.1 Begriff "unregelmäßiger Bedarf"	58
	4.2.2 Vorhersage der Anzahl von Bestellungen	59
	4.2.3 Vorhersage der Menge je Bestellung	59

4.3 Das Modell zur Vorhersage für sporadische Nachfragemengen von Wedekind	60
4.3.1 Begriffsbestimmung "sporadische Nachfrage"	60
4.3.2 Das Vorhersagemodell	61
4.4 Ein "dynamisches" Vorhersagemodell zur Prognose bei unregelmäßigem Bedarf	63
4.4.1 Analyse der Probleme der bisher dargestellten Verfahren	63
4.4.1.1 Verlust der Information über den Zeitpunkt der Nachfrage	63
4.4.1.2 Kumulation des Bedarfs zu Bedarf je Intervall	63
4.4.1.3 Verspätete Reaktion auf Änderung der Nachfragestruktur	64
4.4.1.4 Nicht steuerbare Genauigkeit der Vorhersage	64
4.4.2 Grundaufbau bisheriger Systeme	64
4.4.3 Grundidee der dynamischen Vorhersage	65
4.4.4 Beschreibung des Verfahrens der dynamischen Vorhersage	66
4.4.4.1 Einteilung des Bedarfs in Klassen mit konstantem Bedarf	66
4.4.4.2 Vorgabe von Vorhersagewerten für die Nachfrageintervalle	66
4.4.4.3 Feststellen von signifikanten Veränderungen	66
4.4.4.4 Berechnung des aktuellen Wertes je Intervall	67
4.4.5 Fortschreibung der Zeitverteilung der in Klassen eingeteilten Nachfrage	68
4.4.6 Merkmale des Verfahrens	68
4.4.6.1 Wählbare Genauigkeit	68
4.4.6.2 Aktualität der gespeicherten Werte	68
4.4.6.3 Schnelles Anpassen an Strukturveränderungen	68
4.5 Literatur	68

5 Ein gemischt deterministisch-stochastisches Prognoseverfahren

von W. Trux	69
5.1 Prinzip der gemischt deterministisch-stochastischen Prognoseverfahren	69
5.2 Beispiel einer gemischt deterministisch-stochastischen Prognose	69
5.3 Kritische Würdigung	72
5.4 Literatur	72

6 Prognose mit Hilfe von Verweilzeitverteilungen

von H. Langen und F. Weinthaler	73
6.1 Die Grundgedanken des Verfahrens	73
6.2 Die analytische Vorstufe der Prognose	74
6.2.1 Die Strukturanalyse	74
6.2.2 Die Analyse der Übergangsgesetzmäßigkeiten	75
6.2.2.1 Wesen und Begriff der Verweilzeitverteilung	75
6.2.2.2 Die Arten von Verweilzeitverteilungen	76
6.2.2.2.1 Mengenverteilungen	76
6.2.2.2.2 Wertverteilungen	77
6.2.2.2.3 Einfache Verteilungen	77
6.2.2.2.4 Komplexe Verteilungen	77
6.2.2.3 Die Ermittlung von Verweilzeitverteilungen	78
6.2.2.4 Die Aufbereitung von Verweilzeitverteilungen	78

6.3	Die Prognose	79
6.3.1	Prognose mit einfacher Verweilzeitverteilung	79
6.3.2	Prognose mit komplexer Verweilzeitverteilung	80
6.3.2.1	Im Produktionsbereich	80
6.3.2.2	Im Investitionsbereich	84
6.4	Schlußbetrachtung	85
6.5	Literatur	85

7 Initialisierung und Überwachung von Prognosemodellen
von J. Griese und Th. Eckardt

7.1	Vorbemerkung	87
7.2	Initialisierung	87
7.2.1	Auswahl eines Prognosemodells	87
7.2.2	Ermitteln der Startwerte	91
7.3	Überwachung	92
7.3.1	Hinweise an den Benutzer	92
7.3.2	Selbsttätige Anpassung	93
7.4	Zusammenfassung und Ausblick	97
7.5	Literatur	97

8 Punkt-, Intervallprognose und Test auf Strukturbruch mit Hilfe der Regressionsanalyse
von H. Schneeberger

8.1	Einleitung	101
8.2	Prognose im Fall einfacher linearer Regression	101
8.2.1	Punkt- und Intervallprognose	101
8.2.2	Strukturbruch der Regressionsgeraden	106
8.3	Prognose im Fall multipler (k-dimensionaler) linearer Regression	108
8.3.1	Punkt- und Intervallprognose	108
8.3.2	Strukturbruch der Regressionshyperebenen	113
8.4	Nichtlineare Regression	114
8.5	Literatur	115

9 Adaptive Einflußgrößenkombination (AEK) - Prognosen mit schrittweiser Regression und adaptivem Gewichten
von J. Griese und G. Matt

9.1	Einleitung und Überblick	117
9.2	Beschreibung des Verfahrens der adaptiven Einflußgrößenkombination	121
9.3	Vergleich der adaptiven Einflußgrößenkombination mit anderen Vorhersageverfahren	127
9.3.1	Vergleich von AEK, Winters, HOREST, NP1, NP2 und Disponentenprognosen	128
9.3.2	Vergleiche mit weiteren Prognoseverfahren	135
9.4	Beispiele für den praktischen Einsatz des Verfahrens der adaptiven Einflußgrößenkombination	141
9.5	Literatur	150

10 Mittel- und langfristige Absatzprognose auf der Basis von Sättigungsmodellen
von P. Mertens und J. Falk 157

- 10.1 Einleitung 157
- 10.2 Systematik und grober Überblick 157
- 10.3 Grundmodelle 159
  - 10.3.1 Vorbemerkung und Überblick 159
  - 10.3.2 Das logistische Modell 160
    - 10.3.2.1 Der Modellansatz 160
    - 10.3.2.2 Analyse von Modelleigenschaften 162
    - 10.3.2.3 Zur Kritik des logistischen Ansatzes 164
  - 10.3.3 Das exponentielle Modell 165
  - 10.3.4 Das Bass-Modell 166
  - 10.3.5 Das Gompertz-Modell 168
- 10.4 Flexible Modelle 170
  - 10.4.1 Vorbemerkung und Überblick 170
  - 10.4.2 Generalisierte logistische Funktionen 170
  - 10.4.3 Eine verallgemeinerte exponentielle Funktion 172
  - 10.4.4 Das generalisierte Bass-Modell von Easingwood, Mahajan und Muller und verwandte Ansätze 172
- 10.5 Erweiterte Modelle für Erstkäufe 174
  - 10.5.1 Vorbemerkung und Überblick 174
  - 10.5.2 Erweiterungen des logistischen Modells 174
  - 10.5.3 Das Modell von Weblus 176
  - 10.5.4 Das Modell von Bonus 176
  - 10.5.5 Eine Erweiterung des Modells von Bonus und das Modell der Einkommensklassen von Lewandowski 179
  - 10.5.6 Das Modell von Roos und von Szeliski sowie von Klaassen und Koyck . . . 179
  - 10.5.7 Erweiterungen des Bass-Modells 180
- 10.6 Modelle mit Komponenten für Wiederholungskäufe 181
  - 10.6.1 Problematik und Überblick 181
  - 10.6.2 Das Modell von Olson und Choi und verwandte Verfahren . . 182
  - 10.6.3 Das Modell von Parfitt und Collins und verwandte Verfahren . 184
- 10.7 Ein Beispiel 187
- 10.8 Schlußbemerkung und Ausblick 191
- 10.9 Literatur 191

11 Modellgestützte Marktanteilsprognosen auf Basis von Paneldaten
von R. Wildner 195

- 11.1 Problemstellung 195
- 11.2 Methode des GfK-Marken-Simulators 196
  - 11.2.1 Die Datenbasis 196
  - 11.2.2 Die Modellbildung 197
- 11.3 Anwendungen des GfK-Marken-Simulators 198
  - 11.3.1 Überblick 198
  - 11.3.2 Prognose 199

11.3.3 Simulation	200
11.3.4 Analyse	200
11.4 Ausblick	201
11.5 Literatur	203

12 Indikatorprognosen

von N. Niederhübner	205
12.1 Einführung	205
12.2 Ablauf des Indikatorverfahrens	205
12.3 Methoden der Lag-Bestimmung	206
12.4 Prognoseverfahren	207
12.4.1 Regressionsanalyse	207
12.4.2 Multivariate ARIMA-Modelle	208
12.4.3 Kombinierte Prognosen	208
12.5 Validierung der Prognosen	209
12.6 Ein Beispiel	210
12.7 Literatur	212

13 Prognoserechnung am Beispiel der Wahlhochrechnung

von E. Neuwirth	213
13.1 Einleitung	213
13.2 Mathematisch-statistische Modellgrundlagen	213
13.3 Statistische Schätzverfahren für die Modellparameter	215
13.4 Ein empirischer Fall: Bundespräsidentenwahl 1992 in Österreich	219
13.5 Allgemeine Überlegungen	224
13.6 Anwendung auf andere Bereiche	225
13.7 Literatur	226
13.8 Anhang: Ein vereinfachtes Prognoseverfahren bei saisonbetontem Absatz	227

14 Lineare Filter und integrierte autoregressive Prozesse

von K. Hansen	229
14.1 Einleitung	229
14.2 Lineare Filter	229
14.2.1 Differenzenfilter	231
14.2.2 Exponentiell glättende Filter	233
14.2.3 Das Wiener-Filter	233
14.3 Integrierte autoregressive moving average-Prozesse	235
14.3.1 Stationäre Prozesse	235
14.3.2 Instationäre Prozesse	237
14.3.3 Die Modellidentifikation	237
14.4 Anwendungen	239
14.4.1 Eine ARIMA(p, d, q)-Prognose	239
14.4.2 Eine ARIMA(p, d, q)(sp, sd, sq)S-Prognose	242
14.5 Literatur	246

15 FASTPROG - Einsatz von Prognosemethoden in der Praxis
    von M. Helm   247
15.1 Mengenplanung in der Elektroindustrie   247
15.2 Die Planungskette   247
15.3 Voraussetzungen für den Methodeneinsatz   249
15.4 Prognosemethoden in FASTPROG   250
15.5 Ein Prognose-Beispiel   252
    15.5.1 Die Zeitreihe   253
    15.5.2 Das Instabilitätsfilter   253
    15.5.3 Das Saisonfilter   254
    15.5.4 Das Autoregressive Filter   254
    15.5.5 Modelloptimierung   255
    15.5.6 Die Modellstabilität   255
    15.5.7 Das Prognosemodell   256
15.6 Fazit   257
15.7 Literatur   257

16 Prognose uni- und multivariater Zeitreihen
    von M. Deistler und K. Neusser   259
16.1 Einführung   259
16.2 Die Theorie der linearen Kleinst-Quadrate Prognose   260
16.3 Die Prognose aus unendlicher Vergangenheit   262
16.4 AR- und ARMA-Prozesse   264
16.5 Die Schätzung der Prädiktoren für ARMA-Systeme   267
16.6 ARMAX-Modelle und bedingte Prognose   269
16.7 Die Prognose gesamtwirtschaftlicher Größen   271
16.8 Literatur   276

17 Die Input-Output-Rechnung als Hilfsmittel der Prognose
    von R. Stäglin   279
17.1 Einleitung   279
17.2 Input-Output-Tabelle als Informationssystem für die Prognose   280
    17.2.1 Input-Output-Tabelle als Datensystem   280
    17.2.2 Deskriptive Auswertung der Input-Output-Tabelle   281
        17.2.2.1 Output-Koeffizienten   281
        17.2.2.2 Input-Koeffizienten   282
        17.2.2.3 Triangulation   283
17.3 Input-Output-Analyse als Hilfsmittel der Prognose   284
    17.3.1 Input-Output-Modell   284
        17.3.1.1 Das traditionelle Modell   284
        17.3.1.2 Das erweiterte Modell   285
        17.3.1.3 Das dynamische Modell   286
    17.3.2 Modellmäßige Auswertung der Input-Output-Tabelle   286
        17.3.2.1 Inverse Koeffizienten   287
        17.3.2.2 Berechnung unternehmensbezogener Produktionseffekte   288
        17.3.2.3 Zusammenhang zwischen Endnachfrage und Bruttoproduktion   289

17.3.2.3.1 Diagnostische Bedeutung	289
17.3.2.3.2 Prognostische Bedeutung	291
17.3.3 Transformation der Input-Output-Ergebnisse in Beschäftigungsgrößen	293
17.4 Input-Output-Auswertungsprogramme	293
17.5 Literatur	294

18 Prognose mit Hilfe von Markovprozessen

von K. Hansen	297
18.1 Einführung	297
18.2 Reguläre Markovprozesse	299
18.2.1 Definition und grundlegende Merkmale	299
18.2.2 Anwendungen	302
18.2.2.1 Prognose von Marktanteil und Absatzmengen	302
18.2.2.2 Prognose einer Lagerbestandsbewegung	306
18.3 Absorbierende Markovprozesse	307
18.3.1 Definition und grundlegende Merkmale	307
18.3.2 Anwendungen	309
18.4 Periodische Markovprozesse	310
18.4.1 Definition und grundlegende Merkmale	310
18.4.2 Anwendungen	311
18.5 Bewertete Markovprozesse	311
18.5.1 Definition und grundlegende Merkmale	311
18.5.2 Anwendungen	312
18.6 Literatur	315

19 Der Beitrag der Künstlichen Intelligenz zur betrieblichen Prognose

von Ph. Janetzke und J. Falk	317
19.1 Einleitung	317
19.2 Expertensysteme	317
19.2.1 Prognosespezifischer Aufbau	317
19.2.2 Abgrenzung wissensbasierter Prognosesysteme von "intelligenten" Methodenbanken	318
19.2.3 Wissensrepräsentation	318
19.2.4 Wissensverarbeitung	320
19.2.5 Einsatz wissensbasierter Prognosesysteme	320
19.2.5.1 Expertensysteme mit mathematisch-statistischen Methoden	320
19.2.5.1.1 Auswahlsysteme	321
19.2.5.1.2 Integrierte Systeme	321
19.2.5.2 Expertensysteme mit empirischen Methoden	323
19.2.5.3 Vorteile	324
19.3 Neuronale Netze	326
19.3.1 Motivation für den Prognoseeinsatz	326
19.3.2 Prognose mit Multilayerperceptrons	326
19.3.2.1 Topologie	326
19.3.2.2 Topologieinduzierte Äquivalenzen mit mathematisch-statistischen Verfahren	327

19.3.2.3 Anwendung	328
19.3.2.3.1 Ereignisprognose	328
19.3.2.3.2 Zeitverlaufsprognose	329
19.3.3 Prognose mit Boltzmannmaschinen	330
19.3.3.1 Topologie	330
19.3.3.2 Anwendung	330
19.3.4 Prognose mit selbstorganisierenden Karten	330
19.3.4.1 Topologie	330
19.3.4.2 Anwendung	330
19.3.5 Aspekte der betrieblichen Verwendung	331
19.4 Vergleich der vorgestellten Prognosemodelle	332
19.4.1 Vergleiche der Prognosemodelle untereinander	332
19.4.1.1 Expertensysteme mit Neuronalen Netzen	332
19.4.1.2 Neuronale Netztypen untereinander	333
19.4.2 Vergleiche der Prognosemodelle mit mathematisch-statistischen Verfahren	334
19.4.2.1 Neuronale Netze mit Regressionsmethoden	334
19.4.2.2 Neuronale Netze mit der Diskriminanzanalyse	335
19.5 Hybridsysteme	337
19.5.1 Aufbauformen	337
19.5.1.1 Expertensystem in Verbindung mit Neuronalem Netz	337
19.5.1.2 Erweiterung um Genetische Algorithmen	337
19.5.1.3 Interagierende Neuronale Netze	338
19.5.2 Anwendungen	338
19.6 Ausblick	339
19.7 Literatur	340
19.8 Anhang: Tabellarische Übersicht der im Beitrag erwähnten Systeme	346
20 Vergleich und Auswahl von Prognoseverfahren für betriebswirtschaftliche Zwecke	
von M. Hüttner	349
20.1 Einführung	349
20.2 Der empirische Vergleich von Prognoseverfahren	350
20.3 Selektion und Kombination von Prognoseverfahren	353
20.3.1 Selektion einzelner Verfahren	353
20.3.2 Die Kombination von Prognoseverfahren	356
20.4 Neuere Ansätze	358
20.4.1 "Automatisierte Prognosen"	358
20.4.2 "Regelbasierte Systeme"	359
20.5 Literatur	360
20.6 Anhang: Einige Ergebnisse von Prognosevergleichen	362
Stichwortverzeichnis	365

1 Prognoserechnung - Einführung und Überblick

von P. Mertens

1.1 Zur Bedeutung der Prognoserechnung

Der Wunsch des Menschen, in die Zukunft zu schauen, dürfte so alt sein wie die Menschheit selbst. Nach dem Aufkommen der elektronischen Rechenanlagen war vor allem durch die populäre Literatur der Eindruck erweckt worden, als ob nunmehr ein neuer Weg zur Erfüllung dieses uralten Menschheitstraumes gewiesen sei. Charakteristisch hierfür waren Redewendungen, wie z. B. "Computer haben vorhergesagt, daß im Jahr 2000 ...". Zunächst trat in Hinblick auf *"die exakte Prognose"* von computerunterstützten Prognoseverfahren eine gewisse Ernüchterung ein. Die Realisierungen bekannter Methoden - etwa in Verbindung mit Standardprogrammen in den Sektoren Absatz, Lagerhaltung und Finanzierung - haben hier zum Teil zu Enttäuschungen geführt.

Ungeachtet dessen ist der Trend, anspruchsvollere Modelle zu entwickeln, die die realen Gegebenheiten besser erfassen und daher immer genauere Prognosen versprechen, ungebrochen [9/S. 23]. Der Fortschritt in der Computertechnik, der sich in immer kürzeren Rechenzeiten und einem ständig wachsenden Speicherplatzangebot zeigt, hat es überhaupt erst ermöglicht, solche komplexen Methoden einzusetzen.

Nicht jedes Verfahren ist für jede reale Konstellation geeignet. Aus diesem Grunde enthalten leistungsfähige Prognosesysteme mittlerweile eine größere Anzahl wirksamer Algorithmen. Allerdings erfordern Auswahl und Parametrierung meist mathematische Experten, was in der betrieblichen Praxis zu einem *Akzeptanzproblem* geführt hat. Mit Werkzeugen aus der sogenannten Künstlichen Intelligenz (KI) gelingt es, Expertenwissen zu verarbeiten. Somit wird der unerfahrene Benutzer bei der Auswahl vom System beraten und durch den Prognoseprozeß "intelligent" geführt. Eine höhere Genauigkeit bei betrieblichen Vorhersagen kann also dadurch erreicht werden, daß Praktiker durch die KI-Unterstützung eher geneigt sind, komplexe Methoden einzusetzen.

Selbst wenn Prognosesysteme nur in etwa die gleiche Prognosesicherheit bringen wie Vorhersagen menschlicher Sachbearbeiter, resultiert immer noch ein beachtlicher Nutzeffekt, und zwar liegt dieser in der *Rationalisierung* der Prognose begründet. Nehmen wir an, es sei der Zukunftsbedarf von 500 Produkten zu ermitteln, die in einem industriellen Lager geführt werden. Einem Menschen mag es gelingen, für einen oder zwei dieser Artikel, die man beliebig herausgreift, eine bessere Vorhersage zu machen als ein DV-System, weil er eine besonders intensive Datenanalyse anstellt und gewisse Hintergrundinformationen mit einbringen kann. Es ist jedoch undenkbar, daß der Sachbearbeiter die gleiche Sorgfalt auf alle 500 Produkte verwendet. Das Computer-Programm behandelt hingegen alle Positionen im Lager mit gleicher Akkuratesse. Damit wird aber klar, daß, bezogen auf das gesamte Lager, die DV-gestützte besser als die menschliche Prognose ist. Darüber hinaus wird durch rechnerunterstützte Prognosemodelle menschliche Arbeitszeit eingespart, und es kann im Sinne einer integrierten Informationsverarbeitung [6] vermieden werden, automatische Datenflüsse zu unterbrechen, um menschliche Vorhersagen einzuholen.

Trotz der Vorteile der Computer-Prognose mag es auch vorkommen, daß für bestimmte Anwendungsfälle einer menschlichen Vorhersage der Vorzug zu geben ist. Das wird dann der Fall sein, wenn der Aufwand für Prognosemodell und -software im Verhältnis zum Nutzen zu hoch ist. Zur Entscheidung, ob ein kompliziertes System, eine menschliche Schätzung oder auch ein sehr einfaches Prognosemodell zur Anwendung kommen soll, müssen die Kosten für die Vorhersage mit den Erträgen verglichen werden, die durch die Minderung des mit der Qualität der Prognose verbundenen Risikos entstehen (vgl. hierzu [4]).

1.2 Überblick

Gegenstand dieser Schrift sind in erster Linie Prognoseverfahren, die in Verbindung mit der DV im betriebswirtschaftlichen Bereich benutzt werden können. Es ergeben sich allerdings zahlreiche Verbindungslinien zu Vorhersagemethoden in anderen Disziplinen, insbesondere in den Sozialwissenschaften und in der Volkswirtschaft (vgl. dazu [1], [5] und [8]), zum Teil auch in den Natur- und den Ingenieurwissenschaften.

In der Literatur sind verschiedene Ansätze einer Systematisierung vorzufinden. Zum einen wird in methodischer Hinsicht unterschieden in Verfahren, die auf die einfache Extrapolation von Zeitreihen mit Hilfe gleitender Durchschnitte zurückgeführt werden können, und in Methoden, die sich der Regressionsanalyse bedienen. Eine zweite Systematisierung geht von den in den Prognosemodellen verarbeiteten Einflußgrößen aus. Hierbei wird danach differenziert, ob als unabhängige Variable nur die Zeit oder auch andere Faktoren, wie z. B. das Einkommenswachstum, verwendet werden. Leider überschneiden sich die genannten Systematisierungen. Beispielsweise ist es möglich, die Regressionsanalyse als Hilfsmittel zur Extrapolation einer Zeitreihe mit Trend zu benutzen, so daß derartige Modelle der reinen Zeitreihenprognose zuzurechnen wären.

Außerdem kann man neben den rein mathematisch-statistischen Techniken auch Methoden der Mustererkennung aus dem Bereich der KI zur Prognoserechnung heranziehen: Künstliche Neuronale Netze bilden Intelligenz biologischer Systeme nach und erlernen den funktionalen Zusammenhang des zugrundeliegenden Prozesses anhand der Daten selbständig. Man hat herausgefunden, daß für bestimmte Netztopologien Äquivalenzen zu mathematisch-statistischen Verfahren bestehen [2]. Je nach Aufbau sind also Neuronale Netze unterschiedlichen Verfahrensklassen (z. B. für Zeitreihen- oder Ereignisprognosen) zuordenbar.

Aus diesen Gründen haben wir bei der Gliederung dieses Buches auf eine hierarchische Systematisierung verzichtet und uns darauf beschränkt, die Einzelbeiträge in einer uns sinnvoll erscheinenden Reihenfolge anzuordnen.

Wir beginnen mit Verfahren, die die exponentielle Glättung als elementaren Baustein benutzen. Dazu gehört die Einführung von *Schröder* in die Behandlung von Zeitreihen-Modellen ohne Saisonschwankungen. In diesem Beitrag wird der Elementarbaustein "Exponentielles Glätten" relativ gründlich dargestellt, und es wird gezeigt, wie man die exponentielle Glättung als Weiterentwicklung der Verfahren der gleitenden Durchschnitte begreifen kann. *Schröder* vergleicht ferner verschiedene Varianten des Exponential Smoothing.

In den folgenden Beiträgen werden Verfahren geschildert, die anzuwenden sind, wenn man nicht die Annahme einer mit konstantem oder mit linearem Anstieg behafteten Zeitreihe treffen darf. *Schläger* beschreibt - aufbauend auf Experimenten, die er zur Gewinnung numerischer Erfahrungen angestellt hat - die beiden wichtigsten Ansätze zur Zeitreihenprognose bei Saisonschwankungen. Eine andere Besonderheit von Zeitreihen kann sein, daß die Ereignisse in unregelmäßiger Folge eintreffen. *Nowack* zeigt Ansätze zur Lösung der dabei anfallenden Probleme auf. Bei der Vorhersage von Absatzmengen begegnet man in Industrie und Handel häufig folgender Konstellation: Ein Teil der zu erwartenden Verkäufe ist durch Vorbestellungen bekannt (es handelt sich also um eine deterministische Vorhersage), ein anderer Teil muß geschätzt werden (stochastische Vorhersage). Ein hierfür geeignetes Modell trägt *Trux* vor. Ein Verfahren, das ursprünglich zur Prognose von Zahlungsströmen und der daraus resultierenden Liquiditätssituation entwickelt wurde, das aber auch Bedeutung für andere Vorhersageobjekte, wie z. B. Auftragseingänge und Ersatzteilbedarfe, hat, diskutieren *Langen* und *Weinthaler* in Abschnitt 6. Den Abschluß der Serie über reine Zeitreihenprognosen bilden Ausführungen von *Griese* und *Eckardt* über die Initialisierung und Überwachung von Prognosemodellen. Das Vertrauen, das der Benutzer in ein Prognosesystem setzt, ist oft abhängig von den ersten Ergebnissen, und diese werden wiederum sehr stark bestimmt von der ersten Parameterwahl. Da man damit rechnen muß, daß - beispielsweise als Konsequenz einer Strukturveränderung des zu prognostizierenden Prozesses - die Prognosequalität plötzlich nachläßt, muß in einem DV-System dafür Sorge getragen werden, daß der Mensch automatisch benachrichtigt wird, wenn die Vorhersage-Ist-Abweichungen eine bestimmte Toleranzschwelle überschreiten. In bestimmten Situationen kann allerdings das System die eigenen Parameter oder gar das ganze Modell selbsttätig der Entwicklung anpassen.

Die Folge der Beiträge über Verfahren, die um die Regressionsanalyse herum gruppiert sind, wird mit einem Aufsatz von *Schneeberger* eingeleitet, in dem neben der üblichen Punktprognose mit Hilfe der Regressionsanalyse die Intervallprognose steht. Damit trägt *Schneeberger* den Unsicherheitsproblemen bei Vorhersagen in besonderer Weise Rechnung. *Griese* und *Matt* stellen ein Verfahren vor, das den Gedanken der Regression mit dem einer unterschiedlichen Gewichtung von unterschiedlich alten Vergangenheitseinflüssen kombiniert, sich adaptiv verhält und darüber hinaus noch einige besondere Vorrichtungen zur Gewährleistung der Rechenökonomie bietet. Das Verfahren vereinigt auf sich mehrere Elemente moderner Prognosemodelle und sollte bei der Planung von DV-Systemen beachtet werden, zumal es sich in einer Reihe von Vergleichen anderen Methoden gegenüber als überlegen erwiesen hat. In dem Aufsatz von *Mertens* und *Falk* über die mittel- und langfristige Absatzprognose auf der Basis von Sättigungsmodellen zeigt sich in besonderem Maße, wie die Regressionsanalyse sowohl für die Prognose reiner Zeitreihen als auch für die Vorhersage von Prozessen, in die darüber hinaus weitere Größen Eingang finden, benutzt werden kann. Zur Vorhersage von Marktanteilen auf Basis von Paneldaten wendet *Wildner* einen speziellen Ansatz der nichtlinearen Regression an, bei dem man verschiedene Marketing-Mix-Variablen in wechselnder Kombination multiplikativ verknüpft.

Besonders in Konzernen, in denen Beobachtungen der Nachfrage nach unterschiedlichen, aber in einem bestimmten ökonomischen Zusammenhang stehenden Erzeugnissen, wie z. B. elektronischen Bauelementen und Fernsehgeräten, möglich sind, ist die Verwendung der Regressionsrechnung und einfacher Indikatormethoden zur Prognose zeitlich verschobener Entwicklungen aus früher beobachteten Absatzprozessen erwägenswert. Damit beschäftigt sich *Niederhübner* in seinem Beitrag über die mittelfristige Prognose mit Hilfe der Indikatormethode. Die Modelle von *Neuwirth* zur Hochrechnung haben ihre Feuerprobe vor allem in den einem breiten Publikum bekannten Vorhersagen von Wahlresultaten sehr gut bestanden und werden zunehmend auf andere Gebiete übertragen.

Die folgenden Beiträge von *Hansen* über die Prognose mit Hilfe linearer Filter, autoregressiver Modelle sowie Box-Jenkins-Verfahren und von *Helm* über den Einsatz von solchen Filtern in der Prognosepraxis der Siemens AG sind insoweit in engem Zusammenhang zu sehen, als *Hansen* einen systematischen Überblick über die einzelnen Varianten ermittelt, während *Helm* nachweist, daß diese vergleichsweise aufwendigen, aber dafür wirksameren Methoden mittlerweile in der Praxis durchaus eine sinnvolle Verwendung finden können.

Der Beitrag von *Deistler* und *Neusser* über die Prognose uni- und multivariater Zeitreihen erweitert die Darstellungen von *Hansen* und *Helm* auf die Struktur- und Schätztheorie von mehrdimensionalen Systemen. Diese Erweiterung wurde zunächst vor allem im angelsächsischen Sprachraum vorgenommen, setzt sich aber langsam auch im deutschen Sprachgebiet durch.

Aus dem volkswirtschaftlichen Bereich kommend, beginnen sich Prognosen mit Hilfe von Input-Output-Tabellen auch in anderen Sektoren Beachtung zu verschaffen. Dem trägt ein Beitrag von *Stäglin* Rechnung.

Hansen gibt eine Einführung in die Prognose mit Markovprozessen und stellt für eine Auswahl ihrer möglichen Erscheinungsformen Beispiele für Marktanteils- und Absatzprognosen vor. Der Aufsatz vermittelt die analytischen Grundlagen, die man benötigt, um Markovketten bei komplizierteren Bedingungen der Praxis geeignet zu simulieren.

Aus dem Bereich der KI sind mittlerweile verschiedene Experimente und Vorschläge bekannt, wie man Prognosesysteme "intelligenter" machen kann. Es erscheint einerseits besonders wichtig, dem Benutzer die Auswahl und Parametrierung bei der Vielzahl von anspruchsvollen Prognosemethoden zu erleichtern. Hierfür bieten sich zusätzliche wissensbasierte Komponenten an. Andererseits kann man sich mit Künstlichen Neuronalen Netzen den oft schwierigen Prozeß der Modellbildung ersparen. Derartige Netze erlernen den funktionalen Zusammenhang selbständig, wenn sie vorher mit genügend Beispieldaten trainiert worden sind. *Janetzke* und *Falk* geben einen Überblick über die derzeitigen Einsatzmöglichkeiten der Künstlichen Intelligenz in der betrieblichen Prognose und vergleichen KI-Methoden mit konventionellen (mathematisch-statistischen) Verfahren.

Hüttner diskutiert im abschließenden Beitrag zunächst die Schwierigkeiten, die bei dem Versuch auftreten, über Vergleiche zu einer Anwendungsempfehlung zu gelangen. Probleme ergeben sich schon aus dem Grunde, daß die Resultate einer quantitativen Gegenüberstellung stark vom verwendeten Fehlermaß abhängig sind. In seinem Aufsatz präsentiert er eine eigene zusammenfassende Beurteilung von 20 Einzelverfahren nach verschiedenen Kriterien und erläutert kurz die wichtigsten Ergebnisse bekannter einschlägiger Vergleiche. Ein weiterer Schwerpunkt seines Beitrags ist die vielversprechende Kombination mehrerer Methoden.

1.3 Voraussetzungen beim Leser

Die Beschäftigung mit Verfahren der Prognoserechnung verlangt statistische Kenntnisse. Der Umfang dieses Buches hätte fast verdoppelt werden müssen, wenn man dieses statistische Basiswissen von Grund auf hätte vermitteln wollen. In dieser Lage ist folgender Kompromiß gewählt worden: Es wird statistisches Wissen in dem Maße vorausgesetzt, wie es heute üblicherweise im Rahmen des Grundstudiums für Volkswirte, Betriebswirte, Sozialwissenschaftler, Informatiker, Ingenieure und Naturwissenschaftler vermittelt und geprüft wird. Darüber hinausführende statistische Instrumente werden im Rahmen dieser Schrift näher erläutert.

1.4 Literatur

[1] Chisholm, R.K und Whitaker, G.R., Forecasting Methods, Homewood 1971.
[2] Connor, J. und Atlas, L., Recurrent Neural Networks and Time Series Prediction, in: IEEE (Hrsg.), Proceedings of the International Joint Conference on Neural Networks, Vol. 1, Seattle 1991, S. 301 ff.
[3] Granger, C.W., Forecasting in Business and Economics, 2. Aufl., Boston u.a. 1989.
[4] Harris, L., A Decision-Theoretic Approach on Deciding when a Sophisticated Forecasting Technique is Needed, Management Science 13 (1966), S. B-66 ff.
[5] Henschel, H., Wirtschaftsprognose, München 1979.
[6] Mertens, P., Integrierte Informationsverarbeitung 1, 9. Aufl., Wiesbaden 1993.
[7] Rothschild, K.W., Wirtschaftsprognose - Methoden und Probleme, Berlin u.a. 1969.
[8] Theil, H., Economic Forecasts and Policy, Amsterdam 1970.
[9] Weber, K., Wirtschaftsprognostik, München 1990.

2 Einführung in die kurzfristige Zeitreihenprognose und Vergleich der einzelnen Verfahren

von M. Schröder

2.1 Überblick

Zunächst befaßt sich Abschnitt 2.2 mit den grundlegenden Problemen, die bei der Konzeption eines Systems der kurzfristigen Zeitreihenprognose gelöst werden müssen. Neben den Anforderungen werden kurz Gesichtspunkte behandelt, die bei der Beschaffung und Analyse des Datenmaterials zu beachten sind. Aus der Analyse leitet sich die Auswahl eines Modells ab, welches in der Lage sein muß, das Verhalten der Zeitreihe in der Zukunft zu beschreiben. Auf die Schilderung der grundsätzlichen Möglichkeiten zur Modellbildung folgt eine Übersicht über die mathematisch-statistischen Verfahren, mit deren Hilfe man die Koeffizienten des ausgewählten Modells abschätzen kann.

In Abschnitt 2.3 werden Methoden beschrieben, mit denen man den Koeffizienten eines konstanten Modells bestimmen kann. Dabei entwickeln wir aus den Verfahren der gleitenden Durchschnitte heraus das Prinzip des exponentiellen Glättens. Im Anschluß daran werden der Einfluß des Glättungsfaktors und die Reaktion des Verfahrens auf Störungen in der Zeitreihe untersucht.

Die Methoden, die zur Bestimmung der Modellkoeffizienten in linearen Modellen geeignet sind, werden in Abschnitt 2.4 erörtert. Das exponentielle Glätten mit Trendkorrektur wird den verschiedenen Verfahren des exponentiellen Glättens nach *Brown* und *Holt* gegenübergestellt.

Abschnitt 2.5 behandelt abschließend Verfahren, die dadurch gekennzeichnet sind, daß sie mehr als einen Glättungsparameter verwenden.

2.2 Allgemeine Probleme der kurzfristigen Zeitreihenprognose

2.2.1 Anforderungen an kurzfristige Prognoserechnungssysteme

Rechenzeit und Speicherplatzbedarf. Der Aufwand an Rechenzeit und Speicherkapazität, den man für ein Prognoserechnungssystem treiben kann, wird entscheidend durch die Anzahl der Elemente, für die man eine Vorhersage zu treffen hat, durch die Häufigkeit der Vorhersagen und die Methodenbewertung und -auswahl bestimmt. Die kurzfristigen Vorhersagen werden in der Regel in kurzen Zeitabständen durchgeführt. Deshalb ist anzustreben, daß die Methoden nur geringe Rechenzeiten benötigen. Man konzipiert die Verfahren so, daß sie entweder nicht alle vorhandenen Vergangenheitsinformationen benötigen oder daß sie in der Lage sind, diese in verdichteter Form zu erstellen bzw. zu verarbeiten. Moderne Programmpakete wählen aus einer Vielzahl von Verfahren das am besten geeignete meist anhand vorgegebener Bewertungskriterien aus. Dieses Vorgehen erweist sich allerdings als recht speicherplatzintensiv.

Genauigkeit der Vorhersage. Bei der Forderung nach einer möglichst hohen Genauigkeit der Vorhersage ist zu berücksichtigen, daß zusätzliche Genauigkeit in der Regel mit erhöhtem Aufwand verbunden ist. Man hat daher stets diesen erhöhten Aufwand mit den Erträgen aus der besseren Prognose zu vergleichen. Letztere können in Kostensenkungen bestehen. (Beispiel: Bei genauerer Prognose im Rahmen eines Lagerdispositionssystems können die Sicherheitsbestände niedriger gehalten werden.) Der Ertrag kann jedoch auch eine Risikominderung sein, etwa weil durch eine bessere Vorhersage im Rahmen eines Planungsmodells die Gefahr einer Fehlentscheidung geringer ist.

Reagibilität und Stabilität der Verfahren. Eine vollkommene Übereinstimmung zwischen Prognosewert und später tatsächlich beobachtetem Wert kann nur zufälliger Natur sein, da die hier behandelten Vorhersageverfahren lediglich Schätzwerte für die zu prognostizierende Größe liefern können. In der Regel wird also der Beobachtungswert vom Prognosewert abweichen. Es stellt sich jeweils die Frage, ob diese Abweichung zufälliger Natur oder ob sie das erste Anzeichen dafür ist, daß sich die Zeitreihe in ihrem Verhalten grundlegend geändert hat (ob z. B. ein bisher steigender Trend in einen fallenden Trend übergeht). Im ersten Fall soll die Methode in der Lage sein, die Abweichung dadurch "herauszuglätten", daß es durch die Verwendung von vielen Vergangenheitsdaten bei der Durchschnittsbildung den Einfluß von zufälligen Abweichungen klein hält. Im zweiten Fall, wenn sich also tatsächlich eine neue Entwicklung der Zeitreihe anbahnt, sollte das Verfahren die älteren Daten möglichst gering gewichten und die Prognose aus den jüngsten Daten ableiten, damit die Anpassung an die neue Entwicklung möglichst rasch erfolgt.

Es gilt also, einen befriedigenden Kompromiß zwischen Stabilität bei Zufallsabweichungen und Reagibilität auf Änderungen im Verhalten der Zeitreihe zu finden. Anders ausgedrückt: Man fordert eine schnelle Anpassung an Datenänderungen, ohne daß der Algorithmus durch Zufallsabweichungen aus dem Gleichgewicht gebracht wird.

Eingriffsmöglichkeiten in das Verfahren. Es ist bei der Gestaltung eines Prognosesystems zu prüfen, ob eine Verbesserung der Vorhersage dadurch erreicht werden kann, daß man den menschlichen Experten mit einbezieht. Diese Vorgehensweise kann aus folgenden Gründen vorteilhaft sein: Der Mensch hat nicht die Möglichkeit, alle Vergangenheitsinformationen zu verarbeiten. Er mag aber eine Reihe von - für das Prognosesystem "externen" - Informationen besitzen, deren Berücksichtigung zu einer Verbesserung der Vorhersage führen kann.

Darüber hinaus verfügt der Mensch über große Fähigkeiten, irgendwelche Regelmäßigkeiten oder spezielle Abweichungen zu erkennen (Mustererkennung, pattern recognition). Es kann also die Prognose verbessert werden, wenn der Mensch dazu herangezogen wird, Besonderheiten in der Zeitreihenentwicklung zu interpretieren, und wenn er von sich aus seine speziellen Informationen dem Prognosesystem zur Verfügung stellt.

Prognoserechnungssysteme auf der Basis von Vergangenheitsdaten haben eine wesentliche Beschränkung: Sie verzichten darauf, Kausalbeziehungen zu konstruieren, und gehen sozusagen mathematisch-statistisch "vorurteilsfrei" an das Problem heran. Diese Beschränkung kann unter Umständen ohne Nachteile aufgehoben werden, wenn der Mensch als Informations- und Intelligenzträger eingeschaltet wird.

2.2.2 Daten - Auswahl und Analyse

Bei der Konzeption eines Zeitreihen-Prognosemodells ist als erstes eine Entscheidung darüber zu treffen, welche der verfügbaren Daten zur Bildung der Zeitreihen verwendet werden sollen. Diese Entscheidung wird maßgeblich davon beeinflußt, in welcher Form und auf welchen Datenträgern die Daten zur Verfügung stehen.

Anschließend folgt die Analyse der Zeitreihen, deren Ergebnisse die Auswahl des Modells bestimmen.

2.2.2.1 Datenquellen

Die Problematik der Entscheidung, an welcher Stelle des betrieblichen Datenflusses die Daten zweckmäßig zu erfassen sind, soll am Beispiel der Umsatzprognose dargestellt werden.

Wählt man die Zahlungseingänge als Basis, so stützt man sich auf die effektiv eingetroffenen Gegenleistungen, erhält die Daten jedoch zu einem relativ späten Zeitpunkt. Entscheidet man sich für die Rechnungsausgänge, so hat man die Daten um das Zahlungsziel früher, jedoch sind unter Umständen Korrekturen für Gutschriften und Retouren erforderlich. Nimmt man die eintreffenden Kundenaufträge (Bestellungen), so stehen die Daten noch früher bereit, jedoch kann sich das Problem ergeben, daß ein Teil der Kundenaufträge storniert wird oder aus anderen Gründen nicht zur Auslieferung kommt.

Dieses Problem kann noch weiter verfolgt werden: Angenommen, man ist Produzent eines Artikels, der zunächst an einen Großhändler, von dort an einen Einzelhändler und von dort an den Endverbraucher geliefert wird. Wo setzt man für welche Prognosezwecke an? Für den eigenen unmittelbaren Absatz sind nur die Lieferungen an den Großhändler interessant. Will man jedoch eine längerfristige Produktionsplanung betreiben, so wünscht man möglicherweise Kenntnisse über die Verkäufe des Großhändlers an die Einzelhändler oder gar der Einzelhändler an die Kunden. Letztere eilen den Bestellungen des Großhändlers mit einer gewissen Phasenverschiebung voraus; jedoch wird die Prognose schwieriger, weil man nicht weiß, welche Lagerhaltungspolitik die Groß- und Einzelhändler betreiben. Um die Kenntnis von den Verkäufen des Einzelhandels zu erlangen, gibt es verschiedene Hilfsmittel, z. B. Haushaltspanels, die Rücksendung von Garantiekärtchen oder Verlosungen, an denen der Käufer teilnimmt, wenn er Lose einsendet, die dem verkauften Artikel beigefügt waren. (In solchen Fällen stellt sich die Frage, ob diese Maßnahmen nicht mehr kosten, als die Verbesserung der Prognose wert ist.)

2.2.2.2 Datenanalyse

Der Konstrukteur eines Prognosesystems muß sich im Detail mit den Daten auseinandersetzen. Zweckmäßigerweise stellt er für eine größere Zahl von Perioden die Daten graphisch in Diagrammen dar, um allmählich ein Gefühl für deren Schwankungen, Periodizitäten usw. zu erhalten.

Diese Voruntersuchung des Datenmaterials darf aber nicht dazu verleiten, bereits hier verallgemeinernde Aussagen über die Zeitreihen abzugeben, da die Gefahr groß ist, daß atypische Datenkonstellationen als typisch angesehen und daraus falsche Schlüsse für die Verfahrensauswahl gezogen werden. Diese Untersuchung hat vielmehr den Zweck, die Auswahl von Verfahren für eine mathematisch-statistische Datenanalyse zu erleichtern.

Das Ziel dieser Datenanalyse ist es, zufällige Schwankungen von systematischen zu unterscheiden und die Bildungsgesetze der systematischen Schwankungen festzustellen.

2.2.3 Prognoseintervall und Vorhersagezeitraum

Wir haben oben bereits festgehalten, daß wir uns mit Vorhersageverfahren befassen, die auf der Extrapolation von Zeitserien beruhen. Diese Zeitreihen bestehen aus Beobachtungswerten x_t ($t=0,1,2,...,T$), die jeweils in gleichen, diskreten Zeitabständen ermittelt wurden. Es wird nun vorweggenommen, daß nach jeder neu eintreffenden Beobachtung die Vorhersage wiederholt werden soll. Daher ist das Prognoseintervall gleich dem Zeitabstand zwischen zwei Beobachtungen. Unter dem Vorhersagezeitraum wollen wir die Länge der Periode verstehen, für die wir in die Zukunft vorhersagen. Diese Periode setzt sich aus einem oder mehreren Prognoseintervallen zusammen.

Im folgenden sind einige Faktoren angeführt, die bei der Wahl der Größe von Prognoseintervall und Vorhersagezeitraum zu berücksichtigen sind. (In der Regel wird der Vorhersagezeitraum ein Vielfaches des Prognoseintervalls sein. *Brown* gibt als Faustregel an, daß das Prognoseintervall etwa 1/4 bis 1/10 des Vorhersagezeitraums sein soll; vgl. [4/S. 43].)

Für die Größe des Prognoseintervalls gilt:

- Eine untere Grenze ist dadurch gegeben, daß die Laufzeitpunkte der Prognoseprogramme nicht vor denen jener Programme liegen können, welche die Beobachtungswerte für das Prognoseprogramm liefern (z. B. liefern Lagerbestandsführungsprogramme Informationen über die Lagerabgänge, die dann wieder die Grundlage für die Bedarfsprognose sind).

- Kurze Prognoseintervalle bzw. häufige Prognosen erfordern einen hohen Datenverarbeitungsaufwand und können dazu führen, daß das Modell stark auf Zufallsschwankungen reagiert.

- Bei großen Prognoseintervallen hingegen erhöht sich die Gefahr, daß Veränderungen im Verhalten der Zeitreihe nicht rechtzeitig erkannt werden. Dem steht allerdings der Vorteil gegenüber, daß bei einer geringeren Anzahl von Prognosen weniger Planrevisionen durchzuführen sind.

Für die Größe des Vorhersagezeitraums gilt:

- Eine untere Grenze ist durch die Zeitspanne vorgegeben, die zwischen dem Veranlassen einer Aktion aufgrund der Prognose und dem Eintreten des durch sie beabsichtigten Effekts verstreicht. Beispielsweise muß der Vorhersagezeitraum in einem Lagerhaltungssystem zumindest so groß wie die Zeitspanne sein, die zwischen einer Neubestellung und dem Eintreffen des Gutes in dem Lager vergeht.

- Die Länge des Vorhersagezeitraums wird aber auch durch die geforderte Genauigkeit und Zuverlässigkeit des Verfahrens bestimmt, da der Vorhersagefehler in der Regel mit der Größe des Vorhersagezeitraums zunimmt bzw. sich die Gefahr von Fehlprognosen erhöht.

2.2.4 Modelle

2.2.4.1 Einleitung

Nachdem wir das Verhalten einer beliebigen Zeitreihe analysiert haben, stehen wir vor der Aufgabe, ihre systematischen Veränderungen durch ein Modell darzustellen.

Gedanklich wollen wir so vorgehen, daß wir die beobachteten Werte als Zufallsvariablen auffassen, die das Ergebnis eines "Prozesses" plus einer nicht vorhersagbaren Zufallsabweichung sind.

Der Begriff "Prozeß" kann hier durchaus in einem physikalischen Sinne verstanden werden; man denke etwa an einen radioaktiven Zerfall oder an die Schwingungen eines Pendels. Zu bestimmten diskreten Zeitabständen führen wir nun eine Messung durch und halten die Werte x_t fest. Bei vielen physikalischen Prozessen ist die zugrundeliegende Gesetzmäßigkeit genau bekannt. Die Daten, mit denen wir zu tun haben, sind ebenfalls das Ergebnis eines Prozesses, den wir aber niemals genau erfassen können, da er durch zu viele Faktoren und Interaktionen determiniert ist. Wir sind daher gezwungen, diesen uns unbekannten Prozeß durch ein deskriptives Modell darzustellen. Bezüglich der Zufallsabweichungen, die ebenfalls in die Beobachtungswerte eingehen, wird angenommen, daß

- der Erwartungswert Null,
- die Varianz konstant und
- die Verteilung annähernd normal ist.

Die unbekannten Prozesse werden als *deterministische Funktionen* der Zeit betrachtet. Die Modelle haben die Aufgabe, diese Prozesse möglichst genau zu beschreiben. Für die Beobachtungswerte gilt:

$$x_t = P_t + e_t \quad (P_t = \text{Prozeß},\ e_t = \text{Zufallsabweichung})$$

Im folgenden werden nun eine Übersicht über die grundsätzlichen Möglichkeiten zur Modellbildung bei der kurzfristigen Zeitreihenprognose gegeben und die wichtigsten Modelle mathematisch dargestellt.

2.2.4.2 Beschreibung der Modelle

2.2.4.2.1 Graphische Übersicht über die Möglichkeiten zur Modellbildung

Die Modelle der Gruppe 1 (Abbildung 1) haben gemeinsam, daß sie keine periodische Veränderung über der Zeit aufweisen.

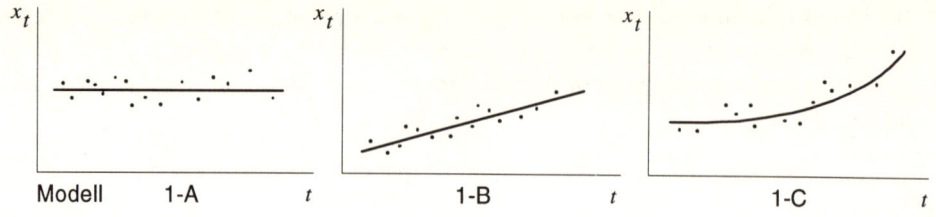

Abb. 1 Modelle für Zeitreihen ohne Periodizität [14/S. 312]

Im Modell A wird angenommen, daß der zugrundeliegende Prozeß über der Zeit konstant ist, in Modell B, daß der Prozeß eine linear, im Modell C, daß er eine nicht-linear wachsende Funktion der Zeit ist. Dabei stellen die ausgezogenen Linien den Prozeß dar, der durch das Modell beschrieben werden soll, während die Abstände der Beobachtungswerte von diesen Linien das Ergebnis der nicht vorhersagbaren Zufallsabweichungen sind.

Die Darstellungen in den Abbildungen 2 und 3 sind zwei weitere Modellgruppen, die dadurch entstanden, daß den Modellen der Gruppe 1 zyklische Schwankungen überlagert wurden.

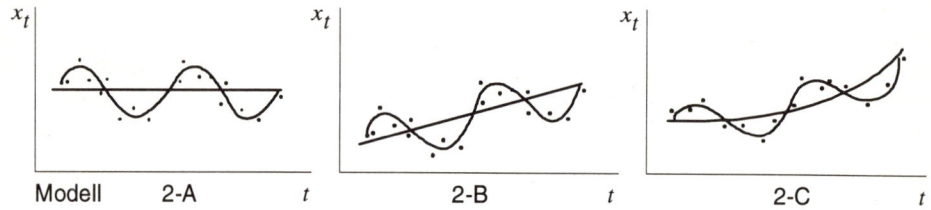

Abb. 2 Modelle für Zeitreihen, bei denen periodische Schwankungen den Grundwert additiv überlagern [14/S. 313]

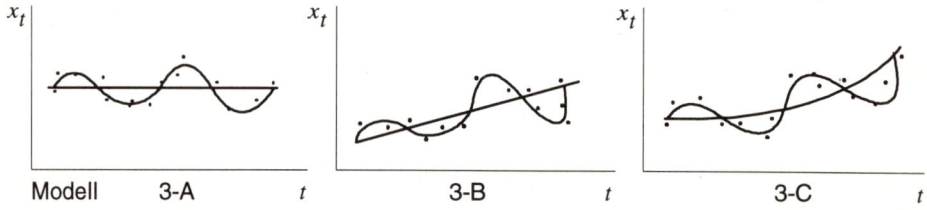

Abb. 3 Modell für Zeitreihen, bei denen periodische Schwankungen den Grundwert multiplikativ überlagern [14/S. 314]

In der Modellgruppe 2 sind diese Schwankungen additiv überlagert, d. h., daß die Größe ihrer Amplituden von der Höhe des Grundwertes unabhängig ist. In der Modellgruppe 3 hingegen sind die Schwankungen multiplikativ überlagert, so daß die Amplituden zeitabhängig sind.

2.2.4.2.2 Mathematische Beschreibung der wichtigsten Modelle

Im folgenden werden die wichtigsten Modelle behandelt, die zur Beschreibung der datenerzeugenden Prozesse Verwendung finden (vgl. hierzu [4/S. 57 ff.]). Dabei wird auch kurz auf trigonometrische Modelle eingegangen, deren genaue Behandlung aber nicht Gegenstand dieser Übersicht ist (siehe Kapitel 3).

2.2.4.2.2.1 Konstantes Modell

Betrachtet man das Modell 1-A (Abbildung 1), so geht daraus die Annahme hervor, daß der zugrundeliegende Prozeß über der Zeit annähernd konstant ist. Wir verwenden daher zur Beschreibung des Prozesses ein Modell von der Form $P_t = a$, wobei a der "wahre" Wert der Konstanten ist, den wir nicht kennen. (Die Gleichung der Geraden, die in Abbildung 1 durch die Punkte gelegt wurde, ist uns nicht bekannt.)

Beziehen wir die Zufallsabweichungen (e_t) in unsere Überlegungen mit ein, so können wir sagen, daß die Beobachtungswerte x_t Stichproben aus einer bestimmten Verteilung mit dem Mittelwert a sind. Da dieser Mittelwert unbekannt ist, sind wir gezwungen, aus den vorliegenden Vergangenheitsdaten einen Schätzwert zu errechnen.

Die Indizierung in diesem Beitrag erfolgt in Anlehnung an *Brown* [4]. Für die Zeit als unabhängige Variable wird (t) verwendet $(t = 0, 1, 2, ..., T)$, wobei die Gegenwart den Index T erhält. Beispielsweise ist x_T der Beobachtungswert, der in der letzten Beobachtungsperiode eingetroffen ist.

Ein Schätzwert, der nach dem Eintreffen von x_T aus allen oder einer bestimmten Menge N Vergangenheitsdaten errechnet wurde, soll durch das Symbol ^ und durch den Index T gekennzeichnet werden. Beispiel: $\hat{a}_T$ ist ein Schätzwert für den Wert a in einem konstanten Modell (siehe oben), der nach dem Eintreffen von x_T berechnet wurde.

Eine Vorhersage, die in der Periode T auf Basis der Schätzwerte $\hat{a}_T$, $\hat{b}_T$, ... und so fort abgegeben wird, erhält ebenfalls das Symbol ^ und den Index T. Zur Kennzeichnung der Periode, für die die Vorhersage gilt, wird $(T+i)$ verwendet. Führen wir nun eine Prognose für die Periode $(T+i)$ durch, so bedeutet das, daß wir den Mittelwert der Verteilung in der Periode $(T+i)$ vorhersagen.

Die Vorhersagegleichung lautet: $\hat{x}_{T+i} = \hat{a}_T$. Für ihre Gültigkeit müssen folgende Annahmen zutreffen:

- Der den Daten zugrundeliegende Prozeß kann durch eine Konstante dargestellt werden.

- Diese Konstante (der Koeffizient des Modells) kann durch eine Mittelwertbildung über Vergangenheitsdaten abgeschätzt werden.

- Der Mittelwert der Verteilung kann durch den Wert $\hat{a}_T$ mit hinreichender Genauigkeit dargestellt werden.

2.2.4.2.2.2 Lineares Modell

Gehen wir von dem zweiten Modell in Abbildung 1 aus, so sehen wir, daß die Bedarfsentwicklung einen Trend aufweist, der über der Zeit konstant ist (gleiche Zuwachsraten). In diesem Fall nehmen wir an, daß sich der zugrundeliegende Prozeß durch ein Modell von der Form $P_t = a + bt$ abbilden läßt. Dabei stellt a die durchschnittliche Nachfrage zu dem Zeitpunkt dar, in dem t als Null angenommen wird (relative Zeit). Der Trendwert b gibt die Änderungsrate des ordinalen Wertes innerhalb einer Periode an. Da wiederum die Werte von a und b unbekannt sind, ist eine Schätzung aus den Daten der Vergangenheit notwendig. Diese Schätzung soll nach Ablauf einer bestimmten Periode durch die Werte $\hat{a}_T$ und $\hat{b}_T$ dargestellt werden.

Beachten wir, daß unsere Beobachtungswerte durch die Punktwolke in Abbildung 1 gegeben sind. Die Schätzwerte unterliegen zeitlichen Schwankungen. Die Vorhersagegleichung ist bei einem linearen Modell durch

$$\hat{x}_{T+i} = \hat{a}_T + \hat{b}_T\, i$$

gegeben. Dabei ist zu berücksichtigen, daß die Vorhersage nur von der *relativen* Zeit abhängt, und daher gilt, daß

$$\hat{a}_T = \hat{a}_{T-1} + \hat{b}_{T-1}$$

2.2.4.2.2.3 Modelle höherer Ordnung

Liegt der Fall vor, daß auch der Trendanstieg über der Zeit (bzw. innerhalb unseres Beobachtungszeitraums) nicht mehr konstant ist (vgl. Modell 3 in Abbildung 1), so muß dieser Sachverhalt durch eine Erweiterung des Modells wiedergegeben werden, beispielsweise durch $P_t = a + bt + ct^2$. Wir sehen daraus, daß wir im Falle eines quadratischen Modells drei Koeffizienten abschätzen müssen. (Allgemein gilt, daß wir bei Verwendung eines Modells n-ter Ordnung $(n+1)$ Koeffizienten zu schätzen haben.)

Haben wir z. B. das oben angegebene quadratische Modell zur Darstellung unseres Prozesses ausgewählt, so ist unsere Vorhersage durch die Gleichung

$$\hat{x}_{T+1} = \hat{a}_T + \hat{b}_T\, i + \hat{c}_T\, i^2$$

gegeben.

2.2.4.2.2.4 Trigonometrische Modelle

Viele Zeitreihen in der Praxis weisen periodische Schwankungen auf (Abbildungen 2 und 3). Werden diese im Modell berücksichtigt, so vergrößert sich der erforderliche mathematisch-statistische Aufwand erheblich.

Lassen sich die Schwankungen durch Verwendung von Winkelfunktionen darstellen, so gelangt man beispielsweise zu einem Modell von der Form

$$P_t = a\cos(2\pi t / 12) \qquad\qquad \text{(vgl. dazu Kapitel 3/S. 41 ff.)}$$

2.2.5 Übersicht über die Methoden zur Abschätzung der Modellkoeffizienten

Wir wollen bereits an dieser Stelle kurz die wichtigsten Verfahren erwähnen, um eine Orientierungshilfe für die folgenden Kapitel zu geben.

Nach der Auswahl eines Modells, von dem wir glauben, daß es in der Lage ist, das Verhalten der Zeitserie zu beschreiben, benötigen wir Verfahren, die uns unbekannten Modellkoeffizienten abzuschätzen.

Eine erste Einteilung dieser Verfahren richtet sich danach, auf welche Modelle sie anwendbar sind. Zur Abschätzung des Koeffizienten im konstanten Modell kann entweder

- das Verfahren der gleitenden Durchschnitte (2.3.1) oder
- Exponentielles Glätten erster Ordnung (2.3.3)

verwendet werden.

Müssen wir zwei Parameter in einem linearen Modell bestimmen, so stehen uns folgende Verfahren zur Verfügung:

- Exponentielles Glätten mit Trendkorrektur (2.4.1)
- Exponentielles Glätten zweiter Ordnung nach *Brown* 2.4.2)
- Exponentielles Glätten zweiter Ordnung nach *Holt* (2.5.1)
- Exponentielles Glätten zweiter Ordnung mit gedämpftem Trend (2.5.2)
- Exponentielles Glätten mit Fehlerdifferenz nach *Holt* (2.5.3)

Schließlich können wir die Koeffizienten von Modellen höherer Ordnung beispielsweise durch ein Verfahren von *Box* und *Jenkins* ([3] und [2/S. 297 ff.]) abschätzen.

Als Einleitungskriterium haben wir hier die Ordnung des Polynoms verwendet, mit dessen Hilfe wir den Prozeß abbilden wollen. Eine andere Einteilungsmöglichkeit besteht darin, daß man unterscheidet, ob die Vergangenheitsdaten gleich gewichtet bei der Berechnung des Mittelwerts verwendet werden (Regression und einfache gleitende Durchschnitte) oder ob sie mit verschiedenen Gewichten zum Mittelwert beitragen (gewogene gleitende Durchschnitte, alle Verfahren des exponentiellen Glättens). Im letzten Fall berücksichtigt man, daß jüngere Daten meist stärker für die zukünftige Entwicklung relevant sind, als dies für ältere Daten gilt.

Bei den Verfahren der exponentiellen Glättung kann man schließlich noch eine Unterscheidung nach der Zahl der verwendeten Glättungsfaktoren treffen. Das Schwergewicht unserer Darstellung werden wir auf Methoden legen, die mit *einem* Glättungsfaktor auskommen, weil diese Verfahren vergleichsweise einfach sind und daher auch am häufigsten benutzt werden. Daneben sind aber auch Algorithmen bekannt, die zwei, drei oder noch mehr Glättungsfaktoren verwenden.

In der Tabelle 1 ist ein Überblick über die Verfahren nach den oben beschriebenen Einteilungskriterien gegeben.

Verfahren	Anwendung auf			Gewichtung		Zahl der Glättungs-faktoren
	konstanter Prozeß	linearer Prozeß	Polynome höherer Ordnung	gleich	exponentiell	
Gleitende Durchschnitte 1. Ordnung	X			X		0
Exponentielles Glätten 1. Ordnung	X				X	1
Exponentielles Glätten mit Trendkorrektur		X			X	1
Exponentielles Glätten 2. Ord. (Brown)		X			X	1
Exponentielles Glätten 2. Ord. (Holt)		X			X	2
Exponentielles Glätten mit ge-dämpftem Trend		X	(X)		X	2
Exponentielles Glätten mit Fehlerdiff. (Holt)		X	(X)		X	3

Tabelle 1   Übersicht über die Verfahren zur Abschätzung der Modellkoeffizienten

2.3 Methoden zur Abschätzung des Koeffizienten im konstanten Modell

In diesem Punkt wollen wir uns mit verschiedenen Methoden der Mittelwertbildung befassen, die es uns ermöglichen, sukzessive eine möglichst gute, mit jeder neuen Beobachtung wiederholte Schätzung des Modellkoeffizienten durchzuführen.

Wir gehen davon aus, daß der unseren Daten zugrundeliegende Prozeß konstant ist (vgl. Abschnitt 2.2.4.2.2.1), also $P_t = a$, und die beobachteten Werte durch

$$x_t = P_t + e_t$$

dargestellt werden können.

Wir nehmen weiterhin an, daß die e_t Stichproben einer bestimmten Verteilung mit dem Mittelwert 0 und der Varianz σ^2 sind.

Da der "wahre" Wert a uns nicht bekannt ist, müssen wir versuchen, aus den vorhandenen Daten x_t einen möglichst guten Schätzwert $\hat{a}_T$ zu berechnen, den wir dann als Prognosewert $\hat{x}_{T+i} = \hat{a}_T$ verwenden können.

2.3.1 Gleitende Durchschnitte erster Ordnung

Bei gleitenden Durchschnitten wird aus N Werten x_t ein Mittelwert dadurch gebildet, daß man jeweils die jüngste Beobachtung anstatt der ältesten in die Berechnung mit einbezieht. Dieser gleitende Durchschnitt kann für beliebige Perioden t mit der Formel

$$M_t = \frac{x_t + x_{t-1} + x_{t-2} + \cdots + x_{t-N+1}}{N} \qquad (1)$$

berechnet werden.

Streng genommen gilt der in T berechnete Mittelwert nur für die Perioden $T-(N-1)/2$. Solange aber der Prozeß konstant ist, machen wir keinen Fehler, wenn wir diesen Wert als Prognosewert für die Periode $(T+i)$ verwenden. (Weist die Zeitreihe einen Trend auf, so ist diese Vorgehensweise nicht mehr zulässig.)

Hat man nach Eintreffen von x_T einen neuen Mittelwert M_T aus den Daten x_t ($t = T, \ldots, T-N+1$) berechnet, so wird M_T für den Schätzwert $\hat{a}_T$ verwendet. Eine Vorhersage für die Periode $(T+i)$ ist durch

$$\hat{x}_{T+i} = \hat{a}_T$$

gegeben.

Rechentechnisch ist es sehr umständlich, wenn wir in jeder Periode summieren und durch N dividieren müssen. Es ist einfacher, die Berechnung nach der Formel

$$M_t = M_{t-1} + (x_t - x_{t-N})/N \qquad (2)$$

durchzuführen. Wir berechnen also den neuen Mittelwert dadurch, daß wir zu dem der Vorperiode den N-ten Teil der Differenz aus dem neuen Beobachtungswert x_T und dem Wert x_{t-N} addieren.

Setzen wir

$$(x_t - x_{t-N}) = d_t$$

und

$$1/N = k$$

so erhalten wir

$$M_t = M_{t-1} + k \cdot d_t \qquad (3)$$

Zur Berechnung benötigen wir den Mittelwert der Vorperiode und die Beobachtungen x_t bis x_{t-N}.

Vorteile dieser Methode: Sie erfüllt das Optimalitätskriterium einer Minimierung der Abstandsquadrate zwischen Modell- und Beobachtungswerten (zum Beweis vgl. Abschnitt 2.4.1) und liefert unter den Annahmen (vgl. Abschnitt 2.2.4.2.2.1), daß

- der Prozeß durch eine Konstante darstellbar ist,

- diese durch einen Mittelwert über Vergangenheitsdaten abgeschätzt werden kann und

- der Mittelwert der Verteilung im Vorhersagezeitraum (i Perioden) durch den Schätzwert $\hat{a}_T$ mit hinreichender Genauigkeit repräsentiert wird,

gute Vorhersagen.

Nachteile dieser Methode:

- Die obigen Annahmen sind für viele Zeitserien in der Praxis nicht zutreffend.

- Sollte dennoch eine Zeitserie vorliegen, die diesen Annahmen entspricht, so ist der Rechenaufwand sehr groß, wenn die Berechnungen für viele Prognoseobjekte und größere N durchgeführt werden.

- Tritt der Fall ein, daß sich a (beispielsweise durch Änderung der Marktsituation) von a_1 auf a_2 ändert, dann dauert es genau N Perioden, bis die neuen Schätzwerte für eine Vorhersage brauchbar sind. Das heißt aber, daß wir streng genommen diese N Perioden lang keine Vorhersage machen können.

Wird aus diesem Grund N verkleinert, so besteht die Gefahr, daß Zufallsschwankungen zu stark in die Vorhersagen eingehen.

- Durch den konstanten Faktor $1/N = k$ wird allen Daten das gleiche Gewicht zugeordnet. Hingegen ist die Annahme plausibel, daß die Daten der jüngsten Vergangenheit die Entwicklung besser repräsentieren als die älteren Daten und daher eine unterschiedliche Gewichtung zur Verbesserung der Prognose beitragen kann.

Wir wollen diese Nachteile in Form von Anforderungen an ein besser geeignetes Verfahren zusammenfassen:

- Die Vergangenheitsentwicklung muß durch eine möglichst geringe Anzahl von Informationen dargestellt werden können.

- Es muß die Möglichkeit vorhanden sein, mit geringem Aufwand die Reaktionszeit (rate of response) des Systems zu ändern.

- Auch bei trendähnlichen Tendenzen soll das Verfahren in der Lage sein, sich diesen anzupassen.

- Die Vergangenheitsdaten sollen nicht gleich, sondern proportional zu ihrer Relevanz für die zukünftige Entwicklung gewichtet werden.

2.3.2 Gewogene gleitende Durchschnitte

Ein erster Versuch, die Nachteile des Verfahrens der ungewogenen gleitenden Durchschnitte zu verringern, besteht darin, die N Werte x_t, die jeweils zur Mittelwertbildung herangezogen werden, mit verschiedenen Koeffizienten zu gewichten. Die Auswahl der Koeffizienten wird in der Weise getroffen, daß die Daten proportional zu ihrer Relevanz für die zukünftige Entwicklung in den Mittelwert eingehen.

Damit aber durch die Gewichtung keine systematischen Komponenten eingeführt werden, muß für die Gewichtungsfaktoren k gelten, daß

$$\sum_{n=1}^{N} k_n = 1$$

Wenn die Zeitreihe also stellenweise Trendänderungen oder andere Schwankungen aufweist, wird dieses Verfahren bessere Ergebnisse als ungewogene gleitende Durchschnitte liefern. Diese Tatsache ist aus der Abbildung 4 deutlich zu ersehen. Man kann die Daten auch von unerwünschten Saisoneinflüssen bereinigen, wenn man die Durchschnittsbildung auf vollständige Saisonzyklen bezieht (z. B. mit vier, acht oder zwölf Monatsperioden) [1].

Der Nachteil der geringen Flexibilität in bezug auf die Reaktionszeit (rate of response) des Verfahrens der ungewogenen gleitenden Durchschnitte bleibt aber auch bei dieser Methode. Dazu kommt noch, daß die Bestimmung der Koeffizienten k_n aufwendig ist.

2.3.3 Exponentiell gewogene Durchschnitte (exponentielles Glätten erster Ordnung)

In diesem Abschnitt wollen wir uns ausführlich mit dem Verfahren des exponentiellen Glättens (Exponential Smoothing) befassen. Ausführlich deshalb, weil exponentielles Glätten weniger nur ein Verfahren als vielmehr ein Prinzip darstellt, welches für viele spezielle Vorhersagemethoden von grundlegender Bedeutung ist. Dazu kommt noch, daß sich alle Autoren über das Grundprinzip des exponentiellen Glättens einig sind, wenn wir auch über die verschiedenen Erweiterungen, Verallgemeinerungen und speziellen Verfahren in der Literatur sehr verschiedene Ansichten finden. Daher besitzt das Prinzip des exponentiellen Glättens eine gewisse Allgemeingültigkeit, die - will man die darauf aufbauenden höheren Verfahren verstehen - eine eingehende Erörterung rechtfertigt.

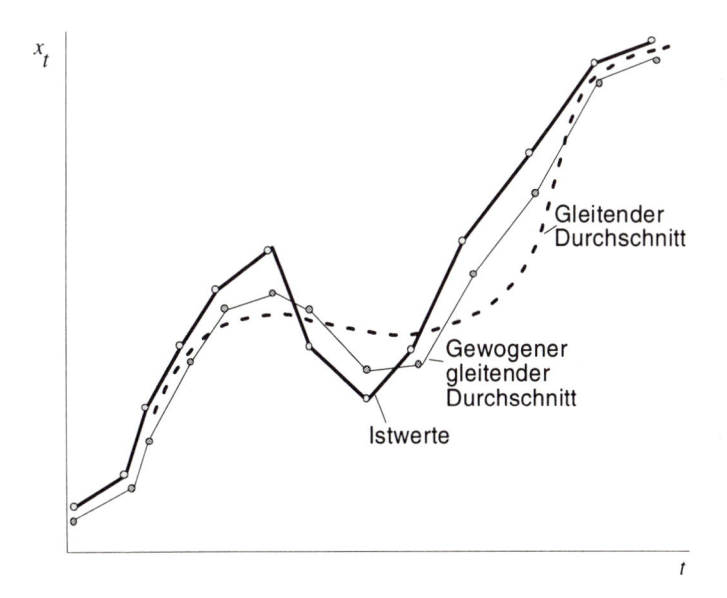

Abb. 4 Vorhersagen nach den Verfahren der gleitenden Durchschnitte und der gewogenen gleitenden Durchschnitte [11/S. 239]

2.3.3.1 Übergang von gleitenden Durchschnitten zum exponentiellen Glätten

Ein Nachteil der Methode der gleitenden Durchschnitte ist die Notwendigkeit, daß zur Berechnung alle N Daten x_t gespeichert sein müssen. Da wir unseren Betrachtungen einen konstanten Prozeß zugrunde legen, ist die Prognose für die Periode $(T+i)$ durch

$$\hat{x}_{T+i} = \hat{a}_T = M_T$$

gegeben. Was uns für die Zukunft recht ist, kann uns für die Vergangenheit billig sein:

Wenn wir den Mittelwert $M_T = \hat{a}_T$ als Vorhersagewert für die zukünftige Beobachtung $\hat{x}_{T+i}$ verwenden, dann dürfen wir ihn doch auch als Schätzwert für den Beobachtungswert x_{T-N} nehmen, ohne einen Fehler zu begehen. Führen wir dies laufend durch, d. h., setzen wir jeweils anstatt des ältesten Wertes x_{T-N} den uns zur Verfügung stehenden Wert M_{T-1} ein, so können wir uns die Speicherung des Datensets der N Daten x_t ersparen. Wir wollen dieses Vorgehen an einem Beispiel darstellen:

Wir ermitteln einen Wert

$$M_8 = M_7 + (x_8 - x_2)/6$$

nach der Methode der gleitenden Durchschnitte. Wir sehen, daß wir dafür den Wert x_2 benötigen, d. h., wir mußten bis zur Periode $t = 8$ alle Werte bis x_2 (da wir ja auch in der nächsten Periode x_3 benötigen) vorhalten.

Das ist uns zuviel Aufwand; wir nehmen statt x_2 den Wert M_7 und erhalten

$$\hat{M}_8 = M_7 + (x_8 - M_7)/6$$

zur näherungsweisen Berechnung des Mittelwerts (daher $\hat{M}_8$).

Wollen wir jetzt M_9 berechnen, so müssen wir anstatt des Wertes x_3, der uns ja nun ebensowenig wie x_2 zur Verfügung stehen soll, den Wert $\hat{M}_8$ verwenden. Wir erhalten

$$\hat{M}_9 = \hat{M}_8 + (x_9 - \hat{M}_8)/6$$

oder allgemein

$$\hat{M}_t = \hat{M}_{t-1} + (x_t - \hat{M}_{t-1})\,1/N \tag{4}$$

Setzen wir nun

$$\hat{M}_t = S_t(x) \text{ und } 1/N = A$$

so erhalten wir

$$S_t(x) = S_{t-1}(x) + A\,(x_t - S_{t-1}(x)) \tag{5}$$

(Die Bezeichnung $S_t(x)$ wird im folgenden für alle exponentiell gewogenen (geglätteten) Mittelwerte verwendet.)

Damit haben wir durch einen Analogieschluß zur Gleichung (2) die Grundformel des exponentiellen Glättens hergeleitet. Durch Umrechnungen ergibt sich:

$$S_t(x) = A x_t + (1-A) S_{t-1}(x) \tag{6}$$

Dieses $S_t(x)$ ist unser exponentiell geglätteter Mittelwert, der zur Abschätzung von a_t verwendet wird. A wollen wir als Glättungskonstante bezeichnen, die nur ähnlich, aber keineswegs gleich unserem Wert $1/N$ ist, wie sich aus einer mathematischen Betrachtung im nächsten Punkt ergeben wird. Ebenso wird dort begründet, warum wir den Mittelwert als "exponentiell" geglättet bezeichnen.

2.3.3.2 Prinzip des exponentiellen Glättens

Wir wollen die Konsequenz unserer Vorgehensweise einer mathematischen Betrachtung unterziehen. Dazu gehen wir von der Formel

$$S_t(x) = A x_t + (1-A) S_{t-1}(x) \tag{6}$$

aus und setzen

$$S_{t-1}(x) = A x_{t-1} + (1-A) S_{t-2}(x)$$

in Gleichung (6) ein. Wir erhalten

$$S_t(x) = A x_t + A(1-A) x_{t-1} + (1-A)^2 S_{t-2}(x)$$

Berechnen wir den Wert für $S_{t-2}(x)$ und setzen ihn wieder in die letzte Gleichung ein, ergibt sich

$$S_t(x) = A x_t + A(1-A) x_{t-1} + A(1-A)^2 x_{t-2} + (1-A)^3 S_{t-3}(x)$$

und durch weiteres Einsetzen

$$S_t(x) = A x_t + A(1-A) x_{t-1} + \ldots + A(1-A)^i x_{t-i}$$

bzw.

$$S_t(x) = A \sum_{i=0}^{\infty} (1-A)^i x_{t-i} \tag{7}$$

Man erkennt daraus, daß jeder Wert x_{t-i} ($i = 0,1,2,\ldots$) mit dem Koeffizienten $A(1-A)^i$ gewichtet wird.

Die Summe dieser Koeffizienten ist 1, wie leicht gezeigt werden kann: Setzt man $A = p$ und $(1-A) = q$, so ergibt der Ausdruck $\sum_{i=0}^{\infty} A(1-A)^i$ eine geometrische Reihe von der Form $p q^0 + p q^1 + p q^2 + \ldots + p q^i + \ldots$ mit der Summe $p/(1-q)$. Dieser Wert ist 1, wenn für p wieder A und für q $(1-A)$ eingesetzt wird. Hiermit ist sichergestellt, daß durch die Gewichtung kein systematischer Fehler in die Berechnungen eingebracht wurde.

Wir wollen wiederholen, welche Folgen die Substitution von x_{t-N} durch den Wert M_{t-1} (vgl. dazu Gleichungen (2) und (4)) hat. Wie Abbildung 5 zeigt, wurden beim Verfahren der gleitenden Durchschnitte jeweils N Daten x_t mit dem gleichen Gewicht zur Berechnung des Durchschnitts benutzt.

Durch die Substitution

$$x_{t-N} = M_{t-1}$$

sind folgende Änderungen eingetreten:

- Es werden *alle* Daten der Vergangenheit zur Berechnung des Durchschnitts herangezogen.

- Die Gewichtung der Daten erfolgt exponentiell fallend mit $A(1-A)^i$.

Praktisch allerdings werden die älteren Daten - je nach Größe des A - ihren Einfluß auf den Durchschnitt nach wenigen Perioden verlieren.

Diese Aussagen gelten aber nur für den Fall, daß $0 < A < 1$ ist. Wird A gleich Null gewählt, so folgt aus (6), daß der neue Glättungswert jeweils gleich dem vorhergegangenen ist und daher überhaupt nicht auf Veränderung des numerischen Werts von x_t reagiert. Ist $A = 1$, so ist der neue Glättungs- jeweils gleich dem neuen Beobachtungswert.

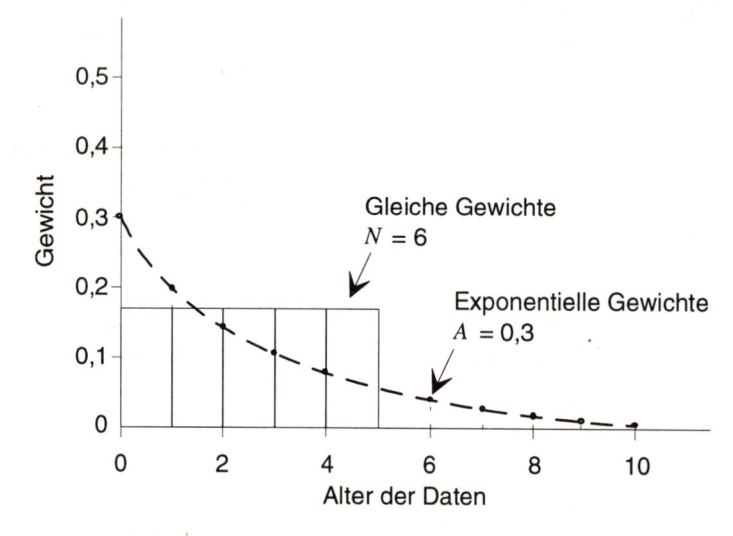

Abb. 5 Gewichtung der Vergangenheitsdaten beim Verfahren der gleitenden Durchschnitte und beim exponentiellen Glätten [4/S. 102]

2.3.3.3 Bestimmung des Glättungsfaktors

Aus den bisherigen Ausführungen geht hervor, daß die Größe des Wertes A entscheidend für die Reagibilität (bzw. Stabilität) des Verfahrens in bezug auf Zufallsschwankungen ist. Durch die Wahl von A wird bestimmt, mit welchem Gewicht die Vergangenheitsdaten in den Glättungswert eingehen.

Bei dem Verfahren der gleitenden Durchschnitte hat man die Reagibilität des Systems direkt durch die Anzahl der Beobachtungen (N) festgelegt, die zur Berechnung des Mittelwerts herangezogen wurden, ohne eine unterschiedliche Gewichtung vorzunehmen. Beim exponentiellen Glätten bestimmen wir indirekt über die Gewichte die Zahl der Werte, die in unserem Mittelwert hauptsächlich berücksichtigt werden sollen. Zur Verdeutlichung dienen die Abbildungen 6 und 7.

Wenn die Größe A für die Brauchbarkeit des Verfahrens entscheidend ist, dann muß nach Methoden gesucht werden, mit denen man ein geeignetes A bestimmen kann. *Reif* [15/S. 9] gibt als Erfahrungsregel an, daß A zwischen 0,1 und 0,3 zu wählen ist. Eine andere Möglichkeit ist, A so zu wählen, daß etwa so viele Werte x_t wie bei dem Verfahren der gleitenden Durchschnitte zur Berechnung herangezogen werden. Hat man dort beispielsweise mit $N = 50$ befriedigende Ergebnisse erzielt, so kann man ein A berechnen, bei dessen Verwendung ebenfalls annähernd die letzten 50 Werte in die Rechnung eingehen.

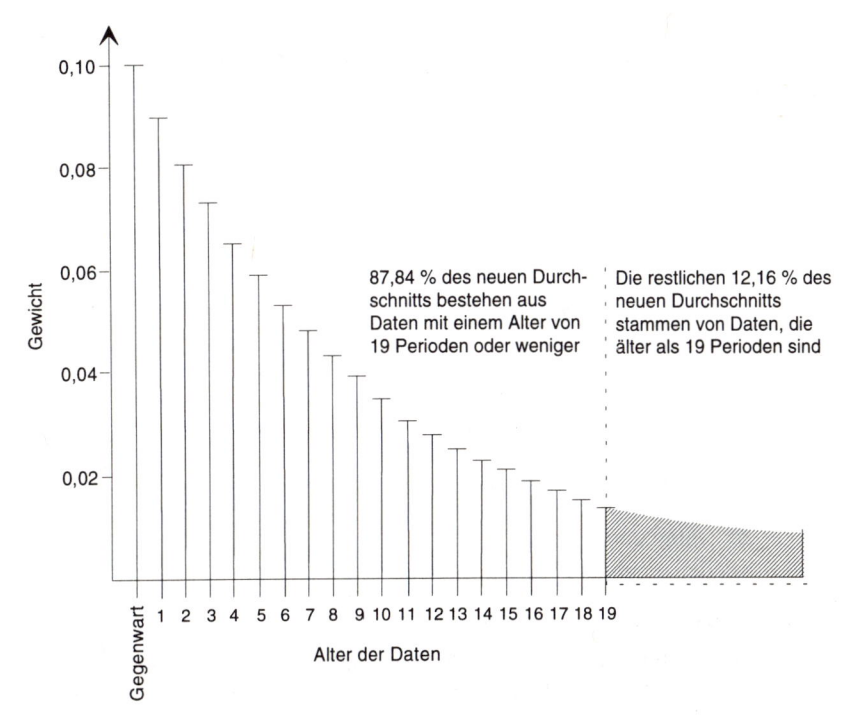

Abb. 6   Gewichtung der Vergangenheitsdaten mit A = 0,1 [15/S. 10]

Zu diesem Zweck wollen wir ein durchschnittliches Alter $\bar{I}$ unserer Daten berechnen. Im Falle der gleitenden Durchschnitte ist dieses Alter durch

$$\bar{I} = (0 + 1 + 2 + \ldots + N - 1) / N$$

zu ermitteln. (Die jüngste Beobachtung ist 0 Perioden alt, die vorhergegangene 1 Periode usf.)

Es ist die Summe über $0, 1, 2, \ldots, N-1$ gleich $(N-1) \, N / 2$, so daß sich das mittlere Alter der Beobachtungen beim Verfahren der gleitenden Durchschnitte zu

$$\bar{I} = (N-1)/2$$

ergibt.

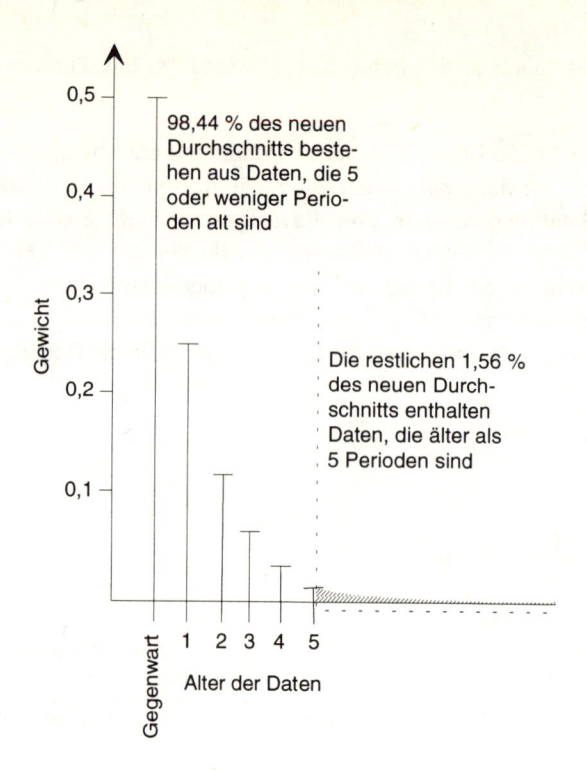

Abb. 7   Gewichtung der Vergangenheitsdaten mit $A = 0{,}5$ [15/S. 10]

Das durchschnittliche Alter wurde bestimmt durch die Summe der Produkte aus

- dem Alter der Daten und
- dem Gewicht, das ihnen das Verfahren verleiht.

Beim Verfahren der gleitenden Durchschnitte wird allen Daten das gleiche Gewicht $1/N$ zugeordnet. Hingegen müssen wir beim exponentiellen Glätten das Alter der Daten mit dem entsprechenden Gewicht $A(1-A)^i$ multiplizieren, um das mittlere Alter der Daten zu erhalten. Setzen wir

$$(1-A) = B$$

so ist

$$\bar{I} = 0A + 1AB + 2AB^2 + \ldots$$

$$= A \sum_{i=0}^{\infty} i B^i$$

Da für $0 \leq B < 1$ gilt, daß

$$\sum_{k=0}^{\infty} k\, B^k = B / (1-B)^2$$

erhält man

$$\bar{I} = A\ B / (1-B)^2 \text{ bzw., da } B = 1 - A$$

$$\bar{I} = (1-A) / A$$

Wenn wir nun die Glättungskonstante so wählen wollen, daß sie den Daten dasselbe Durchschnittsalter wie beim Verfahren der gleitenden Durchschnitte gibt, so erhalten wir

$$(N-1)/2 = (1-A)/A$$

und durch Auflösen nach A

$$A = 2 / (N+1)$$

Wenn wir beispielsweise wünschen, daß sich jeweils die Gewichte der letzten fünf Daten zu annähernd 100 % ergänzen (annähernd deshalb, weil beim exponentiellen Glätten immer noch ein Restprozentsatz älterer Daten zur Mittelwertbildung beiträgt und wir unsere Berechnung auf gleiches *Durchschnittsalter* gestützt haben), dann müssen wir ein A von 0,33 wählen. In Tabelle 2 sind für einige Werte von N entsprechende A, die beim exponentiellen Glätten Durchschnitte mit demselben Durchschnittsalter ergeben, zusammengestellt.

Ist nun die Annahme gerechtfertigt, daß mit einem bestimmten N bei der Methode der gleitenden Durchschnitte befriedigende Ergebnisse erzielt werden können, so kann man mit dieser Tabelle ein äquivalentes A auswählen.

N bei gleitendem Durchschnitt	Äquivalenter Wert für A
3	0,500
4	0,400
5	0,333
6	0,286
9	0,200
12	0,154
19	0,100
39	0,050
199	0,010

Tabelle 2 Entsprechende Werte für N und A, die gleiches Durchschnittsalter ergeben [4/S. 108]

Bei der Bestimmung des Faktors A ist noch zu beachten:

- Ergeben empirische Untersuchungen, daß A größer als 0,3 zu wählen ist, so ist es zweckmäßig, zu untersuchen, ob ein konstantes Modell überhaupt noch zugrunde gelegt werden kann oder ob die Daten nicht doch einen Trend oder ein Saisonverhalten aufweisen.

- Wenn man bei Anwendung der gleitenden Durchschnitte ein $N = 12$ gewählt hat, um Saisonschwankungen auszugleichen, dann ist ein äquivalentes A von 0,154 beim exponentiellen Glätten nicht geeignet, den gleichen Effekt zu erzielen.

2.3.3.4 Reaktion auf plötzliche Veränderungen

Weitere Einsichten in die Bedeutung des Glättungsfaktors A wollen wir dadurch gewinnen, daß wir unsere Zeitserie bewußt verändern und beobachten, welche Auswirkungen diese Änderung auf die folgenden Perioden hat. Dabei gehen wir in jedem Fall von "reinen" Daten aus, also von Daten, die frei von Zufallsabweichungen sind (vgl. dazu [11/S. 241 f.]).

2.3.3.4.1 Reaktion auf einen Impuls

Wir nehmen nun an, daß die Werte x_t bis zu einer Periode t konstant sind ($\ldots x_{t-2} = x_{t-1} = x_t$) und in der Periode $(t+1)$ ein Impuls in der Form auftritt, daß

$$x_{t+1} = (1 + x_t)$$

und x_{t+2} wieder gleich x_t ist.

Das heißt aber auch, daß der Glättungswert $S_t(x)$ bis zum Zeitpunkt t gleich x_t war, da wir ja keine Zufallsabweichung in den Daten haben.

$$S_{t+1}(x) = A\ x_{t+1} + (1-A)\ S_t(x)$$

Da nun $S_t(x) = x_t$ und $x_{t+1} = 1 + x_t$, erhalten wir

$$S_{t+1}(x) = A\ (1+x_t) + (1-A)x_t$$

$$= x_t + A = x_t + A\ (1-A)^0 \qquad (8)$$

$$S_{t+2}(x) = A\ x_{t+2} + (1-A)\ S_{t+1}(x)$$

Da $S_{t+1}(x) = (x_t + A)$ und $x_{t+2} = x_t$

gilt: $S_{t+2}(x) = A\ x_t + (1-A)\ (x_t + A)$

$$= A\ x_t + x_t + A - x_t A - A^2$$

$$= x_t + A(1-A)^1$$

und für die i-te Periode nach der Störung

$$S_{t+i}(x) = x_t + A(1-A)^{i-1}$$

Damit erhalten wir die Störungsfunktion zu

$$e_i = A\ (1-A)^{i-1} \qquad (9)$$

Diese Funktion gibt an, welchen Fehler der Glättungswert i Perioden nach Eintreten der Störung von einer Einheit noch aufweist. Die Größe des Fehlers (e) ist also von der Wahl des A und von der Anzahl der Perioden abhängig, die seit Eintreten der Störung vergangen sind. Je größer das A gewählt wird, desto stärker reagiert der Glättungswert auf den Impuls, benötigt dafür aber weniger Perioden, um wieder auf das alte Niveau zurückzufallen (vgl. Abbildung 8).

2.3.3.4.2 Reaktion auf eine Niveauänderung

Jetzt wollen wir untersuchen, welche Auswirkungen sich ergeben, wenn sich ab einer Periode t das Niveau des Prozesses so ändert, daß

$$x_t = x_{t-1} = x_{t-2} \text{ und}$$
$$x_{t+1} = (1+x_t) = x_{t+2}\ldots$$

Für $S_{t+1}(x)$ gilt ebenso wie in Abschnitt 2.3.3.4.1, daß

$$S_{t+1}(x) = x_t + A \qquad \text{(vgl. (8))}$$

Wir erweitern zu

$$S_{t+1}(x) = (1+x_t) - (1-A) \qquad (10)$$

$$S_{t+2}(x) = A x_{t+2} + (1-A) S_{t+1}(x) \qquad (11)$$

Setzt man (10) in (11) und

$$x_{t+2} = 1 + x_t$$

ein, so erhält man

$$\begin{aligned} S_{t+2}(x) &= A\ (1+x_t) + (1-A)\left[(1+x_t) - (1-A)\right] \\ &= A\ (1+x_t) + (1-A)\ (1+x_t) - (1-A)^2 \\ &= (1+x_t) - (1-A)^2 \end{aligned}$$

Führen wir diese formalen Überlegungen weiter, so erhalten wir für die i-te Periode

$$S_{t+i}(x) = (1+x_t) - (1-A)^i$$

Die Störungsfunktion, die uns den in der Periode $(t+i)$ noch vorhandenen Fehler angibt, ist dann

$$e_i = -(1-A)^i \qquad (12)$$

Das bedeutet, daß sich im Falle einer Niveauänderung der Glättungswert um so schneller an das neue Niveau anpaßt, je größer wir A wählen.

Die Abbildungen 8 und 9 zeigen uns jetzt deutlich, welche Auswirkungen plötzliche Veränderungen bei verschiedenen Werten von A haben. Zu bemerken ist allerdings, daß der Fehler theoretisch erst nach unendlich vielen Perioden Null wird und der Glättungswert sich nur asymptotisch, wie es die Abbildung 9 zeigt, dem neuen Niveau nähert. Für $A = 0,3$ wird das neue Niveau nach 10 Perioden annähernd erreicht.

Die Abbildung 10 bringt einen Vergleich zwischen dem Verfahren der gleitenden Durchschnitte und dem exponentiellen Glätten. Daraus geht hervor, daß sich für $N = 7$ der gleitende Mittelwert genau 7 Perioden nach der Niveauerhöhung an das neue Niveau angepaßt hat, während sich die Kurve der exponentiell geglätteten Werte nur asymptotisch der neuen Niveau-Geraden nähert.

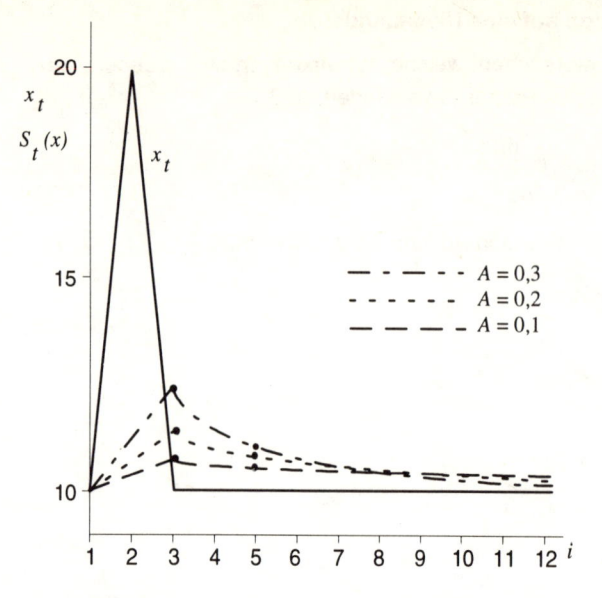

Abb. 8   Reaktion des Verfahrens der exponentiellen Glättung erster Ordnung auf einen Impuls [11/S. 242]

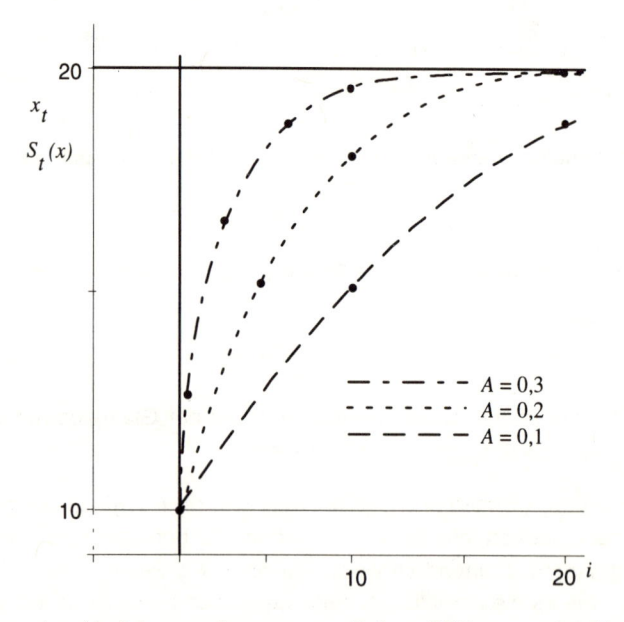

Abb. 9   Reaktion des Verfahrens des exponentiellen Glättens erster Ordnung auf eine Niveauänderung [11/S. 243]

Ein Vergleich der Abbildungen 8 und 9 zeigt deutlich das Optimierungsproblem bei der Wahl des Faktors A: Ein Modell mit großem A paßt sich schneller den Niveauänderungen an, reagiert aber stark auf Zufallsabweichungen. Ein kleines A liefert hingegen stabile Vorhersagewerte, benötigt aber vergleichsweise lange Zeit, um Niveauänderungen zu verkraften.

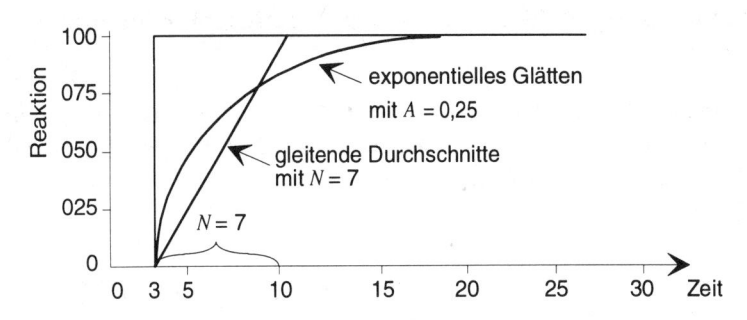

Abb. 10 Vergleich zwischen dem Verfahren der gleitenden Durchschnitte und dem exponentiellen Glätten bei einer Niveauänderung von $T = 3$ [4/S. 114]

2.3.3.5 Bedeutung und Vorteile des exponentiellen Glättens

Man spricht von einem Verfahren des exponentiellen Glättens erster Ordnung als einer Methode zur Abschätzung des Koeffizienten in einem konstanten Modell. Aus dieser Blickrichtung weist das exponentielle Glätten insbesondere im Vergleich mit dem Verfahren der gleitenden Durchschnitte folgende Vorteile auf:

- Zur Berechnung unseres Glättungswertes benötigen wir nur den Glättungswert der Vorperiode, einen Wert für A und den neuen Beobachtungswert x_t.

- Es kann gezeigt werden, daß das Verfahren der exponentiellen Glättung die Abweichungsquadrate zwischen den neuen Beobachtungs- und den Prognosewerten minimiert [4/S. 102]. Das Verfahren ist in bezug auf dieses Kriterium optimal.

- Wir sind in der Lage, durch die Änderung eines einzigen Parameters (des Glättungsfaktors A) die Zahl und das Gewicht der Vergangenheitsdaten zu bestimmen, die zur Bildung des Glättungswertes herangezogen werden, ohne in den Rechenformalismus eingreifen zu müssen. Es wird durch einen einzigen Parameter die Stabilität bzw. Reagibilität des Verfahrens determiniert.

Der zuletzt genannte Vorteil ist mit ein Grund dafür, im exponentiellen Glätten ein Prinzip zu sehen, auf dem eine Vielzahl anderer Verfahren basiert.

Wird der Glättungsparameter A in Abhängigkeit vom Vorhersagefehler geändert, so gelangt man zu lernenden Verfahren, die sich automatisch an Veränderungen der Zeitreihencharakteristik anpassen können (siehe Kapitel 7.3.2).

Eine andere Möglichkeit besteht darin, daß man das exponentielle Glätten erster Ordnung auf geglättete Daten anwendet. Ergebnis ist das exponentielle Glätten zweiter Ordnung. Damit werden wir uns u. a. im folgenden Kapitel 2.4 befassen.

Man sieht bereits aus diesen Andeutungen, daß es eine Vielzahl von Verfahren gibt, die alle - trotz ihrer unterschiedlichen Ausprägungen - auf dem Prinzip des exponentiellen Glättens beruhen.

2.4 Methoden zur Abschätzung der beiden Koeffizienten im linearen Modell mit Trend

Die bisher behandelten Verfahren setzten voraus, daß der den Daten zugrundeliegende Prozeß über der Zeit konstant ist. Wir nehmen nun an, daß der Prozeß eine lineare Funktion der Zeit ist (Modell 1-B, Abbildung 1),

$$P_t = a + bt$$

Es sind jetzt Verfahren erforderlich, die es gestatten, die Modellkoeffizienten a und b abzuschätzen. Für die Daten gilt:

$$x_t = a + bt + e_t$$

Dabei sind e_t Zufallsabweichungen, von denen wir wieder annehmen, daß sie einen Erwartungswert von Null haben.

2.4.1 Exponentielles Glätten mit Trendkorrektur

Wird exponentielles Glätten (erster Ordnung) auf einen linearen Prozeß angewendet, so bezieht sich der Glättungswert $S_t(x)$ auf eine frühere Periode, die unter Berücksichtigung der *unterschiedlichen* (exponentiellen) Gewichtung dem durchschnittlichen Alter der Daten entspricht. Das mittlere Alter der Daten beim exponentiellen Glätten wurde in Abschnitt 2.3.3.3 zu $(1-A)/A$ bestimmt. Ein Glättungswert, welcher in der Periode T aus *allen* Daten x_t berechnet wird, bezieht sich daher auf die Periode $(T-(1-A)/A)$. Soll eine Vorhersage durchgeführt werden, so muß vorher der Glättungswert $S_t(x)$ um das $(1-A)/A$-fache des Trendanstiegs pro Periode $\hat{b}_t$ korrigiert werden.

Bezeichnen wir nun den *korrigierten* Schätzwert für den Periodengrundwert mit $\hat{a}_t$, dann ist dieser mit

$$\hat{a}_t = S_t(x) + \frac{(1-A)}{A} \hat{b}_t \tag{13}$$

zu berechnen.

Beim Verfahren des exponentiellen Glättens mit Trendkorrektur wird der Trendwert $\hat{b}_t$ folgendermaßen *direkt* fortgeschrieben: Man berechnet einen *aktuellen* Trendwert b_t aus der Differenz der Glättungswerte $S_t(x)$ und $S_{t-1}(x)$

$$b_t = S_t(x) - S_{t-1}(x) \tag{14}$$

Dieser wird mit exponentiellem Glätten (erster Ordnung) fortgeschrieben. (Zur Kennzeichnung des geglätteten Trendwerts wird $S_t(b)$ verwendet.)

$$S_t(b) = S_{t-1}(b) + A(b_t - S_{t-1}(b)) \tag{15}$$

Der Glättungswert $S_t(b)$ wird zur Abschätzung von $\hat{b}_t$ herangezogen.

$$\hat{b}_t = S_t(b) \tag{16}$$

Zur Berechnung benötigt man also folgende Formeln:

$$b_t = S_t(x) - S_{t-1}(x) \qquad \text{(aktueller Trendwert)} \qquad (14)$$

$$S_t(b) = S_{t-1}(b) + A(b_t - S_{t-1}(b)) \qquad \text{(fortgeschriebener Trendwert)} \qquad (15)$$

$$\hat{b}_t = S_t(b) \qquad (16)$$

$$\hat{a}_t = S_t(x) + \frac{(1-A)}{A} \hat{b}_t \qquad \text{(korrigierter Grundwert)} \qquad (13)$$

Die Vorhersage in einer Periode (T) für eine Periode $(T+i)$ ist dann

$$\hat{x}_{T+i} = \hat{a}_T + \hat{b}_T\, i$$

2.4.2 Exponentielles Glätten zweiter Ordnung (nach Brown)

Dieses Verfahren (Double Exponential Smoothing) ist sehr bekannt und verbreitet. Der Zusatz "nach *Brown*" ist deswegen erforderlich, weil es auch noch andere Verfahren des exponentiellen Glättens für das lineare Modell gibt (vgl. Abschnitt 2.5).

Auch hier bestehen grundsätzlich zwei Möglichkeiten, die Berechnungen durchzuführen:

- Verwendung von Glättungswerten erster und zweiter Ordnung (Abschnitt 2.4.2.1).
- Direkte Fortschreibung der Modellkoeffizienten (Abschnitt 2.4.2.2).

Die Ergebnisse sind in jedem Fall gleich, der Unterschied ist nur rechentechnischer Natur (Beweis siehe Abschnitt 2.4.2.3).

2.4.2.1 Verwendung von Glättungswerten erster und zweiter Ordnung

Der einfache Glättungswert $S_t(x)$ (im folgenden mit $S_t^1(x)$ bezeichnet) errechnet sich aus

$$S_t^1(x) = A\,x_t + (1-A)S_{t-1}^1(x) \qquad (6)$$

Wir fassen nun die errechneten Glättungswerte $S_t^1(x)$ als Beobachtungswerte auf und schreiben sie mit exponentiellem Glätten erster Ordnung fort. Damit erhalten wir einen Glättungswert zweiter Ordnung, der einen Glättungswert über die Glättungswerte darstellt (im folgenden mit $S_t^2(x)$ bezeichnet).

$$S_t^2(x) = A\,S_t^1(x) + (1-A)S_{t-1}^2(x) \qquad (17)$$

oder

$$S_t^2(x) = S_{t-1}^2(x) + A\left(S_t^1(x) - S_{t-1}^2(x)\right) \qquad (18)$$

Nehmen wir an, daß unsere Daten frei von Zufallsabweichungen sind, so liegen die Glättungswerte zweiter Ordnung auf einer Geraden parallel zu den Glättungswerten erster Ordnung bzw. zu den Beobachtungswerten. Der horizontale Abstand der Geraden zueinander ist konstant und beträgt $(1-A)/A$, der vertikale Abstand ist daher durch $b_t(1-A)/A$ gegeben:

$$x_t - S_t^1(x) = S_t^1(x) - S_t^2(x) = b_t(1-A)/A \qquad (19)$$

Sind die Daten mit Zufallsabweichungen behaftet, so können mit Hilfe der Gleichung (19) Schätzwerte für den korrigierten Periodengrundwert und den Trendwert bestimmt werden.

$$\hat{a}_t = S_t^1(x) + S_t^1(x) - S_t^2(x) = 2 S_t^1(x) - S_t^2(x) \qquad (20)$$

Dabei ist $\hat{a}_t$ ein Periodengrundwert, der bereits um den durch Trend verursachten "time-lag" korrigiert wurde ($\hat{a}_t = \hat{x}_t$).

Da aber auch gilt, daß

$$S_t^1(x) - S_t^2(x) = b_t(1-A)/A$$

erhält man einen Schätzwert für den Trendanstieg pro Periode durch

$$\hat{b}_t = A/(1-A) \left(S_t^1(x) - S_t^2(x) \right) \qquad (21)$$

Soll nun in einer bestimmten Periode T eine Vorhersage für $(T+i)$ Perioden durchgeführt werden, so lautet die Vorhersagegleichung

$$\hat{x}_{T+i} = \hat{a}_T + \hat{b}_T i$$

Wir können also durch die Bildung von Glättungswerten erster und zweiter Ordnung Schätzwerte für die Koeffizienten a und b in einem linearen Modell bestimmen.

Zu Beginn der Glättung sind die Glättungswerte der Vorperiode $S_0^1(x)$ und $S_0^2(x)$ erforderlich. Bezieht man die Formeln (20) und (21) auf die Periode $t=0$, so erhält man

$$\hat{a}_0 = 2 S_0^1(x) - S_0^2(x) \qquad (22)$$

und

$$\hat{b}_0 = A/(1-A) \left(S_0^1(x) - S_0^2(x) \right) \qquad (23)$$

Auflösen dieser beiden Gleichungen nach $S_0^1(x)$ bzw. $S_0^2(x)$ ergibt mit $B = 1 - A$

$$S_0^1(x) = \hat{a}_0 - \hat{b}_0 \, B/A \qquad (24)$$

$$S_0^2(x) = \hat{a}_0 - 2 \hat{b}_0 \, B/A \qquad (25)$$

Liegen repräsentative Vergangenheitsdaten vor, so kann man die Werte a_0 und b_0 z. B. mit Hilfe einer Regressionsrechnung bestimmen. Ist dies nicht der Fall, so muß man versuchen, durch den Vergleich mit ähnlichen Zeitreihen (z. B. von ähnlichen Produkten) möglichst gute Schätzungen für $\hat{a}_0$ und $\hat{b}_0$ zu erhalten. Sind die Schätzwerte sehr unsicher, so wird man gegebenenfalls zu Beginn mit einem größeren A rechnen, damit sich ein Fehler bei der Schätzung der Anfangswerte nicht lange auswirkt, und nach einigen Perioden das A wieder verkleinern.

Sind nun die Werte für $\hat{a}_0$ und $\hat{b}_0$ bestimmt, so können mit (24) und (25) die Glättungswerte für die Periode $t = 0$ berechnet werden.

Die Glättungswerte für die Periode $t = 1$ sind

$S_1^1(x) = A x_1 + B S_0^1(x)$ und vgl. (6)

$S_1^2(x) = A S_1^1(x) + B S_0^2(x)$ vgl. (17)

Die gesuchten Modellkoeffizienten für die Periode $t = 1$ sind

$\hat{a}_1 = 2\, S_1^1(x) - S_1^2(x)$ (vgl. (20))

$\hat{b}_1 = A / B \left(S_1^1(x) - S_1^2(x) \right)$ (vgl. (21))

Mit Hilfe der Vorhersagegleichung

$\hat{x}_{T+i} = \hat{a}_T + \hat{b}_T\, i$

kann nun für eine beliebige Zahl von Perioden prognostiziert werden. Wird jeweils nur für eine Periode vorhergesagt (x_{T+1}), so kommt man durch Einsetzen von (20) und (21) in die Vorhersagegleichung unter Berücksichtigung der Beziehung $B = 1 - A$ zu folgenden Gleichungen:

$\hat{x}_{T+1} = 2\, S_t^1(x) - S_t^2(x) + \dfrac{A}{1-A} \left(S_t^1(x) - S_t^2(x) \right)$

$\hat{x}_{T+1} = S_t^1(x) + \left(S_t^1(x) - S_t^2(x) \right) + \dfrac{A}{1-A} \left(S_t^1(x) - S_t^2(x) \right)$

$\hat{x}_{T+1} = S_t^1(x) + \left(S_t^1(x) - S_t^2(x) \right) \left(1 + \dfrac{A}{1-A} \right)$

$\hat{x}_{T+1} = S_t^1(x) + \left(S_t^1(x) - S_t^2(x) \right) \dfrac{1}{B}$ (26)

2.4.2.2 Direkte Fortschreibung der Modellkoeffizienten

Bei der in 2.4.2.1 behandelten Methode ist die erforderliche Trendkorrektur durch die Differenz der Glättungswerte erster und zweiter Ordnung eingeführt worden. Um den korrigierten Periodengrundwert $\hat{a}_t$ zu erhalten, wurde $S_t^1(x)$ um den Betrag $\left(S_t^1(x) - S_t^2(x) \right)$ vermehrt. Abbildung 11 verdeutlicht diesen Sachverhalt.

Beim Verfahren des exponentiellen Glättens mit Trendkorrektur wurde der Glättungsfaktor erster Ordnung um den Betrag $\dfrac{1-A}{A} b_t$ korrigiert, der Trendanstieg pro Periode b_t wurde getrennt bestimmt bzw. fortgeschrieben (vgl. Abschnitt 2.4.1). Aus Abbildung 11 geht hervor, daß als dritte Möglichkeit zur Trendkorrektur die Beziehung

$\hat{a}_t = \hat{a}_{t-1} + \hat{b}_{t-1}$ (27)

verwendet werden kann.

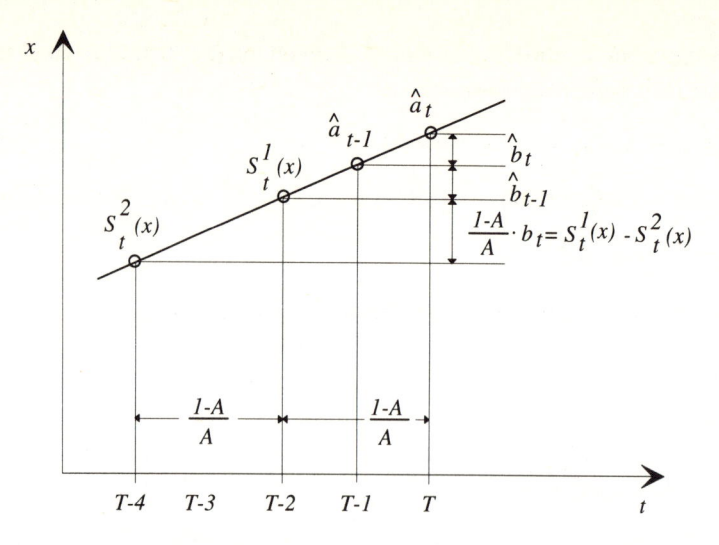

Abb. 11 Möglichkeiten der Trendkorrektur

Diese Methode hat den Vorteil, daß keine Glättungswerte zu berechnen sind und die Modellkoeffizienten direkt fortgeschrieben werden können. Zu diesem Zweck wird die Trendgerade gedanklich in einen Trendwert und in einen Grundwert zerlegt, die über der Zeit als annähernd konstant angesehen werden. Da jetzt zwei konstante Prozesse vorliegen, können die Koeffizienten mit exponentiellem Glätten erster Ordnung fortgeschrieben werden, ohne daß eine Trendkorrektur durchzuführen ist.

Die Umformung der Formeln des exponentiellen Glättens zweiter Ordnung zu Formeln für direkte Fortschreibung der Modellkoeffizienten soll am Beispiel des konstanten Modells gezeigt werden.

Als Schätzwert für $\hat{a}_t$ wird der Glättungswert erster Ordnung verwendet:

$$\hat{a}_t = S_t^1(x) = A x_t + (1-A) S_{t-1}^1(x) \tag{28}$$

Eine Vorhersage für die nächste Periode ist im konstanten Modell durch

$\hat{x}_{t+1} = \hat{a}_t = S_t^1(x)$ gegeben.

Es muß aber auch gelten, daß

$\hat{x}_t = \hat{a}_{t-1} = S_{t-1}^1(x)$

Setzt man nun in der Gleichung (28) für $S_{t-1}^1(x)$ den Wert $\hat{a}_{t-1}$ ein, so erhält man nach Umformen

$$\hat{a}_t = \hat{a}_{t-1} + A (x_t - \hat{a}_{t-1}) \tag{29}$$

als Formel für direkte Fortschreibung des Koeffizienten im konstanten Modell.

Die Ableitung der Formel (29) aus der Formel (28) ist beim konstanten Modell trivial. Für das lineare Modell ist diese Vorgehensweise nicht so einfach. Wir geben hier nur die grundlegenden Rechenschritte und das Ergebnis wieder.

Man geht von den Formeln

$$\hat{a}_t = 2S_t^1(x) - S_t^2(x) \quad \text{und} \tag{20}$$

$$\hat{b}_t = A/B\left(S_t^1(x) - S_t^2(x)\right) \tag{21}$$

aus, in die man für

$$S_t^1(x) \text{ und } S_t^2(x)$$

$$S_t^1(x) = A x_t + (1-A)S_{t-1}^1(x) \quad \text{und} \tag{6}$$

$$S_t^2(x) = A S_t^1(x) + (1-A)S_{t-1}^2(x) \tag{17}$$

einsetzt.

In den daraus resultierenden Ausdrücken für $\hat{a}_t$ und $\hat{b}_t$ werden die Glättungswerte durch

$$S_t^1(x) = \hat{a}_t - \hat{b}_t \, B/A \quad \text{und} \qquad \text{vgl. (24)}$$

$$S_t^2(x) = \hat{a}_t - 2\hat{b}_t \, B/A \qquad \text{vgl. (25)}$$

ersetzt. (Diese Formeln gewinnt man durch Auflösen der Gleichungen (20) und (21) nach $S_t^1(x)$ bzw. $S_t^2(x)$.)

Nach verschiedenen Umformungen erhält man als Resultate:

$$\hat{a}_t = \hat{x}_t + \left(1 - B^2\right)(x_t - \hat{x}_t) \tag{30}$$

$$\hat{b}_t = \hat{b}_{t-1} + (1 - B)^2 (x_t - \hat{x}_t) \tag{31}$$

In diesen Formeln ist $\hat{x}_t$ der um den Trend korrigierte Periodengrundwert $\left(\hat{x}_t = \hat{a}_{t-1} + \hat{b}_{t-1}\right)$, der als "alter Glättungswert" in die Formeln eingeht, hingegen stellt $\hat{a}_t$ den fortgeschriebenen "neuen Glättungswert" dar, welcher unter Berücksichtigung der Differenz zwischen neuem Beobachtungswert x_t und dem "alten Glättungswert" $\hat{x}_t$ mit exponentiellem Glätten erster Ordnung bestimmt wird [4/S. 140].

Eine Vorhersage für die Periode $(T+i)$ ist durch

$$\hat{x}_{T+i} = \hat{a}_T + \hat{b}_T i$$

gegeben.

Es ist aber zu beachten, daß es sich hier lediglich um eine andere Berechnungsmethode handelt, die dieselben Werte wie die im vorhergegangenen Abschnitt behandelte Methode ergibt. In dieser Form kann aber das Verfahren von *Brown* mit anderen besser verglichen werden.

2.4.2.3 Vergleich zwischen exponentiellem Glätten mit Trendkorrektur und exponentiellem Glätten zweiter Ordnung (nach Brown)

Diese beiden Verfahren unterscheiden sich lediglich in der Organisation des Rechenvorgangs, führen aber zu den gleichen Ergebnissen. Der korrigierte Periodengrundwert ist beim exponentiellen Glätten mit Trendkorrektur

$$\hat{a}_t = S_t(x) + B/A\,\hat{b}_t \tag{13}$$

Der Trendwert b_t wird direkt mit der Formel

$$\hat{b}_t = \hat{b}_{t-1} + A\left(b_t - \hat{b}_{t-1}\right)$$
$$\hat{b}_t = S_t(b) \tag{15a}$$

und

$$\hat{b}_{t-1} = S_{t-1}(b)$$

fortgeschrieben, wobei der jeweils neue "Beobachtungswert" b_t durch

$$b_t = S_t^1(x) - S_{t-1}^1(x) \quad \text{gegeben ist.} \tag{14}$$

Da man den Periodengrundwert mit Hilfe der Glättungswerte bestimmt, werden beide in 2.4.2.1 und 2.4.2.2 beschriebenen Organisationsformen der Berechnung verwendet.

Die entsprechenden Formeln für exponentielles Glätten zweiter Ordnung sind

$$\hat{a}_t = \hat{x}_t + \left(1 - B^2\right)(x_t - \hat{x}_t) \tag{30}$$
$$\hat{b}_t = \hat{b}_{t-1} + (1-B)^2 (x_t - \hat{x}_t) \tag{31}$$
$$\left(\hat{x} = \hat{a}_{t-1} + \hat{b}_{t-1}\right)$$

Durch eine Reihe von Umformungen kann gezeigt werden, daß die Formeln (13) und (15a) mit den Formeln (30) und (31) identisch sind [16/S. 53 ff.].

2.5 Mehr-Parameter-Modelle - Darstellung und Vergleiche

Bei allen bisher besprochenen Verfahren des exponentiellen Glättens wurde ein einziger Glättungsparameter (A bzw. für $(1-A) = B$) verwendet. Für das lineare Modell bedeutet das, daß sowohl Periodengrundwert als auch der Trendwert mit dem gleichen Parameter geglättet wurden. Wir wollen nun Verfahren behandeln, die zwei (bzw. drei) verschiedene Glättungsparameter benutzen.

2.5.1 Zwei-Parameter-Modell nach Holt

Holt war der erste Autor, der exponentielles Glätten für die kurzfristige Vorhersage verwendet hat [9/S. 104]. Im Gegensatz zu dem Verfahren von *Brown* werden hier Periodengrundwert und Trendwert mit zwei verschiedenen Glättungsparametern fortgeschrieben. Die Grundformeln lauten:

$$\hat{a}_t = C x_t + (1-C)\left(\hat{a}_{t-1} + \hat{b}_{t-1}\right) \tag{32}$$

$$\hat{b}_t = D\left(\hat{a}_t - \hat{a}_{t-1}\right) + (1-D)\hat{b}_{t-1} \tag{33}$$

C und D sind die Glättungsparameter, für die gilt $0<C<1$ und $0<D<1$. Auch hier ist die Vorhersagegleichung für eine Periode in die Zukunft

$$\hat{x}_{t+1} = \hat{a}_t + \hat{b}_t$$

so daß auch gelten muß

$$\hat{x}_t = \hat{a}_{t-1} + \hat{b}_{t-1}$$

Um diese Formeln mit den Formeln des Ein-Parameter-Modells von *Brown* (30) vergleichen zu können, führen wir folgende Umformung durch. Wir setzen in (32) $(\hat{a}_{t-1} + \hat{b}_{t-1}) = \hat{x}_t$ ein und formen um zu

$$\hat{a}_t = \hat{x}_t + C\left(x_t - \hat{x}_t\right) \tag{34}$$

bzw. mit

$$\hat{x}_t = \hat{a}_{t-1} + \hat{b}_{t-1}$$

$$\hat{a}_t - \hat{a}_{t-1} = \hat{b}_{t-1} + C(x_t - \hat{x}_t) \tag{35}$$

Der Ausdruck (35) wird in (33) eingesetzt, und man erhält für $\hat{b}_t$

$$\hat{b}_t = \hat{b}_{t-1} + E\left(x_t - \hat{x}_t\right); (E = C D) \tag{36}$$

Wir stellen nun die Formeln des *Holt*schen Zwei-Parameter-Modells

$$\hat{a}_t = \hat{x}_t + C\left(x_t - \hat{x}_t\right) \tag{34}$$

$$\hat{b}_t = \hat{b}_{t-1} + E\left(x_t - \hat{x}_t\right) \tag{36}$$

den Formeln von *Brown* für das Ein-Parameter-Modell

$$\hat{a}_t = \hat{x}_t + \left(1-B^2\right)\left(x_t - \hat{x}_t\right) \tag{30}$$

$$\hat{b}_t = \hat{b}_{t-1} + (1-B)^2 \left(x_t - \hat{x}_t\right) \tag{31}$$

gegenüber.

Daraus ist nun ersichtlich, daß das *Brown*sche Modell ein Sonderfall des Zwei-Parameter-Modells von *Holt* ist, da es die beiden Parameter C und D so beschränkt, daß $C = \left(1-B^2\right)$ und $E = CD = (1-B)^2$ bzw. $D = \dfrac{(1-B)^2}{C}$ ist.

2.5.2 Zwei-Parameter-Modell mit gedämpftem Trend

Werden die Trendkomponenten der Gleichungen (32) und (33) mit einem zusätzlichen Faktor Φ, $0 \leq \Phi \leq 1$, multipliziert, so erhält man einen abgeschwächten Trend [5]:

$$\hat{a}_t = C x_t + (1-C)\left(\hat{a}_{t-1} + \Phi \hat{b}_{t-1}\right) \qquad (37)$$

$$\hat{b}_t = D\left(\hat{a}_t - \hat{a}_{t-1}\right) + (1-D)\Phi \hat{b}_{t-1} \qquad (38)$$

Die Ermittlung des Prognosewertes unterscheidet sich dann von der bisherigen ($\hat{x}_{T+i} = \hat{a}_T + \hat{b}_T i$) insofern, als man im zweiten Summanden über Dämpfungsfaktoren, die für die betrachteten Zukunftsperioden unterschiedlich gewählt werden können, summieren muß:

$$\hat{x}_{T+i} = \hat{a}_T + \sum_{j=1}^{i} \Phi_j \hat{b}_T \qquad (39)$$

Für $\Phi = 1$ erhält man als Spezialfall das ursprüngliche *Holt*-Modell, für $\Phi = 0$ das exponentielle Glättungsmodell erster Ordnung.

Das Verfahren mit gedämpftem Trend stellt eine beachtenswerte Weiterentwicklung dar, da sich auf diese Weise Prozesse, deren Werte in einer "Grauzone" zwischen "mit und ohne Trend" variieren, besser modellieren lassen. Ein Beispiel zum praktischen Einsatz (Prognose der Personenbeförderung bei der Schweizerischen Bundesbahn für die Jahre 1987 bis 1996) findet sich in [18/S. 48].

2.5.3 Drei-Parameter-Modell mit Fehlerdifferenzausdruck

Ohne auf die Problematik einzugehen, ob ein Fehlerdifferenzausdruck eine wesentliche Verbesserung der Vorhersage bringen kann [9/S. 107], soll nun abschließend das *Holt*sche Modell durch die Einführung eines Fehlerdifferenzausdrucks auf ein Drei-Parameter-Modell erweitert werden: Der Vorhersagefehler e_t ist die Differenz zwischen dem Beobachtungswert der Periode t und dem Vorhersagewert für die gleiche Periode t, der in $(t-1)$ errechnet wurde. Der Vorhersagefehler e_t entspricht damit dem Ausdruck $(x_t - \hat{x}_t)$, der in den Gleichungen bisher verwendet wurde (x_t = Beobachtungswert, $\hat{x}_t = \hat{a}_{t-1} + \hat{b}_{t-1}$).

Die Fehlerdifferenz ist $(e_t - e_{t-1})$ und wird mit einem dritten Parameter geglättet. Man erhält folgende Gleichung (vgl. dazu (32) und (33)):

$$\hat{a}_t = F x_t + (1-F)\hat{x}_t + H(e_t - e_{t-1}) \qquad (40)$$

$$\hat{b}_t = G(\hat{a}_t - \hat{a}_{t-1}) + (1-G)\hat{b}_{t-1} \qquad (41)$$

F, G, H sind Glättungsparameter.

2.6 Literatur

[1]   Armstrong, J.S., Long-Range Forecasting, From Crystal Ball to Computer, New York u.a. 1985.

[2] Box, G.E.P. und Jenkins, G.M., Some Statistical Aspects of Adaptive Optimization and Control, Journal of the Royal Statistical Society B 24 (1962), S. 297 ff.
[3] Box, G.E.P. und Jenkins, G.M., Time Series Analysis, Forecasting and Control, San Francisco 1970.
[4] Brown, R.G., Smoothing, Forecasting and Prediction of Discrete Time Series, Englewood Cliffs 1963.
[5] Gardner, E.S., Jr., Exponential Smoothing: The State of the Art, Journal of Forecasting 4 (1985), S. 1 ff.
[6] Gardner, E.S., Jr. und McKenzie, E., Model Identification in Exponential Smoothing, Journal of the Operational Research Society 39 (1988), S. 863 ff.
[7] Harrison, P.J., Short Term Sales Forecasting, Applied Statistics 14 (1965), S. 102 ff.
[8] Harrison, P.J., Exponential Smoothing and Short-Term Sales Forecasting, Management Science 13 (1967), S. 821 ff.
[9] Holt, C.C., Modigliani, F., Muth, J.F. und Simon, H.A., Planning Production, Inventories and Work Force, Englewood Cliffs 1960.
[10] ICT (Hrsg.), SCAN System 1 Operating Manual for Inventory Management, 1900 Series Nr. 3331.
[11] Lewandowski, R., Modelle und Methoden der ökonomischen Vorhersage, Elektronische Datenverarbeitung 11 (1969), S. 235 ff.
[12] Makridakis, S., Wheelwright, S.C. und McGee V.E., Forecasting, Methods and Applications, 2. Aufl., New York u.a. 1983.
[13] Müller-Merbach, H., Operations Research, 3. Aufl., München 1973.
[14] Pegels, C., Exponential Forecasting: Some New Variations, Management Science 15 (1969), S. 311 ff.
[15] Reif, K., Bedarfsvorhersage mittels mathematisch-statistischer Verfahren, IBM Form 81518, 1966.
[16] Schröder, M., Einführung in die kurzfristige Zeitreihenprognose und Vergleich der einzelnen Verfahren, in: Mertens, P. (Hrsg.), Prognoserechnung, 2. Aufl., Würzburg 1975, S. 53 ff.
[17] Wiese, K.H., Exponential Smoothing - eine Methode der statistischen Bedarfsvorhersage, IBM Form 78129, 1964.
[18] Weber, K., Prognosemethoden und -Software, Idstein 1991.
[19] Winters, P.R., Forecasting Sales by Exponentially Weighted Moving Averages, Management Science 6 (1960), S. 324 ff.

3 Einführung in die Zeitreihenprognose bei saisonalen Bedarfsschwankungen und Vergleich der Verfahren von *Winters* und *Harrison*

von W. Schläger

3.1 Einleitung

In diesem Aufsatz werden zwei Verfahren zur kurzfristigen Prognose von Zeitreihen mit Saisonschwankungen beschrieben.

Das Verfahren von *Winters* [22] ist Grundlage mehrerer Hersteller-Standardprogramme zur Materialwirtschaft und Bestandteil der meisten namhaften Softwarepakete zur Prognoserechnung [17]. Es dürfte damit das am weitesten verbreitete Modell zur Vorhersage von Zeitreihen mit Saisonschwankungen sein.

Der Ansatz von *Harrison* [8] unterscheidet sich, wie zu zeigen sein wird, vom *Winters*-Modell im wesentlichen durch die Behandlung der Saisonkomponente.

3.2 Annahmen für die Komponenten der Zeitreihen

Eine Zeitreihe wird üblicherweise in drei Komponenten zerlegt:

1. Trendkomponente: Sie gibt die langfristige Entwicklung wieder.
2. Saisonkomponente: Sie repräsentiert regelmäßig wiederkehrende Schwankungen in der Zeitreihe.
3. Restkomponente: Sie enthält alles, was nicht auf Trend- oder Saisoneinflüsse zurückgeführt werden kann.

(In einigen Modellen werden auch noch weitere Komponenten, wie z. B. eine konjunkturelle Komponente, benutzt.)

Die Trendkomponente $b_t = f_b(t)$ wird in vielen Prognoseverfahren als polynomial angenommen:

$$b_t = f_b(t) = v_0 + v_1 t + v_2 t^2 + v_3 t^3 + \ldots + v_n t^n = \sum_{v=0}^{n} v_v\, t^v$$

Für $n = 1$ erhält man einen linearen Trend $b_t = v_0 + v_1 t$. Die v_v sind die die Funktion f_b bestimmenden Koeffizienten.

Die Saisonkomponente $s_t = f_s(t)$ der Zeitreihe x_t ist periodisch; man kann sie deshalb durch Überlagerung periodischer Funktionen annähern (*Fourier-Analyse*). Diese Vorgehensweise, die z. B. beim Verfahren von *Harrison* angewendet wird, ist mathematisch aufwendig. Deshalb wird die Saisonkomponente meist recht einfach in Form eines Vektors von Saisonkoeffizienten dargestellt (z. B. bei *Winters*).

Die Restkomponente oder irreguläre Komponente enthält insbesondere alle zufälligen oder einmaligen Einflüsse. Wegen dieser Eigenschaft kann sie nicht oder nur sehr schlecht vorhergesagt werden. Deshalb wird sie in vielen Prognoseverfahren vernachlässigt. Indirekt kann sie durch Angabe eines Unsicherheitsbereichs für einen Prognosewert berücksichtigt werden.

Eine weitere Annahme muß über die Art der Verknüpfung der Komponenten gemacht werden. Trend- und Saisonkomponente können additiv ($x_t = b_t + s_t$) oder multiplikativ ($x_t = b_t s_t$) verknüpft sein.

3.3 Das Verfahren von Winters

3.3.1 Die Prognoseformel

Winters berechnet einen Prognosewert nach der Formel

$$\hat{x}_{t+i} = \left(\hat{a}_t + i\,\hat{b}_t\right)\hat{s}_{l,j} \tag{1}$$

Es bedeuten:

$\hat{x}_{t+i}$ = Prognosewert, berechnet zum Zeitpunkt t für den Zeitpunkt $t+i$, also für i Zeiteinheiten im voraus

$\hat{a}_t$ = Grundwert, berechnet zum Zeitpunkt t

$\hat{b}_t$ = Trendfaktor, berechnet zum Zeitpunkt t

$\hat{s}_{l,j}$ = Saisonfaktor, berechnet zum Zeitpunkt $l = t - L + (i \bmod L)$, mit der Ordnungsnummer $j = (t+i) \bmod L$ (L = Länge eines Saisonzyklus)

Die Ordnungsnummer wird am besten durch ein kleines Beispiel erklärt: Ein Saisonzyklus dauere $L=12$ Zeiteinheiten (z. B. Monate). Dann gibt es $L=12$ Saisonfaktoren mit den Ordnungsnummern $0, 1, ..., L-1$, d. h. $0, 1, ..., 11$:

   0 ≙ 1. Monat
   1 ≙ 2. Monat
   2 ≙ 3. Monat
     ·
     ·
     ·
   11 ≙ 12. Monat

Die übrige Indizierungstechnik kann sich der Leser an dem in Abschnitt 3.3.8 dargestellten Beispiel verdeutlichen.

Der Prognosewert setzt sich zusammen aus dem linearen Trendwert $\hat{a}_t + i\,\hat{b}_t$ und dem Saisonfaktor $\hat{s}_{l,j}$. Beide Komponenten sind multiplikativ verknüpft. (Wird die Saison- von der Trendkomponente nicht beeinflußt, so eignet sich auch ein additiver Ansatz: Winters' Additive Seasonal Forecast Procedure, vgl. z. B. [1/S. 167 ff.] sowie [22/S. 327] und [13].)

Das Prognosemodell von Winters ist also geeignet für Zeitreihen mit Saisonschwankungen und mit konstantem ($b_t = 0$) oder linearem ($b_t \neq 0$) Trend.

3.3.2 Die Berechnung des Grundwertes

Der Grundwert wird berechnet nach der Formel

$$\hat{a}_t = \left(\hat{a}_{t-1} + \hat{b}_{t-1}\right) + A \left\{ \frac{x_t}{\hat{s}_{t-L,\,t \bmod L}} - \left[\hat{a}_{t-1} + \hat{b}_{t-1}\right] \right\} \qquad (2)$$

mit x_t = Beobachtungswert (Zeitreihenwert) für den Zeitpunkt t, A = konstant, $0 < A < 1$.

Der Grundwert zum Zeitpunkt t ist gleich dem zum Zeitpunkt $t-1$ für t erwarteten Grundwert $\hat{a}_{t-1} + \hat{b}_{t-1}$, korrigiert um einen Bruchteil A der Differenz zwischen dem "tatsächlichen" Grundwert $\dfrac{x_t}{\hat{s}_{t-L,\,t \bmod L}}$ und dem erwarteten. Diese Formel entspricht in ihrer Struktur der Grundgleichung des exponentiellen Glättens.

Zur Berechnung des "tatsächlichen" Grundwerts wird aber nicht der neue Saisonfaktor $\hat{s}_{t,\,t \bmod L}$, sondern der alte verwendet. Das ist ein systematischer Fehler, der zum Zusammenbruch des ganzen Systems (d. h. zu negativen Prognosen) führen kann [8/S. 112], sich aber nicht beseitigen läßt, weil der neue Saisonfaktor bei diesem Stand der Berechnungen noch nicht bekannt ist.

Reduziert man die Gleichung (2) um den Saisonfaktor $\hat{s}_{t-L,\,t \bmod L}$, so entsteht aus dem mathematischen Ausdruck für das *Winters*-Verfahren unmittelbar die entsprechende Formel für den *Holt*-Ansatz (vgl. Kapitel 2). Da sich die beiden Methoden so ineinander überführen lassen, bezeichnet man sie oft auch als *Holt-Winters*-Modelle [6].

3.3.3 Die Berechnung der Saisonfaktoren

Zu einem Zeitpunkt t existiert ein Satz von Saisonfaktoren, der die Saisonschwankungen der Zeitreihe (einer Periode im mathematischen Sinn) repräsentiert.

Aus diesem Vektor der L Saisonfaktoren wird der mit der Ordnungsnummer $j = t \bmod L$ vom Zeitpunkt $t - L$ durch exponentielles Glätten neu berechnet

$$\hat{s}_{t,j} = \hat{s}_{t-L,j} + B \left\{ \frac{x_t}{\hat{a}_t} - \hat{s}_{t-L,j} \right\} \qquad (3)$$

mit B = konstant, $0 < B < 1$.

Der Saisonfaktor mit der Ordnungsnummer $j = t \bmod L$ ist gleich dem entsprechenden des Zeitpunkts $t - L$, korrigiert um einen Bruchteil B der Differenz zwischen dem tatsächlichen Saisonfaktor $\dfrac{x_t}{\hat{a}_t}$ des Zeitpunkts t und dem alten Wert. Die übrigen Saisonfaktoren werden im Zeitpunkt t nicht verändert.

3.3.4 Die Berechnung des Trendfaktors

Der Trendfaktor wird vom Zeitpunkt $t-1$ zum Zeitpunkt t durch exponentielles Glätten weiterentwickelt

$$\hat{b} = \hat{b}_{t-1} + C\left[(\hat{a}_t - \hat{a}_{t-1}) - \hat{b}_{t-1}\right] \tag{4}$$

mit C = konstant, $0 < C < 1$.

Der Trendfaktor zum Zeitpunkt t ist gleich dem zum Zeitpunkt t-1, korrigiert um einen Bruchteil C der Differenz zwischen dem tatsächlichen $\hat{a}_t - \hat{a}_{t-1}$ und dem alten Trendfaktor $\hat{b}_{t-1}$.

3.3.5 Der Bedarf an Speicher und Rechenzeit

Von einem Fortschreibungszeitpunkt zum nächsten müssen mindestens gespeichert werden:

1. Der Grundwert
2. Die L Saisonfaktoren
3. Der Trendfaktor
4. Die Konstanten A, B, C

Der Mindestspeicherbedarf beträgt also $1 + L + 1 + 3 = 5 + L$ Speicherplätze.

Der Rechenaufwand im Verfahren von *Winters* ist gering, da die Fortschreibeformeln von recht einfacher Struktur sind. Deshalb ist das Verfahren sehr schnell.

3.3.6 Initialisierung und Ablauf des Verfahrens

Da rekursive Formeln verwendet werden, um Grundwert, Saisonfaktoren und Trendfaktor zu berechnen, wird eine besondere Initialisierung notwendig. Außerdem muß man die (optimalen) Konstanten A, B und C bestimmen (vgl. hierzu *Winters* [22/S. 331 ff.] und Abschnitt 7.2). Den Ablauf des Verfahrens verdeutlicht Abbildung 1.

3.3.7 Beispiel zum Verfahren

Daten:

Gegenwärtiger Zeitpunkt	t	= 49	$t \bmod L = 49 \bmod 12 = 1$	
Länge eines Saisonzyklus	L	= 12		
Gespeicherter Grundwert	$\hat{a}_{48}$	= 67,400		
Gespeicherter Trendfaktor	$\hat{b}_{48}$	= 0,779		
Gespeicherte Saisonfaktoren	$\hat{s}_{48,0}$	= 0,672,	$\hat{s}_{37,1}$	= 0,756
	$\hat{s}_{38,2}$	= 0,458,	$\hat{s}_{39,3}$	= 0,855
	$\hat{s}_{40,4}$	= 1,157,	$\hat{s}_{41,5}$	= 1,539
	$\hat{s}_{42,6}$	= 1,556,	$\hat{s}_{43,7}$	= 1,561
	$\hat{s}_{44,8}$	= 1,525,	$\hat{s}_{45,9}$	= 1,293
	$\hat{s}_{46,10}$	= 0,882,	$\hat{s}_{47,11}$	= 0,795

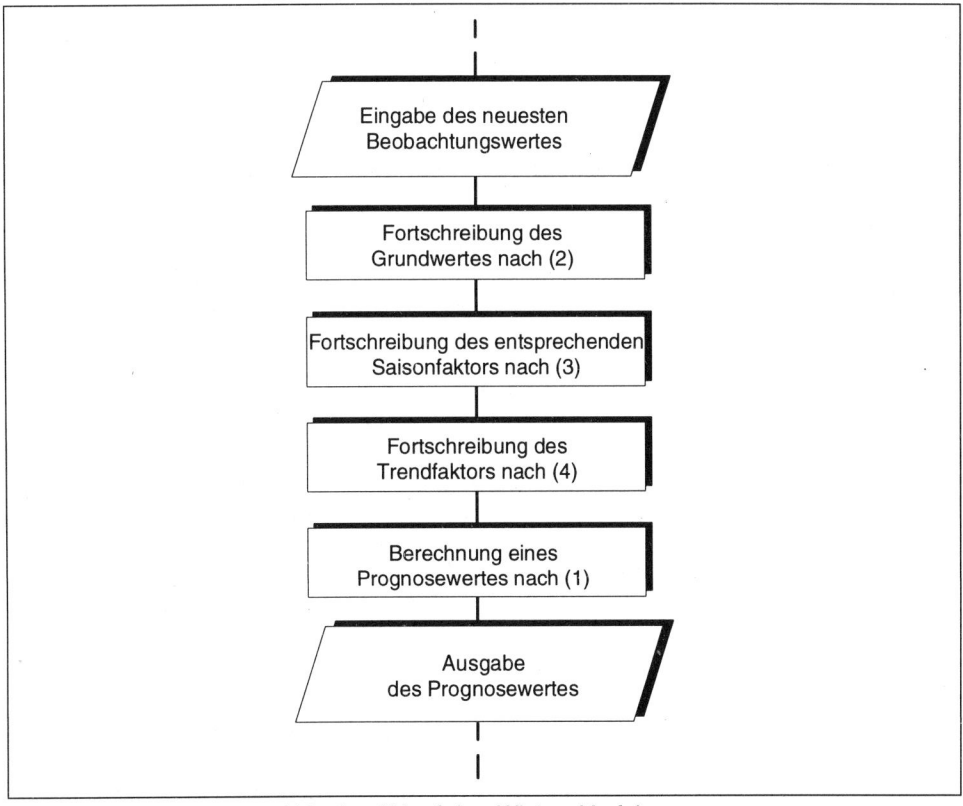

Glättungsfaktoren (-parameter)	A	$=$	0,05
	B	$=$	0,35
	C	$=$	0,05
Beobachtungswert	x_{49}	$=$	40,000

Abb. 1 Ablauf des *Winters*-Verfahrens

Berechnung des neuen Grundwerts $\hat{a}_t$ nach (2):

$$\hat{a}_{49} = (\hat{a}_{48} + \hat{b}_{48}) + A\left[\frac{x_{49}}{\hat{s}_{37,1}} - (\hat{a}_{48} + \hat{b}_{48})\right] =$$

$$= 67,400 + 0,779 + 0,05\left[\frac{40,000}{0,756} - (67,400 + 0,779)\right] \approx 67,417$$

Berechnung des neuen Saisonfaktors $\hat{s}_{t,t \bmod L}$ nach (3):

$$\hat{s}_{49,1} = \hat{s}_{37,1} + B\left[\frac{x_{49}}{\hat{a}_{49}} - \hat{s}_{37,1}\right] =$$

$$= 0,756 + 0,35\left[\frac{40,000}{67,417} - 0,756\right] \approx 0,699$$

Die übrigen Saisonfaktoren bleiben unverändert!

Berechnung des neuen Trendfaktors $\hat{b}_t$ nach (4)

$$\hat{b}_{49} = \hat{b}_{48} + C\left[(\hat{a}_{49} - \hat{a}_{48}) - \hat{b}_{48}\right] =$$
$$= 0,779 + 0,05(67,417 - 67,400 - 0,779) \approx 0,741$$

Berechnung des Prognosewerts $\hat{x}_{t+i}$ nach (1) (für $i = 1$):

$$\hat{x}_{50} = \left(\hat{a}_{49} + 1\ \hat{b}_{49}\right) \hat{s}_{38,2} =$$
$$= (67,417 + 0,741)\ 0,458 \approx 31,241$$

Abbildung 2 zeigt die Anwendung des Verfahrens von *Winters* auf eine Zeitreihe.

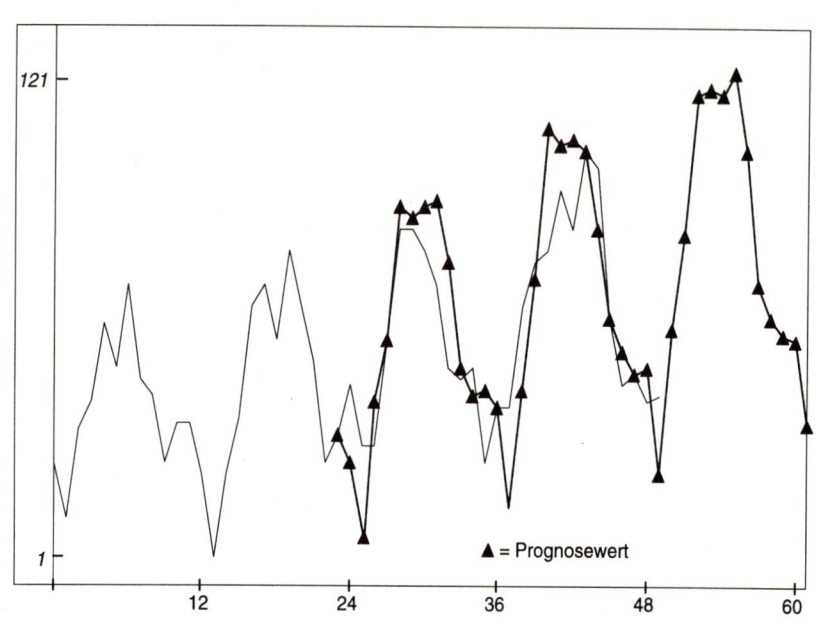

Abb. 2   Prognose nach *Winters* ($A = 0,05$; $B = 0,25$; $C = 0,05$; $L = 12$; $i = 1$)

3.4 Das Verfahren von Harrison

3.4.1 Die Prognoseformel

Der Prognosewert wird nach *Harrison* mit der Formel

$$\hat{x}_{t+i} = \left(\hat{a}_t + i\ \hat{b}_t\right) \hat{s}_{t+i} \qquad (5)$$

ermittelt. Es bedeuten:

$\hat{x}_{t+i}$ = Prognosewert, berechnet zum Zeitpunkt t für den Zeitpunkt $t+i$, also für i Zeiteinheiten im voraus

$\hat{a}_t$ = Grundwert, berechnet zum Zeitpunkt t

$\hat{b}_t$ = Trendfaktor, berechnet zum Zeitpunkt t

$\hat{s}_{t+i}$ = Saisonfaktor, berechnet zum Zeitpunkt t für den Zeitpunkt $t+i$

Der Prognosewert setzt sich zusammen aus dem linearen Trendwert $\hat{a}_t + i\,\hat{b}_t$ und dem Saisonfaktor $\hat{s}_{t+i}$. Beide Komponenten sind multiplikativ verknüpft. Das Prognosemodell von *Harrison* ist deshalb geeignet für Zeitreihen mit Saisonschwankungen ohne oder mit linearem Trend.

3.4.2 Die Berechnung des Grundwertes

Der Grundwert wird fortgeschrieben nach der Formel

$$\hat{a}_t = \left(\hat{a}_{t-1} + \hat{b}_{t-1}\right) + A_1\left(x_t - \hat{x}_t\right) \tag{6}$$

mit

x_t = Beobachtungswert (Zeitreihenwert) für den Zeitpunkt t
$\hat{x}_t$ = Prognosewert für den Zeitpunkt t
A_1 = konstant, $0 < A_1 < 1$

Der Grundwert zum Zeitpunkt t ist gleich dem zum Zeitpunkt $t-1$ für t erwarteten Grundwert $\hat{a}_{t-1} + \hat{b}_{t-1}$, korrigiert um einen Bruchteil A_1 des Vorhersagefehlers $x_t - \hat{x}_t$. Diese Formel entspricht in ihrer Struktur der Grundgleichung des exponentiellen Glättens.

Es besteht aber folgender Unterschied: Es wird nicht die Differenz zwischen tatsächlichem und erwartetem Grundwert eingesetzt, sondern der gesamte Vorhersagefehler $x_t - \hat{x}_t$. Dadurch wird der im Verfahren von *Winters* enthaltene systematische Fehler (vgl. Abschnitt 3.3.2) vermieden.

3.4.3 Die Berechnung des Trendfaktors

Der Trendfaktor wird vom Zeitpunkt $t-1$ zum Zeitpunkt t weiterentwickelt nach der Formel

$$\hat{b}_t = \hat{b}_{t-1} + A_2\left(x_t - \hat{x}_t\right) \tag{7}$$

mit $A_2 = $ konstant, $0 < A_2 < 1$.

Der Trendfaktor zum Zeitpunkt t ist gleich dem zum Zeitpunkt $t-1$, korrigiert um einen Bruchteil A_2 des Vorhersagefehlers $x_t - \hat{x}_t$.

Diese Formel entspricht in ihrer Struktur der Grundgleichung des exponentiellen Glättens, aber mit dem Unterschied, daß - wie auch beim Grundwert - der gesamte Vorhersagefehler berücksichtigt wird.

3.4.4 Die Berechnung der Saisonfaktoren

Benötigte Saisonfaktoren werden nicht gespeichert (wie z. B. bei *Winters*), sondern für einen bestimmten Zeitpunkt (z. B. $r = t + i$) berechnet nach

$$\hat{s}_r = 1 + \sum_{\mu=1}^{m}\left[\hat{v}_{t,\mu}\cos\left(\mu\frac{2\pi}{L}r\right) + \hat{w}_{t,\mu}\sin\left(\mu\frac{2\pi}{L}r\right)\right] \tag{8}$$

mit L = Länge eines Saisonzyklus,

$2m+1 \leq L$

$\hat{v}_{t,\mu}, \hat{w}_{t,\mu}$ = konstant.

Diesem Ansatz liegen folgende Annahmen und Überlegungen zugrunde:

Zu einem bestimmten Zeitpunkt existiere ein Satz von L Saisonfaktoren (wie z. B. bei *Winters*). Diese seien durch die Indizes $0, 1, ..., L-1$ gekennzeichnet. *Harrison* nimmt nun an, daß sie nicht untereinander unabhängig sind, sondern daß sie mit Hilfe einer bestimmten, noch genauer zu ermittelnden Funktion in Abhängigkeit von der Zeit t und von bestimmten Koeffizienten $v_\mu, w_\mu, (\mu = 0, ..., m)$ berechnet werden können:

$$s_j = f_s(j; v_0, ..., v_m, w_0, ..., w_m); \quad (j = 0, ..., L-1) \tag{9}$$

Es gilt also, eine Funktion F_s zu finden, die die unbekannte Funktion f_s möglichst gut annähert. (Die eigentlich gesuchte Funktion f_s wird sich nur in seltenen Fällen ermitteln lassen.) Als Gütekriterium der Annäherung sei die Summe der Fehlerquadrate gewählt, also

$$\sum_{j=0}^{L-1} \left[F_S(j) - f_S(j) \right]^2 = \text{Min!}$$

Die Funktion f_s der Saisonfaktoren muß eine periodische Funktion sein. Das folgt aus dem Begriff "Saison". Eine solche Funktion nähert man nun zweckmäßig durch Überlagerung periodischer Funktionen derselben Periode an.

Die sogenannten harmonischen Funktionen

$$\cos(j), \sin(j), \cos(2j), \sin(2j), ..., \cos(mj), \sin(mj)$$

sind periodisch und haben die Periode 2π gemeinsam.

Ist die Periode L der Funktion f_s nicht gleich 2π, so wird sie durch eine einfache Maßstabtransformation

$$L' = \frac{2\pi}{L}$$

auf die Periode 2π gebracht.

Als Näherungsfunktion für f_s kann also gewählt werden:

$$F_s(j; v_0, ..., v_m, w_1, ..., w_m) \equiv \tag{10}$$

$$\frac{v_0}{2} + v_1 \cos\left(\frac{2\pi}{L}j\right) + v_2 \cos\left(2\frac{2\pi}{L}j\right) + ... + v_m \cos\left(m\frac{2\pi}{L}j\right) +$$

$$+ w_1 \sin\left(\frac{2\pi}{L}j\right) + w_2 \sin\left(2\frac{2\pi}{L}j\right) + ... + w_m \sin\left(m\frac{2\pi}{L}j\right)$$

(Das konstante Glied wird nicht mit v_0, sondern mit $\frac{v_0}{2}$ bezeichnet, damit für die Berechnung von v_0 dieselbe Formel gilt wie für die übrigen v_μ ($\mu = 1,...,m$), siehe unten.) Der konstanten Funktion $\frac{v_0}{2}$ kann man jede Periode zuschreiben, auch die Periode 2π.

Bestimmt man nun die Koeffizienten $v_0, v_1, ..., v_m, w_1, ..., w_m$ so, daß die Summe der Fehlerquadrate ein Minimum wird, so erhält man für die numerische Berechnung der Koeffizienten (vgl. hierzu [23/S. 360 ff.]):

$$v_\mu = \frac{2}{L} \sum_{\lambda=0}^{L-1} f(\lambda) \cos\left(\mu\lambda\frac{2\pi}{L}\right) \quad (\mu = 0,...,m) \tag{11}$$

und

$$w_\mu = \frac{2}{L} \sum_{\lambda=0}^{L-1} f(\lambda) \sin\left(\mu\lambda\frac{2\pi}{L}\right) \quad (\mu = 1,...,m) \tag{12}$$

mit $2m+1 \leq L$, wobei $f(\lambda)$ die Werte der gesuchten Funktion f_s an den Stellen λ ($\lambda = 0,...,L-1$) sind.

Die trigonometrische Summe (10) mit den Koeffizienten nach (11) und (12) bezeichnet man als *Fourier*-Reihe, die Koeffizienten v_μ ($\mu = 0,...,m$) und w_μ ($\mu = 1,...,m$) als *Fourier*-Koeffizienten und die Annäherung einer Funktion durch eine *Fourier*-Reihe als harmonische Analyse bzw. Synthese.

Abbildung 3 zeigt eine Näherungsfunktion mit sechs Stützstellen, also zwei Sinusschwingungen, zwei Cosinusschwingungen und dem konstanten Glied.

Für v_0 erhält man nach (11):

$$v_0 = \frac{2}{L} \sum_{\lambda=0}^{L-1} f(\lambda) \cos\left(0\lambda\frac{2\pi}{L}\right) = \frac{2}{L} \sum_{\lambda=0}^{L-1} f(\lambda)$$

Setzt man nun für $f(\lambda)$ ($\lambda = 0,...,L-1$) die gegebenen Werte s_λ ($\lambda = 0,...,L-1$) ein, so ergibt sich

$$v_0 = \frac{2}{L} \sum_{\lambda=0}^{L-1} s_\lambda$$

bzw. $\quad \frac{v_0}{2} = \frac{1}{L} \sum_{\lambda=0}^{L-1} s_\lambda \tag{13}$

d. h., der Wert des konstanten Gliedes ist gleich dem arithmetischen Mittel der Funktionswerte s_λ an den Stellen $\lambda = 0,...,L-1$.

Im Verfahren von *Harrison* werden vor der erstmaligen Berechnung der *Fourier*-Koeffizienten die Saisonfaktoren $s_\lambda = (\lambda = 0,...,L-1)$ normalisiert, d. h., sie werden so umgerechnet, daß gilt:

$$\sum_{\lambda=0}^{L-1} s_\lambda = L \tag{14}$$

Daraus folgt aber

$$\frac{v_0}{2} = 1 \qquad (15)$$

Setzt man dieses Ergebnis in (10) ein und fügt man den *Fourier*-Koeffizienten einen Index t hinzu, der angibt, zu welchem Zeitpunkt die Koeffizienten berechnet wurden, so erhält man Gleichung (8).

$$F = \frac{v_0}{2} + v_1 \cos\left(\frac{2\pi}{L}j\right) + v_2 \cos\left(2\frac{2\pi}{L}j\right) + w_1 \sin\left(\frac{2\pi}{L}j\right) + w_2 \sin\left(2\frac{2\pi}{L}j\right)$$

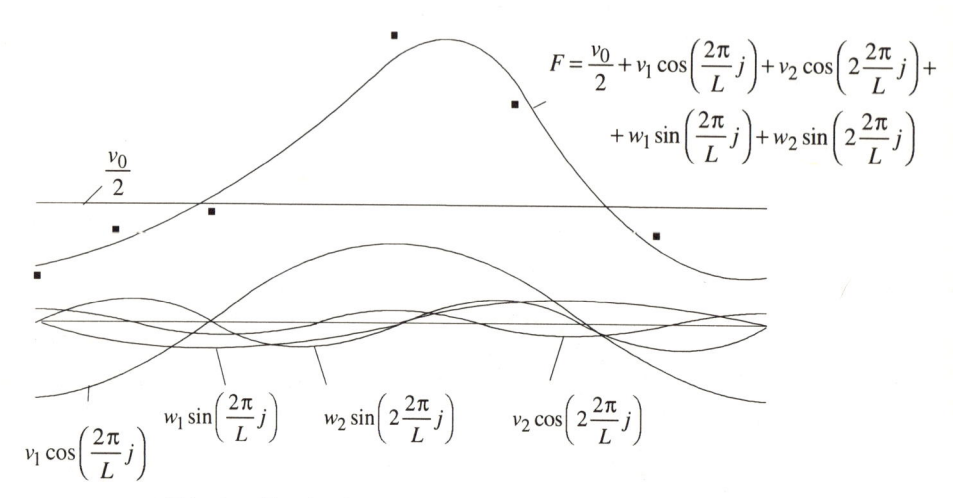

Abb. 3 *Fourier*-Analyse. Ausgangslage mit 6 Stützstellen

Zur Verringerung des Rechenaufwands berücksichtigt *Harrison* nicht alle *Fourier*-Koeffizienten, sondern nur signifikante. Welche der $2m$ Koeffizienten signifikant sind, ergibt ein Signifikanztest, der im Rahmen der Initialisierung des Verfahrens durchgeführt wird.

Harrison verwendet in der Regel also weniger als $2m$ *Fourier*-Koeffizienten. Dadurch wird die Annäherung der Funktion F_s zwar weniger gut (im Grenzfall $m \to \infty$ wird die Summe der Fehlerquadrate 0!), aber es ergeben sich folgende Vorteile:

1. Ausschalten von Zufallsschwankungen in den Saisonfaktoren.

2. Glättung der Saisonfaktoren untereinander. Verändert man *einen* der vorgegebenen Werte s_λ ($\lambda = \lambda^*$), so ändert sich die ganze Funktion F_s, d. h. die *Fourier*-Koeffizienten. Dreht man nun den Rechengang um, berechnet man also aus den *Fourier*-Koeffizienten wieder die Werte s_λ ($\lambda = 0, ..., L-1; \lambda \neq \lambda^*$), so stellt man fest, daß bei großem L die so berechneten Werte gleich sind den vorgegebenen Werten. Dies ändert sich, sobald die Anzahl der *Fourier*-Koeffizienten klein wird: Die Veränderung *eines* Saisonfaktors wirkt sich auch auf die übrigen aus, insbesondere auf die dem veränderten Saisonfaktor benachbarten.

3. Verringerung der Rechenzeit.

4. Unter bestimmten Voraussetzungen Verringerung des Speicherbedarfs (vgl. Abschnitt 3.4.6).

3.4.5 Die Berechnung der Fourier-Koeffizienten

Die signifikanten *Fourier*-Koeffizienten werden - wiederum zur Reduzierung des Rechenaufwands - im Zeitpunkt t nicht über (11) und (12) berechnet, sondern vom Zeitpunkt $t-1$ zum Zeitpunkt t fortgeschrieben nach den Formeln

$$\hat{v}_{t,\mu} = \hat{v}_{t-1,\mu} + B\left(\frac{x_t}{\hat{a}_t} - \hat{s}_t\right)\frac{2}{L}\cos\left(\mu t\frac{2\pi}{L}\right) \quad (\mu = 1,...,m) \tag{16}$$

$$\hat{w}_{t,\mu} = \hat{w}_{t-1,\mu} + B\left(\frac{x_t}{\hat{a}_t} - \hat{s}_t\right)\frac{2}{L}\sin\left(\mu t\frac{2\pi}{L}\right) \quad (\mu = 1,...,m) \tag{17}$$

mit B = konstant, $0 < B < 1$,
$2m + 1 \leq L$.

Diese Formeln entsprechen der Grundgleichung des exponentiellen Glättens:

Sei $\hat{v}^*_{t,\mu}$ ein *Fourier*-Koeffizient, berechnet im Zeitpunkt t nach (11). Zur Vereinfachung der Schreibweise sei $0 \leq t \leq L-1$, t ganz angenommen, was durch einfaches Umnumerieren der Zeitachse jederzeit erreicht werden kann. Die Grundgleichung des exponentiellen Glättens wird für die *Fourier*-Koeffizienten zu

$$\hat{v}_{t,\mu} = \hat{v}_{t-1,\mu} + B(\hat{v}^*_{t,\mu} - \hat{v}_{t-1,\mu}) =$$

$$= \hat{v}_{t-1,\mu} + B\left\{\frac{2}{L}\left(\sum_{\substack{\lambda=0\\\lambda\neq t}}^{L-1}\hat{s}_\lambda\cos\left(\mu\lambda\frac{2\pi}{L}\right) + \frac{x_t}{\hat{a}_t}\cos\left(\mu t\frac{2\pi}{L}\right)\right) -$$

$$\frac{2}{L}\left(\sum_{\substack{\lambda=0\\\lambda\neq t}}^{L-1}\hat{s}_\lambda\cos\left(\mu\lambda\frac{2\pi}{L}\right) + \hat{s}_t\cos\left(\mu t\frac{2\pi}{L}\right)\right)\right\} \tag{18}$$

(Der betrachtete Summand t wird getrennt addiert. Bei der Berechnung von $\hat{v}_{t-1}$ galt der "alte" Faktor $\hat{s}_t$, nach Beobachtung von x_t kann ein "neuer" Faktor $\hat{s}_t$ errechnet werden: $\hat{s}_{t(\text{neu})} = x_t / \hat{a}_t$.)

$$\hat{v}_{t,\mu} = \hat{v}_{t-1,\mu} + B\left\{\frac{x_t}{\hat{a}_t}\frac{2}{L}\cos\left(\mu t\frac{2\pi}{L}\right) - \hat{s}_t\frac{2}{L}\cos\left(\mu t\frac{2\pi}{L}\right)\right\} =$$

$$= \hat{v}_{t-1,\mu} + B\left(\frac{x_t}{\hat{a}_t} - \hat{s}_t\right)\frac{2}{L}\cos\left(\mu t\frac{2\pi}{L}\right)$$

Das gilt für alle $\hat{v}_{t,\mu}$ ($\mu = 1,...,m$) und analog für alle $\hat{w}_{t,\mu}$ ($\mu = 1,...,m$).

3.4.6 Der Bedarf an Speicher und Rechenzeit

Von einem Fortschreibungszeitpunkt zum nächsten müssen mindestens gespeichert werden:

1. Der Grundwert
2. Der Trendfaktor
3. Die Anzahl der signifikanten *Fourier*-Koeffizienten
4. Die $2m'$ signifikanten *Fourier*-Koeffizienten
5. Die m' Frequenzen der signifikanten *Fourier*-Schwingungen
6. Die 2 Konstanten β, B

(Zwischen den Konstanten A_1 und A_2 besteht nach *Harrison* folgender Zusammenhang: $A_1 = 1 - \beta^2$; $A_2 = (1-\beta)^2$ mit β = konstant, $0 < \beta < 1$.) Der Mindestspeicherbedarf beträgt also $1 + 1 + 1 + 2m' + m' + 2 = 5 + 3m'$ Speicherplätze.

Vergleicht man den Speicherbedarf des Verfahrens von *Harrison* mit dem des Verfahrens von *Winters*, so stellt man fest, daß man allgemein nicht sagen kann, welche Methode günstiger ist. Je genauer z. B. eine Zeitreihe einer Sinusschwingung entspricht, desto weniger *Fourier*-Koeffizienten sind signifikant und desto weniger Speicherplatz muß für diese Koeffizienten reserviert werden.

Wegen der komplizierteren mathematischen Struktur des Verfahrens ist der Rechenzeitaufwand größer als beim *Winters*-Algorithmus. Eigene Tests haben ergeben, daß die zusätzlich erforderliche Rechenzeit ca. 30 % ausmacht.

3.4.7 Initialisierung und Ablauf des Verfahrens

Wie beim Verfahren von *Winters* ist auch bei dem von *Harrison* eine Initialisierung notwendig (rekursive Formeln, Bestimmung optimaler Konstanten β, B). Zusätzlich muß noch ermittelt werden, welche *Fourier*-Koeffizienten signifikant sind (vgl. Abschnitt 7.2). Der Ablauf des Verfahrens geht aus Abbildung 4 hervor. Abbildung 5 zeigt die Anwendung auf dieselbe Zeitreihe, die auch der Abbildung 2 zugrunde liegt.

3.5 Zusammenfassung und Vergleich

Die Verfahren von *Winters* und *Harrison* sind stochastische Methoden der Zeitreihenanalyse. Außerdem sind sie univariable Prognosemodelle, da man außer den Vergangenheitsdaten der zu prognostizierenden Zeitreihe keine anderen Einflußgrößen berücksichtigt.

Die Zeitreihenwerte werden in Trend- und Saisonkomponenten zerlegt. Beide Bestandteile schreibt man durch exponentielles Glätten (in reiner oder leicht abgewandelter Form) fort.

Die Trendkomponente wird bei beiden Methoden als Polynom ersten Grades angenommen. Die Saisonkomponente stellt man bei *Winters* durch einen Vektor von Saisonfaktoren dar. *Harrison* verwendet anstelle des Saisonfaktorenvektors (signifikante) *Fourier*-Koeffizienten. Dadurch werden zufällige Schwankungen in der Zeitreihe weniger stark berücksichtigt.

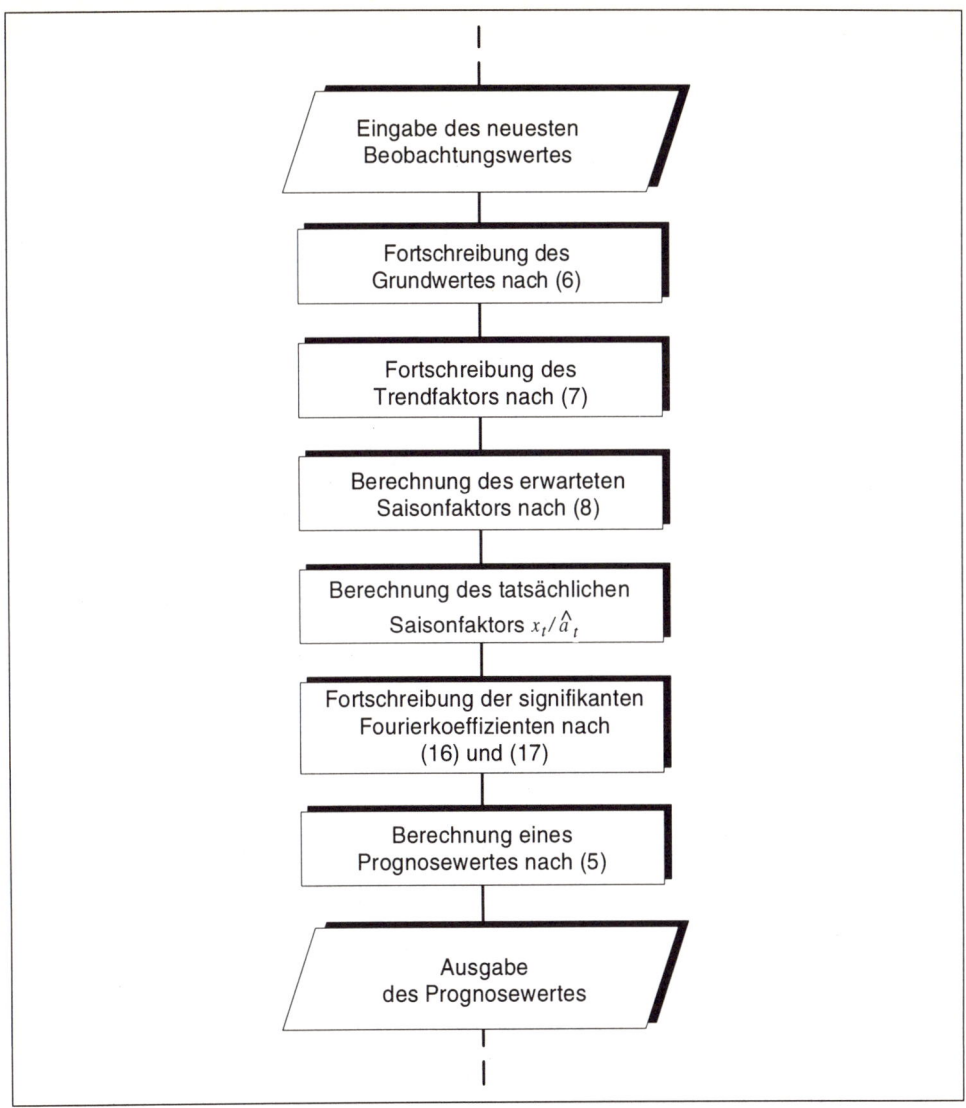

```
         ┌─────────────────────────────┐
         │   Eingabe des neuesten       │
         │   Beobachtungswertes         │
         └─────────────┬───────────────┘
         ┌─────────────┴───────────────┐
         │   Fortschreibung des         │
         │   Grundwertes nach (6)       │
         └─────────────┬───────────────┘
         ┌─────────────┴───────────────┐
         │   Fortschreibung des         │
         │   Trendfaktors nach (7)      │
         └─────────────┬───────────────┘
         ┌─────────────┴───────────────┐
         │   Berechnung des erwarteten  │
         │   Saisonfaktors nach (8)     │
         └─────────────┬───────────────┘
         ┌─────────────┴───────────────┐
         │   Berechnung des tatsächlichen│
         │   Saisonfaktors $x_t / \hat{a}_t$ │
         └─────────────┬───────────────┘
         ┌─────────────┴───────────────┐
         │   Fortschreibung der signifikanten│
         │   Fourierkoeffizienten nach  │
         │   (16) und (17)              │
         └─────────────┬───────────────┘
         ┌─────────────┴───────────────┐
         │   Berechnung eines           │
         │   Prognosewertes nach (5)    │
         └─────────────┬───────────────┘
         ┌─────────────┴───────────────┐
         │   Ausgabe                    │
         │   des Prognosewertes         │
         └─────────────────────────────┘
```

Abb. 4   Ablauf des *Harrison*-Verfahrens

Der Verfasser hat in einer Reihe von Tests versucht, die Verfahren von *Winters* und *Harrison* in der hier vorgestellten Form miteinander zu vergleichen. Der allgemeine Eindruck der Vergleichsergebnisse war folgender: Der *Harrison*-Algorithmus bringt eine leicht größere Prognosegenauigkeit, bedingt aber einen wesentlich höheren Aufwand, sowohl bei der Programmierung als auch beim Rechnen. Es kann natürlich nur im praktischen Einzelfall entschieden werden, ob es sinnvoll ist, den erhöhten Aufwand in Kauf zu nehmen, um die Prognosegüte ein wenig zu verbessern.

Das *Winters*-Verfahren ist weiterhin ein beliebter Gegenstand der Forschung. Bei Weiterentwicklungen verwendet man z. B. adaptive Glättungsparameter [21] oder verrechnet einen gedämpften Trend [6]. Außerdem gibt es neue Erkenntnisse über das Verhalten der Fehlervarianzen, die die Wahl passender Glättungsparameter erleichtern [14].

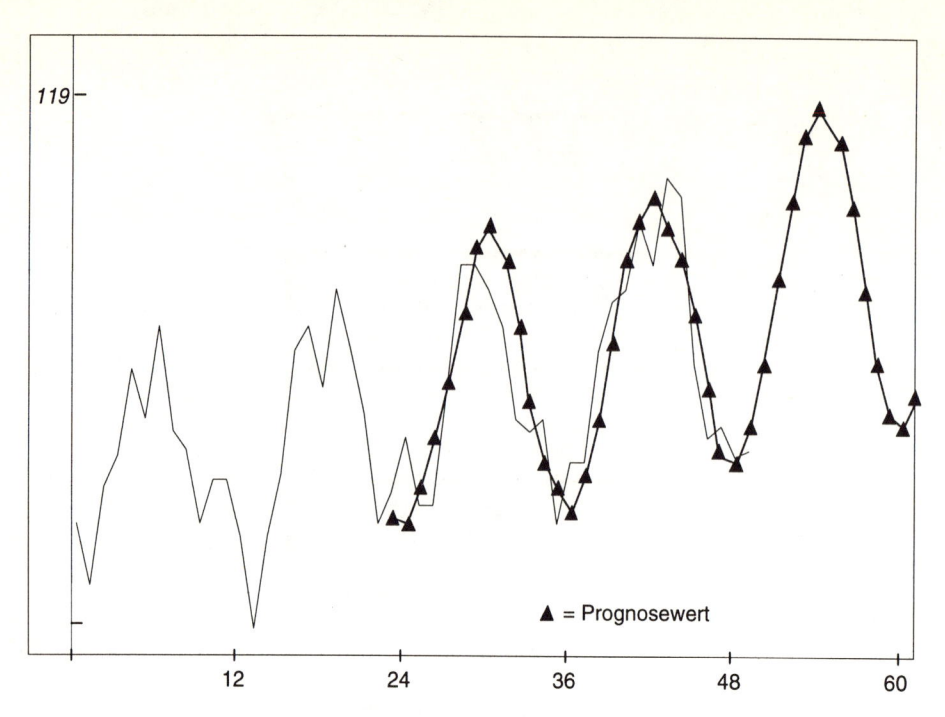

Abb. 5   Prognose nach *Harrison* ($\beta = 0{,}90$; $A_1 = 0{,}19$; $A_2 = 0{,}01$; $B = 0{,}35$; $L = 12$; $i = 1$)

3.6 Literatur

[1]   Abraham, B. und Ledolter, J., Statistical Methods for Forecasting, New York 1983.
[2]   Brown, R.G., Statistical Forecasting for Inventory Control, New York 1959.
[3]   Brown, R.G. und Meyer, R.F., The Fundamental Theorem of Exponential Smoothing, Operations Research 9 (1961), S. 673 ff.
[4]   Brown, R.G., Smoothing, Forecasting and Prediction of Discrete Time Series, Englewood Cliffs 1963.
[5]   Cox, D.R., Prediction by Exponentially Weighted Moving Averages and Related Methods, Journal of the Royal Statistical Society B 23 (1961), S. 414 ff.
[6]   Gardner, E.S., Jr., Exponential Smoothing: The State of the Art, Journal of Forecasting 4 (1985), S. 1 ff.
[7]   Harrison, P.J. und Davies, O.L., The Use of Cumulative Sum (CUSUM) Techniques for the Control of Routine Forecasts of Product Demand, Operations Research 12 (1964), S. 325 ff.
[8]   Harrison, P.J., Short-Term Sales Forecasting, Applied Satistics 14 (1965), S. 102 ff.
[9]   Harrison, P.J., Exponential Smoothing and Short-Term Sales Forecasting, Management Science 13 (1967), S. 821 ff.
[10]   Holt, C.C., Forecasting Seasonals and Trends by Exponentially Weighted Moving Averages, Office of Naval Research Memorandum No. 52, Pittsburgh 1957.
[11]   Holt, C.C., Modigliani, F., Muth, J.F. und Simon, H.A., Planning Production, Inventories, and Work Force, Englewood Cliffs 1960.
[12]   Muth, J.F., Optimal Properties of Exponentially Weighted Forecasts, Journal of the American Statistical Association 55 (1960), S. 299 ff.
[13]   Pegels, C.C., Exponential Forecasting: Some New Variations, Management Science 15 (1969), S. 311 ff.

[14] Sweet, A.L., Computing the Variance of the Forecast Error for the Holt-Winters Seasonal Models, Journal of Forecasting 4 (1985), S. 235 ff.
[15] Theil, H. und Wage, S., On Some Observations on Adaptive Forecasting, Management Science 10 (1964), S. 198 ff.
[16] Ward, D.H., Comparison of Different Systems of Exponentially Weighted Prediction, The Statistician 13 (1963), S. 173 ff.
[17] Weber, K., Prognosemethoden und -Software, Idstein 1991.
[18] Wetzel, W., Exponentiell gewichtete, univariable Prognosemodelle, Jahrbücher für Nationalökonomie und Statistik 181 (1967/68), S. 33 ff.
[19] Wiese, K.H., Exponential Smoothing - eine Methode der statistischen Bedarfsvorhersage, IBM Form 78129, 1964.
[20] Wiese, K.H., Mittelfristige Bedarfsvorhersage in der Konsumgüterindustrie, IBM Form 78170, 1965.
[21] Williams, T.M., Adaptive Holt-Winters Forecasting, Journal of the Operational Research Society 38 (1987), S. 553 ff.
[22] Winters, P.R., Forecasting Sales by Exponentially Weighted Moving Averages, Management Science 6 (1960), S. 324 ff.
[23] Zurmühl, R., Praktische Mathematik für Ingenieure und Physiker, 5. Aufl., Berlin 1984.

4 Prognose bei unregelmäßigem Bedarf

von A. Nowack

4.1 Abgrenzung zwischen regelmäßigem und unregelmäßigem bzw. sporadischem Bedarf

4.1.1 Kennzeichen des "regelmäßigen Bedarfs"

Die Vorhersagemethode der exponentiellen Glättung auf der Basis der Arbeiten von *Brown* geht davon aus, daß in jeder beobachteten Periode Nachfragen eintreffen.

Zur Prüfung, ob regelmäßiger Bedarf vorliegt, ob also die relativen Abweichungen vom Mittelwert klein sind, wird ein "Abweichsignal" berechnet (vgl. hierzu Abschnitt 7.3.1). Denn nur unter der Voraussetzung kleiner Abweichungen ist das einfache und doch wirkungsvolle Verfahren der exponentiellen Glättung überhaupt anwendbar.

Es ist leicht einzusehen, daß nicht alle Zeitreihen der Nachfrage nach Artikeln diesen Voraussetzungen entsprechen.

4.1.2 Festlegung des "sporadischen Bedarfs" im IMPACT-Verfahren

Wir wollen zur Abgrenzung des Begriffs "sporadischer Bedarf" zunächst die Vorgehensweise darstellen und kritisch beleuchten, die IBM erstmals in Verbindung mit einem Modularprogramm für den Handel (IMPACT) entwickelt hatte. Begriffsdifferenzierungen anderer Autoren geben wir im Zusammenhang mit den von ihnen entwickelten Verfahren wieder. Im Programm IMPACT zur Lagerhaltung im Handel, das als Vorhersageverfahren die Methode der exponentiellen Glättung verwendete, wurde der Begriff der "sporadischen Nachfragen" durch folgende Bedingungen charakterisiert [1/S. 24 ff.]:

1. Während 50 % des beobachteten Zeitraums ist die Nachfrage gleich Null.
2. Während 80 % des Zeitraums ist die Zahl der Bestellungen Null oder Eins.
3. In Ballungsintervallen ist der Bedarf 300 % bis 400 % der Durchschnittsnachfrage.
4. Die mittlere absolute Abweichung (*MAD*) ist etwa gleich dem Durchschnittsbedarf.

Da diese Prämissen aus einem einzelnen Beispiel mit zehn Nachfragen resultieren, bei dem die maximale Nachfrage (zufälligerweise) lediglich vier war (vgl. Abbildung 1), dürfen sie nicht als allgemeingültige Definition für den sporadischen Bedarf verstanden werden. Sie sind aber gut dazu geeignet, eine erste Abgrenzung gegenüber dem Begriff der regelmäßigen Nachfrage zu geben.

Im IMPACT-Verfahren wurde kein spezielles Modell für die sporadische Nachfrage-Charakteristik entwickelt. Es wurde vorgeschlagen, den Parameter beim exponentiellen Glätten $A = 0,05$ zu setzen. Das bedeutet, daß den Gegenwartswerten wenig Vertrauen entgegengebracht wird. Außerdem ist das Abweichsignal nicht aussagefähig, da die Vorhersagefehler nicht normalverteilt sind.

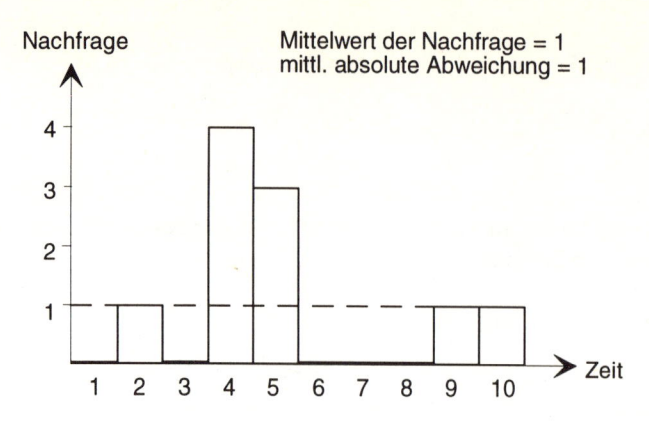

Abb. 1   Beispiel einer sporadischen Nachfrage-Charakteristik mit IMPACT

4.2 Vorhersage bei unregelmäßigem Bedarf - Verfahren von Trux

4.2.1 Begriff "unregelmäßiger Bedarf"

Trux stellt dem regelmäßigen Bedarf den unregelmäßigen gegenüber [3/S. 132 ff.]. Eine Abgrenzung ist dadurch gegeben, daß der Störpegel einer Nachfrage-Charakteristik größer als 0,5 ist. Der Störpegel (p) ist das Verhältnis von mittlerer absoluter Abweichung (MAD) zum Mittelwert des Bedarfs (D):

$$p = \frac{MAD}{D}$$

Unregelmäßiger Bedarf liegt also vor, wenn MAD größer als 50 % des durchschnittlichen Bedarfs ist.

Die Vorhersage des Bedarfs wird zunächst in zwei Teilen getrennt durchgeführt. Neben der Anzahl von Bestellungen bzw. Entnahmen in der nächsten Periode (VA) wird die durchschnittliche Höhe des Bedarfs je Bestellung (VH) prognostiziert. Der Bedarf für die nächste Periode (V) ergibt sich aus

$$V_t = VA_t \cdot VH_t$$

Die Vorhersage der Anzahl von Bestellungen geht davon aus, daß diese regelmäßig oder sporadisch eintreffen können. Zur Vorhersage der durchschnittlichen Bedarfshöhe wird unterschieden in homogene Struktur der Kunden (Menge je Entnahme normalverteilt) und inhomogene Struktur (Menge je Entnahme lognormalverteilt). Die Kundenstruktur wird z. B. als homogen angesehen, wenn nur Einzelhändler zum Kreis der Nachfrager gehören. Setzt sich der Kundenstamm aus Einzelhändlern und Großhändlern zusammen, so ist die Struktur inhomogen. Damit ergeben sich vier Vorhersagestrukturen:

1. Regelmäßiger Auftragseingang und homogene Kundenstruktur (hierfür werden einfache Verfahren, wie in Kapitel 2 beschrieben, angewandt)

2. Regelmäßiger Auftragseingang und inhomogene Kundenstruktur

3. Sporadischer Auftragseingang und homogene Kundenstruktur

4. Sporadischer Auftragseingang und inhomogene Kundenstruktur

Die zusätzliche Information über den Kundenkreis ist eine interessante Ergänzung zu Vorhersagemodellen.

4.2.2 Vorhersage der Anzahl von Bestellungen

Bei *regelmäßigem Auftragseingang* wird die Anzahl der Nachfrage je Periode (VA) mit exponentieller Glättung erster Ordnung vorhergesagt.

Bei *sporadischem Bedarf* kommt dem Periodenbedarf wegen der starken Zufallsschwankungen nicht die gleiche Bedeutung zu wie bei regelmäßigem Bedarf. Als bessere Basis bieten sich für die Vorhersage die bisher insgesamt aufgelaufenen Bestellungen eines Artikels an. In diesen werden sich die Abweichungen ausgleichen.

Es wird davon ausgegangen, daß eine Entnahme ein "seltenes Ereignis" darstellt und der Auftragseingang *Poisson*-verteilt ist. Folgende Vorhersagemethode wird abgeleitet:

Man bilde die aufgelaufenen Gesamtnachfragen X_t durch Summation der Bestellungen aller Perioden D_j von der Periode 0 bis zur Periode t.

$$X_t = \sum_{j=0}^{t} D_j$$

Diese Gesamtnachfrage X_t verwende man als Substitution für eine Bestellvorhersage mit exponentieller Glättung zweiter Ordnung.

Das Prognoseergebnis ist die bis zur nächsten Periode *aufsummierte* Anzahl der Bestellungen. Die eigentliche Zahl der Bestellungen dieser Periode (VA) wird durch die Steigung der Trendgeraden dargestellt.

Dieses Verfahren ist aber nur anzuwenden, wenn die Häufigkeitsverteilung der Nachfragen in etwa einer *Poisson*-Verteilung gehorcht.

4.2.3 Vorhersage der Menge je Bestellung

Bei *homogener Kundenstruktur*, welche eine Normalverteilung der Menge je Entnahme zugrunde legt, wird die Menge je Entnahme (VH) mittels Glättung erster Ordnung berechnet. Der Parameter A wird durch einen Parameter C ersetzt. Dieser Parameter ist eine Funktion von A und der Anzahl der Entnahmen je Periode. Diese Funktion berücksichtigt, daß bei einem eingegangenen Auftrag je Periode die Menge je Auftrag anders gewichtet wird als bei z. B. 100 Aufträgen je Periode.

Es hat sich gezeigt, daß bei *inhomogenem Kundenkreis* die Häufigkeitsverteilung der Auftragsmengen etwa einer Lognormalverteilung entspricht.

Diese wird bei der Berechnung des Vorhersagewerts der Menge je Entnahme mit exponentieller Glättung dadurch berücksichtigt, daß der Wert des Bedarfs E_t durch den natürlichen Logarithmus des Bedarfs ersetzt wird. Wir erhalten durch Einsetzen in die Gleichung des exponentiellen Glättens erster Ordnung den Vorhersagewert

$$\ln VH_{t+1} = \ln VH_t + A(\ln E_t - \ln VH_t)$$

Dieser Vorhersagewert der Auftragsmenge muß auf der Basis der *Euler*schen Konstanten e wieder zum Vorhersagewert VH delogarithmiert werden.

$$VH_{t+1} = e^{\ln VH_{t+1}} \tag{1}$$

Trux gibt auch für jedes Verfahren Formeln an, mit denen der Anfangswert der Vorhersage gut abgeschätzt werden kann.

Die angegebenen Verfahren der doppelten Vorhersage gleichen Zufallsschwankungen aus und gewährleisten darüber hinaus auch eine gute Anpassung bei Strukturbruch. (Ein solcher liegt vor, wenn sich die Zeitreihen-Charakteristik ändert, z. B. von linear steigender Tendenz zu linear fallender Tendenz oder zu konstantem Verlauf.)

4.3 Das Modell zur Vorhersage für sporadische Nachfragemengen von Wedekind

4.3.1 Begriffsbestimmung "sporadische Nachfrage"

In der Studie von *Wedekind* [5] über ein Vorhersagemodell für sporadische Nachfragemengen bei der Lagerhaltung ist folgende Begriffsbeschreibung der "sporadischen Nachfrage" [5/S. 1] enthalten:

Nachfragemengen werden als sporadisch bezeichnet, wenn in sehr vielen Zeitperioden überhaupt keine oder nur sehr geringe Nachfrage nach einem zu lagernden Gut herrscht, um dann in einigen wenigen Perioden sprunghaft anzusteigen.

Diese Beschreibung ist allgemeiner als die anhand des IMPACT-Beispiels und bei *Trux* getroffene Abgrenzung gegenüber dem regelmäßigen Bedarf. Da aber nur relative Ausdrücke wie "sehr viel" oder "sehr gering" gebraucht werden, ist diese Beschreibung unschärfer als die beiden oben wiedergegebenen. *Wedekind* stellt an einer Lagerhaltungssimulation dar, wie er diese relativen Begriffe interpretiert. Die Nachfragedaten des verwendeten Beispiels sind in Abbildung 2 graphisch als Zeitreihe dargestellt.

Wedekind weist darauf hin, daß im Wirtschaftsleben neben geringwertigen Artikeln auch hochwertige Fertigprodukte, wie z. B. elektronische Bauteile, sporadisch nachgefragt werden. Für diese ist der Aufwand der verfeinerten Disposition unter Einsatz einer Datenverarbeitungsanlage gerechtfertigt.

Ein bedeutender Aspekt wird von *Wedekind* angesprochen [5/S. 2]:

Die Einteilung von Zeitreihen in solche mit Trend, trend-saisonalen Schwankungen und sporadischem Charakter erfolgt aufgrund eines wirtschaftlich sinnvollen Zeitabstandes. Durch übermäßiges Ausdehnen oder Verkleinern der Zeitabstände verlieren die Zeitreihenkategorien ihren Sinn. So kann man z. B. durch Vergrößerungen von einem Monat auf ein Jahr sehr viele trend-saisonale Zeitreihen in

Reihen mit reinem Trend überführen. Geht man hingegen auf Tage, Stunden oder gar Minuten über, so sind alle Zeitreihen des wirtschaftlichen Lebens sporadisch.

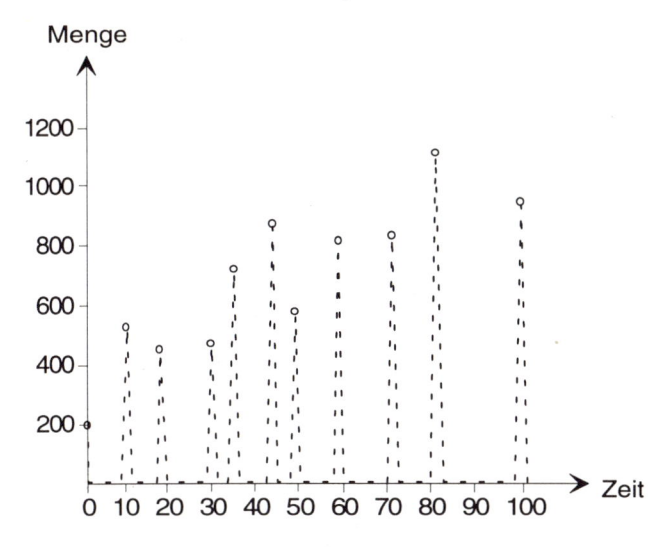

Abb. 2   Beispiel zur Verdeutlichung des Begriffs "sporadische Nachfrage"

Dieser Gedanke findet seinen Niederschlag in der Dimensionierung des Zeitintervalls der Vorhersage. Allein durch die Wahl eines größeren Zeitintervalls wird bereits ein Glättungseffekt erzielt [2/S. 233 ff.]. In diesem Fall wird nämlich nicht das Eintreten des einzelnen Ereignisses vorhergesagt. Im größeren Zeitintervall läßt sich mit höherer Wahrscheinlichkeit annehmen, daß die Ereignisse überhaupt eintreffen. Damit kann die Vorhersage der Höhe des Bedarfs von einem mittleren Wert von Nachfragen ausgehen, welche mit größerer Wahrscheinlichkeit eintreffen werden. Die Vorhersage, gemessen an der Abweichung, wird in diesem Falle absolut gesehen sicher besser werden. Für die Lagerhaltung bedeutet dies aber, daß ein mittlerer Bestand auch während der Perioden mit Nachfrage gleich Null gehalten werden muß.

4.3.2   Das Vorhersagemodell

Die allgemeinen Vorhersagemethoden auf der Basis der exponentiellen Glättung nehmen bezüglich der Nachfragemengen keine Wahrscheinlichkeitsverteilung an. Zur Ermittlung des Bestellpunkts wird jedoch davon ausgegangen, daß die Vorhersagefehler normalverteilt sind.

Im vorliegenden Modell wird ebenfalls keine Verteilung der Nachfragemengen unterstellt. Es wird aber eine Verteilung der Null-Perioden, in denen keine oder kaum Nachfrage vorhanden ist, vorausgesetzt.

Bei der Vorhersage der Nichtnullmengen werden die Nullperioden nicht berücksichtigt [5/S. 3]:

Während bei den üblichen Vorhersageprozeduren für jede Prognoseperiode eine Vorhersage gemacht wird, soll bei dem Modell für sporadische Mengen vor jeder Periode zunächst entschieden werden, ob überhaupt eine von Null verschiedene Vorhersage entsprechend dem exponentiellen Glätten oder anderen Verfahren abgegeben werden soll. Fällt diese Entscheidung positiv aus, wird prognostiziert;

im anderen Fall wird eine Null-Periode vorhergesagt, d. h., die Nachfragemenge "Null" wird als Vorhersage gewertet.

Die Zeitabstände zwischen zwei Nachfragen werden als *Weibull*-verteilt angenommen. Die *Weibull*verteilung ist eine Verallgemeinerung der Exponentialverteilung und die beste bekannte Darstellung dieses Zufallsprozesses. Sie lautet:

$$F(x) = 1 - \exp\left[-(\delta x)^a\right] \tag{2}$$

Die Parameter a und δ charakterisieren die Verteilung.

Der Vorgang der Vorhersage soll am folgenden Bild erklärt werden.

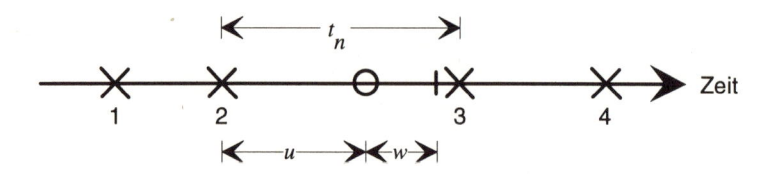

Abb. 3 Darstellung des Vorhersageprozesses

Die Kreuze stellen Nachfrage-Punkte dar (Nicht-Null-Nachfragen). Der Kreis bedeutet den Zeitpunkt, zu dem eine Vorhersage abgegeben wird. Die Veränderliche t_n ist die Zeit zwischen zwei Nachfragen (Nullzeit). Die Nachfragen 1 und 2 liegen in der Vergangenheit, 3 und 4 in der Zukunft.

Seit der letzten Nachfrage ungleich Null ist die Zeit u vergangen. Die Vorhersage soll für die Periode w gemacht werden. Ergebnis soll die Prognose sein, ob in der Periode w eine Nachfrage eintreffen wird oder nicht. Die Höhe der Nachfrage wird dann mit exponentieller Glättung unter Benutzung der alten Vorhersage V_{alt} und des letzten beobachteten Bedarfswertes ermittelt, wobei Perioden mit Null-Nachfragemengen unberücksichtigt bleiben.

Da unser Beispiel (Abbildung 3) auch bereits die Zukunftsdaten beinhaltet, wäre hier die Prognose "keine Nachfrage" richtig.

Die bedingte Wahrscheinlichkeit $p_u(w)$, daß im Vorhersageintervall w eine Nachfrage eintrifft, vorausgesetzt, daß das Nullzeitintervall größer ist als die abgelaufene Zeit u, lautet für die *Weibull*verteilung mit den Parametern a und δ:

$$p_u(w) = \frac{F(u+w) - F(u)}{1 - F(u)} \tag{3}$$

$$p_u(w) = 1 - \exp\left(-\delta^a\left[(u+w)^a - u^a\right]\right) \tag{4}$$

Um zu entscheiden, ob eine Vorhersage für das nächste Intervall erfolgen soll oder nicht, wird nach Gleichung (5) der Fehler F_1 berechnet, der eintritt, falls eine positive Nachfragemenge vorhergesagt wird. Dieser Fehler wird mit dem Fehler F_0 verglichen, der sich ergibt, wenn man die Menge Null prognostiziert (6). Die Entscheidungsregel lautet:

Falls $F_0 > F_1$ ist, erfolgt die Vorhersage einer Nachfragemenge mittels exponentieller Glättung, im Falle $F_1 > F_0$ erstellt man keine Prognose.

Zur Berechnung der Gesamtfehler F_1 und F_0 werden der Vorhersagewert V, der sich aus der exponentiellen Glättung ergibt, und der daraus resultierende Fehler F als Erwartungswerte berechnet. Perioden ohne Nachfrage bleiben dabei unberücksichtigt.

Aus der Wahrscheinlichkeit $p_u(w)$, daß im Intervall w eine Nachfrage eintrifft, und der Wahrscheinlichkeit $1 - p_u(w)$, daß keine Nachfrage eintreffen wird, ergeben sich die Gesamtfehler F_1 und F_0:

$$F_1 = F \cdot p_u(w) + (1 - p_u(w)) \cdot V \qquad (5)$$

$$F_0 = V \cdot p_u(w) + (1 - p_u(w)) \cdot 0 = V \cdot p_u(w) \qquad (6)$$

Das in Abbildung 2 dargestellte Beispiel über 100 Zeitintervalle von je einer Woche mit einem Vorhersageintervall von vier Wochen wird von *Wedekind* zum Test seines Vorhersageverfahrens herangezogen. Es wird dabei ein Liefergrad von 88,5 % erzielt.

4.4 Ein "dynamisches" Vorhersagemodell zur Prognose bei unregelmäßigem Bedarf

4.4.1 Analyse der Probleme der bisher dargestellten Verfahren

Es wird zunächst versucht, die Probleme zu analysieren, welche bei der Verwendung der bisher dargestellten Verfahren für unregelmäßige Nachfrage auftreten [2/S. 28 ff.].

4.4.1.1 Verlust der Information über den Zeitpunkt der Nachfrage

Die Information über den Zeitpunkt, zu dem die Nachfrage eintrifft, geht bei diesen Systemen verloren. Je größer das Intervall ist, um so mehr gewinnt die Information an Bedeutung, ob zu Beginn oder am Ende der Periode nachgefragt wird.

So kann eine relativ große Nachfrage, welche durch die willkürliche Einteilung der Perioden am Ende eines Intervalls eintrifft, den Bedarf dieser Periode beträchtlich erhöhen. Würde diese Nachfrage aber zufällig um einige Tage später eintreffen, wäre in der Zeitreihe der Nachfrage keine Schwankung gegeben.

Durch die Einteilung in Perioden können also künstlich Schwankungen des Bedarfs erzeugt werden. Dieser Nachteil entfällt, wenn der Zeitpunkt der Nachfrage als Information verarbeitet wird.

4.4.1.2 Kumulation des Bedarfs zu Bedarf je Intervall

Vorgänge während einer Periode werden vergröbert in einen einzigen Wert der Nachfrage je Intervall zusammengefaßt. Die Intervall-Länge darf nicht zu klein gewählt werden, weil sonst neben einem erhöhten Rechenaufwand zu starke Zufallsschwankungen einträten.

4.4.1.3 Verspätete Reaktion auf Änderung der Nachfragestruktur

Die Information, daß der ursprüngliche Vorhersagewert einen großen Fehler verursachen wird, kann bereits kurz nach Beginn einer Periode vorliegen. Der Vorhersagewert für die nächste Periode sollte in einem solchen Fall bereits mit anderen Parametern oder Vorhersagemodellen berechnet werden, welche die neue Tendenz berücksichtigen. Dies ist mit dem oben angegebenen Verfahren nicht möglich.

4.4.1.4 Nicht steuerbare Genauigkeit der Vorhersage

Vorhersagen mit den bisher dargestellten Methoden können in ihrer Qualität nicht verbessert werden. Selbst bei Verkleinerung der Intervall-Länge werden nur geringfügige Verbesserungen erzielt, weil damit eine steigende Unsicherheit und Instabilität des Systems einhergehen.

Es wäre sicherlich wünschenswert, für Prognoseobjekte, die einen gesteigerten Aufwand rechtfertigen, ein Verfahren benutzen zu können, dessen Vorhersagegenauigkeit vorgegeben werden kann.

4.4.2 Grundaufbau bisheriger Systeme

In den bisher dargestellten Modellen wird eine Vorhersage für den Bedarf je Intervall gemacht. Zur Zeit t wird also vorhergesagt, wie groß der Bedarf im Intervall $t+1$ sein wird.

Die Intervall-Länge wird dabei als Konstante betrachtet, während die Bedarfshöhe vorausgesagt wird, wie in Abbildung 4 dargestellt ist.

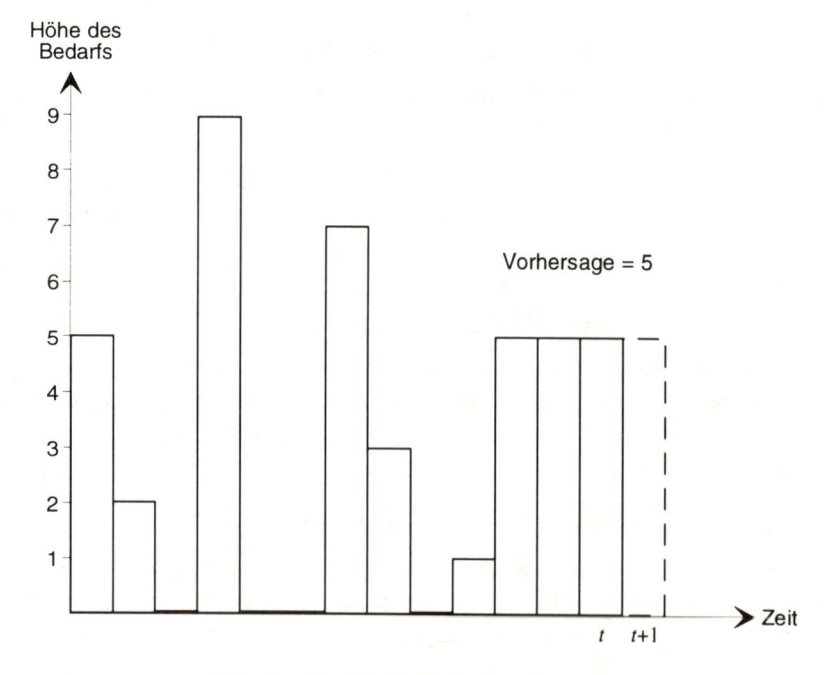

Abb. 4   Modell der Bedarfsvorhersage

4.4.3 Grundidee der dynamischen Vorhersage

Was geschieht, wenn obiges Modell umgekehrt wird? Durch diese einfache Vorgehensweise erhält man ein anderes Modell:

Der Bedarf wird als Konstante behandelt, während die Zeit, die vergeht, bis eine Nachfrage der Höhe Bedarf = Konstante eintrifft, vorhergesagt wird. Dieses Modell ist in Abbildung 5 dargestellt.

Da bei diesem Modell die Zeitreihe in ihrem zeitlichen Ablauf nicht durch Aufteilung in Intervall-Längen künstlich zerschnitten wird, sondern fließend erhalten bleibt, erhält dieses Modell die Bezeichnung "dynamische Vorhersage".

Dieses Verfahren kann auf folgende Weise interpretiert werden:

Der Kreis der Nachfrager setzt sich meist aus einem bekannten Stamm zusammen, der dann jeweils im eigenen Rhythmus, vielleicht aufgrund eines Glättungsmodells, seine Nachfrage abgibt. Nachfrager, die etwa in der gleichen Höhe bestellen, werden in einer "Klasse" zusammengefaßt und gemeinsam behandelt.

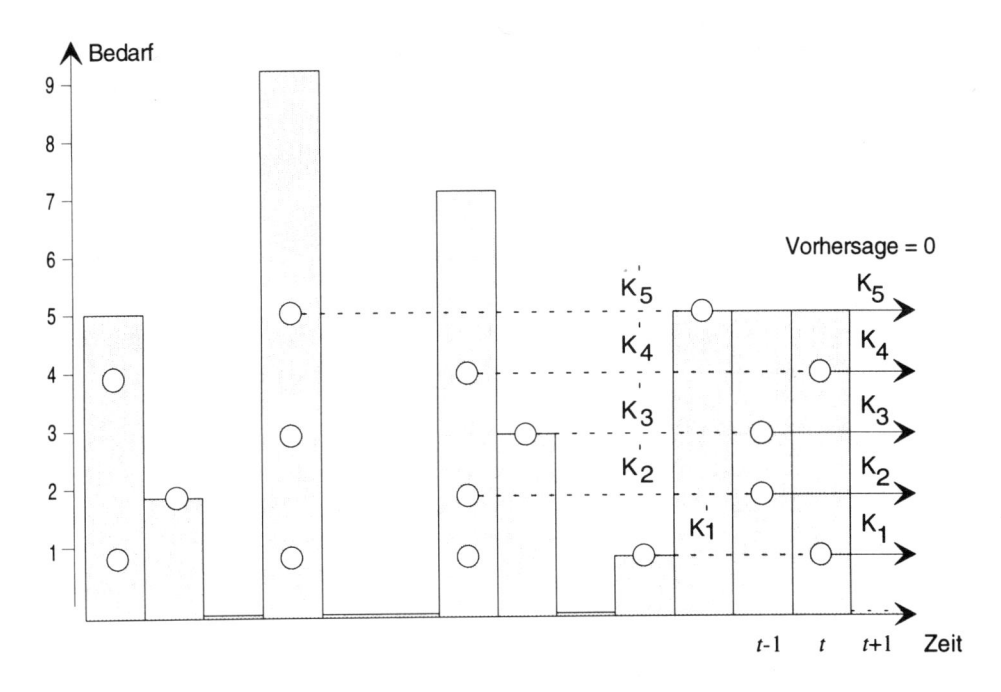

Abb. 5 Modell der Prognose mit dem Verfahren der dynamischen Vorhersage.
Die kleinen Kreise markieren die einzelnen Nachfragen einer Bedarfs-Klasse, die zur Gesamtnachfrage (Kastenprofil) akkumuliert werden. Die Zeitdifferenz zwischen zwei Nachfragen gleicher Klasse K' wird laufend fortgeschrieben (K).

Wenn der Kreis der Nachfrager unverändert und auch die Klasse eines jeden Kunden erhalten bleibt, müßten keine Veränderungen am Modell vorgenommen werden. Da sich aber beide Größen zufällig oder signifikant ändern werden, muß man diese Änderungen berücksichtigen. Das Problem liegt darin, zufällige von signifikanten Abweichungen zu unterscheiden. Bei zufälligen Abweichungen soll das Modell nicht reagieren, dagegen bei signifikanten möglichst schnell.

Im vorliegenden Verfahren werden allen Klassen von Nachfragern diskrete Zeitwerte zugewiesen, die für die Zeit zwischen zwei folgenden Nachfragen stehen. Bei Abweichungen wird dieser Zeitwert verändert. Damit ist zu jedem Zeitpunkt der aktuelle Stand der Zusammensetzung der Nachfrager, ausgedrückt durch Zeitwerte, die nach Umrechnung eine Bedarfshöhe darstellen, im Modell vorhanden.

4.4.4 Beschreibung des Verfahrens der dynamischen Vorhersage

4.4.4.1 Einteilung des Bedarfs in Klassen mit konstantem Bedarf

Da die Zeitdifferenz zwischen zwei Nachfragen gleicher Höhe vorausgesagt wird, muß zunächst die Nachfrage in Klassen eingeteilt werden. Denkbar sind sowohl eine lineare als auch eine andere, z. B. eine logarithmische Einteilung in Klassen.

Im folgenden steht dann die Klasse für die Höhe der Nachfrage. Da bei der Klasseneinteilung die Klasse alle Nachfragen ersetzt, die innerhalb der Klassenbreite liegen, ist die Differenz zwischen Wert der Klasse und Wert der Nachfrage getrennt zu berücksichtigen, damit nicht künstliche Fehler eingebaut werden.

4.4.4.2 Vorgabe von Vorhersagewerten für die Nachfrageintervalle

Die Nachfrageintervalle werden bei unserem Modell mit exponentiellem Glätten fortgeschrieben. Deshalb müssen Anfangswerte vorgegeben werden.

Als Anfangswerte muß man je Klasse die Zeitstrecken vorgeben, nach denen eine Nachfrage dieser Höhe eintreffen wird. Dadurch wird gewissermaßen eine Häufigkeitsverteilung über die Klassen hinweg aufgebaut. Ein großer Wert der Zeitdifferenz zwischen zwei Nachfragen besagt, daß diese Klasse selten nachgefragt wird und deshalb die Bedarfshöhe (abhängig vom Wert der Klasse) gering sein wird. Für kleine Werte der Zeitdifferenz gilt analog, daß diese Klasse häufig nachgefragt wird und deshalb eine große Bedarfshöhe bedingt. Diese Verteilung wird dann fortgeschrieben, so daß stets aktuelle Werte vorhanden sind und verarbeitet werden können.

4.4.4.3 Feststellen von signifikanten Veränderungen

Analog zu den in den Abschnitten 4.1 bis 4.3 beschriebenen Verfahren könnte die Vorhersage am Ende eines Intervalls stattfinden. Damit wäre dieses Modell aber wieder an künstliche Grenzen gebunden.

Deshalb wird folgende Methode gewählt: Die vorgegebene Zeitdifferenz zwischen zwei Nachfragen gleicher Klasse wird so lange beibehalten, bis eine signifikante Änderung festgestellt wird.

Eine Plus-Minus-Toleranz soll die zufälligen Abweichungen aussondern. Liegt die Nachfrage einer Klasse außerhalb dieser Toleranz, dann wird die Vorhersage der Zeitdifferenz dieser Klasse entsprechend mit exponentiellem Glätten erster Ordnung geändert. Dadurch kann nochmals nach zufälligen Schwankungen aussortiert werden. Der Glättungsparameter wird dabei gleich oder größer als 0,5 gewählt. Durch das aufgebaute Sieb der Toleranz kann bereits mehr Vertrauen in gegenwärtige Zeitwerte gelegt werden. Der Vorgang der Korrektur der Vorhersage ist für drei Klassen in Abbildung 6 dargestellt.

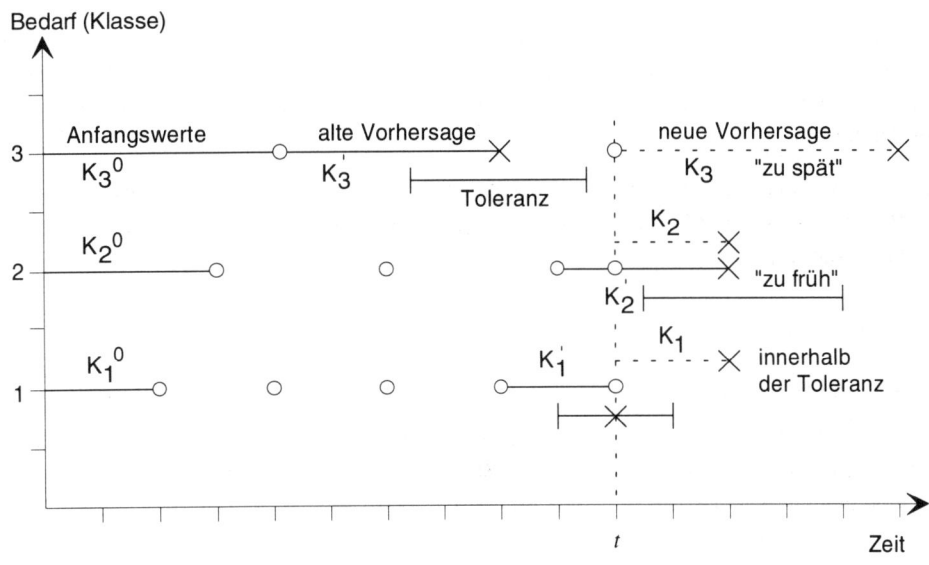

Abb. 6 Korrektur der Vorhersagewerte je Klasse.
Die kleinen Kreise geben die beobachteten Nachfragen, die Kreuze die Vorhersagen an. Wählen wir als Beispiel die Klasse des Bedarfs "3 Einheiten" und glätten wir mit $A = 0,5$, so ergibt sich folgendes: Der alte Vorhersagewert K_3' für das Intervall bis zur nächsten Nachfrage beträgt 4 Perioden. Die Nachfrage dieser Klasse trifft aber erst nach 6 Zeiteinheiten ein. Die Toleranz von 1,5 Perioden wird also überschritten. Damit wird ein neuer Vorhersagewert erforderlich. Er errechnet sich zu $K_3 = 4 + 0,5(6 - 4) = 5$ Perioden.

4.4.4.4 Berechnung des aktuellen Wertes je Intervall

In einem Lagerhaltungs-System wird der Bedarf je Intervall zur Ermittlung der Bestellmenge herangezogen. Deshalb muß für diese Zwecke eine Intervall-Länge definiert werden.

Der Bedarf für dieses Intervall kann aus den Vorhersagewerten je Klasse und dem Wert der Klasse errechnet werden. Das Prognosemodell gibt an, wie oft der Bedarf dieser Klasse im Intervall auftreten wird. Der so ermittelte Wert ist bereits der Vorhersagewert für die Nachfrage des nächsten Intervalls. Abbildung 5 verdeutlicht diesen Vorgang.

Beispielsweise würde bei der in der Periode $t-1$ abgegebenen Vorhersage für die Periode t der Wert von einmal 1 Bedarfseinheit und einmal 4 Bedarfseinheiten, also zusammen 5 Bedarfseinheiten, errechnet werden.

4.4.5 Fortschreibung der Zeitverteilung der in Klassen eingeteilten Nachfrage

Durch die skizzierte Art der Vorhersage wird die vorgegebene Zeitverteilung laufend korrigiert. So können z. B. nach einem Sprung in der Zeitreihe Nachfragen einer niedrigen Klasse fast nicht mehr auftreten, dafür aber Nachfragen einer bestimmten höheren Klasse häufiger. In diesem Modell wird dann die Vorhersagezeit der niedrigen Klasse vergrößert, die der höheren Klasse vom System entsprechend verkleinert. Damit ist eine schnelle Anpassung gegeben.

Das Verfahren muß also bei Änderung des Charakters der Zeitreihe nicht geändert werden, während man z. B. beim exponentiellen Glätten erster Ordnung nach *Brown* auf zweite Ordnung übergehen sollte, wenn sich nach einer bis dahin konstanten Nachfrage ein Trend bemerkbar macht.

Ebenso paßt sich das System bei saisonalen Schwankungen dem Charakter der Zeitreihe an. Wie schnell es reagiert, hängt von den gewählten Parametern bzw. dem Vertrauen in "junge" Nachfragewerte ab.

4.4.6 Merkmale des Verfahrens

4.4.6.1 Wählbare Genauigkeit

Die Genauigkeit des Verfahrens kann gesteuert werden, indem man die Höhe der Nachfrage in ein grobes oder feines Netz von Klassen einteilt. Bei einer größeren Anzahl von Klassen steigt aber auch der Aufwand zur Berechnung.

4.4.6.2 Aktualität der gespeicherten Werte

Bei Veränderung der Nachfrage werden auch die Zeiten der Klassen verändert. Durch exponentielles Glätten werden aber Zufallsschwankungen aussortiert.

4.4.6.3 Schnelles Anpassen an Strukturveränderungen

Da eigentlich eine Häufigkeitsverteilung der in Klassen eingeteilten Nachfrage fortgeschrieben wird, ist es nicht nötig, verschiedene Prognosemethoden heranzuziehen. Das Verfahren paßt sich selbst an, indem es die vorgegebene Verteilung ändert.

4.5 Literatur

[1] IBM (Hrsg.), IMPACT-Handbuch, Teil 1, IBM Form 80582, 1965.
[2] Nowack, A., Entwurf und Test eines Prognosemodells mit dynamischer Fortschreibung von Zeiträumen und potentieller Lernfähigkeit, Diplomarbeit, München 1969.
[3] Trux, W., Einkauf und Lagerdisposition mit Datenverarbeitung, 2. Aufl., München 1972.
[4] Vigier, G.J., Prognose von Artikeln mit sprunghaftem Bedarf, Bürotechnik und Automation 12 (1971) 1, S. 22 ff.
[5] Wedekind, H., Ein Vorhersagemodell für sporadische Nachfragemengen bei der Lagerhaltung, Ablauf- und Planungsforschung 9 (1968), S. 1 ff.

5 Ein gemischt deterministisch-stochastisches Prognoseverfahren

von W. Trux

5.1 Prinzip der gemischt deterministisch-stochastischen Prognoseverfahren

Vor allem bei der Absatzprognose trifft man in der Praxis oft den Fall an, daß ein Teil der Daten bekannt ist, ein anderer hingegen unbekannt. Die Vorhersage muß dann aus einem deterministischen und einem stochastischen Teil zusammengesetzt werden, so daß man zu einem gemischt deterministisch-stochastischen Prognosemodell gelangt. In Betrieben, die zum einen sofort auszuliefernde Aufträge (Sofortaufträge) und zum anderen Aufträge erhalten, die erst nach einer gewissen Lieferfrist zu erfüllen sind (Terminaufträge), rekrutiert sich der künftige Absatz aus

1. Lieferungen aufgrund bereits eingetroffener, aber noch nicht ausgelieferter (Termin-)Aufträge,
2. Lieferungen aufgrund erwarteter Sofortaufträge,
3. Lieferungen aufgrund erwarteter Terminaufträge.

Die Umsätze aus der Position 1. sind aufgrund der bekannten Liefertermine deterministisch zu berechnen. Bei der Position 2. sind die zu bestimmten Terminen eintreffenden Aufträge und damit die mit diesen termin- und mengenmäßig identischen Lieferungen stochastisch vorherzusagen. Um die Umsätze gemäß Position 3. zu erhalten, müssen zunächst die zu bestimmten Terminen eintreffenden Aufträge nach der Höhe stochastisch prognostiziert werden. Darüber hinaus ist es aber erforderlich, auch die Zusammensetzung dieser Aufträge nach Lieferterminen (das Lieferspektrum) vorherzusagen. Dies gelingt mit einem in der Folge anhand eines einfachen Zahlenbeispiels entwickelten Verfahren [1/S. 208 ff.].

5.2 Beispiel einer gemischt deterministisch-stochastischen Prognose

Das Prinzip sei mit Hilfe der Tabelle 1 erläutert, die das Rechenschema des Verfahrens für drei Perioden darstellt. Zu den durch fett gedruckte Buchstaben gekennzeichneten Stellen in Tabelle 1 wollen wir folgende Erläuterung geben:

A *Stochastische Vorhersage Auftragseingang.* Das Feld enthält die nach subjektiver Schätzung oder statistischen Rechenverfahren vorhergesagten Werte für den Auftragseingang der Perioden im Vorhersagezeitraum. Im Beispiel sind es drei Perioden, für die eine konstante Nachfrage von 200 Einheiten angegeben ist, und wir nehmen an (da es sich um einen neuen Artikel handelt), daß diese Werte aus einer subjektiven Schätzung in Periode 0 stammen. Im Beispiel erfolgt die Vorhersage ohne Trend, daher ist in allen Feldern die gleiche Nachfragemenge eingetragen (bei Trend oder saisonalem Bedarf würden verschiedene Werte der Vorhersage in den drei Perioden eingetragen sein).

Periode-Nr.	Felder der beobachteten Werte			Felder der stochastischen Vorhersage			Felder der deterministischen Vorhersage	Kombinierte Vorhersage für Periode ...
	Auftrags-eingang	Liefermenge je Periode		Vorhersage Auftrags-eingang	Lieferfaktoren			
		% vom Auftragseingang			Vorhersage Nachfrage			
		Akkum. Liefermenge						
0	0		0 1 2	A 1 2 3	B 0,50 0,30 0,20	C	D 1 2 3	E 1 2 3
			0 0 0	200 200 200	0 0,50 0,30		0 0 0	100 160 200
			0 0 0		0 0 0,50			
	Σ deterministischer Bedarf	%	0 0 0			100 160 200		
			0 0 0					
F 1	G 220	H	1 2 3		0,48 0,31 0,21		2 3 4	2 3 4
			100 70 50	2 3 4	0 0,48 0,31	101 166 210	70 50 0	171 216 210
		I %	45 32 23	210 210 210	0 0 0,48			
		K	100 70 50					
2	210		2 3 4		0,50 0,35 0,15		3 4 5	3 4 5
			110 80 20	3 4 5	0 0,50 0,35	105 179 210	130 20 0	235 199 210
	Σ deterministischer Bedarf	%	52 38 10	210 210 210	0 0 0,50			
			180 130 20					

Tabelle 1   Rechenschema der gemischt deterministisch-stochastischen Vorhersage

B *Matrix der Lieferfaktoren.* Jede Zeile der Matrix enthält einen als Erfahrungswert registrierten "Lieferfaktor" für die prozentuale Verteilung der Liefermengen aus dem Auftragseingang einer Periode. Die erste Zeile gibt z. B. an: Man erwartet, daß 50 % (Lieferfaktor = 0,5) des Auftragseingangs in der ersten Periode auch in der gleichen Periode zu liefern wären; weitere 30 % (Lieferfaktor = 0,3) des Auftragseingangs aus dieser Periode werden zur Lieferung in der zweiten Periode erwartet und der Rest von 20 % in Periode 3. Die zweite Zeile gibt die gleichen Lieferfaktoren, jedoch für den Auftragseingang der Periode 2 an, die dritte Zeile entsprechend für den Auftragseingang der dritten Periode. Wir sehen, daß die Matrix ebenso viele Spalten und Zeilen wie Vorhersageperioden hat (der über den Vorhersagezeitraum hinausragende Teil der Lieferfaktoren aus Auftragseingang in Periode 2 und 3 interessiert für die Vorhersage nicht, da der Vorhersagezeitraum nur 3 Perioden beträgt).

Wird angenommen, daß die Liefertermine des Auftragseingangs in allen Perioden gleich sind, so enthalten alle Zeilen der Matrix - jeweils um eine Spalte nach rechts verschoben - die gleichen Zahlen. Trifft dies nicht zu, so unterscheiden sich die Lieferfaktoren für die einzelnen Perioden, und die Zeilen der Matrix haben dementsprechend unterschiedliche Zahlenwerte.

Im Beispiel nehmen wir ebenfalls an, daß die Lieferfaktoren in der Matrix in der Periode 0 aus einer subjektiven Schätzung stammen.

C *Stochastische Vorhersage der Nachfrage.* Das Feld enthält die stochastische Vorhersage der Nachfrage aufgrund Auftragseingang und Lieferterminen für die Perioden des Vorhersagezeitraums. Sie wird auf folgende Weise errechnet:

Um die Nachfrage der ersten Periode zu erhalten (im Beispiel 100 Stück), multipliziert man alle Zahlen des Feldes **A** mit der ersten Spalte der Matrix der Lieferfaktoren (im Beispiel $100 = 200 \cdot 0,5 + 200 \cdot 0 + 200 \cdot 0$). Entsprechend erhält man den Wert für die Vorhersage der Nachfrage in der zweiten bzw. dritten Spalte der Matrix

$(160 = 200 \cdot 0,3 + 200 \cdot 0,5 + 200 \cdot 0$ bzw. $200 = 200 \cdot 0,2 + 200 \cdot 0,3 + 200 \cdot 0,5)$. Mathematisch kann man diesen Rechenvorgang beschreiben als Multiplikation der Lieferfaktorenmatrix mit dem Vektor der Auftragseingangsvorhersage.

D *Deterministische Vorhersage.* Dieses Feld enthält die Summe der vorliegenden Terminaufträge für alle Perioden des Vorhersagezeitraums (in Periode 0 sind noch keine Aufträge vorhanden, deshalb ist dieses Feld gleich Null).

E *Kombinierte Vorhersage.* Die Felder stellen die Summe aus stochastischer (Feld **C**) und deterministischer Vorhersage der Nachfrage (Feld **D**) dar. Da in Periode 0 noch keine Aufträge vorliegen, ist der Inhalt des Feldes **E** gleich dem Inhalt des Feldes **C**.

F *Periodennummer.* Wir gehen nunmehr zu Periode 1, deren Periodennummer in diesem Feld angegeben ist.

G *Auftragseingang.* Dieses Feld enthält die Summe aller in dieser Periode eingegangenen Aufträge ohne Rücksicht auf deren Liefertermin.

Das Feld ist für die stochastische Vorhersage der "tatsächlichen Nachfrage" bestimmt und dient zur Korrektur der Vorhersage des Auftragseingangs nach einem der in Kapitel 2 beschriebenen Verfahren. Wählen wir am Beispiel $A = 0,5$ und exponentielle Glättung erster Ordnung (ohne Trend), so ergibt sich nach den Formeln in Kapitel 2 eine neue Vorhersage für den Auftragseingang $NV = 210 = 200 + 0,5 \cdot (220 - 200)$.

H *Liefermenge je Periode.* Hier ist die Liefermenge aus dem Auftragseingang dieser Periode eingetragen, so wie sie sich aufgrund der von den Kunden gewünschten Lieferzeiten ergibt. Im Beispiel ist dargestellt, daß die in der Periode eingegangenen Aufträge über insgesamt 220 Stück mit 100 Stück in der gleichen Periode zu beliefern waren (Sofortaufträge). 70 Stück des Auftragseingangs stehen noch zur Lieferung in Periode 2 aus und die restlichen 50 Stück für die Lieferung in Periode 3.

I *Liefermengenverteilung in Prozent Auftragseingang.* Das Feld enthält die Umrechnung der in Feld **H** dargestellten Mengen in Prozent des Auftragseingangs der gleichen Periode (220 Stück = 100 %). Die Prozentzahlen dienen der Korrektur der Lieferfaktoren. Nehmen wir hierfür ebenfalls einen Reaktionsparameter $A = 0,5$ an, so erhält man mit diesen Prozentzahlen und den Lieferfaktoren aus Periode 0 die neuen Lieferfaktoren, die in der Matrix dieser Periode dargestellt sind (Feld **B** der Periode 1).

K *Akkumulierte Liefermenge je Periode.* In diesem Feld ist der gesamte vorliegende Auftragsbestand für die folgenden Perioden enthalten. Da in der Periode 1 noch keine Aufträge aus den Vorperioden vorhanden sind, ist der Inhalt dieses Feldes gleich dem Feld **H**.

Die Rechnung in den Feldern der stochastischen Vorhersage wiederholt sich nun wie bei der Periode 0 beschrieben. Da nunmehr echte Kundenaufträge vorliegen, wird zur stochastischen Vorhersage der Nachfrage (Feld **C** der Periode 1) die deterministische Vorhersage (Feld **D** der Periode 1) addiert. Der Inhalt von Feld **D** ergibt sich durch periodengerechte Übertragung der Werte aus Feld **K** in Periode 1. Damit erhalten wir schließlich als Summe aus Feld **C** und **D** die kombinierte Vorhersage in Feld **E**.

Den gleichen Rechengang finden wir in Periode 2. Als Unterschied hat man nur zu beachten, daß hier der Inhalt in Feld **K** (Summe deterministischer Bedarf) aus den vorliegenden Aufträgen dieser Periode und den Aufträgen der Periode 1 akkumuliert ist.

5.3 Kritische Würdigung

Zur kritischen Würdigung dieses Verfahrens wäre folgendes auszuführen:

1. Es vermeidet alle durch rein stochastische Vorhersagen aus dem Auftragseingang bei Terminaufträgen auftretenden Fehler.

2. Es verwendet stochastische Vorhersagen nur soweit als erforderlich, deterministische Methoden dagegen soweit als möglich.

3. Die erhöhte Genauigkeit dieses Verfahrens wird erkauft durch zusätzlichen Rechenaufwand.

5.4 Literatur

[1]   Trux, W., Einkauf und Lagerdisposition mit Datenverarbeitung, München 1968, 2. Aufl. 1972.

6 Prognose mit Hilfe von Verweilzeitverteilungen

von H. Langen und F. Weinthaler

6.1 Die Grundgedanken des Verfahrens

Das die Unternehmungsaufgabe erfüllende Betriebsgeschehen stellt ein aus einer Vielzahl von sich nach- und nebeneinander vollziehenden Aktivitäten bzw. Teilprozessen gebildetes Prozeßgefüge dar, in dem bestimmte sachliche Ordnungszusammenhänge herrschen. Jeder Teilprozeß knüpft sachlich-inhaltlich an einen oder mehrere vorausgegangene Prozesse an und mündet selbst wieder in bestimmte nachfolgende Prozesse ein. Zwischen den einzelnen Teilprozessen bestehen Ursache-Wirkungs-Beziehungen. So sind beispielsweise Art und Umfang der Wareneingänge festgelegt durch die vorausgegangenen Warenbestellungen. Andererseits stellen sie selbst die Determinanten z. B. für die Höhe der Beschaffungsausgaben dar. Daraus folgt, daß dispositive Eingriffe in einzelne Teilbereiche des Gesamtgeschehens in ihren Wirkungen nicht auf diese Teilbereiche beschränkt bleiben, sondern auf Art und Umfang einer Vielzahl von sachlich verketteten Teilprozessen durchschlagen. Für die Entscheidung über eine Disposition ist es unerläßlich, Informationen über die in ihrer Folge sich in den wichtigsten abhängigen Teilbereichen ergebenden Veränderungen zu haben.

Darüber hinaus vollzieht sich das betriebliche Geschehen grundsätzlich eingebettet in den Zeitablauf, es ist ein dynamischer Prozeß. Die sachliche Verknüpfung der Prozesse wird überlagert durch bestimmte temporale Beziehungen. Jeder Teilprozeß hat seine besondere zeitliche Charakteristik und steht in bestimmter zeitlicher Relation zu vor- und nachgelagerten Prozessen. In bezug auf die Beurteilung einer Disposition bedeutet dies, daß das Wissen um die sachlich zu erwartenden Dispositionskonsequenzen in den verketteten Teilprozessen alleine nicht ausreicht, vielmehr sind diese eintretenden Veränderungen möglichst exakt zu terminieren. Nur dadurch gelingt es, die Ausprägung der Güter- und Zahlungsströme im Zeitablauf zu verfolgen und die aus der Dynamik des Ablaufgeschehens sich ergebende Aufgabe der Erhaltung bzw. Erreichung eines ökonomischen Gleichgewichts in - streng genommen - jedem zukünftigen Zeitpunkt zu lösen.

Der Grundgedanke des im folgenden vorzustellenden Prognoseverfahrens besteht nun darin, diese sachlichen und zeitlichen Folgebeziehungen zwischen einzelnen Teilprozessen durch empirisch-statistische Untersuchungen des Betriebsgeschehens zu ermitteln und zu mathematisch formulierten Folgegesetzmäßigkeiten zu verdichten. Gelingt dies, so eröffnet sich die Möglichkeit, ausgehend von dem durch eine Disposition unmittelbar beeinflußten Teilprozeß, den zeitlichen Eintritt und die bewirkte inhaltliche Ausprägung der Kette von Folgeprozessen zu prognostizieren und damit die Grundlagen für eine umfassende Beurteilung der Disposition zu schaffen.

6.2 Die analytische Vorstufe der Prognose

Der erste Schritt des darzustellenden Prognoseverfahrens besteht in einer Analyse des Betriebsgeschehens hinsichtlich der vorliegenden sachlichen und zeitlichen Abhängigkeitsbeziehungen. Diese Analyse wird in zwei Stufen durchgeführt.

6.2.1 Die Strukturanalyse

Ziel der ersten Analysestufe ist es, die charakteristischen Teilprozesse des zu untersuchenden Betriebsgeschehens und ihre Folgebeziehungen zu erkennen. Diese Strukturanalyse bildet die Grundlage für die zweite Stufe, in der durch statistische Methoden die Gesetzmäßigkeiten der Verknüpfungen ermittelt werden, und bietet zugleich einen Überblick über die möglichen Prognosen.

Die Ergebnisse der ersten Analysestufe lassen sich in Form von Blockschaltbildern darstellen. Ein Beispiel gibt Abbildung 1.

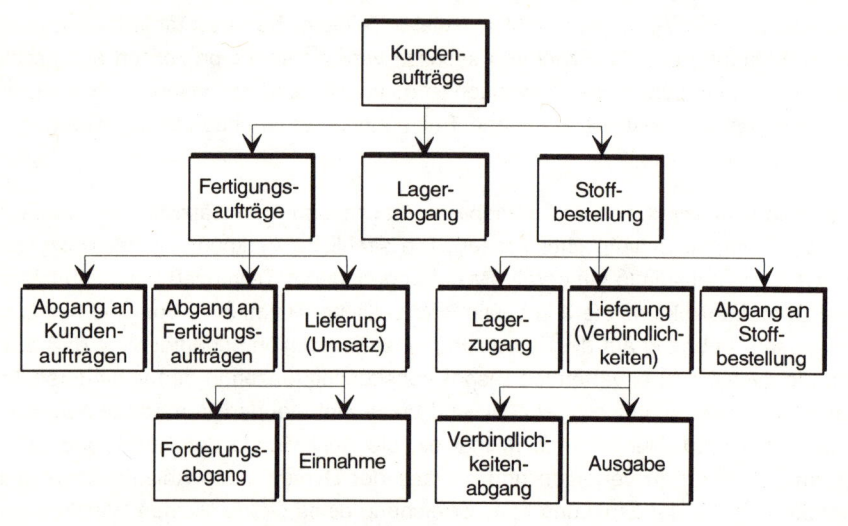

Abb. 1   Durch Blockschaltbild abgebildete Ablaufstruktur eines Betriebsprozesses

Solche Darstellungen sind aus den beiden Elementen Ereignisse und Aktivitäten (Teilprozesse) zusammengesetzt. Die einzelnen Blöcke enthalten die Ereignisse des analysierten Betriebsprozesses. Der Begriff "Ereignis" ist aus der Netzplantechnik übernommen. In gleicher Weise wie dort bezeichnet er ein Zwischenstadium oder einen Zustand zwischen zwei Aktivitäten, der weder Zeit beansprucht noch Produktionsmittel oder Geld verbraucht. Ereignisse sind demnach Ausgangslagen bzw. Endzustände bei Beginn bzw. nach Abschluß von Aktivitäten. Das Ereignis "Lagerzugang" beispielsweise bildet nicht den prozessualen Einlagerungsvorgang ab, sondern einen Zustand, wie er sich nach Vollzug dieser Vorgänge ergibt.

Verknüpft sind die Blöcke durch Pfeile. Sie stellen die eine Ausgangslage in einen neuen Zustand überführenden Aktivitäten, definiert als sich im Zeitablauf vollziehende und Produktionsmittel oder Geld verbrauchende Vorgänge, also die eigentlichen Prozesse dar.

6.2.2 Die Analyse der Übergangsgesetzmäßigkeiten

Auf der Kenntnis der Ordnungsstruktur des Betriebsgeschehens im Sinne einer Folge von typischen Ereignissen baut die zweite Stufe der Analyse auf, bei der es darum geht, die Aktivitäten genauer zu betrachten hinsichtlich der Zeitdauer des Übergangs von einem Ereignis zu einem nachfolgenden und den Mengen bzw. Werten, die zwischen den Ereignissen bewegt werden. Dadurch sollen die bei den Ereignisübergängen vorliegenden Gesetzmäßigkeiten herausgeschält werden.

6.2.2.1 Wesen und Begriff der Verweilzeitverteilung

Die Systemtheorie bedient sich zur Erfassung der Transformation eines vorhergehenden Ereignisses in ein nachfolgendes der Übergangsfunktion, die die zeitlich-quantitativen Beziehungen zwischen Input und Output beschreibt[1].

Im darzustellenden Prognoseverfahren verwendet man besondere Übergangsfunktionen, die als Verweilzeitverteilungen bezeichnet werden. Sie sagen aus, wieviel Prozent der Ereignisse gleichen Typs, z. B. der Umsätze, nach einer ganz bestimmten Zeit ein anderes Ereignis, etwa Bareinnahmen, hervorrufen. Ein Beispiel soll das Gemeinte verdeutlichen. Abbildung 2 stellt eine angenommene Verweilzeitverteilung zwischen Umsatz und Zahlungseingang dar.

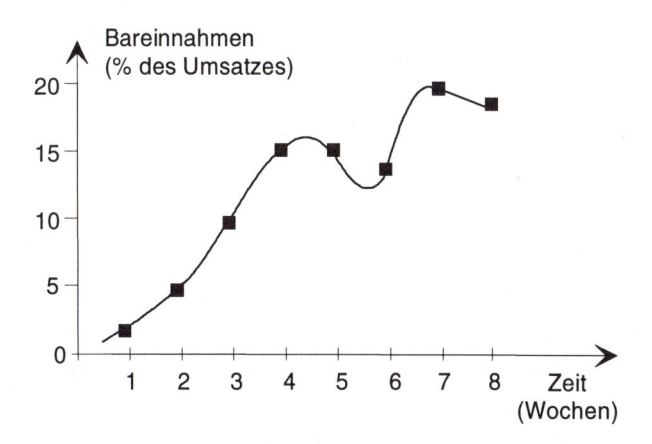

Abb. 2 Beispiel einer Verweilzeitverteilung zwischen Umsätzen und Bareinnahmen

An der Kurve läßt sich ablesen, daß 10 % aller Umsätze (z. B. eines Jahres) eine Liquidationsdauer von drei Wochen, 5 % von zwei Wochen und 20 % von sieben Wochen benötigten.

Grundsätzlich können Verweilzeitverteilungen zwischen beliebigen Ereignisfolgen ermittelt werden. Der Inhalt ihrer Aussage ist stets gleich. Sie geben Auskunft über den prozentualen Anteil der Anfangsereignisse, die nach einer bestimmten Anzahl von Perioden zu einem

---

[1] In der Literatur wird der Terminus "Übergangsfunktion" teilweise der Reaktion des Outputs auf eine Einheitssprungfunktion als spezieller Inputfunktion vorbehalten. Hier wird jedoch jede zeitlich-quantitative Beziehung zwischen Input und Output als Übergangsfunktion bezeichnet.

Folgeereignis führen, und lassen sich auch als Wahrscheinlichkeitsverteilungen in dem Sinne interpretieren, daß sie aussagen, welche Wahrscheinlichkeit der Verweilzeit, d. h. der Zeitspanne zwischen Input- und Outputereignis, zukommt.

6.2.2.2 Die Arten von Verweilzeitverteilungen

Die obige Definition der Verweilzeitverteilung bildet den gemeinsamen Rahmen für eine Anzahl durch unterschiedliche Merkmale gekennzeichneter Arten von Verteilungen.

Die Ermittlung der Gesetzmäßigkeiten, unter denen sich die Ereignistransformation im Zeitablauf vollzieht, setzt eine Quantifizierung der Input- und Outputereignisse voraus. Diese Quantifizierung kann auf unterschiedliche Weise erfolgen, wobei jedoch starke Einflüsse von der Art der abzubildenden Ereignisse ausgehen. Unter diesem Quantifizierungsgesichtspunkt lassen sich zwei große Gruppen von Verweilzeitverteilungen unterscheiden: Mengenverteilungen und Wertverteilungen.

6.2.2.2.1 Mengenverteilungen

Bei den Mengenverteilungen handelt es sich um solche Funktionen, die Auskunft geben über die Mengengrößen von Zugängen und Abgängen in der Zeiteinheit. Die prozentualen Anteile beziehen sich auf den mengenmäßig ausgedrückten Umfang (z. B. Stückzahl, Gewicht usw.) der vorhergehenden Ereignisse. Der Anwendungsbereich solcher Mengenverteilungen liegt insbesondere bei den Ereignisfolgen des die Unternehmung durchfließenden Realgüterstroms im Beschaffungs-, Lager-, Produktions- und Absatzbereich.

Definiert sind die Elemente der Mengenverteilungen durch folgende Formel:

$$m_i = \frac{v_i}{V} \quad (i = 0, 1, 2, ..., m)$$

Durch V wird die gesamte Mengengröße der betrachteten Ereignisse symbolisiert, v_i beinhaltet diejenigen Teilmengen, die genau i Perioden für ihre Transformation in ein Folgeereignis benötigen.

Als eine Sonderform der Mengenverteilungen ist die Anzahlverteilung anzusehen, die allein auf der Anzahl der transformierten Ereignisse ohne Berücksichtigung der Mengen bzw. Werte, die den einzelnen Ereignissen zugeordnet werden können, basiert.

Die einzelnen Komponenten der Verweilzeitverteilung auf Anzahlbasis sind definiert als

$$a_i = \frac{n_i}{N} \quad (i = 0, 1, 2, ..., m)$$

worin N die gesamte betrachtete Ereignisanzahl bezeichnet und n_i diejenigen Teilmengen, die nach i Perioden in das Folgeereignis transformiert worden sind.

Es hat sich bei einer Vielzahl von Tests gezeigt, daß solche Anzahlverteilungen nur in wenigen Fällen unverzerrte Prognosen ermöglichen, da sie u. a. unterstellen, daß die mengen- bzw. wertmäßige Dimension der Einzelereignisse ohne Einfluß auf die Charakteristik der Transformationsvorgänge ist.

6.2.2.2.2 Wertverteilungen

Die Wertverteilungen sind Verweilzeitverteilungen, die die Werte der transformierten Ereignisse in Geldeinheiten widerspiegeln. Die prozentualen Anteile beziehen sich auf den Wert der vorhergehenden Ereignisse:

$$b_i = \frac{u_i}{U} \quad (i = 0, 1, 2, ..., m)$$

U ist der Gesamtwert der betrachteten Ereignisse, u_i sind diejenigen Teilwerte, die nach genau i Perioden in neue Ereignisse überführt worden sind. Als Geltungsbereich von Wertverteilungen sind vornehmlich die Ereignisübergänge im Nominalgüterstrom anzusehen.

6.2.2.2.3 Einfache Verteilungen

Unabhängig von der Unterscheidung einzelner Arten von Verweilzeitverteilungen aufgrund des verwendeten Quantifizierungsmaßstabs können einfache von komplexen Verteilungen getrennt werden.

Einfache Verweilzeitverteilungen lassen sich zur Erfassung solcher Ereignisübergänge verwenden, bei denen sich die Transformation aller in der gesamten Ereignismasse enthaltenen Einzelereignisse nach der gleichen statistischen Gesetzmäßigkeit vollzieht. Es entfällt die Notwendigkeit einer differenzierten Betrachtung bestimmter Ereigniselemente. Alle Einzelereignisse sind hinsichtlich ihrer Verweilzeit homogen.

Solche einfachen Verweilzeitverteilungen können mathematisch als Vektoren dargestellt werden, deren Elementeanzahl durch die Länge der vollständigen Transformationsperiode und deren Unterteilung in einzelne Teilperioden (Basisperioden) bestimmt wird und deren Elementesumme gleich Eins ist (vollständige Transformation).

Die in Abbildung 2 graphisch dargestellte Verweilzeitverteilung (Gesamtperiode acht Wochen, in Wochenabschnitte unterteilt) läßt sich in folgendem Vektor ausdrücken:

$$v = (0{,}02 \quad 0{,}05 \quad 0{,}10 \quad 0{,}16 \quad 0{,}16 \quad 0{,}13 \quad 0{,}20 \quad 0{,}18)$$

Hinreichenden Informationsgehalt bieten Prognosen mit einfachen Verweilzeitverteilungen zumeist im Bereich der Nominalgüterereignisse, z. B. bei der Transformation von Umsätzen in Bareinnahmen. Jedoch kann es sich auch hier zur Prognoseverbesserung als notwendig erweisen, für einzelne Kundengruppen mit unterschiedlichem Zahlungsverhalten gruppenindividuelle Verweilzeitverteilungen zu verwenden.

6.2.2.2.4 Komplexe Verteilungen

Ganz deutlich wird der Zwang zur Verwendung von komplexen Verteilungen im Realgüterstrom, wo z. B. zwischen den Ereignissen Materialeinsatz und Güterentstehung eine Vielzahl einzelner Einsatzgüterarten mit unterschiedlicher mengenmäßiger und zeitlicher Einsatzcharakteristik zu einer Mehrzahl von unterschiedlichen Produktarten transformiert wird. Die Gesamtmasse der Gütereinsätze setzt sich aus völlig heterogenen Einzelereignissen zusammen.

Zwar wäre es denkbar, diese Transformation durch eine einfache Verteilung auf wertmäßiger Ebene auszudrücken, jedoch würde dadurch auf die in diesem Bereich wichtigsten Informationen über die Infrastruktur des Geschehens verzichtet.

Die Gesetzmäßigkeit solcher durch weitgehende Individualität der Einzelereignisse gekennzeichneter Ereignisübergänge läßt sich nur durch eine Vielzahl von zu einer komplexen Verweilzeitverteilung gebündelten Einzelverteilungen beschreiben. Solche komplexen Verteilungen können zwar in gleicher Weise wie die einfachen als Vektoren formuliert werden, jedoch stellen deren Komponenten dann selbst ebenfalls Vektoren bzw. Matrizen dar. Beispiele für den Aufbau von komplexen Verteilungen finden sich in späteren Abschnitten dieses Beitrags.

6.2.2.3 Die Ermittlung von Verweilzeitverteilungen

Die Verweilzeitverteilungen ermittelt man durch statistische Erhebung und Auswertung der die einzelnen Ereignisse dokumentierenden betrieblichen Daten. Dabei sind vor Durchführung der Erhebung Vorüberlegungen bezüglich des Erhebungszeitraums (Kalenderzeitraum, dem die Daten entnommen werden), der Basisperiode (Zeiteinheiten, in die der Erhebungszeitraum unterteilt und in denen die Verweilzeit gemessen wird), des Erhebungsumfangs (Vollerhebung aller Ereignisse oder Stichprobenerhebung) und der Erhebungselemente (Arten der zu erhebenden Daten) notwendig. Diese Überlegungen haben sich an dem betriebsindividuellen Informationsbedürfnis (z. B. ob die Prognose von Tages-, Wochen- oder Monatswerten für die Entscheidungen benötigt wird), dem verfügbaren Datenmaterial, dem als vertretbar angesehenen Aufwand und insbesondere auch an statistischen Gesichtspunkten zu orientieren. So müssen sowohl der Erhebungszeitraum als auch die Basisperiode genügend groß gewählt werden, um eine hinreichende Menge von Einzelereignissen zu enthalten.

Die Ermittlung selbst erfolgt in der Weise, daß mit Hilfe von Tabellen bzw. Strichlisten für jedes in der Erhebung enthaltene Einzelereignis festgestellt wird, in welchem Zeitabstand es in das nachfolgende Ereignis übergegangen ist. Anschließend werden die auf die einzelnen Perioden entfallenden prozentualen Anteile an der betrachteten Gesamtmenge errechnet. Sie zeigen die durchschnittliche Übergangsgesetzmäßigkeit in Form einer Verweilzeitverteilung an.

6.2.2.4 Die Aufbereitung von Verweilzeitverteilungen

Solche empirisch-statistisch gewonnenen Verweilzeitverteilungen sind in der Regel mit Zufallsfehlern behaftet, die das Erkennen der dem Ereignisübergang zugrundeliegenden Gesetzmäßigkeit stören können und daher neutralisiert werden müssen. Zum einen zeichnen sie sich durch ihre unregelmäßige Gestalt aus, was durch eine unregelmäßige Gruppierung von Einzelereignissen mit gleicher Verweilzeit innerhalb der gesamten betrachteten Ereignismenge hervorgerufen wird, zum anderen treten Außenseiterereignisse auf, die sich abseits der Gesetzmäßigkeiten der Ereignistransformation stellen.

Um den ersten Störeinfluß zu eliminieren, empfiehlt die statistische Literatur eine Glättung. Es hat sich jedoch in mehreren Tests, entgegen den ursprünglichen Erwartungen, gezeigt, daß in keinem Fall mit geglätteten Verteilungen Prognoseverbesserungen erzielt werden konnten.

Das Auftreten von Außenseiterereignissen, das sich in der Verweilzeitverteilung in einer geringen Besetzungsdichte der kurzen, insbesondere aber der langen Verweilzeiten bemerkbar macht, ist in der Prognose dadurch hinderlich, daß der Rechenaufwand erhöht wird, jedoch ohne nennenswerten Einfluß auf das Ergebnis. Es ist deshalb ratsam, die Verteilungen auf beiden Seiten zu stutzen, so daß die verbliebenen relativen Häufigkeiten kumuliert einen bestimmten Grenzwert von z. B. 95 % ergeben, und anschließend die Summe der Verteilungskomponenten wieder auf 100 % hochzurechnen (zu normieren). Untersuchungen mit simulierten und empirischen Daten ergaben, daß der durch Stutzung und Normierung hervorgerufene Fehler vernachlässigt werden darf, da die Abweichungen, gemessen an Mittelwert und Varianz der Verweilzeiten, gering sind.

6.3 Die Prognose

Im folgenden wird die Wirkungsweise der Verweilzeitverteilungen als Instrument zur Prognose gezeigt. Diese Darstellung erfolgt zunächst am Beispiel einer einfachen Verweilzeitverteilung. Anschließend wird das Prognoseverfahren mit komplexen Verteilungen im Produktions- und Investitionsbereich demonstriert.

6.3.1 Prognose mit einfacher Verweilzeitverteilung

Das Prognosekalkül wird anhand des Zusammenhangs von Umsätzen und daraus resultierenden Bareinnahmen dargestellt. Dieser Zusammenhang ist doppelschichtig. Er umfaßt zunächst die generelle Gesetzmäßigkeit, mit der die betrieblichen Umsätze im Zeitablauf zu Bareinnahmen werden. Sie findet ihren Ausdruck in der Verweilzeitverteilung. Darüber hinaus sind die Einnahmen von der Höhe der Umsätze abhängig. Zur Verweilzeitverteilung hinzu treten müssen Informationen über die tatsächliche Höhe der Umsatzwerte in den einzelnen Basisperioden.

Zur Prognose wird eine einfache Wertverteilung mit den Komponenten $(s_0, s_1, ..., s_n)$ verwendet. Unterstellt man zeitliche Konstanz der Verteilung, so läßt sich der Liquidationsprozeß der Umsatzwerte u wie folgt darstellen.

	e_{t-n}	...	e_{t-3}	e_{t-2}	e_{t-1}	e_t
⋮	⋮		⋮	⋮	⋮	⋮
u_t		...				$u_t s_0$
u_{t-1}		...			$u_{t-1}s_0$	$u_{t-1}s_1$
u_{t-2}		...		$u_{t-2}s_0$	$u_{t-2}s_1$	$u_{t-2}s_2$
u_{t-3}		...	$u_{t-3}s_0$	$u_{t-3}s_1$	$u_{t-3}s_2$	$u_{t-3}s_3$
⋮			⋮	⋮	⋮	⋮
u_{t-n}	$u_{t-n}s_0$	...	$u_{t-n}s_{n-3}$	$u_{t-n}s_{n-2}$	$u_{t-n}s_{n-1}$	$u_{t-n}s_n$

Die Zeilen in diesem Tableau zeigen die Verteilung der Umsätze u_t bis u_{t-n} auf die Einnahmen e_t bis e_{t-n} der Perioden t bis $t-n$, während die Spalten erkennen lassen, aus welchen Umsätzen sich die einzelnen Periodeneinnahmen zusammensetzen. Die Prognosefunktion für die Einnahmen e_t ergibt sich aus dieser Tabelle als:

$$e_t = u_t s_0 + u_{t-1} s_1 + u_{t-2} s_2 + \ldots + u_{t-n} s_n = \sum_{i=0}^{n} u_{t-i} s_i$$

Faßt man mehrere solcher linearer Prognosefunktionen für aufeinanderfolgende Perioden in einem linearen Gleichungssystem zusammen, so kann man den Matrizenkalkül einsetzen und gelangt zur Matrizengleichung:

$$\begin{pmatrix} e_t \\ e_{t+1} \\ e_{t+2} \\ e_{t+3} \\ \vdots \\ e_{t+m} \end{pmatrix} = \begin{pmatrix} u_t & u_{t-1} & \ldots & u_{t-n} \\ u_{t+1} & & & \\ u_{t+2} & & & \\ u_{t+3} & & & \\ \vdots & & & \\ u_{t+m} & u_{t+m-1} & \ldots & u_{t+m-n} \end{pmatrix} \cdot \begin{pmatrix} s_0 \\ s_1 \\ s_2 \\ s_3 \\ \vdots \\ s_n \end{pmatrix}$$

Dabei bezieht sich der erste sinnvolle Prognosewert der Einnahmenzeitreihe auf die n-te Periode nach der Periode des ältesten in die Prognose einbezogenen Umsatzes. Die Prognose reicht genau so weit in die Zukunft wie die Zeitreihe der bekannten oder geplanten Umsätze. Die Einbeziehung von zukünftigen Werten in die Prognose weist dabei nicht auf eine durch irgendwelche anderen Verfahren zu schließende Lücke im Prognosesystem hin, sie können als durch eine vorgelagerte (beispielsweise aus Auftragseingängen erfolgte) Prognose ermittelt angesehen werden.

Dieses Prognosekonzept wurde mehrfach an empirischen Daten überprüft. Die dabei gewonnenen Resultate werden beispielhaft durch die folgenden beiden Abbildungen verdeutlicht. In Abbildung 3 ist die Prognose (gestrichelte Kurve) den realisierten Einnahmewerten (durchgezogene Kurve) gegenübergestellt. Die Treffsicherheit der Prognose zeigt insbesondere Abbildung 4, die die kumulierten Werte aus Abbildung 3 enthält.

6.3.2 Prognose mit komplexer Verweilzeitverteilung

6.3.2.1 Im Produktionsbereich

Die Prognose mit komplexen Verteilungen soll zunächst am Beispiel der Aufeinanderfolge von Produktionsereignissen dargestellt werden.

Jeder betriebliche Produktionsprozeß setzt sich aus einer Vielzahl von Teilprozessen zusammen, die sich auf den gemeinsamen Tatbestand des Gütereinsatzes zur Gewinnung anderer Güter zurückführen lassen. Ausgehend von dem mit Beginn der Fertigung eintretenden Einsatz des ersten Gutes, hinweg über die verschiedenen Reifestadien der zu erstellenden Produkte bis hin zu ihrer endgültigen Gestalt als Endprodukt, findet bei jedem Arbeitsgang ein Verbrauch bestimmter Güter statt. Unter diesem Aspekt stellt der Produktionsprozeß eine Kette von Verbrauchsereignissen dar. Zum anderen entsteht praktisch nach Abschluß jedes einzelnen Arbeitsgangs ein neues Gut, welches allerdings zumeist in nachfolgenden Arbeitsgängen erneut eingesetzt wird. Der Produktionsprozeß kann also in gleicher Weise auch als Kette von Güterentstehungsereignissen begriffen werden.

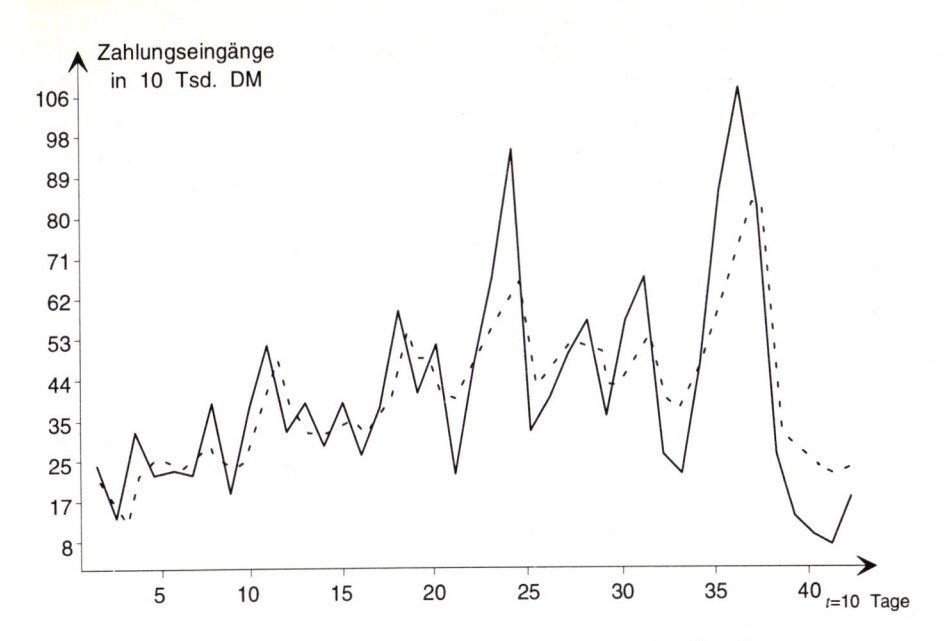

Abb. 3   Prognose der Zahlungseingänge aus den Umsätzen

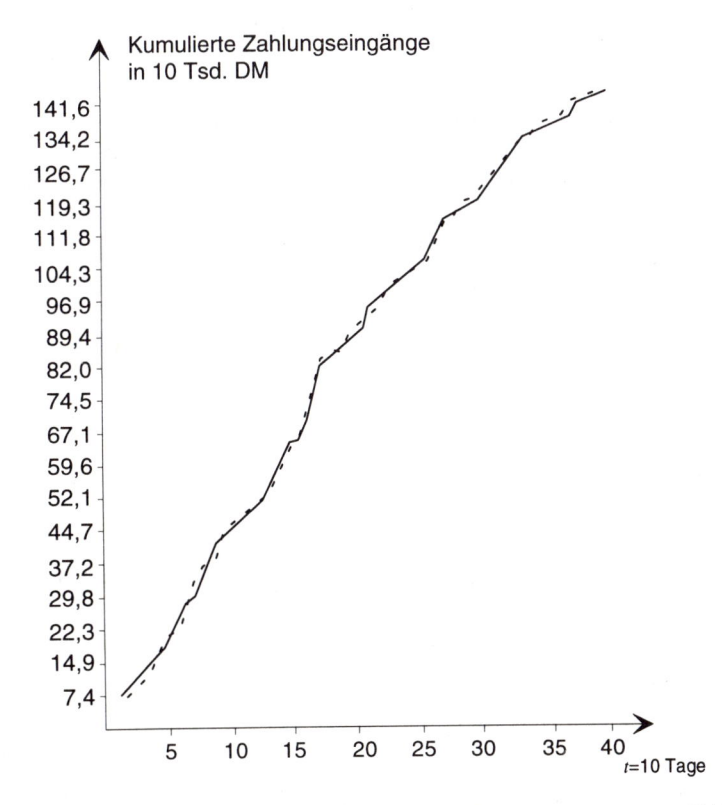

Abb. 4   Kumulierte Prognoseergebnisse der Einnahmenprognose aus Abbildung 3

Es ist einsichtig, daß die Übergänge zwischen Produktionsbeginn und der Vielzahl der dadurch ausgelösten Materialeinsatzereignisse bzw. Güterentstehungsereignisse nur durch komplexe Verweilzeitverteilungen abgebildet werden können, da in diesem Bereich gerade die individuellen Strukturen der zukünftigen Einsatz- bzw. Entstehungszeitreihen interessieren. Zum Teil werden diese Informationen für die Planung des Fertigungsgeschehens selbst benötigt, insbesondere bilden sie aber die Grundlage für die weiterführende Prognose der Lager- und Beschaffungsereignisse bis letztlich hin zur Vorhersage der zu erwartenden Ausgaben einerseits und der Umsatzereignisse bis hin zu den daraus resultierenden Einnahmen andererseits.

Inhaltlich wird durch die anzuwendende Verweilzeitverteilung der quantitativ-zeitliche Zusammenhang zwischen einzelnen Fertigungsbeginnereignissen und den zugehörigen Input- bzw. Outputereignissen ausgedrückt. Welche Arten von Einsatzgütern oder entstehenden Gütern in die Verweilzeitverteilung aufgenommen und dadurch der Prognose zugänglich gemacht werden sollen, ist in Abhängigkeit von ihrer Bedeutung und dem Informationsbedürfnis der Unternehmensführung zu entscheiden.

Die Prognose der Verbrauchsereignisse kann mit einer komplexen Verweilzeitverteilung vorgenommen werden, die sich wie folgt aufbaut:

Durch

$$\left\{s_t^{ij}\right\} \quad \begin{array}{l} (i=1,...,l) \\ (j=1,...,r) \\ (t=1,...,n) \end{array}$$

werden die Mengen der Einsatzgüterarten j bezeichnet, die in der jeweils t-ten Periode eines Produktionszyklus zur Produktion einer Einheit des betreffenden Gutes i benötigt werden. Durch n wird die längste vorkommende Produktionsdauer ausgedrückt. Diese Einsatzkoeffizienten werden zu n Einsatzmatrizen S_t zusammengefaßt, die in den Zeilen nach den Enderzeugnissen und in den Spalten nach Aufwandsarten gegliedert sind.

$$S_t = \begin{pmatrix} s_t^{11} & \cdots & s_t^{1r} \\ \vdots & \ddots & \vdots \\ s_t^{l1} & \cdots & s_t^{lr} \end{pmatrix}$$

Diese n Einsatzmatrizen lassen sich zu einem Einsatzvektor zusammenfassen.

$$S' = (S_0 \ S_1 \ ... \ S_n)$$

Dieser Vektor stellt die zur Prognose verwendbare Verweilzeitverteilung dar. Daß es sich hierbei um eine komplexe Verteilung handelt, zeigt sich darin, daß ihre einzelnen Komponenten Matrizen darstellen, die die Verteilung einzelner Inputarten auf ihre zugehörigen Outputarten beinhalten.

Die Matrizen ermittelt man, indem man die Arbeits- und Produktionsunterlagen für mehrere Perioden statistisch auswertet. Da jedoch gerade im Produktionsbereich die Verfolgung der einzelnen Fertigungsaufträge bei ihrem Durchlauf durch die Produktion erhebliche Erfassungsschwierigkeiten bereiten kann, können die Komponenten auch durch Schätzverfahren ermittelt werden. Bei der Methode der kleinsten Quadrate bzw. bei der

Schätzung mit der Maximum-Likelihood-Funktion werden Übergangsfunktionen gesucht, die eine lineare Verknüpfung der Zeitreihen derart erlauben, daß die Abweichungen der empirischen Outputzeitreihen minimiert werden. Allerdings ist es dann nicht mehr in jedem Fall möglich, die berechneten Komponenten auch ökonomisch zu interpretieren. Es bleibt abzuwarten, welche Möglichkeiten sich für die Schätzung der Verweilzeitverteilung aus der Weiterentwicklung der Spektralanalyse ergeben.

Gute Hilfestellung leisten auch terminierte Stücklisten, aus denen die benötigten Verweilzeitverteilungen teils direkt entnommen, teils durch Summation, Faltung u. ä. errechnet werden können. Allerdings haben die hierin enthaltenen Zeit- und Mengengrößen eine Tendenz zu technischen Sollgrößen und führen in der Prognose zu verzerrten Ergebnissen. Sie sind daher durch Erfahrungswerte und statistisch ermittelte Werte zu korrigieren.

Neben den Verweilzeitverteilungen werden zur Prognose Informationen über die begonnenen und zu beginnenden Fertigungsprozesse der Produktionsmengen p der Produkte i in den Perioden t benötigt. Diese Größen

$$\{p_t^i\} \quad \text{mit} \quad (i = 1, ..., l) \text{ und } (t = t_{0-n}, ..., t_{0+m})$$

können einerseits selbst wiederum das Ergebnis einer vorgelagerten Prognose (z. B. aus Auftragsbeständen) sein, andererseits können diese Daten auch aus Vergangenheitswerten des Fertigungsbereichs selbst unter Berücksichtigung von Zukunftserwartungen mit Hilfe von Durchschnittswerten, gleitenden Mittelwerten, Exponential Smoothing, Trendwerten oder saisonalen Schwankungswerten ermittelt werden. In diesem Zusammenhang ist insbesondere auf ein mit Verweilzeiten arbeitendes Verfahren hinzuweisen, mit dessen Hilfe aus den Daten des Absatzplanes gewissermaßen rückwärts die Struktur der Fertigungsbeginne ermittelt werden kann, unter Berücksichtigung verschiedener Zielsetzungen, wie z. B. optimaler Kapazitätsauslastung [8].

Die Fertigungsmengen p_t^i in den Perioden t werden zu Produktionsvektoren

$$P_t = (p_t^1 \; p_t^2 \; ... \; p_t^l)$$

zusammengefaßt, aus denen sich ihrerseits die Produktionsmatrix P ergibt:

$$P = \begin{pmatrix} P_{t_0} & \cdots & P_{t_{0-n}} \\ \vdots & \ddots & \vdots \\ P_{t_{0+m}} & \cdots & P_{t_{0+m-n}} \end{pmatrix}$$

Die Prognose der Gütereinsatzmengen der einzelnen Güterarten j in den Perioden t_0 bis t_{0+m} vollzieht sich durch Multiplikation der Produktionsmatrix P mit der Verweilzeitverteilung S'

$$P \cdot S' = A$$

Die Matrix A enthält dann die nach Perioden und Güterarten gegliederten Bedarfsmittel a_t^j für die in die Prognose einbezogenen Einzelteile, Materialien, Arbeitszeiten, Maschinenkapazitäten u. ä.

6.3.2.2 Im Investitionsbereich

Ein weiterer Anwendungsbereich von komplexen Verweilzeitverteilungen liegt in der Prognose der in der Zukunft notwendig werdenden Erweiterungs- und Ersatzinvestitionen.

Die Vorhersage der zukünftigen Erweiterungsinvestitionen vollzieht sich im Rahmen der oben dargestellten Inputprognose. Ausgehend von der quantitativ-zeitlichen Struktur des Produktionsbeginns wird dessen Konsequenz für die kapazitative Beanspruchung einzelner Werkstätten, Maschinengruppen oder Maschinen ermittelt. Zeigt das Prognoseergebnis eine Kapazitätsbeanspruchung, die nicht nur kurzfristig über die tatsächlich vorhandenen Kapazitäten hinausgeht, so müssen diese Kapazitäten durch Erweiterungsinvestitionen aufgestockt werden. Der umgekehrte Fall weist auf Desinvestitionsmöglichkeiten hin.

Ein anderer Prognoseweg führt zum Erkennen der zu erwartenden Ersatzinvestitionen. Als Prognosegrundlage dient hierbei die in der Vergangenheit bis zur Prognoseperiode realisierte Zeitreihe der in den einzelnen Perioden getätigten Gesamtinvestitionen (Ersatzinvestitionen, Rationalisierungsinvestitionen, Erweiterungsinvestitionen). Verlängert wird diese Zeitreihe durch die für die kommenden Perioden fest eingeplanten Erweiterungsinvestitionen. Aus diesen Ausgangsinformationen wird die Investitionsmatrix K gebildet, deren Struktur der obigen Produktionsmatrix entspricht. Ihre Elemente sind Periodenvektoren

$$K_t = (k_t^1 \, k_t^2 \ldots k_t^l)$$

deren Komponenten die in einer Periode t angeschaffte bzw. anzuschaffende Anzahl der Investitionsgüterart j beinhalten.

Die zur Prognose verwendete komplexe Verweilzeitverteilung beinhaltet die aus den Betriebsunterlagen ermittelten Gesetzmäßigkeiten über die Verweilzeit dieser Investitionsgüter im Betrieb bis zum Ersatzereignis (Lebensdauer). Mit s_t^j wird die Anzahl der Investitionsgüter j bezeichnet, die nach genau t Perioden ersetzt werden müssen. Diese Ersatzkoeffizienten werden zu einzelnen Periodenvektoren geordnet,

$$S_t = (s_t^1 \, s_t^2 \ldots s_t^l)$$

die dann den Gesamtvektor S' ergeben:

$$S' = (S_0 \, S_1 \ldots S_n)$$

Die Prognose vollzieht sich dann wiederum als Matrizenmultiplikation

$$K \cdot S' = E$$

Die Matrix E enthält die Größen e_t^j als in den Perioden t zu ersetzende Anzahl von Einheiten der Investitionsgüter j.

Allerdings ist diese Lösung deshalb noch fehlerhaft, weil in der als Prognosegrundlage verwendeten Matrix K für die zukünftigen Perioden t_{0+1} bis t_{0+m} nur Erweiterungsinvestitionen berücksichtigt sind und damit die Tatsache, daß die für diese Perioden prognostizierten Ersatzinvestitionen ihrerseits selbst Einfluß auf Art und Umfang der in nachfolgenden Perioden notwendig werdenden Ersatzinvestitionen haben, unberücksichtigt bleibt. Das hat zur Folge, daß nur der für die Prognoseperiode selbst ermittelte Ersatzvektor ohne diesen

Fehlereinfluß ist, während der für die Folgeperioden ermittelte Ersatzbedarf zu gering angenommen wird.

Um diesen Fehler zu eliminieren, empfiehlt es sich, die Basisperioden so klein zu wählen, daß die Notwendigkeit eines Ersatzes bereits in der Investitionsperiode ausgeschlossen wird. Dadurch wird die erste Komponente der Verweilzeitverteilung gleich Null, und der in der Prognoseperiode t prognostizierte Ersatzbedarf $t+1$ bleibt fehlerfrei. Dieses Ergebnis kann nun in die K-Matrix aufgenommen werden (Addition zu den für Periode $t+1$ geplanten Erweiterungsinvestitionen). Dadurch wird die Ausgangsbasis für die in einem neuen Rechenschritt durchzuführende, fehlerfreie Prognose des Ersatzbedarfs in Periode $t+2$ gewonnen.

Die Prognose der zukünftigen Ersatzinvestitionen vollzieht sich also durch eine Abfolge von Rechenschritten, wobei jeweils der fehlerfreie Ergebnisvektor in die Prognosebasis für die nächste Periode aufgenommen wird.

6.4 Schlußbetrachtung

Mit Hilfe des Konzepts der Auflösung des Betriebsgeschehens in eine kausal verknüpfte Folge von Ereignisarten und der Ermittlung der zwischen ihnen vorliegenden Übergangsgesetzmäßigkeiten auf statistischer Grundlage ist es möglich, zukünftige Entwicklungen, deren Wurzeln in sachlich und zeitlich vorgelagerten Ereignissen ruhen, vorherzusagen.

Prognosen mit dem hier nur für eine beschränkte Auswahl aus der Vielzahl der sich bietenden Anwendungsbereiche dargestellten Instrumentarium ergänzen und verbessern, wie die bisher durchgeführten empirischen Untersuchungen ergaben, ganz wesentlich die Planungsergebnisse eines Unternehmens. Dies ist vornehmlich darauf zurückzuführen, daß bei dieser Konzeption den tatsächlich vorliegenden Ursache-Wirkungs-Beziehungen im Ablaufgeschehen des Betriebs Rechnung getragen wird, im Gegensatz zu einer Reihe von Instrumenten, die eine Prognose der Mengen- und Wertgrößen aus eigenen Vergangenheitswerten der Ereignisse - wie z. B. in dem Verfahren des Exponential Smoothing oder der Trendberechnung - vornehmen und dadurch die eigentlichen verursachenden Faktoren unberücksichtigt lassen. Selbstverständlich kann das vorgetragene Prognoseverfahren bei dem gegenwärtigen Stand der Forschung auf diesem Gebiet keinen Anspruch auf Vollständigkeit erheben. Sowohl hinsichtlich der praktischen Anwendungsmöglichkeit auf die vielschichtigen Einzelprobleme der Praxis als auch hinsichtlich des theoretischen Ansatzes bedarf das Verfahren ständiger Überprüfung und Weiterentwicklung.

6.5 Literatur

[1] Brand, S., Statistische Methoden der Datenanalyse, Mannheim 1968.
[2] Edin, R., Wirkungsweise und Voraussetzungen der Prognose mittels Verweilzeitverteilungen, Zeitschrift für Betriebswirtschaft 38 (1968), S. 743 ff.
[3] Edin, R. und Schmitt, H.J., Verweilzeitverteilungen und Prognosen: Einige empirische Ergebnisse, Zeitschrift für betriebswirtschaftliche Forschung 21 (1969), S. 484 ff.
[4] Gahse, S., Liquiditätsprognose auf der Grundlage von Phasenfolgen mit Hilfe von EDVA, Dissertation, Mannheim 1967.

[5] Gahse, S., Dynamische Liquiditätsplanung DYPOL auf IBM-System 360, IBM Form 8064200, o.J.

[6] Hasenauer, R. und Magloth, U., Ein Time-Sharing Dialogmodell für die Planung dynamischer Betriebsprozesse mittels einfachen Verweilzeitverteilungen, in: Hasenauer, R. (Hrsg.), Modell der computergestützten Marketingplanung, Meisenheim am Glan 1977, S. 261 ff.

[7] Hönig, G., Existenz und Eignung der Kostenfunktion für betriebliche Dispositionen, Dissertation, Mannheim 1965.

[8] Kockelkorn, G., Verweilzeitverteilungen und Prognosen im betrieblichen Produktionsbereich, Zeitschrift für betriebswirtschaftliche Forschung 23 (1971), S. 83 ff.

[9] Kossbiel, H., Das Tagesumsatzliquiditätsspektrum - ein Instrument zur Prognose der kurzfristigen Finanzplanung, Dissertation, Mannheim 1965.

[10] Kossbiel, H., Die Umsatzeinnahmen als Gegenstand der unternehmerischen Liquiditätsplanung und Liquiditätspolitik, Berlin 1968.

[11] Langen, H., Die Prognose von Zahlungseingängen: Die Abhängigkeit der Bareinnahmen von Umsätzen in dynamischer Sicht, Zeitschrift für Betriebswirtschaft 34 (1964), S. 289 ff.

[12] Langen, H., Betriebliche Zahlungsströme und ihre Planung in dynamischer Sicht, Zeitschrift für Betriebswirtschaft 35 (1965), S. 261 ff.

[13] Langen, H., Gedanken zu einer betriebswirtschaftlichen Dispositionsrechnung, in: Mitteilungen der Gesellschaft der Freunde der Wirtschaftshochschule Mannheim e.V. 14 (1965) 2, S. 27 ff.

[14] Langen, H., Grundzüge einer betriebswirtschaftlichen Dispositionsrechnung, Zeitschrift für Betriebswirtschaft 36 (1966), Ergänzungsheft 1, S. 71 ff.

[15] Langen, H., Dynamische Preisuntergrenze, Zeitschrift für betriebswirtschaftliche Forschung 18 (1966), S. 649 ff.

[16] Langen, H., Preis- und konditionspolitische Maßnahmen in der Rezession, in: Jacob, H. (Hrsg.), Schriften zur Unternehmensführung, Band 1: Unternehmenspolitik bei schwankender Konjunktur, Wiesbaden 1967, S. 43 ff.

[17] Langen, H., Einige Werkzeuge betrieblicher Konjunkturtheorie, Zeitschrift für Betriebswirtschaft 37 (1967), S. 553 ff.

[18] Langen, H., Die betriebswirtschaftliche Disposition im Dienste der Unternehmensführung, in: Stöhr, W. (Hrsg.), Unternehmensführung auf neuen Wegen, Wiesbaden 1968, S. 231 ff.

[19] Langen, H., Der Betriebsprozeß in dynamischer Darstellung, Zeitschrift für Betriebswirtschaft 38 (1968), S. 867 ff.

[20] Langen, H., Edin, R., Kockelkorn, G., Schmitt, H. und Weinthaler, F., Unternehmungsplanung mit Verweilzeitverteilungen: Eine Anleitung für Praktiker, Berlin 1971.

[21] Langen, H., Evolutorisches Verhalten von Debitoren bei Geldknappheit, in: Wild, J. (Hrsg.), Unternehmensführung, Festschrift für Erich Kosiol zu seinem 75. Geburtstag, Berlin 1974, S. 525 ff.

[22] Neumeyer, L., Zum Problem der Ermittlung von Liquidationsspektren und ihrer Stabilität im Zeitablauf, Dissertation, Mannheim 1966.

[23] Niebling, H., Kurzfristige Finanzrechnung auf der Grundlage von Kosten- und Erlösmodellen, Wiesbaden 1973.

[24] Pönninghaus, S., Betriebswirtschaftliche Multiplikatoren, Zeitschrift für betriebswirtschaftliche Forschung 19 (1967), S. 659 ff.

[25] Schmitt, H.J., Die Planrevision in dynamischen Abgangsfolgemodellen, Betriebswirtschaftliche Forschung und Praxis 20 (1968), S. 24 ff.

7 Initialisierung und Überwachung von Prognosemodellen

von J. Griese und Th. Eckardt

7.1 Vorbemerkung

Im Aufbau eines Prognosesystems, das - etwa in Form eines Modularprogramms - für den Einsatz in der Praxis bestimmt ist, treten die eigentlichen Fortschreibungsformeln fast kaum in Erscheinung; sie werden von den Anfangsprozeduren und Überwachungsroutinen, die den größten Teil des Systems ausmachen, in den Hintergrund gedrängt.

7.2 Initialisierung

Unter Initialisierung versteht man im engeren Sinn die Ermittlung der Startwerte einschließlich der Glättungsparameter für ein gegebenes Prognosemodell, im weiteren Sinn auch die Auswahl eines Prognoseansatzes als Erklärungsmodell der zu prognostizierenden Größe (z. B. Nachfrage).

7.2.1 Auswahl eines Prognosemodells

Grundlage für die Auswahl eines Prognosemodells ist die Analyse der Vergangenheitsdaten. In allgemeiner Form wird man einen Modellansatz mit Hilfe der Regressions- oder der Fourieranalyse wählen, wobei nur statistisch gesicherte Koeffizienten in das Prognosemodell aufgenommen werden.

Bei der Regressionsanalyse ist ein schrittweises Vorgehen, z. B. nach *Matt* [23], angebracht: Man nimmt zuerst die Einflußgröße in die Schätzfunktion auf, welche die Standardabweichung zwischen den Werten der Schätzfunktion und den beobachteten Daten am stärksten verringert. Zusätzlich kann man bei Aufnahme eines Koeffizienten in die Schätzfunktion prüfen, ob er genügend statistisch gesichert ist. Dazu vergleicht man den Ausdruck

$$t_i = \frac{|a_i|}{\sigma_{a_i}}$$

mit $\quad a_i \quad$ = Koeffizient der Einflußgröße i
$\quad\quad\sigma_{a_i}$ = Standardabweichung des Koeffizienten a_i

mit einem vorgegebenen oder berechneten Wert der *Student*-Verteilung (vgl. z. B. [9/S. 408 ff.]).

Da man viele Funktionen durch Summen von Kosinus- und Sinustermen approximieren kann, versucht *Harrison* [14], mittels einer Fourieranalyse die Saison im multiplikativen Modell durch die Funktion

$$s_j = 1 + \sum_{k=1}^{m}(a_k \cos kw_j + b_k \sin kw_j)$$

darzustellen, mit

$j = 1, \ldots, L$ und $L =$ Länge des Saisonzyklus

$$m \leq \frac{L-1}{2}$$

$$w_j = \frac{2\pi(j-1)}{L} = \text{Frequenz}$$

Die Parameter a_k und b_k werden aus den rohen Saisonfaktoren durch

$$a_k = \frac{2}{L} \sum_{j=1}^{L} \bar{r}_j \cos k w_j$$

$$b_k = \frac{2}{L} \sum_{j=1}^{L} \bar{r}_j \sin k w_j$$

geschätzt, wobei

$$\bar{r}_j = \frac{1}{n_j} \sum_{i=1}^{n_j} r_{ij}$$

$n_j =$ Anzahl der Beobachtungen in Saisonperiode j
$r_{ij} =$ rohe Saisonfaktorschätzung in der Periode j des Zyklus i.

Durch Vergleich der Größe

$$t_k = \frac{\sqrt{a_k^2 + b_k^2}}{\frac{2\sigma}{\sqrt{N}}},$$

wobei $\quad N =$ Gesamtzahl der Beobachtungen

$$\sigma^2 = \frac{1}{N-L} \sum_{j=1}^{L} \sum_{i=1}^{n_j} (r_{ij} - \bar{r}_j)^2$$

mit einem Wert der *Student*-Verteilung ist es möglich, nur signifikante Parameter a_k, b_k ins Modell aufzunehmen.

Die Standardprogramme großer Anwendungssysteme verwenden allerdings - wenn überhaupt - nicht eine Modellauswahl in dieser allgemeinen Form. Vielmehr steht ein Katalog, z. B. zusammengestellt aus

- horizontalem Modell,
- saisonalem Modell,
- Modell mit linearem Trend,
- trend-saisonalem Modell,

zur Verfügung, aus dem das für die vorliegenden Daten geeignete Modell programmintern ausgewählt wird. Ein grober Programmablaufplan dafür ist in Abbildung 1 dargestellt.

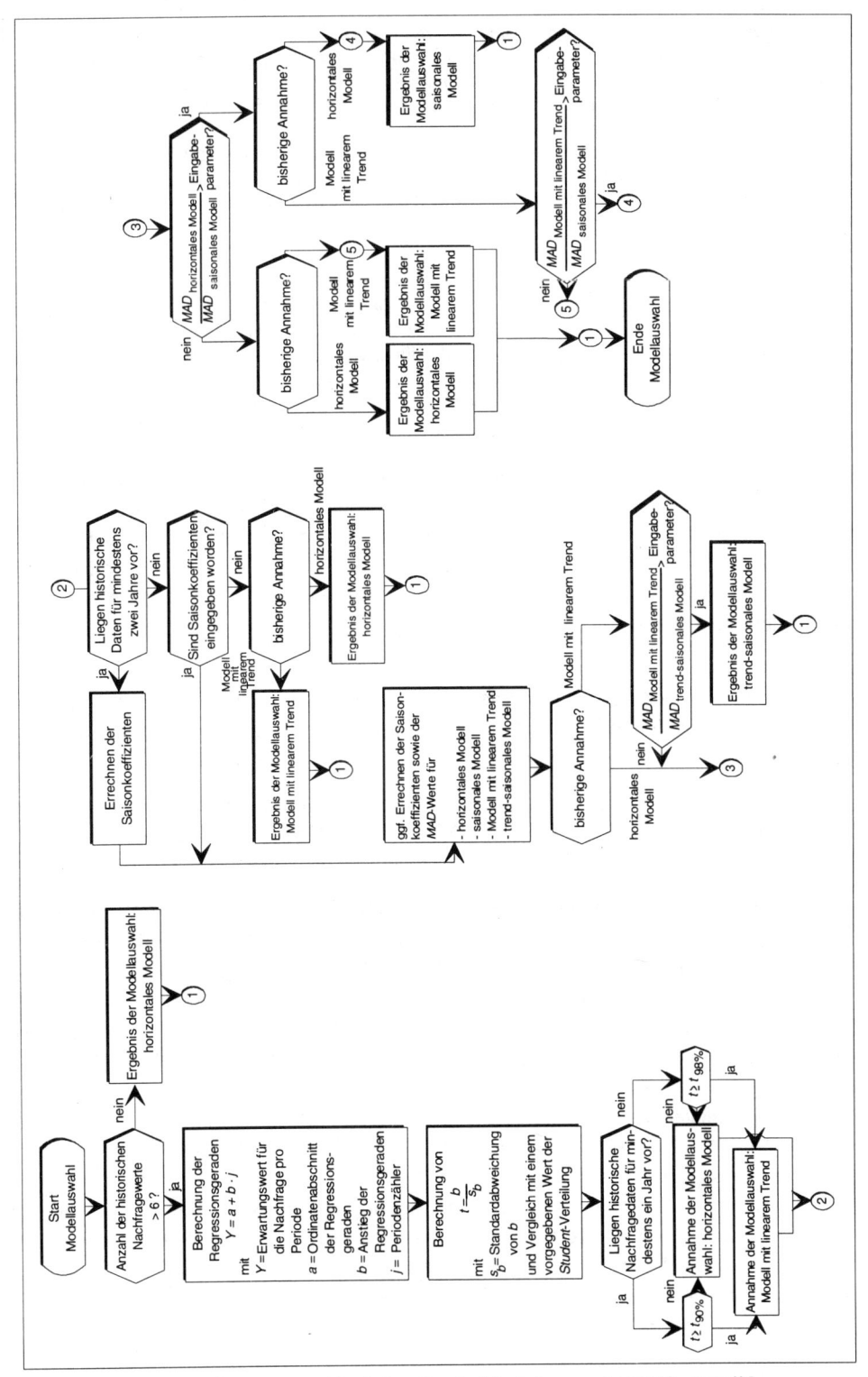

Abb. 1   Programmablaufplan für die Modellauswahl [17/S. 105 ff.]

Zuerst wird geprüft, ob historische Daten für mehr als sechs Perioden vorliegen, und daraufhin entschieden, ob nur ein horizontales Modell in Frage kommt. Verfügt man über mehr als sechs Perioden, so testet das Programm mit einem t-Wert der *Student*-Verteilung, ob die Annahme eines Trends statistisch gesichert ist. Dabei hängt das Vertrauensintervall von dem Zeitraum ab, für den historische Daten vorhanden sind. Falls die Daten weniger als zwei Jahre umfassen und keine Saisonkoeffizienten eingegeben worden sind, fällt das Programm aufgrund des t-Tests die endgültige Entscheidung über ein horizontales Modell bzw. einen Ansatz mit linearem Trend. Im anderen Fall werden gegebenenfalls Saisonkoeffizienten sowie die mittlere absolute Abweichung (*MAD*) für die vier Modellarten errechnet.

War der Trendtest positiv ausgefallen und übersteigt der *MAD*-Wert für das Modell mit linearem Trend den für das mit Trend und Saisonkomponente um einen bestimmten Faktor (Eingabeparameter), so entscheidet sich das Programm für die Annahme des trend-saisonalen Ansatzes. War der Trendtest negativ und ist der *MAD*-Wert für das horizontale Modell um einen bestimmten Faktor (Eingabeparameter) größer als der für das saisonale, so wählt das Programm den saionalen Ansatz. Ein weiterer Vergleich zwischen *MAD*-Werten entscheidet über die Wahl eines Modells mit Saisonkomponente bzw. eines mit linearem Trend.

Bei komplexeren Ansätzen zur Auswahl eines Prognoseverfahrens kann man z. B. zunächst mit verschiedenen Methoden simulieren, ehe das System aufgrund einer Abweichungsanalyse das beste Verfahren auswählt (vgl. dazu eine Lösung der Hilti AG in [16]). Im System Sibyl-Runner [20] werden neben rein statistischen Einflußfaktoren auch anwendungsbezogene Kriterien wie Kosten der Prognose, gewünschte Genauigkeit und Aspekte der Benutzerfreundlichkeit berücksichtigt, etwa die erforderliche Zeit zur Prognoseerstellung und die Interpretierbarkeit der Ergebnisse.

Texter und *Ord* [36] beschreiben ebenfalls ein System zur automatischen Auswahl von Prognosemodellen; es stellt die Ordnung der Differenzenbildung mit Hilfe diverser Tests fest. Im Ergebnis ist es gelungen, mit Hilfe automatischer Prozeduren ebenso gute Prognosemodelle zu generieren, wie sie von erfahrenen Spezialisten erstellt werden.

Das System AIDA [26] ist darauf spezialisiert, im Normalfall nur durch einen Dialog mit dem Benutzer zu entwickelnde komplexe ARMA-Modelle (vgl. Kapitel 14 und 16) automatisch zu erstellen, wobei die Ergebnisse ebenso gut ausfallen wie die von Prognoseexperten.

Einer modifizierten Entscheidungstabellentechnik bedient sich ein PC-basiertes System [8]. Zunächst werden automatisch die Anzahl der Beobachtungen, Trend und/oder Saison geprüft. Anschließend erfragt das System im Dialog eine Reihe von problembezogenen Anforderungen, z. B. ob auch ein Kausalmodell verwendet werden darf, und die Anzahl der Prognoseperioden. Die Ergebnisse der Tests und die Antworten des Benutzers werden in einem Merkmalsvektor festgehalten. Der Auswahlalgorithmus untersucht anhand einer Entscheidungsmatrix (vgl. Abbildung 2), ob durch ein oder mehrere Verfahren die Anforderungen des Merkmalsvektors erfüllt werden können. Die Entscheidungsmatrix enthält für jede Methode pro Kriterium einen Eignungswert W $(0 \leq W \leq 1)$, der den Grad der Vereinbarkeit dieses Kriteriums (z. B. "Saison vorhanden") mit der Anwendung der betreffenden Methode angibt. Die Eignungswerte selbst basieren auf umfangreichen Vergleichen in der Literatur (vgl. dazu Kapitel 20). Aus den einzelnen Eignungswerten und dem Merkmalsvektor wird ein Gesamtwert pro Methode errechnet; das Verfahren mit dem höchsten Gesamtwert wird dem Benutzer zur Anwendung empfohlen (vgl. Abbildung 3).

Da solche Algorithmen meist eine Interaktion mit dem Benutzer erfordern, kommen sie für betriebliche Massenprognosen, z. B. im Bereich der Lagerwirtschaft, nur in Ausnahmefällen in Frage.

Methoden \ Kriterien	Prognosedistanz					Beobachtungswerte					Trend				Saison		Kausalmodell ausschließen
	1 Periode	2-3 Perioden	4-12 Perioden	13-24 Perioden	>24 Perioden	2-6	7-12	13-24	25-48	>48	horizontal	linear	quadratisch	Sättigungskurve	vorhanden	nicht vorhanden	
Gleitende Durchschnitte	1.0	1.0	0.9	0.5	0.001	0.1	0.5	1.0	1.0	0.9	1.0	0.1	0.01	0.001	0.1	1.0	1.0
Exponentielle Glättung 1. Ordnung	1.0	0.9	0.9	0.5	0.1	1.0	1.0	1.0	0.9	0.9	1.0	0.1	0.01	0.001	0.001	1.0	1.0
Exponentielle Glättung 2. Ordnung	1.0	1.0	0.9	0.5	0.1	1.0	1.0	1.0	1.0	0.9	0.9	1.0	0.1	0.01	0.001	1.0	1.0
Winters	1.0	1.0	0.9	0.5	0.5	0	0.001	0.1	0.9	1.0	1.0	1.0	0.1	0.01	1.0	0.1	1.0
Adaptives Filtern	1.0	1.0	1.0	0.9	0.1	0.001	0.001	0.1	0.9	1.0	1.0	1.0	1.0	0.01	1.0	1.0	1.0
Multiple Regression	1.0	1.0	1.0	1.0	0.9	0	0.01	0.5	0.9	1.0	1.0	1.0	1.0	0.9	1.0	1.0	0
⋮																	
Merkmalsvektor	0	0	1	0	0	0	0	0	1	0	0	1	0	0	1	0	1

Abb. 2 Entscheidungsmatrix (Auszug) und Merkmalsvektor (Beispiel)

```
                        ERGEBNISSE

AUFGRUND DER EIGENSCHAFTEN:

            PROGNOSEHORIZONT:    4-12 PER.
            BEOBACHTUNGSWERTE:   25-48
            LINEARER TREND
            KEIN KAUSALMODELL VERWENDEN
            SAISON VORHANDEN
SCHNITTEN FOLGENDE VERFAHREN BEI DER AUSWAHL AM BESTEN AB:

Rang    VERFAHREN                  EIGNUNG          PUNKTZAHL
 1      ADF    ADAPT. FILTER       GUT GEEIGNET        .9
 2      HAR    HARRISON            GUT GEEIGNET        .81
 3      WIN    WINTERS             GUT GEEIGNET        .81
 4      BOX    BOX-JENKINS         GEEIGNET            .5
 5      GLD    GLD. DURCHSCH.      KAUM GEEIGNET       .09
SOLL DAS BESTE VERFAHREN GESTARTET WERDEN?
```

Abb. 3 Ergebnis der Methodenauswahl

7.2.2 Ermitteln der Startwerte

Sowohl in der allgemeinen Form der Modellauswahl als auch bei Wahl aus einem Katalog von Modellvarianten fallen einige der Startwerte an (z. B. die Koeffizienten der Einflußgrößen bei der Regressionsanalyse oder der Mittelwert erster Ordnung für das horizontale Modell bei der Berechnung des *MAD*-Werts). In beiden Fällen müssen jedoch noch Bestimmungskriterien für den oder die Glättungsparameter gefunden werden, falls man diese nicht als Erfahrungsgrößen (z. B. $A = 0,1$) von außen in das Modell eingeben will.

In der Anlaufphase eines Prognosemodells wird man die Glättungsparameter meist durch Simulation bestimmen: Aufgrund des Datenmaterials der Zeitreihe aus der Vergangenheit (n Perioden) werden ex post-Prognosen, z. B. bei einem horizontalen Modell mit verschiedenem A (etwa in Schritten von 0,05), durchgeführt. Man wählt das A mit der geringsten Standardabweichung

$$\sigma = \sqrt{\frac{1}{n}\sum_{t=1}^{n}(x_t - S_{t-1}(x))^2}$$

bzw. der geringsten mittleren absoluten Abweichung

$$MAD = \frac{1}{n}\sum_{t=1}^{n}|x_t - S_{t-1}(x)|$$

mit $\quad S_{t-1}(x)$ = Mittelwert der Periode $t-1$ für die Nachfrage x
$\quad\quad x_t$ = Nachfrage der Periode t
$\quad\quad MAD = 0,8\sigma$

Auch bei mehreren Glättungsparametern (etwa im Falle des Modellansatzes von *Winters* [43]) lassen sich "Bestwertroutinen" [33] aufstellen.

7.3 Überwachung

Der Lauf eines Prognosemodells kann durch den Benutzer überwacht werden, der bei zu großen Prognosefehlern korrigierend einschreitet; hierbei druckt das Prognoseprogramm dem Benutzer Hinweise für den Eingriff aus. Ebenso ist es aber möglich, daß die Korrektur vom Modell selbsttätig vorgenommen wird.

7.3.1 Hinweise an den Benutzer

Die Textkonserven, welche man dem Benutzer als Hinweise anzeigt, werden meist durch das (unter Umständen mehrfache [17]) Überschreiten eines Abweichsignals ausgelöst, das z. B. definiert ist als

$$W_1 = \frac{\sum_{i=1}^{t}(x_i - S_{i-1}(x))}{MAD_t} \qquad \text{Abweichsignal nach } \textit{Brown } [4/\text{S. } 296]$$

oder

$$W_2 = \frac{D_t}{MAD_t} \qquad \text{Abweichsignal nach } \textit{Trigg } [37/\text{S. } 271 \text{ ff.}]$$

mit

$$\begin{aligned}D_t &= A(x_t - S_{t-1}(x)) + (1-A)D_{t-1}\\ MAD_t &= A|x_t - S_{t-1}(x)| + (1-A)MAD_{t-1}\end{aligned}$$

und dessen Grenzen vom Benutzer gewählt werden können. Die Formulierung von W_l hat den Nachteil, daß die Grenzen des Abweichsignals auch bei sehr genauer Anpassung an den wirklichen Prozeß erreicht werden können (MAD_t wird geringer, die Fehlersumme bleibt gleich): es wird "falscher Alarm" gegeben.

Der Benutzer kann nach dem Überschreiten des Abweichsignals eine neue Initialisierungsphase einleiten oder durch Veränderung der Parameter (z. B. des A-Wertes) versuchen, wieder unter die Warnschwelle zu gelangen.

7.3.2 Selbsttätige Anpassung

An die Qualität der selbsttätigen Anpassung eines Prognosemodells kann man zwei Forderungen stellen: Zufallseinflüsse in der Zeitreihe sollen "gedämpft" werden, strukturelle Änderungen sind möglichst rasch zu erkennen und in der Prognose zu berücksichtigen.

Einige der in der Literatur bekannten Anpassungsverfahren werden nachfolgend kurz beschrieben. Eine Bewertung der teilweise recht pragmatischen Ansätze erweist sich als sehr schwierig, da sich die einzelnen Verfahren hinsichtlich der oben aufgestellten Forderungen bei einigen Zeitreihen als durchaus leistungsfähig gezeigt haben, eine Verallgemeinerung jedoch fragwürdig erscheint. Trägt man sich in der Praxis mit dem Gedanken einer Anwendung selbsttätig anpassender Verfahren, so liefern vergleichende Untersuchungen über die Qualität dieser Methoden ([12], [19], [33] und [40], vgl. auch Abschnitt 9.3) eine sinnvolle Entscheidungshilfe.

Van Dobben de Bruyn [39] wählt eine funktionale Abhängigkeit für den Glättungsparameter A in der Form

$$A_t = \frac{m + c Z_t^{2n}}{1 + c Z_t^{2n}}$$

mit $\quad Z_t = (x_t - S_{t-1}(x))/\sigma$
σ = Standardabweichung der Prognosefehler
$0 < m < 1$
$c > 0$
n = positive ganze Zahl.

Die Dämpfungseigenschaften einer abgewandelten Version sind nach den Untersuchungen in [19] nicht besonders gut.

Chow [5] schlägt vor, einen Katalog von A-Werten (z. B. drei A-Werte mit einem Abstand von jeweils 0,05) zu führen und im Zeitpunkt t mit allen A-Werten des Katalogs Prognosen für den Zeitpunkt $t+1$ zu generieren. Stellt sich im Zeitpunkt $t+1$ heraus, daß die (absolute oder geglättete absolute) Abweichung zwischen $S_t(x)$ und x_{t+1} für einen Randwert des Katalogs am geringsten war, so wird der Katalog über diesen Randwert hinaus verschoben (z. B. von 0,15, 0,2, 0,25 zu 0,2, 0,25, 0,3), und es werden mit den A-Werten dieses neuen Katalogs Prognosen für den Zeitpunkt $t+2$ erstellt (der Katalog "gleitet" über ein Spektrum von A-Werten, wobei durch Zusatzbedingungen sichergestellt sein muß, daß Ober- (z. B. 0,9) und Untergrenzen (z. B. 0,1) nicht über- bzw. unterschritten werden).

Bei vergleichenden Untersuchungen ([19] und [34]) hat sich herausgestellt, daß die Anpassung mit Hilfe eines gleitenden Katalogs von A-Werten keine guten Dämpfungseigenschaften besitzt und bei Strukturbrüchen mit zum Teil erheblicher Verzögerung reagiert.

Die Verwendung der CUSUM (Cumulative Sum)-Technik zur Überwachung von Prognosen haben *Harrison* und *Davies* [15] vorgeschlagen. Die Vorhersagefehler werden sukzessive kumuliert und in jeder Periode auf signifikante Änderungen hin überprüft. Sei C_i die erste kumulierte Fehlersumme, die jeweils berechnete Grenzwerte ($\pm L_i$) verletzt und damit ein Abweichsignal auslöst, so wird z. B. ein Trendmodell

$$f(t) = a + bt$$

mit a = Grundwert
     b = Trendwert

nach folgender Vorschrift angepaßt:

$a_{neu} = a_{alt} + C_i / i$ (bei einer Änderung des Grundwerts)

$b_{neu} = b_{alt} + 2 C_i / i(i+1)$ (bei einer Änderung des Trendwerts)

Mit dieser Technik können ebenso der A-Wert oder weitere Prognoseparameter nachgestellt werden. Nach verschiedenen Untersuchungen ([10], [11] und [12]) ist das Monitoring mit CUSUM sehr leistungsfähig. *McClain* [24] weist aber darauf hin, daß CUSUM tendenziell sehr viele Perioden braucht, bevor eine Abweichung erkannt wird, die aus einer strukturellen Änderung resultiert. Für die wichtigen Perioden kurz nach einem Strukturbruch bietet das Verfahren daher keine Hilfe.

Trigg und *Leach* [38] wählen als funktionale Abhängigkeit für den Glättungsparameter A die Form

$$A_t = \frac{|\text{geglätteter Fehler}_t|}{|\text{geglätteter absoluter Fehler}_t|}$$

Die Glättung des Fehlers geschieht mit einem konstanten Wert B.

Die Dämpfungseigenschaften dieses Verfahrens erweisen sich nach den Ergebnissen in [34] als mäßig; es paßt sich allerdings im Falle eines konstanten Modells an Strukturbrüche rasch an.

McKenzie [25] erreicht eine Verbesserung, indem er den adaptiven Glättungsparameter von *Trigg* und *Leach* zwar für die Vorhersagegleichung selbst benutzt, für die Überwachung aber *Trigg*s Abweichsignal (vgl. Abschnitt 7.3.1) mit sehr viel kleineren Werten ($0,01 < W_2 < 0,1$) verwendet. Damit kommt er annähernd an die Leistungsfähigkeit der CUSUM-Technik heran.

Batty [1] berechnet aus der Fehlervarianz Grenzwerte für *Trigg*s Abweichsignal (Ergebnisse von Simulationsrechnungen), die für eine automatische Anpassung verwendet werden können.

D'Amico [6] gibt zwei Funktionen für den Glättungsparameter A

$$A_t = A_o - (A_o - A_u)\frac{MAD_{neu} - MAD_{alt}}{MAD_{alt}}$$

bzw. $\quad A_t = A_o - (A_o - A_u)\dfrac{0{,}1 MAD_{alt}}{MAD_{neu} - MAD_{alt}}$

mit $\quad A_o \quad$ = obere Grenze für A
$\quad\quad A_u \quad$ = untere Grenze für A
$\quad\quad MAD_{neu} = A_{t-1}|x_t - S_{t-1}(x)| + (1 - A_{t-1}) MAD_{alt}$

an. Es werden Prognosen mit beiden A_t-Werten durchgeführt; die mit dem geringeren MAD-Wert wird weiterverwendet.

Whybark [40] arbeitet standardmäßig mit einem Glättungsparameter $A = 0{,}1$. Sollte eine der folgenden Bedingungen

- der Fehler liegt bei einer Prognose für eine Periode außerhalb des $\pm 4\sigma$-Spektrums des geschätzten Werts,
- der Fehler liegt bei einer Prognose für zwei Perioden außerhalb von $\pm 1{,}2\sigma$ des laufenden Mittelwerts,

(wobei σ = Standardabweichung) erfüllt werden, so wird in der nächsten Periode mit $A = 0{,}8$, in der darauffolgenden mit $A = 0{,}4$, von da an wiederum mit $A = 0{,}1$ gearbeitet, bis ein Grenzwert erneut verletzt wird. Der Algorithmus soll gute Dämpfungseigenschaften haben und bei Strukturbrüchen schneller reagieren als das Verfahren von *Trigg* und *Leach*.

Smith [34] versucht, die Schwächen von einigen der bisher dargestellten Verfahren zu vermeiden, indem er zwar ebenfalls eine funktionale Abhängigkeit für den Glättungsparameter

$$A_t = \frac{|\text{geglätteter Fehler}_t|}{|\text{geglätteter absoluter Fehler}_t|}$$

einführt, jedoch nicht die Größe A_t, sondern erst den mit einer Konstanten C geglätteten Wert

$$\overline{A}_t = C \cdot A_t + (1 - C) \cdot \overline{A}_{t-1}$$

im Prognoseansatz verwendet. Die Glättung des Fehlers zum Zeitpunkt t wird mit dem Wert $\overline{A}_{t-1}$ vorgenommen. Der Anpassungsmechanismus erreicht dadurch stark verbesserte Dämpfungseigenschaften bei Zufallseinflüssen sowie eine rasche Anpassung bei strukturellen Änderungen.

Snyder [35] berücksichtigt in seinem Ansatz, daß exponentielles Glätten in der Regel eine große Zahl von Vergangenheitswerten benötigt - häufig mehr, als in der Praxis zur Verfügung stehen. Er führt daher zusätzlich einen "Diskontierungsfaktor" für A ein.

$$\delta_{t+1} = 1/(\delta + 1/\delta - \delta_t)$$

und gewinnt den neuen A-Wert durch

$$A_{t+1} = 1 - \delta_{t+1}$$

Damit erreicht er in fast allen Prognosesituationen bessere Ergebnisse als das Verfahren von *Trigg* und *Leach*.

Rao und *Shapiro* [27] benutzen zur Adaption des Glättungsparameters sogenannte "evolutionäre Spektren". Die Glättungskonstante ist dabei abhängig von der größten Änderung in den verschiedenen Frequenzen aufeinanderfolgender Spektren. (Bezüglich des spektraltheoretischen Ansatzes vergleiche man die Kapitel 14, 15 und 16 in diesem Buch.) Für die Prognose sehr stark fluktuierender Reihen ist nach ihren Untersuchungen dieses Verfahren besser geeignet als die Methode von *Trigg* und *Leach*.

Für Zeitreihen mit starken Strukturbrüchen schlägt *Marcus* [22] die Verwendung von Splinefunktionen (aneinandergereihte Polynome, die an ihren Nahtstellen stetig und differenzierbar sind) vor, die die Abbildung derartiger Daten in Prognosemodellen erheblich verbessern können.

Lewandowski [19] baut mit Hilfe von filtertheoretischen Überlegungen (vgl. Kapitel 14) eine vergleichsweise komplizierte Vorschrift für die Änderung des Glättungsparameters A auf:

$$(\text{Änderung von } A)_t = K_1 \cdot e^{|AWS_t|^{K_2}} - K_3 \cdot e^{|NF_t|^{K_4}}$$

mit

$$AWS_t = \frac{(1-B_t) \sum_{i=1}^{t-1}(x_i - S_{i-1}(x)) + (x_t - S_{t-1}(x))}{MAD_t}$$

$$NF_t = \frac{x_t - S_{t-1}(x)}{MAD_t}$$

$$B_t = B_0 \cdot e^{-(NF_t)^2}$$

B_0, K_1, K_2, K_3, K_4 = Konstante

Lewandowski teilt mit, daß auch durch diesen Ansatz eine Verbesserung gegenüber den Verfahren von *van Dobben de Bruyn*, *Chow* sowie *Trigg* und *Leach* erreicht wird, wobei seine Ergebnisse infolge mangelhafter Angaben über die Bestimmung der Konstanten kaum nachvollzogen werden können.

Beim *Winters*-Verfahren (vgl. Kapitel 3) vervielfacht sich das Problem der Überwachung, weil drei Parameter (A, B, C) zu kontrollieren sind. *Williams* [41] zeigt, daß mit einer adaptiven Anpassung aller drei Glättungsfaktoren die Handhabung wesentlich zu vereinfachen ist und zugleich bessere Prognoseergebnisse zu erzielen sind.

Auf einen interessanten Aspekt weisen *Bretschneider*, *Carbone* und *Longini* [3] hin: Die Leistung eines Prognoseansatzes, gemessen als möglichst gute Angleichung historischer Werte, sagt nichts aus über die ex ante-Prognosefähigkeit einer Methode. Sie weisen nach, daß selbst bei schlechterer Anpassung in der Vergangenheit adaptive Verfahren für die Zukunft bessere Prognosen liefern. Sie befinden sich damit in Übereinstimmung mit *Whybark* [40], nicht jedoch mit *Dancer* und *Gray* [7], die eine Überlegenheit der adaptiven Verfahren nicht bestätigen können.

Im Gegensatz zu den bisher skizzierten Verfahren, die eine Veränderung des bzw. der Glättungsparameter vornehmen, ist auch vorstellbar, daß ein Prognoseverfahren während der Laufzeit eigenständig erneut Modelle auswählt (etwa nach einer der in Abschnitt 7.2.1 dargestellten Varianten).

7.4 Zusammenfassung und Ausblick

Alle beschriebenen Ansätze verfolgen letztlich das Ziel, durch eine Weiterentwicklung und Verfeinerung der Initialisierungs- und Überwachungsalgorithmen die Prognosegenauigkeit zu verbessern. Zwei Entwicklungsrichtungen weisen hier neue Wege:

Häufig wird in letzter Zeit die Kombination von verschiedenen Vorhersagemethoden diskutiert ([2], [18], [21] und [42]). Hierbei werden Vorhersagen mit unterschiedlichen (nicht nur quantitativen) Methoden erstellt, deren Ergebnisse dann (gewichtet oder ungewichtet) in eine Art Durchschnittsprognose eingehen, wobei wiederum verschiedene Maße, z. B. der Mittelwert oder der Median, gewählt werden. Zwar ergeben sich damit zusätzliche Komplexität und mehr Aufwand, andererseits wird von teilweise erheblichen Verbesserungen der Prognosegenauigkeit berichtet ([29], [30] und [31], vgl. zur Kombination auch Kapitel 20).

Eine derzeit noch nicht abschließend zu beurteilende Technologie stellt der Einsatz von Künstlichen Neuronalen Netzwerken (KNN) dar. KNN können "trainiert" werden, um sich gegebenenfalls Strukturbrüchen (rasch) anzupassen. Erste Systeme, vor allem im Bereich der Finanzwirtschaft, sind bereits über das Erprobungsstadium hinaus und zeigen eine bessere Prognosegüte, als dies mit einem linearen Modell erreichbar wäre (vgl. Kapitel 19).

7.5 Literatur

[1] Batty, M., Monitoring an Exponential Smoothing Forecasting System, Operational Research Quarterly 20 (1969), S. 319 ff.

[2] Bopp, A.P., On Combining Forecasts: Some Extensions and Results, Management Science 31 (1985), S. 1492 ff.

[3] Bretschneider, S., Carbone, R. und Longini, R.L., An Adaptive Approach to Time-Series Forecasting, Decision Sciences 10 (1979), S. 232 ff.

[4] Brown, R.G., Smoothing, Forecasting and Prediction of Discrete Time Series, Englewood Cliffs 1963.

[5] Chow, W.M., Adaptive Control of the Exponential Smoothing Constant, Journal of Industrial Engineering 16 (1965), S. 314 ff.

[6] D'Amico, P., Forecasting System Uses Modified Smoothing, Industrial Engineering 3 (1971) 6, S. 15 ff.

[7] Dancer, R. und Gray, C., An Empirical Evaluation of Constant and Adaptive Computer Forecasting Models for Inventory Control, Decision Sciences 8 (1977), S. 228 ff.

[8] Eckardt, Th., Eine Prognose-Methodenbank für Kleinrechner, in: Schwarze, J. (Hrsg.), Angewandte Prognoseverfahren, Herne-Berlin 1980, S. 115 ff.

[9] Fisz, M., Wahrscheinlichkeitsrechnung und mathematische Statistik, 11. Aufl., Berlin 1989.

[10] Gardner, E.S., Automatic Monitoring of Forecast Errors, Journal of Forecasting 2 (1983), S. 1 ff.

[11] Gardner, E.S., CUSUM vs. Smoothed-Error Forecast Monitoring Schemes: Some Simulation Results, Journal of the Operational Research Society 36 (1985), S. 43 ff.

[12]   Golder, E.R. und Settle, J.G., Monitoring Schemes in Short-term Forecasting, Operational Research Quarterly 27 (1976), S. 489 ff.
[13]   Griese, J., Adaptive Verfahren im betrieblichen Entscheidungsprozeß, Würzburg-Wien 1972.
[14]   Harrison, P.J., Short Term Sales Forecasting, Applied Statistics 14 (1965), S. 102 ff.
[15]   Harrison, P.J. und Davies, O.L., The Use of Cumulative Sum (CUSUM) Techniques for the Control of Routine Forecasts of Product Demand, Operations Research 12 (1964), S. 325 ff.
[16]   Hofer, H.C., Erfahrungen mit dem Hilti-Prognosesystem, Industrielle Organisation 47 (1978), S. 409 ff.
[17]   IBM (Hrsg.), IBM-System /360 Lagerdisposition (Inventory Control) (360A-MF04X) Programmbeschreibung, IBM Form 80786-0, o.J.
[18]   Lawrence, M.J., Edmundson, R.H. und O'Connor, M.J., The Accuracy of Combining Judgemental and Statistical Forecasts, Management Science 32 (1986), S. 1521 ff.
[19]   Lewandowski, R., Prognose- und Informationssysteme und ihre Anwendungen, Band 1, Berlin-New York 1974.
[20]   Makridakis, S., Hodgsdon, A. und Wheelwright, S., An Interactive Forecasting System, The American Statistician 28 (1974), S. 153 ff.
[21]   Makridakis, S. und Winkler, R.L., Averages of Forecasts: Some Empirical Results, Management Science 29 (1983), S. 987 ff.
[22]   Marcus, R.D., How to Deal with Structural Changes in the Data, Journal of Business Forecasting 6 (1988) 4, S. 14 ff.
[23]   Matt, G., Die schrittweise Regressionsanalyse und ihre Anwendungsmöglichkeit im kaufmännischen Bereich, Ablauf- und Planungsforschung 4 (1963), S. 254 ff.
[24]   McClain, J.O., Dominant Tracking Signals, International Journal of Forecasting 4 (1988), S. 563 ff.
[25]   McKenzie, E., The Monitoring of Exponentially Weighted Forecasts, Journal of the Operational Research Society 29 (1978), S. 449 ff.
[26]   Mohr, W., Energieprognosen des automatischen Analyse- und Prognosesystems AIDA im Vergleich mit Expertenschätzungen, in: Härter, M. (Hrsg.), Auf dem Weg zum Prognoseautomaten?, Köln 1990, S. 81 ff.
[27]   Rao, A.G. und Shapiro, A., Adaptive Smoothing Using Evolutionary Spectra, Management Science 17 (1970), S. 208 ff.
[28]   Reid, D., A Comparative Study of Time Series Prediction Techniques on Economic Data, Dissertation, University of Nottingham 1969.
[29]   Ringuest, J.L. und Tang, K., An Empirical Comparison of Five Procedures for Combining (or Selecting) Forecasts, Socio-Economic Planning Sciences 23 (1989), S. 217 ff.
[30]   Russel, T.D. und Adam, E.E., An Empirical Evaluation of Alternative Forecasting Combinations, Management Science 33 (1987), S. 1267 ff.
[31]   Sanders, N.R. und Ritzmann, L.P., Some Empirical Findings on Short-Term Forecasting: Technique Complexity and Combinations, Decision Sciences 20 (1989), S. 635 ff.
[32]   SAP AG (Hrsg.), System RM Funktionsbeschreibung, Walldorf 1990, S. 81 ff.
[33]   Siemens (Hrsg.), SAVOY - Ein Programmsystem zur Bedarfsprognose - Verfahrensbeschreibung, data praxis D14/4028.
[34]   Smith, D.E., Adaptive Response for Exponential Smoothing: Comparative System Analysis, Operational Research Quarterly 25 (1974), S. 421 ff.
[35]   Snyder, R.D., Progressive Tuning of Simple Exponential Smoothing Forecasts, Journal of the Operational Research Society 39 (1988), S. 393 ff.
[36]   Texter, P.A. und Ord, J.K., Forecasting Using Automatic Identification Procedures: A Comparative Analysis, International Journal of Forecasting 5 (1989), S. 209 ff.
[37]   Trigg, D.W., Monitoring a Forecasting System, Operational Research Quarterly 15 (1964), S. 271 ff.
[38]   Trigg, D.W. und Leach, A.G., Exponential Smoothing with an Adaptive Response Rate, Operational Research Quarterly 18 (1967), S. 53 ff.

[39] Van Dobben de Bruyn, C.S., Prediction by Progressive Correction, Journal of the Royal Statistical Society B 26 (1964), S. 113 ff.
[40] Whybark, D.C., A Comparison of Adaptive Forecasting Techniques, The Logistics and Transportation Review 8 (1973) 3, S. 13 ff.
[41] Williams, T.M., Adaptive Holt-Winters Forecasting, Journal of the Operational Research Society 38 (1987), S. 553 ff.
[42] Winkler, R.L. und Makridakis, S., The Combination of Forecasts, Journal of the Royal Statistical Society 146 (1983), S. 150 ff.
[43] Winters, P.R., Forecasting Sales by Exponentially Weighted Moving Averages, Management Science 6 (1960), S. 324 ff.

8 Punkt-, Intervallprognose und Test auf Strukturbruch mit Hilfe der Regressionsanalyse

von H. Schneeberger

8.1 Einleitung

In der Theorie der linearen Regression ist es möglich, unter bestimmten Voraussetzungen bei vorgegebenen n Punkten $(x_1;y_1)$, $(x_2;y_2)$,..., $(x_n;y_n)$ einen erwartungstreuen Schätzwert für den Wert der Regressionsgeraden an einer weiteren Stelle x_{n+1} zu berechnen und ein Vertrauensintervall für diesen Schätzwert anzugeben. Im ersten Fall spricht man von *Punktprognose*, im zweiten von *Intervallprognose*. Weiterhin kann eine Vorhersage über die Verteilung der Ordinate y_{n+1} eines $(n+1)$-ten Meßpunktes $(x_{n+1};y_{n+1})$ gemacht werden; hier ist eine Intervallprognose möglich.

In der Praxis könnten z. B. x das private Einkommen, y der private Verbrauch, der Index i der Zeitpunkt i sein [5].

Diese Aussage für den Fall der einfachen linearen Regression läßt sich auf die multiple (k-dimensionale) lineare Regression verallgemeinern. Bei gegebenen $n > k$ Punkten $(x_{1,i},...,x_{k,i};y_i)$ $(i=1,...,n)$ kann man an einer $(n+1)$-ten Stelle $(x_{1,n+1},x_{2,n+1},...,x_{k,n+1})$ den Wert der Regressionsfunktion schätzen und ein zugehöriges Vertrauensintervall berechnen. Für einen weiteren Meßpunkt $(x_{1,n+1},...,x_{k,n+1};y_{n+1})$ geben wir ein Vertrauensintervall für die Ordinate y_{n+1} an.

Im Fall $k=2$ könnten z. B. y der private Verbrauch, x_1 das Lohneinkommen, x_2 das Gewinneinkommen, der Index i wieder der Zeitpunkt (Jahr) sein [2]. Die Testaussage wird in jedem Fall lauten: Die Hypothese, daß auch der $(n+1)$-te Punkt den Annahmen der linearen Regression genügt, wird verworfen, falls dieser Punkt außerhalb des Vertrauensintervalls liegt, anderenfalls wird sie angenommen.

Eine weitere Verallgemeinerung ergibt sich, wenn sich die Prognose nicht auf einen einzigen, sondern auf mehrere weitere Beobachtungspunkte bezieht. Dieser Anwendungsfall wird vorliegen, wenn ein Strukturbruch in den Regressionsparametern, also etwa eine andere Neigung der Regressionsgeraden in einem zweiten [5] oder auch mehreren folgenden Zeitintervallen ([3] und [4]), vermutet wird.

8.2 Prognose im Fall einfacher linearer Regression

8.2.1 Punkt- und Intervallprognose

Wir nehmen an, x sei eine nichtzufällige Größe, y eine Zufallsgröße, und es mögen n Meßpunkte $(x_1;y_1)$, $(x_2;y_2)$,..., $(x_n;y_n)$ vorliegen. Über die Verteilung von y machen wir zunächst nur folgende Annahmen:

über die bedingten Erwartungswerte:

$$\text{(A1)} \quad E(y|x) = \eta(x) = \alpha + \beta(x - \bar{x}) \qquad \text{(Linearitätshypothese);}$$

über die Varianzen:

$$\text{(A2)} \quad V(y|x) = E\left[(y-\eta)^2 | x\right] = \sigma^2 \qquad \text{(Homoskedastizität);}$$

über die Unabhängigkeit:

(A3) y_i unabhängig von y_j für $i \neq j$

Die Annahme (A2), daß die Streuung konstant, also unabhängig von x ist, läßt sich in einfacher Weise auf den Fall der *Heteroskedastizität* verallgemeinern (vgl. z. B. [1] und [5]). Da die Überlegungen und Ergebnisse ganz analog sind, beschränken wir uns der Einfachheit halber auf den Fall (A2).

Häufig wird die Störvariable u_i ($i = 1, 2, \ldots, n$) eingeführt:

$$y_i = \alpha + \beta(x_i - \bar{x}) + u_i = \eta(x_i) + u_i = \eta_i + u_i \qquad (1)$$

Dann schreiben sich unsere Annahmen:

(A1) $E(u|x) = 0$

(A2) $E(u^2|x) = \sigma^2$

(A3) u_i unabhängig von u_j für $i \neq j$

Für die Parameter α und β erhält man nun Schätzwerte $\hat{\alpha}$ und $\hat{\beta}$ nach der Methode der kleinsten Quadrate.

Die notwendigen Bedingungen für ein Extremum von

$$Q = \sum_{i=1}^{n} \left[y_i - \hat{\alpha} - \hat{\beta}(x_i - \bar{x}) \right]^2 \qquad (2)$$

ergeben sich als Lösung der Normalgleichungen

$$\frac{\partial Q}{\partial \hat{\alpha}} = -2 \sum_{i=1}^{n} \left[y_i - \hat{\alpha} - \hat{\beta}(x_i - \bar{x}) \right] = 0$$

$$\frac{\partial Q}{\partial \hat{\beta}} = -2 \sum_{i=1}^{n} \left[y_i - \hat{\alpha} - \hat{\beta}(x_i - \bar{x}) \right](x_i - \bar{x}) = 0 \qquad (3)$$

und wegen $\sum_{i=1}^{n}(x_i - \bar{x}) = 0$ zu

$$\hat{\alpha} = \frac{1}{n}\sum_{i=1}^{n} y_i = \bar{y}; \quad \hat{\beta} = \frac{\sum_{i=1}^{n}(x_i - \bar{x}) y_i}{\sum_{i=1}^{n}(x_i - \bar{x})^2} \qquad (4)$$

Die Funktionaldeterminante der zweiten Ableitungen ist für $\sum_{i=1}^{n}(x_i - \bar{x})^2 \neq 0$ positiv definiert. Unter der trivialen Annahme, daß nicht alle x_i identisch sind, liefert also (4) ein (eindeutiges) Minimum von (2).

Man sieht sofort, daß $\hat{\alpha}$ und $\hat{\beta}$ lineare Funktionen der y_i sind und daß aufgrund der Voraussetzung (A1)

$$E(\hat{\alpha}) = \alpha; \quad E(\hat{\beta}) = \beta \tag{5}$$

also $\hat{\alpha}$ und $\hat{\beta}$ erwartungstreue Schätzwerte von α und β sind.

Insbesondere ist dann die empirische Regressionsgerade

$$\hat{y}(x) = \hat{\alpha} + \hat{\beta}(x - \bar{x}) \tag{6}$$

erwartungstreuer Schätzwert der theoretischen Regressionsgeraden $\eta(x)$.

Für die Varianzen ergibt sich wegen der Annahmen (A2) und (A3)

$$V(\hat{\alpha}) = \frac{\sigma^2}{n}; \quad V(\hat{\beta}) = \frac{\sigma^2}{\sum_{i=1}^{n}(x_i - \bar{x})^2} \tag{7}$$

Ohne weitere Prämissen lassen sich über die Verteilung von $\hat{\alpha}, \hat{\beta}, \hat{y}$ auch keine weiteren Aussagen machen. Wir nehmen daher zusätzlich zu (A1) bis (A3) an, daß die Zufallsgröße y, also auch die Störvariable u, normalverteilt sind (A4).

Diese Annahme ist bei vielen Anwendungen erfüllt, eventuell nach einer geeigneten Variablentransformation. In jedem Fall kann diese Hypothese getestet werden.

Die Maximum-Likelihood-Methode liefert als Schätzwert für α und β die bereits nach der Methode der kleinsten Quadrate gefundenen Schätzungen $\hat{\alpha}$ und $\hat{\beta}$. Als Schätzung für σ^2 ergibt sich der (nicht erwartungstreue) Schätzwert

$$\hat{\sigma}^2 = \frac{1}{n}\sum_{i=1}^{n}(y_i - \hat{y}(x_i))^2 = \frac{1}{n}\sum_{i=1}^{n}(y_i - \hat{y}_i)^2 = \frac{1}{n}\sum_{i=1}^{n}\hat{u}_i^2 \tag{8}$$

mit den empirischen Störgrößen $\hat{u}_i = y_i - \hat{y}_i$; $s^2 = (n/n-2)\hat{\sigma}^2$ ist erwartungstreue Schätzung von σ^2.

Nach dem Additionstheorem der Normalverteilung für unabhängige Zufallsgrößen sind $\hat{\alpha}$ und $\hat{\beta}$ normalverteilt mit den jeweiligen Erwartungswerten (5) und (7), also ist

$\hat{y} = \hat{\alpha} + \hat{\beta}(x - \bar{x})$ normalverteilt mit dem Erwartungswert

$\eta = \alpha + \beta(x - \bar{x})$

Mit Hilfe des Satzes von *Cochran* zeigt man weiter (z. B. in [1]), daß

$\hat{\alpha}, \hat{\beta}$ und s^2 stochastisch unabhängig sind \hfill (9)

und daß

$$\frac{(n-2)s^2}{\sigma^2} \quad \chi^2\text{-verteilt ist mit } (n-2) \text{ Freiheitsgraden.}$$

Mit diesen Ergebnissen können die bekannten Vertrauensgrenzen für $\hat{\alpha}, \hat{\beta}$ und $\hat{y}(x)$ angegeben werden.

Uns interessiert hier:

a) Punkt- und Intervallschätzung für den Erwartungswert η an einer weiteren Stelle x_{n+1}.
Es gilt:

Der Schätzwert

$$\hat{y}_{n+1} = \hat{\alpha} + \hat{\beta}(x_{n+1} - \bar{x}) \tag{10}$$

ist erwartungstreu, d. h.

$$E(\hat{y}_{n+1}|x_{n+1}) = \alpha + \beta(x_{n+1} - \bar{x}) = \eta(x_{n+1}) = \eta_{n+1} \tag{11}$$

wegen (5).

Die Annahme (A4) wurde hierfür nicht benutzt; diese Aussage ist also von der Verteilung von y unabhängig, wenn nur die Annahmen (A1) bis (A3) erfüllt sind. Die Varianz von $\hat{y}_{n+1}$ ist wegen (7) und der Unabhängigkeit von $\hat{\alpha}$ und $\hat{\beta}$:

$$V(\hat{y}_{n+1}) = \sigma^2 \left[\frac{1}{n} + \frac{(x_{n+1} - \bar{x})^2}{\sum_{i=1}^{n}(x_i - \bar{x})^2} \right] = \sigma^2 d_1^2 \tag{12}$$

Dann ist

$$\frac{\hat{y}_{n+1} - \eta_{n+1}}{sd_1} = t \tag{13}$$

Student-verteilt mit $(n-2)$ Freiheitsgraden, und man erhält als $100(1-\varepsilon)$-Prozent-Vertrauensintervall für den wahren Wert η_{n+1}

$$\hat{y}_{n+1} - t_{\varepsilon/2} sd_1 \leq \eta_{n+1} \leq \hat{y}_{n+1} + t_{\varepsilon/2} sd_1 \tag{14}$$

In (10) haben wir mit y_{n+1} eine (erwartungstreue) *Punktschätzung* oder *Punktprognose* für den wahren *Regressionswert* η_{n+1} an der Stelle x_{n+1}, in (14) die zugehörige *Intervallschätzung* oder *Intervallprognose* für η_{n+1}.

Weiter können wir

b) ein Prognoseintervall für den Meßwert y_{n+1} an einer weiteren Stelle x_{n+1} angeben. Wir betrachten die Zufallsgröße

$$\hat{u}_{n+1} = y_{n+1} - \hat{y}_{n+1} \text{ mit } \hat{y}_{n+1} = \hat{\alpha} + \hat{\beta}(x_{n+1} - \bar{x})$$

Dann ist wegen (A1) und (11)

$$E(\hat{u}_{n+1}) = 0 \tag{15}$$

Die Varianz ergibt sich wegen der Unabhängigkeit von y_{n+1} und $\hat{y}_{n+1}$ zu

$$V(\hat{u}_{n+1}) = \sigma^2 \left[1 + \frac{1}{n} + \frac{(x_{n+1} - \bar{x})^2}{\sum_{i=1}^{n}(x_i - \bar{x})^2} \right] = \sigma^2 \left(1 + d_1^2 \right) = \sigma^2 d_2^2 \tag{16}$$

$$\frac{y_{n+1} - \hat{y}_{n+1}}{sd_2} = t \tag{17}$$

ist dann *Student*-verteilt mit $(n-2)$ Freiheitsgraden. Die 100 $(1-\varepsilon)$-Prozent-Vertrauensgrenzen ergeben sich jetzt für den weiteren Meßwert y_{n+1} zu:

$$\hat{y}_{n+1} - t_{\varepsilon/2} \, sd_2 \leq y_{n+1} \leq \hat{y}_{n+1} + t_{\varepsilon/2} \, sd_2 \tag{18}$$

Man sieht sofort wegen $d_2^2 = 1 + d_1^2$, daß dieses Vertrauensintervall für y_{n+1} größer ist als das Vertrauensintervall (14) für η_{n+1}.

(18) ist das 100 $(1-\varepsilon)$-Prozent-*Prognoseintervall* für einen weiteren Meßwert y_{n+1}, d. h., unter je 100 Meßwerten y_{n+1} an der gleichen Stelle x_{n+1} liegen im Durchschnitt 100 $(1-\varepsilon)$ Meßwerte in diesem Intervall.

Wenn man x_{n+1} variieren läßt ($x_{n+1} = x$) und ε konstant hält (z. B. $\varepsilon = 0{,}05$), dann ergeben die Intervallgrenzen (14) Hyperbeläste, von denen der eine über der geschätzten Regressionsgeraden $\hat{y}(x)$ liegt, der andere in demselben Abstand darunter (Abbildung 1). Das gleiche gilt für die Intervallgrenzen (18).

Im Durchschnitt liegen - wenn man sich die Meßreihen beliebig oft wiederholt denkt - 100 $(1-\varepsilon)$ Prozent der geschätzten Regressionsgeraden innerhalb der Grenzen (14).

Bisher wurde für eine einzige weitere Meßstelle x_{n+1} in (10) eine Punktprognose für den theoretischen Regressionswert η_{n+1}, in (14) die zugehörige Intervallprognose gefunden. (18) lieferte die Intervallprognose für einen weiteren Meßwert y_{n+1} an der Stelle x_{n+1}.

Wenn also bei einer zugrundegelegten Sicherheit von 100 $(1-\varepsilon)$ ein weiterer $(n+1)$-ter Meßpunkt $(x_{n+1}; y_{n+1})$ außerhalb der Grenzen (18) fällt, dann ist unsere bisherige Prognose abzulehnen, daß auch dieser Punkt den Regressionsannahmen (A1) bis (A4) genügt, d. h., es kann entweder die Annahme (A1), daß sich der lineare Trend über den Punkt $(x_n; y_n)$ hinaus fortsetzt, oder die Annahme (A2), daß die Streuung von y konstant bleibt, falsch sein.

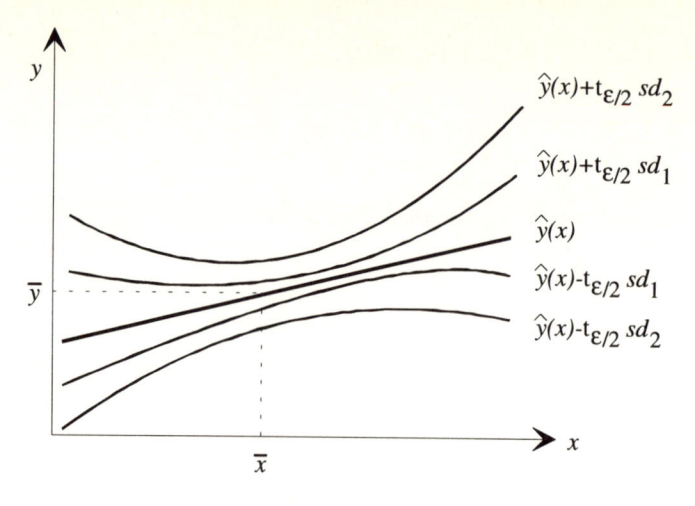

[Figure: Intervallgrenzen mit Kurven $\hat{y}(x)+t_{\varepsilon/2}\,sd_2$, $\hat{y}(x)+t_{\varepsilon/2}\,sd_1$, $\hat{y}(x)$, $\hat{y}(x)-t_{\varepsilon/2}\,sd_1$, $\hat{y}(x)-t_{\varepsilon/2}\,sd_2$; Achsen x, y; markiert $\bar{x}$, $\bar{y}$]

Abb. 1   Intervallgrenzen

Besonders wichtig für die Prognose ist der Fall, daß die Annahme (A1) abzulehnen ist, also eine Parallelverschiebung oder Richtungsänderung der Regressionsgeraden oder beides gleichzeitig vorliegt: ein Strukturbruch.

Dafür aber ist die Aussage anhand eines einzigen Meßpunktes $(x_{n+1};y_{n+1})$ armselig, mit anderen Worten: das Vertrauensintervall (18) für den einzigen Meßwert ist sehr weit. Besser ist es dann in jedem Fall, anhand mehrerer Punkte die Prognose zu stellen.

8.2.2   Strukturbruch der Regressionsgeraden

Der Einfachheit halber beschränken wir uns zunächst auf zwei Meßreihen $(x_1;y_1),...,(x_{n_1};y_{n_1})$ und $(x_{n_1+1};y_{n_1+1}),...,(x_{n_1+n_2};y_{n_1+n_2})$, wie in Abbildung 2 graphisch dargestellt ist.

Wir nehmen an, daß für beide die Voraussetzungen (A1), (A2), (A3) und (A4) gelten, und zusätzlich zu (A3) setzen wir die Unabhängigkeit der y zwischen den Meßreihen voraus. Die Frage ist dann: Ist die Linearität, die für die beiden einzelnen Meßreihen als gegeben angenommen wird, auch für alle n_1+n_2 Meßpunkte erfüllt, mit anderen Worten: liegt ein Strukturbruch vor?

Die F-verteilte Testgröße, die diese Hypothese zu prüfen gestattet, kann hier nur zitiert und veranschaulicht werden. Einzelheiten finden sich in [3] und [4].

Wir berechnen nach Abschnitt 8.2.1 die beiden Regressionsgeraden

$$\hat{y}_1(x) = \hat{\alpha}_1 + \hat{\beta}_1(x-\hat{x}_1) \qquad (19)$$

unter Zugrundelegung der ersten n_1 Meßwerte und entsprechend

$$\hat{y}_2(x) = \hat{\alpha}_2 + \hat{\beta}_2(x-\hat{x}_2) \qquad (20)$$

unter Zugrundelegung der zweiten n_2 Meßwerte. Die Streuungen um diese Regressionsgeraden

$$s_1^2 = \frac{1}{n_1-2} \sum_{i=1}^{n_1} (y_i - \hat{y}_1(x_i))^2 \tag{21}$$

und

$$s_2^2 = \frac{1}{n_2-2} \sum_{i=n_1+1}^{n_1+n_2} (y_i - \hat{y}_2(x_i))^2 \tag{22}$$

sind dann erwartungstreue Schätzwerte von σ^2.

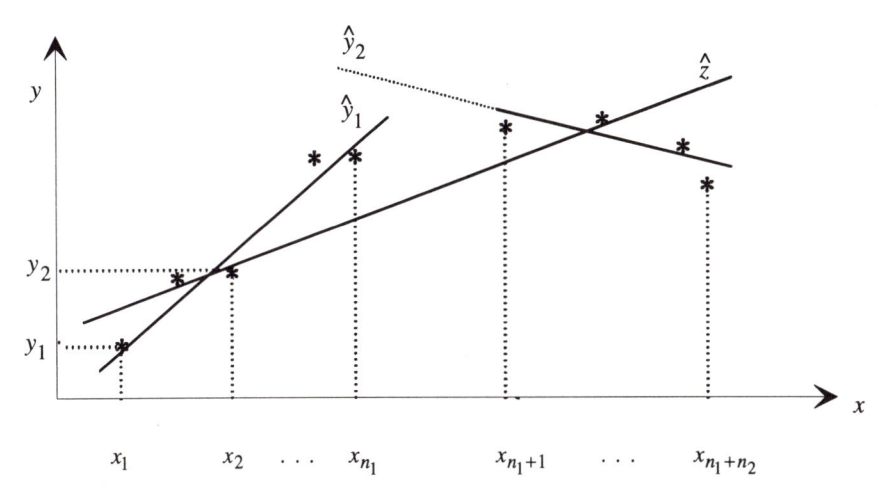

Abb. 2   Strukturbruch der Regressionsgeraden

Weiter berechnen wir die Regressionsgerade nach 8.2.1 unter Zugrundelegung aller n_1+n_2 Meßwerte

$$\hat{z}(x) = \hat{\alpha} + \hat{\beta}(x-\bar{x}) \tag{23}$$

und bilden die Varianz

$$s^2 = \frac{1}{2} \left\{ \sum_{i=1}^{n_1} [\hat{y}_1(x_i) - \hat{z}(x_i)]^2 + \sum_{i=n_1+1}^{n_1+n_2} [\hat{y}_2(x_i) - \hat{z}(x_i)]^2 \right\} \tag{24}$$

Die einzelnen Summanden sind die Quadrate der Abweichungen in sämtlichen (n_1+n_2) Punkten zwischen der Gesamtregressions- und den Teilregressionsgeraden. Ist $s^2 = 0$, so fallen diese drei Geraden zusammen, ist s^2 groß, so weichen die Teilgeraden von der Gesamtgeraden wesentlich ab. Eine Testgröße zur Prüfung der Hypothese der Linearität für alle (n_1+n_2) Punkte oder zur Prüfung der Hypothese, daß kein Strukturbruch vorliegt, wird demnach wesentlich s^2 enthalten. Man kann zeigen (vgl. [3]), daß die Prüfgröße

$$F = \frac{s^2}{s_3^2} \tag{25}$$

Fisher-verteilt mit $(2; n_1 + n_2 - 4)$ Freiheitsgraden ist. Hierbei ist

$$s_3^2 = \frac{1}{n_1 + n_2 - 4}\left[(n_1 - 2)s_1^2 + (n_2 - 2)s_2^2\right] =$$

$$= \frac{1}{n_1 + n_2 - 4}\left\{\sum_{i=1}^{n_1}\left[y_i - \hat{y}_1(x_i)\right]^2 + \sum_{i=n_1+1}^{n_1+n_2}\left[y_i - \hat{y}_2(x_i)\right]^2\right\} \quad (26)$$

und stellt die Varianz aller $(n_1 + n_2)$ Meßwerte y_i um die einzelnen Regressionsgeraden dar.

Die *Testaussage* lautet dann: Ist bei einer zugrundegelegten Sicherheitswahrscheinlichkeit von $P = 100(1-\varepsilon)$ % die Prüfgröße

$$F > F_{P\%} \quad (27)$$

wobei $F_{P\%}$ die *P%*-Fraktile der *Fisher-Verteilung* mit $(2; n_1 + n_2 - 4)$ Freiheitsgraden ist, so ist die Hypothese der Linearität für alle $(n_1 + n_2)$ Meßpunkte abzulehnen; falls $F \leq F_{P\%}$, kann sie angenommen werden; mit anderen Worten: Falls $F > F_{P\%}$, ist die Abweichung zwischen den Teilregressionsgeraden und der Gesamtregressionsgeraden signifikant - es liegt ein *Strukturbruch* vor.

Es wurde hier nur der Fall behandelt, aufgrund einer zweiten Meßreihe vom Umfang n_2 festzustellen oder die Prognose zu stellen, ob dieselbe lineare Abhängigkeit, der die ersten n_1 Meßpunkte genügen, auch für diese gilt. Es wurde hierbei stillschweigend angenommen, daß die zwei Klassen von n_1 bzw. n_2 Meßpunkten wirklich die Berechnung einer Regressionsgeraden nach Abschnitt 8.2.1 zulassen. Dazu ist nach (4) vorauszusetzen, daß in jeder Klasse nicht alle Abszissenwerte x_i zusammenfallen. Diese Aussagen lassen sich verallgemeinern:

1. Die Anzahl der Klassen kann größer als zwei sein.
2. In einzelnen Klassen dürfen alle Abszissenwerte x_i zusammenfallen.

Wie in diesem verallgemeinerten Fall die *Fisher*-verteilte Prüfgröße F zum Testen der Linearitätshypothese bzw. zum Feststellen eines Strukturbruches aussieht, kann in [3] nachgelesen werden.

8.3 Prognose im Fall multipler (*k*-dimensionaler) linearer Regression

8.3.1 Punkt- und Intervallprognose

Die Problemstellung und auch die Antworten sind hier ganz entsprechend wie im Fall einfacher linearer Regression: $x_1, x_2, ..., x_k$ seien nichtzufällige, y sei die einzige zufällige Variable, über deren Verteilung wir zunächst folgende Voraussetzungen machen:

V(1) $E(y|x_1,...,x_k) = \eta(x_1,...,x_k) = \alpha + \beta_1(x_1 - \bar{x}_1) + ... + \beta_k(x_k - \bar{x}_k)$

(Linearitätshypothese)

(V2) $V(y|x_1,...,x_k) = \sigma^2$ (Homoskedastizität)

(V3) y_i ist unabhängig von y_j für $i \neq j$

Anhand von $n \geq k+1$ Meßpunkten $(x_{1i},..., x_{ki}; y_i)$ $(i = 1,...,n)$ können wir wieder nach der Methode der kleinsten Quadrate Schätzwerte $\hat{\alpha}$ und $\hat{\beta}_\kappa$ $(\kappa = 1,...,k)$ für die hypothetischen α und β_κ berechnen. Die notwendigen Bedingungen für ein Minimum von

$$Q = \sum_{i=1}^{n} \left[y_i - \hat{\alpha} - \hat{\beta}_1 (x_{1i} - \hat{x}_1) - ... - \hat{\beta}_k (x_{ki} - \hat{x}_k) \right]^2 \quad (28)$$

ergeben

$$\hat{\alpha} = \bar{y} = \frac{1}{n} \sum_{i=1}^{n} y_i \quad (29)$$

und das System der Normalgleichungen zur Berechnung der $\hat{\beta}_1,...,\hat{\beta}_k$

$$\hat{\beta}_1 \sum_{i=1}^{n} (x_{1i} - \bar{x}_1)^2 + \quad ... \quad + \hat{\beta}_k \sum_{i=1}^{n} (x_{1i} - \bar{x}_1)(x_{ki} - \bar{x}_k) = \sum_{i=1}^{n} (x_{1i} - \bar{x}_1) y_i$$

$$\hat{\beta}_1 \sum_{i=1}^{n} (x_{2i} - \bar{x}_2)(x_{1i} - \bar{x}_1) + \quad ... \quad + \hat{\beta}_k \sum_{i=1}^{n} (x_{2i} - \bar{x}_2)(x_{ki} - \bar{x}_k) = \sum_{i=1}^{n} (x_{2i} - \bar{x}_2) y_i \quad (30)$$

$$\vdots \qquad \vdots$$

$$\hat{\beta}_1 \sum_{i=1}^{n} (x_{ki} - \bar{x}_k)(x_{1i} - \bar{x}_1) + \quad ... \quad + \hat{\beta}_k \sum_{i=1}^{n} (x_{ki} - \bar{x}_k)^2 = \sum_{i=1}^{n} (x_{ki} - \bar{x}_k) y_i$$

Das in den $\hat{\beta}_\kappa$ lineare Gleichungssystem (30) ist eindeutig auflösbar genau dann, wenn die n Punkte $(x_{1i}, x_{2i},..., x_{ki})$ $(i = 1,2,...,n)$ den k-dimensionalen Raum $(x_1, x_2,..., x_k)$ wirklich aufspannen, also nicht in einem Unterraum von der Dimension $< k$ liegen. Das ist nur möglich, falls wie vorausgesetzt $n \geq k+1$ ist. Ein sinnvolles k-dimensionales Regressionsproblem wird diese Bedingung stets erfüllen, da wir es sonst mit einem Regressionsproblem von geringerer Dimension zu tun hätten.

$$\hat{y}(x_1,...,x_k) = \hat{\alpha} + \hat{\beta}_1 (x_1 - \bar{x}_1) + ... + \hat{\beta}_k (x_k - \bar{x}_k) \quad (31)$$

ist dann die geschätzte Regressionshyperebene.

Mit Hilfe von (30) und unter Verwendung der Voraussetzung (V1) kann man zeigen, daß die geschätzten Regressionsparameter $\hat{\alpha}$ und $\hat{\beta}_\kappa$ $(\kappa = 1,...,k)$ erwartungstreue Schätzwerte von α und β_κ $(\kappa = 1,...,k)$ sind.

$$E(\hat{\alpha}) = \alpha \; ; \quad E(\hat{\beta}_\kappa) = \beta_\kappa \quad (\kappa = 1,...,k) \quad (32)$$

Die Koeffizientenmatrix von (30) ist (bis auf die Faktoren $1/n-1$ bei den einzelnen Koeffizienten) die Kovarianzmatrix:

In der Hauptdiagonale stehen (im wesentlichen) die Varianzen, die anderen Koeffizienten sind (im wesentlichen) die Kovarianzen. Wir führen zur Abkürzung ein:

$$v_{rs} = \sum_{i=1}^{n} (x_{ri} - \bar{x}_r)(x_{si} - \bar{x}_s) \quad (33)$$

also (v_{rs}) für die Koeffizientenmatrix von (30). Ist dann (w_{rs}) die Inverse von (v_{rs}), die nach unserer Annahme, daß die n Punkte $(x_{1i}, x_{2i}, ..., x_{ki})$ den k-dimensionalen Raum aufspannen, existiert, so ergibt sich für die Varianz von $\hat{\alpha}$ und die Varianzen und Kovarianzen der $\hat{\beta}_\kappa$ ($\kappa = 1, ..., k$) (vgl. z. B. [1]):

$$V(\hat{\alpha}) = \frac{\sigma^2}{n}; \quad V(\hat{\beta}_\kappa) = E\left[(\hat{\beta}_\kappa - \beta_\kappa)^2\right] = \sigma^2 w_{\kappa\kappa}$$

$$V(\hat{\beta}_\kappa \hat{\beta}_\lambda) = E\left[(\hat{\beta}_\kappa - \beta_\kappa)(\hat{\beta}_\lambda - \beta_\lambda)\right] = \sigma^2 w_{\kappa\lambda} \ (\kappa \neq \lambda)$$
(34)

Um weitere Aussagen, insbesondere Vertrauensintervalle zu erhalten, machen wir wieder die zusätzliche Voraussetzung,

(V4) die Zufallsgröße y ist normalverteilt mit Erwartungswert und Streuung gemäß (V1) und (V2).

Dann ergibt die Maximum-Likelihood-Schätzung für die Parameter α und β_κ ($\kappa = 1, ..., k$) dieselben erwartungstreuen Schätzwerte $\hat{\alpha}$ und $\hat{\beta}_\kappa$ wie die Methode der kleinsten Quadrate.

Zusätzlich aber liefert jetzt unsere weitere Annahme (V4) Aussagen über die Verteilung dieser Zufallsgrößen $\hat{\alpha}$ und $\hat{\beta}_\kappa$. Nach dem Additionstheorem der Normalverteilung sind zunächst $\hat{\alpha}$ und $\hat{\beta}_\kappa$ normalverteilt mit den Erwartungswerten (32) und den Varianzen und Kovarianzen (34); dann ist $\hat{y}$ normalverteilt mit dem Erwartungswert η.

Weiterhin ist nach dem Satz von *Cochran* (vgl. z. B. [1])

$$q_1 = \frac{1}{\sigma^2} \sum_{i=1}^{n} (y_i - \hat{y}_i)^2$$
(35)

χ^2-verteilt mit $(n-k-1)$ Freiheitsgraden; hierbei wurde abkürzend

$$\hat{y}_i = \hat{y}(x_{1i}, ..., x_{ki}) = \hat{\alpha} + \hat{\beta}_1 (x_{1i} - \bar{x}_1) + ... + \hat{\beta}_k (x_{ki} - \bar{x}_k)$$
(36)

gesetzt. Die Summanden in (35) sind die Quadrate der Abstände der Meßwerte y von den entsprechenden $\hat{y}$-Werten auf der berechneten Regressionshyperebene; die Summe ist also im wesentlichen die Varianz (Abbildung 3).

Weiter ist nach dem Satz von *Cochran*

$$q_2 = \left(\frac{\hat{\alpha} - \alpha}{\sigma/\sqrt{n}}\right)^2$$
(37)

χ^2-verteilt mit einem Freiheitsgrad und

$$q_3 = \sum_{i=1}^{n} \left[\sum_{\kappa=1}^{k} (\hat{\beta}_\kappa - \beta_\kappa)(x_{\kappa i} - \bar{x}_\kappa)\right]^2$$

χ^2-verteilt mit k Freiheitsgraden, und q_1, q_2, q_3 sind voneinander stochastisch unabhängig.

Die erste Frage, die wir jetzt analog Abschnitt 8.2 beantworten können, lautet:

a) Gegeben sind die Abszissen $(x_1,...,x_k)$ eines weiteren $(n+1)$-ten Punktes (den Index $n+1$ lassen wir der Kürze halber weg). Man gebe eine Punkt- und Intervallprognose für $\eta(x_1,...,x_k)$ an.

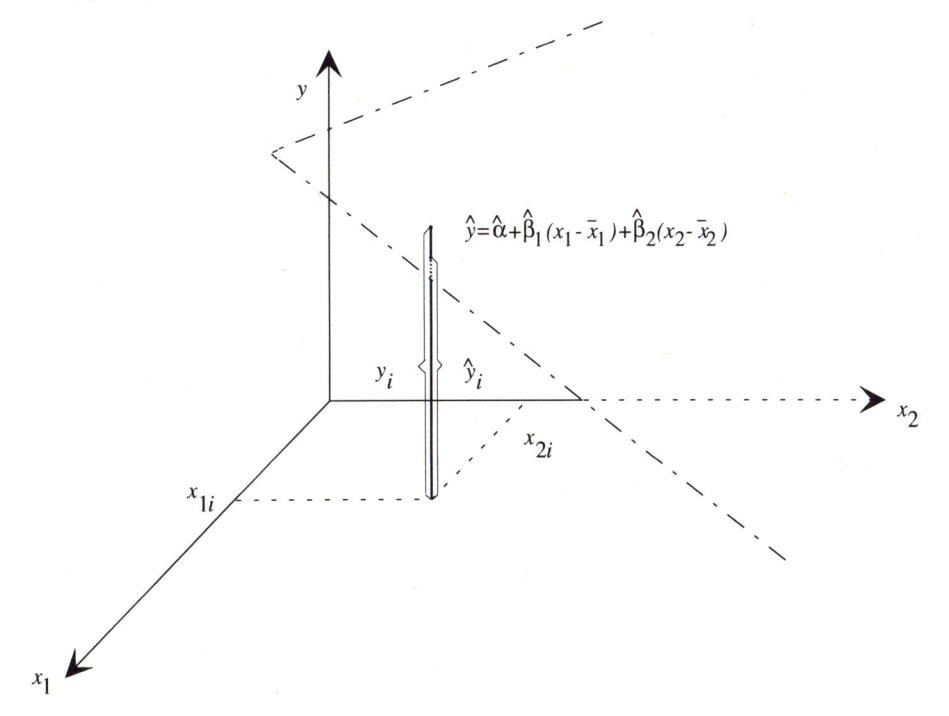

Abb. 3 Zweidimensionale lineare Regression

Zunächst die *Punktprognose*:

$$\hat{y}(x_1,...,x_k) = \hat{\alpha} + \hat{\beta}_1(x_1 - \bar{x}_1) + ... + \hat{\beta}_k(x_k - \bar{x}_k) \tag{39}$$

ist wegen (32) erwartungstreuer Schätzwert von $\eta(x_1,...,x_k)$:

$$E(\hat{y}(x_1,...,x_k)) = \eta(x_1,...,x_k) \tag{40}$$

Für die Streuung ergibt sich

$$V(\hat{y}) = V\left(\hat{\alpha} + \sum_{\kappa=1}^{k} \hat{\beta}_\kappa (x_\kappa - \bar{x}_\kappa)\right) = V(\hat{\alpha}) + V\left(\sum_{\kappa=1}^{k} \hat{\beta}_\kappa (x_\kappa - \bar{x}_\kappa)\right) \tag{41}$$

da mit q_2 und q_3 auch $\hat{\alpha}$ und $(\hat{\beta}_1,...,\hat{\beta}_k)$ voneinander stochastisch unabhängig sind.

Wegen (37) ist:

$$V(\hat{\alpha}) = \frac{\sigma^2}{n}$$

und wegen (34):

$$V\left[\sum_{\kappa=1}^{k}\hat{\beta}_\kappa(x_\kappa-\bar{x}_\kappa)\right] = E\left\{\left[\sum_{\kappa=1}^{k}(\hat{\beta}_\kappa-\beta_\kappa)(x_\kappa-\bar{x}_\kappa)\right]^2\right\} =$$

$$= \sum_{\kappa=1}^{k}(x_\kappa-\bar{x}_\kappa)^2 V(\hat{\beta}_\kappa) + \sum_{\kappa=1}^{k}\sum_{\lambda=1}^{k}(x_\kappa-\bar{x}_\kappa)(x_\lambda-\bar{x}_\lambda)V(\hat{\beta}_\kappa\hat{\beta}_\lambda) =$$
$$k \neq \lambda$$

$$= \sigma^2 \sum_{\kappa=1}^{k}\sum_{\lambda=1}^{k}(x_\kappa-\bar{x}_\kappa)(x_\lambda-\bar{x}_\lambda)\,w_{\kappa\lambda}, \text{ also}$$

$$V(\hat{y}) = \sigma^2\left[\frac{1}{n} + \sum_{\kappa=1}^{k}\sum_{\lambda=1}^{k}(x_\kappa-\bar{x}_\kappa)(x_\lambda-\bar{x}_\lambda)\,w_{\kappa\lambda}\right] = \sigma^2 D_1^2 \tag{42}$$

$\hat{y}(x_1,...,x_k)$ ist folglich normalverteilt mit dem Erwartungswert $\eta(x_1,...,x_k)$ und der Varianz (42); somit ist

$$u = \frac{\hat{y}-\eta}{\sqrt{V(\hat{y})}} = \frac{\hat{y}-\eta}{\sigma D_1} \tag{43}$$

normalverteilt mit dem Erwartungswert 0 und der Streuung 1 ((0;1)-normalverteilt). Da wegen (35), (37) und (38) die erwartungstreue Stichprobenschätzung für σ^2

$$s^2 = \frac{1}{n-k-1}q_1\sigma^2 = \frac{1}{n-k-1}\sum_{i=1}^{n}(y_i-\hat{y}_i)^2 \tag{44}$$

unabhängig von u ist, ist

$$t = \frac{\hat{y}-\eta}{s D_1} \tag{45}$$

Student-verteilt mit $(n-k-1)$ Freiheitsgraden, und wir haben folgende *Intervallprognose* für den Erwartungswert η an der weiteren Stelle $(x_1,x_2,...,x_k)$: Bei einer vorgegebenen Sicherheitswahrscheinlichkeit von $100(1-\varepsilon)$ Prozent liegt der wahre Wert in $100(1-\varepsilon)$ Prozent der Fälle im Vertrauensintervall

$$\hat{y}-t_{\varepsilon/2}\,s D_1 \leq \eta \leq \hat{y}+t_{\varepsilon/2}\,s D_1 \tag{46}$$

Man erkennt, daß dieses Ergebnis dem in (14) gewonnenen vollständig analog ist.

b) Wir geben ein Prognoseintervall für einen weiteren $(n+1)$-ten Meßwert $y_{n+1} = y$ an der Stelle $(x_1,x_2,...,x_k)$ an. Entsprechend wie in Abschnitt 8.2.1 zeigt man, daß

$$t = \frac{y-\hat{y}}{s D_2} \tag{47}$$

Student-verteilt ist mit $(n-k-1)$ Freiheitsgraden: hierbei ist

$$D_2^2 = 1 + D_1^2 = 1 + \frac{1}{n} + \sum_{\kappa=1}^{k}\sum_{\lambda=1}^{k}(x_\kappa-\bar{x}_\kappa)(x_\lambda-\bar{x}_\lambda)\,w_{\kappa\lambda} \tag{48}$$

Man hat also in dem *Prognoseintervall*

$$\hat{y} - t_{\varepsilon/2} s D_2 \leq y \leq \hat{y} + t_{\varepsilon/2} s D_2 \tag{49}$$

ein $100(1-\varepsilon)$-Prozent-Vertrauensintervall für einen weiteren Meßwert y. In $100(1-\varepsilon)$-Prozent aller möglichen Fälle wird ein weiterer $(n+1)$-ter Meßwert an der Stelle $(x_1, x_2, ..., x_k)$ in diesem Intervall liegen.

Die Darstellung der Prognoseintervalle (46) und (49) ist eine sinngemäße Verallgemeinerung der Darstellung in Abschnitt 8.2.1. An die Stelle der dortigen Hyperbeläste treten jetzt gekrümmte Flächen.

8.3.2 Strukturbruch der Regressionshyperebenen

Der Einfachheit halber beschränken wir uns wieder wie in Abschnitt 8.2.2 auf den Fall zweier Meßreihen mit n_1 bzw. n_2 Meßpunkten $(x_1, ..., x_k; y)$. Für jede Meßreihe mögen die Voraussetzungen (V1) bis (V4) gelten; weiterhin seien die Meßwerte y beider Meßreihen stochastisch unabhängig.

Die Überlegungen und Ergebnisse sind ganz entsprechend wie im einfachen linearen Fall. Wir berechnen nach Abschnitt 8.3.1 die beiden Regressionshyperebenen bei Zugrundelegung der n_1 bzw. n_2 Meßpunkte

$$\hat{y}^1 = \hat{y}^1(x_1, ..., x_k) = \hat{\alpha}^1 + \hat{\beta}_1^1(x_1 - \bar{x}_1^1) + ... + \hat{\beta}_k^1(x_k - \bar{x}_k^1) \tag{50}$$

$$\hat{y}^2 = \hat{y}^2(x_1, ..., x_k) = \hat{\alpha}^2 + \hat{\beta}_1^2(x_1 - \bar{x}_1^2) + ... + \hat{\beta}_k^2(x_k - \bar{x}_k^2)$$

und die (erwartungstreuen) Schätzwerte s_j^2 für die Streuung σ^2

$$s_1^2 = \frac{1}{n_1 - k - 1} \sum_{i=1}^{n_1} (y_i - \hat{y}_i^1)^2 \tag{51}$$

$$s_2^2 = \frac{1}{n_2 - k - 1} \sum_{i=n_1+1}^{n_1+n_2} (y_i - \hat{y}_i^2)^2$$

Hierbei ist z. B.

$$\hat{y}_i^1 = \hat{y}^1(x_{1i}, ..., x_{ki}) = \hat{\alpha}^1 + \hat{\beta}_1^1(x_{1i} - \bar{x}_1^1) + ... + \hat{\beta}_k^1(x_{ki} - \bar{x}_k^1)$$

der Regressionswert der ersten Meßreihe an der Stelle $(x_{1i}, ..., x_{ki})$. Aus s_1^2 und s_2^2 bilden wir die vereinigte Streuung

$$s_3^2 = \frac{1}{n - 2(k+1)} \left[(n_1 - k - 1)s_1^2 + (n_2 - k - 1)s_2^2\right] \tag{52}$$

mit $n = n_1 + n_2$

Dies ist ein aus beiden Meßreihen kombinierter Schätzwert für σ^2.

Aus beiden Meßreihen zusammen berechnen wir die Gesamt-Regression:

$$\hat{z} = \hat{z}(x_1, ..., x_k) = \hat{\alpha} + \hat{\beta}_1(x_1 - \bar{x}_1) + ... + \hat{\beta}_k(x_k - \bar{x}_k) \tag{53}$$

und die Varianz

$$s^2 = \frac{1}{k+1}\left[\sum_{i=1}^{n_1}(\hat{y}_i^1-\hat{z}_i)^2 + \sum_{i=n_1+1}^{n_1+n_2}(\hat{y}_i^2-\hat{z}_i)^2\right] \tag{54}$$

Wir sehen, daß wieder $s^2 = 0$ genau dann ist, wenn die Teilregressionen $\hat{y}^1, \hat{y}^2$ mit der Gesamtregression $\hat{z}$ übereinstimmen, und daß die Übereinstimmung der Gesamtregression mit den Teilregressionen um so schlechter wird, je größer s^2 ist. Wir erhalten also wieder einen einseitigen Test für die Prüfung dieser Übereinstimmung:

Führen wir die mit $(k+1; n-2(k+1))$ Freiheitsgraden *Fisher*-verteilte Zufallsgröße

$$F = \frac{s^2}{s_3^2}$$

ein, so ist bei der zugrundegelegten Sicherheit von $P = 100(1-\varepsilon)$ Prozent die Hypothese der Linearität für sämtliche n_1+n_2 Punkte zu verwerfen, falls $F > F_{p\%}$ ist - es liegt ein *Strukturbruch* vor. Andernfalls kann diese Hypothese nicht abgelehnt werden. Es wurde stillschweigend angenommen, daß sich die Teilregressionen (50) nach Abschnitt 8.3.1 berechnen lassen. Dazu war vorauszusetzen, daß $n_1 > k+1; n_2 > k+1$ und daß die n_1 und n_2 Meßpunkte wirklich im k-dimensionalen $(x_1, \ldots, x_k)$-Raum liegen und nicht in einem Raum geringerer Dimension. Damit aber könnte z. B. nicht die Hypothese getestet werden, ob zwei Regressionsgeraden im $(x_1, x_2; y)$-Raum in einer gemeinsamen Regressionsebene liegen.

Dieser Fall liegt etwa vor, wenn für die eine Meßreihe $x_2 = \text{const.} = k_1$ ist und aufgrund einer zweiten Meßreihe an der Stelle $x_2 = \text{const.} = k_2$ getestet werden soll, ob bezüglich dieser Variablen x_2 auch lineare Abhängigkeit vorliegt: die Prognose der linearen Abhängigkeit von weiteren Variablen wäre nicht möglich. Das ist aber beim Aufbau von Modellen durch sukzessive Hereinnahme weiterer Variablen besonders wichtig.

Die Verallgemeinerung des Tests (55) auf Strukturbruch für den Fall, daß

a) die n_1 bzw. n_2 Meßpunkte der beiden Klassen in einem Teilraum des $(x_1, \ldots, x_k)$-Raumes liegen,

b) mehr als zwei Klassen von Meßpunkten vorliegen, wobei alle Möglichkeiten der Lage der Meßpunkte im $(x_1, \ldots, x_k)$-Raum zugelassen sind, findet sich in [4].

8.4 Nichtlineare Regression

Eine Reihe von nichtlinearen Ansätzen, die in der Praxis besonders wichtig sind, läßt sich durch geeignete Koordinatentransformationen auf die lineare Form bringen. Im Fall einer einzigen unabhängigen Variablen x lassen sich z. B. die Beziehungen $y = ae^{bx}$, $y = ax^b$, $y = ae^{b/x}$, $y = a+b\frac{1}{x}$ durch Logarithmieren linearisieren (vgl. auch Kapitel 11).

Die Methode der Substitution ermöglicht, auf eine lineare Form in mehreren unabhängigen Variablen zu kommen. Ist die Modellannahme ein Polynomansatz:

$$y = a + b_1 x + b_2 x^2 + \ldots + b_k x^k$$

so erhält man durch die Substitution

$$x = x_1;\ x^2 = x_2;\ \ldots;\ x^k = x_k$$

die in Abschnitt 8.3 behandelte multiple lineare Regression.

Schließlich kann eine Kurve durch ein Polygon approximiert und für diese Geradenstücke die lineare Regression angewendet werden.

8.5 Literatur

[1] Heinhold, J. und Gaede, K.-W., Ingenieur-Statistik, 4. Aufl., München-Wien 1979.
[2] Hochstädter, D. und Uebe, G., Ökonometrische Methoden, Berlin u.a. 1970.
[3] Schneeberger, H., Linearitätsteste der eindimensionalen Regressionsgleichung und Anwendungen, Mathematik, Technik, Wirtschaft 7 (1960), S. 118 ff. und S. 175 ff.
[4] Schneeberger, H., Linearitätsteste der k-dimensionalen Regressionsgleichung und Anwendungen, Monatshefte für Mathematik 64 (1960), S. 361 ff.
[5] Schneeweiß, H., Ökonometrie, 4. Aufl., Heidelberg 1990.

9 Adaptive Einflußgrößenkombination (AEK) - Prognosen mit schrittweiser Regression und adaptivem Gewichten

von J. Griese und G. Matt

9.1 Einleitung und Überblick

Das Verfahren der adaptiven Einflußgrößenkombination ist eine Kombination verschiedener Verfahren wie Regressionsanalyse, statistische Testtheorie, lineare Optimierung, Exponential Smoothing (ES), Informationstheorie und Kybernetik. Ein historischer Überblick soll die Entwicklung bis 1966 deutlich machen[1].

Gauß (1777 bis 1855) schuf von 1794 bis 1826 [38] die Grundlagen der Regressionsanalyse durch das *Gauß*sche Ausgleichsprinzip, den *Gauß*-Algorithmus, das Maximum-Likelihood-Prinzip und das *Gauß-Markov*-Theorem. Dabei bewies *Gauß* (zweite Begründung), daß bei stochastisch unabhängigen, *beliebig* verteilten Abweichungen die von der Methode der kleinsten Quadrate gelieferten Schätzungen erwartungstreu (unverzerrt) und wirksam (effizient) sind. *Legendre* (1752 bis 1833) veröffentlichte 1806 einen neunseitigen Anhang "Sur la Methode des moindres quarres" [81]. *Gosset* (unter dem Pseudonym Student) und *Fisher* entwickelten statistische Testverfahren zur Signifikanzprüfung der Einflußgrößen (t- und F-Verteilung). Von 1939 bis 1948 entwickelten *Kantorovich*, *Dantzig* u.a. die lineare Optimierung, die weiteres wichtiges Gedankengut für die schrittweise Regression lieferte. Diese wurde 1960 etwa gleichzeitig und unabhängig in den USA von *Efroymson*, *Tukey*, *Schricker* und *Blanding* [26] sowie in Deutschland von *Matt* [99] entwickelt (interne Berichte ([53] und [55]) wurden 1960 und 1962 beim Hüttenwerk Rheinhausen veröffentlicht). Bei der *Matt*schen Variante wird auf die Korrelationsmatrix verzichtet. Dadurch entfallen die aufwendigen Wurzelberechnungen und Koeffizientenumrechnungen, außerdem wird die Konstante nicht *zwangsweise* in die Regressionsgleichung übernommen, auch wenn sie nicht signifikant ist[2]. Insgesamt wird dadurch auch die Gefahr der Rundungsfehler verringert. *Shannon* schuf 1944 die Informationstheorie und *Wiener* gab ihr eine kybernetische Deutung [174]. *Brown* ([13], [14]) und *Holt* [52] entwickelten von 1956 bis 1963 die Methode des Exponential Smoothing als pragmatisches Prognoseverfahren. 1961 zeigte *D'Esopo* [23], daß die *Brown*sche einparametrige Version einer exponentiell gewichteten Ausgleichsrechnung (Regression) entspricht, dagegen erzeugt das mehrparametrige *Holt*sche Verfahren ein unabgestimmtes willkürliches exponentielles Glätten von Konstante und Trend. Da das *Brown*sche Verfahren zweiter Ordnung (Trendmodell) auf das *Holt*-Modell zurückgeführt werden kann, liefert das *Holt*-Modell bei einer Vollsimulation zwar bessere ex post-Prognosen, da es einen Parameter mehr für die Optimierung verfügbar hat, aber kaum bes-

---

1   Abbildung 7 zeigt die Entwicklung der Prognoserechnung bei saisonbeeinflußten Zeitreihen von 1957 bis 1982. *Hocking* [51] beschreibt die angloamerikanischen Beiträge zur Regressionsrechnung von 1959 bis 1982.

2   Erstaunlicherweise haben *Makridakis/Wheelwright* bisher [95, 5. amerik. Aufl. 1989/S. 190] nicht gelernt, eine nichtsignifikante Konstante korrekt aus der vollen Regressionsgleichung zu eliminieren, denn sie ersetzen die berechnete Konstante von 19,1 einfach durch Null ([97, 1. Aufl. 1978/S. 186], [95/S. 134]). Dadurch erhalten sie die stark verzerrte "forecasting equation as $Y = 35,7X_1 + 10,9X_2$" statt der korrekten Gleichung $Y = 38,93X_1 + 10,82X_2$. Die Standardabweichung liegt deshalb bei 46,15 statt bei 39,87.

sere ex ante-Prognosen (vgl. [140/S. 226] und Tabelle 6). Während in England und in den USA die Entwicklung in pragmatischer Richtung weiterging, z. B. [9], [45] und [179], indem man versuchte, über willkürliche Glättungsparameter und deren Simulation unter Verzicht auf eine statistische Validierung zu guten Prognosen zu kommen, wurde in Deutschland angestrebt, auf der *Gauß*schen Basis eine statistische Absicherung der Verfahren zu erreichen. *Matt* ([101], [100]) gelang 1963 durch eine informationstheoretische Deutung der Einbau des exponentiellen Gewichtens in die statistische Testtheorie. Damit wurde nachgewiesen, daß für Vergangenheit und Gegenwart die Schätzungen der Modellkoeffizienten erwartungstreu und wirksam sind.

Die adaptive Einflußgrößenkombination basiert auf folgenden wesentlichen Grundforderungen an statistisch gesicherte Prognosen ([101], [104], [106]):

1. Logische und ökonomische Interpretierbarkeit des Prognosemodells
   Gauß an *Gerling* (2.4.1840): "Sachkenntnis kann bei der Anwendung der MdklQ (Methode der kleinsten Quadrate: G.M.) niemals erlassen werden." Statistische Gesetzmäßigkeiten sind nur dann auf die Zukunft übertragbar, wenn Abweichungen vom Prognosemodell *zufällig* auftreten. Gegen diesen Grundsatz wird z. B. verstoßen, wenn *Eufinger* [29/S. 120] trotz der Feststellung "Da jedoch bisher im Bereich der Sparkasse noch keine quadratische Bestandsentwicklung festgestellt wurde" einen quadratischen Trend in sein MURA-Modell aufnimmt oder wenn *Ellinger/Asmussen/Schirmer* [27/S. 29 f.] schreiben "-Trendeinfluß: Da sich die Verbrauchsgewohnheiten der Konsumenten ändern, muß das Prognoseverfahren in der Lage sein, steigende und fallende Trends sowie nicht-lineare Entwicklungen zu erkennen und zu berücksichtigen" und dann nur einen linearen Trend in ihr Prognosemodell aufnehmen. Zu warnen ist vor dem Weglassen des konstanten Gliedes beim Regressionsansatz, denn vielfach übernimmt die Konstante die Stellvertreterfunktion für nicht oder nur unzureichend erfaßte Einflußgrößen. Außerdem sind die Schätzungen der Zielgröße nicht erwartungstreu, wenn die Konstante statistisch gesichert (signifikant) von Null abweicht. *Linder* [89/S. 234] behandelt ein Beispiel der Arbeitsbewertung, wobei die Löhne anhand der Anforderungen nach vier Merkmalen ermittelt werden sollen. "Im Ansatz (1) fehlt das konstante Glied, weil anzunehmen ist, daß der Lohn Null sein müßte, wenn alle Punktzahlen gleich Null wären." Bei *Linder* ergab sich eine Standardabweichung von 42,1, dagegen lag beim Ansatz mit Konstante die Standardabweichung bei 25,1, wobei die Konstante die wichtigste Einflußgröße (höchster t-Wert) war [99/S. 263].

Vielfach wird übersehen, daß bei vielen Zeitreihen der lineare Zeittrend eine der wichtigsten Einflußgrößen ist. *Woitschach* [181/S. 59] bringt einen Regressionsansatz mit einer konstanten und vier weiteren Einflußgrößen, dabei war kein linearer Trend im Ansatz, obwohl der Zielgröße ein deutlicher Zeiteinfluß anzusehen war. Beim vollen Modell ergab sich eine Standardabweichung von 9,85. Bei einem Ansatz, bei dem zusätzlich ein linearer Trend aufgenommen war, ergab sich mit Hilfe der schrittweisen Regression eine Standardabweichung von 1,35. Dabei waren Konstante, linearer Trend und eine weitere Einflußgröße, die beim ersten Modell nicht signifikant war, in der Regressionsgleichung. Sogar die Regressionsgleichung mit Konstanter und mit linearem Trend ergab eine wesentlich kleinere Standardabweichung (2,56) als das ursprüngliche volle Modell.

2. Erwartungstreue Prognosen ([101] und Kapitel 8 in diesem Buch)
   Bei nicht erwartungstreuen Prognosen ist eine Fehlerabschätzung praktisch unmöglich. *Lewandowski* [87/S. 348] verwendet bei seinen PROCOM- und OPS-Modellen die *Brown*sche Transformation, die nur bei *konstantem* A erwartungstreu ist, für seine Anpassung des Glättungsparameters A. Dadurch fällt bei ihm [83/S. 232] in Periode 12 der lineare Trend von 11,21 auf 8,24 und der quadratische Trend von 1,18 auf 0,5, obwohl die Prognose in dieser Periode zu niedrig war. Ähnliche Fehler findet man in der Literatur wiederholt, z. B. bei *Chow* [18/S. 314], *Hansmann* [44/S. 42] und *Rosentreter* [140/S. 205].

3. Wirksame (effiziente) Prognosen ([78/S. 170], [106/S. 486])
   Die Summe der gewichteten Abweichungsquadrate soll ein Minimum werden. Diese Forderung wird von den meisten Prognoseverfahren nicht erfüllt, z. B. von HOREST und *Winters* in Abbildung 2.

4. Logische Interpretierbarkeit der Gewichtung von Beobachtungen ([101], [106])
   So läßt sich eine wesentlich niedrigere Gewichtung jüngerer gegenüber weiter zurückliegenden Beobachtungen, wie sie bei freier Wahl der Glättungsparameter in den Modellen mit mehreren Glättungsparametern, z. B. *Box-Jenkins* [9], *Holt* [52], HOREST [155] und *Winters* [179], zustande kommen kann, logisch nicht rechtfertigen. Noch bedenklicher ist es, wenn Autoren Ausgleichsparameter von 1 bis 2 zulassen ([11], [37]), da dabei auch jüngere Vergangenheitswerte *negative* Gewichte bekommen. Es gibt kaum kontroversere Empfehlungen in der Literatur als die zum Ausgleichsparameter A. Von 77 untersuchten Empfehlungen übernehmen nur fünf den Vorschlag von *Brown* [14/S. 106] 0,01 bis 0,3, was einem Freiheitsgrad von 3 bis 99 entspricht bzw. einem Korrekturfaktor (rA) von 0,01 bis 0,9, mit dem die neueste Prognoseabweichung multipliziert und der alten Prognose zugeschlagen wird. r gibt die Ordnung des ES-Verfahrens an. 31 Empfehlungen liegen bei 0,1 bis 0,3, was einem Freiheitsgrad von 3 bis 10 entspricht und entschieden zu wenig ist, wenn die Prognose z. B. auf Tages- oder Wochendaten basiert. Die niedrigste Empfehlung liegt bei 0,01 bis 0,1 [3/S. 19] und die höchste bei >0,3 [130/S. 138]. Erstaunlich ist, welch hohe A-Werte in Gebrauch sind, sie liegen vielfach weit außerhalb der eigenen Empfehlungen: z. B. $A = 1{,}2$; $r = 2$ bei [1/S. 160], $A = 0{,}8$; $r = 3$ bei [92/S. 94], $A = 0{,}6$; $r = 3$ bei [64/S. 53] und [88/S. 174]. Weitere hohe rA-Werte befinden sich bei [1/S. 118 f.], [2/S. 350], [44/S. 42], [76/S. 44], [82/S. 123] und [171/S. 216]. Nur bei drei Fällen handelt es sich um Jahresdaten, meist sind es Monatsdaten. Erfreulicherweise gibt es auch einige Fälle, bei denen sehr niedrige optimale A-Werte gezeigt werden. Beim AEK-Konsumgüter-Prognosemodell liegt A bei 0,001 für die Tagesdaten (siehe Abschnitt 9.4). *Meier* [114/S. 95 ff.] verwendet $A = 0{,}005$ bei Tages- und Wochendaten. Weitere A-Werte unter 0,04 finden sich bei [8/S. 131 und 192], [82/S. 113], [1/S. 165] und [43/S. 239]. Bedenklich erscheint es, wenn Autoren, z. B. [15/S. 57], eine logisch interpretierbare Gewichtung weitgehend ablehnen, denn logisch ist wohl kaum widerlegbar, daß jüngere Beobachtungen für Prognosen einen höheren Informationswert haben als ältere. Schon bei *Gauß* [38/S. 65] findet man "plausible Gewichte".

5. Statistisch gesicherte Koeffizienten und Standardabweichungen ([101] und Kapitel 8)
Die Prognosekoeffizienten a_i sollten mit mindestens 50 % Wahrscheinlichkeit zwischen Null und $2a_i$ liegen, bevor sie in die Prognosegleichung aufgenommen werden; andernfalls sprechen über 50 % Wahrscheinlichkeit dafür, daß sie nur durch Zufall ins Prognosemodell gekommen sind (siehe Abbildung 4). Bei der Standardabweichung ist darauf zu achten, daß die Zahl der verbliebenen Freiheitsgrade größer Eins ist, sonst basiert die Ermittlung der Standardabweichung auf weniger als einer freien Beobachtung. Erfreulicherweise verlangt *Späth* [158/S. 152] *neuerdings* wenigstens einen Freiheitsgrad größer Null für seine Cluster bei der "Klassenweisen Regression" ("$n < m_l$"). *Woitschach* [181/S. 59] erstellt eine Regressionsgleichung, bei der bei zwei Koeffizienten nur 38 % Wahrscheinlichkeit dafür sprechen, daß sie zwischen Null und $2a_i$ liegen. Entfernt man diese beiden Einflußgrößen aus der Gleichung, dann reduziert sich die Standardabweichung von 9,85 auf 7,83. Allgemein kann gesagt werden, daß sich bei t-Werten kleiner Eins die Standardabweichung vergrößert [99/S. 260].

Schlittgen [146/S. 394] untersucht die "Abhängigkeit des Netto- vom Bruttoeinkommen für Abteilungsleiter in verschiedenen Städten. Um die Berechnungen nachvollziehbar zu machen, reduzieren wir den Datensatz." D. h., er wählt aus der Grundgesamtheit von 47 Elementen zehn als Stichprobe aus. Dadurch, daß *Schlittgen* nichtsignifikante konstante Glieder in seine Regressionsgleichungen aufnimmt, bekommt er wesentlich verschiedene Gleichungen für die Stichprobe und die Grundgesamtheit: $\hat{y} = -5,99 + 0,784x$ (Stichprobe), $\hat{y} = 2,78 + 0,646x$ (Grundgesamtheit). Ohne Konstante ergibt sich für die Stichprobe $\hat{y} = 0,694x$. Kaum anders dürfte die Gleichung der Grundgesamtheit aussehen. Leider fehlen zu ihrer Berechnung die aufbereiteten Daten.

Bei der adaptiven Einflußgrößenkombination spart die exponentielle Gewichtung der Abweichquadrate Rechenzeit und Speicheraufwand gegenüber gleitenden Zeiträumen bei der Datenfortschreibung und gewährleistet, daß alte Beobachtungen einen kleineren Informationswert bekommen als neue. Die schrittweise Regressionsanalyse erlaubt einen flexiblen Prognosemodellansatz, da nur statistisch gesicherte Einflußgrößen in das Prognosemodell aufgenommen werden. Außerdem ergibt sich gegenüber der normalen Regressionsanalyse eine erhebliche Einsparung an Rechenschritten, da das gesamte Gleichungssystem nur soweit aufgelöst werden muß, wie signifikante Einflußgrößen vorhanden sind. Weiter entfällt die nachträgliche, rechenaufwendige Elimination nichtsignifikanter Einflußgrößen, und die Gefahr, durch Rundungsfehler zu falschen Schätzungen zu kommen, wird wesentlich kleiner. Durch diese Vorteile ist die praktische Verwendbarkeit der adaptiven Einflußgrößenkombination auch bei Massendaten gewährleistet.

Gegenüber Exponential Smoothing hat AEK den Vorteil, daß keine Anfangsschätzungen für die Koeffizienten benötigt werden, denn AEK setzt nicht "unendlich" viele Beobachtungen voraus, sondern arbeitet immer nur mit den vorhandenen. Bedauerlicherweise ist kaum bekannt, daß schlechte Anfangsschätzungen bei ES zweiter Ordnung und $A = 0,1$ z. B. verheerende Folgen haben können, die dann oft dem Modell angelastet werden [83/S. 55 ff.]. Wahrscheinlich hat *Brown* die Unsitte begründet, bei ES zweiter Ordnung die Anfangsschätzung Trend = 0 zu wählen [13/S. 111]. "As for the trend, it is frequently practical to assume that it is zero, and let the system compute its own trend." Leider wurde die Unsitte auch noch auf ES dritter Ordnung übertragen. Dort wird zusätzlich noch die Anfangsschätzung quadratischer Trend = 0 gemacht. Da der quadratische Trend mit $A^3/2$ fortgeschrieben wird, kann man sich leicht ausrechnen, wie lange es dauert, bis die Trends ihre richtigen Werte erreichen. Besonders bei kleinen A-Werten kann es Jahre dauern. Kein Wunder, daß ES dritter Ordnung in der Praxis dadurch nicht Fuß fassen konnte, obwohl es bei bestimmten Zeitreihen gute Prognosen liefert (siehe Tabelle 6). Um zu zeigen, wie verbreitet die Unsitte sowohl bei der Prognoserechnung als auch bei der Materialwirtschaft inklusive Lagerbewirtschaftung ist, werden einige Beispiele angeführt: [2/S. 349 f.], [36/S. 51], [76/S. 44], [83/S. 55 und 62], [88/S. 171 und 174], [95/S. 72], [97/S. 122 f.], [115/S. 116], [161/S. 47 ff.], [171/S. 209 und 214], [175/S. 7], [185/S. 73].

Nach einer kurzen Darstellung des Verfahrens der adaptiven Einflußgrößenkombination (AEK) wird ein Vergleich mit anderen Verfahren der kurzfristigen Vorhersage durchgeführt. Der erste Vergleich bezieht sich auf Prognoseverfahren, die in Standardprogrammen der DV-Hersteller eingebaut sind. Im zweiten Vergleich werden AEK-Vorhersagen Disponentenprognosen gegenübergestellt. Dann wird AEK mit verschiedenen anderen Prognoseverfahren verglichen, um Aussagen über die Leistungsfähigkeit (Prognosegüte und Rechenzeiten) zu gewinnen. Zum Schluß werden Anwendungen und Anwendungsmöglichkeiten in der Praxis aufgezeigt.

9.2 Beschreibung des Verfahrens der adaptiven Einflußgrößenkombination

Für das Auflösen eines Regressionsansatzes bieten sich mehrere Möglichkeiten an: Einmal kann man, ausgehend von einem Ansatz nullter Ordnung, das Gleichungssystem um die Einflußgrößen erweitern, die die Standardabweichung zwischen den berechneten und den beobachteten Werten der Zielgröße am stärksten verringern (aufbauende Regression). Der Nachteil liegt in der Gefahr eines zu frühen Abbrechens des Ansatzes, falls durch starke Korrelation von Einflußgrößen die geforderte statistische Sicherheit bei einzelnen Koeffizienten nicht erreicht wird, sondern nur bei mehreren gleichzeitig. Bei der umgekehrten Variante (abbauende Regression) [177][3] werden zuerst alle Koeffizienten des Modellansatzes berechnet, dann wird Schritt für Schritt jeweils die Einflußgröße eliminiert, welche den geringsten Beitrag zur Verringerung des Fehlerkriteriums erbringt; hierbei besteht die Gefahr, daß eliminierte Einflußgrößen später wieder signifikant, aber nicht mehr berücksichtigt werden. Dem Nachteil des größeren Rechenaufwands und der Anfälligkeit gegen Rundungsfehler steht der Vorteil gegenüber, daß auf diese Weise die Gefahr eines fälschlichen Abbrechens der Rechnung etwas verringert wird. Die sichere Methode, den Ansatz mit allen signifikanten Einflußgrößen zu finden, ist das Durchrechnen aller möglichen Ansätze jeder Ordnung q. Da es bei n Einflußgrößen jedoch $\binom{n}{q}$ Ansätze q-ter Ordnung, insgesamt also 2^n mögliche Ansätze gibt, kann man diese Vorgehensweise nur bei kleinem n anwenden. *Späth* [158/S. 150] bekam bei $n=15$ und $q=6$ eine Rechenzeit von 16513 sec. auf einem IBM PC/AT02. Praktisch die gleiche Sicherheit erreicht man, wenn dann, wenn keine einzelne Einflußgröße mehr signifikant ist, zwei Einflußgrößen simultan untersucht werden. Hierbei sind zwei Fälle relevant:

1. Zwei Einflußgrößen sind nur gemeinsam signifikant.

---

[3] Sie geht wahrscheinlich auf *Schultz* zurück und wurde von *Fisher* veröffentlicht [35/S. 165 f.].

2. Eine weniger signifikante Einflußgröße wird durch eine höher signifikante ersetzt [177].

Beide Fälle können mit der gleichen Rechenroutine behandelt werden. Von den 2^n möglichen Kombinationen der n Einflußgrößen können nur $\sum_{i=0}^{r} \binom{n}{i}$ Fälle auftreten, wenn r Einflußgrößen statistisch gesichert sind. Davon werden $\sum_{i=0}^{r_1+1} \binom{n}{i}$ mögliche Fälle durch die normale aufbauende Methode untersucht (r_1 = Anzahl der Einflußgrößen, die entweder durch einfache oder mehrfache Korrelation mit den anderen ($r_1 - 1$) Einflußgrößen statistisch gesichert sind). Durch die genannten Maßnahmen werden noch $\sum_{i=2}^{r_2+2} \binom{n}{r_1+i}$ weitere Fälle untersucht, die durch einfache Doppelkorrelation oder mehrfache Korrelation mit den übrigen r_1 Einflußgrößen auftreten. Bei logisch interpretierbarem Modellaufbau können so alle praxisrelevanten Fälle abgedeckt werden. Die von *Fahrmeir*, *Kaufmann* und *Kredler* ([30], [74]) vorgeschlagene Methode zur Verbesserung der abbauenden Variante führt dagegen zu einem vielfachen Rechenaufwand, ohne die gewünschte theoretische Sicherheit zu gewährleisten.

Die folgende Darstellung der adaptiven Einflußgrößenkombination (vgl. auch [99]) unterscheidet sich von den Beschreibungen der schrittweisen Regressionsanalyse dadurch, daß zurückliegende Abweichquadrate mit exponentiell abnehmenden Gewichten (entsprechend dem Vorgehen beim Exponential Smoothing) versehen sind[4]. Das bedeutet, daß der Informationswert der Beobachtungen exponentiell mit der Zeit abnimmt (entspricht dem Vergessen; vgl. auch [101]).

Den Ausgangspunkt bildet die Beziehung

$$\hat{Y}_t = \sum_{i=0}^{n} b_i\, x_{it} \tag{1}$$

mit

x_{it} = (Funktionen der) Einflußgrößen auf die Zielgröße Y zum Zeitpunkt t; meist wird $x_{0t} = 1$ gesetzt, um eine Konstante (b_0) in den Regressionsansatz aufzunehmen.
b_i = Koeffizienten der Einflußgrößen
$\hat{Y}_t$ = Schätzung für den Erwartungswert der Zielgröße Y zum Zeitpunkt t

Die x_{it} können Funktionen von Einflußgrößen sein, z. B. $x_{1t} = t^2$. Für die zurückliegenden Perioden $t, t-1, \ldots, 0$ sind Beobachtungen $y_t, y_{t-1}, \ldots, y_0$ der Zielgröße Y vorhanden. Die Abweichquadrate der Periode v ($0 \leq v \leq t$) werden mit $(1-A)^{t-v}$ gewichtet. Ziel der Regressionsrechnung ist die Minimierung der Summe der gewichteten quadratischen Abweichungen zwischen den beobachteten (y_v) und den berechneten Werten ($\hat{Y}_v$) der Zielgröße:

---

[4] Allgemein können bei AEK auch andere adaptive Gewichte angewendet werden, z. B. lineare $p_v = \dfrac{a+vb}{a+tb}$ oder polynomiale $p_v = \dfrac{a+bv+cv^2+\cdots+hv^m}{a+bt+ct^2+\cdots+ht^m}$.

$$F = \sum_{v=0}^{t}(y_v - \hat{Y}_v)^2 (1-A)^{t-v} = \sum_{v=0}^{t}\left(y_v - \sum_{i=0}^{n}b_i x_{iv}\right)^2 (1-A)^{t-v} = \text{Min!} \qquad (2)$$

Dieses Ziel wird durch das *schrittweise* Optimieren des linearen Gleichungssystems (4) erreicht. 1960 wurde dann die schrittweise Optimierung auch bei der linearen Optimierung angewendet [54], dort ist sie heute als "largest-increase rule" oder "greatest change"-Version [123/S. 113] bekannt. Sie erreicht meist mit wesentlich weniger Iterationen das Optimum als die meist gebrauchte "largest-coefficient rule".

Durch partielles Differenzieren von (2) nach den Koeffizienten b_i und Nullsetzen der Ableitungen, z. B.

$$\frac{\partial F}{\partial b_0} = -2\sum_{v=0}^{t}(y_v - b_0 x_{0v} - b_1 x_{1v} - \ldots - b_n x_{nv})(1-A)^{t-v} x_{0v} = 0$$

oder in anderer Schreibweise

$$b_0 \sum_{v=0}^{t}(1-A)^{t-v} x_{0v}^2 + b_1 \sum_{v=0}^{t}(1-A)^{t-v} x_{0v} x_{1v} + \ldots + b_n \sum_{v=0}^{t}(1-A)^{t-v} x_{0v} x_{nv} =$$
$$= \sum_{v=0}^{t}(1-A)^{t-v} y_v x_{0v}$$

erhält man $n+1$ lineare Gleichungen für die Koeffizienten b_i (3). Eine $(n+2)$-te lineare Gleichung für die Koeffizienten b_i ergibt sich durch Einsetzen der Gleichungen (3) in die Gleichung (2); nach einer etwas mühseligen Rechnung erhält man als $(n+2)$-dimensionales Gleichungssystem für die Koeffizienten b_i und F:

$$b_0 \sum_{v=0}^{t}(1-A)^{t-v} x_{0v}^2 + \ldots + b_n \sum_{v=0}^{t}(1-A)^{t-v} x_{0v} x_{nv} = \sum_{v=0}^{t}(1-A)^{t-v} y_v x_{0v}$$

$$b_0 \sum_{v=0}^{t}(1-A)^{t-v} x_{0v} x_{1v} + \ldots + b_n \sum_{v=0}^{t}(1-A)^{t-v} x_{1v} x_{nv} = \sum_{v=0}^{t}(1-A)^{t-v} y_v x_{1v} \qquad (3)$$

$$\vdots \qquad \qquad \vdots$$

$$b_0 \sum_{v=0}^{t}(1-A)^{t-v} x_{0v} x_{nv} + \ldots + b_n \sum_{v=0}^{t}(1-A)^{t-v} x_{nv}^2 = \sum_{v=0}^{t}(1-A)^{t-v} y_v x_{nv} \qquad (4)$$

$$b_0 \sum_{v=0}^{t}(1-A)^{t-v} x_{0v} y_v + \ldots + b_n \sum_{v=0}^{t}(1-A)^{t-v} x_{nv} y_v + F = \sum_{v=0}^{t}(1-A)^{t-v} y_v^2$$

Zur besseren Übersicht werden die Abkürzungen

$$\sum_{v=0}^{t}(1-A)^{t-v} x_{iv} x_{jv} = a_{i,j} \qquad (i,j = 0,\ldots,n)$$

$$\sum_{v=0}^{t}(1-A)^{t-v} x_{iv} y_v = a_{i,n+1} \qquad (i = 0,\ldots,n)$$

$$\sum_{v=0}^{t}(1-A)^{t-v} y_v x_{iv} = a_{n+1,i} \qquad (i = 0,\ldots,n)$$

$$\sum_{v=0}^{t}(1-A)^{t-v} y_v^2 = a_{n+1,n+1}$$

eingeführt. Mit diesen Abkürzungen vereinfacht sich (4) zu:

$$\begin{aligned}
a_{0,0}b_0 &+ a_{0,1}b_1 &+\ldots+ a_{0,n}b_n & &= a_{0,n+1} \\
a_{1,0}b_0 &+ a_{1,1}b_1 &+\ldots+ a_{1,n}b_n & &= a_{1,n+1} \\
\vdots & & \vdots & & \vdots \\
a_{n,0}b_0 &+ a_{n,1}b_1 &+\ldots+ a_{n,n}b_n & &= a_{n,n+1} \\
a_{n+1,0}b_0 &+ a_{n+1,1}b_1 &+\ldots+ a_{n+1,n}b_n &+ F &= a_{n+1,n+1}
\end{aligned} \quad (5)$$

Da die Matrix $\{a_{i,j}\}$ des Gleichungssystems (5) symmetrisch ist, benötigt man nur die obere Dreiecksmatrix. Die Auflösung erfolgt nach einem leicht modifizierten *Gauß-Jordan*-Algorithmus, dabei bleibt die Matrix immer symmetrisch.

$$\begin{matrix}
a_{0,0} & \cdot & \cdot & \cdot & \cdot & a_{0,n+1} \\
 & a_{1,1} & \cdot & \cdot & \cdot & a_{1,n+1} \\
 & & \cdot & & & \cdot \\
 & & & \cdot & & \cdot \\
 & & & & a_{n,n} & a_{n,n+1} \\
 & & & & & a_{n+1,n+1}
\end{matrix} \quad (6)$$

Als *Pivot*element wird in jedem Iterationsschritt das Diagonalglied gesucht, das F (die Summe der gewichteten quadratischen Abweichungen zwischen den Beobachtungen und der Zielgröße) am stärksten verringert; für den Iterationsschritt (1) gilt:

$$F^{(1)} = a^{(1)}_{n+1,n+1} = a_{n+1,n+1} - \frac{a_{n+1,i}\, a_{i,n+1}}{a_{i,i}} = \text{Min!}$$

bzw. $\quad\dfrac{a_{n+1,i}\, a_{i,n+1}}{a_{i,i}} = \text{Max!}$

Außerdem muß für die Signifikanzprüfung der Einflußgrößen beim ersten Schritt gelten:

$$t_{IN}^2 \leq t_i^2 = \frac{a_{i,n+1}^2 \left[\sum_{v=0}^{t}(1-A)^{t-v}(1-\frac{1}{t+1})\right]}{a_{i,i}\, a_{n+1,n+1} - a_{i,n+1}^2} \quad (7)$$

Dabei ist t_{IN}[5] ein Maß für die geforderte statistische Sicherheit für die Aufnahme der Einflußgrößen (zum Beweis, daß die rechte Seite von (7) *Student*-verteilt [48] ist und die statistische Sicherheit der Koeffizienten mit Hilfe der *Student*-Verteilungen geschätzt werden kann, vgl. [101/S. 27 ff.]).

Weiter gelten folgende Rechenvorschriften:

$$a^{(1)}_{i,i} = \frac{-1}{a_{i,i}};\quad a^{(1)}_{i,j} = \frac{a_{i,j}}{a_{i,i}};\quad a^{(1)}_{j,i} = \frac{a_{j,i}}{a_{i,i}} \quad (j = 0,\ldots,n+1)$$

Alle übrigen Matrixelemente der Entwicklung (1) berechnen sich durch:

---

5   Nicht zu verwechseln mit der Zeit, für die hier ebenfalls der Buchstabe *t* verwendet wird!

$$a_{j,k}^{(1)} = a_{j,k} - \frac{a_{i,k}}{a_{i,i}} a_{j,i} \qquad (j,k \neq i;\ j,k = 0,\ldots,n+1)$$

Bei dieser Rechnung entwickelt sich in der *Pivot*spalte bzw. -zeile die negative inverse Matrix. Einflußgrößen, die in die Regressionsgleichung aufgenommen wurden, werden am negativen Diagonalglied $a_{i,i}^{(r)}$ erkannt. Zur besseren Unterscheidung wird $c_{i,i}^r = -a_{i,i}^r$ gesetzt.

Nach diesem ersten Schritt erhält man folgende Regressionsgleichung:

$$\hat{Y}^{(1)} = a_{i,n+1}^{(1)} x_i = b_i^{(1)} x_i$$

Die Standardabweichung von $\hat{Y}$ ergibt sich zu:

$$\sigma_{\hat{Y}}^{(1)} = \sqrt{\frac{a_{n+1,n+1}^{(1)}}{\sum_{v=0}^{t}(1-A)^{t-v}(1-\frac{1}{t+1})}} \qquad (8)$$

Zur Berechnung der Standardabweichung des Koeffizienten $a_{i,n+1}^{(1)}$ wird die inverse Matrix von (6) benutzt, die Standardabweichung ergibt sich zu:

$$\sigma_{b_i}^{(1)} = \sqrt{c_{i,i}^{(1)}}\ \sigma_{\hat{Y}}^{(1)} \qquad (9)$$

Zur Ermittlung der statistischen Sicherheit des Koeffizienten $a_{i,n+1}^{(1)}$ bildet man:

$$t_i^{(1)} = \frac{|a_{i,n+1}^{(1)}|}{\sigma_{b_i}^{(1)}} \qquad (10)$$

Analog geht die Entwicklung schrittweise weiter. Nach dem *r*-ten Iterationsschritt ergeben sich folgende Gleichungen:

$$\hat{Y}^{(r)} = \sum_{j=1}^{r} a_{i_j,n+1}^{(r)} x_{i_j}$$

$$\sigma_{\hat{Y}}^{(r)} = \sqrt{\frac{a_{n+1,n+1}^{(r)}}{\sum_{v=0}^{t}(1-A)^{t-v}(1-\frac{r}{t+1})}} \qquad (8a)$$

$$\sigma_{b_{i_j}}^{(r)} = \sqrt{c_{i_j,i_j}^{(r)}}\ \sigma_{\hat{Y}}^{(r)} \qquad (9a)$$

$$t_{i_j}^{(r)} = \frac{|a_{i_j,n+1}^{(r)}|}{\sigma_{b_{i_j}}^{(r)}} \qquad (10a)$$

Die Rechnung ist beendet, wenn für alle noch nicht in die Gleichung aufgenommenen Einflußgrößen gilt:

$$t_{IN}^2 > \frac{(a_{i,n+1}^{(r)})^2 \left[\sum_{v=0}^{t}(1-A)^{t-v}(1-\frac{r+1}{t+1})\right]}{a_{i,i}^{(r)} a_{n+1,n+1}^{(r)} - (a_{i,n+1}^{(r)})^2}$$

Weiter muß für alle in die Gleichung aufgenommenen Einflußgrößen gelten:

$$t_{OUT}^2 \leq \frac{(a_{i,n+1}^{(r)})^2 \left[\sum_{v=0}^{t}(1-A)^{t-v}(1-\frac{r}{t+1})\right]}{c_{i,i}^{(r)} \, a_{n+1,n+1}^{(r)}}$$

Dabei ist t_{OUT} der vorgegebene t-Wert für die Elimination einer Einflußgröße aus der Prognosegleichung (t_{OUT} muß < t_{IN} gewählt werden, da sonst eine ewige Schleife entstehen kann). Falls sich für ein beliebiges i bei negativem Diagonalglied

$$t_i^{(r)} < t_{OUT}$$

ergibt, muß dieser Koeffizient durch Rückentwicklung der Matrix (6) nach dem $a_{i,i}^{(r)}$-Glied mit den Rechenvorschriften

$$a_{i,i}^{(r-1)} = \frac{-1}{a_{i,i}^{(r)}}; \; a_{i,j}^{(r-1)} = -\frac{a_{i,j}^{(r)}}{a_{i,i}^{(r)}}; \; a_{j,i}^{(r-1)} = -\frac{a_{j,i}^{(r)}}{a_{i,i}^{(r)}};$$

$$a_{j,k}^{(r-1)} = a_{j,k}^{(r)} - \frac{a_{i,k}^{(r)} a_{j,i}^{(r)}}{a_{i,i}^{(r)}} \quad (j,k \neq i)$$

wieder aus der Gleichung eliminiert werden (hier wird die negative inverse Matrix benötigt). Die Rechnung ist beendet, wenn keine zusätzliche Einflußgröße mit genügender statistischer Sicherheit mehr gefunden wird und alle Einflußgrößen in der Regressionsgleichung die geforderte statistische Sicherheit $t_i^{(r)} \geq t_{OUT}$ besitzen.

Folgende Modellansätze können als allgemeine Modelle zur Nachfrageprognose angesehen werden:

1. Modell mit linearem und quadratischem Trend ohne Saisoneinfluß

$$\hat{Y}_t = b_0 + b_1 t + b_2 t^2 \qquad \text{(AEKTM)}$$

Dieses in [104] beschriebene Testmodell ist vielfach untersucht worden (vgl. auch Abschnitt 9.3.2). Leider wurde dabei nie die orthogonale Variante verwendet, die eine um ca. 70 % geringere Rechenzeit aufweist. Der Modellansatz sollte nur für kurzfristige Prognosen (< 6 Perioden) Anwendung finden, da der quadratische Trend nur als Ersatzfunktion für lineare Trendänderungen und Saisonverhalten dient und nicht beliebig extrapolierbar ist.

2. Orthogonales Saisonmodell mit linearem Trend und Anlauf-/Auslaufeinfluß

$$\hat{Y}_t = \bar{y} + s_i + b_1(t_i - \bar{t}_i) + b_2\left(\frac{1}{5+t_i} - \overline{\frac{1}{5+t_i}}\right)$$

Man erhält bis auf die Koeffizienten b_1 und b_2 eine orthogonale Lösungsmatrix, die ohne Matrixinversion gelöst werden kann (vgl. auch Abschnitt 9.4); auf diese Weise können die Koeffizienten schnell ermittelt und auf statistische Sicherheit geprüft werden.

Zu einem Prognosemodell, das Ansätze der linearen Filtertheorie und der Spektralanalyse weitgehend abdeckt, vgl. [106/S. 490 f.]; weitere Modellansätze sind in den folgenden Abschnitten dargestellt.

9.3 Vergleich der adaptiven Einflußgrößenkombination mit anderen Vorhersageverfahren

In diesem Abschnitt werden vor allem Ergebnisse quantitativer Vergleiche anderer Verfahren mit AEK dargestellt (weitere - qualitativ orientierte - Vergleiche findet der Leser in Kapitel 20 dieses Buches). Zur generellen Vergleichbarkeit werden weitgehend die naiven Prognosen $NP1_{t+1} = y_t$ und $NP2_{t+1} = y_{t+1-s}$ (s = Saisonlänge) herangezogen.

Es sind zahlreiche Lagerbewirtschaftungs- und Prognoseprogramme auf dem Markt bzw. in der Anwendung. In diesen Programmen enthaltene Prognosemethoden wurden untersucht und mit dem Verfahren der adaptiven Einflußgrößenkombination verglichen. In den hier untersuchten Fällen reduzierten sich die Prognosefehler nach dem neuen Verfahren sehr stark (20 bis 80 %). Nahezu alle Modelle basieren entweder auf einem pragmatischen Prognoseverfahren, das *Winters* [179] (vgl. Abschnitt 3.3) veröffentlichte und das auf einen Ansatz von *Holt* [52] zurückgeht, oder auf dem *Brown*schen Verfahren der exponentiellen Glättung zweiter Ordnung kombiniert mit multiplikativen Saisonfaktoren. Eine Ausnahme machten lediglich die zwei IBM-Systeme MINCOS [58] (hier war als Prognoseansatz nur das Exponential Smoothing erster Ordnung vorhanden) und Retail IMPACT [61] (es enthält das speicher- und rechenzeitaufwendige Prognosemodell Adaptive Smoothing mit trigonometrischen Funktionen für die Saisoneinflüsse). Da mehrfach nachgewiesen wurde, z. B. [140], daß die beiden Verfahren (*Winters* und *Brown*) bezüglich der Prognosegüte gleichwertig sind, wird in unserem ersten Vergleich nur das Verfahren von *Winters* berücksichtigt. Siemens ([155], [156]) verwendete außer dem Verfahren von *Winters* noch das Verfahren HOREST (Handelsorientiertes Einkaufsdispositions-System mit Trendberücksichtigung). *Burbulla* [16] hat auf die systematischen Fehler von HOREST hingewiesen (vgl. hierzu auch [140], [170]). Siemens selbst [155/S. 7] empfahl für größere DV-Anlagen das Programm SAVOY, das auf dem *Winters*-Verfahren basiert; deshalb beziehen wir hier HOREST nur in einem Fall in den Vergleich ein (Abbildung 2). Die der AEK gegenübergestellten multiplikativen Vorhersageverfahren sind in den folgenden Standardprogrammen enthalten, siehe auch [49/S. 247 und 345]:

- IBM: IMPACT [59], AS [64], EXFOR 1 und 2 [60], PICS [62], DIOS [63], CAS FSM ([66] und [127/S. 4348]), COPICS IPF [65]
- SAP: RM [142]
- SIEMENS: HOREST [155], SAVOY 1 [156]
- UNISYS (ehemals UNIVAC): ALDOS [167], FORTRAN-Programm der Bedarfs- und Verkaufsvorhersage [168], UNIS [159]

Alle diese Systeme benötigen Nachfragedaten über mindestens zwei Jahre, um die Nachfragestruktur erkennen und einem speziellen Prognosemodell zuordnen zu können. Die Systeme enthalten meist vier spezielle Prognosemodelle:

1. Horizontales Modell (Exponential Smoothing erster Ordnung) für eine relativ konstante Nachfrage (vgl. Abschnitt 2.2.4.2.2.1)

2. Trendmodell (Exponential Smoothing zweiter Ordnung) für Nachfrage mit Trend (vgl. Abschnitt 2.2.4.2.2.2)

3. Saisonmodell (*Winters*-Modell ohne Trend) für Nachfrage mit Saisonschwankungen, aber ohne Trend

4. Trend-Saisonmodell (*Winters*-Modell mit Trend) für Nachfrage mit Saisonschwankungen und Trend (vgl. Abschnitt 3.3.1)

Der Nachteil dieser Systeme liegt unter anderem darin, daß Änderungen der Nachfragestruktur zu großen Prognosefehlern führen und nur teilweise durch das Abweichsignal (Tracking Signal) erkannt werden. Danach muß eine neue, aufwendige Datenanalyse vorgenommen werden.

Die Modellzuordnung und Berechnung der Prognosegleichung benötigte z. B. bei SAVOY 1 auf einer Siemens 4004/35 mit 64 K Bytes pro Artikel ca. 30 Sekunden gegenüber 3,6 Sekunden beim Verfahren der adaptiven Einflußgrößenkombination auf einer IBM/360-30. Außerdem müssen die Vergangenheitsdaten aufbewahrt und für eine neue Modellauswahl zwischengespeichert werden. Bei der adaptiven Einflußgrößenkombination gibt es dagegen ein allgemeines Prognosemodell, das alle Nachfragestrukturen enthält. Die Auswahl des speziellen Prognosemodells erfolgt automatisch durch eine Prüfung der statistischen Sicherheit für die einzelnen Koeffizienten der Einflußgrößen, d. h., Strukturänderungen werden frühzeitig erkannt und in der Prognosegleichung berücksichtigt.

9.3.1 Vergleich von AEK, Winters, HOREST, NP1, NP2 und Disponentenprognosen

Der pragmatische Ansatz von *Winters* führt im Gegensatz zur adaptiven Einflußgrößenkombination (siehe Anhang von [101]) weder zu einer Minimierung der Standardabweichung noch zu erwartungstreuen (unverzerrten) [45] oder wirksamen Schätzungen, was leicht mathematisch zu beweisen ist, aber den Rahmen dieses Beitrags sprengen würde. Hier sollen die wichtigsten Vor- und Nachteile erläutert und an praktischen Beispielen demonstriert werden:

1. Kein Ansatz spezieller Einflußgrößen möglich
   Weder externe Einflußgrößen noch spezielle Zeitfunktionen für Anlauf-, Tages-, Dekaden- oder ähnliche Einflüsse können in das Prognosemodell aufgenommen werden; das hat größere Zufallsschwankungen und Fehlinterpretationen bei der Prognose zur Folge. In den Tabellen 11 und 12 sind die Unterschiede aus dem notwendigen Sicherheitsbestand bei gleicher Lieferbereitschaft deutlich abzulesen. Abbildung 1 gibt 58 Nachfragewerte (x und +) eines Artikels wieder, der von den oben erwähnten Systemen dem horizontalen Modell zugeordnet wird. Nach 44 Perioden (Arbeitstagen (x)) wurde jeweils die Prognosegleichung aufgestellt. Die durchgezogene Gerade zeigt die Prognose mit Exponential Smoothing, die durchgezogene gezackte Kurve die Prognose mit AEK unter Berücksichtigung der Tageseinflüsse. Die gestrichelten Linien verdeutlichen jeweils die Standardabweichung. Sie ging von ±200 auf ±120 zurück.

2. Schlechte Anpassung an Strukturänderungen

Selbst wenn das richtige Prognosemodell vorliegt, führen HOREST und das *Winters*sche Verfahren zu einer schlechten Anpassung und großen Prognosefehlern bei einer Strukturänderung der Nachfrage. Das liegt an der isolierten Korrektur der einzelnen Einflußgrößen. Mittelwert, Trend und Saisonindizes werden jeweils für sich korrigiert und beeinflussen sich gegenseitig. Abbildung 2 zeigt die Halbjahresnachfragen (x) über sechs Jahre mit einer Änderung der Nachfragestruktur nach zwei Jahren und die entsprechenden Prognosewerte von der Basis des letzten Jahres aus. Die Prognosemodelle waren auf Mittelwert, Trend und zwei Saisonkoeffizienten ausgerichtet. Die durchgezogene Kurve entspricht der Prognose der adaptiven Einflußgrößenkombination mit $A = 0,2$ und einer Standardabweichung $\sigma = 0,61$. Die untere, groß gestrichelte Kurve zeigt die Prognose nach dem *Winters*schen Verfahren mit $A = B = C = 0,2$ und $\sigma = 1,54$, die groß/klein gestrichelte Kurve die Prognose nach *Winters* mit $A = B = C = 0,5$ und $\sigma = 1,01$. Die klein gestrichelte Kurve stellt die HOREST-Prognose mit $A = B = 0,2$ und $\sigma = 3,48$, die obere, groß gestrichelte Kurve die HOREST-Prognose mit $A = B = 0,5$ und $\sigma = 2,2$ dar. Die Standardabweichungen für die letzten acht Beobachtungen (d. h. nach der Strukturänderung) betragen bei AEK $\sigma = 0,22$, bei *Winters* mit $A = B = C = 0,2$ $\sigma = 1,55$ und mit $A = B = C = 0,5$ $\sigma = 0,74$. Bei *Winters* mit $A = B = C = 0,2$ zeigt sich deutlich, daß die Prognose zu starken Verzerrungen führt.

3. Nichtbeachtung der Korrelation zwischen den Einflußgrößen

Das *Winters*sche Modell beachtet den Zusammenhang der Einflußgrößen nicht richtig. Die Abweichung zwischen Prognose und Nachfrage wird entsprechend den Ausgleichskonstanten A, B und C gleichmäßig auf die Einflußgrößen verteilt. Das führt besonders beim Trend-Saisonmodell zu so großen Prognosefehlern, daß einige DV-Hersteller die Anwendung dieses Verfahrens nicht empfehlen. Dieser Fehler wirkt sich sowohl bei Strukturänderungen als auch bei großen Zufallsschwankungen aus. Abbildung 3 zeigt Halbjahresnachfragen (x) mit Zufallsschwankungen. Über die ersten vier Perioden (zwei Jahre) wurden die Nachfragen gesammelt und die Anfangsprognosegleichungen ermittelt, danach wurden nach jeder Periode die neuen Prognosen berechnet. Die durchgezogene Kurve entspricht Vorhersagen mittels AEK-Methode; es ergibt sich $\sigma = 1,3$. Die groß gestrichelte Kurve zeigt die Prognosen nach *Winters* mit $A = B = C = 0,5$ und $\sigma = 4,8$, während die groß/klein gestrichelte die mit $A = B = C = 0,2$ und $\sigma = 2,6$ darstellt.

4. Keine Prüfung der statistischen Sicherheit der Einflußgrößen

Bei Exponential Smoothing und dem Verfahren von *Winters* kommen alle Einflußgrößen in die Prognosegleichung, auch wenn sie nicht statistisch gesichert sind. Dadurch können die Modelle Zufallsschwankungen und echte Einflüsse nicht richtig bewerten, was zu großen Extrapolationsfehlern führen kann. Abbildung 4 zeigt ein Beispiel aus einer UNIVAC-Veröffentlichung [168].

Das Programm arbeitet mit der *Winters*schen Optimierung der Glättungsparameter A, B, C. Die "optimalen Glättungsparameter" betrugen $A = B = 0$, $C = 1$. Für die Anfangsprognose (nach zwei Jahren) ergab sich der Mittelwert zu $105,28$ und der Trend zu $0,78$. Diese Werte werden nicht weiter korrigiert, da $A = 0$ und $B = 0$, während die Saisonindizes durch $C = 1$ die Zufallsschwankungen voll übernehmen und außerdem noch mit einem unkorrigierbaren Jahrestrend von 9,4 überlagert werden. Das führt deutlich die Fragwürdigkeit einer Optimierung von Glättungsparametern vor Augen.

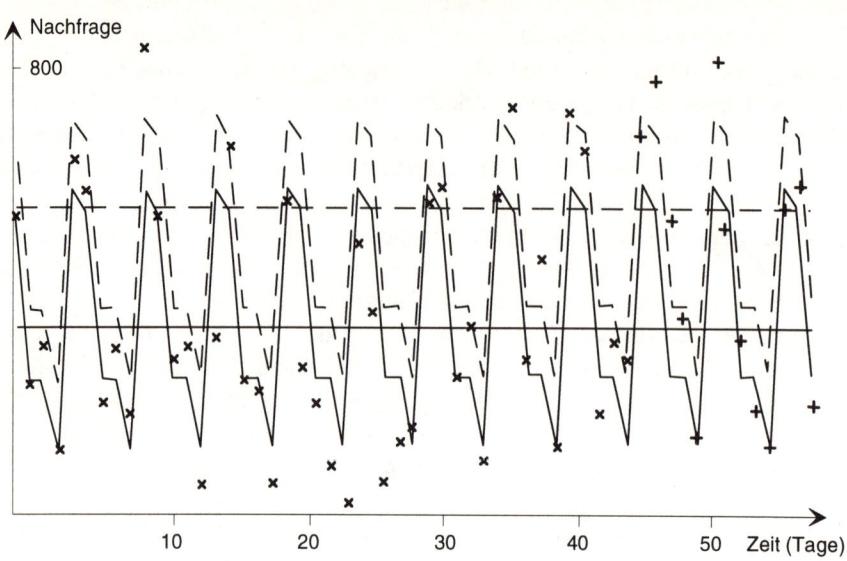

Abb. 1 Tagesnachfragen (x und +) eines Konsumartikels in einem Regionallager und deren Prognose mit AEK.
Zum Vergleich werden Mittelwert (entspricht Exponential Smoothing erster Ordnung) und Standardabweichung gezeigt. Durchgezogene Gerade: Prognose mit Exponential Smoothing, durchgezogene Kurve: AEK-Prognose, gestrichelte Linien: Prognose+Standardabweichung

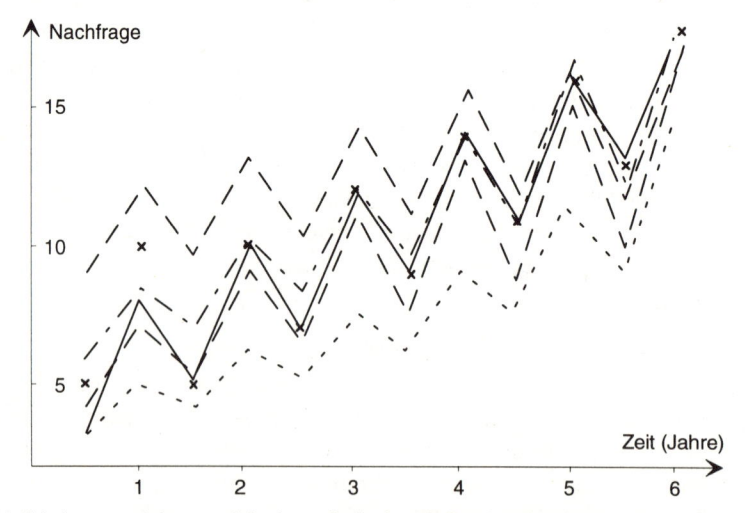

Abb. 2 Halbjahresnachfragen (x) eines Artikels mit Strukturänderung.
Durchgezogene Kurve: AEK-Prognose mit $A=0,2$ ($\sigma=0,61$), untere, groß gestrichelte Kurve: Prognose nach *Winters* ($A=B=C=0,2$; $\sigma=1,54$), groß/klein gestrichelte Kurve: Prognose nach *Winters* ($A=B=C=0,5$; $\sigma=1,01$), klein gestrichelte Kurve: Prognose nach HOREST ($A=B=0,2$; $\sigma=3,48$), obere, groß gestrichelte Kurve: Prognose nach HOREST ($A=B=0,5$; $\sigma=2,2$), $\sigma_{NP1}=4,28$, $\sigma_{NP2}=1,79$

In Abbildung 4 sind die Nachfragen (x) über drei Jahre, die laufenden Prognosen nach *Winters* (gestrichelte Kurve; $\sigma=32,3$) und nach der Methode der adaptiven Einflußgrößenkombination (durchgezogene Kurve; σ = 22,4) gezeigt. Bei der AEK-Methode wurden $A = 0,1$ und ein Prognoseansatz mit Mittelwert, linearem Trend und Saisonkoeffizienten verwendet, um gleiche Voraussetzungen wie bei *Winters* zu haben. Es zeigt sich, daß weder Trend noch Saisonkoeffizienten genügend statistische Sicherheit besaßen, um in die Prognosegleichung zu kommen.

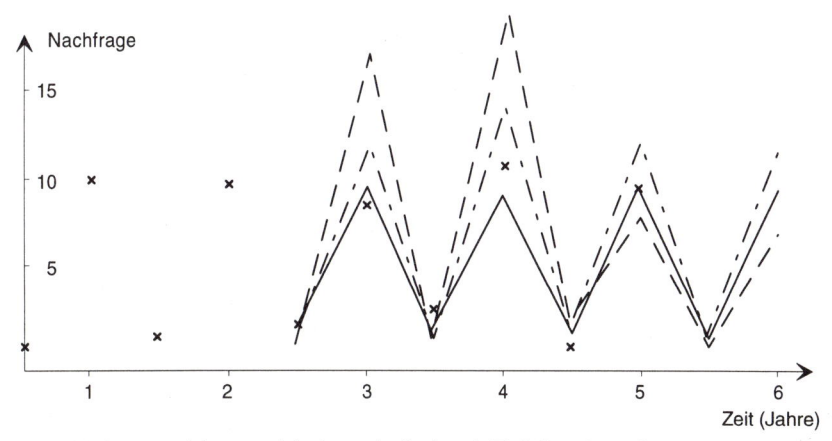

Abb. 3 Halbjahresnachfragen (x) eines Artikels mit Zufallsschwankungen.
Durchgezogene Kurve: AEK-Prognose (σ =1,3), groß gestrichelte Kurve: Prognose nach *Winters* ($A=B=C=0,5$; σ =4,8), groß/klein gestrichelte Kurve: Prognose nach *Winters* ($A=B=C=0,2$; σ =2,6), $\sigma_{NP1}=8,1$, $\sigma_{NP2}=1,41$

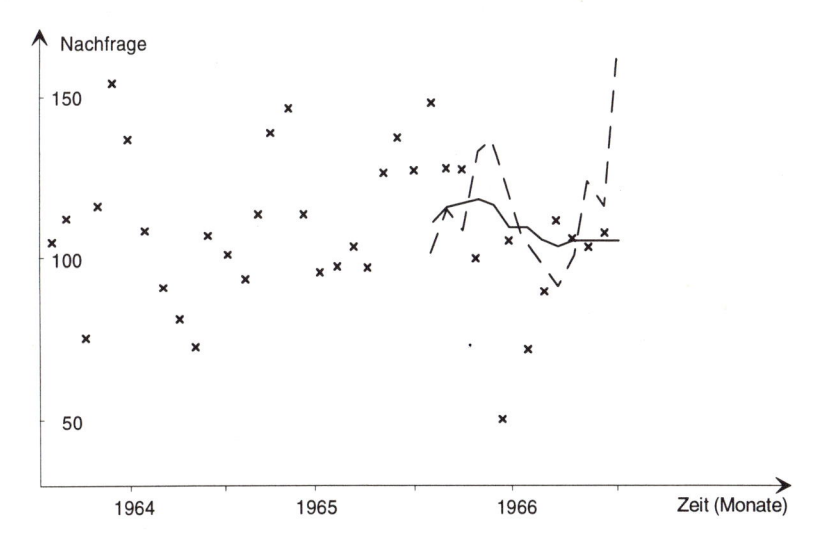

Abb. 4 Monatsnachfragen (x) mit starken Zufallsschwankungen.
Durchgezogene Kurve: AEK-Prognose mit $A=0,1$ (σ =22,4), gestrichelte Kurve: Prognose nach *Winters* mit Optimierung der Glättungsparameter A, B, C (σ =32,3) [168], $\sigma_{NP1}=28$, $\sigma_{NP2}=34,9$

5. Multiplikativer Ansatz

Der *Winters*sche Prognoseansatz $(a+bi)s_i$ ist eine multiplikative Verknüpfung zwischen einem Trendmodell $(a+bi)$ und den Saisonindizes s_i. Dadurch werden die Fehler, die bei den Koeffizientenschätzungen entstehen, multiplikativ fortgesetzt, was zu einer Erhöhung des Gesamtfehlers führt, der mit der Größe der Zufallsschwankungen überproportional ansteigt. Nehmen wir an, daß sowohl die Schätzung des Mittelwerts $a' = 1,2 a$ als auch die Schätzung der Saisonindizes $s' = 1,2 s$ um 20 % zu hoch liegen, dann ergibt sich für die Vorhersage

$$VS = a' \; s' = 1,2 \, a \; \; 1,2 \, s = 1,44 \, a \, s$$

d. h., die Abweichung vom echten Wert beträgt 44 %. Unternehmen wir den gleichen Versuch bei einem additiven Ansatz $a + s$ und nehmen wir eine gleiche Fehlerkonstellation an $a' = 1,2 a$, $s' = 1,2 s$, dann ergibt sich:

$$VS = a' + s' = 1,2 \, a + 1,2 \, s = 1,2 \, (a + s)$$

d. h., die Abweichung vom echten Wert beträgt nur 20 %. Auch bei im Vorzeichen unterschiedlichen Abweichungen der prognostizierten Faktoren ergeben sich erhebliche Fehlermöglichkeiten (besonders wenn die Schätzung eines Faktors nahe bei Null liegt, da dann die Schätzung des anderen Faktors erheblich über dem echten Wert liegen muß, um den Fehler auszugleichen). Abbildung 5 zeigt einen solchen Fall. Die Prognose wurde nach 24 Monats-Nachfragewerten (x) gestartet. Die gestrichelte Kurve ist die Prognose nach *Winters* mit $A = 0$, $B = C = 0,2$ und $\sigma = 6893$, die durchgezogene Kurve zeigt die Prognose des AEK-Modells ohne Trend bzw. bei einer geforderten statistischen Sicherheit von über 95 % ($t > 2,5$) für den Trend ($A = 0,2$; $\sigma = 2073$). Die strichpunktierte Kurve stellt die Prognose des AEK-Modells mit Trend und fortgeschriebener Fehlerprognose dar, wie sie auch in DIS 1 [19] verwendet wird ($A = 0,2$; $\sigma = 2780$). Die schlechte Prognose nach *Winters* hängt mit dem starken negativen Trend des zweiten Jahres, der sich im dritten Jahr nicht fortsetzt, und mit dem multiplikativen Ansatz zusammen. Der Trend bleibt im dritten Jahr noch negativ, erst Ende des Jahres geht er auf Null zurück. Die Saisonindizes steigen zwar stark, können aber den niedrigeren Mittelwert nicht ausgleichen.

Bei einem Versuch wurden die monatlichen Umsatzzahlen eines Dreijahreszeitraums für mehr als 100 Artikel eines Unternehmens der Chemieindustrie mit einem Standardprogramm, das auf dem Verfahren von *Winters* basiert, von den Mitarbeitern des DV-Herstellers zu Prognosezwecken getestet. In über 80 % der Fälle schrieb das Programm "ZU GROSSE IRREGULÄRE IN PROGR. NR.", d. h., der relative Fehler (Standardabweichung durch Mittelwert der Nachfrage) beträgt über 50 %, der Artikel ist nicht zu prognostizieren.

Bei einem weiteren Versuch mit AEK und 25 Artikeln stellte sich heraus, daß nur acht Artikel von beiden Verfahren bearbeitet wurden. Es ergaben sich folgende in Tabelle 1 dargestellte Vergleichswerte für die letzten 12 Monate (*Winters* mit $A = 0$, $B = C = 0,2$; AEK mit Saisonfaktoren und Trend sowie $A = 0,02$).

Abbildung 6 zeigt einen Artikel aus dem Versuch. Die gestrichelte Kurve ist die Prognose nach *Winters* mit $\sigma = 7750$, während die durchgezogene Kurve die AEK-Prognose verdeutlicht ($\sigma = 4775$).

Bei *Winters* liegen bei fünf Produkten und beim Gesamtvergleich die relativen Fehler ($\sigma / \overline{NF}$) weit über 50 % und bei den restlichen drei Produkten nur knapp unter 50 %, während bei AEK alle relativen Fehler unter 50 % bleiben. Die Standardabweichungen σ reduzieren sich bei AEK im Schnitt um 60 % gegenüber *Winters*.

Artikel-Nr.	Mittelwert der Nachfrage ($\overline{NF}$)	Winters $\sigma/\overline{NF}$ (%)	AEK $\sigma/\overline{NF}$ (%)	NP1 $\sigma/\overline{NF}$ (%)	NP2 $\sigma/\overline{NF}$ (%)
24	12335	72,3	31,6	54,9	66
26	3717	48,4	34,4	56,9	67,3
29	53487	74,5	15,2	33,4	37,8
30	4920	68,9	36,1	55,8	121,8
33	4640	65,1	27,5	57,9	52,7
40	2692	47,5	36,3	79,5	63,8
44	10477	74,1	45,7	71,8	66,8
45	19599	44,6	33,2	57,8	45,4
	111867	65,8	26,4	47,5	50,9

Tabelle 1   Prognosevergleich (Chemieprodukte)

Ein Vergleich der notwendigen Lagerbestände bei gleicher Lieferbereitschaft (Beschaffungszeit = ein Monat, durchschnittliche Bestellmenge = Monatsnachfrage, laufende Lagerüberprüfung, Formeln siehe [103]) ergibt Tabelle 2:

Lieferbereitschaft	Durchschnittlicher Lagerbestand		
	Winters	AEK	NP2
80 %	71100	38600	56600
90 %	104700	57100	84700
95 %	133100	71500	107900
98 %	165200	86800	134000
99 %	186700	96800	150600

Tabelle 2   Vergleich der Lagerbestände

Die Lagerkosten und der Kapitaleinsatz lassen sich bei gleicher Lieferbereitschaft und Bestellhäufigkeit um 45 bis 48 % reduzieren (AEK gegenüber *Winters*). Dazu die Aussage von *Woitschach* [182/S. 13] zur Bestellpunktberechnung: "Doch wiederum spielen die zwangsläufigen Abweichungen zwischen Prognose und tatsächlichem Bedarf innerhalb bestimmter Grenzen nur eine untergeordnete Rolle."

Abschließend sollen noch Vorteile des *Winters*schen Verfahrens erwähnt werden:

1. Geringer Speicheraufwand für die Prognosefortschreibung
   Wenn man von dem Speicher- und Rechenaufwand zur Bestimmung der Anfangsprognosewerte und der Optimierung der Glättungsparameter absieht, ist der Speicheraufwand für die Prognoserechnung unter Beibehaltung der Glättungsparameter gering. Für jeden Saisonindex, den Trend und den Mittelwert muß nur jeweils ein Fortschreibungsfeld gespeichert werden, während bei der normalen AEK-Methode außerdem noch die Korrelationswerte zu halten sind (bei einem Trend-Saisonmodell sind das zwei Werte pro Saisonkoeffizient, da die Saisonkoeffizienten gegeneinander unkorreliert sind).

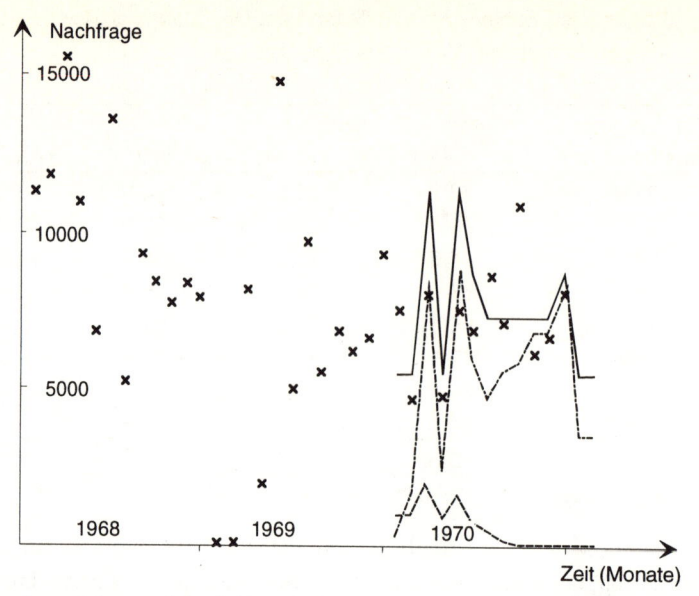

Abb. 5 Monatsnachfragen (x) mit Trend, Saison- und Zufallsschwankungen.
Durchgezogene Kurve: AEK-Prognose (ohne Trend) $A=0{,}2$ ($\sigma=2073$), strichpunktierte Kurve: AEK-Prognose (mit Trend) $A=0{,}2$ ($\sigma=2780$), gestrichelte Kurve: Prognose nach Winters ($A=0$, $B=C=0{,}2$; $\sigma=6893$), $\sigma_{NP1}=2695$, $\sigma_{NP2}=3736$

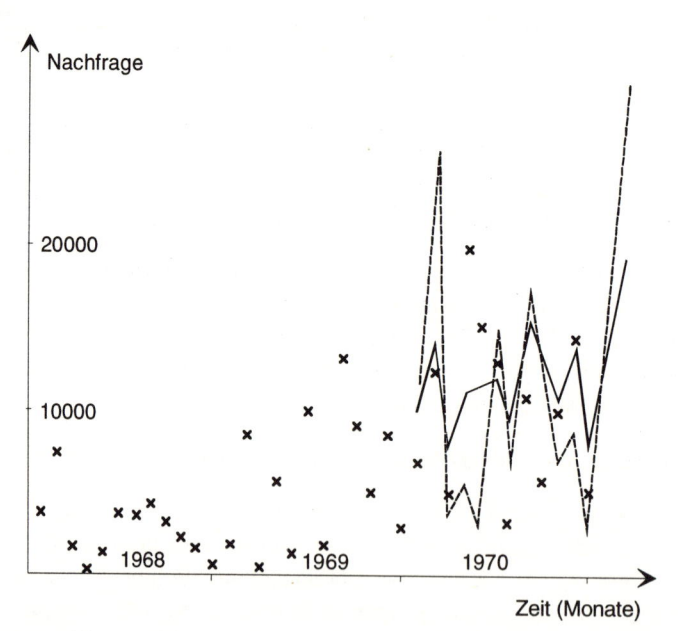

Abb. 6 Monatsnachfragen (x) mit Trend-, Saison- und Zufallsschwankungen.
Durchgezogene Kurve: AEK-Prognosen ($\sigma=4775$), gestrichelte Kurve: Prognose nach Winters ($\sigma=7750$), $\sigma_{NP1}=7520$, $\sigma_{NP2}=7001$

Inzwischen wurde ein Trend-Saisonmodell entwickelt (S. 127, Punkt 2.), das den Speicheraufwand erheblich reduziert, da die Korrelationswerte normiert und deshalb nicht mehr pro Saisonkoeffizient zu speichern sind. Damit ist der Speicheraufwand gegenüber *Winters* nur unerheblich größer. Die Prognosen in den Abbildungen 2 und 5 wurden nach diesem Modell berechnet.

2. Geringer Rechenaufwand für die Prognosefortschreibung
   Da bei der Prognosefortschreibung weder Korrelation noch statistische Sicherheit der Koeffizienten berücksichtigt werden, ist der Rechenaufwand gering. Allerdings erkauft man sich diesen Vorteil mit einer unstabilen, verzerrten Prognose ohne statistische Sicherheit. Außerdem ist die Neuberechnung der Anfangswerte und Glättungsparameter wesentlich aufwendiger als bei der AEK-Methode (ca. 8-fach), und bei einer instabilen Prognose ist die Notwendigkeit der Neuberechnung häufig gegeben.

Im Rahmen von Konzeptionen für Absatzplanungen wurden AEK-Prognosen mit Disponentenprognosen (DP) in zwei Betrieben verglichen ([20], [110]). Zur Objektivierung wurden auch die naiven Prognosen NP1 und NP2 gegenübergestellt. Die Mitarbeiter der beiden Unternehmen haben die Artikel als repräsentativ für das Sortiment ausgewählt. Auf der Basis von zwei Jahren wurden die nächsten 12 Monate prognostiziert (Tabellen 3 und 4).

Art-Nr.	$\overline{NF}$ (Monat)	NP2 $\sigma/\overline{NF}$ (%)	NP1 $\sigma/\overline{NF}$ (%)	DP $\sigma/\overline{NF}$ (%)	AEK $\sigma/\overline{NF}$ (%)
25	3434	10,7	19,8	11,4	9,9
37	4282	15,6	20,1	16,5	13,9
61	7910	25,0	23,0	20,9	12,9
62	3708	22,5	47,6	17,6	16,3
63	3435	27,9	30,0	29,4	14,5
79	5620	24,4	11,8	24,5	10,5
84	1178	22,3	94,5	106,4	27,6
	29567	21,8	26,8	23,9	13,5

Tabelle 3   Prognosevergleich (Backwaren) [20]

Art-Nr.	$\overline{NF}$ (Monat)	NP2 $\sigma/\overline{NF}$ (%)	NP1 $\sigma/\overline{NF}$ (%)	DP $\sigma/\overline{NF}$ (%)	AEK $\sigma/\overline{NF}$ (%)
60	100	75,9	55,4	47,6	39,9
71	248	48,8	36,9	52,8	33,9
82	2397	23,7	23,5	21,4	17,1
93	1117	16,9	15,5	15,2	12,4
74	710	22,4	37,4	29,9	16,8
75	103	138,1	164,4	210,5	128,3
96	135	90,4	51,7	81,1	61,0
67	2661	23,1	19,4	23,3	15,3
78	1478	27,0	26,4	35,7	20,6
49	148	59,7	74,6	36,5	36,5
	9097	26,9	26,5	28,9	19,5

Tabelle 4   Prognosevergleich (Papiersorten) [110]

9.3.2 Vergleiche mit weiteren Prognoseverfahren

In den Tabellen 6 bis 9 und in Abbildung 7 werden die Ergebnisse verschiedener Prognosevergleiche gezeigt. Dabei gelten folgende Abkürzungserklärungen:

1. Allgemein:

A	=	Ausgleichsparameter (sonst meist α genannt)
B	=	Betriebswirtschaftliche Zeitreihen (meist Nachfragen)
DAF_t	=	Durchschnittlicher Absoluter Fehler von t_0+1 bis t
DQ	=	Datenquelle, S. = Anfangsseite
DT	=	Datentyp
DU	=	"Dynamisierter" *Theil*scher Ungleichheitskoeffizient [6/S. 421 f.]
EP	=	Empfohlene Parameter
G	=	Gemischte Zeitreihen (B und V)
GW	=	Gewicht, u. a. nach PM-Rangfolge vergeben
$MAPF$	=	Mittlerer Absoluter Prozentualer Fehler $\hat{=} MAPE$ [96]
MS_o	=	Obere *Mertens*schwelle [120] (PV ist 10 % weniger wirksam als NP2)
MS_u	=	Untere *Mertens*schwelle (PV ist 10 % wirksamer als NP2)
OP	=	Optimale Parameter
PAF	=	Prozentualer Absoluter Fehler = $DAF / \bar{y}$ in %
PM	=	Prognostizierte Monate
PV	=	Prognoseverfahren
PVG	=	Prognosevergleiche
RF	=	Rangfolge
RRZ	=	Relative Rechenzeit von [40], [83], [140] und [22] übernommen
SB	=	Sicherheitsbestand [103/S. 82]
SS_b	=	Statistische Sicherheit für den Trendkoeffizienten b
σ	=	Berechnete Standardabweichung der Prognosen
t_{OUT}	=	*Student*scher t-Wert für die Elimination
V	=	Volkswirtschaftliche Zeitreihen
VM	=	(Grund)-Vergleichsmaß des Vergleichs
WM	=	Wirksamkeitsmaß $WM_i = \overline{\sigma_i / \sigma_{NP2}} \approx \overline{DAF_i / DAF_{NP2}} \approx \overline{MAPF_i / MAPF_{NP2}}$ (beispielsweise bei saisonbeeinflußten Zeitreihen)
ZR	=	Zeitreihe

2. Prognoseverfahren:

AD	=	ADAPT modifiziertes AS von Siemens [154, *Weckerle*]
AEK	=	Adaptive Einflußgrößen-Kombination allgemein
AEKCH	=	AEK kombiniert mit dem Verfahren von *Chow* [40/S. 51]
AEKLM	=	AEK mit linearem Trendmodell $\hat{Y}_t = b_0 + b_1 t$ [22]
AEKTL	=	AEK kombiniert mit T/L [22]
AEKTM	=	AEK-Testmodell $\hat{Y}_t = b_0 + b_1 t + b_2 t^2$
AEKVD	=	AEK kombiniert mit VDB [22]
AEP	=	Automatisches rekursives Filterverfahren [96]
AF	=	Adaptives Filtern von *Widrow* ([94], [173])
AS	=	Adaptive Smoothing von *Brown/Meyer* (additives PV) ([14], [154, *Johnson*])
ASM	=	AS von *Groff* mit Binärvariablen für den Saisoneinfluß [112/S. 2]
BF	=	Bayesian Forecast von *Harrison/Stevens* (Kalman Filter) [96]
BJE	=	*Box-Jenkins* Einfache Modelle (z. B. *Groff* und *Emde*) [28]
B/J	=	*Box-Jenkins* (ARIMA)-Verfahren ([10], [96] und Kapitel 14, 15, 16)

CBA	=	Combining A. Kombinierte Prognose, Mittelwert von sechs einfachen PV [96]
Chow	=	Adaptives ES nach Chow (vgl. 7.3.2) ([18], [40])
DP	=	Menschliche Prognosen von Disponenten oder Planern
ESi	=	Exponential Smoothing i-ter Ordnung nach Brown ([14] und Kapitel 2)
ESMS	=	ES mit multiplikativer Saison von Siemens ([155], [156])
Holt	=	ES-Verfahren mit zwei Glättungsparametern ohne Saison ([52] und Kapitel 2)
HRS	=	Multiplikatives PV von Harrison ([45] und Kapitel 3)
HR1	=	HOREST 1 PV mit multiplikativer Saison von Siemens [155]
H/W	=	PV von Holt/Winters mit drei Glättungsparametern ([179] und Kapitel 3)
KZZ	=	Klassische Zeitreihen-Zerlegung [95]
K/W	=	Filterverfahren nach Kolmogoroff/Wiener ([28] und Kapitel 14)
LWD	=	FORSYS- bzw. OPS-System von Lewandowski ([83], [96])
NP1	=	Naive Prognose 1 (no change) $NP1_{t+1} = y_t$ (entspricht ES1 mit $A=1$)
NP2	=	Naive Prognose 2 $NP2_t = y_{t-s}$ (s = Saisonlänge)
PS	=	PV von T/L mit "Pattern Search" gekoppelt nach Bednar [6]
PZ	=	PV von Parzen modifiziert die ARIMA-Methodologie [96]
QL	=	PV von Quelle mit additiver oder multiplikativer Saison [133]
RF	=	PV mit Rekursiven Funktionen von Förster [154]
RG	=	Regression allgemein ([38] und Kapitel 8)
RGE	=	RG mit externen Einflußgrößen [24]
RGK	=	RG mit konstanter Gewichtung [184]
RGZ	=	RG mit Zeitfunktionen (vgl. 9.4)
SAR	=	Schrittweise Autoregression von Newbold/Granger [125]
SM	=	Korrelationen mißachtendes 3-Stufenmodell [154, Kampf]
T/L	=	Adaptives ES von Trigg und Leach (siehe 7.3.2) [166]
VDB	=	Adaptives ES nach van Dobben de Bruyn (vgl. 7.3.2) [169]
WN	=	WINAS "4-Parameter-Modell" von Hüttner/Götte [154]
WS	=	ES-Verfahren von Wiese mit Logarithmen ([154, Roloff] und [176])
W/L	=	PV von Miebach (Kombination Winters/Lewandowski) [154]

Periode	1	2	3	4	5	6	7	8	9	10	11	12	13
Istwert	97	98	102	108	99	92	103	94	97	101	99	103	105
Periode	14	15	16	17	18	19	20	21	22	23	24	25	26
Istwert	102	100	94	107	102	101	101	99	106	109	110	115	118
Periode	27	28	29	30	31	32	33	34	35	36	37	38	39
Istwert	119	121	125	129	133	138	140	140	143	156	153	151	159
Periode	40	41	42	43	44	45	46	47	48	49	50	51	52
Istwert	159	161	166	172	172	173	179	180	181	185	194	190	199
Periode	53	54	55	56	57	58	59	60	61	62	63	64	65
Istwert	197	202	200	208	207	200	201	199	199	194	202	197	202
Periode	66	67	68	69	70	71	72	73	74	75	76	77	78
Istwert	197	196	202	197	197	196	197	204	197	194	200	201	201
Periode	79	80	81	82	83	84	85	86	87	88	89	90	
Istwert	201	191	197	202	192	196	196	194	200	205	203	202	

Tabelle 5   Wochennachfragen eines werbebeeinflußten Produkts

Beim nächsten Vergleich werden die Ergebnisse verschiedener Autoren bei PVG mit der Zeitreihe von Tabelle 5 aufgezeigt. Die Zeitreihe simuliert die Wochennachfragen eines Produkts, das durch intensiven Werbeeinsatz in den Wochen 21 bis 53 von einem Niveau von 100 auf das von 200 gebracht wurde, mit entsprechenden Zufallsschwankungen. Da bis auf *Rosentreter* [140], der σ als Vergleichsmaßstab verwendet, alle anderen *DAF* verwenden, wurde DAF_{90} als *VM* gewählt. Um den starken Einfluß der Startwerte auf die Anfangsprognosen zu vermeiden, wurden wie bei [140] die Vergleiche erst ab Periode 13 vorgenommen.

$$DAF_{90} = \sum_{i=13}^{90} \left|\hat{Y}_i - y_i\right| \Big/ 78$$

Da bei *Dirr* [22] über 50 % der Rechenzeit für die (unnötige) Umrechnung der vorgegebenen statistischen Sicherheit auf t_{OUT} benötigt wird, wurde *RRZ* entsprechend reduziert.

PV	DQ	S.	A	t^2_{OUT}	σ_{90}	DAF_{90}	RF	RRZ	WM
ES1	Neu		0,05	999		21,71	31	1	6,293
	[104]	11	0,15	499		9,62	27	1	2,788
	Neu		0,25	99		6,35	25	1	1,841
	Neu		1	0		3,77	17	1	1,093
ES2	[140]	99	0,1	EP	7,89	6,31	24	1	1,829
	[140]	99	0,3	OP	4,31	3,45	9	1	1
	[140]	99	0,5		4,70	3,76	16	1	1,09
ES3	Neu		0	0		11,20	30	1,2	3,246
	Neu		0,05	0		5,89	22	1,2	1,707
	[104]	11	0,15	0		3,71	15	1,2	1,075
	Neu		0,25	0		3,47	11	1,2	1,006
AEKLM	[22]	44	0,28	1,9		3,30	5	1,5	0,957
AEKTM	Neu		0	3,9		11,02	29	1,8	3,194
	Neu		0,05	3,9		5,96	23	1,8	1,728
	[104]	11	0,15	3,9		3,70	14	1,8	1,072
			0,25	3,9		3,39	6	1,8	0,983
	Neu		0,15	1,9		3,54	12	1,8	1,026
			0,2	1,9		3,08	1	1,8	0,893
	Neu		0,25	1,9		3,15	3	1,8	0,913
Holt	[140]	226		OP	4,30	3,44	8	1	0,997
	[140]	226		EP	12,22	9,77	28	1	2,832
Chow	[140]	226		OP	4,33	3,46	10	4,1	1,003
	[140]	226		EP	4,75	3,80	18	4,1	1,101
VDB	[140]	226		OP	4,83	3,86	19	5,9	1,119
	[140]	226		EP	8,90	7,12	26	5,9	2,064
T/L	[140]	226		OP	4,26	3,40	7	1,5	0,986
	[140]	226		EP	6,70	5,36	21	1,5	1,554
LWD	[83]	165				3,16	4	2	0,916
AEKCH	[40]	56	0,2-0,6	2		3,14	2	3,4	0,91
AEKVD	[22]	44		OP		3,59	13	1,7	1,041
AEKTL	[22]	44		OP		4,16	20	2,0	1,206

Tabelle 6   Prognosevergleich anhand der Zeitreihe von Tabelle 5

Die Ergebnisse von Tabelle 6 zeigen:

- Bezogen auf das Gütekriterium DAF_{90} schneidet AEKTM am besten ab, nur unwesentlich schlechter waren AEKCH, LWD und AEKLM. Selbst bei "optimalen Parametern" lagen die anderen PV um mindestens 11 % schlechter. Bei OP ist natürlich *Holt* um 0,3 % besser als ES2, dafür liegt es bei EP ($\alpha = 0,1; \beta = 0,1$) um 55 % schlechter als ES2 ($\alpha = 0,1$). Bei empfohlenen Parametern liefert nur *Chow* ein erträgliches DAF_{90} von 3,8 geringfügig über dem Wert von NP1 mit 3,77 (ES1 mit $A = 1$). Bei den relativen Rechenzeiten schneiden natürlich die einfachen PV wie ES1, ES2 und *Holt* am besten ab; bis auf AEKCH, *Chow* und VDB liefern die anderen PV akzeptable RRZ. Bei den heutigen schnellen Computern dürfte die Rechenzeit, selbst bei Massendaten, kaum eine wesentliche Rolle spielen. Die Ergebnisse wurden mehrfach veröffentlicht, leider meist mit den irreführenden Werten von *Lanzdorf* [80] (schlechte Startwerte und Programmierfehler) bis zur vierten Auflage auch in diesem Buch und bei [40], [83], [22], [34], [84], [85], [86], [112] und [120]. Kurioserweise fehlen die AEK-Werte bei *Fischer* [34] und bei der neuesten (vierten) Veröffentlichung von *Lewandowski* [86].

Gestützt auf *Theil* [164], der 1955 den "forecasting coefficient" $FC = \sigma_i / \sigma_{NP1}$ einführte, und *Emde* [28], der NP1 durch NP2 ersetzte, wird das Wirksamkeitsmaß *WM* auf plausible, nachvollziehbare PV bezogen. Bei Zeitreihen ohne Saisoneinfluß (Tabelle 7) sind es ES1 bzw. ES2, bei Zeitreihen mit Saisoneinfluß ist es NP2 (Tabelle 8), und bei Zeitreihen mit externen Einflußgrößen und keinem Saisoneinfluß ist es NPX, die Prognose mit der wichtigsten Einflußgröße (Tabelle 9). Gewarnt werden muß davor, NP1 auf Prognosen über 12 bzw. 18 Perioden auszudehnen ([25], [94], [96]), denn dann verliert NP1 ihre wichtigsten Eigenschaften, extrem erwartungstreu und trendfolgend zu sein (Verzögerung nur eine Periode). Wie wenig geeignet NP1 bei Saisoneinflüssen ist, kann man an Tabelle 8 sehen: WM_i schwankt zwischen 0,802 und 5,745. Leider konnten einige PV nicht in die Vergleiche aufgenommen werden, z. B. ES3 und lineares Trendmodell (Regression), denn die Prognosen wurden anhand falscher Prognoseformeln berechnet ([94/S. 119], [96/S. 144]).

PVG	DQ	S.	DT	VM	ZR	PM	GW	ES1	ES2	NP1	AEK	B/J	AF	LWD	T/L	PS
1	[104]	7	B	DAF	3	51	2	1			0,637					
2	Tab.6		B	DAF	1	18	1	1		1,093	0,893			0,916	0,986	
3	9.4		B	σ	150	300	6	1			0,649					
4	Tab.11/12		B	SB	31	62	3	1			0,625					
5	[6]	507	B	DU	20	580	9	1			0,724					1,020
6	[6]	512	B	DU	25	725	10	1			0,813					1,016
7	[6]	546	B	DU	14	406	7	1			0,733				1,338	1,007
8	[6]	549	B	DU	16	464	8	1			0,813				1,336	1
9	[124]	21	B	DAF	10	120	5	1	1,136			1,112				
10	[96]	131	G	MAPF	51	51	2	1	1,091	0,990		1,010		1,273		
11	[44]	96	V	σ	1	82	4	1		1		0,970	1,051			
12	[114]	96	B	DAF	2	16	1	1			0,837		1,060			
ZR ohne Saison					324	2875	58	1	1,037	1,010	0,746	1,042	1,053	1,154	1,315	1,011

Tabelle 7   Prognosevergleiche ohne Saisoneinflüsse [112/S. 6]

PVG	DQ	S.	DT	VM	ZR	PM	GW	NP2	NP1	HR1	LWD	B/J	HRS	DP	H/W	AEK	PAF_{NP2}
13	Tab.1		B	σ	8	96	8	1	0,964						1,052	0,518	40,7
14	Abb.4		B	σ	1	12	2	1	0,802						0,925	0,642	19,0
15	Abb.2		B	σ	1	72	1	1	2,319	1,229					0,564	0,341	13,2
16	Abb.3		B	σ	1	36	1	1	5,745						1,844	0,922	19,4
17	[140]	368	V	σ	4	48	3	1		1,602			1,158		0,990		
18	[43]	242	B	DAF	1	12	1	1					1,220		1,067	0,366	
19	Tab.3		B	σ	7	84	7	1	1,229				1,096			0,619	17,8
20	[96]	130	G	MAPF	60	720	8	1			1,120	1,113			1,068		13,3
21	[96]	130	G	MAPF	60	60	3	1	2,205		1,479	1,438			1,219		7,3
22	Tab.4		B	σ	10	120	10	1	0,985					1,074		0,725	21,6
23	[114]	96	B	DAF	2	16	1	1							1,047	0,842	11,1
24	[114]	92	B	DAF	2	16	1	1							1,217	0,781	11,9
ZR mit Saison					157	1242	46	1	1,326	1,509	1,218	1,202	1,170	1,084	1,075	0,633	19,3

Tabelle 8   Prognosevergleiche mit Saisoneinflüssen

Dadurch sind auch die schlechten Ergebnisse erklärbar, denn bei ES3 und $\alpha = 0,1$ wird ein zehnfacher quadratischer Trend verwendet. Gewarnt werden muß vor der Inflation der

"Fehlermaße". Wenn bei einem PVG [154] 36 Fehlermaße angekündigt, aber nur 35 ausgewiesen werden, von denen viele identische Ergebnisse liefern und andere offensichtlich schlechte PV zum besten machen, dann ist das wohl kurios. Gegenüber [112] wurden die PVG 15, 16 und 26 neu aufgenommen. Bei PVG 20 und 21 wurden hier nur Zeitreihen mit Saisoneinfluß berücksichtigt. Die Ergebnisse zeigen, daß bei ZR ohne Saison nur AEK wirksamere Prognosen liefert als ES1 bzw. ES2, und bei ZR mit Saison ist auch nur AEK wirksamer als NP2. Bei [112] wird zusätzlich noch die Erwartungstreue untersucht; sie korreliert stark mit der Wirksamkeit. Obwohl es nach Abbildung 7 bei saisonbeeinflußten ZR 14 PV gibt, die wirksamere Prognosen liefern als H/W, und 25 wirksamere als HR1, werden folgende Empfehlungen ausgesprochen: "Treten saisonale Nachfragezeitreihen auf, so verwendet man das Verfahren von *Winters* oder daraus abgeleitete Verfahren (z. B. Prognose-Formel in HOREST)" ([147/S. 107] und [148/S. 242]). Das Programm PROGNOSE-DIALOG von *Scheer* [143/S. 46 f.] empfiehlt seinen Benutzern bei saisonalen ZR nur "GEEIGNETE(S) PROGNOSEVERFAHREN WINTERS-MODELL", obwohl *Scheer* auf S. 131 nachweist, daß bei seinen beiden Test-ZR sowohl MKQ (Regressionsmodell mit Zeitfunktionen) als auch das *Harrison*-Modell wirksamere Prognosen liefern. Der "Standardfehler" vom *Winters*-Modell ist in beiden Fällen um ca. 30 % größer, siehe auch [144/S. 139] und [145/S. 147].

PVG	DQ	S.	DT	*VM*	ZR	PM	*GW*	NPX	RGZ	RGE	AEK	*PAF*$_{NPX}$
25	[99]	216f	B		2	15	2	1		0,801	0,402	3,7
26	Abb.10		B		1	3	1	1	0,239		0,176	5,2
27	[22]	50ff	B		1	228	7	1	0,982	0,639	0,507	7,5
28	[43]	242	B	*DAF*	1	12	1	1			0,366	
ZR	mit externen Einflußgrößen				4	258	11	1	0,889	0,675	0,445	6,5

Tabelle 9   Prognosevergleiche mit externen Einflußgrößen

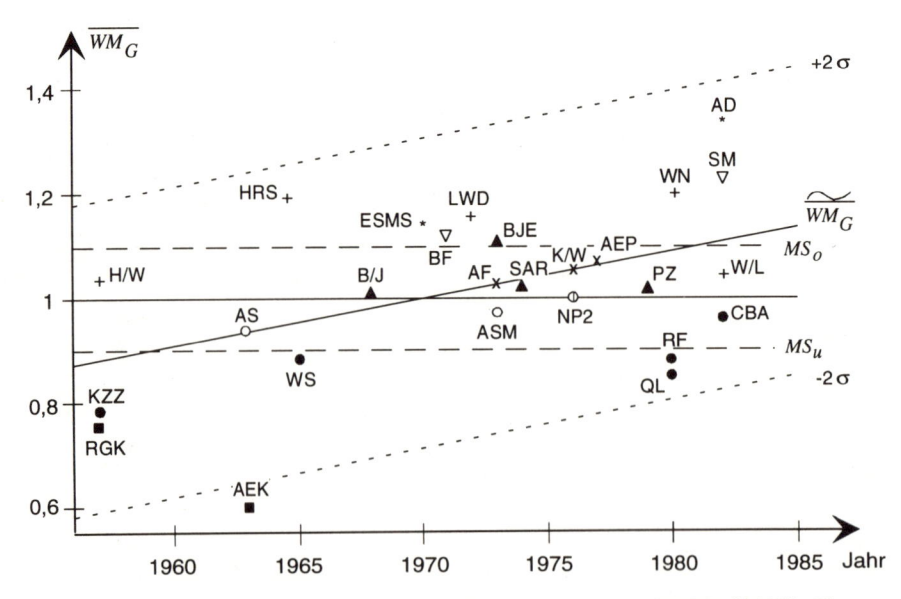

Abb. 7   Wirksamkeitsgerade der Prognoseverfahren seit 1957 [112/S. 9],
$\widetilde{WM}_G = 0{,}875 + 0{,}00935\,(J - 1957)$, $\sigma = 0{,}147$, $t_b = 2{,}59$, $SS_b > 99\,\%$

Auf Anregung von *Mertens* wurde die Abhängigkeit der Wirksamkeit vom Erscheinungsjahr der Prognoseverfahren mit Saisonberücksichtigung untersucht anhand 31 unabhängiger Prognosevergleiche bei saisonbeeinflußten Zeitreihen. Ergebnis: Die Wirksamkeit der *neueren* PV verschlechterte sich signifikant (99 %). 1960 wurde die untere *Mertens*schwelle überschritten (MS_u), 1970 NP2 erreicht und 1981 die obere *Mertens*schwelle (MS_o), d. h., der *Erwartungswert* ab 1982 sagt aus, daß die neuen PV *wesentlich* weniger wirksam sein werden als NP2. Zum gleichen Ergebnis kam *Knolmayer* bei den *neuen* "Bestellheuristiken": "Bemerkenswert ist, daß gerade neuere Verfahren ... überaus schlecht abschneiden" [72/S. 227]. *Nieschlag/Dichtl/Hörschgen* schreiben dazu [126/S. 975]: "Unabhängig davon sollte beim Einsatz moderner (Prognose-: G.M.)Verfahren eine gewisse Zurückhaltung geübt werden, da jene nicht zwangsläufig zu mehr Genauigkeit verhelfen."

9.4 Beispiele für den praktischen Einsatz des Verfahrens der adaptiven Einflußgrößenkombination

Mit dem nachfolgend beschriebenen Konsumgüter-Prognosemodell (siehe auch [70], [98], [105], [107], [27], [68/S. 1316]) wurden oder werden über 50 Lager aus verschiedenen Branchen disponiert (DIS 1 und DIS 1/L). Tabelle 10 zeigt die eingesparten Kosten.

Das gesamte Modell ist zweistufig aufgebaut. In der ersten Stufe wird ein allgemeiner Ansatz für die Abhängigkeit der Zielgröße (in diesem Fall: Nachfrage) von der Zeit formuliert:

$$\hat{Y}_t = b_0 + \sum_{i=1}^{5} b_i x_{it} + \sum_{j=6}^{17} b_j x_{jt} + \sum_{k=18}^{20} b_k x_{kt} + b_{21} t + b_{22} \frac{1}{t+5} \qquad (13)$$

Dabei bedeuten:

x_{it} ($i=1,...,5$) = Einflußgrößen für die Wochentage (z. B. $x_{1t}=1$, falls es sich um einen Montag handelt, sonst 0)

x_{jt} ($j=6,...,17$) = Einflußgrößen für die Monate (z. B. $x_{6t}=1$, falls es sich um den Monat Januar handelt, sonst 0)

x_{kt} ($k=18,19,20$) = Einflußgrößen für die Dekaden (z. B. $x_{18t}=1$, falls es sich um die erste Dekade handelt, sonst 0)

t = Zeit (in Wochen)

b_i = Koeffizienten der Einflußgrößen

$\hat{Y}_t$ = Schätzung für den Erwartungswert der Zielgröße zum Zeitpunkt t

Das hyperbolische Glied $\frac{1}{t+5}$ wurde für die Anpassung von Anlauf- und Auslaufartikeln eingeführt, da sich bei Testläufen ergab, daß ein quadratischer Trend zu großen Extrapolationsfehlern führte. Je nach Anwendungsfall werden nicht benötigte Einflußgrößen weggelassen, z. B. wenn keine Tagesnachfragedaten vorliegen.

Die Koeffizienten dieses Ansatzes werden mit schrittweiser Regression errechnet und haben für mehrere Prognoseperioden Gültigkeit. Für den Fehler, der durch die Abweichung zwischen Prognose- und Istwert entsteht, wird in einer zweiten Stufe des Modells nochmals ein exponentiell gewichteter Ausgleich vorgenommen:

$$\hat{F}_t = \overline{y_t - \hat{Y}_t} \qquad (14)$$

$\hat{F}_t$ = Schätzung für den Erwartungswert des Fehlers zum Zeitpunkt t

Branche	Lagerkosten in TDM bisher	mit AEK	Lieferbereitschaft bisher	mit AEK	Lagerbestand bisher	mit AEK	Umsatz Mio. DM
Fleischwarenindustrie	1080	600	93 %	95 %	1800	1080	59
Getränkeindustrie	2200	1475	96 %	98 %	7880	5400	86
Elektroindustrie	1050	540	99 %	99 %	10500	5400	36
Plastikindustrie	1980	1490	96 %	98 %	6300	4500	42
Lebensmittelgroßhandel	1750	1030	96 %	97 %	5900	4200	120
Fachgroßhandel	600	335	95 %	97 %	3000	1695	20
durchschnittlich	1443	912	95,8 %	97,3 %	5897	3713	60,5

Tabelle 10   Kosteneinsparungen mit AEK und optimaler Lagerwirtschaft
Im Durchschnitt ergab sich eine Verringerung des Lagerbestands und der Lagerkosten um 37 % durch den Einsatz des AEK-Modells bei 1,5 % höherer Lieferbereitschaft

Eine Neuberechnung der Gleichung (14) erfolgt in jeder Prognoseperiode. Ein Kontrollsignal - σ_t / σ_{t0} als Verhältnis der laufenden Standardabweichung σ_t zu der, welche bei der Erstellung der Prognosegleichung ermittelt wurde (σ_{t0}) - überwacht den Fehler des allgemeinen Ansatzes und löst bei Überschreiten einer vorgegebenen Grenze eine erneute Berechnung der Gleichung (13) aus. Den Disponenten werden viele Hinweise auf die Entwicklung der Artikel gegeben, z. B. sporadische Nachfrage, starker positiver Trend oder Anfangsartikel. Mit einem vorgebbaren Prozentsatz kann der Disponent die Trendextrapolation steuern, wenn er glaubt, daß sich der Trend nicht in voller Höhe fortsetzt (einfache Form einer kombinierten Prognose).

Das Prognoseprogramm wurde in COBOL programmiert und auf einer IBM/360-30 Plattenanlage mit 32 K getestet. Mit Beobachtungswerten von vier Monaten ergab sich für die Prognoseberechnung von 150 Artikeln eine Laufzeit von neun Minuten. Da sich seit 1970 die Rechengeschwindigkeiten etwa verhundertfacht haben, dürfte heute die Laufzeit bei ca. 5 sec. liegen. Ab der IBM/370 wurde das Programm zur Erstellung der Prognosegleichungen im "Background" mit niedrigster Priorität gefahren. Dadurch verbrauchte das Programm nur Rechenzeiten, die sonst ungenutzt geblieben wären, d. h., die Prognosegleichungen konnten fast kostenlos erstellt werden. Selbst bei vollem Preis für die Rechenzeit kostete 1970 die Erstellung einer Prognosegleichung nur ca. 0,1 DM. Dem ist die Behauptung von *Chambers/Mullick/Smith* gegenüberzustellen, daß beim "Regression model" "Cost of forecasting with a computer $ 100" sind. Dagegen liegen die Kosten bei "Exponential Smoothing" bei $ 0,005, d. h., die Kosten sind bei der Regression 20000-fach so hoch [17/S. 55 ff.]. Traurig ist, wie sich die unhaltbaren Aussagen bis in die Gegenwart fortgepflanzt haben. Das Manager Magazin steigert beim "Regressions-Modell" die "Kosten der Prognose mit Computer" sogar auf "DM 800 und mehr" [128/S. 54]. Noch verrückter ist es, wenn das Manager Magazin die Kosten bei "*Box-Jenkins*" von $ 10 auf "DM 6000 und mehr" (S. 53) steigert. Umgekehrt senken *Mertens/Backert* [120/S. B6] und *Nieschlag/Dichtl/Hörschgen* [126/S. 975] das Kosten- bzw. Rechenzeitverhältnis von *Box-Jenkins* zu "Exponential Smoothing" von 2000 auf 200. Offensichtlich übersehen haben *Hillier/Liebermann*, daß sich die Computerkosten von 1971 bis heute auf etwa 1/100 gesenkt haben, denn sie übernehmen die schon 1971 weit überhöhten Computerkosten auch für die Gegenwart [50/S. 674-7]. Bedauerlich ist auch die Fehlerfortpflanzung der Falschaussagen von *Reif* zur Regression in den IBM Nachrichten, Heft 177 (April 1966), S. 129 und [135/S. 9 und Abbildung 17]: "Es müssen alle Daten der Vergangenheit ... gespeichert werden" und "Das Verfahren ist in seinem Formalismus relativ statisch, wodurch eine Gewichtung der Daten nicht möglich ist". Uns sind über 15 Literaturquellen bekannt, die diese und ähnliche Falschaussagen fast wörtlich übernommen haben, z. B. [143/S. 107], [159/S. 35 f.], [185/S. 86]. Hinzuweisen ist noch auf die Plagiate [135/S. 16 f.] bei [99/S. 254] und [159/S. 34-7] bei [135/S. 8 f.] sowie bei IBM Nachrichten, Heft 177, S. 129. Leicht widerlegbar sind die Aussagen von *Bartmann/Schramm* [4/S. 86], wenn sie behaupten: "Der Rechenaufwand der linearen schrittweisen Regression ... wächst damit ebenfalls in der dritten Potenz der Variablen", denn die "Zahl der signifikanten Variablen" wächst längst nicht proportional mit der "Zahl aller Variablen".

Abbildung 8 zeigt die Nachfrage (x) eines Artikels in einem Verkaufslager vom 1.7. bis 30.10.1969. Nach Speicherung der Nachfragedaten bis 30.9.1969 wurde die Prognosegleichung berechnet zu:

$$\hat{Y} = 515{,}7 + 921{,}5 \cdot X_{\text{Montag}} + 239{,}2 \cdot X_{\text{Dienstag}} - 293{,}9 \cdot X_{\text{Freitag}} + 173{,}6 \cdot X_{\text{September}}$$

$\hat{y} = 749$ gibt den exponentiell gewichteten Mittelwert zum gleichen Zeitpunkt an. Die Standardabweichung reduzierte sich bei dem AEK-Modell gegenüber dem Exponential Smoothing von $\sigma_1 = 483$ auf $\sigma_2 = 222$. Die statistische Sicherheit betrug über 99 % für alle Koeffizienten der Gleichung.

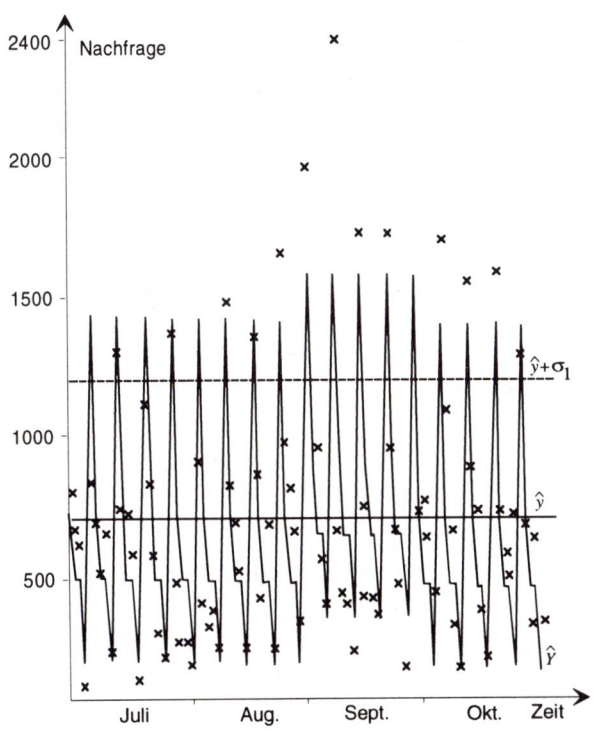

Abb. 8 Nachfragen (x) und Prognosen bei einem Lagerartikel mit Tages- und Saisoneinflüssen. Für die Prognosegleichung wurden die Nachfragen bis 30.9. verwendet.

Auch die Oktobernachfragen wurden gut vorhergesagt. Abbildung 9 zeigt für den gleichen Artikel die Vorhersagegleichung nach Berücksichtigung der Oktobernachfragen:

$$\hat{Y} = 624{,}5 + 922{,}5 \cdot X_{\text{Montag}} + 254{,}6 \cdot X_{\text{Dienstag}} - 270 \cdot X_{\text{Freitag}} - 158{,}2 \cdot X_{\text{Juli}}$$

$\hat{y} = 760$ ist der exponentiell gewichtete Mittelwert zum gleichen Zeitpunkt. Die Standardabweichung ging von $\sigma_1 = 458$ (Exponential Smoothing) auf $\sigma_2 = 211$ (AEK) zurück. Außerdem liegen 15 Nachfragen über $\hat{y} + \sigma_1$, aber nur acht über $\hat{Y} + \sigma_2$, d. h., bei dem AEK-Modell treten große Ausreißer seltener auf (das ist noch ein weiterer Vorteil für die Prognose). Es fällt auf, daß bei Berücksichtigung der Oktoberdaten für die Vorhersage die Julidaten signifikant von den anderen Werten abweichen, während sich in Abbildung 8 (ohne Berücksichtigung der Oktoberdaten) die Septemberdaten signifikant von den Juli- und Augustdaten unterscheiden. Das rührt daher, daß die Oktoberdaten stärker von den Julidaten abweichen als von den September- und Augustdaten.

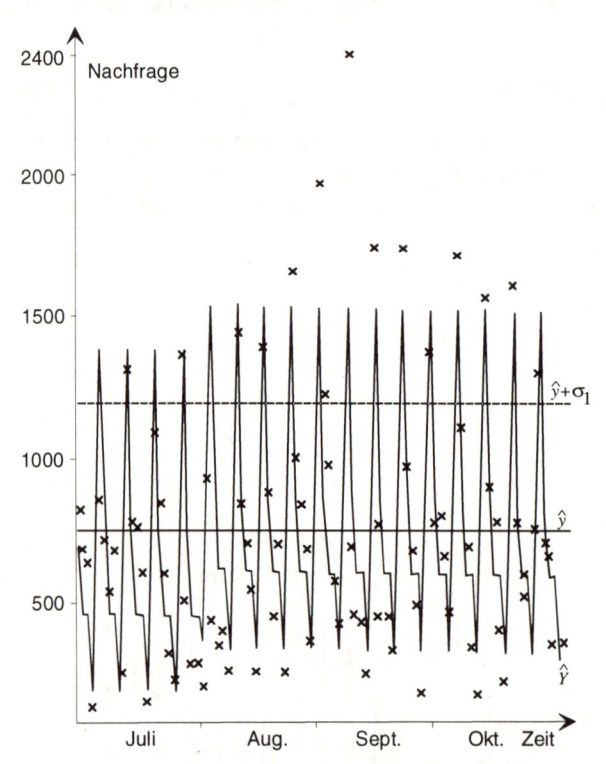

Abb. 9 Nachfragen (x) und Prognosen beim gleichen Artikel (Abbildung 8). Für die Prognosegleichung wurden auch die Oktoberdaten verwendet.

Der Test mit den 150 Artikeln zeigte, daß beim AEK-Modell die Standardabweichungen um 10 bis 60 % niedriger sind als bei Exponential Smoothing. Bei gleicher Lieferbereitschaft reduzieren sich die notwendigen Sicherheitsbestände noch stärker, da der Sicherheitsbestand bei konstanter Lieferbereitschaft überproportional von der Standardabweichung abhängt. Auf diese Weise können die Lagerkosten erheblich gesenkt werden.

Tabelle 11 zeigt die Nachfragevorhersagen und die Sicherheitsbestände für die Dispositionszeit (Distage) bei einer gewünschten Lieferbereitschaft von 95 %. Die Vorhersage wurde mittels Exponential Smoothing erster Ordnung vorgenommen (Kennzeichen 3 in der letzten Spalte).

Auslieferungslager 91
Dispositionstag 02.09.69. Liefertag 03.09.69. Reicht bis 10.09.69

Art.-Nr.	Distage	Nach-frage	Sicherh.-bestand		Ist-Bestand	Ausr. für	Bestell Kilo	KZ
003	7	701,2	60,1	B	101,7	1	659,6	3
004	8	20,7	12,0	B	0,0	0	32,7	3
009	7	1147,9	98,7	B	-142,1	0	1388,7	3
010	9	9,6	10,6	B	2,5	2	17,7	3
015	20	115,3	51,0	B	-30,0	-5	196,3	3
017	14	149,9	38,9	B	0,0	0	188,8	3
018	7	1717,4	59,8	B	-113,9	0	1891,1	3
019	11	9,1	7,8	B	0,0	0	16,9	3
028	9	72,2	78,1	B	0,9	0	149,4	3
029	11	303,8	35,4	B	-89,7	-3	428,9	3
030	7	108,1	46,3	B	132,5	8	21,9	3
031	7	455,8	79,4	B	-152,1	-2	687,3	3
032	7	256,1	51,0	B	41,9	1	265,2	3
035	9	105,0	47,0	B	-0,5	0	152,5	3
037	37	341,7	67,8	B	-9,0	0	418,5	3
040	9	64,6	53,3	B	1,7	0	116,2	3
045	7	321,4	52,1	B	68,0	1	305,5	3
049	22	37,9	19,7	B	0,0	0	57,6	3
057	9	9,7	10,3	B	0,0	0	20,0	3
058	29	149,8	32,0	B	0,0	0	181,8	3
060	7	184,4	128,5	B	-57,5	-2	370,4	3
062	7	176,8	35,9	B	58,6	2	154,1	3
066	7	444,1	36,1	B	52,5	0	427,7	3
069	9	64,9	52,9	B	7,5	1	110,3	3
070	11	8,3	7,9	B	0,0	0	16,2	3
072	9	14,0	17,4	B	0,0	0	31,4	3
075	7	437,6	61,1	B	-191,4	-3	690,1	3
076	15	15,5	14,8	B	-5,0	-4	35,3	3
078	7	27,0	18,8	B	2,1	0	43,7	3
085	7	259,0	32,6	B	-62,3	-1	353,9	3
087	31	19,9	15,1	B	0,0	0	35,0	3
090	7	220,6	60,3	B	-104,4	-3	385,3	3
092	7	290,5	42,9	B	-21,8	0	355,2	3
093	21	139,0	155,6	B	0,0	0	294,6	3
094	7	201,5	217,6	B	-173,3	-6	592,4	3
099	7	100,8	26,2	B	2,0	0	125,0	3
100	7	182,2	30,5	B	10,0	0	202,7	3
112	7	526,0	29,7	B	-164,7	-2	720,4	3
114	7	291,8	65,7	B	201,5	4	156,0	3
117	7	554,0	74,6	B	-190,4	-2	819,0	3
118	7	325,2	52,6	B	-80,5	-1	458,3	3
119	7	950,2	108,7	B	-90,7	0	1149,6	3
121	7	636,2	208,2	B	191,8	2	652,6	3
122	10	155,8	20,1	B	-60,2	-3	236,1	3

Tabelle 11   Bestelldisposition für ein Verkaufslager, wobei die Nachfragen und Sicherheitsbestände mit Hilfe eines starren Exponential-Smoothing-Modells vorhergesagt werden. Gewünschte Lieferbereitschaft 95 %

Die Bestelldisposition bei Tabelle 12 erfolgte mit dem AEK-Modell unter sonst gleichen Voraussetzungen. Die 3 in der letzten Spalte gibt an, daß bei den entsprechenden Artikeln nicht genügend Beobachtungsdaten (<25) für das Prognosemodell vorlagen, deshalb wurde mittels Exponential Smoothing vorhergesagt wie bei Tabelle 11. Der Vergleich zeigt, wie stark die Sicherheitsbestände und damit auch die Lagerkosten reduziert werden können. Addiert man die Sicherheitsbestände der Artikel aus Tabelle 12, die mittels des AEK-Modells vorhergesagt wurden (ohne Kennzeichen), so ergibt sich ein Sicherheitsbestand von 1217,6 gegenüber 1947,0 bei den gleichen Artikeln von Tabelle 11, d. h., die Sicherheitsbestände konnten gegenüber dem Exponential Smoothing bei gleicher Lieferbereitschaft um 37 % verringert werden.

Auslieferungslager 91
Dispositionstag 02.09.69. Liefertag 03.09.69. Reicht bis 10.09.69

Art.-Nr.	Distage	Nachfrage	Sicherh.-Bestand		Ist-Bestand	Ausr. für	Bestell Kilo	KZ
003	7	702,5	35,1	B	101,7	1	635,9	
004	8	20,7	12,0	B	0,0	0	32,7	3
009	7	1210,2	15,5	B	-142,1	0	1367,8	
010	9	9,6	10,6	B	2,5	2	17,7	3
015	20	119,7	19,7	B	-30,0	-5	169,4	
017	14	149,9	38,9	B	0,0	0	188,8	3
018	7	1806,5	7,1	B	-113,9	0	1927,5	
019	11	9,1	7,8	B	0,0	0	16,9	3
028	9	42,6	79,2	B	0,9	0	120,9	
029	11	313,0	29,4	B	-89,7	-3	432,1	
030	7	108,1	46,3	B	132,5	8	21,9	3
031	7	356,7	64,8	B	-152,1	-2	573,6	
032	7	237,0	41,1	B	41,9	1	236,2	
035	9	105,0	47,0	B	-0,5	0	152,5	3
037	37	341,7	67,8	B	-9,0	0	418,5	3
040	9	55,3	28,0	B	1,7	0	81,6	
045	7	601,9	11,3	B	68,0	0	545,2	
049	22	37,9	19,7	B	0,0	0	57,6	3
057	9	7,8	7,9	B	0,0	0	15,7	
058	29	149,8	32,0	B	0,0	0	181,8	3
060	7	372,7	82,9	B	-57,5	-1	513,1	
062	7	272,7	6,3	B	58,6	1	220,4	
066	7	440,1	19,4	B	52,5	0	407,0	
069	9	50,7	32,6	B	7,5	1	75,8	
070	11	8,3	7,9	B	0,0	0	16,2	3
072	9	14,0	17,4	B	0,0	0	31,4	3
075	7	443,7	33,9	B	-191,4	-3	669,0	
076	15	1,9	15,7	B	-5,0	-38	22,6	
078	7	39,3	13,8	B	2,1	0	50,5	
085	7	272,8	27,7	B	-62,3	-1	362,8	
087	31	19,9	15,1	B	0,0	0	35,0	3
090	7	235,2	55,1	B	-104,4	-3	394,7	
092	7	306,2	36,7	B	-21,8	0	364,7	
093	21	139,0	155,6	B	0,0	0	294,6	3
094	7	77,5	233,5	B	-173,3	-15	484,3	
099	7	320,5	6,1	B	2,0	0	324,6	
100	7	201,1	11,1	B	10,0	0	202,2	
112	7	536,8	3,2	B	-164,7	-2	704,7	
114	7	278,5	42,5	B	201,5	5	119,5	
117	7	567,9	68,5	B	-190,4	-2	826,8	
118	7	325,2	52,6	B	-80,5	-1	458,2	
119	7	996,8	89,2	B	-90,7	0	1176,7	
121	7	1874,0	32,2	B	191,8	0	1714,4	
122	10	154,5	17,0	B	-60,2	-3	231,7	

Tabelle 12 Bestelldisposition unter Verwendung eines anpassungsfähigen Prognosemodells bei gleichen Voraussetzungen wie bei Tabelle 11.

Eines der weiteren Einsatzgebiete ist die Disposition von Einzelhandelsfilialen, Kaufhäusern und Verbrauchermärkten (DIS 2/L) ([71], [106/S. 480 f.], [137]). Dabei wird keine artikelweise Erfassung der Abgänge benötigt, sondern die Nachfrage wird aus Zugängen und Bestandserfassungen abgeleitet. Bei einer weiteren Anwendung (DIS 2) werden 400 Fahrverkäufern die täglichen Belademengen vorgeschlagen ([67/S. 2135], [98]).

Der Bayerische Sparkassen- und Giroverband prognostiziert monatlich ca. 5000 Zeitreihen (Bilanzpositionen) mit einem Modell MURA [29], das eine Kombination von schrittweiser Regression und exponentieller Glättung ist. Parallel dazu wird das Verfahren EXPO angewendet (modifiziertes EXFOR von IBM mit quadratischem Trend und vier Glättungsparametern). Ergebnis: "Das vollständige Modell MURA zeigt wesentlich bessere Ergebnisse als das Verfahren EXPO" [29/S. 121]. Nach Aussagen von *Eufinger* läuft das Programm heute bei allen Rechenzentren der Sparkassen- und Giroverbände für Deutschland und Österreich. Über 20000 Bilanzpositionen werden damit laufend prognostiziert.

Weckerle [172] verwendet eine Kombination von mehrfacher Regression und exponentieller Glättung zur Nachfrageprognose unter Berücksichtigung des vorhandenen Auftragsbestands.

Hansmann [42] setzte ein AEK-Modell zur Prognose von Publikumszeitschriften ein. Entsprechend den Empfehlungen von *Matt* verbesserte er das Prognosemodell. Dadurch konnte der $MAPF$ von 2,7 % auf 2,4 % gesenkt werden [43/S. 242].

Weitere Anwendungsmöglichkeiten für AEK gibt es bei Prognosen zur Unternehmungsbewertung [12] und für Kostenprognosen [134]. Über Möglichkeiten bei der Unternehmensplanung berichten *Heckmann/Schemmel* [47]. *Witte/Klein* empfehlen AEK für Finanzprognosen [180]. Bei der Absatz- und Produktionsplanung wird LOGIS 1 verwendet ([21], [68/S. 1253]). LOGIS 1 ist eine Erweiterung des Konsumgüter-Prognosemodells um 16 Einflußgrößen: einen gedämpften Trend, drei Tertialeinflüsse und 12 Einflußgrößen für Sondereinflüsse wie Feiertage, Ferienzeit, Betriebsurlaub, Aktionen u. a. Die Sondereinflüsse können betriebsindividuell definiert werden. Dazu ist nur nötig, daß man die Zeiträume angibt, in denen die Einflüsse wirksam waren oder sind. *Haberbeck* [41] empfiehlt in seiner Dissertation bei *Gutenberg*, "die schrittweise Regressionsanalyse ... mit exponentiell verteilten Gewichten" zur wirtschaftlichen Ermittlung von Verbrauchsfunktionen einzusetzen. *Schrammel/Griese* [150/S. 15] verwenden ein AEK-Modell mit externen Einflußgrößen zur Prognose der Studienanfängerzahlen. Im Rahmen der computergestützten Marketing-Planung haben die IBM-Mitarbeiter *zur Brügge/Wurms* eine "gleitende gewichtete Regression" vorgestellt, die auf AEK aufbaut [188/S. 121].

Erfreulicherweise hat *Meier* gegen die Aussagen von *Bartmann/Schramm* [4/S. 32] nachgewiesen, daß AEK sehr wohl "Tagesgenaue Prognosen" für Zahlungsströme liefern kann [114]. Das Problem bei der Stichprobeninventur ([108], [109], [160]) besteht darin, die Bestandsabweichungen bestmöglich zu prognostizieren. Mit Hilfe der Kombinierbaren Stichprobeninventur (KSI) wurden bei der ersten Anwendung im ersten Jahr 150000 DM Kosten eingespart [129].

Bei der IBM Werkabendschule wurde von 1965 bis 1967 im offline-Verfahren die Simulation als pädagogisches Hilfsmittel eingesetzt ([73/S. 302], [102/S. 15]). Die Schüler konnten dabei anhand des MIMS (Modular Inventory Management Simulator) die Lagerbewirtschaftung simulieren oder anhand des FORTRAN-Programms aus [104/S. 6] einen Prognosedialog führen. Dabei konnten die Schüler die Wirkungsweise von ES1, ES3 und AEKTM anhand beliebiger A-, t_{IN}- und t_{OUT}-Werte testen. 1973 führten *Mertens* und seine Schüler das Computerunterstützte Entscheidungtraining (CET) als online-Verfahren ein ([118], [131], [136]). Dabei hat *Reitbauer* für das Prognosetraining das AEK-Programm aus [104] übernommen [136/S. 239-42]. Das CET-Teachwarepaket wurde von mehreren Universitäten übernommen [118/S. 820]. Ab Sommersemester 1973 war der CET-Kurs Pflichtbestandteil des Ausbildungsprogramms in Betrieblicher Datenverarbeitung [132/S. 184]. An den Hochschulen gibt es mehrere Programme und Methodenbanken, die AEK enthalten, sogar für "Kleinrechner" ([22], [25], [151/S. 120]). 1981 wiesen *Ellinger/Asmussen/Schirmer* im Rahmen einer RKW (Rationalisierungs-Kuratorium für die Deutsche Wirtschaft)-Untersuchung [27] nach, daß bei einem Großhandelsbetrieb dank AEK und dem Lagerbewirtschaftungssystem DIS 1/L [67/S. 2135] jährlich 429000 DM Kosten eingespart werden. Eine erfreuliche Folge für die Unternehmung war, daß im nächsten Jahr durch gezielte Ausnutzung der gebotenen Möglichkeiten von DIS 1/L zusätzlich 396000 DM eingespart wurden. Gewarnt werden sollte vor der Anwendung der schrittweisen (stepwise) Autoregression von *Newbold/Granger*, denn die Zielgröße $Z_t = y_t - y_{t-1}$ bewirkt, daß NP1 unnötigerweise *voll* in die Prognose eingeht (siehe auch [57/S. 96 und 139]). Nach seinen *Harrison*-Modellen und "*Bayes*ian models" ist *Harrison* nun wieder bei der "Discount Weighted Regression" [69/S. 923]: "This is the general principle adopted by *Ameen* and *Harrison*, who generalize and formalize a multiple discount procedure first used by *Harrison* [45] in a seasonal/growth model".

Erfreulich ist zwar, daß die schrittweise Regression bis zur deutschen Ökonometrie vorgedrungen ist, bedauerlich ist aber, daß sie dort oft unter dem irreführenden Namen "stufenweise Regression" ihr Dasein fristen muß ([138], [143], [149], [171]). Die stufenweise (stagewise) Regression gab es wahrscheinlich schon lange vor der schrittweisen, und es gibt sie heute noch ([24], [39], [113], [139]), sicherlich zur weitgehenden Verwirrung der Studenten und Praktiker. Zu warnen ist vor irreführenden Aussagen bei [138/S. 105-7].

Obwohl *Hocking* behauptet, daß sich die Regressionsrechnung von *Gauß* bis zur Entdeckung der schrittweisen Regression (1960) kaum verändert hat, "but by 1959 regression methodology had not changed appreciably", und *Draper/Smith* [24/S. 310] zur "stepwise regression" schreiben: "we believe this to be one of the best of the variable selection procedures discussed and recommend its use", ist die schrittweise Regression kaum bis zu den deutschsprachigen Lehr- und Handbüchern der Statistik oder des Operations Research vorgedrungen. Bei den meisten taucht nicht einmal der Begriff im Sachregister auf, z. B. [46], [48], [50], [78], [91], [116], [123], [141], [146], [165], [183], [186], [187]. Das alles, obwohl reihenweise Vorträge bei OR-Tagungen gehalten sowie Aufsätze in Statistik- und OR-Zeitschriften publiziert wurden, z. B. [99], [101], [104], [120], [178]. Außerdem gibt es mindestens seit 1963 [99/S. 263] zahlreiche Programme zur schrittweisen Regression, z. T. sogar mit freier Gewichtung. Siehe auch [134/S. 260 ff.] zu den Programmen der DV-Hersteller sowie [24/S. 344 ff.], [79], [184] zu den Statistik-Softwarepaketen. Eine hinlängliche Beschreibung der schrittweisen Regression fanden wir nur bei [32], denn die Beschreibung bei [153/S. 165] ist falsch und auch zu kurz. Hinzuweisen ist noch auf falsche Einordnungen und Beschreibungen von AEK ([111], [133] sowie [83/S. 148], [85/S. 195], [140/S. 616 und 611], [57/S. 73]).

AEK eignet sich nicht nur für die meist kurzfristige Lagerdisposition, sondern auch für Umsatz und Nutzenprognosen, wie es das Beispiel einer rollierenden Umsatzprognose für ein SB-Warenhaus zeigt [106]. Dabei sind die Einflußgrößen für die externen Einflüsse vorgebbare Plandaten oder zeitverzögert angesetzte Größen.

Nach der Analyse möglicher Einflußgrößen auf den Umsatz ergab sich folgendes Prognosemodell:

U	= Umsatz
a_0	= konstanter Anteil
$+ a_1 \cdot P$	= Zeiteinfluß (linearer Trend, P = Periode)
$+ \dfrac{a_2}{P+5}$	= Anlauf-, Auslaufeinfluß (hyperbolischer Zeiteinfluß)
$+ a_3 \dfrac{PD}{MP}$	= linearer Preiseinfluß (Preisdifferenz (PD) zum Marktpreis (MP))
$+ a_4 \dfrac{(PD)^2}{(MP)^2}$	= quadratischer Preiseinfluß
$+ a_5 \cdot PE$	= Personaleinsatzeinfluß (PE)
$+ a_6 \cdot VF$	= Verkaufsflächeneinfluß (VF)
$+ a_7 \cdot PE \cdot VF$	= kombinierter Personal- und Verkaufsflächeneinfluß
$+ a_8 \cdot FW$	= Fernsehwerbungseinfluß (FW)
$+ a_9 \cdot RW$	= Rundfunkwerbungseinfluß (RW)
$+ a_{10} \cdot ZW$	= Zeitungswerbungseinfluß (ZW)
$+ a_{11} \cdot PW$	= Prospektwerbungseinfluß (PW)
$+ a_{12} \cdot SW$	= sonstiger Werbungseinfluß (SW)
$+ a_{13} \cdot GW$	= Gesamtwerbungseinfluß (GW)
$+ a_{14} \cdot KW$	= Konkurrenzwerbungseinfluß (KW)
$+ a_{15} \cdot SA$	= Serviceaufwandseinfluß (SA)
$+ \sum\limits_{i=1}^{12} b_i \cdot M_i$	= Saisoneinfluß ($M_i = 1$ für Monat i)
$+ ZS$	= Zufallsschwankungen

Der quadratische Ansatz des Preiseinflusses erfolgte, um nichtlineare Preiseinflüsse erfassen zu können, der Ansatz nach Werbeträgern und nach der Gesamtwerbung hat den Sinn, unterschiedliche Werbeeinflüsse im Zeitablauf auch dann feststellen zu können, wenn einzelne Werbeeinflüsse nicht die geforderte statistische Sicherheit erreichen.

Die Prognosegleichung wurde mit Daten von 24 Monaten aufgestellt, die Monate 25 bis 27 dienten als Testdaten. Es ergab sich folgende Prognosegleichung:

$$U \text{ (in 1000 DM)} = 356 + 4 \cdot P - 3802 \cdot \frac{PD}{MP} + 5{,}83 \cdot PE + 0{,}253 \cdot VF +$$
$$+ 14{,}3 \cdot GW - 43 \cdot M_7 - 68 \cdot M_8 - 42 \cdot M_9 + 53 \cdot M_{11} + 68 \cdot M_{12}$$

Die Gleichung verdeutlicht, daß ein positiver Umsatztrend vorliegt und daß Preisverhalten, Personaleinsatz, Verkaufsfläche und Werbung statistisch gesicherte Einflüsse auf den Umsatz haben. Außerdem stellte sich heraus, daß der Umsatz während der Urlaubsmonate (Juli bis September) zurückgeht und zum Ende des Jahres ansteigt (November und Dezember). Abbildung 10 zeigt die effektiven Umsätze und die Prognosewerte (Kurve). Die Umsätze von 1971 (+) wurden nicht bei der Berechnung der Prognosegleichung benutzt.

Auch hier ergibt sich eine gute Übereinstimmung zwischen den effektiven und Prognosewerten. Die Standardabweichung (durchschnittlicher Fehler) beträgt 9200 DM, d. h., mit 95 % Sicherheit können die Monatsumsätze bis auf ±18400 DM und mit 68 % Sicherheit auf ±9200 DM prognostiziert werden.

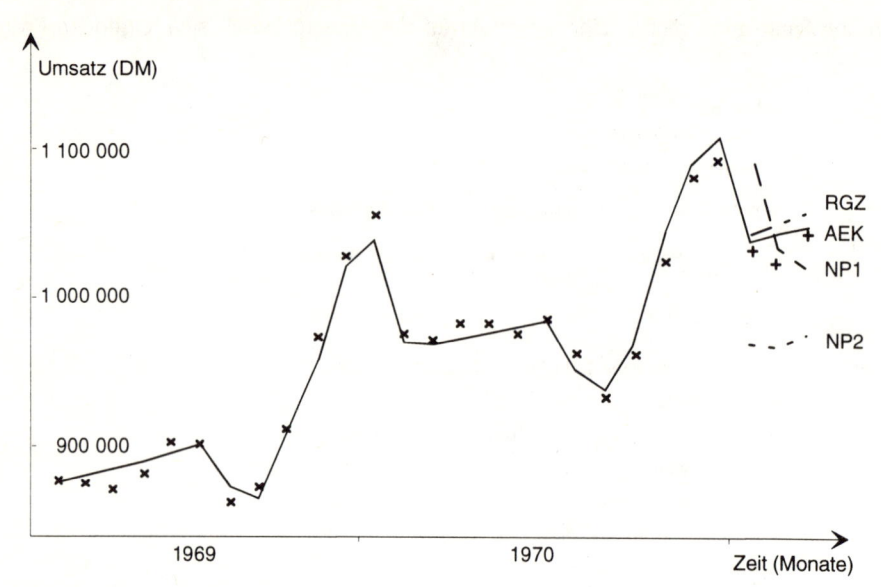

Abb. 10 Monatsumsätze (x) eines SB-Warenhauses und deren Prognose mit den Verfahren AEK, RGZ, NP1 und NP2

Weitere Anwendungsberichte und Beurteilungen von AEK findet man in [5], [6], [7], [16], [19], [29], [31], [32], [33], [36], [40], [49], [56], [57], [70], [71], [75], [77], [80], [85], [88], [90], [98], [101], [104], [105], [106], [117], [119], [120], [121], [122], [130], [137], [143], [162], [182].

9.5 Literatur

[1] Abraham, B. und Ledolter, J., Statistical Methods for Forecasting, New York 1983.
[2] Bails, D. und Peppers, L., Business Fluctuations, Englewood Cliffs 1982.
[3] Bartmann, D. und Beckmann, M., Lagerhaltung, Berlin u.a. 1989.
[4] Bartmann, D. und Schramm, C., Ein Verfahren zur Prognose von Tagesdaten, in: [151], S. 31 ff.
[5] Bednar, L., Entwicklung eines Lagerhaltungsmodells für Ersatzteile, Dissertation, Hochschule für Welthandel Wien 1975 (man beachte die Korrekturen).
[6] Bednar, L. und Hasenauer, R., Adaptive und nichtadaptive Prognosemodelle - ein empirischer Methodenvergleich, in: Hasenauer, R. (Hrsg.), Modelle der computergestützten Marketingplanung, Meisenheim am Glan 1977, S. 357 ff. (Korrekturen beachten, sie können beim Verlag angefordert werden).
[7] Biethahn, J., Optimierung und Simulation, Wiesbaden 1978.
[8] Bowermann, B. u.a., Time Series and Forecasting, North Scituate 1979, 2. Aufl. 1987.
[9] Box, G.E.P. und Jenkins, G.M., Some Statistical Aspects of Adaptive Optimization and Control, Journal of the Royal Statistical Society B 24 (1962), S. 297 ff.
[10] Box, G.E.P. und Jenkins, G.M., Time Series Analysis, 2. Aufl., San Francisco 1976.
[11] Brenner, J. u.a., Difference Equations in Forecasting Formulas, Management Science 14 (1968), S. 141 ff.

[12] Bretzke, W., Das Prognoseproblem bei der Unternehmungsbewertung, Düsseldorf 1975.
[13] Brown, R.G., Less Risk in Inventory Estimates, Harvard Business Review 33 (1959) 4, S. 104 ff.
[14] Brown, R.G., Smoothing, Forecasting and Prediction of Discrete Time Series, Englewood Cliffs 1963.
[15] Bruckmann, G. (Hrsg.), Langfristige Prognosen, 2. Aufl., Würzburg 1978.
[16] Burbulla, J., Kritische Analyse von HOREST, Diplomarbeit, Universität Münster 1975.
[17] Chambers, J. u.a., How to Choose the Right Forecast Technique, Harvard Business Review 45 (1971) 4, S. 45 ff.
[18] Chow, W.M., Adaptive Control of the Exponential Smoothing Constant, The Journal of Industrial Engineering 16 (1965), S. 314 ff.
[19] DbO - Aktiengesellschaft für Datenverarbeitung und betriebswirtschaftliche Organisation (Hrsg.), Allgemeine Beschreibung des DbO-Systems DIS 1 - Disposition der Verkaufslagerstufen - Stand 8. 7. 1969, Zürich.
[20] DbO (Hrsg.), Konzeption für ein neues Prognosesystem, Arbeitspapier L6, Zürich 1981.
[21] DbO (Hrsg.), Allgemeine Beschreibung des DbO-Systems LOGIS 1 Prognoserechnung, Zürich 1984.
[22] Dirr, U., Konzeption und Programmierung der Adaptiven Einflußgrößenkombination für ein Methodenbanksystem auf Kleinrechnern und Test des Verfahrens anhand von Wirtschaftsdaten, Diplomarbeit, Nürnberg 1979.
[23] D'Esopo, D., A Note on Forecasting by the Exponential Smoothing Operator, Operations Research 9 (1961), S. 686 f.
[24] Draper, N. und Smith, H., Applied Regression Analysis, 2. Aufl., New York 1981.
[25] Eckardt, T., Möglichkeiten, Grenzen und Wirtschaftlichkeit der Realisierung von Methodenbankelementen auf arbeitsplatzorientierten Kleinrechnern, dargestellt am Beispiel einer Prognose-Methodenbank, Dissertation, Nürnberg 1981.
[26] Efroymson, M.A., Mehrfache Regressionsanalyse, in: Ralston, A. und Wilf, H.S. (Hrsg.), Mathematische Methoden für Digitalrechner, München-Wien 1967, S. 345 ff., 2. Aufl. 1972.
[27] Ellinger, T. u.a., Ergebnisverbesserung durch optimale Lagerbewirtschaftung, Eschborn 1981.
[28] Emde, W., Analyse- und Prognosemethoden in der rechnergestützten Absatzplanung, Köln 1977.
[29] Eufinger, J., Empirische Erfahrungen mit den Prognosemethoden des Sparkassenprognosesystems, IBM Nachrichten 25 (1975), S. 118 ff.
[30] Fahrmeir, L., Kaufmann, H.L. und Kredler, Ch., Modellwahl und numerische Aspekte bei der Bestimmung von Bayes-Klassifikatoren, Beitrag zur DGOR-Tagung 1979, Regensburg, in: [152], S. 341 ff.
[31] Fahrmeir, L., Rekursive Algorithmen für Zeitreihenmodelle, Göttingen 1981.
[32] Fahrmeir, L. u.a. (Hrsg.), Multivariate statistische Verfahren, Berlin u.a. 1984.
[33] Fahrmeir, L. u.a., Stochastische Prozesse, München u.a. 1981.
[34] Fischer, H., Eine kritische Übersicht über Vergleiche von Prognoseverfahren, Diplomarbeit, Nürnberg 1978.
[35] Fisher, R.A., Statistical Methods for Research Workers, 13. Aufl., London 1958.
[36] Gahse, S., Mathematische Vorhersageverfahren, München 1971.
[37] Gardner, E., Exponential Smoothing: The State of the Art, Journal of Forecasting 4 (1985), S. 1 ff.
[38] Gauß, C.F., Abhandlungen zur Methode der kleinsten Quadrate, Berlin 1887, Nachdruck 1986.
[39] Gerfin, H., Einige Probleme mittel- und langfristiger Marktprognosen, Schweizerische Zeitschrift für Volkswirtschaft und Statistik o.J. (1961), S. 45 ff.
[40] Griese, J., Adaptive Verfahren im betrieblichen Entscheidungsprozeß, Würzburg-Wien 1972.
[41] Haberbeck, H., Zur wirtschaftlichen Ermittlung von Verbrauchsfunktionen, Dissertation, Köln 1967.

[42] Hansmann, K.W., Absatzprognose für Publikumszeitschriften, Beitrag auf der DGOR-Tagung 1979, Regensburg, in: [152], S. 313 ff.
[43] Hansmann, K.W., Die Anwendung der Spektral- und Regressionsanalyse bei der Absatzprognose von Zeitschriften, in: [151], S. 231 ff.
[44] Hansmann, K.W., Kurzlehrbuch Prognoseverfahren, Wiesbaden 1983.
[45] Harrison, P.J., Short-Term Sales Forecasting, Applied Statistics 14 (1965), S. 102 ff.
[46] Hartung, J. u.a., Statistik, Lehr- und Handbuch der angewandten Statistik, 8. Aufl., München 1991.
[47] Heckmann, N. und Schemmel, F., Die Anwendung der Regressionsrechnung zur Entwicklung quantitativer Prognosemodelle, Zeitschrift für betriebswirtschaftliche Forschung 23 (1971), S. 42 ff.
[48] Heinhold, J. und Gaede, K.W., Ingenieurstatistik, 3. Aufl., München-Wien 1972, 4. Aufl. 1979.
[49] Heinzelbecker, K., Partielle Marketing-Informationssysteme, Frankfurt u.a. 1977.
[50] Hillier, F. u.a., Einführung in Operations Research, 4. Aufl., München 1992.
[51] Hocking, R., Developments in Linear Regression Methodology: 1959-1982, Technometrics 25 (1983), 219 ff.
[52] Holt, C.C., Forecasting Seasonals and Trends by Exponentially Weighted Moving Averages, Pittsburg 1957, Office of Naval Research ONR Memorandum 52.
[53] Hüttenwerk Rheinhausen, Einflußgrößenrechnung am Hochofen, Rheinhausen 1960.
[54] Hüttenwerk Rheinhausen, Berechnung des maximalen Stahldurchsatzes der Tieföfen, Rheinhausen 1960.
[55] Hüttenwerk Rheinhausen, Durchführung einer Regressionsanalyse über den Koksverbrauch, Rheinhausen 1962.
[56] Hüttner, M., Informationen für Marketing-Entscheidungen, München 1979.
[57] Hüttner, M., Prognoseverfahren und ihre Anwendung, Berlin-New York 1986.
[58] IBM (Hrsg.), Lagerdisposition mit MINCOS, IBM Form 80630, 1966.
[59] IBM (Hrsg.), IMPACT-Handbuch, Teil 1, IBM Form 80582, 1965.
[60] IBM (Hrsg.), EXFOR 1 und 2 - Bedarfsvorhersage mittels exponentiell gewichteter, gleitender Mittelwerte, IBM Form 72139, 1969.
[61] IBM (Hrsg.), IMPACT für den Einzelhandel, IBM Form 80558, 1969.
[62] IBM (Hrsg.), PICS - Lagerbewirtschaftungssystem für Fertigungsbetriebe, IBM Form 81912, 1970.
[63] IBM (Hrsg.), Distributions-, Informations- und Optimierungs-System Anwendungsbeschreibung, IBM Form E12-1077-0, 1971.
[64] IBM (Hrsg.), IBM AS Statistische Analysen und Vorhersageverfahren, Handbuch, Stuttgart ca. 1984.
[65] IBM (Hrsg.), COPICS Inventory Planning and Forecasting II, Handbuch, Atlanta 1990.
[66] IBM (Hrsg.), Produktionsplanungs- und Steuerungssystem CAS für IBM AS/400: Systemmodule für den Fertiger, IBM Form GT12-4130, 1990.
[67] Infratest Informations Services (Hrsg.), ISIS Software Report 2, München 1976.
[68] Infratest Informations Services (Hrsg.), ISIS Software Report 2, München 1985.
[69] Johnston, F. und Harrison, P., Discount Weighted Regression, Journal of the Operational Research Society 35 (1984), S. 923 ff.
[70] Kempe, H., Lagerbewirtschaftung mit den DbO-Systemen DIS 1 und DIS 2, Cash and Carry 10 (1972), S. 20.
[71] Kempe, H. und Lau, R., Erstes EDV-Programm für den Lebensmitteleinzelhandel, Lebensmittelzeitung Nr. 29 vom 20. 7. 1973, S. 16 ff.
[72] Knolmayer, G., Ein Vergleich von 30 "praxisnahen" Lagerhaltungsheuristiken, in: Ohse, D. u.a. (Hrsg.), Operations Research Proceedings 1984, Berlin u.a. 1985, S. 223 ff.
[73] Köcher, D. u.a., Einführung in die Simulationstechnik, Berlin u.a. 1972.
[74] Kredler, C., Schrittweise Regression und rekursive Parameterschätzung, TUM-ISU-7919, Technische Universität München 1979.

[75]   Kredler, C., Schrittweise Verfahren für multinomiale und verwandte Regressionsmodelle, Dissertation, Technische Universität München 1981.
[76]   Kress, G., Practical Techniques of Business Forecasting, Westport 1985.
[77]   Kreuz, W., Dynamische Absatzprognoseverfahren, Zürich 1979.
[78]   Kreyszig, E., Statistische Methoden, 7. Aufl., Göttingen 1991.
[79]   Küffner, H. u.a., Datenanalysesysteme für statistische Auswertungen, Stuttgart 1985.
[80]   Lanzdorf, A., Lernende Prognoseverfahren, Diplomarbeit, Hochschule Linz 1970.
[81]   Legendre, A.M., Nouvelles Méthodes pour la Détermination des Orbites des Comètes, Paris 1806.
[82]   Levenbach, H. und Cleary, J., The Modern Forecaster, Belmont 1984.
[83]   Lewandowski, R., Prognose- und Informationssysteme und ihre Anwendungen, Band 1, Berlin-New York 1974.
[84]   Lewandowski, R., Prognosesysteme und ihre heutigen Anwendungsmöglichkeiten in der Unternehmensführung, in: Göppl H. und Opitz, O. (Hrsg.), Information und Prognose, Meisenheim 1975, S. 49 ff.
[85]   Lewandowski, R., La Prévision à Court Terme, Paris 1979.
[86]   Lewandowski, R., Forecasting Incorporating Special Events and Marketing Actions, in: [93], S. 371 ff.
[87]   Lewandowski, R. und Maurer, G., PROCOM - ein universelles kurzfristiges Analyse- und Prognosesystem, Angewandte Informatik 14 (1972), S. 345 ff.
[88]   Lienhard, H., Die Methode der fortlaufenden exponentiellen Ausgleichung, Elektrizitätsverwertung 46 (1971) 6, S. 169 ff.
[89]   Linder, A., Statistische Methoden für Naturwissenschaftler, 4. Aufl., Basel 1964.
[90]   Littger, K., Standardregister des Operations Research, München 1973.
[91]   Lohse, H. u.a., Statistische Verfahren, 2. Aufl., Berlin (Ost) 1986.
[92]   Makridakis, S. und Wheelwright, S., Interactive Forecasting, 2. Aufl., San Francisco 1978.
[93]   Makridakis, S. und Wheelwright, S., The Handbook of Forecasting, New York 1982, 2. Aufl. 1987.
[94]   Makridakis, S. u.a., Accuracy of Forecasting, Journal of the Royal Statistical Society A 142 (1979), S. 97 ff.
[95]   Makridakis, S. u.a., Prognosetechniken für Manager, Wiesbaden 1980.
[96]   Makridakis, S. u.a., The Accuracy of Extrapolation (Time Series) Methods, Journal of Forecasting 1 (1982), S. 111 ff.
[97]   Makridakis, S. u.a., Forecasting: Methods and Applications, 2. Aufl., New York 1983.
[98]   Marx, W., Zwei neue Absatzprognose- und Lagerbewirtschaftungssysteme: DIS 1 und DIS 2, Zeitschrift für Datenverarbeitung 8 (1970), S. 397 ff.
[99]   Matt, G., Die schrittweise Regressionsanalyse und ihre Anwendungsmöglichkeit im kaufmännischen Bereich, Ablauf- und Planungsforschung 4 (1963), S. 254 ff., auch als Sonderdruck IBM Form 78132.
[100] Matt G., Ein anpassungsfähiges Modell für Prognosen, Sindelfingen 1964, Paper zum IBM SE-Symposium 1965.
[101] Matt, G., Bestimmung statistisch gesicherter Koeffizienten bei der exponentiellen Ausgleichung (Exponential Smoothing), Unternehmensforschung 10 (1966), S. 15 ff., Beitrag zur DGU-Tagung 1963.
[102] Matt, G., Neue Wege des Lehrens, Lernens und Übens - Computer Assisted Instruction (CAI), IBM Form 81542, 1967, Beitrag zum IBM SE-Symposium 1967.
[103] Matt G., Wirtschaftliche Bestellmenge bei stochastischer Nachfrage (Optimale Lagerhaltung), in: Busse von Colbe, W. u.a. (Hrsg.), Der Computer im Dienste der Unternehmungsführung, Bielefeld 1968, S. 75 ff., Beitrag zur DGU-Tagung 1966.
[104] Matt, G., Ein lernfähiges Modell zur Bestimmung von Zusammenhängen anhand beobachteter Daten, IBM Form 81545, 1967, Beitrag zur DGU-Tagung 1965.
[105] Matt, G., Stand und Möglichkeiten der Lagerbewirtschaftung im Handel (Systeme der Lagerbestandskontrolle), Rationeller Handel 15 (1972) 3, S. 22 ff., Beitrag zur SYSTEMS 71.

[106] Matt, G., Welche Prognoseverfahren müssen bereitgestellt werden? Abschnitt 6.2 im unveröffentlichten Projektbericht: Branchenorientiertes Marktdatensystem (MADAS), Universität Erlangen-Nürnberg 1973, S. 476 ff.
[107] Matt, G., Optimale Losgröße und Lieferbereitschaft bei stochastischer Nachfrage, Beitrag zur DGOR-Tagung 1979, Regensburg.
[108] Matt, G., Zur Stichprobeninventur, Wirtschaftsprüfung Nr. 7, 1980, S. 192 ff.
[109] Matt, G., Kombinierbare Stichproben-Inventur (KSI), Eigenveröffentlichung, Augustdorf 1983.
[110] Matt, G., Konzeption für ein neues Prognosesystem, Augustdorf 20.06.1983.
[111] Matt, G., Offener Brief an Dr. G. Quelle, DGOR Bulletin Nr. 26, 1983, S. 19.
[112] Matt, G., Quantitativer Vergleich bekannter Prognosevergleiche, Beitrag zur DGOR-Tagung 1985, Kurzfassung in: [163], S. 333 ff., von *Streitferdt* unautorisiert verfälscht.
[113] Meffert, H. und Steffenhagen, H., Marketing-Prognosemodelle, Stuttgart 1977.
[114] Meier, H., Zahlungsstromprognosen und optimale Liquiditätsdisposition bei Kommunen, Dissertation, Nürnberg 1984.
[115] Melzer-Ridinger, R., Materialwirtschaft, 2. Aufl., München 1991.
[116] Menges, G., Die Statistik, Wiesbaden 1982.
[117] Merkle, E. und Schmitt, W., Die Gestaltung von Branchendatenbanken, Zeitschrift für allgemeine und textile Marktwirtschaft, o.J. (1974) 1, S. 1 ff.
[118] Mertens, P. u.a., Das computerunterstützte Entscheidungstraining, Zeitschrift für Betriebswirtschaft 45 (1975), S. 793 ff.
[119] Mertens, P., Prognoserechnung - ein Überblick, Betriebswirtschaftliche Forschung und Praxis 6 (1983), S. 469 ff.
[120] Mertens, P. und Backert, K., Vergleich und Auswahl von Prognoseverfahren für betriebliche Zwecke, Zeitschrift für Operations Research 24 (1980), S. B1 ff., Beitrag zur DGOR-Tagung 1979.
[121] Möllers, P., Das Prognosesystem PROFIL, Arbeitsbericht Nr. 20, Ruhr-Universität Bochum, 2. Aufl., Bochum 1982.
[122] Mörgel, K., Ermittlung des Bedarfs an Farbteilen im Automobilbau, Dissertation, Bremen 1986.
[123] Müller-Merbach, H., Operations Research, 3. Aufl., München 1973.
[124] Muller, H. u.a., Forecasting Accuracy, Cost Minimization and Investment Optimization in Inventory Management, Arbeitsbericht, Universität Gent 1977.
[125] Newbold, P. u.a., Experience with Forecasting Univariate Time-Series, Journal of the Royal Statistical Society A 137 (1974), S. 131 ff.
[126] Nieschlag, R. u.a., Marketing, 15. Aufl., Berlin 1988, 16. Aufl. 1991.
[127] Nomina Information Services (Hrsg.), ISIS Engineering Report 1, München 1992.
[128] O.V., 18 brauchbare Prognoseverfahren, Manager Magazin 1 (1971) 1, S. 51 ff.
[129] O.V., Die Inventurkosten um 90 % senken, Impulse 12 (1982), S. 64 ff.
[130] Olivier, G., Material- und Teiledisposition, Bonn 1977.
[131] Österle, H., Das Computerunterstützte Entscheidungstraining, Dissertation, Nürnberg 1973.
[132] Plötzeneder, H. u.a., Wirtschaftsinformatik III, EDV-Anwendungen, Stuttgart 1980.
[133] Quelle, G., Prognoseverfahren mit empirischer Saisonanalyse und exponentieller Glättung, in: [154], S. 15 ff.
[134] Recksiegel, W., Die Anwendung der Regressions- und Korrelationsanalyse in der Kostenrechnung, Dissertation, Münster 1972.
[135] Reif, K., Bedarfsvorhersage mittels mathematisch-statistischer Verfahren, IBM Form 81518, 1966.
[136] Reitbauer, F., Das Trainingssystem im Computerunterstützten Entscheidungstraining, Dissertation, Nürnberg 1973.
[137] Rennert, H., Automatische Disposition - kein Wunschtraum mehr, Rationeller Handel 17 (1974) 12, S. 2 ff.
[138] Rinne, H., Ökonometrie, Stuttgart 1976.

[139] Rogge, H., Methoden und Modelle der Prognosen aus absatzwirtschaftlicher Sicht, Berlin 1972.
[140] Rosentreter, J., Prognosen in der industriellen Planung, Zürich u.a. 1977.
[141] Sachs, L., Angewandte Statistik, 6. Aufl., Berlin u.a. 1984, 7. Aufl. 1992.
[142] SAP AG (Hrsg.), System RM 4.3, M04.2 Funktionsabläufe am Bildschirm, Bedarfsplanung/Disposition, Walldorf 1989, Blatt-Nr. 4.4.4.1-1.
[143] Scheer, A.W., Absatzprognosen, Berlin u.a. 1983.
[144] Scheer, A.W., Computer: A Challenge for Business Administration, Berlin u.a. 1985.
[145] Scheer, A.W., EDV-orientierte Betriebswirtschaftslehre, 2. Aufl., Berlin u.a. 1985, 4. Aufl. 1990.
[146] Schlittgen, R., Einführung in die Statistik, 3. Aufl., München 1991.
[147] Schneeweiß, C., Modellierung industrieller Lagerhaltungssysteme, Berlin u.a. 1981.
[148] Schneeweiß, C., Lagerhaltung, in: Gal, T. (Hrsg.), Grundlagen des Operations Research, Band 3, 3. Aufl., Berlin u.a. 1992, S. 220 ff.
[149] Schneeweiß, H., Ökonometrie, 4. Aufl., Würzburg 1990.
[150] Schrammel, D. und Griese, J., Prognose-Informations-System und Auslastungs-Informations-System, Weinheim u.a. 1971.
[151] Schwarze, J. (Hrsg.), Angewandte Prognoseverfahren, Herne 1980.
[152] Schwarze, J. u.a. (Hrsg.), Proceedings in Operations Research 9, Würzburg 1980.
[153] Schwarze, J., Grundlagen der Statistik: beschreibende Verfahren, Herne 1981, 6. Aufl. 1992.
[154] Schwarze, J. u.a. (Hrsg.), Prognoseverfahren im Vergleich, Braunschweig 1982.
[155] Siemens (Hrsg.), Wirtschaftliche Lagerhaltung mit HOREST, data praxis 2-2600-491, ca. 1969.
[156] Siemens (Hrsg.), SAVOY 1 - ein Programmsystem zur Bedarfsprognose, data praxis 2-2600-708, ca. 1969.
[157] Späth, H., Klassenweise Regressionsanalyse, Beitrag zur DGOR-Tagung 1979, Regensburg, Kurzfassung in: [152], S. 350 f.
[158] Späth, H., Mathematische Software zur linearen Regression, München-Wien 1987.
[159] Sperry Rand Univac, UNIS-Univac-Industrie-System, BA 21810, Frankfurt 1972.
[160] Steinecke, V. u.a., Arbeitsthesen zur Stichprobeninventur, Die Wirtschaftsprüfung o.J. (1980) 14/15, S. 385 ff.
[161] Steininger, H., Prognoseverfahren im Absatz- und Materialbereich, Eschborn 1985.
[162] Stöppler, S., Nachfrageprognose und Produktionsplanung bei saisonalen und konjunkturellen Schwankungen, Würzburg 1984.
[163] Streitferdt, L. u.a. (Hrsg.), Operations Research Proceedings 1985, Berlin u.a. 1986.
[164] Theil, H., Who Forecasts Best?, International Economic Papers o.J. (1955) 5, S. 194 ff.
[165] Tiede, M., Statistik, Regressions- und Korrelationsanalyse, München 1987.
[166] Trigg, D.W. und Leach, A.G., Exponential Smoothing with an Adaptive Response Rate, Operational Research Quarterly 18 (1967), S. 53 ff.
[167] UNIVAC (Hrsg.), ALDOS - Lagerbewirtschaftungssystem für den Handel, BA 15500, 1970.
[168] UNIVAC (Hrsg.), FORTRAN-Programm der Bedarfs- und Verkaufsvorhersage mit Hilfe der Exponential-Smoothing-Methode, UVU-VMT 8-66, 1965.
[169] Van Dobben de Bruyn, C.S., Prediction by Progressive Correction, Journal of the Royal Statistical Society B 26 (1964), S. 113 ff.
[170] Volkmer, P., Entwurf und Realisierung eines Modells zur kurzfristigen Prognose, Diplomarbeit, Universität Dortmund 1977.
[171] Weber, K., Wirtschaftsprognostik, München 1990.
[172] Weckerle, J., Bedarfprognose durch Hochrechnung des Auftragsbestandes, Beitrag zur DGOR-Tagung 1979, Regensburg, in: [152], S. 308 ff.
[173] Widrow, R., Adaptive Filters, in: Kalman, R. u.a. (Hrsg.), Aspects of Network and System Theory, New York 1971, S. 563 ff.
[174] Wiener, N., Kybernetik, Reinbek 1968.

[175] Wiese, K.H., Exponential Smoothing - eine Methode der statistischen Bedarfsvorhersage, IBM Form 78129, 1964.
[176] Wiese, K.H., Mittelfristige Bedarfsvorhersage in der Konsumgüterindustrie, IBM Form 78170, 1965, Beitrag zum IBM SE-Symposium 1965.
[177] Wiezorke, B., Auswahlverfahren in der Regressionsanalyse, Rundschreiben Nr. 27 der Arbeitsgruppe Technische Statistik im Verein Deutscher Eisenhüttenleute, Düsseldorf 1964.
[178] Wiezorke, B., Auswahlverfahren in der Regressionsanalyse, Metrika 12 (1967) 1, S. 68 ff., Beitrag zur AKOR-Tagung 1966.
[179] Winters, P.R., Forecasting Sales by Exponentially Weighted Moving Averages, Management Science 6 (1960), S. 324 ff.
[180] Witte, E., Finanzplanung der Unternehmung, Reinbek 1974.
[181] Woitschach, M., Anmerkungen zur Regressionsanalyse, IBM Nachrichten 24 (1974), S. 55 ff.
[182] Woitschach, M., Wissenschaftliche Zukunftsvorhersagen und ihre sinnvolle praktische Nutzung, in: Lindemann, P. und Nagel, K. (Hrsg.), Organisation, Neuwied u.a. 1982.
[183] Yamane, T., Statistik, Ein einführendes Lehrbuch, Band 1 und 2, Frankfurt 1976.
[184] Younger, M., Handbook for Linear Regression, North Scituate (Mass.) 1980.
[185] Zeigermann, J., EDV in der Materialwirtschaft, Stuttgart 1970.
[186] Zimmermann, H., Methoden und Modelle des Operations Research, 2. Aufl., Braunschweig u.a. 1992.
[187] Zimmermann, W., Operations Research, 5. Aufl., München 1990.
[188] Zur Brügge, J. und Wurms, J., Zeitreihenanalyse- und Vorhersageverfahren, in: Hansen, H. (Hrsg.), Computergestützte Marketing-Planung, München 1974, S. 108 ff.

10 Mittel- und langfristige Absatzprognose auf der Basis von Sättigungsmodellen

von P. Mertens und J. Falk

10.1 Einleitung

Bei einer Reihe von Produkten ist es relativ gut möglich abzusehen, nach welcher Absatzmenge der Markt gesättigt sein wird. Daher eignet sich die Sättigungsgrenze als Parameter eines Prognosemodells, das vor allem den mittel- oder langfristig erreichbaren Absatz abzuschätzen gestattet. Im Rahmen von Produktionsplanungssystemen dürfte besonders der Fall bedeutsam sein, bei dem die Absatzmengen des nächsten Halbjahres oder Jahres vorhergesagt werden sollen. Es ist aber auch möglich, von beobachteten Werten der Funktion auf die Höhe des Sättigungswertes zu schließen und den ungefähren Zeitpunkt anzugeben, zu dem er bis zu einem bestimmten Prozentsatz erreicht sein wird.

Verwandt mit den Modellen, bei denen von einer Marktsättigung ausgegangen wird, ist ein Verfahren zur Prognose des Marktanteils, der von einem neuen Produkt erobert werden kann; dieses Modell wird daher hier mitbehandelt.

Im übrigen ist die Absatzprognose auf der Basis von Sättigungsmodellen eng mit der Theorie des Produktlebenszyklus verwandt. Abbildung 1 verdeutlicht den Zusammenhang. Allgemeingültige Produktlebenszyklen wurden von der absatzwirtschaftlichen Diffusionstheorie mitbegründet, die vor allem auf *Rogers* [38] zurückgeht. Während Produktlebenszyklen die zeitliche Verteilung der Absatzzahlen beschreiben, stellen die Diffusionsverläufe lediglich die Verteilung des Zeitpunktes dar, zu dem erstmalig gekauft wurde [20].

Wegen der großen Zahl von Modellen kann nur ein Ausschnitt dargestellt werden. Umfangreichere und tiefergehende Analysen einschlägiger Modelle zu Marktsättigung, Produktlebenszyklus und Diffusion von Innovationen findet der Leser z. B. bei *Lewandowski* [26], *Ulrich* und *Köstner* [43], *Pfeiffer* und *Bischof* [37] sowie *Mahajan* und *Peterson* [29].

10.2 Systematik und grober Überblick

Innerhalb der Gliederung bieten sich folgende Einteilungskriterien für die Absatzfunktion an, mit denen wir uns in diesem Abschnitt befassen wollen:

1. Der charakteristische Punkt in einer Wachstumsfunktion ist der Wendepunkt. In der Vorhersagetheorie interessiert man sich dafür, ob die Kurve um den Wendepunkt herum symmetrisch verläuft oder nicht. Entsprechend differenziert man in den symmetrischen und den asymmetrischen Typ der Prognosefunktion.

2. In Anknüpfung an 1. läßt sich auch unterscheiden, ob der Wendepunkt beliebigen Zeiten des Ausbreitungsprozesses zuordenbar ist und damit unterschiedliche symmetrische und asymmetrische Verläufe einstellbar sind oder nicht. Bei Grundmodellen ist im

Gegensatz zu flexiblen Modellen der Wendepunkt über der Ordinate fix (z. B. beim logistischen Modell immer bei 50 % Marktsättigung) oder nur eingeschränkt variierbar (z. B. beim *Bass*-Modell zwischen 0 und 50 % Marktsättigung).

3. Es ist danach zu differenzieren, ob der Prozeß sich "aus sich selbst entwickelt" und unabhängig von äußeren ökonomischen Einflüssen bleibt (endogener Prozeß) oder auch andere Einflußfaktoren, wie z. B. das Wachstum des Volkseinkommens, herangezogen werden (exogener Prozeß) (vgl. hierzu [7]).

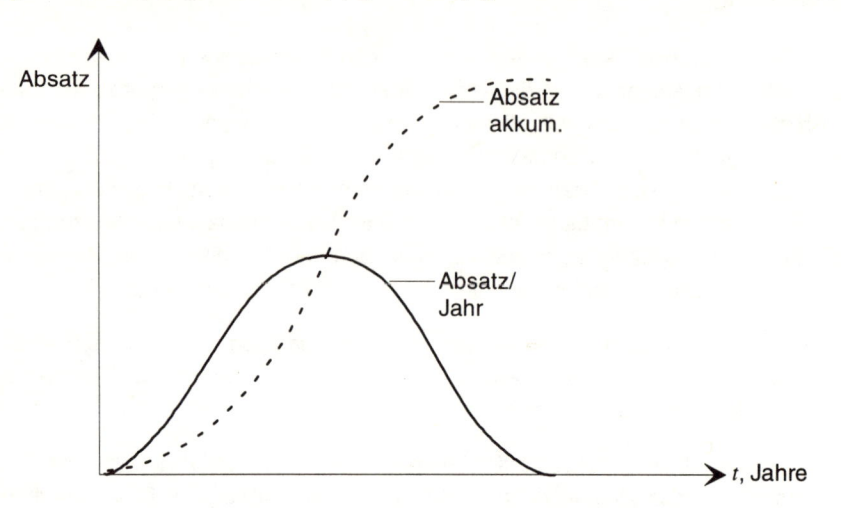

Abb. 1   Produktlebenszyklus und Sättigungsfunktion

4. Wir können auch danach unterscheiden, ob wir es mit der Annahme eines homogenen oder eines inhomogenen Absatzmarktes zu tun haben. Bei einem inhomogenen Absatzmarkt gibt es verschiedene Abnehmerschichten, in denen das Produkt sich mit unterschiedlicher Geschwindigkeit verbreiten wird, während das bei einem homogenen Absatzmarkt nicht der Fall ist.

5. Eine weitere wichtige Differenzierung ist danach zu treffen, ob die Sättigungsgrenze als konstant oder als von der Zeit abhängig angenommen wird. Im letzteren Fall liegt die Sättigungsgrenze um so höher, je länger sich ein Produkt am Markt halten kann.

6. Modellen für Erstkäufe, die wir vorwiegend behandeln, lassen sich auch solche mit Komponenten für Ersatz- und Wiederholungskäufe gegenüberstellen.

7. Man kann auch danach differenzieren, ob die Modelle auf Paneldaten oder aggregierten Marktdaten basieren. Da letztere keinen Aufschluß über spezifische Verhaltensweisen von Konsumenten geben, wird bei zugehörigen Prognosemodellen die Parameteranzahl klein gehalten (vgl. hierzu [35]).

8. Schließlich könnte man auch deterministische und stochastische Ansätze unterscheiden.

Wir bilden zunächst vier große Modellklassen (vgl. Abbildung 2), für die mit obigen Kriterien unterschiedliche Differenzierungen sinnvoll sind. Der kombinatorische Umfang reduziert sich allgemein dadurch, daß sich die unter 1. eingeführte Unterscheidung in symmetrische und asymmetrische Funktionen lediglich bei solchen Modellen anbietet, die eine feste Sättigungsgrenze enthalten. Flexible Modelle können je nach Parametereinstellung verschiedenen Kategorien und daher keinem festen Schema zugeordnet werden.

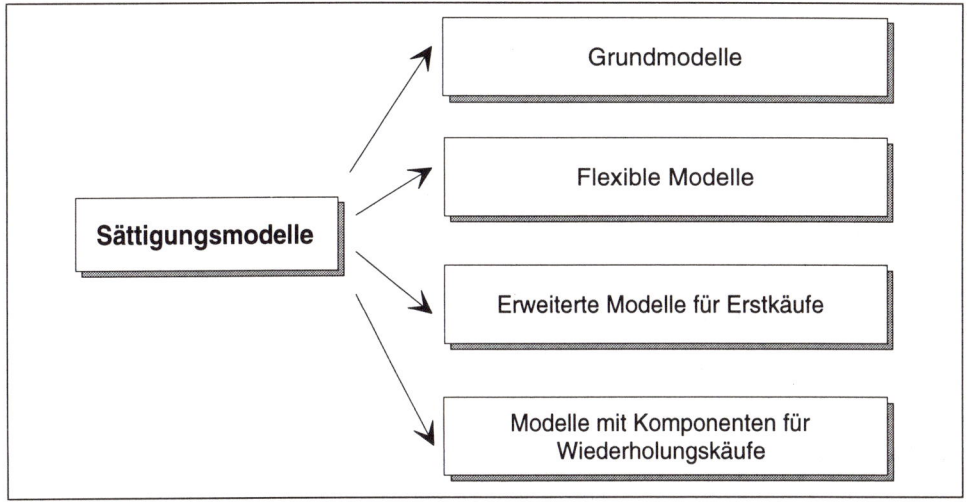

Abb. 2   Grobgliederung von Sättigungsmodellen

Wir wollen von den Grundmodellen ausgehen und diese verhältnismäßig detailliert analysieren. Das logistische und das exponentielle Modell erweisen sich als Bausteine des *Bass*-Modells. Als bekannteste asymmetrische Wachstumsfunktion stellen wir die *Gompertz*-Kurve vor. Anschließend diskutieren wir verschiedene flexible Modelle, darunter die generalisierten logistischen Funktionen von *Lewandowski* [26] sowie *Bewley* und *Fiebig* [4] und das verallgemeinerte *Bass*-Modell von *Easingwood, Mahajan* und *Muller* [13] (vgl. Abschnitt 10.4).

Aus der Klasse der erweiterten Verfahren stellen wir neben anderen die Modelle von *Weblus* (Abschnitt 10.5.3) und *Bonus* (Abschnitt 10.5.4) vor. Zur Integration von Ersatzbedarf beschreiben wir in Abschnitt 10.6 einen auf aggregierten Zeitreihen basierenden Ansatz von *Olson* und *Choi* [35]. Außerdem skizzieren wir das Modell von *Parfitt* und *Collins* [36], dem Paneldaten zugrunde liegen und das eine Komponente für Wiederholungskäufe besitzt.

10.3 Grundmodelle

10.3.1 Vorbemerkung und Überblick

Dieser Abschnitt behandelt Modelle, die sich durch einfachere mathematische Beziehungen beschreiben lassen und oft Bausteine komplizierterer Verfahren sind. So ist die einzige unabhängige Variable die Zeit t. Außerdem weisen alle Modelle eine feste Sättigungsgrenze auf. Die Kurvenverläufe approximieren die zeitliche Verteilung der Absatzzahlen bei einer Reihe von Gütern bereits in guter Näherung. Einen Überblick gibt Abbildung 3.

```
                    Grundmodelle
                   ╱           ╲
           symmetrisch      asymmetrisch

           Logistisches     Bass-Modell
           Modell           Abschnitt 10.3.4
           Abschnitt 10.3.2

           Exponentiel-     Gompertz-
           les Modell       Modell
           Abschnitt 10.3.3 Abschnitt 10.3.5
```

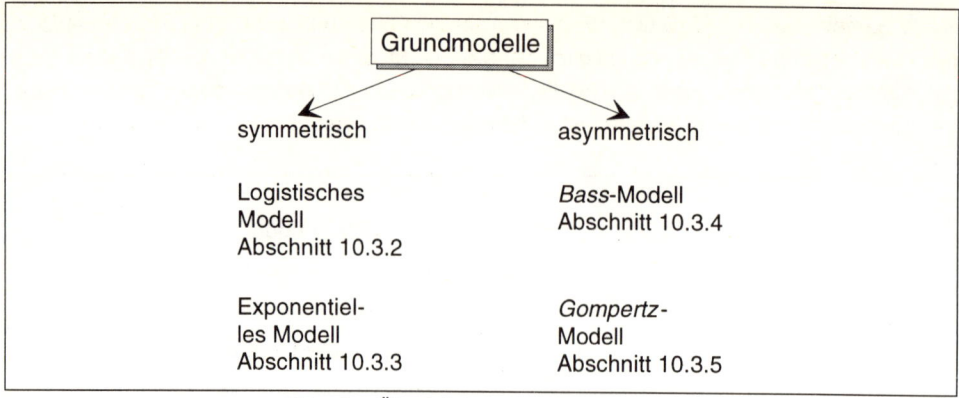

Abb. 3 Überblick über Grundmodelle

10.3.2 Das logistische Modell

10.3.2.1 Der Modellansatz

Wir gehen davon aus, daß die Zunahme $N'_t = \frac{dN}{dt}$ der akkumulierten Nachfrage N_t, beginnend mit einer Ausgangsnachfrage N_0 zum künstlich gewählten Zeitpunkt $t_0 = 0$, in einer Planperiode proportional dem noch nicht ausgenutzten Marktpotential und dem Bekanntheitsgrad des Produktes ist. Wenn N^* die Sättigungsgrenze und N_t die bis zur Periode t registrierte akkumulierte Nachfrage darstellen, so ist also N'_t proportional dem noch nicht ausgeschöpften Marktpotential $(N^* - N_t)$. Der Bekanntheitsgrad ist eine Funktion der bisher registrierten Nachfrage N_t, so daß wir mit Hilfe eines Proportionalitätsfaktors β schreiben können:

$$\frac{dN}{dt} = N'_t = \beta N_t \left(N^* - N_t\right) \tag{1}$$

Diese Differentialgleichung hat als Lösung die Nachfrage- bzw. Wachstumsfunktion

$$N_t = \frac{N^*}{1 + \frac{N^* - N_0}{N_0} e^{-\beta N^* t}} \quad \text{für} \quad N_0 > 0 \tag{2}$$

Setzt man in Gleichung (2) den Zeitpunkt $t = 0$, so ergibt sich

$$N_t = \frac{N^*}{1 + \frac{N^* - N_0}{N_0}} = \frac{N^*}{\frac{N_0 + N^* - N_0}{N_0}} = N_0$$

Man beachte, daß der Wert $N_0 = 0$ nicht zulässig ist. (Für den Nullpunkt ist der logistische Ansatz nicht gültig, weil dann der Kontakt- oder Lernprozeß, der dem Modell zugrunde liegt (vgl. Abschnitt 10.3.2.3), nicht einsetzen kann.) Man darf also die Betrachtungen immer erst anstellen, wenn bereits eine Anzahl von Produkten abgesetzt ist.

Wir setzen im Interesse einer Vereinfachung unserer Berechnungen die folgenden Abkürzungen ein:

$$a = \ln\left(\frac{N^* - N_0}{N_0}\right) \Rightarrow \frac{N^* - N_0}{N_0} = e^a \tag{3}$$

und $\quad b = \beta N^*$ \hfill (4)

Dann ergibt sich aus Gleichung (2)

$$N_t = \frac{N^*}{1 + e^a e^{-bt}} = \frac{N^*}{1 + e^{a-bt}} \tag{5}$$

Gleichung (5) ist die logistische Funktion.

Der Leser kann den Zusammenhang zwischen Gleichung (5) und Gleichung (1) herstellen, wenn er Gleichung (5) differenziert:

$$N'_t = N^* \frac{-1}{\left(1 + e^{a-bt}\right)^2}(-b)e^{a-bt}$$

$$= \frac{N^*}{1 + e^{a-bt}} \frac{be^{a-bt}}{1 + e^{a-bt}} \tag{6}$$

Kombiniert man die Gleichungen (5) und (6), so resultiert:

$$N'_t = N_t \frac{be^{a-bt}}{1 + e^{a-bt}} \tag{7}$$

Aus Gleichung (5) erhalten wir aber auch

$$1 + e^{a-bt} = \frac{N^*}{N_t} \tag{8}$$

bzw. $\quad e^{a-bt} = \frac{N^*}{N_t} - 1$ \hfill (9)

Gleichungen (8) und (9) in Gleichung (7) eingesetzt, ergibt:

$$N'_t = N_t \frac{b\left(\frac{N^*}{N_t} - 1\right)}{\frac{N^*}{N_t}}$$

$$= N_t \frac{b}{N^*} N_t \left(\frac{N^*}{N_t} - 1\right) \tag{10}$$

$$= N_t \frac{b}{N^*}\left(N^* - N_t\right)$$

Ersetzt man $\dfrac{b}{N^*}$ gemäß Gleichung (4) durch β, so erscheint wieder die Gleichung (1):

$$N_t^{'} = \beta N_t \left(N^* - N_t \right)$$

q.e.d.

10.3.2.2 Analyse von Modelleigenschaften

Zur Analyse der Funktion bilden wir die zweite Ableitung, indem wir (1) umformen in

$$N_t^{'} = \beta N_t N^* - \beta N_t^2 \tag{11}$$

und nochmals nach t ableiten:

$$N_t^{''} = \beta N_t^{'} N^* - 2 \beta N_t N_t^{'} \tag{12}$$

Um den Wendepunkt zu ermitteln, setzt man $N_t^{''}$ gleich Null und löst nach N_t auf:

$$0 = N^* - 2 N_t$$
$$N_t = \dfrac{N^*}{2} \tag{13}$$

Der Wendepunkt wird also erreicht, wenn der Markt zur Hälfte gesättigt ist. Um den Zeitpunkt zu erhalten, zu dem dieser Wendepunkt erreicht wird, setzen wir Gleichung (13) in Gleichung (9) ein:

$$e^{a-bt} = \dfrac{N^*}{N^*/2} - 1 = 1 \tag{9}$$

Diese Beziehung wird nur erfüllt für

$$a - b\,t = 0 \rightarrow t = a/b \tag{14}$$

Charakteristisch für die logistische Kurve ist auch, daß ihre relative Wachstumsrate $N_t^{'}/N_t$ eine lineare Funktion der verbleibenden relativen Marktaufnahmefähigkeit darstellt, wie durch die folgende Ableitung gezeigt werden kann:

Aus Gleichung (1) folgt mit Gleichung (4) unmittelbar:

$$\dfrac{N_t^{'}}{N_t} = b \left(\dfrac{N^* - N_t}{N^*} \right) \tag{15}$$

Der Klammerausdruck $\dfrac{N^* - N_t}{N^*}$ ist aber die zum Zeitpunkt t verbleibende Marktkapazität, bezogen auf die Sättigungsmenge.

Durch Logarithmierung von Gleichung (9) stoßen wir auf die letzte hier zu besprechende Charakteristik der logistischen Funktion:

$$\ln e^{a-bt} = \ln\left(\frac{N^*}{N_t} - 1\right) \tag{16}$$

also

$$a - bt = \ln\left(\frac{N^*}{N_t} - 1\right) \tag{17}$$

Die Funktion $\ln\left(\frac{N^*}{N_t} - 1\right)$ ist auch unter dem Namen *Logits* bekannt. Sie hilft in der Praxis, die Koeffizienten a und b durch eine graphische Methode zu schätzen. Man geht dazu von einem Schätzwert für N^* aus und trägt auf halblogarithmischem Papier $\left(\frac{N^*}{N_t} - 1\right)$ auf. Erhält man eine Punktfolge, die sich gut durch eine Gerade annähern läßt, so war der Schätzwert für N^* gut. Ist die Kurve nach unten gebogen, so wurde N^* zu klein gewählt, verläuft sie überproportional, so muß N^* verringert werden. So gelangt man nach einer bestimmten Zahl von Schritten zu einem geeigneten N^*. Dann kann man aus der Geraden die Koeffizienten a und b als Abschnitt auf der Ordinate und als Steigung ablesen.

Um die Regressionskoeffizienten auf analytischem Weg zu bestimmen, wenn nur N_t-Werte vorhanden sind, empfiehlt sich folgende Vorgehensweise:

Wir führen zwei neue Größen X und Y ein, so daß

$$X = \frac{1}{N_t} = \frac{1}{N^*}\left(1 + e^{a-bt}\right) \tag{18}$$

$$Y = \frac{1}{N_{t+1}} = \frac{1}{N^*}\left(1 + e^{e^{-b(t+1)}}\right) = \frac{1}{N^*}\left(1 + e^{a-bt} e^{-b}\right)$$

$$= \frac{1}{N^*} + \frac{1}{N^*} e^{a-bt} e^{-b} \tag{19}$$

Durch Umformung von Gleichung (18) folgt

$$\frac{1}{N^*} e^{a-bt} = X - \frac{1}{N^*}$$

und zusammen mit Gleichung (19)

$$Y = \frac{1}{N^*} + \left(X - \frac{1}{N^*}\right) e^{-b}$$

$$= \frac{1 - e^{-b}}{N^*} + e^{-b} X \tag{20}$$

Setzt man aus Gründen der Übersichtlichkeit

$$P = \frac{1 - e^{-b}}{N^*} \tag{21}$$

und

$$Q = e^{-b} \tag{22}$$

so erhält man die lineare Funktion

$$Y = P + QX \tag{23}$$

so daß man nun die Koeffizienten P und Q mit Hilfe der gewöhnlichen linearen Regressionsrechnung (Methode der kleinsten Quadrate) bestimmen kann, wenn einige Werte für N_t (und damit gemäß Gleichungen (18) und (19) Werte für X und Y) vorliegen. Anschließend benutzt man den Ausdruck (22), um b aus Q zu finden: $b = -\ln Q$.

Aus Gleichung (21) erhält man

$$N^* = \frac{1 - e^{-b}}{P} = \frac{1 - Q}{P}$$

a resultiert schließlich aus Gleichung (3):

$$a = \ln\left(\frac{N^* - N_0}{N_0}\right)$$

10.3.2.3 Zur Kritik des logistischen Ansatzes

Die Kritik des logistischen Ansatzes kann an zwei seiner Prämissen orientiert werden:

1. Die Ausbreitung der Nachfrage ist abhängig von der Zahl der bereits abgesetzten Produkte N_t.
2. Die Ausbreitung der Nachfrage ist proportional der restlichen Marktpotenz $(N^* - N_t)$.

Zu 1. Diese Komponente des logistischen Ansatzes wird auch als "Kontaktkomponente" bezeichnet. Hierin kommt zum Ausdruck, daß das logistische Modell zuweilen in der Medizin bzw. Biologie und in der Physik eingesetzt und erforscht worden ist. In der Biologie bzw. Medizin kann man es z. B. verwenden, um die Ausbreitung von Epidemien zu erklären, wobei die Ausbreitung durch Kontakt der noch gesunden mit den bereits erkrankten Personen zustande kommt. Ähnlich verläuft der Prozeß bei kernphysikalischen Kettenreaktionen.

In der Wirtschaftswissenschaft wird nicht angenommen, daß der erste Kontakt mit dem Produkt zum Kauf führt, wie es analog bei einer physikalischen Kettenreaktion der Fall ist. Vielmehr kann man einen Lernprozeß zugrunde legen, der durch Kontakte ausgelöst und vorangetrieben wird [7/S. 19 ff.]: Jeder zusätzliche Kontakt mit dem neuen Gut intensiviert die Kenntnis des Produktes. Der Kauf kommt erst nach einer bestimmten Zahl von Kontakten zustande, die Nachfrage ist mithin eine Funktion der Zahl der Kontakte. Diese Kontakte sind zwar um so wahrscheinlicher, je verbreiteter das Gut ist, jedoch nicht rein proportional N_t. Denn die Zahl der Kontakte hängt nicht allein davon ab, wieviel Produkte zum Zeitpunkt t bereits im Gebrauch sind, sondern wegen der zeitlichen Ausdehnung des Lernprozesses auch davon, wieviel in früheren Perioden verkauft worden waren. Streng angenommen wäre der logistische Ansatz nur zulässig, wenn der Lernprozeß allein durch die in der letzten Periode neu hinzugekommenen Produkte bedingt würde. Damit wäre ein komplizierteres Modell als das logistische erforderlich.

Jedoch hat *Bonus* am (nicht untypischen) Beispiel des Fernsehens in einer detaillierten Analyse [7/S. 62 ff.] gezeigt, daß im praktischen Fall der vereinfachende logistische Ansatz trotzdem geeignet ist. Dies gilt besonders dann, wenn aus verhaltenstheoretischer Sicht der Imitatoren-Anteil im Markt überwiegt: Käufer vom Typ "Imitatoren" erwerben vor allem deswegen, weil sie den Kauf anderer beobachten [40]. Durch einen großen Teil der Bevölkerung, der das Gut bereits besitzt, wird ein "sozialer Druck" ausgeübt, der um so größer ausfällt, je stärker das Produkt schon verbreitet ist, und der schließlich zum Kaufentscheid führt.

Zu 2. Im logistischen Modell wird angenommen, daß die restliche Marktpotenz homogen strukturiert ist. Man kann diese Aussage dahin differenzieren, daß sowohl die räumliche als auch die gesellschaftliche Ausbreitung gleichmäßig erfolgen müssen. Wo diese Prämisse nicht erfüllt ist, muß man Verfeinerungen einführen, wie sie beispielhaft in Abschnitt 10.5.3 demonstriert werden.

Über diese beiden Ansatzpunkte einer Kritik hinaus wird gegen das logistische Modell auch eingewandt, daß der in ihm zum Ausdruck kommende symmetrische Verlauf der Wachstumskurve mit zahlreichen empirischen Beobachtungen nicht übereinstimme [7/S. 65 ff.]. Für solche Fälle stehen die in diesem Beitrag ebenfalls beschriebenen Modelle mit asymmetrischem und flexiblem Kurvenverlauf zur Verfügung (vgl. Abschnitte 10.3.5 und 10.4). Auch die Prämisse eines konstanten Sättigungsniveaus ist oft bedenklich und führt immer wieder zu dessen Unterschätzung [26/S. 274].

Das logistische Modell hat jedoch trotz der genannten Schwächen verschiedentlich praktischen Einsatz gefunden (vgl. [25] und [44]). Vor allem aber ist es - wie das nachfolgende exponentielle Modell - ein häufig benutzter Baustein komplizierterer Prognoseverfahren.

10.3.3 Das exponentielle Modell

Das exponentielle Modell ist eine Vereinfachung des logistischen Modells. Es wird von der Hypothese ausgegangen, daß die Wachstumsrate proportional zur Aufnahmekapazität des Marktes verläuft, jedoch nicht - wie bei der logistischen Funktion - vom Bekanntheitsgrad abhängt. Daher gilt für den Nachfragezuwachs die Differentialgleichung

$$N'_t = \beta \left(N^* - N_t \right) \tag{24}$$

Die zugehörige Lösung lautet

$$N_t = N^* \left(1 - e^{a - \beta t} \right) \tag{25}$$

mit

$$a = \ln \left(1 - \frac{N_0}{N^*} \right) \quad \text{für} \quad N_0 > 0$$

Der Leser kann sich durch folgende Ableitung der Gleichung (25) vom Zusammenhang der Gleichungen (24) und (25) überzeugen:

$$\begin{aligned} N_t^{'} &= N^* \beta\, e^{a-\beta t} \\ &= \beta N^* - \beta N^* + \beta N^* e^{a-\beta t} \\ &= \beta N^* - \beta N^* \left(1 - e^{a-\beta t}\right) \\ &= \beta N^* - \beta N_t \\ &= \beta \left(N^* - N_t\right) \qquad \text{q.e.d.} \end{aligned}$$

Das exponentielle Modell ist geeignet, wenn es gilt, die Ausbreitung eines bereits bekannten Produktes zu prognostizieren, und wenn die Information des Konsumenten über das Produkt z. B. durch intensive Werbung erreicht wurde. Auch lassen sich die Wachstumsvorgänge zu Beginn der Lebensdauer eines Produktes oft recht gut durch dieses Modell wiedergeben. Das wird verhaltenstheoretisch damit erklärt, daß diese Phase vorwiegend durch Innovatoren geprägt ist. Die Käufer vom Typ "Innovatoren" richten sich nicht an der Verbreitung des Gutes aus, sondern erwerben es, weil sie ein besonderes Interesse an Neuheiten haben [40].

10.3.4 Das Bass-Modell

Das Modell von *Bass* [2] ergibt sich aus der Kombination eines exponentiellen und eines logistischen Absatzverlaufs und wird deswegen in der deutschsprachigen Literatur oft als semilogistisch bezeichnet. Seine Veröffentlichung 1969 verlieh der Diffusionsforschung des Marketing neue Triebkraft. Das Modell setzt voraus, daß die Übernahme einer Innovation von einem Kommunikationsprozeß abhängt: Ein neues Produkt wird zuerst von einigen Innovatoren erworben, die die Übernahme der Neuheit durch persönliche (Mund-zu-Mund-) Kommunikation an Imitatoren propagieren und somit deren Kaufentscheide beeinflussen.

Darauf aufbauend formuliert *Bass* einen stochastischen Ansatz, der auf folgender Hypothese beruht: Die Wahrscheinlichkeit *P(t)*, daß eine Person zum Zeitpunkt t das Gut kaufen wird, wenn sie es bis zum Zeitpunkt t noch nicht gekauft hat, hängt linear davon ab, wieviel Personen das Gut schon besitzen. Dabei wird angenommen, daß jede Person nur ein Produkt kauft. *Bass* geht von der Funktion

$$P(t) = \frac{f(t)}{1-F(t)} = p + \frac{q}{N^*} N(t) \tag{26}$$

für die bedingte Wahrscheinlichkeit aus. Hierin sind:

- $f(t)$ die Wahrscheinlichkeit eines Kaufes zum Zeitpunkt t
- $F(t)$ die akkumulierte Wahrscheinlichkeit eines Kaufes zum Zeitpunkt t:

$$F(t) = \int_0^t f(\tau)\, d\tau \tag{27}$$

- N^* das Sättigungsniveau oder die Zahl der im Betrachtungszeitraum überhaupt absetzbaren Produkte

$N(t)$ die bis zum Zeitpunkt t abgesetzten Produkte sowie

p, q Proportionalitätsfaktoren, wobei p den Anteil der Innovatoren und q den der Imitatoren widerspiegelt. (Da $N(0) = 0$, muß gemäß Gleichung (26) p die Wahrscheinlichkeit eines Kaufes zum Zeitpunkt 0 sein, also die Bedeutung der Innovatoren in dem Markt widerspiegeln.)

Nun ergibt sich $N(t)$ durch Multiplikation der gesamten potentiellen Käufe N^* mit der Wahrscheinlichkeit $F(t)$, daß der einzelne bis zum Zeitpunkt t bereits gekauft hat:

$$N(t) = N^* F(t) \rightarrow F(t) = \frac{N(t)}{N^*} \qquad (28)$$

Man erhält den Nachfragezuwachs, indem man diese Gleichung ableitet und Gleichung (26) sowie anschließend Gleichung (28) einsetzt:

$$N'_t = N^* f(t) = N^* \left(p + \frac{q}{N^*} N(t) \right) (1 - F(t))$$

$$N'_t = \left(p + q \frac{N(t)}{N^*} \right) \left(N^* - N(t) \right) \qquad (29)$$

Als Lösung dieser Differentialgleichung erster Ordnung ergibt sich für die akkumulierte Nachfrage der Ausdruck:

$$N(t) = N^* \frac{1 - e^{-(p+q)t}}{1 + \frac{q}{p} e^{-(p+q)t}} \qquad (30)$$

Die Analyse der Funktion erbringt für die Parameterkonstellationen der Praxis oft einen Kurvenverlauf, der dem der logistischen Funktion ähnelt. Die Ähnlichkeit ist dann besonders groß, wenn die Zahl der Imitatoren die der Innovatoren stark übertrifft, wenn mithin q beträchtlich größer als p ist. In diesem Fall liegt der maximale Periodenabsatz und damit der Wendepunkt der Funktion $N(t)$ etwa bei halber Marktsättigung, wie bei der logistischen Kurve auch. Grundsätzlich kann der Wendepunkt je nach Wahl von p und q zwischen 0 und 50 % Marktsättigung variieren [27].

Das Modell von *Bass* unterscheidet sich von anderen weniger durch den Verlauf der Funktion als vielmehr dadurch, daß die verhaltenswissenschaftlichen Annahmen explizit zum Ausdruck gebracht und folglich auch zum Gegenstand von Parametermodifikationen gemacht werden können.

Bass hat sein Modell an elf Haushaltsgütern ausgetestet, darunter Kühlschränken, Airconditioning-Geräten und Kaffeemaschinen [2]. Von einer hohen Akzeptanz in der US-amerikanischen Industrie berichten *Mahajan, Muller* und *Bass* [27]. *Gierl* zeigt anhand eines neueren Rechenbeispiels, daß bei der Prognose des Zuwachses von Scannerkassen-Installationen in der Bundesrepublik mit Hilfe des *Bass*-Modells die reproduzierten mit den tatsächlich eingetretenen Werten im großen und ganzen übereinstimmen [20].

10.3.5 Das Gompertz-Modell

Die *Gompertz*-Kurve ist die wohl bekannteste asymmetrische Wachstumsfunktion.

Grundlage ist eine Beziehung vom Typ

$$N_t = N^* L^{e^{kt}} \tag{31}$$

wobei also die Zeit im Exponenten des Exponenten erscheint (L und k sind Konstanten). Diese Grundfunktion kann auf verschiedene Weise variiert werden. Wir wollen hier mit einem Modell arbeiten, das *Lewandowski* [26/S. 287 ff.] angegeben hat. Danach werden die Parameter so definiert, daß die folgende Funktion resultiert:

$$N_t = N^* e^{-bc^t} \tag{32}$$

wobei b und c Konstanten sind.

Zur Analyse der Funktion sollen zunächst die Koordinaten des Wendepunktes bestimmt werden:

Die erste Ableitung der Gleichung (32) läßt sich mit Hilfe der Kettenregel errechnen:

$$\frac{dN_t}{dt} = N_t' = N^* e^{-bc^t} \left(-bc^t \ln c\right) = -N^* b \ln c \left(e^{-bc^t} c^t\right) \tag{33}$$

Nun bilden wir die zweite Ableitung, indem wir auf den Klammerausdruck die Produktregel anwenden:

$$N_t'' = -N^* b \ln c \left(-b e^{-bc^t} c^t \ln c \, c^t + e^{-bc^t} c^t \ln c\right) =$$
$$= -N^* b (\ln c)^2 e^{-bc^t} c^t \left(-bc^t + 1\right) \tag{34}$$

Die hintere Klammer wird Null für

$$bc^t = 1 \qquad \text{oder} \tag{35}$$

$$t = -\frac{\ln b}{\ln c} \tag{36}$$

Wir haben damit die Abszissenkoordinate des Wendepunktes berechnet.

Setzt man den Wert, den t im Nulldurchgang der zweiten Ableitung annimmt, in Gleichung (32) ein, so erhält man als Ordinatenwert des Wendepunktes

$$N_t = N^* e^{-1} = \frac{1}{e} N^* \approx 0{,}37 N^* \tag{37}$$

(Dies erkennt man, wenn man Gleichung (35) mit Gleichung (32) kombiniert.)

Damit erreicht die *Gompertz*-Funktion ihren Wendepunkt bei einem niedrigeren Gesamtabsatz als die logistische Funktion, bei der der Wendepunkt den Ordinatenwert $N^*/2 = 0{,}5 N^*$ hatte.

Die *Gompertz*-Funktion ist daher vor allem zur Prognose von Gütern geeignet, bei denen nach der Markteinführung ein rasches Bedarfswachstum zu verzeichnen ist. Nach dem Wendepunkt verläuft das Wachstum zunächst weitgehend linear (vgl. Abbildung 4). Dieser Verlauf ist häufig bei technologischen Ersatzprozessen zu beobachten [30/S. 59]: Beispielsweise zeigt *Chow* [9], daß die Verbreitung von Computern in den 50er und 60er Jahren durch die *Gompertz*-Kurve besser erklärt wird als durch das logistische Modell. Als einen der Gründe führt er den damaligen Preisverfall von durchschnittlich 20% im Jahr an.

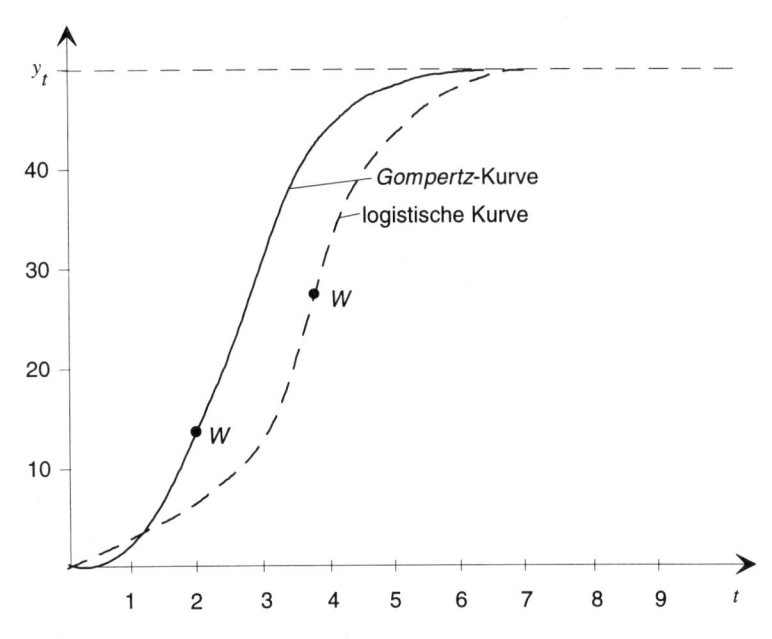

Abb. 4   Die Gompertz-Kurve und die logistische Kurve [16/S. 21]

Einen interessanten Vergleich zur logistischen Funktion hat *Lewandowski* [26/S. 288] gezogen:

Durch Logarithmieren von (32) folgt:

$$\ln N_t = \ln N^* - bc^t \tag{38}$$

Setzt man e^{-bc^t} aus (32) und bc^t aus (38) in (33) ein, so ergibt sich für die Wachstumsrate:

$$N_t^{'} = -\ln c\, N_t \left(\ln N^* - \ln N_t \right) \tag{39}$$

Bei der Behandlung der logistischen Funktion sind wir von dem Ausdruck

$$N_t^{'} = \beta N_t \left(N^* - N_t \right) \tag{1}$$

ausgegangen. Man erkennt, daß bei der *Gompertz*-Funktion die entsprechenden Größen des logistischen Modells durch ihre Logarithmen ersetzt worden sind.

10.4 Flexible Modelle

10.4.1 Vorbemerkung und Überblick

Die Vielzahl der vorhandenen Wachstumsmodelle erhöht einerseits die Chance, für ein gegebenes Produkt bzw. eine gegebene Produktgruppe ein zur Prognose geeignetes Modell zu finden, erschwert aber andererseits die Auswahl. Um die Vielfalt überschaubarer zu machen, bieten sich Verallgemeinerungen an. Generalisierte bzw. flexible Modelle erlauben, durch bestimmte Parameterkonstellationen unterschiedlichste praktische Kurvenverläufe nachzubilden. So läßt sich z. B. der Wendepunkt meist zwischen 0 % und 100 % Marktsättigung variieren. Außerdem ist man nicht auf rein symmetrische oder rein asymmetrische Funktionen festgelegt. Flexible Modelle enthalten als einzige unabhängige Variable die Zeit und weisen eine feste Sättigungsgrenze auf. Einen Überblick über die hier behandelten Ansätze gibt Abbildung 5.

Flexible Modelle

Erweiterte logistische Funktion von *Böhm* und *Wacker*
Abschnitt 10.4.2

Generalisierte logistische Funktion von *Lewandowski*
Abschnitt 10.4.2

Verallgemeinerte exponentielle Funktion von *Weibull*
Abschnitt 10.4.3

Generalisiertes *Bass*-Modell von *Easingwood* u.a.
(NUI-Modell), Abschnitt 10.4.4

Generalisierte logistische Funktion von *Easingwood* u.a.
(NSRL-Modell), Abschnitt 10.4.4

Generalisierte logistische Funktion von *Bewley* und *Fiebig*
(FLOG-Modell), Abschnitt 10.4.4

Abb. 5   Überblick über flexible Modelle

10.4.2 Generalisierte logistische Funktionen

Eine erste Verallgemeinerung ist die "potenzierte logistische Funktion", die *Böhm* [5] in seiner 1969/70 vorgelegten Dissertation entwickelt hat und die für die Prognosen bei den Fernmeldeämtern der Deutschen Bundespost eingesetzt wurde. Die Funktion ist von *Böhm* und *Wacker* [6] ergänzt worden und wird unter der Bezeichnung "erweiterte logistische Funktion" verwendet. Eine andere Art der Verallgemeinerung ist von *Lewandowski* vorgeschlagen worden.

Wir wollen das Vorgehen am Beispiel der generalisierten Funktionen erster Ordnung zeigen [26/S. 274 ff.]. Wir führen eine Anzahl von Wachstumshypothesen ein, die definiert werden können durch

$$N_t' = b N_t H\left(\frac{N_t}{N^*}\right) \tag{40}$$

und berücksichtigen vor allem Hypothesen der Art

$$H\left(\frac{N_t}{N^*}\right) = \left(1 - \left(\frac{N_t}{N^*}\right)^\gamma\right) \tag{41}$$

Setzt man (41) in (40) ein, so erhält man

$$N_t' = b N_t \left(1 - \left(\frac{N_t}{N^*}\right)^\gamma\right) \tag{42}$$

als generalisierte logistische Funktion erster Ordnung nach *Lewandowski*.

Wie *Lewandowski* zeigt, hat diese Differentialgleichung die Lösung

$$N_t = N^* \left(1 + e^{\delta - \varepsilon t}\right)^{-\frac{1}{\gamma}}$$

mit den Abkürzungen

$$\delta = \ln\left(\left(N^*\right)^\gamma c\right)$$

$$\varepsilon = b\gamma$$

(c ist die Integrationskonstante.) Für $\gamma = 1$ gewinnt man aus (42) wieder die einfache logistische Funktion (vgl. (1) mit $b = \beta N^*$).

Setzt man $\gamma = 2$, so erhält man einen Wachstumsprozeß, bei dem - verglichen mit der einfachen logistischen Funktion - der potentielle Markt $\left(N^* - N_t\right)$ stärkeren Einfluß ausübt als der Bekanntheitsgrad N_t: Bei größer werdendem N_t nimmt der Ausdruck in der geschweiften Klammer der Gleichung (42), der den Einfluß des potentiellen Marktes widerspiegelt, rasch ab. Für $\gamma < 1$ ergibt sich ein entgegengesetzter Effekt. Nimmt γ den Wert $-1/3$ an, so resultiert die sogenannte *Bertalanffy*-Funktion [3].

Der Wendepunkt der Funktion liegt um so früher (in der zeitlichen Betrachtung des Wachstumsverlaufes), je kleiner γ ist, bei $\gamma = -1/3$ bereits bei ca. 30 % Marktsättigung. Für $\gamma = 1$ (einfache logistische Funktion) findet man ihn bei halber Marktsättigung, für $\gamma > 1$ rückt er näher zur Marktsättigung hin (Beispiel: $\gamma = 3$, Wendepunkt bei $N_t \approx 0,6 N^*$).

Lewandowski [26/S. 281] empfiehlt Werte von $\gamma < 1$ für langlebige Güter wie PKW oder Fernsehgeräte, hingegen Werte von $\gamma > 1$ für relativ kurzlebige Güter.

10.4.3 Eine verallgemeinerte exponentielle Funktion

Eine Verallgemeinerung der exponentiellen Funktion basiert auf der Wahrscheinlichkeitsverteilungsfunktion $f_W(t)$, die *Weibull* 1951 einführte. Sie wurde zunächst vorwiegend für die Analyse von Ausfallprozessen verwendet [26/S. 496 ff.]. Mittlerweile setzt man sie zunehmend zur Prognose von Diffusionsverläufen ein [10]. Für den Nachfragezuwachs gilt

$$N'_t = N^* f_W(t) = N^* \frac{\beta}{a} t^{\beta-1} e^{-t^\beta/a} \tag{43}$$

Als akkumulierte Nachfrage erhält man

$$N_t = N^* \left(1 - e^{-t^\beta/a}\right)$$

Durch Veränderung des Formparameters β sind unterschiedliche Verläufe einstellbar. Für $\beta = 1$ ergibt sich die einfache exponentielle Funktion (vgl. Abschnitt 10.3.3). Für $\beta > 2$ tendiert die *Weibull*-Funktion gegen eine Normalverteilungsfunktion [26/S. 497].

De Kluyver [10] hat die Langzeitprognosen der *Weibull*-Funktion für eine Reihe von Konsumgüterabsatzzahlen mit dem *Bass*-Modell verglichen. Dabei erwiesen sich die beiden Verfahren als relativ gleichwertig, auch was die Prognose des Wendepunktes betraf. Die Modellauswahl sollte sich nach *De Kluyver* an der Verfügbarkeit der Daten ausrichten: Sind wenige oder sogar überhaupt keine Daten vorhanden, läßt sich meist mit der *Weibull*-Funktion "intuitiver" prognostizieren. Die Bestimmung von p und q für das *Bass*-Modell erscheint in solchen Fällen schwieriger.

10.4.4 Das generalisierte Bass-Modell von Easingwood, Mahajan und Muller und verwandte Ansätze

Aus dem *Bass*-Modellansatz folgt, daß der Wendepunkt nur im Bereich von 0 und 50 % Marktsättigung einstellbar ist. Auch das erweist sich noch als eine Beschränkung, die vielen praktischen Verläufen entgegensteht. Daher haben *Easingwood, Mahajan* und *Muller* [13] die verhaltenstheoretischen Überlegungen weitergeführt: Das NUI (nonuniform influence)-Modell trägt der Tatsache Rechnung, daß die Wirkung der persönlichen Kommunikation nicht nur über der Zeit konstant bleibt, sondern auch mit der Durchdringung anwachsen oder abfallen kann. Deswegen wird der Imitatorenkoeffizient q eine Funktion der akkumulierten Nachfrage N_t:

$$q(t) = \overline{q} \left(\frac{N(t)}{N^*}\right)^\alpha \tag{44}$$

wobei α und $\overline{q}$ Konstanten sind.

Ersetzt man in (29) q durch $q(t)$ aus (44), so ergibt sich für den Nachfragezuwachs

$$N_t' = p(N^* - N_t) + \overline{q}\left(\frac{N_t}{N^*}\right)^\alpha \frac{N_t}{N^*}(N^* - N_t)$$

$$= p(N^* - N_t) + \overline{q}\left(\frac{N_t}{N^*}\right)^\delta (N^* - N_t) \tag{45}$$

mit $\delta = 1 + \alpha \geq 0$ und $q(t) = \overline{q}\left(\frac{N(t)}{N^*}\right)^{\delta-1}$. Um die Flexibilität dieses Ansatzes nachzuvollziehen, leiten wir zunächst $q(t)$ nach N_t ab und erhalten

$$\frac{dq(t)}{dN_t} = \overline{q}\frac{(\delta-1)}{N^*}\left(\frac{N_t}{N^*}\right)^{\delta-2}$$

Da $N_t' \geq 0$, wächst der Imitatorenkoeffizient offensichtlich für $\delta > 1$ an; für $\delta = 1$ bleibt er konstant (*Bass*-Modell), und für das Intervall $0 < \delta < 1$ nimmt er ab. Zur Bestimmung des Wendepunktes müßte Gleichung (45) differenziert, anschließend Null gesetzt und dann nach t aufgelöst werden. Allerdings existiert hierfür keine geschlossene Lösung. Jedoch ist es mathematisch möglich, Grenzen für die Ordinatenwerte des Wendepunktes anzugeben. Es kann gezeigt werden, daß sich der Wendepunkt für $\delta \to \infty$ bei 100 % und für $\delta \to 0$ bei 0 % Marktsättigung einstellt [13].

Um Aussagen zur relativen Leistungsfähigkeit zu treffen, haben *Easingwood, Mahajan* und *Muller* zunächst die Absatzzahlen von fünf Konsumgütern, darunter Schwarzweiß- und Farbfernseher sowie Wäschetrockner, mit ihrem und mit anderen Modellen, z. B. dem *Bass*-Modell, analysiert. Sie stellten fest, daß der Einflußfaktor δ bei vier der fünf Produkte Werte kleiner als Eins annahm, was zeigt, das in diesen Fällen der Imitatoren-Anteil mit der Durchdringung abnimmt. Damit konnten sie auch bessere Ergebnisse für das NUI-Modell nachweisen. Anschließend verglichen sie die Prognosefähigkeit der verschiedenen Ansätze, indem sie hintere Werte der Zeitreihen extrapolierten. Gemessen am durchschnittlichen mittleren Fehlerquadrat wartete auch hier das NUI-Modell mit besseren Ergebnissen auf.

Beschränkt man die NUI-Funktion nur auf den Imitatoren-Anteil, so ergibt sich ein weiteres generalisiertes logistisches Modell, das als NSRL (non symmetric responding logistic)-Modell bezeichnet wird [12].

Das FLOG (flexible logistic)-Modell von *Bewley* und *Fiebig* [4] beruht ebenfalls auf einem variablen Imitatorenkoeffizienten. Für diesen gilt hier

$$q(t) = \overline{q}\left[(1 + kt)^{1/k}\right]^{\mu-k}$$

Während k die Kurve im wesentlichen horizontal skaliert, bestimmt μ vorwiegend den Grad der Krümmung. *Bewley* und *Fiebig* analysierten mit dem FLOG-Modell die Marktdurchdringung neuer Telekommunikationsdienste, z. B. Fax, in Australien.

Der Vorteil des FLOG-Ansatzes besteht darin, daß er im Gegensatz zur NSRL-Funktion eine geschlossene Lösung der akkumulierten Nachfrage N_t besitzt.

10.5 Erweiterte Modelle für Erstkäufe

10.5.1 Vorbemerkung und Überblick

Bisher hatten wir angenommen, daß das Wachstum ausschließlich eine Funktion der Zeit ist. Nun können aber andere Faktoren das Wachstum beschleunigen oder verzögern. Diesen kann man in der Theorie der mittel- und langfristigen Prognose Rechnung tragen, indem man in den Modellansätzen die Proportionalitätsfaktoren parametrisiert. Es genügt aber manchmal, daß die Koeffizienten lediglich eine Funktion der Zeit werden, um exogene Effekte zu erfassen, und die exogenen Größen nicht explizit als Parameter erscheinen. Solche Modelle lassen sich weiterhin als endogene Prozesse verstehen. Welche Einflußgrößen aufzunehmen sind und wie die funktionale Beziehung zu wählen ist, hängt oft davon ab, wie die Anbieter vorgehen, d. h. beispielsweise, welche Preisstrategien und Werbemaßnahmen sie einsetzen. Daher müßte man die Funktionen eher anbieter- oder auch produktspezifisch bilden [20]. Die hier vorgestellten erweiterten Ansätze sind in Abbildung 6 zusammengefaßt.

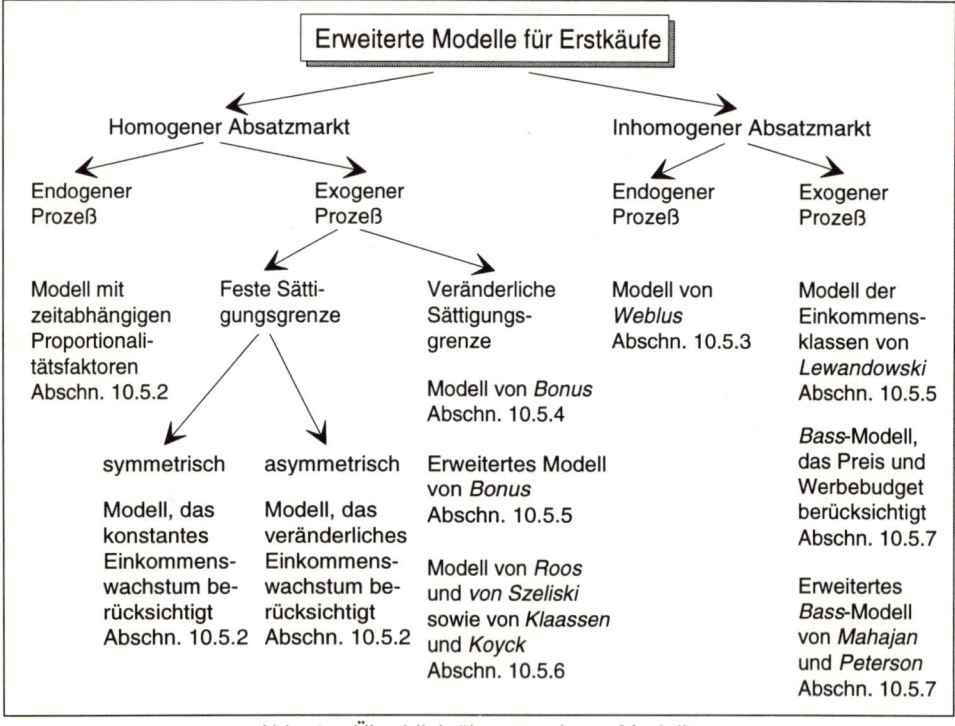

Abb. 6   Überblick über erweiterte Modelle

10.5.2 Erweiterungen des logistischen Modells

Beim logistischen Modell äußern sich Modifikationen darin, daß im Exponenten der e-Funktion im Nenner der Sättigungskurve in der Regel zusätzliche Größen erscheinen. Statt

$$N_t = \frac{N^*}{1+e^{a-bt}}$$

heißt es im allgemeinen

$$N_t = \frac{N^*}{1+e^{a-(b+X)t}}$$

wobei X eine im Einzelfall zu spezifizierende Größe ist.

Wir wollen in der Folge den wichtigen Fall behandeln, daß in der Volkswirtschaft ein allgemeines, gleichmäßiges Wachstum E' des Pro-Kopf-Einkommens zu konstatieren ist und daß diese Einkommenssteigerungen die zu prognostizierende Nachfrage nach einem Produkt beschleunigen, wobei jedoch durch die Einkommenssteigerungen das Sättigungsniveau nicht erhöht wird.

Bei der Diskussion der logistischen Funktion waren wir von der Gleichung

$$N_t' = \beta N_t (N^* - N_t) \qquad (1)$$

ausgegangen. Dabei war β ein Faktor, der angab, in welchem Verhältnis das Absatzvolumen in Abhängigkeit vom Bekanntheitsgrad und von der restlichen Marktkapazität wächst.

Wir führen jetzt additiv eine Größe KE' ein, die bestimmt, wie dieser Effekt durch das Einkommenswachstum E' verstärkt wird. Dann erhalten wir:

$$N_t' = (\beta + KE') N_t (N^* - N_t) \qquad (46)$$

In Abschnitt 10.3.2.1 hatten wir die Größe

$$b = \beta N^* \qquad (4)$$

eingeführt. Wir führen abkürzend b' ein:

$$b' + KE' = (\beta + KE') N^* \qquad (47)$$

Nehmen wir jetzt KE' als zeitlich konstant an, so ergibt sich analog zu Gleichung (5) des Abschnittes 10.3.2.1:

$$N_t = \frac{N^*}{1+e^{a-(b'+KE')t}} \qquad (48)$$

Da in dieser Funktion nur Konstanten verändert sind, erbringt die Analyse die gleichen Ergebnisse wie die der logistischen Funktion. Insbesondere verläuft die Kurve auch symmetrisch zum Wendepunkt, der bei halber Marktsättigung erreicht wird. Man beachte, daß E' von der einzigen im Modell vorkommenden unabhängigen Variablen t unabhängig ist.

Exogene Einflüsse können auch in einem im Zeitablauf veränderlichen Parameter β berücksichtigt werden. Modelle dieser Art verwendet man, wenn ein neues Gut ein vorhandenes substituiert, dabei aber die gleiche Funktion ausübt.

10.5.3 Das Modell von Weblus

Für die Prognose mancher Güter ist die Annahme, daß der Stamm der potentiellen Kunden homogen strukturiert sei, nicht zulässig. Dazu gehören z. B. gehobene Gebrauchsgüter, die vom einkommensstarken Teil der Bevölkerung rasch, von weniger einkommenskräftigen Schichten langsamer gekauft werden. Aufgrund der Kaufkraftdifferenzierung ist das Kaufinteresse im Durchschnitt der potentiellen Käufer anfangs größer und nimmt allmählich ab, nachdem die jeweils wohlhabenden Schichten gekauft haben.

Weblus [44/S. 592 f.] hat für den Absatz von Fernsehgeräten die Annahme getroffen, daß diesem Tatbestand Rechnung getragen werden kann, indem der Proportionalitätsfaktor β der logistischen Funktion im Zeitablauf kleiner wird. Wir wollen das Modell von *Weblus* im folgenden in modifizierter Form entwickeln. Dazu definieren wir einen neuen Proportionalitätsfaktor γ so, daß

$$\beta = \frac{\gamma}{t} \tag{49}$$

Dann lautet die Ausgangsgleichung

$$N_t' = \frac{\gamma}{t} N_t \left(N^* - N_t \right) \tag{50}$$

Man gelangt nach Integration zur Lösung der Differentialgleichung:

$$N_t = \frac{N^*}{1 + \left(\frac{T_0}{t}\right)^{\delta}} \tag{51}$$

wobei T_0 die Zeitspanne vom Absatzbeginn ($t = 0$) bis zum Erreichen des Sättigungsgrades $N_t = N^*/2$ darstellt und $\delta = \gamma N^*$ ist.

Die Konstanten γ und T_0 enthalten das allgemeine Einkommensniveau, das Kaufinteresse an sich und das allgemeine Einkommenswachstum E' implizit [44/S. 599]; die einzige unabhängige Variable bleibt auch hier die Zeit t.

Wenn $t = T_0$ ist, wird gemäß Gleichung (51)

$$N_t = \frac{N^*}{2}$$

10.5.4 Das Modell von Bonus

Bonus [7] hat, aufbauend auf der logistischen Kurve, ein Modell zur Ausbreitung des Fernsehens entwickelt und getestet. Er geht im Gegensatz zu Abschnitt 10.5.2 davon aus, daß das Sättigungsniveau zu einem Betrachtungszeitpunkt t einkommensabhängig ist, wobei das zeitabhängige Sättigungsniveau N_t^* dem absoluten Sättigungsniveau N_0^* auf einer logistischen Kurve zustrebt:

$$N_t^* = \frac{N_0^*}{1 + c E_t^{-\alpha}} \qquad (52)$$

Dabei ist E_t das in der Volkswirtschaft zum Zeitpunkt t erreichte Pro-Kopf-Einkommen. Der Elastizitätsgrad α in bezug auf das Einkommen bezeichnet die Intensität, mit der sich Einkommenserhöhungen auf das temporäre Sättigungsniveau auswirken. Ist α positiv und groß, so gleicht sich bei Einkommenssteigerungen das variable Sättigungsniveau rasch dem absoluten an. c ist eine Konstante, durch die der Einfluß der Einkommensveränderungen zum Ausdruck gebracht werden kann. Wählt man $c < 0$, so nimmt bei positivem α der potentielle Markt trotz einer Einkommenssteigerung ab, z. B. wegen Veralterung. Man beachte, daß N_t^* nicht beobachtet wird. Es ist das Sättigungsniveau, dem der endogene logistische Wachstumsprozeß zum Zeitpunkt t zustrebt [7/S. 70].

Bonus nimmt nun weiter an, daß die Einkommen mit einer konstanten Rate g nach dem Ausdruck

$$E_t = E_0 \, e^{gt} \qquad (53)$$

steigen, wenn E_0 das Einkommen zu Beginn der Betrachtung ($t = 0$) ist.

Durch Kombination von Gleichung (52) und (53) erhält man

$$N_t^* = \frac{N_0^*}{1 + c\left(E_0 e^{gt}\right)^{-\alpha}} = \frac{N_0^*}{1 + c E_0^{-\alpha} e^{-\alpha g t}} \qquad (54)$$

Wir fassen der Übersichtlichkeit halber einige Konstanten in Abkürzungen zusammen:

$$\gamma = \ln\left(c E_0^{-\alpha}\right) \rightarrow c E_0^{-\alpha} = e^{\gamma} \qquad (55)$$

$$\delta = \alpha g \qquad (56)$$

und erhalten damit aus Gleichung (54) den Ausdruck

$$N_t^* = \frac{N_0^*}{1 + e^{\gamma - \delta t}} \qquad (57)$$

Wir nehmen nun den elementaren Ausdruck über das logistische Wachstum

$$N_t' = \beta N_t \left(N^* - N_t\right) \qquad (1)$$

hinzu und formen ihn mit der Abkürzung

$$b = \beta N^* \qquad (4)$$

um zu

$$N_t' = b N_t - \frac{b}{N^*} N_t^2 \qquad (58)$$

Da jetzt N^* zeitabhängig ist, müssen wir für N^* in Gleichung (58) den Wert N_t^* aus Gleichung (57) einsetzen und erhalten

$$N_t' = bN_t - \frac{b}{\frac{N_0^*}{1+e^{\gamma-\delta t}}} N_t^2$$

$$= bN_t - \frac{b}{N_0^*}\left(1+e^{\gamma-\delta t}\right)N_t^2 \tag{59}$$

Diese Differentialgleichung hat, wie *Bonus* zeigt [7/S. 70 f.], die Lösung

$$N_t = \frac{N_0^*}{1+e^{f-bt}+\frac{b}{b-\delta}e^{\gamma-\delta t}} \tag{60}$$

oder

$$N_t = \frac{N_0^*}{1+e^{f-bt}+\frac{b}{b-\delta}e^{\gamma}e^{-\delta t}}$$

und mit Gleichungen (55) und (56)

$$N_t = \frac{N_0^*}{1+e^{f-bt}+\frac{b}{b-\alpha g}cE_0^{-\alpha}e^{-\alpha g t}} \tag{61}$$

Dabei ist

$$f = \ln\left[N_0^*\left(1-C+\frac{b}{b-\delta}e^{\gamma}\right)\right] \tag{62}$$

worin C die Integrationskonstante darstellt.

Die Funktion (60) unterscheidet sich von der logistischen vor allem dadurch, daß im Nenner neben dem Ausdruck

$$e^{f-bt}$$

der die endogene Ausbreitung bewirkt, die einkommensinduzierte Ausbreitung bei exponentiell wachsendem Einkommen durch den dritten Summanden

$$\frac{b}{b-\delta}e^{\gamma-\delta t}$$

zur Geltung kommt. Ist $\delta = 0$, so erhält man eine logistische Kurve.

Da gemäß Gleichung (56) δ das Produkt aus α und g ist, kann δ dann Null werden, wenn entweder die Einkommen stagnieren ($g=0$) oder das Sättigungsniveau auf die Einkommenssteigerungen nicht reagiert ($\alpha = 0$) (für einige Parameterkonstellationen produziert das Modell von *Bonus* unzulässige Werte; vgl. im einzelnen [7/S. 72]). *Lewandowski* [26/S. 344] hebt als einen der Vorteile des *Bonus*-Modells heraus, daß es durch die Anpassung der Sättigungsgrenze an exogene Entwicklungen "die klassische Unterschätzung des definitiven Sättigungsniveaus" vermeide.

10.5.5 Eine Erweiterung des Modells von Bonus und das Modell der Einkommensklassen von Lewandowski

Bonus hat zu seinem in obigem Abschnitt skizzierten Modell auch vorgesehen, daß das temporäre Sättigungsniveau N_t^* eine Funktion des Preises P_t ist, den das Produkt zum Zeitpunkt t hat. Er verändert dann die Gleichung (53) zu

$$N_t^* = \frac{N_0^*}{1 + P_t^\beta E_t^{-\alpha}}$$

β gibt den Elastizitätsgrad in bezug auf den Preis an.

Mit diesem Ansatz will er vor allem untersuchen, wie sich die (z. B. als Folge von Lernprozessen bei der Herstellung) fallenden Preise der Fernsehgeräte auf die Ausbreitung im Markt auswirken. Da fallende Preise einen ähnlichen Effekt wie steigende Einkommen haben können, ist der obige Ansatz, bei dem die beiden Einflußgrößen P_t und E_t miteinander kombiniert werden, plausibel. Führt man derartige Überlegungen weiter, so stößt man darauf, daß die Relationen von Einkommen, Preisen und Konsum in den verschiedenen Käufersegmenten nicht homogen sind. *Lewandowski* [26/S. 353 ff.] hat daher ein Modell vorgelegt, bei dem die Nachfrage durch einzelne "Einkommensklassen" getrennt analysiert und dann addiert wird.

10.5.6 Das Modell von Roos und von Szeliski sowie von Klaassen und Koyck

Ähnlich wie *Bonus* (vgl. Abschnitt 10.5.4) nehmen *Roos* und *von Szeliski* in ihrer Arbeit zur Prognose der Automobilnachfrage das Sättigungsniveau N^* als im Zeitablauf veränderlich an [39].

Sie gehen aus von der Funktion

$$N_t^i = C N_t \left(z(t) N^*(t) - N_t \right)$$

wo $z(t)$ die Zahl der Familien im Zeitpunkt t und $N^*(t)$ die Anzahl der Autos pro Familie angibt, bei der zu einem bestimmten Zeitpunkt t der Markt gesättigt wäre. $N^*(t)$ hängt wieder von dem Einkommensteil pro Kopf der Bevölkerung ab, der für den Kauf eines Automobils verfügbar ist, ferner vom Preis und von der Lebensdauer der Kraftfahrzeuge. Auch der Proportionalitätsfaktor C ist bei *Roos* und *von Szeliski* variabel.

Das Modell von *Roos* und *von Szeliski* hat den Nachteil, daß es kein maximales Sättigungsniveau aufweist. Daher haben *Klassen* und *Koyck* (siehe hierzu [26/S. 339 f.]) einen Ansatz vorgeschlagen, bei dem das Sättigungsniveau N_t^* einem maximalen Sättigungsniveau N_0^* nach der Formel

$$N_t^* = N_0^* - \frac{\alpha}{Y_t} - \gamma P_t$$

zustrebt.

Dabei sind Y_t ein Maß für die Einkommensverhältnisse und P_t ein Maß für die Preisverhältnisse, jeweils zum Zeitpunkt t. α und γ sind Parameter.

10.5.7 Erweiterungen des Bass-Modells

Die verhaltenstheoretische Begründung für den Verlauf der Absatzzahlen und die damit verbundene Akzeptanz in der Praxis veranlaßten viele Forscher, das Modell von *Bass* weiterzuentwickeln. Von besonderem Interesse ist dabei auch heute noch, wie Marketingvariablen am geeignetsten integriert werden können. Im allgemeinen geht man so vor, daß man Innovatoren- und Imitatorenkoeffizient parametrisiert [40]:

$$p = p(P,W), q = q(P,W)$$

wobei hier beispielhaft der Absatzpreis P und das Werbebudget W berücksichtigt sind. Der funktionale Zusammenhang zwischen den Marketingvariablen und dem Diffusionsverlauf bzw. Produktlebenszyklus wird in der Literatur recht unterschiedlich angenommen (siehe hierzu z. B. [18/S. 52]). Es läßt sich aber empirisch zeigen, daß die Innovatoren eher durch umfangreiche Werbung und die Imitatoren eher durch einen günstigen Preis zu Mehrkäufen neigen [40].

Andere Modellerweiterungen gehen von einem variablen Sättigungsniveau aus. Diesen Ansatz griffen *Mahajan* und *Peterson* in allgemeiner Form auf [28]. Sie geben das Sättigungsniveau an als:

$$N^*(t) = f(\mathbf{S}(t)) \tag{63}$$

$S(t)$ ist ein Vektor relevanter Faktoren, die $N^*(t)$ beeinflussen. Wir substituieren zunächst in Gleichung (29) $\hat{q} = q/N^*$. Ersetzen wir dann N^* durch $N^*(t)$ aus Gleichung (63), so ergibt sich:

$$N'_t = (p + \hat{q} N(t))(f(\mathbf{S}(t)) - N(t)) \tag{64}$$

Diese Differentialgleichung hat als allgemeine Lösung [28]

$$N(t) = \frac{f(\mathbf{S}(t)) - \left[\frac{p(N_0^* - N_0)}{p + \hat{q} N_0}\right] e^{-(p(t-t_0) + \hat{q} M(t))}}{1 + \left[\frac{\hat{q}(N_0^* - N_0)}{p + \hat{q} N_0}\right] e^{-(p(t-t_0) + \hat{q} M(t))}} \tag{65}$$

mit

$$N(t = t_0) = N_0; f(\mathbf{S}(t_0)) = N_0^*$$

und

$$M(t) = \int_{t_0}^{t} f(\mathbf{S}(x)) dx$$

Setzt man $N^*(t) = f(S(t)) = N^* = $ const., so ergibt sich mit $t_0 = 0$ und $\hat{q} = q / N^*$ relativ einfach das *Bass*-Grundmodell (vgl. Gleichung (30) in Abschnitt 10.3.4).

Die Einflußfaktoren und ihre funktionale Beziehung in Gleichung (63) müssen jeweils fallspezifisch gewählt werden. *Mahajan* und *Peterson* untersuchten die Prognosegüte ihres dynamischen Modells anhand von Waschmaschinen-Absatzzahlen in den USA. Dabei zogen sie als einzigen Einflußfaktor die Anzahl der Wohnungsneugründungen als Maß für das Bevölkerungswachstum $B(t)$ heran und formulierten eine lineare Beziehung für das Sättigungsniveau:

$$N^*(t) = f(B(t)) = k_1 + k_2 B(t)$$

Die Parameter k_1 und k_2 wurden durch eine Regressionsanalyse bestimmt. Die Korrelation zwischen tatsächlichen und prognostizierten Absatzzahlen in drei betrachteten Zeiträumen war mit jeweils 0.99 sehr hoch.

10.6 Modelle mit Komponenten für Wiederholungskäufe

10.6.1 Problematik und Überblick

In unseren bisherigen Betrachtungen hatten wir nur Methoden zur Prognose von Erstkäufen beschrieben. In vielen Anwendungsfällen wird nun die Erstnachfrage nach einiger Zeit beträchtlich durch Ersatzkäufe überlagert. In der Bundesrepublik Deutschland gibt es bereits zahlreiche Märkte, die soweit gesättigt sind, daß der Ersatzbedarf den Neubedarf beträchtlich übersteigt. In solchen Fällen könnte man zunächst eine Kombination der in diesem Beitrag und der im Beitrag 6 beschriebenen Verfahren denken: Der Erstbedarf wird mit Hilfe eines Sättigungsmodells vorhergesagt, während man die Ersatzkäufe als Funktion von Verweilzeitverteilungen prognostiziert (vgl. aber auch [19]). Den Umsätzen in Kapitel 6 entspricht jetzt der Geldwert der neu beschafften Güter, dem Verweilzeitvektor der Vektor der Lebens- und Nutzungsdauern.

Allerdings ist insbesondere bei langfristigen Prognosen zu beachten, daß sich der Lebensdauervektor verändern kann, vor allem dadurch, daß

- eine Weiterentwicklung eine längere (oder auch kürzere) Haltbarkeit mit sich bringt,

- der technische Fortschritt eine raschere Veralterung bedingt,

- sich ändernde Konsumgewohnheiten bis hin zu Modeerscheinungen die Zeit der Nutzung eines Konsumgutes verändern,

- Einflüsse der Konjunktursituation und -politik (z. B. Liquiditätsengpässe, modifizierte Abschreibungsbestimmungen im Steuerrecht) die Verlängerung oder Verkürzung der betriebswirtschaftlich optimalen Nutzungsdauer von Investitionsgütern bewirken (vgl. z. B. über den Einfluß von Rezessionen auf den Ersatzprozeß von LKW [22/S. 288 ff.]).

Insofern ist die praktische Anwendbarkeit der Verweilzeitmethoden begrenzt (vgl. auch *Lewandowski* [26/S. 441 und S. 454]).

Mittlerweile sind verschiedene Ansätze bekannt, die Komponenten für Wiederholungskäufe enthalten. Bei solchen, die auf aggregierten Zeitreihen basieren, hält man die Anzahl der Parameter klein, da keine detaillierten Verhaltensinformationen verfügbar sind, und man arbeitet meist stochastisch. Außerdem finden bei diesen Modellen bisher nur Ersatzbedarfe von Gebrauchsgütern Berücksichtigung. Im Gegensatz dazu bergen Paneldaten oft vielfältige repräsentative Beobachtungen in sich, u. a. die, ob ein Kauf durch Ersatz- oder Mehrbedarf begründet ist oder nicht. Mit den darauf aufsetzenden Modellen gelingen speziellere, auf dem jeweiligen Konsumentenverhalten beruhende Prognosen. Dabei wird häufig mit einer Vielzahl von Parametern gerechnet (z. B. durch Segmentierung, vgl. Kapitel 11). Die aggregierten Modelle haben demgegenüber den Vorteil, daß sie auch bei solchen Anwendungen noch Aussagen treffen können, für die keine Paneldaten verfügbar sind. Einen Überblick über die hier vorgestellten oder lediglich erwähnten Modelle gibt Abbildung 7.

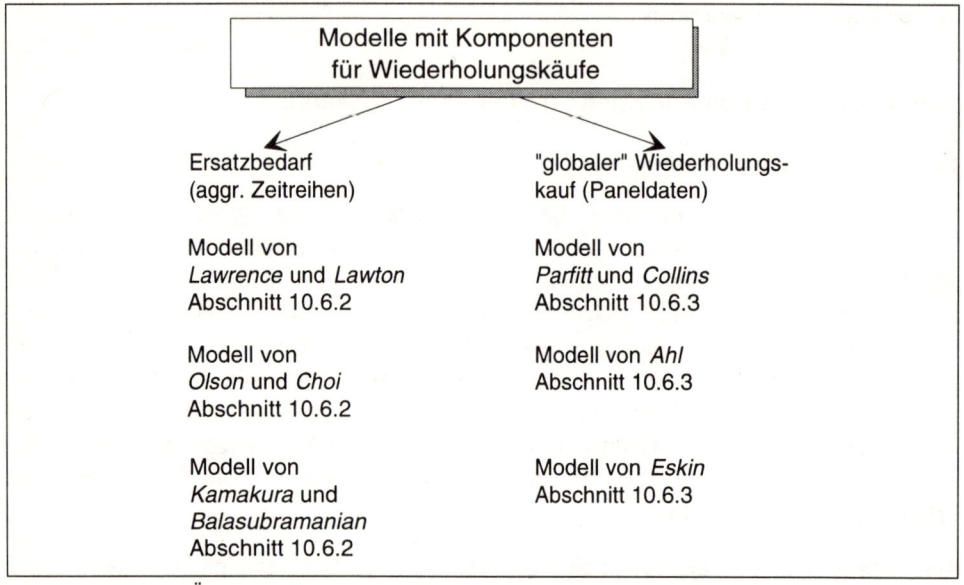

```
                    ┌─────────────────────────────┐
                    │   Modelle mit Komponenten   │
                    │    für Wiederholungskäufe   │
                    └─────────────────────────────┘
                         ↙                    ↘
              Ersatzbedarf              "globaler" Wiederholungs-
              (aggr. Zeitreihen)        kauf (Paneldaten)

              Modell von                Modell von
              Lawrence und Lawton       Parfitt und Collins
              Abschnitt 10.6.2          Abschnitt 10.6.3

              Modell von                Modell von Ahl
              Olson und Choi            Abschnitt 10.6.3
              Abschnitt 10.6.2

              Modell von                Modell von Eskin
              Kamakura und              Abschnitt 10.6.3
              Balasubramanian
              Abschnitt 10.6.2
```

Abb. 7   Überblick über Modelle mit Komponenten für Wiederholungskäufe

10.6.2 Das Modell von Olson und Choi und verwandte Verfahren

Einen einfachen Ansatz, der erlaubt, Ersatzkäufe von Gebrauchsgütern zu integrieren, haben zunächst *Lawrence* und *Lawton* vorgeschlagen [24]: Um den Verlauf der Ersatzkäufe zu erhalten, wird der Produktlebenszyklus um die (konstante) durchschnittliche Lebensdauer verschoben. Anschließend werden die Absatzzahlen beider Kurven aufaddiert. Der Ansatz geht von vereinfachenden Annahmen aus, die dazu führen, daß das Modell in der Praxis lediglich Anhaltswerte liefern kann: Z. B. wird vorausgesetzt, daß der Verlauf der Ersatzkäufe dem der Erstkäufe entspricht und daß man jedes Produkt sofort ersetzt, wenn es unbrauchbar wird.

Im Gegensatz zu *Lawrence* und *Lawton* gehen *Olson* und *Choi* von einer stochastischen Lebensdauer aus [35]. Deshalb enthält ihr diskretes Modell eine Komponente für Ersatzkäufe $R(t)$, die sich von der für Erstkäufe $S(t)$ unterscheidet. Wir vereinfachen den mathematischen Ausdruck insoweit, daß wir Fehlerterme nicht betrachten wollen, und setzen für die Gesamtverkäufe in der Periode t an:

$$n(t) = S(t) + R(t) \tag{66}$$

Zunächst wird als Wahrscheinlichkeit definiert, daß ein Produkt in der τ-ten Periode seines Lebens unbrauchbar wird (Ausfallwahrscheinlichkeit):

$$Pd(\tau) = \int_{\tau-1}^{\tau} f(\lambda) d\lambda \quad \text{mit} \quad \tau \geq 1$$

wobei $f(\lambda)$ die Wahrscheinlichkeitsdichtefunktion von λ ist.

Werden die Produkte in der Periode Null zum ersten Mal verkauft und, nachdem sie unbrauchbar geworden sind, immer sofort in der darauffolgenden Periode ersetzt, dann ergibt sich die Ersatzbedarfskomponente zu:

$$R(t) = \sum_{i=0}^{t-1} Pd(t-i) n(i) \tag{67}$$

Hierbei stellt $n(i)$ die beobachteten Verkäufe des Produkts in der Periode i dar.

Die Wahl der Wahrscheinlichkeitsdichtefunktion $f(\lambda)$ richtet sich nach Zuverlässigkeitsanalysen von Produkten, die Auskunft über Ausfallraten geben. *Olson* und *Choi* wählen eine *Rayleigh*-Verteilung, die den Vorteil hat, daß lediglich ein Parameter bestimmt werden muß. (Sie entsteht aus der *Weibull*-Funktion für $\beta = 2$ und $\delta = 1/\alpha$, vgl. Gleichung 43 in Abschnitt 10.4.3.)

$$f(\lambda) = 2\delta \lambda e^{-\delta \lambda^2} \quad \text{mit} \quad \lambda > 0$$

Der Verlauf der Erstkäufe kann z. B. durch einen *Bass*-Ansatz mit variablem Sättigungsniveau approximiert werden:

$$S(t) = (p + \hat{q} N(t-1))(N^*(t) - N(t-1)) \tag{68}$$

$N(t-1)$ steht für die Anzahl der Käufer, die das Produkt bis zur $(t-1)$-ten Periode wenigstens einmal erworben haben.

Damit ergeben sich mit (67) und (68) die Erst- und Ersatzkäufe in der Periode t zu:

$$\begin{aligned} n(t) &= S(t) + R(t) \\ &= (p + \hat{q} N(t-1))(N^*(t) - N(t-1)) + \sum_{i=0}^{t-1} Pd(t-i) n(i) \end{aligned} \tag{69}$$

Werden die Verkaufszahlen $n(t)$ vorgegeben, so können in dieser nichtlinearen Regressionsgleichung die fehlenden Parameter p, $\hat{q}$ und δ bestimmt werden. *Olson* und *Choi* zeigen, daß dies mit einer Kombination von Least-Squares- und Maximum-Likelihood-Methode möglich ist [35/S. 389 f.].

Auch *Olson* und *Choi* verglichen die Prognoseleistungen ihres Modells mit denen des *Bass*-Modells. Ihr Ansatz erreichte bei Schwarzweiß- und Farbfernsehern bessere Ergebnisse, da die zu prognostizierenden Werte für einen sehr "späten" Zeitbereich gewählt wurden, indem der Ersatzbedarf bereits deutlich überwog.

Eine vielversprechende Weiterentwicklung von *Kamakura* und *Balasubramanian* unterscheidet sich dahingehend, daß anstatt von schwer zu ermittelnden jährlichen lediglich kumulierte Verkaufszahlen zur Parameterbestimmung benötigt werden [21]. Außerdem berücksichtigen sie in ihrem Modell als Einflußfaktoren den Preisindex und das Bevölkerungswachstum. *Kamakura* und *Balasubramanian* merken an, daß sich zukünftige Forschungen in der langfristigen Prognose mit der Frage beschäftigen müssen, wie man bei aggregierten Modellen Komponenten für reine Mehrkäufe ("Zweitgeräte") integriert, da diese die Höhe bzw. den Verlauf des Sättigungsniveaus bei Gebrauchsgütern wie Fernsehern, Radios, Kühlschränken usw. stark beeinflussen können.

10.6.3 Das Modell von Parfitt und Collins und verwandte Verfahren

Dieses Modell ist im Zusammenhang mit der Auswertung der Attwood-Konsum-Panels entwickelt worden [36]. Es dient der Prognose des Marktanteils neuer Produkte.

Das Modell folgt in seinem Aufbau den chronologischen Phasen bei der Eroberung eines Marktanteils:

1. Eine Anzahl A_t von Konsumenten erwirbt das neue Produkt bis zum Zeitpunkt t erstmals.

2. Bezieht man A_t auf die Zahl B_t derjenigen Konsumenten, die bis zum Zeitpunkt t zum entsprechenden Gesamtmarkt gehörende Produkte kaufen, so erhält man die Einführungsrate E_t zum Zeitpunkt t in Prozent:

$$E_t = \frac{A_t}{B_t} \cdot 100 = \left(\sum_{i=0}^{t} A(i) \bigg/ \sum_{i=0}^{t} B(i) \right) \cdot 100$$

3. Von den Erstkäufern A_t kauft eine Anzahl das neue Produkt wiederholt. Die Wiederholkäufe führen in einem Zeitintervall s zu dem Absatz $M_t(s)$, gemessen aufgrund der zum Zeitpunkt t vorhandenen (Panel-)Informationen.

4. Bezieht man $M_t(s)$ auf den Wert $Q_t(s)$ des Gesamtabsatzes im relevanten Markt in der Periode s, so erhält man die Wiederholkaufrate $W_t(s)$ in Prozent zu

$$W_t(s) = \frac{M_t(s)}{Q_t(s)} \cdot 100$$

5. $Y_t(s)$ sei der im Zeitintervall s von den Käufern des neuen Produktes durchschnittlich getätigte Gesamtumsatz auf dem relevanten Markt.

Bezieht man $Y_t(s)$ auf das durchschnittliche Kaufvolumen $Z_t(s)$ aller Marktteilnehmer in dem Zeitintervall s, wiederum festgestellt zum Zeitpunkt t, so ergibt sich der Kaufratenfaktor $K_t(s)$, der anzeigt, ob die Käufer des neuen Produktes überdurchschnittlich (z. B. Großkunden) oder unter- bzw. durchschnittlich viel kaufen:

$$K_t(s) = \frac{Y_t(s)}{Z_t(s)}$$

6. Die zum Zeitpunkt t errechnete Prognose des Marktanteils resultiert dann aus dem Produkt der Einführungsrate mit der Wiederholkaufrate und dem Kaufratenfaktor (vgl. hierzu auch Abbildung 8):

$$S_t = \frac{E_t \cdot W_t(s) \cdot K_t(s)}{100} \tag{70}$$

Die Prognose des langfristig sich einstellenden Marktanteiles S^* ermittelt man durch Abschätzen der langfristig zu erwartenden Grenzwerte von E_t und $W_t(s)$ und Einsetzen in Gleichung (70).

Eine Verfeinerung kann dahin erfolgen, daß man die im Panel vorhandenen Konsumenten in Segmente zerlegt (vgl. auch Kapitel 11), für jedes Segment getrennt prognostiziert und erst dann den Gesamtmarktanteil durch Addition errechnet. Die Segmentierung kann nach marktpsychologischen Kriterien erfolgen. Interessant erscheint in diesem Zusammenhang ein empirischer Befund von *Parfitt* und *Collins*, wonach Käufer, die das Produkt sehr spät nach der Einführungskampagne zum ersten Mal erwerben, eine niedrige durchschnittliche Wiederholkaufrate haben.

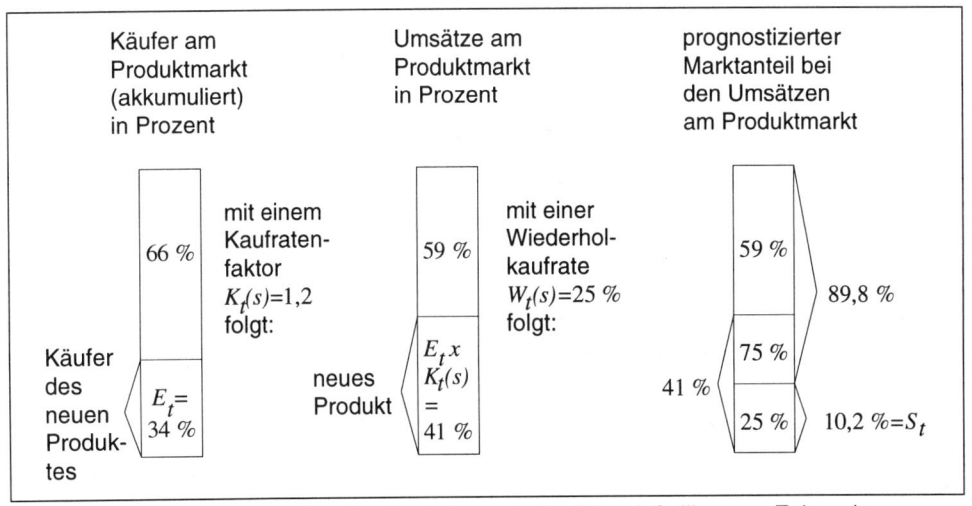

Abb. 8   Prognose des Marktanteils nach *Parfitt* und *Collins* zum Zeitpunkt t

Parfitt und *Collins* testeten verschiedene Wachstumsfunktionen, um Anhaltspunkte zu liefern, wie die Einführungsrate E_t ihrem Grenzwert E^* entgegenstrebt. Sie haben die Exponentialfunktion

$$E_t = E^*\left(1 - e^{-\alpha t}\right) \tag{71}$$

als in den meisten Fällen geeignet befunden (vgl. auch [23]).

Kroeber-Riel und *Roloff* [23] haben das Modell von *Parfitt* und *Collins* einer Analyse unterzogen und für den Verlauf von $W_t(s)$ die Funktion

$$W_t(s) = \frac{\gamma}{t+\delta} + \varepsilon \qquad (72)$$

angesetzt, wobei γ, δ und ε Parameter mit $\gamma, \delta > 0$, $\varepsilon \geq 0$ sind.

Arbeitet man mit dieser Annahme und setzt man vereinfachend $K_t(s) = 1$, so erhält man für den Verlauf des Marktanteils die Funktion

$$S_t = \frac{1}{100}\left\{\frac{\gamma \cdot E^*}{t+\delta}\left(1-e^{-\alpha t}\right) + \varepsilon \cdot E^*\left(1-e^{-\alpha t}\right)\right\}$$

indem E_t und $W_t(s)$ aus den Gleichungen (71) und (72) in Gleichung (70) eingesetzt werden. Diese Funktion zeigt etwa den in Abbildung 9 dargestellten Verlauf.

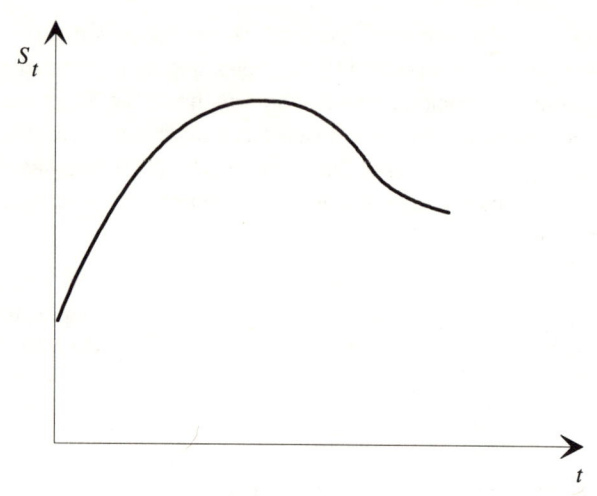

Abb. 9 Verlauf des Marktanteils für $K_t(s) = 1$

Das Modell von *Eskin* [15] stellt einerseits eine Weiterentwicklung des Verfahrens nach *Parfitt* und *Collins* dar, andererseits wollte *Eskin* eine Vereinfachung des unten angedeuteten Verfahrens von *Massy* bieten, so daß man *Eskins* Methode als Mittelweg zwischen den Modellen von *Parfitt* und *Collins* und von *Massy* werten kann.

Auch *Eskin* geht davon aus, daß die einzelnen Konsumenten aus verschiedenen Gründen (z. B. Haushaltsgröße, psychologische Merkmale usw.) ein unterschiedliches Kaufverhalten zeigen, so daß sich die Prognose zunächst auf einzelne Komponenten des Marktes in Form von Käuferklassen erstrecken muß. Um die Käufer zu klassifizieren, werden sie daraufhin beobachtet, wie oft sie das neue Produkt wiedererworben haben und zu welchen Zeitpunkten bzw. nach welchen Zeitintervallen dies geschah. Die Wiederholkaufakte werden also aufgespalten nach solchen aus erster Wiederholung, zweiter Wiederholung usw. und dann in die Anzahl der Kaufakte in Abhängigkeit von der Frist, die seit dem Erstkauf vergangen ist.

Das Verfahren von *Eskin* hat den in der Marketingpraxis willkommenen Nebeneffekt, daß eine Reihe von mengen- und käuferbezogenen Kennzahlen anfällt, die die intensive Marktbeobachtung in der kritischen Phase der Einführung eines neuen Produktes erleichtern.

Das Verfahren von *Massy* [31], das unter dem Namen STEAM bekannt wurde, betrachtet die Folge der Kaufentscheidungen von individuellen Haushalten in den einzelnen Phasen der Marktdurchdringung als stochastischen Prozeß. Dabei werden als Einflußgrößen u. a. der durchschnittliche Verbrauch des Gutes, der Zeitpunkt des letzten Kaufes und die Zeitspanne seit dem letzten Kauf berücksichtigt. Das Modell stellt hohe Anforderungen an Quantität und Qualität der verfügbaren Daten und an die Einstellung der zahlreichen Parameter.

Eine wesentlich detailliertere Darstellung von Eigenschaften, Vor- und Nachteilen sowie Einsatzmöglichkeiten der in diesem Abschnitt skizzierten Methodengruppe findet sich bei *Meffert* und *Steffenhagen* [32].

10.7 Ein Beispiel

Das folgende Beispiel [33] zeigt Überlegungen und Experimente mit einfachen Sättigungsfunktionen, wie man sie im Zusammenhang mit Absatzprognosen und -plänen anstellt. In Abbildung 10 ist der Absatzverlauf des PKW-Typs VW 1500/1600 von der Einführung bis zur Herausnahme aus dem Produktionsprogramm aufgezeichnet. Vernachlässigt man Absatzeinbrüche durch Konjunkturkrisen (z. B. Rezession 1967), so kann man eine nahezu idealtypische Lebenszykluskurve annehmen.

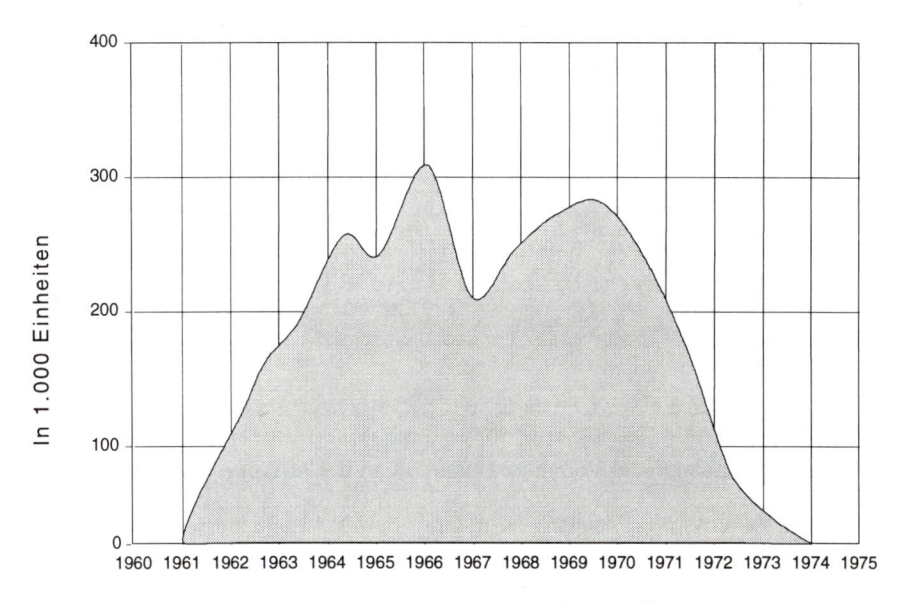

Abb. 10 Lebenszykluskurve des VW 1500/1600

Es wurde zunächst versucht, unter Verwendung von Ausgleichsalgorithmen, die *Späth* [42] angegeben hat, die Kurve mit Hilfe der logistischen Funktion und der *Gompertz*-Funktion anzupassen. Je nachdem, ob man dabei alle Vergangenheitsdaten bzw. Abweichungen zwischen diesen Vergangenheitsdaten und den Anpassungswerten gleich gewichtet (Fall 1) oder jüngeren Vergangenheitsdaten bzw. Abweichungen bei der Anpassung höheres Gewicht verleiht (Fall 2), erhält man vier Funktionen, und zwar die logistische Funktion 1 und 2 und die *Gompertz*-Funktion 1 und 2. Abbildung 11 zeigt das Resultat der Anpassung an die Ist-Werte eines abgeschlossenen Lebenszyklus. Man sieht, daß erst nach etwa drei Perioden die Anpassung befriedigend gelingt. Vorher liegen zu wenige Ist-Daten vor, ferner ergeben sich Störungen dadurch, daß die Produktionszahlen des ersten Modelljahres in der Automobilindustrie - insbesondere wegen der Vorserienproduktion - nicht typisch sind. Bei der Extrapolation über die Ist-Werte hinaus stellen sich größere Abweichungen zwischen den einzelnen Verfahren ein. Legt man als Gütemaß die Standardabweichung zugrunde, so erhält man die beste Anpassung für die Funktion Gompertz 2.

Abbildung 12 zeigt ex post-Prognosen mit dem Verfahren Gompertz 2 für unterschiedliche Annahmen über die Prognoseperiode und damit die Zahl der zur Verfügung stehenden Vergangenheitsdaten. Man sieht, daß bei den meisten alternativen Prognosen die Sättigungslinie unterschätzt wird. Erst ab Periode 9 gelingt eine gute Vorhersage für die folgenden drei bis fünf Jahre.

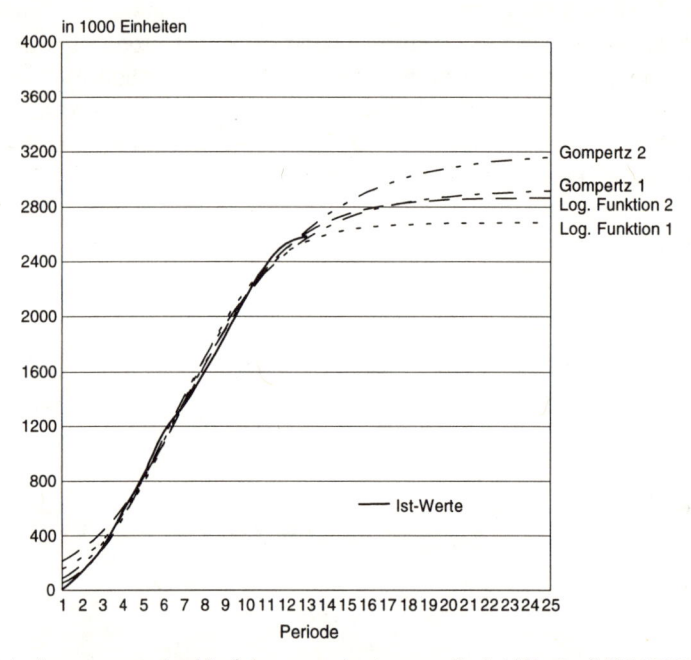

Abb. 11 Anpassung der Verfahrensvarianten an die Ist-Werte (VW 1500/1600)

Eine mögliche Variante der Prognose liegt darin, daß nicht alle zur Verfügung stehenden Ist-Werte herangezogen werden, sondern nur die jüngsten Vergangenheitsdaten. Man arbeitet dann ähnlich wie bei der Methode der gleitenden Durchschnitte. Es läßt sich nun testen, wieviele der jüngsten zur Verfügung stehenden Ist-Werte herangezogen werden sollen. Die besten Resultate wurden von uns bei Prognosen in der Automobilindustrie mit fünf bzw. sechs "gleitenden" Vergangenheitswerten erzielt. Die Prognosegenauigkeit, gemessen an der durchschnittlich absoluten Abweichung (*MAD*), hängt naturgemäß vom Prognosehorizont ab. Die folgende Tabelle zeigt den *MAD* für einen VW-Typ für verschieden große Prognosehorizonte. Sie gilt unter der Annahme, daß jeweils das beste Verfahren (Kriterium: niedrigste Standardabweichung) ausgewählt wurde.

Prognosehorizont Periode	MAD (%)
$n+1$	2,2
$n+2$	3,2
$n+3$	6,2
$n+4$	9,3
$n+5$	12,7

Bei diesen Tests zeigte sich auch, daß vielfach in der ersten Hälfte des Lebenszyklus die *Gompertz*-Funktion und in der zweiten Hälfte die logistische Funktion bessere Ergebnisse bringt.

Eine wesentliche Genauigkeitssteigerung läßt sich erreichen, wenn man die Sättigungsgrenze kennt und als weiteren Stützpunkt für die Prognose heranzieht. Verwenden wir in unserem Beispiel den Ist-Wert der Periode 12 als Stützpunkt, so können die zwischen den angenommenen Ist-Werten (z. B. bis Periode 7) und dem Stützpunkt liegenden Werte ex post recht gut "prognostiziert" werden. Die Abweichungen zeigt die folgende Tabelle:

Periode	Jahr	Abweichungen in %
8	1968	-5,9
9	1969	-4,5
10	1970	-1,6
11	1971	0,3
12	1972	0,3
13	1973	-2,7

Die Problematik besteht nun in der Praxis darin, daß man im allgemeinen die Sättigungsgrenze nicht kennt. Deshalb liegt es nahe, mit unterschiedlichen Annahmen über die Grenze zu operieren. Man kann auch sagen, daß alternative Wachstumspfade generiert werden. Im Beispiel der Abbildung 13 rechnen wir unser Prognosemodell unter Verwendung der sieben ersten Ist-Werte für sechs alternative Stützpunkte innerhalb des Intervalls von 2,0 bis 3,0 Mio. produzierten Produkten mit dem Verfahren Gompertz 2 durch. Als wahrscheinlichste Alternative kann man diejenige nehmen, bei der die Standardabweichung in der Anpassungsphase am geringsten ausfällt.

Hat man die Prognose erstellt und kommt in der nächsten Periode ein neuer Ist-Wert hinzu, so läßt sich ablesen, inwieweit dieser Ist-Wert vom "Wachstumspfad" entfernt liegt. Wir konnten feststellen, daß sich bereits mit nur wenigen Ist-Daten allzu pessimistische bzw. optimistische Alternativen ausschließen lassen. Wiederholt man die Prozedur im Rahmen der rollenden Planung, so kann man sich mit zunehmender Zahl der Ist-Werte an die tatsächliche Sättigungsgrenze herantasten. So wich z. B. in unserem Test die auf der Basis von neun Ist-Werten prognostizierte Sättigungslinie für die Periode 12 vom tatsächlich eingetroffenen Wert nur um 0,9 % ab.

Man erkennt hier die Möglichkeit, das Prognoseverfahren im Sinne eines Frühwarnsystems einzusetzen: Werden unerwünschte Entwicklungen am Schluß des Lebenszyklus vorhergesagt, so müssen rechtzeitig Maßnahmen zur Markteinführung des Nachfolgeerzeugnisses eingeleitet werden (vgl. dazu [33]).

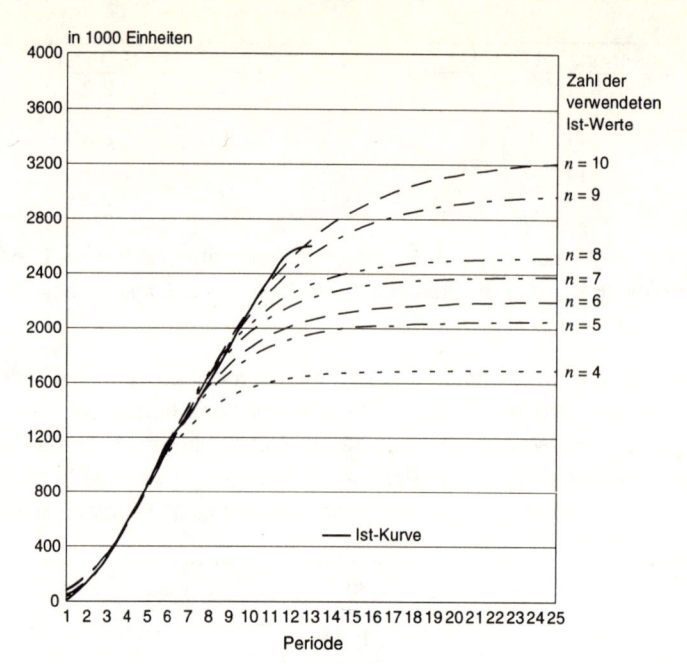

Abb. 12 Ex post-Prognosen ohne Stützpunkt auf der Basis von $n=4,...,n=10$ Ist-Werten (Verfahren Gompertz 2, VW 1500/1600)

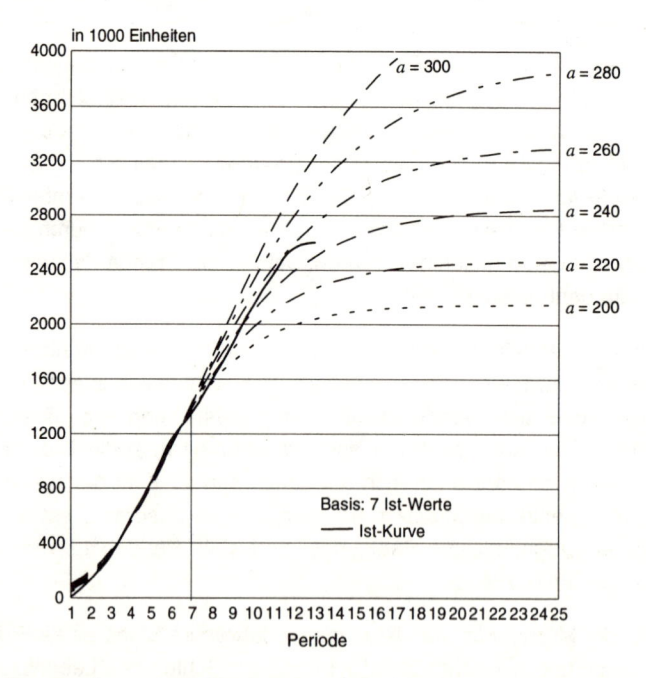

Abb. 13 Generierung alternativer Wachstumspfade (Verfahren Gompertz 2, VW 1500/1600)

Bis hierhin hatten wir die Prognose durchgeführt, ohne die Ist-Werte von Konjunktureinflüssen und speziellen Marketingmaßnahmen zu bereinigen. Man darf sich versprechen, daß eine solche Bereinigung zu einer Genauigkeitssteigerung der Vorhersage führt. Weitere Möglichkeiten einer Verbesserung liegen darin, für bestimmte Phasen des Lebenszyklus unterschiedliche Prognoseverfahren einzusetzen (beispielsweise entsprechend den oben angedeuteten Befunden die *Gompertz*-Funktion in der ersten und die logistische Funktion in der zweiten Hälfte eines Lebenszyklus).

10.8 Schlußbemerkung und Ausblick

Man sollte sich darüber klar sein, daß die behandelten Methoden möglicherweise nur ein Hilfsmittel sind, den Absatzerfolg eines Produktes während seiner Lebenszeit zu prognostizieren, das mit anderen kombiniert werden muß. Der Leser sei vor allem auf die Arbeit von *Chambers*, *Mullick* und *Smith* [8] verwiesen, in der am Beispiel von Fernsehgeräten und Haushaltsartikeln gezeigt wird, wie in den einzelnen Phasen der Lebenszyklen andere Verfahren mit den hier skizzierten in Verbindung treten können.

Die Aufgabe der Zukunft besteht weiter darin, die Integration der Verhaltenswissenschaften und der statistischen Prognosetheorie fortzusetzen, um Kurvenverläufe erklärbarer zu machen. Das Modell von *Bass* und seine bereits zahlreichen Erweiterungen sind Schritte in diese Richtung (vgl. [27] und [41]). Insbesondere interessiert, wie sich Änderungen von Marketing-Einflußgrößen auf die Kurvenverläufe auswirken. Bei schwer quantifizierbaren Faktoren wie Werbemaßnahmen, Messen, Händlerschulung, Außendiensteinsatz usw. sind allgemeine Empfehlungen für die Art der funktionalen Beziehung kaum möglich. Wenn sich bedingte Übernahmewahrscheinlichkeiten errechnen lassen, dann kann man die Käuferzuwächse unter Umständen mit Hilfe von Markovprozessen vorhersagen (vgl. Kapitel 18.2.2.1). Eine Methode von *Easingwood* [14], die Ähnlichkeiten in den Diffusionsverläufen bestimmter Produkte ausnutzt, geht von keinerlei bekannten funktionalen Beziehungen aus und könnte daher zukunftsweisend sein: Zunächst werden aus den realen Absatzzahlen von Gebrauchsgütern, die ein ähnliches Profil der Marketing-Einflußgrößen aufweisen, durchschnittliche Parameterwerte für das NSRL-Modell (oder ein anderes flexibles Modell) errechnet und gespeichert (vgl. Abschnitt 10.4.4). Wird nun das Einflußgrößen-Profil eines neuen Produktes erkannt, so kann man mit den vorliegenden Parameterwerten sehr gut auf die neuen Absatzzahlen schließen, was *Easingwood* anhand von bestimmten Gebrauchsgütern zeigte. Es bietet sich hier an, mit Methoden der Mustererkennung zu experimentieren: Dabei trainiert man ein Künstliches Neuronales Netz mit Einflußgrößen-Profilen und zugehörigen Werten von Parametern flexibler Modelle (vgl. hierzu auch Kapitel 19).

10.9 Literatur

[1]   Ahl, D.H., New Product Forecasting Using Consumer Panels, Journal of Marketing Research 7 (1970), S. 160 ff.
[2]   Bass, F.M., A New Product Growth Model for Consumer Durables, Management Science 15 (1969), S. 215 ff.
[3]   Bertalanffy, L. von, Modern Theories of Development, New York 1934.
[4]   Bewley, R. und Fiebig, D.G., A Flexible Logistic Growth Model with Applications in Telecommunications, International Journal of Forecasting 4 (1988), S. 177 ff.
[5]   Böhm, E., Modelle für Entwicklungsprognosen im Fernsprechwesen, Dissertation, Stuttgart 1969/70.

[6]   Böhm, E. und Wacker, W., Wachstumsfunktionen mit Sättigungsverhalten und ihre Anwendung in ökonometrischen Prognosemodellen für den Fernsprechdienst, Archiv für das Post- und Fernmeldewesen 31 (1979), S. 305 ff.
[7]   Bonus, H., Die Ausbreitung des Fernsehens, Meisenheim 1968.
[8]   Chambers, J.C., Mullick, S.K. und Smith, D.D., How to Choose the Right Forecasting Technique, Harvard Business Review 49 (1971) 4, S. 45 ff.
[9]   Chow, G.C., Technological Change and the Demand for Computers, The American Economic Review 57 (1967), S. 1116 ff.
[10] De Kluyver, C.A., A Comparative Analysis of the Bass and Weibull New Product Growth Models for Consumer Durables, New Zealand Operational Research 10 (1982), S. 99 ff.
[11] Dichtl, E., Die Beurteilung der Erfolgsträchtigkeit eines Produktes als Grundlage der Gestaltung des Produktionsprogramms, Berlin 1970.
[12] Easingwood, C.J., Mahajan, V. und Muller, E., A Nonsymmetric Responding Logistic Model for Forecasting Technological Substitutions, Technological Forecasting and Social Change 20 (1981), S. 199 ff.
[13] Easingwood, C.J., Mahajan, V. und Muller, E., A Nonuniform Influence Innovation Diffusion Model of New Product Acceptance, Marketing Science 2 (1983), S. 273 ff.
[14] Easingwood, C.J., An Analogical Approach to the Long Term Forecasting of Major New Product Sales, International Journal of Forecasting 5 (1989), S. 69 ff.
[15] Eskin, G.J., Dynamic Forecasts of New Product Demand Using a Depth of Repeat Model, Journal of Marketing Research 10 (1973), S. 115 ff.
[16] Fiedler, J., Prognosemethoden für die Bestands- und Absatzentwicklung neuer Produkte, Forschen-Planen-Entscheiden 3 (1967) 1, S. 13 ff.
[17] Fourt, L.A. und Woodlock, J.W., Early Prediction of Market Success for New Grocery Products, Journal of Marketing 25 (1960) 2, S. 31 ff.
[18] Hesse, H.W., Kommunikation und Diffusion von Produktinnovationen im Konsumgüterbereich, Berlin 1987.
[19] Gahse, S., Methode der langfristigen Bedarfsvorhersage bei vorhandener Sättigungsgrenze, Neue Betriebswirtschaft 12 (1964), S. 147 ff.
[20] Gierl, H., Diffusionsmodelle, Techniken zur Absatzprognose und Gestaltung der Absatzpolitik, Wirtschaftswissenschaftliches Studium 21 (1992), S. 382 ff.
[21] Kamakura, W.A. und Balasubramanian, S.A., Long-term Forecasting with Innovation Diffusion Models: The Impact of Replacement Purchases, Journal of Forecasting 6 (1987), S. 1 ff.
[22] Kasper, E.F., Verschleißgrad und Austauschrate als Hilfe bei Absatzprognosen, Zeitschrift für betriebswirtschaftliche Forschung 24 (1972), S. 281 ff.
[23] Kroeber-Riel, W. und Roloff, S., Zur Problematik von Wendepunkten in Trendfunktionen, dargestellt an einem Modell zur Prognose von Marktanteilen, Zeitschrift für betriebswirtschaftliche Forschung 24 (1972), S. 294 ff.
[24] Lawrence, K.D. und Lawton, W.H., Applications of Diffusion Models: Some Empirical Results, in: Wind, Y., Mahajan, V. und Cardozo, R.N. (Hrsg.), New Product Forecasting, Lexington 1981, S. 529 ff.
[25] Lewandowski, R., Systematik der langfristigen Prognose, Monographien zu den modernen Methoden des Managements, Nr. 1, Dortmund 1970.
[26] Lewandowski, R., Prognose- und Informationssysteme und ihre Anwendungen, Berlin-New York 1974.
[27] Mahajan, V., Muller, E. und Bass, F.M., New Product Diffusion Models in Marketing: A Review and Directions for Research, Journal of Marketing 54 (1990) 1, S. 1 ff.
[28] Mahajan, V. und Peterson, R.A., Innovation Diffusion in a Dynamic Potential Adopter Population, Management Science 24 (1978), S. 1589 ff.
[29] Mahajan, V. und Peterson, R.A., Models for Innovation Diffusion, Beverly Hills u.a. 1985.
[30] Martino, J.P., Technological Forecasting for Decision Making, 2. Aufl., New York u.a. 1983.
[31] Massy, W.F., Montgomery, D.B. und Morrison, D.G., Stochastic Models of Buying Behavior, Cambridge 1970.

[32] Meffert, H. und Steffenhagen, H., Marketing-Prognosemodelle, Stuttgart 1977.

[33] Mertens, P. und Rackelmann, G., Konzept eines Frühwarnsystems auf der Basis von Produktlebenszyklen, in: Albach, H., Hahn, D. und Mertens, P. (Hrsg.), Frühwarnsysteme, Ergänzungsheft 2/1979 der Zeitschrift für Betriebswirtschaft, Wiesbaden 1979, S. 70 ff.

[34] Oliver, F.R., Aspects of Maximum Likelihood Estimation of the Logistic Growth Function, Journal of the American Statistical Association 61 (1966), S. 697 ff.

[35] Olson, J. und Choi, S., A Product Diffusion Model Incorporating Repeat Purchases, Technological Forecasting and Social Change 27 (1985), S. 385 ff.

[36] Parfitt, J.H. und Collins, B.J.K., Use of Consumer Panels for Brand-share Prediction, Journal of Marketing Research 5 (1968), S. 131 ff.

[37] Pfeiffer, W. und Bischof, P., Produktlebenszyklen - Instrument jeder strategischen Produktplanung, in: Steinmann, H. (Hrsg.), Planung und Kontrolle, München 1981, S. 133 ff.

[38] Rogers, E.M., Diffusion of Innovations, 3. Aufl., New York 1983.

[39] Roos, C.F. und Szeliski, V. von, Factors Governing Changes in Domestic Automobile Demand, in: General Motors Corporation (Hrsg.), The Dynamics of Automobile Demand, New York 1939, S. 21 ff. (zit. nach [3]).

[40] Schmalen, H., Das Bass-Modell zur Diffusionsforschung, Zeitschrift für betriebswirtschaftliche Forschung 41 (1989), S. 210 ff.

[41] Schmalen, H., Binninger, F.-M. und Pechtl, H., Diffusionsmodelle als Entscheidungshilfe zur Planung absatzpolitischer Maßnahmen bei Neuprodukteinführungen, Die Betriebswirtschaft 53 (1993), S. 513 ff.

[42] Späth, H., Algorithmen für elementare Ausgleichsmodelle, München-Wien 1973.

[43] Ulrich, E. und Köstner, K., Prognosefunktionen, Beiträge zur Arbeitsmarkt- und Berufsforschung Nr. 27, Nürnberg 1979.

[44] Weblus, B., Zur langfristigen Absatzprognose gehobener Gebrauchsgüter, z. B. von Fernsehgeräten u. a. m., Zeitschrift für Betriebswirtschaft 35 (1965), S. 592 ff.

11 Modellgestützte Marktanteilsprognosen auf Basis von Paneldaten

von R. Wildner

11.1 Problemstellung

Markenführung ist laufend mit der Frage konfrontiert, wie eine Veränderung im Marketing-Mix den Marktanteil beeinflußt. Wie haben sich Preis und Marktanteil entwickelt? Dies mag interessant sein. Für das Management wesentlicher ist jedoch die Antwort auf die Frage, welche Auswirkung eine Preiserhöhung um 5 % auf den Marktanteil haben wird, oder besser noch, welcher Preis den Deckungsbeitrag der Marke maximiert.

Diese Fragen lassen sich nicht beantworten, indem jeweils eine Variable isoliert in ihrer Auswirkung auf den Marktanteil untersucht wird. Bereits ein Streudiagramm zeigt, daß die Korrelation jeweils einer Variablen mit dem Marktanteil nicht weiterführt (vgl. Abbildung 1): Da sich von einer Periode zur nächsten im allgemeinen mehrere Einflußgrößen verändern, werden die Zusammenhänge verwischt, wenn nicht sogar verfälscht. Es wird deutlich: Alle relevanten Variablen müssen simultan berücksichtigt werden.

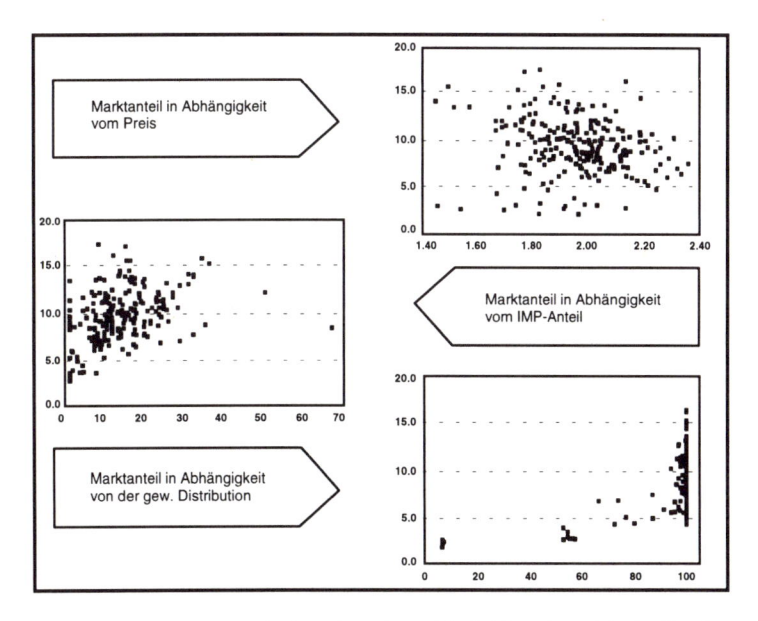

Abb. 1   Geringer Erklärungswert jeder einzelnen Variablen für sich (1 Punkt = 1 Teilsegment zu einem Zeitpunkt)

Das Problem, den Einfluß aller relevanten Marketing-Mix-Variablen simultan abschätzen zu müssen, ist ebensowenig neu wie der Versuch, es mit Hilfe eines Marketing-Mix-Modells zu lösen. Bislang konnten sich Modelle in der Praxis jedoch nicht allgemein durchsetzen.

Der Einsatz vieler in der Vergangenheit entwickelter Modelle scheiterte letztlich daran, daß die Daten nicht in der geforderten Qualität verfügbar sind. Dies trifft u. a. für die Modelle von *Amstutz* [1], *Lavington* [4] sowie *Klenger* und *Krautter* [3] zu. *Little* [5] verzichtet daher in seinem Modell "Brandaid" von vornherein auf eine empirische Schätzung der Modellparameter. Die subjektiv geschätzten Werte werden lediglich anhand empirischer Daten geeicht.

Dagegen ist der "GfK-Marken-Simulator" ein Marketing-Mix-Modell, das auf der einen Seite die Möglichkeit des Zugriffs auf die Rohdatenbestände der GfK-Gruppe (Handelspanel, Verbraucherpanel und IMP, eine Anzeigenstatistik des Handels; die Abkürzung steht für Information über Märkte und Preise) dazu nutzt, eine geeignete Datenbasis für die Modellbildung zu schaffen, andererseits das Modell dann möglichst gut auf diesen Datenbestand abstimmt.

11.2 Methode des GfK-Marken-Simulators

11.2.1 Die Datenbasis

Ausgangspunkt des GfK-Marken-Simulators bilden Daten aus dem GfK-Handelspanel mit in der Regel zwölf Zweimonatsperioden, also zwei Jahren. Die Daten jeder Periode werden nun sehr fein aufgespalten, wobei die Form der Aufspaltung abhängig ist vom beobachteten Warengruppenbereich. Gehen wir von einer Marke aus, die im Lebensmitteleinzelhandel (LEH) vertrieben wird, so ist ein Datenausweis nach den Organisationsformen Rewe, Edeka, Spar usw. oder den Geschäftstypen und Größenklassen Traditioneller LEH bis 400 qm Verkaufsfläche (Trad. LEH -400), Trad. LEH 400-999, Verbrauchermärkte (VM) und Discounter üblich. Der GfK-Marken-Simulator nutzt nun die Schnittpunkte aus den Organisationsformen und den Geschäftstypen bzw. Größenklassen, also z. B. "Edeka Trad. LEH -400" als sogenannte "Subsegmente" für die Modellbildung.

Dadurch vergrößert sich zum einen die Datenbasis. Bei 11 Perioden (eine Periode wird als Lag-Variable genutzt, siehe weiter unten) und 20 bis über 30 Subsegmenten ergeben sich 220 bis über 330 Datenpunkte. Zum anderen wird dadurch die Schwankungsbreite in den Variablen im allgemeinen erhöht. Für die Modellparameter folgt daraus, daß sich ihr Vertrauensintervall verkleinert, d. h., sie können sicherer geschätzt werden.

Die Verbraucherpanelpreise sowie die Aktionspreise und Insertionsanteile aus dem Instrument IMP werden - soweit vorhanden - in einem zweiten Schritt "möglichst gut" in diese Datenbasis integriert. Das bedeutet: Verbraucherpaneldaten kann man nur nach Organisationsform und Geschäftstyp, nicht aber nach Größenklassen unterscheiden. Hier werden die verschiedenen Größenklassen jeweils mit dem für den Geschäftstyp gültigen Verbraucherpanelpreis belegt. Analog verfährt man mit den IMP-Daten. Daten über klassische Werbung schließlich werden pro Zeitpunkt über alle Subsegmente gleich eingesetzt.

Damit steht eine differenzierte Datenbasis zur Verfügung, die bei Marken, für die Verbraucherpaneldaten und IMP-Daten vorhanden sind, im allgemeinen 50 bis über 100 Variablen zum Marketing-Mix der eigenen und der wichtigsten Konkurrenzmarken integriert. Für ca. 25 bis 50 Variablen kann ein Einfluß auf den Marktanteil der untersuchten Marke vermutet werden. Diese muß man daher näher überprüfen.

11.2.2 Die Modellbildung

Auf diese Datenbasis wendet man nun eine spezielle Form der nichtlinearen Regression an, wobei der aktuelle Marktanteil als abhängige Variable, die Marketing-Mix-Variablen der eigenen Marke und der Konkurrenzmarken in wechselnder Kombination als unabhängige Variablen eingesetzt werden. Auf diese Weise wird eine Vielzahl von Hypothesen aufgestellt und anhand der Daten überprüft.

Für die Verknüpfung der Variablen wird ein multiplikativer Regressionsansatz der Form

$$y_{st} = a(0) z_{s,t-1}^{a(1)} x_{1,s,t}^{a(2)} \ldots x_{n,s,t}^{a(n+1)} e_{s,t}$$

verwendet, wobei

$y_{s,t}$ = Marktanteil (Menge) Subsegment s ($s = 1(1)S$), Zeitpunkt t ($t = 1(1)T$)
mit S = Anzahl der Subsegmente (z. B. 30),
T = Anzahl der Zeitpunkte ohne die Lag-Periode (im allgemeinen 11)

$z_{s,t-1}$ = Berechneter relativer Marktanteil, der in der Vorperiode bei gleichem Marketing-Mix wie in der aktuellen Periode erreicht worden wäre

$x_{i,s,t}$ = i-te einbezogene Marketing-Mix-Variable ($i = 1(1)n$) des Subsegments s zum Zeitpunkt t mit n = Anzahl der einbezogenen Marketing-Mix-Variablen

$e_{s,t}$ = Störvariable (wird durch den Schätzprozeß minimiert)

$a(j)$ = zu schätzende Parameter ($j = 0(1)n + 1$)

Die Variable z kann nach einigen Umformungen (vgl. [7]) eliminiert werden. Es ergibt sich als zu schätzende Modellgleichung

$$y_{st} = a(0) y_{s,t-1}^{a(1)} \left(\frac{x_{1,s,t}^{1+a(1)}}{x_{1,s,t-1}^{a(1)}} \right)^{a(2)} \ldots \left(\frac{x_{n,s,t}^{1+a(1)}}{x_{n,s,t-1}^{a(1)}} \right)^{a(n+1)} e_{s,t}$$

deren Parameter iterativ bestimmt werden können. Hierzu berechnet man zunächst mit $a(1) = 0$ die Ausdrücke in den Klammern. Nach Logarithmieren können $a(0)$ bis $a(n+1)$ außerhalb der Klammern mit linearer Regressionsrechnung (vgl. z. B. [2/S. 81 ff.]) geschätzt werden, wodurch sich ein neuer Wert für $a(1)$ ergibt, der wieder in die Klammerausdrücke eingesetzt wird. Dies führt man so lange fort, bis sich die Beträge der $a(1)$ zweier aufeinanderfolgender Iterationen um weniger als 0,00001 unterscheiden, was meist nach 5 bis 10 Iterationen der Fall ist.

Das Ergebnis der Schätzung wird anhand der üblichen Signifikanzmaße (F-Wert, t-Werte, siehe weiter unten) beurteilt, wobei erfahrungsgemäß von etwa 25 bis 50 untersuchten Variablen 5 bis 15 signifikante Einflußgrößen bestehen bleiben. Diese erklären die Schwankungen im Marktanteil im allgemeinen zu 75 bis 95 % (Bestimmtheitsmaß).

Tabelle 1 (vgl. [6]) zeigt für eine Marke X aus dem Getränkebereich die signifikanten Einflußgrößen sowie die zur Beurteilung der statistischen Signifikanz relevanten Kenngrößen.

Hierbei dient der F-Wert zur Prüfung der Signifikanz der gesamten Regressionsgleichung, wobei das Signifikanzniveau mit steigendem F-Wert größer wird. In diesem Fall weist ein F-Wert von größer 2,41 auf mehr als 99 % Sicherheitswahrscheinlichkeit hin. Das Modell besteht diese erste Überprüfung mit einem F-Wert von über 400 sehr klar. Mit Hilfe der t-Werte wird hingegen die Signifikanz des Einflusses jeder einzelnen Marketing-Mix-Variablen isoliert überprüft. Je stärker dieser Wert von Null abweicht, desto höher ist das Signifikanzniveau. In diesem Fall bedeutet ein Betrag des t-Werts größer 2,58 eine Sicherheitswahrscheinlichkeit von mehr als 99 %. (Zur Berechnung der genannten Werte vgl. [2/S. 81 ff.].) Alle Einflußgrößen (mit Ausnahme der Konstanten) sind demnach hoch signifikant.

Bestimmtheitsmaß:	93,2%
F-Wert:	412,6
Variable	t-Wert
Konstante	-0,12
Marktanteil Marke X Vorperiode	6,67
Verkaufsdistribution Marke X	3,64
Preis Marke X	-12,92
Preis Konkurrenz der Teilwarengruppe von X	11,57
Angebotsanteil lt. IMP der Marke X	4,03
Angebotspreis lt. IMP der Marke X	-2,97
Verkaufsdistribution Marke B	-3,14
Discounter (Dummy-Variable)	5,76
Abholmärkte (Dummy-Variable)	-7,24

Tabelle 1   Signifikanzprüfung der relevanten Einflußgrößen der Marke X (Getränkebereich)

11.3 Anwendungen des GfK-Marken-Simulators

11.3.1 Überblick

Ergebnis der Modellbildung ist eine Gleichung, die den Zusammenhang zwischen dem Marketing-Mix auf der einen Seite und dem Marktanteil auf der anderen Seite beschreibt. Diese Modellgleichung kann in Verbindung mit den zugrundeliegenden Daten auf verschiedene Weise genutzt werden.

Zunächst kann der künftige Marketing-Mix, wie er sich aus der eigenen Marketing-Planung sowie aus einer Einschätzung des Konkurrenzverhaltens ergibt, eingegeben werden. Man erhält so eine Prognose für die Marktanteilsentwicklung.

Das Instrument läßt sich auch zur Unterstützung der Planung einsetzen, indem ein veränderter Marketing-Mix - z. B. eine Preiserhöhung um 5 % - eingegeben und die dadurch bewirkte Veränderung des Marktanteils ermittelt wird. Eine vorherige Ausgabe der Elastizitäten gibt Hinweise, welche Variablen deutliche Veränderungen im Marktanteil bewirken können.

Der GfK-Marken-Simulator beantwortet damit Fragestellungen, die sich während des laufenden Planungs- und Kontrollprozesses ergeben. Antworten hierauf gewinnen an Wert, je schneller und präziser sie erfolgen.

Aus diesem Grunde erhält der Kunde eine unter Windows 3.x auf PC lauffähige Software (MARSIM) zusammen mit den relevanten Daten seiner Marke in verschlüsselter Form sowie mit der ermittelten Modellgleichung. Das Programm gestattet in einfacher Weise, die genannten Fragen selbständig und praktisch verzögerungsfrei zu beantworten.

11.3.2 Prognose

Die Prognose der relevanten Marketing-Mix-Faktoren erfolgt in der Regel in enger Abstimmung mit dem Auftraggeber. Dabei werden die relevanten Größen pro Organisationsform vorgegeben, das Programm rechnet die Werte auf die Ebene der Subsegmente um. Relevante Grenzen (z. B. darf in keinem Subsegment die Distribution mehr als 100 % betragen) werden dabei vom Programm beachtet. Vorgaben, die diese Grenzen mißachten, werden zurückgewiesen.

Das Programm unterstützt die Vorhersage der relevanten Marketing-Mix-Faktoren auf verschiedene Weise. So wird für die besonders schwierige Prognose von Preisvariablen ein spezielles Verfahren zur Verfügung gestellt. Dieses ermöglicht flexible Vorgaben der Preisentwicklung in Abhängigkeit von einer allgemeinen Preissteigerungsrate und von einem weiteren Parameter, der die Schnelligkeit steuert, mit der eine abweichende Preisentwicklung einer Marke zur allgemeinen Preissteigerung zurückkehrt. Weiter ist es für jede relevante Marketing-Mix-Größe möglich, den letzten Wert festzuschreiben oder die Entwicklung des vergangenen Jahres in die Zukunft zu duplizieren. Zusätzlich kann eine konstante Zahl addiert, mit einem Faktor multipliziert oder der vorhandene Wert auch einfach überschrieben werden.

Darüber hinaus ist eine Prognose der Warengruppenmenge implementiert, die pro Organisationsform auf Basis

- der Gesamtumsatzentwicklung der Organisationsform,
- der Entwicklung der Warengruppenmenge pro Umsatzmilliarde und
- der Saisonfigur der Warengruppe

erstellt wird. Im Zusammenhang mit der aufgrund der Modellgleichung geschätzten Marktanteilsentwicklung kann so direkt eine Prognosemenge für die untersuchte Marke ermittelt werden.

Die mit dem GfK-Marken-Simulator erstellten Prognosen können später für eine Validierung des Modells herangezogen werden, wenn der tatsächlich realisierte Marketing-Mix eingegeben wird. Die dann verbleibende Differenz zum realisierten Marktanteil stellt den Prognosefehler dar.

Vossebein und *Wildner* [6] berichten von einem Projekt aus dem Getränkebereich, bei dem die so validierten Prognosen Abweichungen zwischen 0,01 und 0,56 Prozentpunkte oder zwischen 0,1 % und 7,0 % des Marktanteils betrugen, wobei zweimal eine Trendwende im Marktanteil richtig vorhergesagt wurde. Die Validierung der Prognose eines weiteren Projekts aus dem Food-Bereich ergab Prognosefehler auf Basis Markenmenge zwischen 3,0 % und 7,8 %. Damit hat der GfK-Marken-Simulator gezeigt, daß er in der Lage ist, stimmige Wirkungsprognosen zu erstellen.

Die Grenzen des Verfahrens sind freilich mit der Charakterisierung als "Wirkungsprognose" ebenfalls angedeutet: Für eine korrekte Prognose ist es erforderlich, daß eine Größe bereits in der Datenbasis eine entsprechende Wirkung entfaltet hat, damit sie richtig in ihrer Wirkung abgeschätzt werden kann. Dies ist insbesondere bei der Werbung, die nicht zwischen den Subsegmenten variiert, dann nicht der Fall, wenn die Werbeausgaben im Zeitablauf eine zu geringe Variation aufweisen. Auch gänzlich neue Entwicklungen, wie das Auftauchen neuer Konkurrenzprodukte im Prognosezeitraum, kann das Modell nicht richtig vorhersagen (vgl. [7]).

11.3.3 Simulation

Der durch das Modell quantifizierte Zusammenhang kann auch dazu benutzt werden, einen veränderten Marketing-Mix vorzugeben und zu untersuchen, wie sich die Änderung auf den Marktanteil auswirkt. Der GfK-Marken-Simulator bietet mit dieser Simulationsmöglichkeit die Beantwortung von "Was-wäre-wenn-Fragen". Hierbei können alle Möglichkeiten des Programms MARSIM, die bereits bei der Prognose beschrieben worden waren, genutzt werden. Vorgaben, die aufgrund der vorhandenen Datenbasis zu keinen sinnvollen Aussagen führen, werden zurückgewiesen.

Als Beispiel wird eine Simulationsreihe bezüglich des Regalbestandes der Marke X aus dem Getränkebereich angeführt (Tabelle 2, vgl. [6]). Deutlich ist erkennbar, daß sich mit steigendem Regalbestand abnehmende Grenzerträge ergeben. Werden zusätzlich die Kosten für eine Erhöhung des Regalbestandes berücksichtigt, dann ist es möglich, den Deckungsbeitrag zu optimieren.

Veränderung des Regalbestands in Prozentpunkten	Veränderung des Marktanteils in Prozentpunkten
+2,00	+0,40
+3,00	+0,56
+5,00	+0,70

Tabelle 2   Ergebnisse der Simulation zum Regalbestand der Marke X (Getränkebereich)

11.3.4 Analyse

Mit der ermittelten Modellgleichung erhält man darüber hinaus ein leistungsfähiges Analysewerkzeug, das folgende Fragen beantwortet:

- Welche Variablen waren für die Variation im Marktanteil wesentlich?
- Wie stark war der Zusammenhang, ausgedrückt als Elastizität?
- Welche Variablen haben den Anstieg bzw. Rückgang im Marktanteil bewirkt?

Tabelle 3 zeigt für die Marke X aus dem Getränkebereich die Elastizitäten und die Ursachen für die Marktanteilsveränderung (vgl. [6]). Für letztere wurde für jede einzelne der einbezogenen Variablen der Marktanteil für 1990 berechnet, der sich ergibt, wenn jeweils die Werte aus 1989 eingesetzt werden. Aus dem Unterschied zum ursprünglich berechneten

Marktanteil für 1990 kann auf die Marktanteilsveränderung geschlossen werden, die diese Variable bewirkt.

Marktanteilsänderung Jan/Feb-Sep/Okt '89 zu Jan/Feb-Sep/Okt '90: 1,03 Prozentpunkte

Fakt	Marktanteils-veränderung in Prozentpunkten	Elastizität
Verkaufsdistribution X	0,00	0,56
Preis X	-1,03	-2,20
Preis Konkurrenz Teil-WG von X	0,27	4,53
Angebotsanteil von X lt. IMP	-0,15	0,07
Angebotspreis von X lt. IMP	-0,22	-0,42
Verkaufsdistribution Marke B	0,01	-0,23

Leseбeispiel:
Die Änderungen im Preis von X bewirkten einen Marktanteilsrückgang von 1,03 Prozentpunkten. Die Preiselastizität beträgt 2,2.
Anmerkung: Wegen Wechselwirkungen und des Einflusses der Vorperiode addieren sich die Marktanteilsveränderungen nicht exakt zu der gesamten Veränderung von 1,03 Prozentpunkten auf.

Tabelle 3   Elastizitäten und Ursachen für Marktanteilsveränderungen

11.4 Ausblick

Der GfK-Marken-Simulator, wie er hier vorgestellt wurde, verwendet als Kern der Datenbasis traditionelle Handelspaneldaten, die auf Basis der hochgerechneten Subsegmente benutzt werden. Eine Verwendung auf Basis des Einzelgeschäfts ist nicht angezeigt, da im traditionellen Handelspanel Preise, Bestände und daraus abgeleitete Größen wie Distribution Display im allgemeinen Stichtagswerte darstellen, die erst bezüglich hochgerechneter Segmente Aussagekraft besitzen. Auf Basis des Einzelgeschäfts kann es dagegen durchaus geschehen, daß hohe Marktanteile mit keinerlei Displaybestand und hohem Preis einhergehen, da eine Aktion vor dem Zeitpunkt stattgefunden hat, zu dem der Außendienstmitarbeiter der GfK diese Daten erhoben hat.

Erst die maschinelle Erfassung von Preisen und Abverkaufszahlen über die Scannerkasse ermöglicht einen wöchentlichen Berichtsrhythmus über Abverkäufe und Preise. Die Geschäftsstichprobe des Instruments Euro-Scan wurde daher so ausgewählt, daß nur mit Scannerkassen ausgerüstete Geschäfte einbezogen sind. Zusätzlich werden wöchentlich die Promotionmaßnahmen durch den Außendienst des Instituts erfaßt. Hier ist es sinnvoll, die Analyse auf Basis der Einzelgeschäfte durchzuführen.

Ein erster Versuch auf Basis von 22 Wochen und 37 Scannergeschäften für eine Marke M aus dem Süßwarenbereich erbrachte gute Ergebnisse. Tabelle 4 zeigt die relevanten Größen zur Beurteilung der Signifikanz der Modellparameter. Die 99 %-Signifikanzschwelle für den F-Wert lag hier bei 1,75. Der F-Wert von über 300 liegt sehr deutlich über dieser Grenze. Auch die t-Werte übersteigen in jedem Fall die entsprechende Schwelle von 2,58.

Bestimmtheitsmaß:	83,4%	
F-Wert:	320,8	
Einflußgröße	Vorzeichen	t-Wert
Marktanteil Vorperiode	Pos.	14,4
Preis Marke M	Neg.	17,4
Preis Marke N	Pos.	6,5
Preis Marke R	Pos.	12,0
Preis Marke S	Pos.	6,7
Preisschwelle DM 0,80 Marke M	Pos.	2,6
Preisaktion Marke M	Pos.	4,8
Preisaktion Marke S	Neg.	3,5
Preisaktion Marke A	Neg.	3,1
Anzeige Marke M	Pos.	3,9
Anzeige Marke R	Neg.	5,9
Distribution S	Neg.	7,6

Tabelle 4   Signifikanzprüfung des Marken-Simulators für Scannerdaten
(Marke M, Süßwarenbereich)

Auch die Prognosefähigkeit des Modells wird durch eine Validierung bestätigt, bei der ex post der tatsächlich realisierte Marketing-Mix eingesetzt wurde (vgl. Abbildung 2).

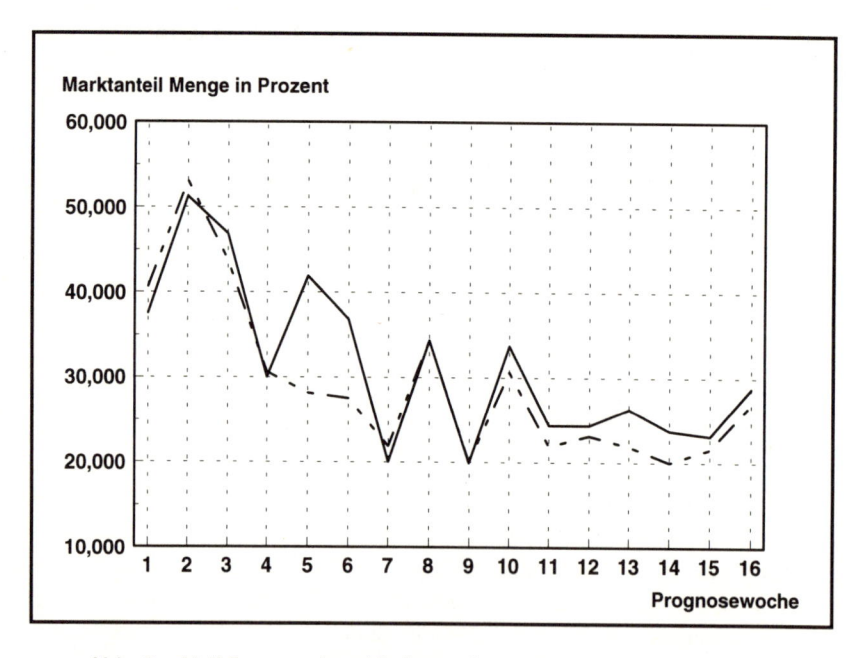

Abb. 2   Validierung einer Marktanteilsprognose für Scannerdaten

Euro-Scan verfügt bisher (Oktober 1993) noch nicht über eine für den gesamten LEH ab 400 qm Verkaufsfläche repräsentative Stichprobe. Darüber hinaus übersteigt das dann verfügbare Datenvolumen (z. B. 52 Perioden, 250 Einzelgeschäfte statt bisher 11 Perioden, 30 Subsegmente) derzeit noch die Möglichkeiten eines PC.

Dennoch ist absehbar, daß der GfK-Marken-Simulator sein Hauptanwendungsgebiet in der Analyse von Scannerdaten finden wird. Denn gerade die von Euro-Scan gelieferte Datenflut erfordert es, diese Datenmenge für die Fragen des Managements zugänglich zu machen: Fragen, die durch Simulation und Prognose und damit durch den GfK-Marken-Simulator beantwortet werden können.

11.5 Literatur

[1] Amstutz, A., Computer Simulation of Competitive Market Response, Cambridge 1967.
[2] Hartung, J. und Erpelt, B., Multivariate Statistik, München 1986.
[3] Klenger, F. und Krautter, J., Simulation des Käuferverhaltens, Teil 1: Werbewirkung und Käuferverhalten, Teil 2: Analyse des Kaufprozesses, Teil 3: Computermodell des Käuferverhaltens, Schriften zur theoretischen und angewandten Betriebswirtschaftslehre, herausgegeben von L. Pack, Band 11, Wiesbaden 1973.
[4] Lavington, M.R., Ein Mikrosimulationsmodell der Nachfragereaktion beim Konsumgütermarketing, in: Kroeber-Riel, W. (Hrsg.), Marketingtheorie, Köln 1972, S. 332 ff.
[5] Little, J.D.C., Brandaid: A Marketing Mix Model, Part 1: Structure, Part 2: Implementation, Calibration and Case Study, Operations Research 23 (1974), S. 628 ff.
[6] Vossebein, U. und Wildner, R., Komplexe Problemstellungen erfordern komplexe Lösungsansätze: Ein Marketing-Mix-Modell im Praxistest, planung & analyse 4 (1992), S. 56 ff.
[7] Wildner, R., Nutzung integrierter Paneldaten für Simulation und Prognose, Jahrbuch der Absatz- und Verbrauchsforschung 37 (1991) 2, S. 114 ff.

12 Indikatorprognosen

von N. Niederhübner

12.1 Einführung

Das Verfahren der Indikatorprognose versucht, zeitliche Strukturen (Lead-Lag-Beziehungen) zwischen volks- und betriebswirtschaftlichen Kenngrößen aufzudecken und mittels statistischer Methoden eine Vorhersage der zukünftigen Entwicklung einer Zielreihe abzuleiten. Diese Art der modellgestützten Datenanalyse ist damit der im Bereich der Konjunkturtheorie eingesetzten Multiplikator- und Akzeleratoranalyse verwandt, berücksichtigt also ökonomische Gesetzmäßigkeiten im Sinne logischer Konjunktionen. Ziel der Indikatorprognose ist es, die aktuelle wirtschaftliche Situation zwecks Absicherung der Verlaufsanalyse zu erklären, die Qualität der zukünftigen Entwicklung vorherzusagen und den Zeitpunkt von Tendenzwenden zu bestimmen.

12.2 Ablauf des Indikatorverfahrens

Im ersten Schritt wählt man eine potentielle Indikatormenge aus. Als fundamentale Eigenschaft für deren Elemente wird die theoretische Plausibilität gefordert, d. h., es muß zwischen Indikator und Zielreihe ein Erklärungszusammenhang bestehen.

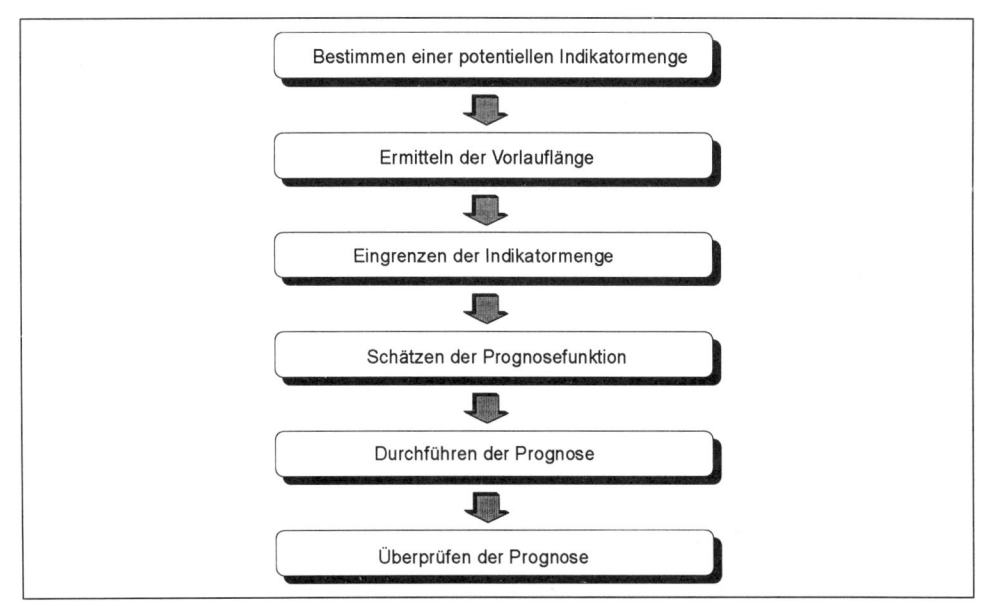

Abb. 1 Anwendung der Indikatormethode

Nach Bestimmung der Vorlauflängen wird die Indikatormenge dahingehend eingeschränkt, daß die verbleibenden Indikatoren die Forderungen nach einem ausreichend starken Zusammenhang mit der Zielreihe sowie eines hinreichenden Vorlaufs zur Realisierung der angestrebten Prognosereichweite erfüllen. Schließlich wird aus den beobachteten Vergangenheitswerten der Zielreihe die Prognosefunktion geschätzt, wobei man versucht, den nichterklärten Anteil (repräsentiert durch die Störgröße e_t) zu minimieren. Für die Prognose selbst wird dann unterstellt, daß der hergeleitete Zusammenhang zwischen der Zielreihe und den erklärenden Variablen zumindest für den Prognosezeitraum besteht. Diese Annahme ist - wie alle vorher getroffenen Entscheidungen - abschließend zu überprüfen.

12.3 Methoden der Lag-Bestimmung

Der visuelle Vergleich der Indikatorreihen mit der Zielreihe liefert eine erste Abschätzung der Vorlauflänge und vermittelt eine grobe Vorstellung von der Stärke des Zusammenhangs zwischen den beiden Zeitreihen x_t und y_t. Zur exakteren Bestimmung der Phasenverschiebung wird üblicherweise die Korrelationsanalyse angewandt. Ausgangspunkt dieser Technik ist die Schätzung des Lag-Korrelationskoeffizienten r_{xy}, definiert durch (vgl. z. B. [7/S. 226]):

$$r_{xy}(k) = \frac{\frac{1}{n-k}\sum_{i=1}^{n-k}(x_i - \bar{x})(y_{i+k} - \bar{y})}{\sqrt{\frac{1}{n-k}\sum_{i=1}^{n-k}(x_i - \bar{x})^2 \cdot \frac{1}{n-k}\sum_{i=1}^{n-k}(y_{i+k} - \bar{y})^2}}$$

mit $\bar{x} = \frac{1}{n-k}\sum_{i=1}^{n-k} x_i$ und $\bar{y} = \frac{1}{n-k}\sum_{i=1}^{n-k} y_{i+k}$

Der für die Prognose maßgebliche Lag ergibt sich aus dem Wert des Parameters k, für den diese Funktion ihr Maximum annimmt. Hierin liegt aber auch der wesentliche Schwachpunkt der Methode; es wird nur ein durchschnittlicher Lead/Lag für das zugrundegelegte Verschiebungsintervall ermittelt, Veränderungen im Zeitablauf werden nicht indiziert. Empirische Untersuchungen (vgl. [3] oder [1]) belegen aber, daß das Vorlaufverhalten von Indikatoren im Zeitablauf schwankt. Beispielsweise ist die Vorlauflänge abhängig von der aktuellen Konjunkturlage; in der Regel zeigt sich an den oberen Wendepunkten ein deutlich größerer Vorlauf als an den unteren.

Für die Anwendung der Korrelationsanalyse spricht, daß gleichzeitig auch die Stärke des Zusammenhangs zwischen den beiden Zeitreihen ermittelt wird. Werte von r_{xy}, die nahe bei den Extrema $+1$ bzw. -1 liegen, deuten auf einen starken positiven bzw. negativen linearen Zusammenhang hin, Werte um Null auf Unkorreliertheit. *Dormayer* und *Lindlbauer* [2] geben als Faustregel zur Beurteilung der Indikatorqualität eine am Korrelationskoeffizienten R nach *Bravais-Pearson* (folgt aus r_{xy} für k gleich Null) orientierte Klassifizierung an:

$|R| \geq 0{,}8$ sehr guter Indikator
$0{,}8 > |R| \geq 0{,}6$ guter Indikator
$0{,}6 > |R| \geq 0{,}4$ durchschnittlicher Indikator
$0{,}4 > |R| \geq 0{,}0$ schlechter/kein Indikator

Als weitere Technik zur Ermittlung der Phasenverschiebung ist die Methode der Kreuzspektralanalyse zu nennen (vgl. z. B. [7/S. 226]). Sie erlaubt eine differenzierte Darstellung der

Lead-Lag-Beziehungen nach verschiedenen Frequenzkomponenten. Aufgrund seiner Komplexität kann jedoch das Verfahren nicht automatisiert werden.

Für die erforderliche Eingrenzung der Indikatormenge sind die bisher erhaltenen Informationen jedoch noch nicht aussagekräftig genug. Wie Abbildung 2 (in Anlehnung an [3]) verdeutlicht, ist zwischen dem potentiellen Vorlauf eines Indikators und der realisierbaren Prognosereichweite zu unterscheiden.

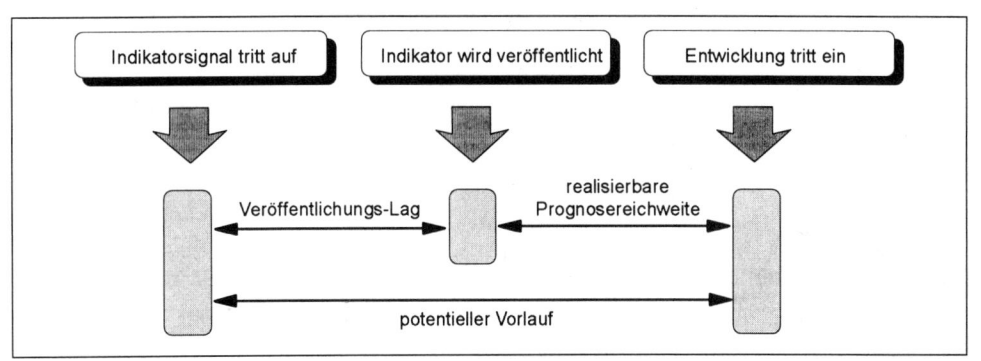

Abb. 2 Indikatorvorlauf und Prognosereichweite

12.4 Prognoseverfahren

12.4.1 Regressionsanalyse

In der Praxis wird meist der regressionsanalytische Ansatz zur Bestimmung der Prognosefunktion eingesetzt (siehe z. B. [8] oder [7]). Die zu ermittelnde Regressionsgleichung ist von folgender Gestalt (nach [3]):

$$y_t = a_0 + \sum_{i=1}^{n} a_i x_{i,t-k_i} + e_t$$

mit:

n	=	Anzahl der Indikatoren
e_t	=	Fehlervariable
y_t	=	Vergangenheitswert in Periode t
a_0	=	Regressionskonstante
a_i	=	Regressionskoeffizienten ($i = 1, 2, ..., n$)
$x_{i,t-k_i}$	=	Indikator i mit einem Vorlauf von k_i Perioden

Zur Ermittlung der Regressionsparameter wird meist die Methode der kleinsten Quadrate eingesetzt (vgl. Kapitel 8). Die Beliebtheit der multiplen Regression erklärt sich zum einen aus der mathematischen Einfachheit des Verfahrens, zum anderen ist eine ökonomische Interpretation der Regressionskoeffizienten unschwer abzuleiten. Der Einfluß eines einzelnen Indikators auf die Zielreihe wird über den Wert des zugehörigen Regressionskoeffizienten repräsentiert. Allerdings treten bei der Anwendung der multiplen Regression eine Reihe technischer Probleme auf, deren Auswirkungen oft unterschätzt werden (z. B. Multikollinearität, d. h. hohe Interkorrelation zwischen den unabhängigen Variablen); eine ausführliche Diskussion findet sich u. a. bei *Makridakis* und *Wheelwright* [8].

12.4.2 Multivariate ARIMA-Modelle

Die von *Box* und *Jenkins* entwickelten ARIMA-Modelle (autoregressive integrated moving average) umfassen eine allgemeine Klasse stochastischer Prozesse zur Beschreibung von Zeitreihen. Dieser Ansatz wird in Kapitel 14 ausführlich behandelt.

Die Erweiterung auf multivariate ARIMA-Modelle (bzw. Transferfunktionsmodelle, vgl. [5/S. 217]) erlaubt zusätzlich, erklärende Variablen einzubeziehen (zur Vereinfachung der Darstellung sei die Stationarität der Zeitreihen vorausgesetzt):

$$y_t = \beta_0 + \sum_{i=1}^{n} \Gamma_i^{-1}(B)\,\Phi_i(B)\,x_{i,t} + \phi^{-1}(B)\,\Theta(B)e_t$$

Dabei repräsentieren die Filtersequenzen $\Gamma_i^{-1}(B)\,\Phi_i(B)$ den Einfluß des Indikators i auf die abhängige Variable; sie stellen konzeptionell den Zusammenhang zu den unter Abschnitt 12.3 abgeleiteten Lag-Strukturen her.

12.4.3 Kombinierte Prognosen

Besitzt man nun mehrere Vorhersagen für die interessierende Größe, die jeweils auf unterschiedlichen (nicht notwendigerweise disjunkten) Informationsmengen beruhen, so kann angenommen werden, daß aus einer Kombination dieser Vorhersagen verbesserte Prognosen resultieren. Als Kombinationsmethode ist eine gewichtete Durchschnittsbildung denkbar, dabei sind die Gewichtungsfaktoren der Einzelvorhersagen als Repräsentanten des jeweiligen Informationsgehalts zu verstehen.

Von *Granger* und *Newbold* [5] oder auch *Winkler* und *Makridakis* [9] wurden verschiedene Alternativen zur Bestimmung der Gewichte auf ihre Eignung hin untersucht. Beide Veröffentlichungen weisen darauf hin, daß in der Praxis kaum Unterschiede in der Leistungsfähigkeit der verschiedenen Gewichtungsmethoden festzustellen sind. Jedoch wurden leichte Vorteile für diejenigen Verfahren verzeichnet, welche die Gewichte proportional zum Kehrwert der Summe der quadrierten Fehler ansetzen. Folgende Formel zählt zu dieser Klasse:

$$k_n^{(i)} = \left(\sum_{t=n-\delta}^{n-1} e_t^{(i)2}\right)^{-1} \bigg/ \left(\sum_{j=1}^{M}\left(\sum_{t=n-\delta}^{n-1} e_t^{(j)2}\right)^{-1}\right)$$

mit:

$k_n^{(i)}$ = Gewicht der Einzelprognose i
M = Anzahl der verfügbaren Einzelprognosen
δ = Reagibilitätsparameter

Damit ergibt sich die kombinierte Prognose zu

$$y'_n = \sum_{j=1}^{M} k_n^{(i)} y_n^{(i)}$$

Der Parameter δ steuert die Reagibilität des Verfahrens, d. h., die Wahl von δ beeinflußt die Verzögerung, mit der das Verfahren auf Instationaritäten reagiert.

12.5 Validierung der Prognosen

Dieser Abschnitt behandelt Ansätze zur Beurteilung der Prognosegüte und der Überwachung der Prognosemodelle. Es wird dabei nicht auf die statistischen Einzelheiten der Modellverifikation (Signifikanzprüfung der Modellparameter, Kontrolle der White-Noise-Eigenschaften für die Residuen usw.) eingegangen. Sie werden z. B. in [5] und [8] ausführlichst behandelt. Zudem ist die Modellvalidierung in der Praxis technisch relativ problemlos möglich (zumindest für die hier relevanten Verfahren), da exakte Regeln zur Durchführung bekannt sind.

Definiert man den Prognosefehler e_t als Abweichung der prognostizierten Entwicklung p_t von der tatsächlich eingetretenen y_t, so können die bekannten Fehlermaße, wie z. B. der mittlere quadratische Fehler oder die mittlere absolute prozentuale Fehlerabweichung (vgl. hierzu Kapitel 20/S. 351) zur quantitativen Abschätzung der Prognosegüte bestimmt werden. Wie die unter Abschnitt 12.1 entwickelte Aufgabenstellung zeigt, interessiert man sich jedoch primär für die Frage, inwieweit die Tendenz der Entwicklung getroffen wurde und wie exakt die Vorhersage von Wendepunkten erfolgte.

Erste Hinweise in dieser Richtung erhält man, wenn der *Theil*sche Ungleichheitskoeffizient U^2 zur Beurteilung der Prognosequalität herangezogen wird. (Eine weitergehende Diskussion findet sich in [6].)

$$U^2 = \frac{\sum_{t=1}^{N}(\dot{p}_t - \dot{y}_t)^2}{\sum_{t=1}^{N}\dot{y}_t^2} \quad \text{mit} \quad \dot{y}_t = \frac{y_t - y_{t-1}}{y_{t-1}} \quad \text{und} \quad \dot{p}_t = \frac{p_t - y_{t-1}}{y_{t-1}}$$

Für perfekte Prognosen (also bei Übereinstimmung von prognostizierten und beobachteten Werten) nimmt U den Wert Null an. Ergeben sich für U Werte größer als Eins, so ist dies so zu interpretieren, daß die naive "no change"-Prognose die tatsächlich eingetretene Entwicklung besser als das untersuchte Prognoseverfahren vorhergesagt hat.

Das einem Prognose-Realisations-Diagramm zugrunde liegende, sehr anschauliche Prinzip verdeutlicht Abbildung 3 (nach [6]).

Als Variante kann der für die Veränderungen relevante Wertebereich in Intervalle eingeteilt sein. Diese repräsentieren dann die qualitative Tendenz der Entwicklung. Die Bewertung einer Prognose orientiert sich daran, ob die beobachtete und die prognostizierte Veränderung der Zielreihe in dasselbe Intervall fallen.

Aus den Verfahren zur Beurteilung der Prognosequalität lassen sich verschiedene Alternativen zur Überwachung der Prognosemodelle ableiten. Das grundlegende Verfahren dazu ist das Schwellenwertkonzept (vgl. [3]). Ausführliche Darstellungen zu diesen Techniken finden sich in Kapitel 7.

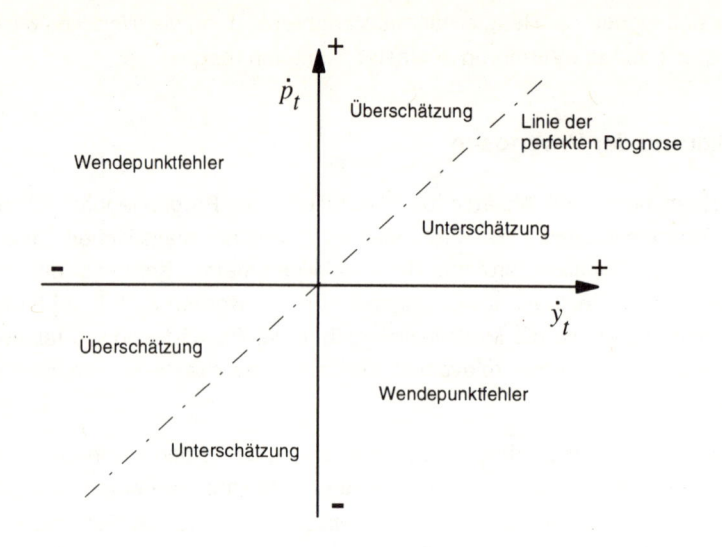

Abb. 3   Prognose-Realisations-Diagramm

12.6 Ein Beispiel

Im Rahmen des Projekts "Wissensbasierte Systeme zur Auftragseingangsanalyse und -prognose" im Bereich Wirtschaftsinformatik der Universität Erlangen-Nürnberg wurde in Zusammenarbeit mit einem deutschen Großunternehmen die Indikatormethode als Basis der Prognosekomponente eingesetzt.

Der erste Schritt bestand in der Auswahl einer potentiellen Indikatormenge für die auf der untersten Ebene nach Wirtschaftsregionen und Kundengruppen strukturierten Zeitreihen der Auftragseingänge (AE). Hierzu wurde ein Sortiment von ca. 100 volkswirtschaftlichen Zahlenreihen untersucht, wie sie beispielsweise vom Statistischen Bundesamt oder dem Ifo-Institut regelmäßig veröffentlicht werden (z. B. Auftragseingang des Grundstoff- und Produktionsgütergewerbes, Ifo-Geschäftsklimata, Zentralbankgeldmenge oder Gesamtgeschäft der verarbeitenden Industrie in den USA). Die Vorauswahl orientierte sich dabei a priori an der theoretischen Plausibilität, d. h., die Möglichkeit eines Erklärungszusammenhangs mußte gegeben sein. Zusätzlich wurden einige synthetische Indikatoren konstruiert. Da die Kundenstruktur aus der AE-Hierarchie abzuleiten ist, konnten verschiedene Branchenindikatoren erfolgreich zu aussagekräftigen Gesamtindikatoren aggregiert werden; dabei entsprach die Zusammenstellung dem relativen Anteil der zugehörigen Kundengruppe am Gesamtumsatz.

Zunächst wurden die Zeitreihen zerlegt und gleitende Durchschnitte der Ordnung zwölf gebildet, um die glatte Komponente (Trend und Konjunktur) zu extrahieren. Anschließend diente ein visueller Vergleich der AE- mit den Indikatorreihen einer ersten Eingrenzung der potentiellen Indikatormenge. Mit Hilfe der Kreuzkorrelationsanalyse bestimmte man dann die jeweilige Vorlauflänge und die Stärke des Zusammenhangs zwischen Indikator und AE-Reihe. In die weitere Untersuchung wurden nur noch Indikatoren einbezogen, mit deren Hilfe über mindestens sechs Monate prognostiziert werden konnte. Für die Bildung von Indikatorgruppen wurden die erklärungsstärksten Indikatoren zur jeweiligen Zielreihe ausgewählt und schließlich die Indikatorkombinationen aus zwei bzw. drei Elementen mit dem besten Anpassungsgrad des jeweils resultierenden ARIMA-Modells in das Prognosesystem übernommen. Der Korrelationskoeffizient R lag für die so ermittelten Indikatoren im Bereich von 0,73 bis 0,90.

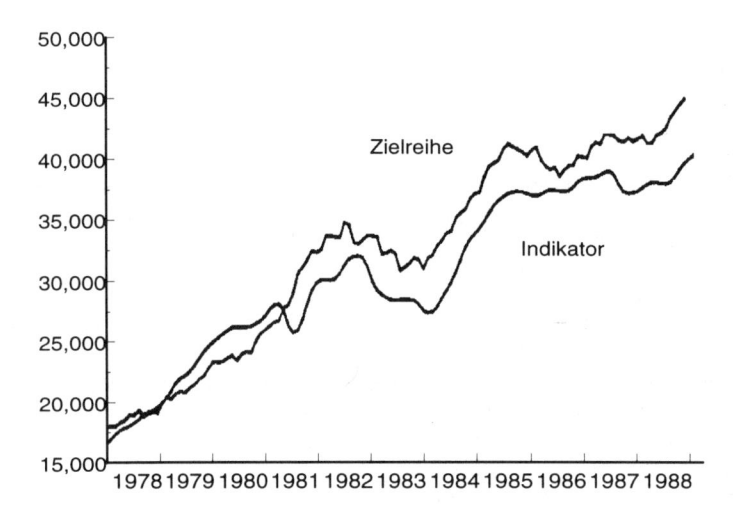

Abb. 4   AE-Reihe und aggregierter Gesamtindikator

Anschließend wurden für eine 24-monatige Validierungsperiode ex post-Prognosen erstellt. Die erreichte Genauigkeit der Vorhersage wird durch die mittlere absolute prozentuale Fehlerabweichung dokumentiert. Sie betrug im Durchschnitt ca. 1,5 %. Der Nutzeffekt des Prinzips der kombinierten Prognose zeigte sich dabei an einem Vergleich mit dem entsprechenden Fehlermaß für die Einzelprognosen (zwischen 1,97 und 2,34 %). Die maximal aufgetretene absolute Fehlerabweichung lag bei 3,51 % für die kombinierte Prognose. Diese Zahlen waren jedoch noch über einen Vergleich mit der No-Change-Prognose zu relativieren. Für diese naive Vorhersagetechnik wurden mittlere Abweichungen um 3 bis 4 % ermittelt, dabei lag die maximale Abweichung bei 7,63 %.

Um zu überprüfen, inwieweit die kombinierte Prognose die qualitative Tendenz der AE-Entwicklung getroffen hat, wurde eine siebenstufige Intervallstruktur gebildet. Die zugehörigen Veränderungsraten des Auftragseingangs sind als leichter/mittlerer/starker Aufschwung bzw. Abschwung oder Stagnation zu interpretieren. In ca. 60 % der Validierungsfälle lagen prognostizierte und tatsächlich eingetretene Veränderung im selben Intervall; eine Fehleinschätzung um mehr als eine Stufe trat nicht auf.

In der Phase der Indikatorsuche wurde auch die Beobachtung gemacht, daß zur Absicherung der Verlaufsanalyse für nahezu alle betrachteten AE-Reihen relativ gute, gleichlaufende Indikatoren verfügbar waren. Im Beispiel der Abbildung 4 treten im Zeitraum 1985 bis 1987 deutliche Verlaufsdivergenzen auf. In diesem Fall konnte die zeitweilige Unterbrechung der Indikatorbeziehung unter anderem auf eine unternehmensspezifische Ausnahmesituation in bestimmten Teilbereichen zurückgeführt werden.

Im Rahmen der Untersuchung hat sich erwartungsgemäß gezeigt, daß für höher aggregierte AE-Reihen leichter Indikatoren zu finden sind, da diese AE-Reihen eher den gesamtwirtschaftlichen Bewegungen folgen. Desgleichen beeinflußt die Produktionsstufe eines Branchenindikators den erreichbaren Prognosehorizont. Diese Erfahrungen decken sich mit dem Ergebnis anderer empirischer Untersuchungen, wie sie beispielsweise von *Fuchs* [4] für den Bereich der kurzfristigen Produktionsentwicklung durchgeführt wurden.

12.7 Literatur

[1] Dhrymes, P.J., Distributed Lags: Problems of Estimation and Formulation, San Francisco 1971.

[2] Dormayer, H.-J. und Lindlbauer, J.D., Sectoral Indicators by Use of Survey Data, in: Oppenländer, K.H. und Poser, G. (Hrsg.), Leading Indicators and Business Cycle Surveys, Aldershot 1984, S. 467 ff.

[3] Dormayer, H.-J., Konjunkturelle Früherkennung und Flexibilität im Produktionsbereich, Dissertation, München 1985.

[4] Fuchs, W., BOX-JENKINS-Prognosen der kurzfristigen Produktionsentwicklung, Dissertation, Köln 1989.

[5] Granger, C.W. und Newbold, P., Forecasting Economic Time Series, New York 1977.

[6] Heilemann, U., Zur Prognoseleistung ökonometrischer Konjunkturmodelle für die Bundesrepublik Deutschland, Berlin 1981.

[7] Hilber, G., Mittelfristige Prognose mit Hilfe der Indikatormethode, in: Mertens, P. (Hrsg.), Prognoserechnung, 4. Aufl., Würzburg 1981, S. 225 ff.

[8] Makridakis, S. und Wheelwright, S.C., Interactive Forecasting: Univariate and Multivariate Methods, 2. Aufl., San Francisco 1978.

[9] Winkler, R.L. und Makridakis, S., The Combination of Forecasts, Journal of the Royal Statistical Society A 146 (1983), S. 150 ff.

13 Prognoserechnung am Beispiel der Wahlhochrechnung

von E. Neuwirth[1]

13.1 Einleitung

Prognoserechnung ist eine sehr allgemeine statistische Methodik. Eines der in der Öffentlichkeit relativ bekannten Einsatzgebiete ist die Wahlhochrechnung am Wahltag während der laufenden Auszählung der Stimmen. Wir wollen uns im folgenden mit den mathematisch-statistischen Grundlagen des Verfahrens beschäftigen. Zusätzlich werden wir uns aber auch mit grundsätzlichen Fragen darüber befassen, welchen Zweck Wahlhochrechnungen über den reinen Unterhaltungswert hinaus überhaupt erfüllen.

13.2 Mathematisch-statistische Modellgrundlagen

Wenn wir von Wahlhochrechnung sprechen, dann wollen wir darunter immer ein Verfahren verstehen, das man auch als "Schätzung von Wahlresultaten aus Teilergebnissen" (siehe auch [2] und [4]) bezeichnen kann. Die Datengrundlage besteht also aus dem kompletten Wahlergebnis einer Vorwahl und Ergebnissen der neuen Wahl, allerdings nur für einen Teil des Wahlgebietes. Diese Art der Wahlprognose unterscheidet sich ganz wesentlich von Vorhersagen, die auf vor der Wahl durchgeführten Meinungsumfragen beruhen, weil die Datenquelle wesentlich zuverlässiger ist.

Sehr oft wählt man als Vorwahl einfach die letzte gleichartige Wahl (etwa bei Wahlen zum Bundestag die letztvergangene Bundestagswahl). In manchen Fällen ist das aber nicht so einfach möglich. Ein sehr einprägsamer derartiger Fall war die Volksabstimmung über das Kernkraftwerk Zwentendorf in Österreich im Jahr 1976.

Die Daten über beide Wahlgänge müssen in einer relativ feinen regionalen Gliederung vorliegen. Normalerweise stehen Wahlergebnisse mehr oder weniger automatisch für die einzelnen Gemeinden des Wahlgebiets zur Verfügung.

Wir gehen von der zentralen Annahme aus, daß das Übergangsverhalten der Wähler im gesamten Wahlgebiet homogen ist. Vereinfacht gesprochen heißt das, daß diejenigen Wähler, die bei der Vorwahl eine bestimmte Partei gewählt haben, sich bei der neuen Wahl in allen Gemeinden des betrachteten Gebietes nach demselben Schlüssel auf die bei der neuen Wahl kandidierenden Parteien verteilen. Diese grundlegende Modellannahme entzieht sich im wesentlichen einer empirischen Verifizierung. Allerdings zeigt die Erfahrung, daß die Qualität der auf diesem Modell beruhenden Prognosen sehr hoch ist. Sollte diese Modellannahme in ihrer reinen Form nicht erfüllt sein (was in der Regel der Fall ist), dann handelt es sich trotzdem um kein unlösbares Problem. In diesem Fall teilt man nämlich einfach das gesamte Wahlgebiet in mehrere Subregionen ein, für die man dann annehmen kann, daß die Homogenitätsbedingung zumindest näherungsweise erfüllt ist. Darauf auf-

---

1   Abschnitt 13.6 wurde in Abstimmung mit *E. Neuwirth* vom Herausgeber verfaßt.

bauend führt man für jedes dieser Teilgebiete eine eigene Hochrechnung durch. Wie sehen nun die Modellannahmen in mathematischer Formulierung aus?

Wir gehen davon aus, daß das Hochrechnungsgebiet aus N Gemeinden besteht. In jeder dieser Gemeinden gibt es I Parteien bei der Vorwahl und J Parteien bei der neuen Wahl. Daher gibt es ein altes und ein neues Wahlergebnis, das wir wie folgt beschreiben:

$X_i^{(n)}$ Stimmen der Partei i in Gemeinde n bei der Vorwahl

$Y_j^{(n)}$ Stimmen der Partei j in Gemeinde n bei der neuen Wahl

Die Annahme der "homogenen Wählerströme im Wahlgebiet" läßt sich mathematisch so ausdrücken: In allen Gemeinden gelten folgende Gleichungen:

$$Y_j^{(n)} = \sum_{i=1}^{I} X_i^{(n)} p_{ij} \text{ für } j=1\ldots J, n=1\ldots N$$

Diese Gleichungen bedeuten ganz einfach, daß das Stimmenergebnis der neuen Wahl zustandekommt, indem in allen Gemeinden derselbe Prozentsatz jener Wähler, die bei der Vorwahl Partei i gewählt haben, bei der neuen Wahl Partei j wählen, und daß diese Tatsache für alle $i=1\ldots I$ und $j=1\ldots J$ gilt.

Grundlage dieses Modells ist, daß bei beiden Wahlgängen dieselben Wähler wahlberechtigt waren, was natürlich eine vereinfachende Annahme ist. Wir werden uns in einem späteren Abschnitt noch einmal näher mit diesem Problem beschäftigen, derzeit gehen wir einfach von dieser Annahme aus.

Wir können jetzt natürlich noch die Gesamtzahl der Wahlberechtigten in allen Gemeinden durch eine Gleichung ausdrücken:

$$S^{(n)} = \sum_{i=1}^{I} X_i^{(n)} = \sum_{j=1}^{J} Y_j^{(n)}$$

Ebenso können wir die Anteile der einzelnen Parteien als Gleichungen ausdrücken:

$$x_i^{(n)} = \frac{X_i^{(n)}}{S^{(n)}}, \quad y_j^{(n)} = \frac{Y_j^{(n)}}{S^{(n)}}$$

Genauso wie für die Stimmen gelten unsere Modellgleichungen dann auch für die Anteile:

$$y_j^{(n)} = \sum_{i=1}^{I} x_i^{(n)} p_{ij} \text{ für } j=1\ldots J, n=1\ldots N$$

Die Hochrechnung hat nun folgende Aufgabe: Während des Hochrechnungszeitraums liegen die Ergebnisse der Vorwahl schon komplett vor, die Ergebnisse der aktuellen Wahl jedoch nur teilweise. Daher wird mit statistischen Methoden versucht, aus den Daten aller Gemeinden, wo bereits beide Wahlergebnisse verfügbar sind, die Übergangskoeffizienten (auch als Wählerströmekoeffizienten bezeichnet) zu schätzen. Wenn wir diese Schätzung mit $\hat{p}_{ij}$ bezeichnen, dann können wir mittels der Gleichung

$$\hat{y}_j^{(n)} = \sum_{i=1}^{I} x_i^{(n)} \hat{p}_{ij}$$

eine Schätzung für das Ergebnis der aktuellen Wahl in Gemeinde n auch dann berechnen, wenn aus dieser Gemeinde noch kein Ergebnis der aktuellen Wahl vorliegt. Man braucht jetzt nur noch diese Schätzung für die noch nicht ausgezählten Gemeinden und das Ergebnis der aktuellen Wahl in den bereits ausgezählten Gemeinden zu addieren und bekommt so bereits die Wahlhochrechnung. Sie ändert sich laufend, weil die Datengrundlage der Schätzung der $\hat{p}_{ij}$ jene Gemeinden sind, aus denen bereits Ergebnisse der aktuellen Wahl vorliegen, und diese Gemeindegruppe während der Hochrechnung natürlich ständig größer wird.

Die $\hat{p}_{ij}$ sind aber nicht nur als Hilfsmittel für die Wahlhochrechnung interessant. Sie liefern gleichzeitig als Zusatznutzen eine "Wählerstromanalyse". Die Koeffizienten geben an, wie sich die Wähler der einzelnen Parteien bei einer Vergleichswahl bei der neuen Wahl auf die kandidierenden Gruppen verteilt haben, und genau das ist die Frage, die eine Wählerstromanalyse beantworten soll.

13.3 Statistische Schätzverfahren für die Modellparameter

In die Überlegungen des vorigen Abschnitts sind stochastische Komponenten noch überhaupt nicht eingeflossen. Die Modellgleichungen sind von den idealisierten Annahmen räumlich homogener Übergangswahrscheinlichkeiten ausgegangen. Diese Annahmen haben dann zu eigentlich deterministischen Gleichungen über den Zusammenhang zwischen Ergebnis der Vorwahl und der aktuellen Wahl geführt.

Die stochastische Komponente wird mit folgendem Modell beschrieben. Wir gehen davon aus, daß wir das Verhalten der einzelnen Wahlberechtigten als unabhängige Wiederholungen einer Multinomialverteilung beschreiben können. Ein Wähler, der bei der Vorwahl Partei i gewählt hat, möge bei der aktuellen Wahl mit Wahrscheinlichkeit p_{ij} Partei j wählen.

Im statistischen Modell entspricht jedem Wähler ein Zufallsvektor $\vec{X}_i$, wobei der Index i angibt, für welche Partei der betrachtete Wähler bei der Vorwahl gestimmt hat. Wenn der Wähler bei der aktuellen Wahl Partei j gewählt hat, dann hat der Vektor $\vec{X}_i$ an der j-ten Stelle den Wert 1 und an allen anderen Stellen den Wert 0. Jeder dieser Vektoren enthält genau einmal die Zahl 1 und sonst lauter Nullen. Da p_{ij} die Wahrscheinlichkeit dafür ist, daß ein Wähler, der bei der Vorwahl Partei i gewählt hat, diesmal für Partei j stimmt, hat die j-te Komponente des Vektors $\vec{X}_i$ den Erwartungswert p_{ij}.

Da es in den einzelnen Gemeinden mehrere Wähler gibt, finden wir mit einem Vektor $\vec{X}_i$ nicht das Auslangen. Daher sei $\vec{X}_{i,k}^{(n)}$ jener Zufallsvektor, der dem Wähler mit "laufender Nummer" k in Gemeinde n entspricht, welcher bei der Vorwahl für Partei i gestimmt hat. Wenn wir jetzt das Wahlergebnis in Gemeinde n (in Stimmen) als Zufallsvektor $\vec{Y}^{(n)}$ betrachten, dann läßt sich dieser Zufallsvektor folgendermaßen darstellen:

$$\vec{Y}^{(n)} = \sum_{i=1}^{I} \sum_{k=1}^{X_i^{(n)}} \vec{X}_{i,k}^{(n)}$$

215

Dabei ist $X_i^{(n)}$ die Zahl der Wähler, die bei der Vorwahl in Gemeinde n Partei i gewählt haben. Die $\vec{X}_{i,k}$ sind für gleiche i und verschiedene k unabhängige Zufallsvektoren mit Multinomialverteilung (mit dazugehörendem gleichen Wahrscheinlichkeitsvektor p_{ij}). Da ein solcher Vektor nur das Übergangsverhalten eines einzelnen Wählers beschreibt, hat er in genau einer Komponente die Zahl 1 und in allen anderen Komponenten die Zahl 0 stehen. Daher gilt für den Erwartungswert der j-ten Komponente von $\vec{Y}^{(n)}$ (wegen der Summierung aus den $\vec{X}_{i,k}^{(n)}$)

$$E(\vec{Y}_j^{(n)}) = \sum_{i=1}^{I} X_i^{(n)} p_{ij}$$

Die Stimmenergebnisse in den einzelnen Gemeinden, also die $Y_j^{(n)}$, sind aber nichts anderes als Realisationen der Zufallsvariablen $\vec{Y}_j^{(n)}$. Somit genügen unsere Zufallsvariablen, für die wir Realisationen kennen, einem linearen Modell. Daher liegt es nahe, zur Schätzung der p_{ij}, die die Parameter des linearen Modells sind, regressionsanalytische oder zumindest verwandte Verfahren zu verwenden. Es gibt (vor allem in der soziologischen und politologischen Literatur) auch immer wieder Arbeiten, die diese Gleichung zur Grundlage einer multiplen Regressionsanalyse machen und die Koeffizienten, die die Regressionsschätzung ergibt, einfach als Wählerströme interpretieren. In einer derartigen Regressionsanalyse hätte man als jeweils einzige abhängige Variable die Ergebnisse einer Partei in allen Gemeinden zu wählen, als unabhängige Variable die Ergebnisse aller kandidierenden Parteien bei der Vorwahl in allen Gemeinden.

Allerdings ist ein derartiges Vorgehen aus mehreren Gründen methodisch nicht zu rechtfertigen. Da es sich bei den p_{ij} um Wahrscheinlichkeiten handelt, wissen wir, daß für alle p_{ij} gilt

$$0 \leq p_{ij} \leq 1$$

Außerdem gehören alle p_{ij} mit festem i zu einer festen Multinomialverteilung, daher gilt

$$\sum_{j=1}^{J} p_{ij} = 1 \quad \text{für alle } i$$

Die Einhaltung der Summenbedingung ist im simplifizierenden Regressionsmodell sogar gewährleistet (sie folgt aus linearen Abhängigkeiten zwischen den in Betracht kommenden Variablen), die Nichtnegativitätsbedingung wird aber normalerweise nicht eingehalten. Solange die Regressionskoeffizienten nur intern für die Hochrechnung verwendet werden, ist diese Inkonsistenz zwar störend, ein derartiges Vorgehen kann aber immer noch zu brauchbaren Hochrechnungen führen. Sollen jedoch auch Wählerstromanalysen publiziert werden, so sind die Resultate dieses Verfahrens unbrauchbar, weil es negative Wählerströme nicht geben kann.

Dieses Problem ist aber natürlich mit statistischen Hilfsmitteln zu lösen. Bei der Regressionsanalyse handelt es sich ganz einfach um den Maximum-Likelihood-Schätzer in einem linearen Modell ohne weitere Restriktionen über die Parameter. Wir können dieselbe Likelihood-Funktion untersuchen und bei der Optimierungsaufgabe zur Ermittlung des besten

Schätzers einfach nur Parameterkombinationen zulassen, die die Konsistenzbedingungen (Nichtnegativität und Summenbedingung) erfüllen.

Es gibt aber noch eine zusätzliche Komplikation, die schon beim linearen Modell ohne Nebenbedingungen auftritt: Standardvoraussetzung einer gewöhnlichen multiplen Regressionsanalyse ist die Homoskedastizität (vgl. Kapitel 8). Die Varianzen aller im Modell auftretenden Zufallsvariablen müssen gleich sein. Wir müssen also die Varianzen unserer Zufallsvariablen (zunächst einmal bei festem j) ansehen.

Betrachten wir dazu die einzelnen Komponenten der Vektorgleichung

$$\vec{Y}^{(n)} = \sum_{i=1}^{I} \sum_{k=1}^{X_i^{(n)}} \vec{X}_{i,k}^{(n)}$$

Die einzelnen j-ten Komponenten von $\vec{X}_{i,k}^{(n)}$ sind binomialverteilte unabhängige Zufallsvariable, haben also jeweils die Varianz $p_{ij}(1-p_{ij})$. Die Gesamtvarianz von $\vec{Y}_j^{(n)}$ (der j-ten Komponente von $\vec{Y}^{(n)}$) ist daher

$$\sigma^2(\vec{Y}_j^{(n)}) = \sum_{i=1}^{I} X_i^{(n)} p_{ij}(1-p_{ij}) = S^{(n)} \sum_{i=1}^{I} x_i^{(n)} p_{ij}(1-p_{ij})$$

$S^{(n)}$ ist die Zahl der Wahlberechtigten in der Gemeinde n. Diese Zahl unterliegt sehr starken Schwankungen. Wir können daher die Annahme gleicher Varianz für alle Zufallsvariablen nicht ohne weiteres als bestätigt ansehen. Allerdings sind die $S^{(n)}$ bekannt. Der restliche Term in unserem Varianzausdruck ist jedoch unbekannt, weil er die Parameter p_{ij} enthält, die wir erst schätzen wollen. Andererseits kann man davon ausgehen, daß in einem politisch einigermaßen homogenen Teilgebiet unseres gesamten Untersuchungsraums die $x_i^{(n)}$ nicht allzu verschieden sind. Dann sind auch die Summen $\sum_{i=1}^{I} x_i^{(n)} p_{ij}(1-p_{ij})$ nicht allzu verschieden, und wir machen keinen großen Fehler, wenn wir annehmen, daß die Varianzen annähernd folgende Gleichung erfüllen:

$$\sigma^2(\vec{Y}_j^{(n)}) = CS^{(n)}$$

Dabei ist C eine unbekannte Konstante.

Ein klassisches Resultat aus der Theorie der linearen Modelle besagt, daß bei ungleichen Varianzen, die bis auf einen multiplikativen Faktor bekannt sind, in Analogie zum varianzhomogenen linearen Modell ebenfalls ein optimaler Schätzer existiert. In unserem Fall ist dieser optimale Schätzer für die p_{ij} als Lösung des Minimierungsproblems

$$\sum_{n=1}^{N} \frac{1}{S^{(n)}} (Y_j^{(n)} - \sum_{i=1}^{I} X_i^{(n)} p_{ij})^2 = \text{MIN!}$$

zu finden. Im Falle des Problems ohne Nebenbedingungen gibt es für dieses Problem natürlich auch explizite Lösungsgleichungen. Wir beschäftigen uns aber gerade mit einem Fall, bei dem die p_{ij} zusätzliche Nebenbedingungen erfüllen müssen.

Im einfachen Fall ohne Nebenbedingungen könnte man dieses Optimierungsproblem getrennt für jedes j lösen und erhielte so Schätzwerte für die gesuchten Parameter. Wir wollen aber noch zusätzlich, daß folgende Gleichungen und Ungleichungen erfüllt sind:

$$0 \leq p_{ij} \leq 1$$

$$\sum_{j=1}^{J} p_{ij} = 1 \text{ für alle } i$$

Das Problem dabei ist, daß die Gleichungen Koeffizienten miteinander verknüpfen, die in verschiedenen Optimierungsproblemen vorkommen. (Wir haben für jeden Wert von j ein anderes Optimierungsproblem zu lösen.) Die Ungleichungen verknüpfen aber p_{ij} mit gleichem i und verschiedenem j. Wir können daher die Optimierungsprobleme nicht unabhängig voneinander betrachten, so wie das im Falle ohne Nebenbedingungen möglich wäre. Als vereinfachender Ausweg bietet sich an, die zu minimierenden Zielfunktionen einfach zu addieren und dann diese neue Gesamtzielfunktion unter Einhaltung der Nebenbedingungen zu minimieren. Das zu lösende Optimierungsproblem lautet also:

$$\sum_{j=1}^{J} \sum_{n=1}^{N} \frac{1}{S^{(n)}} (Y_j^{(n)} - \sum_{i=1}^{I} X_i^{(n)} p_{ij})^2 = \text{MIN!}$$

wobei $0 \leq p_{ij} \leq 1$, $\sum_{j=1}^{J} p_{ij} = 1$ für alle i.

Statistisch wäre diese Addition gerechtfertigt, wenn die entsprechenden Zufallsvariablen für verschiedene Werte von j unabhängig wären, weil dann die Likelihood-Funktionen miteinander multipliziert und daher die negativen Logarithmen der Likelihood-Funktionen, und das sind gerade unsere zu minimierenden Funktionen, addiert werden können. Diese Annahme ist sicher nicht ganz richtig. Die korrekte analytische Berechnung des Modells unter Berücksichtigung dieser Tatsache ist im Prinzip auch möglich, würde aber den Aufwand zur Berechnung der Schätzer der p_{ij} enorm erhöhen. Da die Hochrechnung aber mit relativ einfacher Software durchgeführt werden soll und außerdem die rein pragmatisch betrachtete Qualität der Schätzer ein sehr wichtiges Kriterium ist, haben wir uns entschlossen, dieses stark vereinfachende Modell trotz bekannter Modellungenauigkeiten einzusetzen. In einem weiteren Abschnitt werden wir uns die Güte der Vorhersagen in einem realen Fall genauer ansehen.

Zusammenfassend können wir feststellen, daß die zuletzt angegebenen Gleichungen einen Kompromiß zwischen voller mathematischer Modellgenauigkeit und einfach zu rechnendem Analyseverfahren darstellen. Wir verwenden dieses Verfahren seit einigen Jahren bei gesamtösterreichischen Wahlgängen zur Wahlhochrechnung und erzielen damit eine ganz beachtliche Vorhersagegenauigkeit.

Die früher in Österreich eingesetzten Verfahren (für eine vollständige methodische Beschreibung siehe [2]) haben dieses Modell noch weiter vereinfacht und dabei, grob gesagt, den multivariaten Ansatz unseres Modells durch einen univariaten ersetzt.

Gehen wir einmal davon aus, daß bei den beiden betrachteten Wahlgängen dieselben Parteien kandidieren. Wenn man dann die Gleichung

$$E(\vec{Y}_j^{(n)}) = \sum_{i=1}^{I} X_i^{(n)} p_{ij}$$

für eine Partei j betrachtet, die nur Stimmen verliert, dann sind ja für $i \neq j$ alle $p_{ij} = 0$. Daher reduziert sich diese Gleichung auf

$$E(\vec{Y}_j^{(n)}) = X_j^{(n)} p_{jj}$$

Für eine Partei, die nur gewinnt (und keine eigenen Wähler verliert), gilt

$$E(\vec{Y}_j^{(n)}) = X_j^{(n)} + \sum_{i \neq j} X_i^{(n)} p_{ij}$$

Wenn wir jetzt noch (das ist natürlich wieder eine zusätzliche Vereinfachung) annehmen, daß diese Partei von allen anderen Parteien einen jeweils gleichen Anteil von deren Wählern hinzugewinnt, daß also $p_{ij} = q_j$ gilt, dann erhält man folgende Modellgleichung:

$$E(Y_j^{(n)}) = X_j^{(n)} + \sum_{i \neq j} X_i^{(n)} q_j = (1 - q_j) X_j^{(n)} + q_j S^{(n)}$$

Dieser Ansatz ist im wesentlichen wieder univariat. Pragmatisch wurde dann so vorgegangen, daß man die p_{jj} und die q_j in univariaten Modellen schätzte und dann für die einzelnen Parteien jeweils nach dem bei der Wahl zu beobachtenden Gewinnen oder Verlusten die eher passende Methode zur Vorhersage verwendete. Solange diese Methode bei gesamtösterreichischen Wahlen zur Wahlhochrechnung verwendet wurde, war aber immer wieder ein Problem zu beobachten: Die Ergebnisse aus Wien liegen immer sehr spät vor, weil das gesamte Bundesland Wien erst zum letztmöglichen Zeitpunkt Wahlschluß hat. Die vorher bereits berechneten Wahlprognosen mußten also immer Wien aus den anderen Bundesländern hochrechnen. Dabei war dann fast immer festzustellen, daß sich die Prognose quantitativ entscheidend änderte, sobald die ersten Wiener Ergebnisse in der Hochrechnung berücksichtigt werden konnten.

13.4 Ein empirischer Fall: Bundespräsidentenwahl 1992 in Österreich

Das beschriebene Verfahren wurde auch bei der Bundespräsidentenwahl 1992 in Österreich eingesetzt. Wir wollen uns den ersten Wahlgang etwas näher ansehen. Als Vergleichswahl verwenden wir die Nationalratswahl 1990. Die vier Kandidaten dieser Wahl waren relativ eindeutig den vier größeren Parteien der Nationalratswahl zuzuordnen. Deshalb war es auch möglich, zumindest versuchsweise die im vorigen Abschnitt beschriebenen vereinfachenden univariaten Modellvarianten zu verwenden.

Eine weitere methodische Bemerkung ist noch notwendig: Sämtliche beschriebenen Verfahren beruhen darauf, daß man die p_{ij} im Prognosegebiet als konstant voraussetzen kann. Diese Annahme ist aber für das gesamte Bundesgebiet Österreich nicht gerechtfertigt. Daher wird zunächst einmal für jedes Bundesland getrennt eine Hochrechnung durchgeführt. Diese Hochrechnungen werden dann zu einer bundesweiten Hochrechnung kombiniert. Dabei tritt aber ein Problem auf: Es gibt Bundesländer, für die ziemlich lange überhaupt keine Ergebnisse vorliegen. Daher sind in diesen Bundesländern auch keine Schätzungen für die p_{ij} verfügbar. Der pragmatische Ausweg aus diesem Problem besteht darin, in diesem Fall ein gewichtetes Mittel der p_{ij} aus den anderen Bundesländern zu verwenden. Gewichtungsfaktor ist dabei vor allem der Auszählungsgrad in diesen Bundesländern. Zusätzlich werden die Gewichte aber noch mit Konstanten auf- oder abgewertet, wobei diese Konstanten anderen Bundesländern mit ähnlicher politischer Konstellation und in geographischer Nähe zum betrachteten Bundesland ein höheres Gewicht einräumen als den anderen Bundesländern.

Vergleicht man die vereinfachenden univariaten Ansätze und den vollen multivariaten Ansatz unter diesem Gesichtspunkt, dann ist die entscheidende Frage, ob das multivariate Modell bei diesem Kombinationsverfahren bessere Vorhersagewerte in Bundesländern liefert, aus denen noch keine Einzelergebnisse vorliegen.

Sehen wir uns das also im Falle der Bundespräsidentenwahl an. Der Auszählungsgrad in Abhängigkeit von der Uhrzeit wird in folgender Graphik dargestellt (in Österreich ist es üblich, daß wegen der länderweise unterschiedlichen Schließung der Wahllokale regionale Wahlergebnisse bereits vorliegen, bevor alle Wahllokale geschlossen haben):

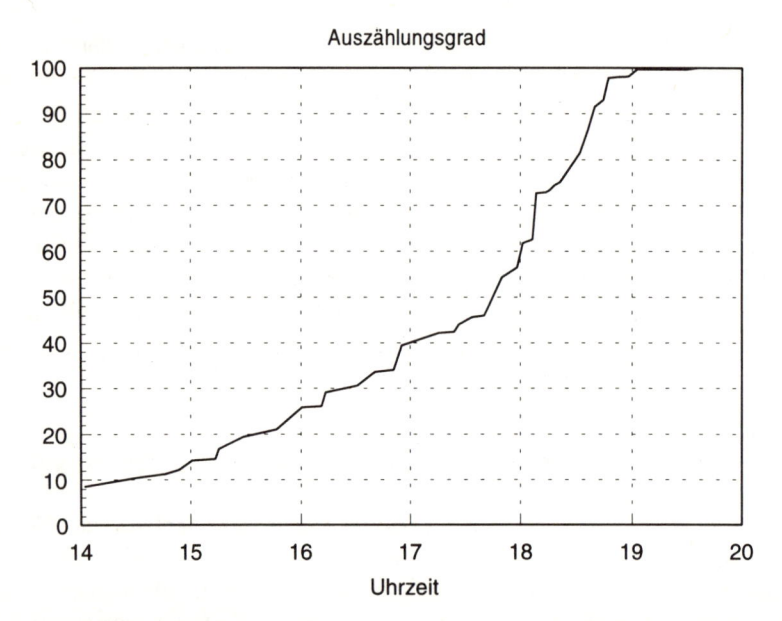

In den folgenden Graphiken wollen wir die Prognosen nach den drei verschiedenen Methoden für die einzelnen Kandidaten darstellen. Die ausgewiesenen Prozentsätze sind immer Anteile an Wahlberechtigten. Da die Prognosemethodik - wie im vorigen Abschnitt gezeigt - auch die Gruppe der Nichtwähler im Modell berücksichtigt, gibt diese Darstellungsform ein besseres Bild des tatsächlichen Verhaltens des Prognosemodells als die Anteile an gültigen Stimmen. In der Legende bedeutet mv immer die multivariate Schätzung, g die Schätzung, die bei gewinnenden Parteien, und v die Schätzung, die bei verlierenden Parteien eher paßt.

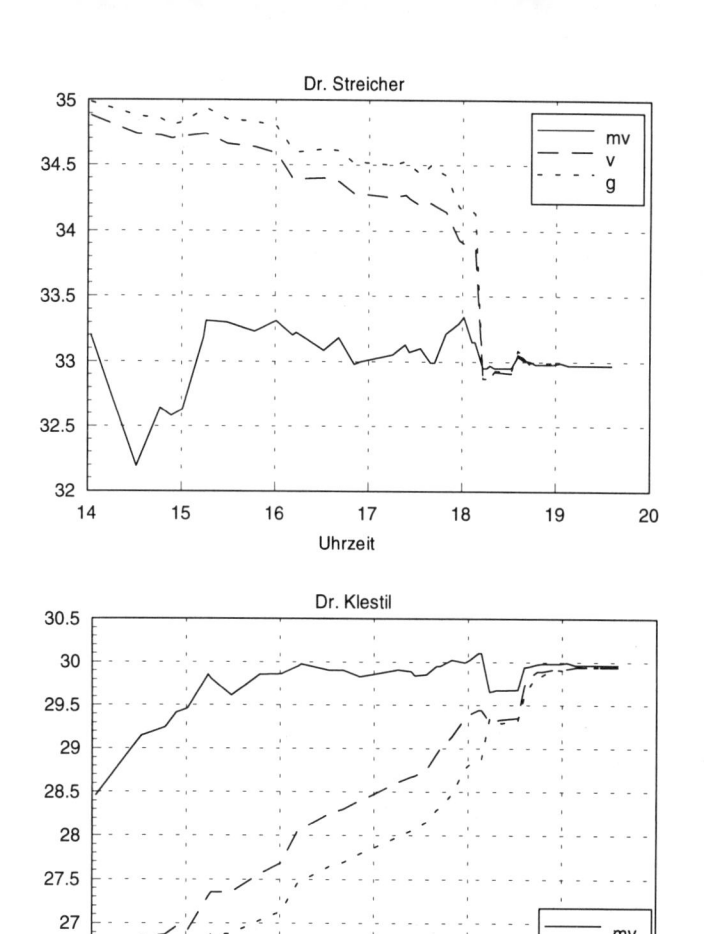

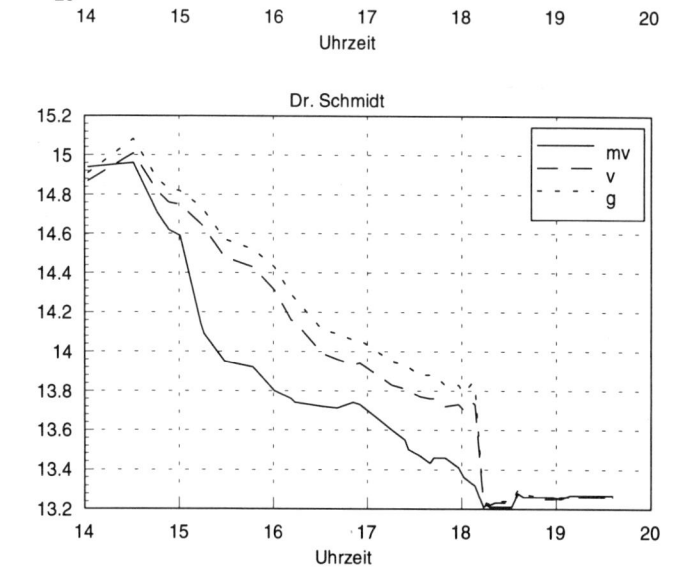

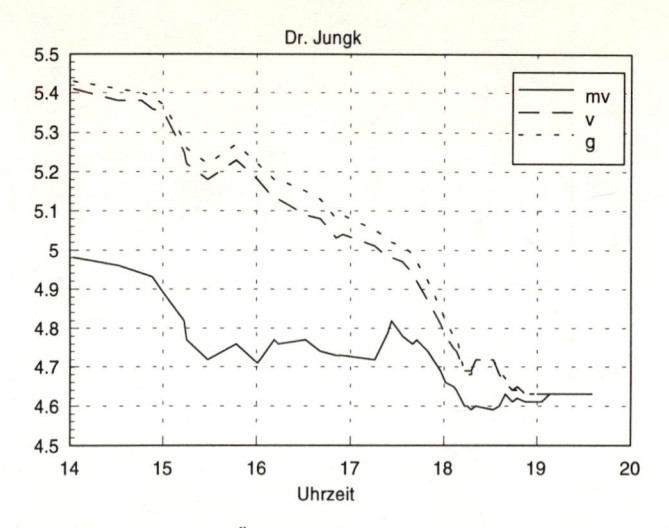

Diese Graphiken zeigen deutlich die Überlegenheit der multivariaten Schätzung gegenüber den univariaten. Besonders auffällig ist die "Knickstelle" knapp nach 18 Uhr. Dabei handelt es sich um den im vorigen Abschnitt bereits erwähnten "Wien-Knick". Zu diesem Zeitpunkt stehen üblicherweise die ersten Teilergebnisse aus Wien für die Hochrechnung zur Verfügung. Da die Mehrheitsverhältnisse in Wien generell von "Restösterreich" verschieden sind, kann man speziell bei univariaten Modellen nicht erwarten, daß sich Trends aus einem eher simplistischen Modell einfach übertragen lassen. Dieser schon bei früheren Hochrechnungen immer wieder beobachtbare "Wien-Effekt" war für den Autor dieses Beitrags auch der Grund, den multivariaten Ansatz der Hochrechnung zur Erhöhung der Vorhersagegenauigkeit zu analysieren.

Aus methodischen Gründen ist es, zumindest post festum, auch ganz nützlich, dieselben Daten noch einmal graphisch darzustellen, diesmal aber mit dem Auszählungsgrad entlang der x-Achse. Bei diesen Graphiken werden Bruchstellen, die durch massiertes Eintreffen von Daten zu bestimmten Zeiten auftreten, etwas gedehnt und dadurch geglättet. Man erhält so also vom methodischen Standpunkt aus interessantere Kurven über den Verlauf der Prognosen.

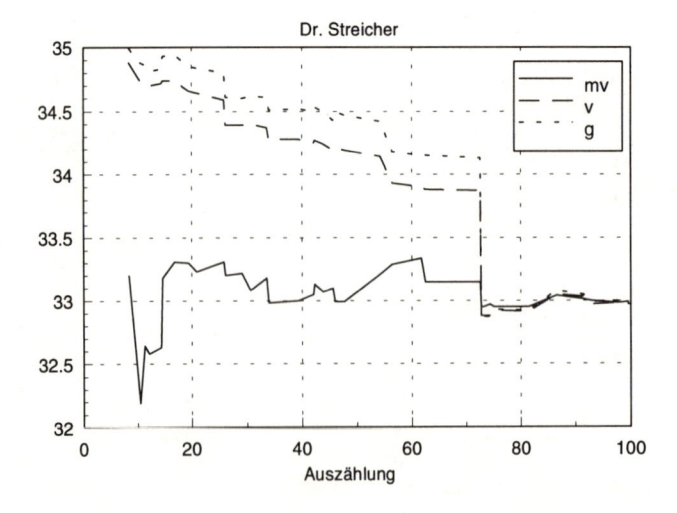

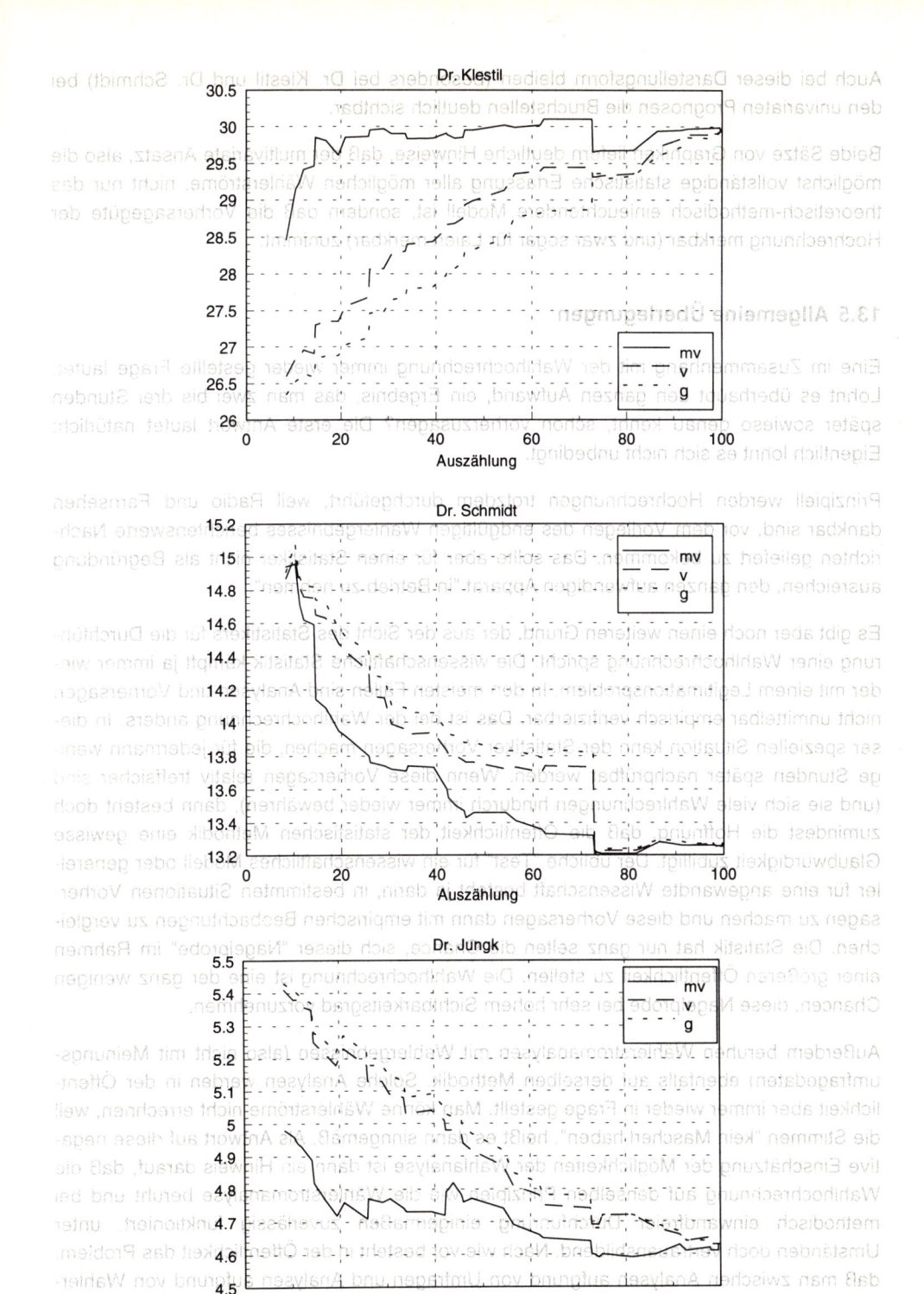

Dr. Klestil

Dr. Schmidt

Dr. Jungk

Auch bei dieser Darstellungsform bleiben (besonders bei Dr. Klestil und Dr. Schmidt) bei den univariaten Prognosen die Bruchstellen deutlich sichtbar.

Beide Sätze von Graphiken liefern deutliche Hinweise, daß der multivariate Ansatz, also die möglichst vollständige statistische Erfassung aller möglichen Wählerströme, nicht nur das theoretisch-methodisch einleuchtendere Modell ist, sondern daß die Vorhersagegüte der Hochrechnung merkbar (und zwar sogar für Laien merkbar) zunimmt.

13.5 Allgemeine Überlegungen

Eine im Zusammenhang mit der Wahlhochrechnung immer wieder gestellte Frage lautet: Lohnt es überhaupt den ganzen Aufwand, ein Ergebnis, das man zwei bis drei Stunden später sowieso genau kennt, schon vorherzusagen? Die erste Antwort lautet natürlich: Eigentlich lohnt es sich nicht unbedingt.

Prinzipiell werden Hochrechnungen trotzdem durchgeführt, weil Radio und Fernsehen dankbar sind, vor dem Vorliegen des endgültigen Wahlergebnisses berichtenswerte Nachrichten geliefert zu bekommen. Das sollte aber für einen Statistiker nicht als Begründung ausreichen, den ganzen aufwendigen Apparat "in Betrieb zu nehmen".

Es gibt aber noch einen weiteren Grund, der aus der Sicht des Statistikers für die Durchführung einer Wahlhochrechnung spricht. Die wissenschaftliche Statistik kämpft ja immer wieder mit einem Legitimationsproblem. In den meisten Fällen sind Analysen und Vorhersagen nicht unmittelbar empirisch verifizierbar. Das ist bei der Wahlhochrechnung anders. In dieser speziellen Situation kann der Statistiker Vorhersagen machen, die für jedermann wenige Stunden später nachprüfbar werden. Wenn diese Vorhersagen relativ treffsicher sind (und sie sich viele Wahlrechnungen hindurch immer wieder bewähren), dann besteht doch zumindest die Hoffnung, daß die Öffentlichkeit der statistischen Methodik eine gewisse Glaubwürdigkeit zubilligt. Der übliche "Test" für ein wissenschaftliches Modell oder genereller für eine angewandte Wissenschaft besteht ja darin, in bestimmten Situationen Vorhersagen zu machen und diese Vorhersagen dann mit empirischen Beobachtungen zu vergleichen. Die Statistik hat nur ganz selten die Chance, sich dieser "Nagelprobe" im Rahmen einer größeren Öffentlichkeit zu stellen. Die Wahlhochrechnung ist eine der ganz wenigen Chancen, diese Nagelprobe bei sehr hohem Sichtbarkeitsgrad vorzunehmen.

Außerdem beruhen Wählerstromanalysen mit Wahlergebnissen (also nicht mit Meinungsumfragedaten) ebenfalls auf derselben Methodik. Solche Analysen werden in der Öffentlichkeit aber immer wieder in Frage gestellt. Man könne Wählerströme nicht errechnen, weil die Stimmen "kein Mascherl haben", heißt es dann sinngemäß. Als Antwort auf diese negative Einschätzung der Möglichkeiten der Wahlanalyse ist dann ein Hinweis darauf, daß die Wahlhochrechnung auf denselben Prinzipien wie die Wählerstromanalyse beruht und bei methodisch einwandfreier Durchführung einigermaßen zuverlässig funktioniert, unter Umständen doch vertrauensbildend. Nach wie vor besteht in der Öffentlichkeit das Problem, daß man zwischen Analysen aufgrund von Umfragen und Analysen aufgrund von Wahlergebnissen nicht genau genug unterscheidet. Da besteht dann die Gefahr, daß die immer schlechter werdende Vorhersagegenauigkeit der Umfrageanalysen die Glaubwürdigkeit aller Wahlanalysen negativ beeinflußt. Treffsichere Wahlhochrechnungen, bei deren Präsentation auch darauf hingewiesen wird, daß sie sich methodisch von Prognosen aus Umfragedaten deutlich unterscheiden, können auch in solchen Fällen ein Beitrag dazu sein, die Glaubwürdigkeit von statistischen Prognosemethoden zu erhöhen. Der Autor des vorliegenden Beitrags muß in diesem Fall allerdings anmerken, daß es ziemlich schwierig ist, Journalisten in der doch sehr gespannten Situation einer laufenden Wahlhochrechnung dazu zu bringen, in kurzen, aber korrekten Formulierungen die Datenbasis und die verwendete Methodik der Wahlhochrechnung einigermaßen klar darzustellen und insbesondere auf den Unterschied zwischen der auf ausgezählten Ergebnissen beruhenden Wahlhochrechnung und den auf Umfragen basierenden Prognosen hinzuweisen.

13.6 Anwendung auf andere Bereiche

In der betrieblichen Praxis lassen sich Hochrechnungsprognosen überall dort verwenden, wo von Teilergebnissen auf die zukünftige Entwicklung geschlossen werden soll. Ein breites Anwendungsgebiet der oben entwickelten Gedanken zur Hochrechnungsprognose aus beliebigen Teilergebnissen ergibt sich in Bereichen, wo nur Teilinformationen vorliegen, die nicht unmittelbar als Zufallsstichprobe angesehen werden können, für die sich jedoch - in Kombination mit Vergleichswerten - Schätzverfahren finden lassen, die eine genügend genaue Schätzung ermöglichen.

Im Versandhandel wird beispielsweise folgende Variante einer Hochrechnungsprognose angewandt: Einem ausgewählten Kundenkreis sendet man frühzeitig den neuen Katalog zu. Aus der Bestellung dieser Kunden wird auf den zu erwartenden Umsatz geschlossen. Zu diesem Zeitpunkt ist es für die Einkaufsdisposition des Versandhauses besonders wichtig, einen zuverlässigen Überblick über die Zusammensetzung der Nachfrage nach den einzelnen Artikeln zu gewinnen. Diese Zielsetzung erfordert, daß der ausgewählte Kundenkreis nur in bezug auf das von ihm gekaufte Sortiment repräsentativ ist. Im übrigen wird man die Kunden danach aussuchen, ob kurzfristig nach Erhalt des neuen Katalogs mit einer Bestellung gerechnet werden kann oder nicht. Soll nun der in der neuen Saison zu erwartende Umsatz in den einzelnen Artikeln oder Artikelgruppen prognostiziert werden, so kann aus den eintreffenden Bestellungen eines Teils der Kunden - wobei dieser Teil keine Zufallsstichprobe darzustellen braucht - durch eine *Kombination mit früheren Bestellzahlen dieser Kunden* die Genauigkeit der Schätzung wesentlich verbessert werden; vor allem aber kann empirisch untersucht werden, welches Schätzverfahren bei seiner Anwendung in der Vergangenheit die besten Ergebnisse geliefert hätte, um daraus Schlüsse zu ziehen, welches Schätzverfahren (u. U. welche Kombination von Schätzverfahren) für welche Artikelgruppen in Hinkunft Verwendung finden soll.

Besonders sei jedoch darauf verwiesen, daß diese Methoden auch eine Abschätzung der Genauigkeit der Schätzung gestatten. Es hat sich in der Vergangenheit, insbesondere auch in der Bundesrepublik Deutschland, bei Wahlhochrechnungen als schwerwiegender Nachteil herausgestellt, daß zwar eine Schätzung des Endergebnisses gegeben wurde, aber kein Sicherheitsintervall für diese Schätzung angegeben werden konnte; aber auch bei der Anwendung in der betriebswirtschaftlichen Absatzplanung kann es von großem Vorteil sein, neben einer Prognose der vermutlichen Nachfrage nach einem Produkt auch den Spielraum zu schätzen, innerhalb dessen sich die Nachfrage voraussichtlich bewegen dürfte.

13.7 Literatur

[1] Brown, P. und Payne, C., Election Night Forecasting, Journal of the Royal Statistical Society A 138 (1975), S. 463 ff.
[2] Bruckmann, G., Schätzung von Wahlresultaten aus Teilergebnissen, Wien 1966.
[3] McCarthy, C. und Ryan, T.M., Estimates of Voter Transition Probabilities from the British General Elections of 1974, Journal of the Royal Statistical Society A 140 (1977), S. 78 ff.
[4] Neuwirth, E., Schätzung von Wählerübergangswahrscheinlichkeiten, in: Holler, M. (Hrsg.), Wahlanalyse, München 1984, S. 197 ff.

13.8 Anhang: Ein vereinfachtes Prognoseverfahren bei saisonbetontem Absatz

von P. Mertens[2]

In der Folge wird ein sehr einfaches und mithin in der Praxis sehr leicht implementierbares Verfahren beschrieben, das mit den von *Neuwirth* und *Bruckmann* [2] entwickelten Methoden verwandt ist. Es wird insbesondere in Betrieben mit ausgeprägtem Saisonabsatz angewandt. Naturgemäß erkauft man den Vorteil der Einfachheit mit dem Nachteil einer geringeren Zuverlässigkeit der Prognose.

Aufgrund von historischen Beobachtungswerten lasse sich der in Abbildung 1 gestrichelt dargestellte Verlauf des Umsatzes über dem "Alter" der Saison (Saisonprofil) annehmen. (Die Punkte dieses Linienzuges können etwa mit Hilfe einer exponentiellen Glättung erster Ordnung der bisherigen Beobachtungen gewonnen werden.) Beispielsweise können wir aus der Figur ablesen, daß nach Ablauf von $a = 30\%$ der Saison $b = 20\%$ des gesamten Saisonabsatzes realisiert waren. Befinden wir uns nun innerhalb der aktuellen Saison an dem Zeitpunkt, an dem $a\%$ der zeitlichen Ausdehnung der Saison hinter uns liegen, und haben wir einen Ist-Umsatz (punktierte Linie) von $c = 25\%$ des vergangenen Umsatzes, so nimmt man ceteris paribus an, daß der gesamte Saisonumsatz

$$d_1 = (c/b) \cdot 100 = 125\%$$

des letzten bzw. des geglätteten Umsatzes betragen wird.

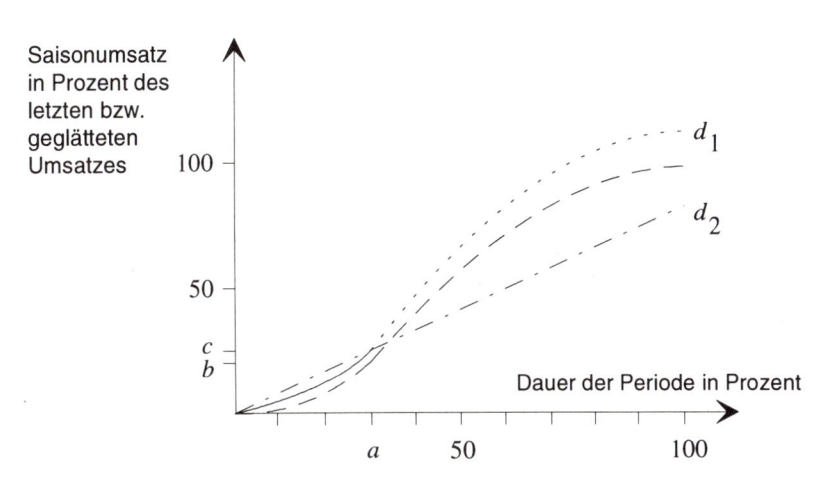

Abb. 1 Einfache Hochrechnungsprognose eines Saisonumsatzes

Dieses Verfahren beinhaltet zwar die gefährliche Prämisse, daß der aktuelle Verlauf dem aus den Erfahrungswerten gewonnenen Profil gleicht (daß also z. B. die maßgebenden Kunden ihr zeitliches Kaufverhalten nicht geändert haben), ist aber dennoch besser als die simple "Praktiker-Hochrechnung"

---

2   Dieser Abschnitt wurde in Abstimmung mit *E. Neuwirth* vom Herausgeber verfaßt.

$$d_2 = (c/a) \cdot 100 = 83,3\%$$

bei der das Saisonprofil völlig außer acht gelassen, d. h. durch die strichpunktierte Gerade in Abbildung 1 ersetzt wird.

Eine weitere Verfeinerung müßte dahin zielen, nicht mehr alle Umsätze seit Saisonbeginn aufzusummieren, sondern die Zeitabschnitte einzeln zu betrachten und auf die Ergebnisse der Vergangenheit zu beziehen. Dann entsprechen die Zeitabschnitte den Wahlsprengeln, und die Umsatzzahlen der einzelnen Artikel bzw. Artikelgruppen in den Zeitabschnitten korrespondieren mit den Stimmenanteilen der Parteien.

14 Lineare Filter und integrierte autoregressive Prozesse

von K. Hansen

14.1 Einleitung

Mit der Filterung von Zeitreihen verfolgt man sehr unterschiedliche Ziele. Filter eignen sich als Prognosemodell sowie zur Schätzung und Elimination von Instationaritäten wie Trend- und Saisonkomponenten. Die Eigenschaft von Filtern, irreguläre Zeitreihenkomponenten beseitigen zu können, wird bei integrierten autoregressiven Prognosemodellen verwendet. Deshalb stellen wir im zweiten Abschnitt die Theorie der linearen Filter dar und behandeln darauf aufbauend im dritten Abschnitt die von *Box* und *Jenkins* entwickelten ARIMA (autoregressive integrated moving average)-Verfahren [2].

14.2 Lineare Filter

Filter dienen zur Trennung von Erwünschtem und Unerwünschtem, z. B. Lichtfilter zum Aussieben oder Schwächen eines bestimmten Spektralbereiches aus einer einfallenden Strahlung, Akustikfilter zur Abtrennung von Schallfrequenzen aus einem Frequenzgemisch oder Bandpaßfilter in der Fernmeldetechnik zum Unterdrücken, Durchlassen oder Hervorheben eines bestimmten Frequenzbandes. Wie mit diesen technischen Filtern kann man auch mit mathematischen Filtern unerwünschte Störungen beseitigen. Ein einfacher mathematischer Filter ist der in Kapitel 2.3.2 dargestellte gleitende Durchschnitt, bei dem die glättende Wirkung aufgezeigt wurde. Gleitende Durchschnitte können aber nicht nur glätten, sondern auch Kontraste verstärken. Glättung und Kontrastverstärkung bezeichnet man als Filterung und die Gewichte $f_0, f_{-1}, \ldots, f_{-m}$ des gleitenden Durchschnitts als lineares Filter [10/S. 847].

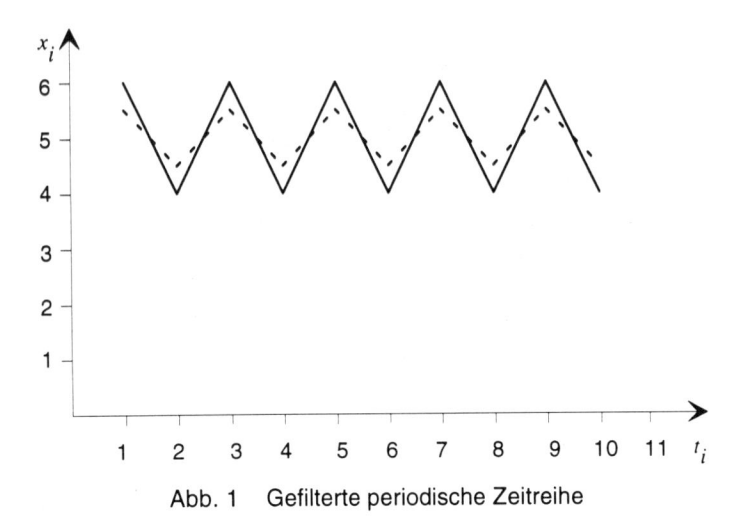

Abb. 1 Gefilterte periodische Zeitreihe

Betrachten wir als Beispiel die periodische Zeitreihe 6; 4; 6; 4; ... der Abbildung 1. Wir erhalten in Tabelle 1 mit Hilfe des Filters $\{f_0 = 0{,}25; f_{-1} = 0{,}25; f_{-2} = 0{,}5\}$ die geglättete Zeitreihe 5,5; 4,5; 5,5; 4,5; ... (gestrichelte Linie in Abbildung 1).

x_1	x_2	x_3	x_4	x_5	x_6	
6 · 0,5 +	4 · 0,25 +	6 · 0,25				= 5,5
	4 · 0,5 +	6 · 0,25 +	4 · 0,25			= 4,5
		6 · 0,5 +	4 · 0,25 +	6 · 0,25		= 5,5
			4 · 0,5 +	6 · 0,25 +	4 · 0,25	= 4,5

Tabelle 1   Glätten der Zeitreihe 6; 4; 6; 4; ... mit dem linearen Filter {0,25; 0,25; 0,5}

Wenn wir die geglättete Zeitreihe mit den Gewichten $f_0 = 0$, $f_{-1} = -0{,}5$, $f_{-2} = 1{,}5$ filtern, dann erhalten wir die ursprüngliche Reihe zurück (Tabelle 2). Dieses Filter wirkt also kontrastverstärkend.

x_1	x_2	x_3	x_4	x_5	x_6	
5,5 · 1,5 +	4,5 · -0,5 +	5,5 · 0				= 6
	4,5 · 1,5 +	5,5 · -0,5 +	4,5 · 0			= 4
		5,5 · 1,5 +	4,5 · -0,5 +	5,5 · 0		= 6
			4,5 · 1,5 +	5,5 · -0,5 +	4,5 · 0	= 4

Tabelle 2   Kontrastverstärken der Zeitreihe 5,5; 4,5; 5,5; 4,5; ... mit dem linearen Filter {0; -0,5; 1,5}

Weil lineare Filter glätten und verstärken können, sind sie in zahlreichen Fällen eine geeignete Rechentechnik zur und in der Zeitreihenprognose. Allgemein läßt sich das Filtern einer Zeitreihe $x_1, ..., x_n$ in der Form

$$\bar{x}_t = \sum_{s=-q}^{+p} f_s x_{t+s} \quad \text{für} \quad t = q+1, ..., n-p \tag{1}$$

darstellen. Das Gewicht f_s heißt lineares Filter. Häufig werden Filter nacheinander, in Serienschaltung, auf eine Zeitreihe angewandt. Das Ergebnis einer Serienschaltung ist wieder ein lineares Filter. Zwei in Serie geschaltete Filter mit den Gewichten

$$f_{-m}^{(1)}; ...; f_a^{(1)} \quad \text{und} \quad f_{-l}^{(2)}; ...; f_b^{(2)}$$

ergeben ein Filter mit den Gewichten

$$f_j^{(3)} = \sum_{s=-m}^{a} f_s^{(1)} f_{j-s}^{(2)} \quad \text{für} \quad j = -m-l, ..., a+b \tag{2}$$

Wendet man (2) auf das Beispiel in Tabelle 1 und Tabelle 2 an und setzt man dabei

$$f_s = 0 \quad \text{für alle} \quad s < -2$$

so ergibt sich

$$f_{-6}^{(3)} = \sum_{s=-3}^{0} f_s^{(1)} f_{-6-s}^{(2)} = f_{-3}^{(1)} f_{-3}^{(2)} + f_{-2}^{(1)} f_{-4}^{(2)} + f_{-1}^{(1)} f_{-5}^{(2)} + f_0^{(1)} f_{-6}^{(2)}$$
$$= 0 \cdot 0 + 0,5 \cdot 0 + 0,25 \cdot 0 + 0,25 \cdot 0 = 0$$

$$f_{-5}^{(3)} = \sum_{s=-3}^{0} f_s^{(1)} f_{-5-s}^{(2)} = f_{-3}^{(1)} f_{-2}^{(2)} + f_{-2}^{(1)} f_{-3}^{(2)} + f_{-1}^{(1)} f_{-4}^{(2)} + f_0^{(1)} f_{-5}^{(2)}$$
$$= 0 \cdot 1,5 + 0,5 \cdot 0 + 0,25 \cdot 0 + 0,25 \cdot 0 = 0$$

$$f_{-4}^{(3)} = \sum_{s=-3}^{0} f_s^{(1)} f_{-4-s}^{(2)} = f_{-3}^{(1)} f_{-1}^{(2)} + f_{-2}^{(1)} f_{-2}^{(2)} + f_{-1}^{(1)} f_{-3}^{(2)} + f_0^{(1)} f_{-4}^{(2)}$$
$$= 0 \cdot (-0,5) + 0,5 \cdot 1,5 + 0,25 \cdot 0 + 0,25 \cdot 0 = 0,75$$

$$f_{-3}^{(3)} = \sum_{s=-3}^{0} f_s^{(1)} f_{-3-s}^{(2)} = f_{-3}^{(1)} f_0^{(2)} + f_{-2}^{(1)} f_{-1}^{(2)} + f_{-1}^{(1)} f_{-2}^{(2)} + f_0^{(1)} f_{-3}^{(2)}$$
$$= 0 \cdot 0 + 0,5 \cdot (-0,5) + 0,25 \cdot 1,5 + 0,25 \cdot 0 = 0,125$$

$$f_{-2}^{(3)} = \sum_{s=-3}^{0} f_s^{(1)} f_{-2-s}^{(2)} = f_{-3}^{(1)} f_1^{(2)} + f_{-2}^{(1)} f_0^{(2)} + f_{-1}^{(1)} f_{-1}^{(2)} + f_0^{(1)} f_{-2}^{(2)}$$
$$= 0 \cdot 0 + 0,5 \cdot 0 + 0,25 \cdot (-0,5) + 0,25 \cdot 1,5 = 0,25$$

$$f_{-1}^{(3)} = \sum_{s=-3}^{0} f_s^{(1)} f_{-1-s}^{(2)} = f_{-3}^{(1)} f_2^{(2)} + f_{-2}^{(1)} f_1^{(2)} + f_{-1}^{(1)} f_0^{(2)} + f_0^{(1)} f_{-1}^{(2)}$$
$$= 0 \cdot 0 + 0,5 \cdot 0 + 0,25 \cdot 0 + 0,25 \cdot (-0,5) = -0,125$$

$$f_0^{(3)} = \sum_{s=-3}^{0} f_s^{(1)} f_{-s}^{(2)} = f_{-3}^{(1)} f_3^{(2)} + f_{-2}^{(1)} f_2^{(2)} + f_{-1}^{(1)} f_1^{(2)} + f_0^{(1)} f_0^{(2)}$$
$$= 0 \cdot 0 + 0,5 \cdot 0 + 0,25 \cdot 0 + 0,25 \cdot 0 = 0$$

Man erkennt, daß das Filter mit den neu gebildeten Gewichten

$$f_j^{(3)}, \quad j = -6,\ldots,0$$

die Reihe 6; 4; 6; 4; ... in Übereinstimmung mit den Ergebnissen in den Tabellen 1 und 2 nicht verändert.

14.2.1 Differenzenfilter

Weist eine Zeitreihe $x_1, x_2, \ldots, x_n$ einen Trend auf, so kann dieser durch die Bildung der ersten Differenzen eliminiert werden:

$$\overline{x_t} = \nabla x_t = x_t - x_{t-1} \tag{3}$$

Er entspricht einem linearen Filter mit den Gewichten

$$f_{-1} = -1 \text{ und } f_0 = 1 \tag{4}$$

Eine ideale Zeitreihe mit einem linearen Trend läßt sich durch die Funktion

$$x_t = a_1 \cdot t + a_2$$

darstellen. Bildet man entsprechend der Vorschrift (3) die ersten Differenzen, so erhält man

$$x_t - x_{t-1} = [a_1 \cdot t + a_2] - [a_1 \cdot (t-1) + a_2] = a_1$$

Dasselbe Ergebnis ergibt sich durch eine Filterung mit den Gewichten (4). Für das Beispiel

$$x_t = 2 \cdot t + 3$$

sind die Ergebnisse einer ersten Differenzenfilterung in Tabelle 3 enthalten.

t	x_t	$x_t - x_{t-1}$
0	3	
1	5	2
2	7	2
3	9	2
4	11	2
5	13	2

Tabelle 3 ∇x_t für $x_t = 2 \cdot t + 3$

Durch zweite Differenzen

$$\begin{aligned}\nabla^2 x_t &= (x_t - x_{t-1}) - (x_{t-1} - x_{t-2}) \\ &= x_t - 2 \cdot x_{t-1} + x_{t-2}\end{aligned}$$

wird ein quadratischer Trend eliminiert. Ihm entspricht eine Filterung mit den Gewichten

$$\hat{f}_{-2} = 1; \quad \hat{f}_{-1} = -2; \quad \hat{f}_0 = 1 \tag{5}$$

Die Gewichte lassen sich auch unmittelbar mit Hilfe von (2) und (4) ermitteln:

$$\hat{f}_{-2} = \sum_{s=-1}^{0} f_s f_{-2-s} = f_{-1} f_{-1} + f_0 f_{-2} = (-1) \cdot (-1) + 1 \cdot 0 = 1$$

$$\hat{f}_{-1} = \sum_{s=-1}^{0} f_s f_{-1-s} = f_{-1} f_0 + f_0 f_{-1} = (-1) \cdot 1 + 1 \cdot (-1) = -2$$

$$\hat{f}_0 = \sum_{s=-1}^{0} f_s f_{-s} = f_{-1} f_1 + f_0 f_0 = (-1) \cdot 0 + 1 \cdot 1 = 1$$

Betrachtet man die ideale Zeitreihe mit quadratischem Trend

$$x_t = a_1 t^2 + a_2$$

und filtert mit den Gewichten (5) bzw. bildet man die zweiten Differenzen, dann ergibt sich

$$\begin{aligned}&[x_t - x_{t-1}] - [x_{t-1} - x_{t-2}] = \\ &(a_1 t^2 + a_2) - 2(a_1 (t-1)^2 + a_2) + a_1 (t-2)^2 + a_2 = 2 a_1\end{aligned}$$

Wählt man für diesen Fall als Beispiel

$$x_t = 2 \cdot t^2 + 1$$

so erhält man die Ergebnisse der Tabelle 4.

t	x_t	$x_t - x_{t-1}$	$[x_t - x_{t-1}] - [x_{t-1} - x_{t-2}]$
0	1		
1	3	2	
2	9	6	4
3	19	10	4
4	33	14	4

Tabelle 4 $\nabla^2 x_t$ für $x_t = 2 \cdot t^2 + 1$

Durch saisonale Differenzen

$$\nabla_L^1 x_t = x_t - x_{t-L}, \qquad L = \text{Saisonlänge}$$

lassen sich Saisonkomponenten glätten.

Manchmal sind einfache Differenzen zu grob. Man ersetzt sie dann durch sogenannte Pseudodifferenzen

$$\nabla_L x_t = x_t - \gamma x_{t-L}$$

in denen γ empirisch bestimmt wird. Mit Hilfe des gleitenden Durchschnittes

$$Y_t = \frac{1}{L} (x_t + x_{t-1} \ldots + x_{t-L})$$

kann die Grundschwingung L einschließlich aller Oberschwingungen $L/2$, $L/3$,... gedämpft werden.

14.2.2 Exponentiell glättende Filter

Das exponentielle Glätten (vgl. Kapitel 2.3.3)

$$Y_t = \alpha \, x_t + (1-\alpha) \, x_{t-1} \qquad 0 < \alpha < 1$$

ist ein Filter, der langfristige Trends unverändert läßt und die übrigen Bewegungskomponenten dämpft. Je kleiner α gewählt wird, um so stärker wird der Mittelwert vom Einfluß durch Zufallsschwankungen bereinigt. Mit wachsendem Wert von α wird eine zunehmend bessere Anpassung an einen signifikant veränderten Mittelwert erreicht.

14.2.3 Das Wiener-Filter

Das *Wiener*-Filter gehört zur Klasse der linearen optimalen Filterung. Sein Kriterium ist das Minimum der mittleren Fehlerquadrate. *Wiener* [11] betrachtete ausschließlich stationäre

Zufallsprozesse in kontinuierlicher Zeit. Die Weiterführung auf instationäre Prozesse ist von verschiedenen Autoren bearbeitet worden [9].

Wir gehen aus von einer Zeitreihe mit den Meßwerten

$$x_0, x_1, \ldots, x_t$$

für die der in der Zukunft liegende, unbekannte Wert x_{t+1} zu suchen ist. Dazu bilden wir nach dem Prinzip der gewogenen gleitenden Durchschnitte mit den noch zu bestimmenden Filtergewichten $f_{-m}, \ldots, f_{-1}, f_0$ die Gleichungen zur Berechnung der Mittelwerte (Schätzwerte)

$$\hat{x}_0, \hat{x}_1, \ldots, \hat{x}_t, \hat{x}_{t+1}$$

Setzt man z. B. $t = 3$ und $m = 1$, dann erhält man

$$\begin{aligned} x_0 f_0 &= \hat{x}_1 \\ x_0 f_{-1} + x_1 f_0 &= \hat{x}_2 \\ x_1 f_{-1} + x_2 f_0 &= \hat{x}_3 \\ x_2 f_{-1} + x_3 f_0 &= \hat{x}_4 \end{aligned}$$

Das Gleichungssystem kann man allgemein angeben durch

$$x_t f_0 + x_{t-1} f_{-1} = \hat{x}_{t+1}$$

Zwischen den zu errechnenden und den gegebenen Werten bilden wir die Differenz:

$$s_t = \hat{x}_{t+1} - x_{t+1} = x_t f_0 + x_{t-1} f_{-1} - x_{t+1} \tag{6}$$

Als Summe der Quadrate der Abweichungen ergibt sich für unser Beispiel

$$\sum_{t=0}^{2} (\hat{x}_{t+1} - x_{t+1})^2$$

Wir bilden die partiellen Ableitungen nach f_0 und f_{-1} und setzen sie gleich Null, um das Minimum zu erhalten:

$$\frac{\partial \Sigma (\hat{x}_{t+1} - x_{t+1})^2}{2 \partial f_0} = s_0 \frac{\partial s_0}{\partial f_0} + s_1 \frac{\partial s_1}{\partial f_0} + s_2 \frac{\partial s_2}{\partial f_0} = 0 \tag{7}$$

$$\frac{\partial \Sigma (\hat{x}_{t+1} - x_{t+1})^2}{2 \partial f_{-1}} = s_0 \frac{\partial s_0}{\partial f_{-1}} + s_1 \frac{\partial s_1}{\partial f_{-1}} + s_2 \frac{\partial s_2}{\partial f_{-1}} = 0 \tag{8}$$

Aus Gleichung (6) folgt:

$$\frac{\partial s_t}{\partial f_0} = x_t; \quad \frac{\partial s_t}{\partial f_{-1}} = x_{t-1} \quad \text{mit } x_k = 0 \text{ für } k < 0 \tag{9}$$

Aus Gleichung (6) resultiert auch:

$$\begin{aligned} s_0 &= x_0 f_0 - x_1 \\ s_1 &= x_1 f_0 + x_0 f_{-1} - x_2 \\ s_2 &= x_2 f_0 + x_1 f_{-1} - x_3 \end{aligned} \tag{10}$$

Setzen wir diese Werte zusammen mit den Werten aus Gleichung (9) in die Gleichung (7) ein, so ergibt sich:

$$x_0^2 f_0 - x_0 x_1 + x_1^2 f_0 + x_0 x_1 f_{-1} - x_1 x_2 + x_2^2 f_0 + x_1 x_2 f_{-1} + x_2 x_3 = 0$$

Daraus folgt:

$$f_0 (x_0^2 + x_1^2 + x_2^2) + f_{-1}(x_0 x_1 + x_1 x_2) = x_0 x_1 + x_1 x_2 + x_2 x_3$$

$$f_0 \sum_{t=0}^{2} x_t x_t + f_{-1} \sum_{t=0}^{1} x_t x_{t+1} = \sum_{t=0}^{2} x_t x_{t+1} \tag{11}$$

Führen wir die entsprechenden Umformungen für (8) durch, so erhalten wir

$$x_0 x_1 f_0 + x_0^2 f_{-1} - x_0 x_2 + x_1 x_2 f_0 + x_1^2 f_{-1} - x_1 x_3 = 0$$

Daraus folgt:

$$f_0(x_0 x_1 + x_1 x_2) + f_{-1}(x_0^2 + x_1^2) = x_0 x_2 + x_1 x_3 \tag{12}$$

Mit den Abkürzungen

$$\Phi_0 = \sum_{t=0}^{1} x_t x_t; \quad \Phi_1 = \sum_{t=0}^{1} x_t x_{t+1}; \quad \Phi_2 = \sum_{t=0}^{1} x_t x_{t+2} \tag{13}$$

$$\Phi_0^* = \sum_{t=0}^{2} x_t x_t; \quad \Phi_1^* = \sum_{t=0}^{2} x_t x_{t+1} \tag{13}$$

folgt aus Gleichung (11)

$$\Phi_0^* f_0 + \Phi_1 f_{-1} = \Phi_1^* \tag{14}$$

und aus Gleichung (12)

$$\Phi_1 f_0 + \Phi_0 f_{-1} = \Phi_2 \tag{15}$$

Aus (14) und (15) lassen sich die Filterkoeffizienten f_0, f_{-1}, welche die Fehlerquadratsumme minimieren, bestimmen zu:

$$f_0 = \frac{\Phi_0 \Phi_1^* - \Phi_1 \Phi_2}{\Phi_0^* \Phi_0 - \Phi_1 \Phi_1}; \quad f_{-1} = \frac{\Phi_0^* \Phi_2 - \Phi_1^* \Phi_1}{\Phi_0^* \Phi_0 - \Phi_1 \Phi_1}$$

14.3 Integrierte autoregressive moving average-Prozesse

14.3.1 Stationäre Prozesse

Die beobachteten oder gefilterten Werte

$x_1, x_2, \ldots, x_n$

einer Zeitreihe lassen sich als endliche Realisationen einer Folge korrelierter Zufallsvariablen

$X_1, X_2, \ldots, X_n$

interpretieren. Ein solcher Prozeß heißt schwach stationär, wenn alle Zufallsvariablen X_t den gleichen Erwartungswert und die gleiche Varianz (Homoskedastizität) aufweisen. Nun seien

$\tilde{x}_1, \tilde{x}_2, \ldots, \tilde{x}_n$ Abweichungen von $x_1, x_2, \ldots, x_n$

mit

$$\tilde{x}_t = x_t - \mu$$

wobei μ einen "mittleren" Wert des Prozesses darstellt. Man bezeichnet die Linearform

$$\tilde{x}_t = \phi_1 \tilde{x}_{t-1} + \phi_2 \tilde{x}_{t-2} + \ldots + \phi_p \tilde{x}_{t-p} + \varepsilon_t \qquad (16)$$

als autoregressiven Prozeß der Ordnung p [AR(p)-Prozeß]. Darin ist ε_t die Realisation einer normalverteilten Zufallsvariablen mit dem Erwartungswert Null und der Varianz σ_t. Die Störgrößen sind Residuen, die man auch als "weißes Rauschen" bezeichnet. Da im Modell (16) der Prozeßwert x eine Abhängigkeit von Vergangenheitsdaten desselben Prozesses beschreibt, bezeichnet man diese Modelle als autoregressiv.

Der gewogene gleitende Durchschnitt der Ordnung q eines weißen Rauschens

$$\tilde{x}_t = \varepsilon_t - \Theta_{t-1} \varepsilon_{t-1} - \Theta_2 \varepsilon_{t-2} - \ldots - \Theta_{t-q} \varepsilon_{t-q} \qquad (17)$$

heißt moving average-Prozeß der Ordnung q [MA(q)-Prozeß].

Jeden schwach stationären AR-Prozeß kann man in einen MA(∞)-Prozeß umformen. Dazu knüpfen wir an das autoregressive Modell (16) an:

$$\tilde{x}_t = \phi_1 \tilde{x}_{t-1} + \phi_2 \tilde{x}_{t-2} + \ldots + \phi_{t-p} \tilde{x}_{t-p} + \varepsilon_t \qquad (18)$$

$$\tilde{x}_{t-1} = \phi_1 \tilde{x}_{t-2} + \phi_2 \tilde{x}_{t-3} + \ldots + \phi_{t-p} \tilde{x}_{t-p-1} + \varepsilon_{t-1} \qquad (19)$$

$$\tilde{x}_{t-2} = \phi_1 \tilde{x}_{t-3} + \phi_2 \tilde{x}_{t-4} + \ldots + \phi_{t-p-2} \tilde{x}_{t-p-2} + \varepsilon_{t-2} \qquad (20)$$

$$\vdots \qquad \vdots \qquad \vdots \qquad \vdots \qquad \vdots$$

Setzt man die Beziehung (19), (20), ... sukzessive in (18) ein, dann erhält man den Vorhersagewert als eine unendliche Folge der Störgröße ε, d. h. in der Form

$$\tilde{x}_t = \sum_{j=0}^{\infty} \beta_j \varepsilon_{t-j}$$

Analog kann man auch umgekehrt jeden schwach stationären MA-Prozeß als einen AR(∞)-Prozeß darstellen:

$$\tilde{x}_t = \sum_{j=1}^{\infty} \alpha_j x_{t-j} + \varepsilon_t$$

Setzt man einen AR(q)-Prozeß und einen MA(p)-Prozeß in der Form

$$\tilde{x}_t = \phi_1 \tilde{x}_{t-1} + \ldots + \phi_p \tilde{x}_{t-p} + \varepsilon_t - \Theta_1 \varepsilon_{t-1} - \ldots - \Theta_q \varepsilon_{t-q}$$

zusammen, so spricht man von einem gemischten Prozeß mit den Ordnungen p und q [ARMA(p,q)-Prozeß]. Das Modell enthält $p + q + 2$ zu schätzende Parameter, das sind

$$\mu, \phi_1, ..., \phi_p, \Theta_1, ..., \Theta_q, \sigma_t^2$$

Jedes gemischte ARMA-Modell kann auch als AR- oder MA-Modell dargestellt werden. Die gemischten Modelle bieten in der Regel jedoch den Vorteil, daß weniger Parameter geschätzt werden müssen.

14.3.2 Instationäre Prozesse

Zeitreihen sind häufig nicht stationär. Um sie mit den beschriebenen Modellen untersuchen zu können, müssen sie in schwach stationäre Folgen transformiert werden. Ein einfaches Hilfsmittel zur Eliminierung von Instationaritäten wie Trends, Saisonschwankungen, nichtlineare Komponenten u. ä. sind die in Abschnitt 14.1 beschriebenen Differenzenfilter. Ist $\{X_t\}$ ein nicht schwach stationärer Prozeß, den man mit Hilfe der d-ten Differenzen

$$X_t^* = \nabla^d X_t$$

in einen schwach stationären ARMA(p,q)-Prozeß transformieren kann, so wird $\{X_t\}$ als integrierter ARMA(p,q)-Prozeß oder auch als ARIMA(p,d,q)-Prozeß bezeichnet. Darin geben d die Differenzenordnung sowie p bzw. q die Ordnung des autoregressiven bzw. des moving average-Teils an. Für z. B. einen ARIMA(1,1,1)-Prozeß erhalten wir

$$\nabla \tilde{x}_t = \phi_1 \nabla \tilde{x}_{t-1} + \varepsilon_t + \Theta_1 \varepsilon_{t-1} = \phi_1 \tilde{x}_{t-1} - \phi_1 \tilde{x}_{t-2} + \varepsilon_t + \Theta_1 \varepsilon_{t-1}$$

Tritt in einer instationären Zeitreihe neben einem Trend auch eine konstante Saisonkomponente der Länge S auf *und* erhält man aus der Umformung

$$X_t^* = \nabla^d (X_t - X_{t-S})$$

einen ARMA(p,q)-Prozeß, so heißt X_t ein SARIMA(p,d,q)S-Prozeß.

14.3.3 Die Modellidentifikation

Die Ordnung (p,d,q) von AR-, MA- und ARIMA-Modellen sowie S von SARIMA-Modellen lassen sich mit Hilfe der Autokorrelationsfunktion und der partiellen Autokorrelationsfunktion bestimmen.

Die Wahrscheinlichkeitsdichte eines stochastischen Prozesses zum Zeitpunkt t sei gleich $p(X_t)$. Dann ist der Erwartungswert aller Realisationen an der Stelle t

$$\mu = E(x_t) = \int_{-\infty}^{\infty} x\, p(x)\, dx$$

mit einer Varianz von

$$\sigma_t^2 = E[(x_t - \mu)^2] = \int_{-\infty}^{\infty} (x_t - \mu)^2\, p(x)\, dx \qquad (21)$$

Die Kovarianz zwischen x_t und x_{t+k} (mit k als dem Zeitintervall zwischen den Realisationen t und $t+k$) wird definiert als

$$\gamma_k = \text{cov}[x_t, x_{t+k}] = E[(x_t - \mu)(x_{t+k} - \mu)]$$

Ist der Prozeß schwach stationär, dann gilt

$$\gamma_k = \gamma_{-k}$$

Die Autokorrelation für das Zeitintervall k erhält man durch

$$\rho_k = \frac{E[(x_t - \mu)(x_{t+k} - \mu)]}{\sqrt{E[(x_t - \mu)^2] E[(x_{t+k} - \mu)^2]}} \quad (22)$$

Da die Varianz für schwach stationäre Prozesse zu jedem Zeitpunkt gleich ist, gilt

$$\sigma_t^2 = \sigma_{t+k}^2 = \gamma_0$$

und (22) kann umgeformt werden in

$$\rho_k = \frac{\gamma_k}{\gamma_0}; \quad \text{daraus folgt} \quad \rho_0 = 1 \quad (23)$$

Aus (22) und (23) lassen sich für die Autokorrelation folgende Eigenschaften ableiten:

1. $-1 \leq \rho_k \leq +1$,
2. $\rho_k \approx 0$, falls ein geringer linearer Zusammenhang besteht, und
3. $\rho_k \approx -1, +1$, falls ein hoher linearer Zusammenhang besteht.

Wenn eine Zeitreihe als schwach stationär angenommen werden kann, dann lassen sich Schätzwerte für den Erwartungswert, die Kovarianz und die Autokorrelationsfunktion ermitteln zu

$$\bar{x} = \frac{1}{N} \sum_{t=1}^{N} x_t$$

$$c_k = \frac{1}{N} \sum_{t=1}^{N} (x_t - \bar{x})(x_{t+k} - \bar{x})$$

$$r_k = \frac{c_k}{c_0}$$

Die Korrelation zwischen X_t und X_{t+k} bei Ausschaltung des Einflusses der dazwischenliegenden Zufallsvariablen $X_{t+1}, ..., X_{t+k-1}$ wird als partielle Autokorrelation Φ_{kk} definiert. Mit Hilfe der *Yule-Walker*-Gleichungen

$$\begin{bmatrix} 1 & r_1 & r_2 & \cdots & r_{k-1} \\ r_1 & 1 & r_1 & \cdots & r_{k-2} \\ \vdots & \vdots & \vdots & \cdots & \vdots \\ r_{k-1} & r_{k-2} & \cdot & \cdots & 1 \end{bmatrix} \begin{bmatrix} \phi_{k1} \\ \phi_{k2} \\ \vdots \\ \phi_{kk} \end{bmatrix} = \begin{bmatrix} r_1 \\ r_2 \\ \vdots \\ r_k \end{bmatrix}$$

lassen sie sich aus den Werten der Autokorrelationsfunktion $r_1, r_2, ...$ nach den Regeln zur Lösung linearer Gleichungssysteme bestimmen.

14.4 Anwendungen[1]

Die Prognose mit Hilfe der von *Box* und *Jenkins* [2] entwickelten ARIMA-Verfahren läuft in fünf Schritten ab.

1. Untersuchen der Autokorrelation der Zeitreihe auf Instationaritäten wie Trend- und Saisonkomponenten. Sind solche vorhanden, so werden sie durch Differenzenfilter eliminiert.

2. Es wird erneut durch Korrelogramm geprüft, ob die gefilterte Reihe Instationaritäten enthält. Trifft dies weiter zu, so werden diese wieder durch Differenzenfilter entfernt.

3. Bestimmen der Ordnung p des AR-Terms und der Ordnung q des MA-Terms mit Hilfe der Autokorrelationsfunktion.

4. Schätzen der Koeffizienten durch z. B. kleinste Quadrate.

5. Überprüfen des Modells durch Testen der Residuen auf weißes Rauschen und/oder durch den *Box-Ljung*-Test (vgl. [3] und [8]).

14.4.1 Eine ARIMA(p, d, q)-Prognose

1. Modellidentifikation

Untersucht wird die Zeitreihe der Tabelle 5, die auch in Abbildung 2 dargestellt ist. Die Grafik läßt vermuten, daß die Zeitreihe einen Trend aufweist, also die Voraussetzung der schwachen Stationarität nicht erfüllt. Zur Verifizierung bestimmen wir die Werte der Autokorrelationsfunktion (Abbildung 3). Sie beginnt mit einem relativ großen Wert und nimmt mit wachsender Periodenzahl (LAG) nur langsam ab. Dieses Autokorrelationsmuster bestätigt die Nichtstationarität. Zur weiteren Analyse sollte die Zeitreihe durch Differenzenfilterung geglättet werden. Die Autokorrelationsfunktion der ersten Differenz (Abbildung 4) hat eine Spitze bei der ersten Periode und befindet sich sonst im wesentlichen im 2σ-Bereich. Nur bei Periode 7 liegt der Autokorrelationswert geringfügig darüber. Die partielle Autokorrelationsfunktion der ersten Differenz (Abbildung 5) fällt rasch ab. Insgesamt liegt es nahe, die Zeitreihe als einen ARIMA($1,1,1$)-Prozeß zu modellieren. Die Ordnungen p und q eines ARIMA (p,d,q)-Prozesses lassen sich anhand von empirischen Autokorrelationen (AK) und empirischen partiellen Autokorrelationen (PAK) durch einen iterativen Suchvorgang bestimmen, der sich an den Autokorrelationsmustern theoretischer Prozesse orientiert [7/S. E-18 ff.], oder können mit Hilfe von Schätzprozeduren gefunden werden [1]. Die Schwierigkeit ergibt sich aus der gegenseitigen Abhängigkeit der AK und der PAK. Es ist also nicht möglich, die beiden Funktionen wie bei reinen MA- oder AR-Prozessen getrennt zu betrachten. Erst nachdem die Modelle überprüft sind, kann man die gewählten Ordnungen endgültig akzeptieren oder muß diese wieder verwerfen.

---

1 Die Anwendungen wurden mit Hilfe der Software SPSS/PC+ gerechnet [7].

Abb. 2   ARIMA(1,1,1)-Prognose

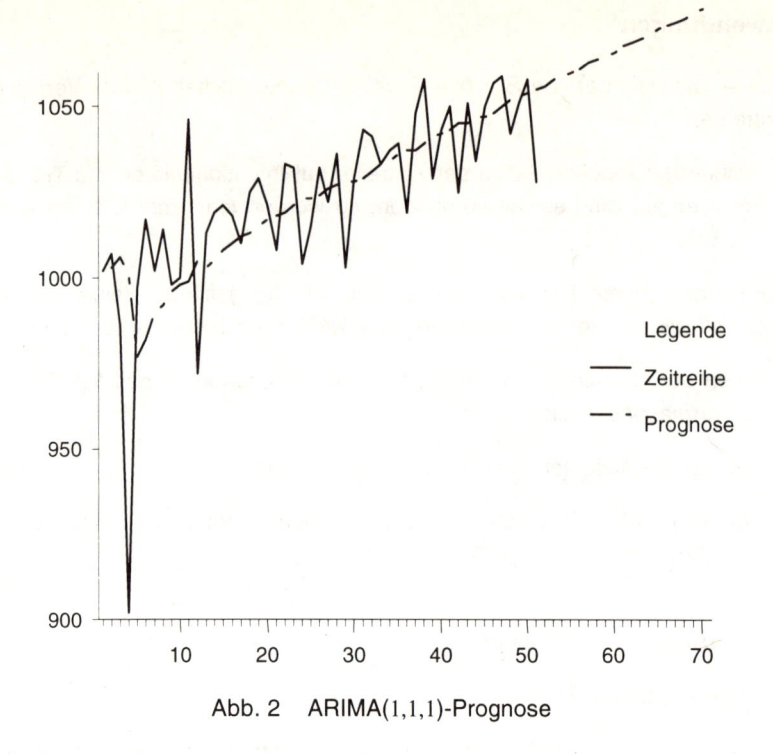

2. Prognose

Die Kleinstquadrateschätzung der ARIMA-Koeffizienten ergibt

$\phi = -0{,}002$ und $\Theta = 0{,}949$

Die Werte des ARIMA(1,1,1)-Modells mit einer Prognose von Periode 52 bis 70 sind in der dritten Spalte der Tabelle 5 angegeben und in Abbildung 2 grafisch dargestellt.

3. Modellüberprüfung

Zur Modellüberprüfung bestimmen wir die Autokorrelationsfunktion der Residuen (6. Spalte in Tabelle 5) und erstellen zusätzlich einen *Box-Ljung*-Test. Darin überprüft man die Hypothese H_0, daß die normierten empirischen Autokorrelationen zum LAG $k = 1, 2, 3, \ldots$ alle Null sind. Die Güteprüfung (Abbildung 6) des Modells ergibt insgesamt, daß die Werte der Autokorrelationsfunktion sämtlich im 2σ-Bereich liegen und das Ergebnis des *Box-Ljung*-Tests in keinem Fall signifikant ist. Man kann also annehmen, daß die Residuen die endliche Realisation eines weißen Rauschens darstellen und die Vorhersage zukünftiger Beobachtungswerte der Zeitreihe durch einen ARIMA(1,1,1)-Prozeß gemacht werden darf.

Zeit	Zeitreihe	Prognose	95 % Konfidenzintervall		Residuen
1	1002,00	.	.	.	.
2	1007,00	1003,25327	948,28848	1058,21807	3,74673
3	986,00	1006,37941	958,77905	1053,97978	-20,37941
4	902,00	1000,83747	955,93977	1045,73517	-98,83747
5	997,00	977,26286	933,76668	1020,75904	19,73714
6	1017,00	982,37709	939,73339	1025,02079	34,62291
7	1002,00	989,51849	947,44339	1031,59359	12,48151
8	1014,00	992,64595	950,97328	1034,31862	21,35405
9	998,00	996,67954	955,30347	1038,05561	1,32046
10	1000,00	998,11704	956,96588	1039,26820	1,88296
11	1046,00	999,57200	958,59488	1040,54912	46,42800
12	972,00	1005,37295	964,53241	1046,21348	-33,37295
13	1013,00	1003,65259	962,92024	1044,38494	9,34741
14	1019,00	1005,65599	965,00977	1046,30220	13,34401
15	1021,00	1008,00346	967,42592	1048,58101	12,99654
16	1018,00	1010,27762	969,75469	1050,80055	7,72238
17	1010,00	1012,11929	971,63950	1052,59908	-2,11929
18	1025,00	1013,23434	972,78824	1053,68044	11,76566
19	1029,00	1015,28769	974,86740	1055,70779	13,71231
20	1021,00	1017,46571	977,06464	1057,86678	3,53429
21	1008,00	1018,96710	978,57969	1059,35452	-10,96710
22	1033,00	1019,53915	979,16069	1059,91762	13,46085
23	1032,00	1021,59891	981,22540	1061,97242	10,40109
24	1004,00	1023,49609	983,12414	1063,86804	-19,49609
25	1015,00	1023,61923	983,24596	1063,99251	-8,61923
26	1032,00	1024,34404	983,96699	1064,72109	9,65596
27	1022,00	1026,01988	985,63698	1066,40278	-4,01988
28	1036,00	1027,05930	986,66880	1067,44981	8,94070
29	1003,00	1028,80227	988,40269	1069,20185	-25,80227
30	1029,00	1028,65394	988,24406	1069,06382	,34606
31	1043,00	1029,88585	989,46466	1070,30704	13,11415
32	1041,00	1031,84566	991,41234	1072,27898	9,15434
33	1033,00	1033,60816	993,16205	1074,05427	-,60816
34	1037,00	1034,84342	994,38401	1075,30283	2,15658
35	1039,00	1036,20929	995,73620	1076,68239	2,79071
36	1019,00	1037,61203	997,12498	1078,09909	-18,61203
37	1048,00	1037,90042	997,39923	1078,40161	10,09958
38	1058,00	1039,64809	999,13268	1080,16350	18,35191
39	1029,00	1041,86421	1001,33456	1082,39386	-12,86421
40	1043,00	1042,48482	1001,94098	1083,02866	,51518
41	1050,00	1043,74435	1003,18643	1084,30227	6,25565
42	1025,00	1045,31791	1004,74606	1085,88976	-20,31791
43	1051,00	1045,54634	1004,96076	1086,13192	5,45366
44	1034,00	1047,04486	1006,44578	1087,64395	-13,04486
45	1050,00	1047,64565	1007,03333	1088,25797	2,35435
46	1057,00	1048,99759	1008,37231	1089,62287	8,00241
47	1059,00	1050,65852	1010,02059	1091,29645	8,34148
48	1042,00	1052,34465	1011,69439	1092,99491	-10,34465
49	1051,00	1053,09042	1012,42817	1093,75268	-2,09042
50	1058,00	1054,22246	1013,54856	1094,89637	3,77754
51	1028,00	1055,66209	1014,97688	1096,34729	-27,66209
52	.	1055,53447	1014,83831	1096,23062	.
53	.	1056,74449	1015,90252	1097,58647	.
54	.	1057,99284	1016,99922	1098,99646	.
55	.	1059,25111	1018,09079	1100,41144	.
56	.	1060,50439	1019,17745	1101,83142	.
57	.	1061,75766	1020,25896	1103,25636	.
58	.	1063,01093	1021,33569	1104,68618	.
59	.	1064,26421	1022,40760	1106,12082	.
60	.	1065,51748	1023,47474	1107,56022	.
61	.	1066,77076	1024,53718	1109,00433	.
62	.	1068,02403	1025,59499	1110,45307	.
63	.	1069,27730	1026,64823	1111,90638	.
64	.	1070,53058	1027,69696	1113,36420	.
65	.	1071,78385	1028,74125	1114,82646	.
66	.	1073,03713	1029,78115	1116,29310	.
67	.	1074,29040	1030,81675	1117,76405	.
68	.	1075,54367	1031,84809	1119,23926	.
69	.	1076,79695	1032,87525	1120,71865	.
70	.	1078,05022	1033,89829	1122,20216	.

Tabelle 5   ARIMA(1,1,1)-Prognose

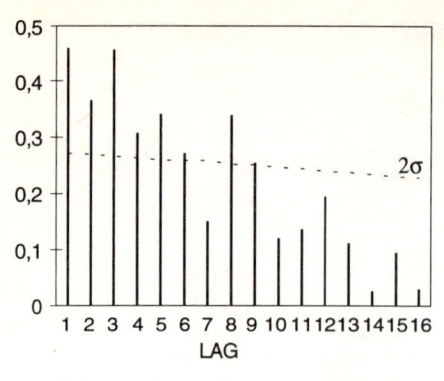

Abb. 3   Autokorrelation der Zeitreihe in Tabelle 5

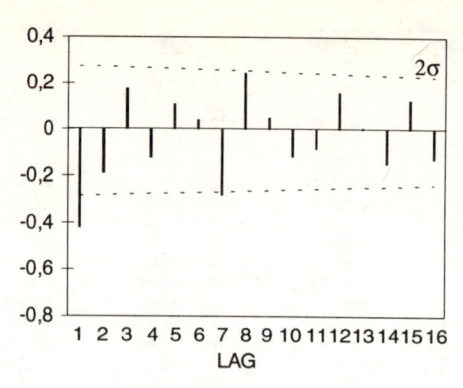

Abb. 4   Autokorrelation der ersten Differenz der Zeitreihe in Tabelle 5

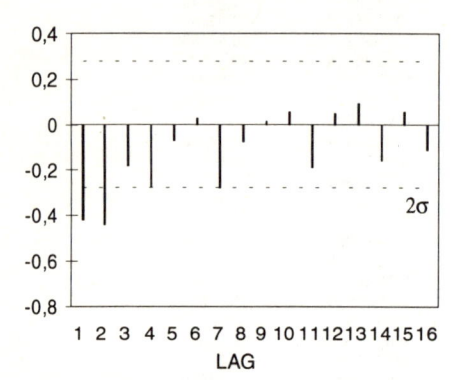

Abb. 5   Partielle Autokorrelation der ersten Differenz der Zeitreihe in Tabelle 5

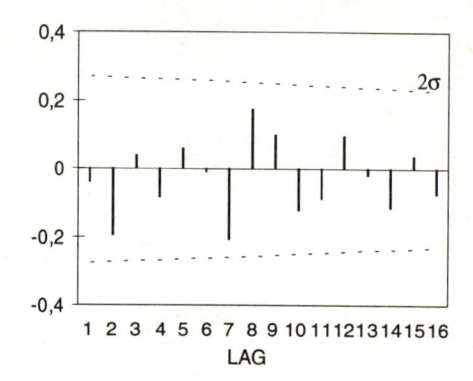

Abb. 6   Autokorrelation der Residuen der Zeitreihe in Tabelle 5

14.4.2 Eine ARIMA(p, d, q)(sp, sd, sq)S-Prognose

1. Modellidentifikation

Wir betrachten die Zeitreihe in Tabelle 6 und ihre grafische Darstellung in Abbildung 7. Die Beobachtungswerte zeigen einen langfristigen Aufwärtstrend und enthalten eine kurzfristige Saisonkomponente. Die von ARIMA-Modellen geforderte Stationarität wird offenbar nicht erfüllt. Zur Bestätigung ermitteln wir die Werte der Autokorrelationsfunktion (Abbildung 8) und die partielle Autokorrelationsfunktion (Abbildung 9). Letztere weist das typische Muster eines MA(1)- bzw. ARIMA(0,0,1)-Modells auf. Dagegen zeigt die Autokorrelationsfunktion erhebliche Instationaritäten. Wir filtern deshalb die Zeitreihe mit Hilfe einer ersten Differenz und bilden davon die Autokorrelationsfunktion (Abbildung 10). Man erkennt deutlich saisonale Schwankungen mit Spitzen bei der Periode 6 und 12. Wir bilden die erste Saisondifferenz der Periodenlänge 12 und entnehmen der Abbildung 11, daß die Saisonkomponenten bis auf eine Spitze bei der Periode 12 gedämpft sind. Die analoge partielle Autokorrelation liegt bis auf Periode 12 und 11 im 2σ-Bereich (Abbildung 12). Beide Funktionsausprägungen sind Indizien dafür, daß sich die Zeitreihe als multiplikativer ARIMA(1,1,1)(1,1,1)12-Prozeß modellieren läßt.

2. Prognose

Die Kleinstquadrateschätzung der ARIMA-Koeffizienten ergibt

$\phi = 0,913, \ \theta = 0,963,$

$\phi_s = -0,443, \ \theta_s = 0,080$

Die Werte des ARIMA(1,1,1)(1,1,1)12-Modells mit einer Prognose von Periode 61 bis 72 sind in der dritten Spalte der Tabelle 6 angegeben und in Abbildung 7 grafisch dargestellt.

3. Modellüberprüfung

Die Autokorrelationsfunktion und der *Box-Ljung*-Test (Abbildung 13) zeigen, daß der Prozeß der Residuen (6. Spalte der Tabelle 6) als weißes Rauschen interpretiert und die Prognose der Zeitreihe mit Hilfe des gewählten multiplikativ-saisonalen Ansatzes geeignet durchgeführt werden können.

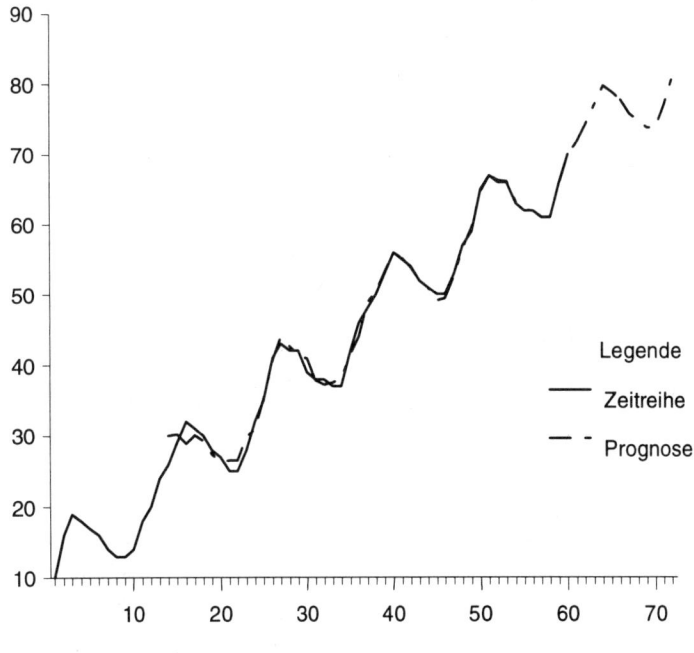

Abb. 7 SARIMA-Modell (1,1,1)(1,1,1)12-Prognose

Zeit	Zeitreihe	Prognose	95 % Konfidenzintervall		Residuen
1	10,00	.	.	.	.
2	16,00	.	.	.	.
3	19,00	.	.	.	.
4	18,00	.	.	.	.
5	17,00	.	.	.	.
6	16,00	.	.	.	.
7	14,00	.	.	.	.
8	13,00	.	.	.	.
9	13,00	.	.	.	.
10	14,00	.	.	.	.
11	18,00	.	.	.	.
12	20,00	.	.	.	.
13	24,00	.	.	.	.
14	26,00	29,99366	26,02068	33,96664	-3,99366
15	29,00	30,17355	26,37789	33,96921	-1,17355
16	32,00	28,89960	25,20335	32,59584	3,10040
17	31,00	30,10752	26,47464	33,74040	0,89248
18	30,00	29,24493	25,65556	32,83429	0,75507
19	28,00	27,34375	23,78544	30,90206	,65625
20	27,00	26,41633	22,87997	29,95268	0,58367
21	25,00	26,46776	22,94517	29,99043	-1,46776
22	25,00	26,46158	22,94402	29,97914	-1,46158
23	28,00	29,80864	26,29147	33,32581	-1,80864
24	32,00	30,97789	27,51028	34,44550	1,02211
25	35,00	35,23429	32,32027	38,14830	-0,23429
26	41,00	40,70624	39,21686	42,19562	0,29376
27	43,00	43,90080	42,46191	45,33969	-0,90080
28	42,00	42,60601	41,19730	44,01471	-0,60601
29	42,00	41,36881	39,98001	42,75761	0,63119
30	39,00	40,86271	39,48788	42,23755	-1,86271
31	38,00	37,79787	36,43325	39,16249	0,20213
32	38,00	37,22155	35,86460	38,57850	0,77845
33	37,00	37,55021	36,19914	38,90129	-0,55021
34	37,00	38,06831	36,72177	39,41484	-1,06831
35	42,00	41,51297	40,16997	42,85598	0,48703
36	46,00	44,13838	42,79811	45,47866	1,86162
37	48,00	48,95153	47,61335	50,28971	-0,95153
38	50,00	50,39802	49,06141	51,73462	-0,39802
39	53,00	53,16155	51,82569	54,49661	-0,16155
40	56,00	55,86751	54,53282	57,20219	0,13249
41	55,00	55,07062	53,73642	56,40483	-0,07062
42	54,00	53,87407	52,54007	55,20807	0,12593
43	52,00	52,01371	50,67969	53,34772	-0,01371
44	51,00	51,05126	49,71702	52,38549	-0,05126
45	50,00	49,08657	47,75195	50,42199	0,91343
46	50,00	49,50399	48,16882	50,83915	0,49601
47	53,00	52,67610	51,34027	54,01194	0,32390
48	57,00	56,62285	55,28622	57,95948	0,37751
49	59,00	59,55718	58,21965	60,89471	-0,55718
50	65,00	64,84000	63,50148	66,17852	0,16000
51	67,00	67,04219	65,70260	68,38178	-0,04219
52	66,00	66,39878	64,96805	67,64951	-0,30878
53	66,00	66,08562	64,74368	67,42756	-0,08562
54	63,00	63,25934	61,91615	64,60254	-0,25934
55	62,00	62,10134	60,75684	63,44584	-0,10134
56	62,00	62,04420	60,69835	63,39004	-0,04420
57	61,00	61,06644	59,71921	62,41367	-0,06644
58	61,00	61,05634	59,70770	62,40498	-0,05634
59	66,00	65,89322	64,54315	67,24329	0,10678
60	70,00	69,95299	68,60146	71,30452	0,04701
61	.	71,94761	70,59461	73,30060	.
62	.	74,22613	72,70475	75,74751	.
63	.	77,13052	75,55054	78,71051	.
64	.	79,80857	78,19743	81,41972	.
65	.	78,87204	77,23829	80,50579	.
66	.	77,70588	76,05236	79,35940	.
67	.	75,77027	74,09778	77,44275	.
68	.	74,83476	73,14332	76,52620	.
69	.	73,82254	72,11186	75,53322	.
70	.	73,81034	72,08001	75,54067	.
71	.	76,95167	75,20124	78,70210	.
72	.	80,93948	79,16849	82,71046	.

Tabelle 6   SARIMA(1,1,1)(1,1,1)12-Prognose

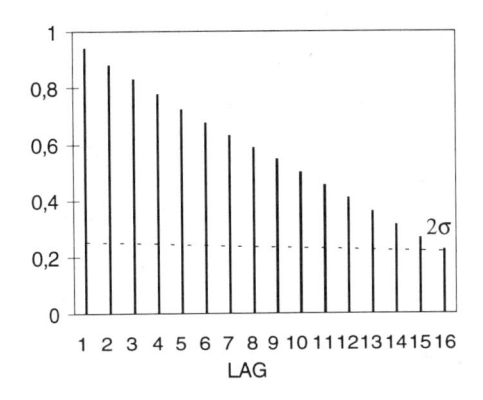

Abb. 8 Autokorrelation der Zeitreihe in Tabelle 6

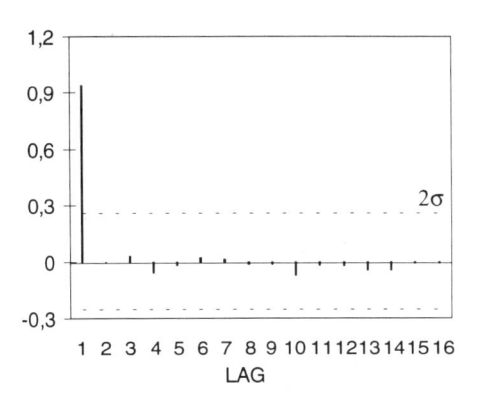

Abb. 9 Partielle Autokorrelation der Zeitreihe in Tabelle 6

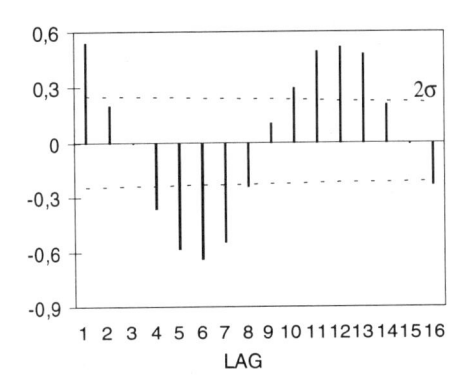

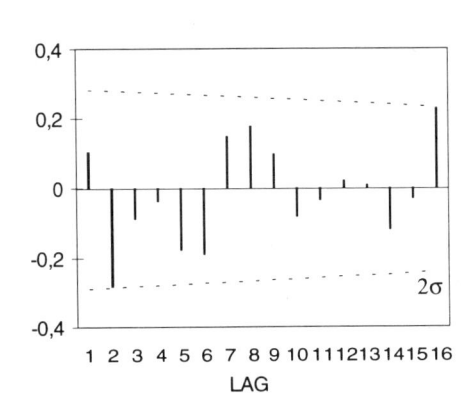

Abb. 10 Autokorrelation der ersten Differenz der Zeitreihe in Tabelle 6

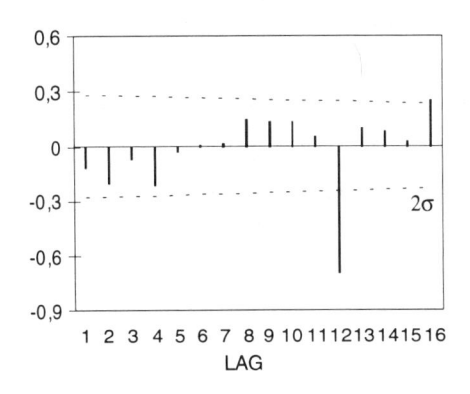

Abb. 11 Autokorrelation der ersten Differenz und der ersten Saisondifferenz mit der Periodenlänge 12 der Zeitreihe in Tabelle 6

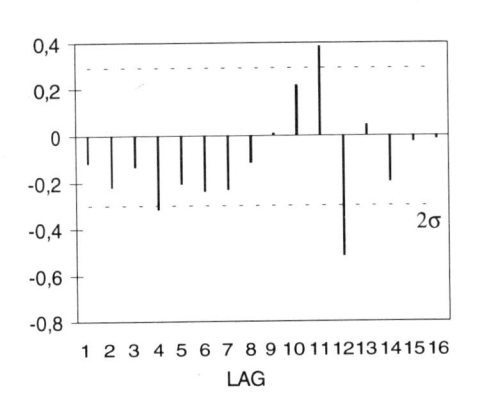

Abb. 12 Partielle Autokorrelation der ersten Differenz und der Saisondifferenz mit der Periodenlänge 12 der Zeitreihe in Tabelle 6

Abb. 13 Autokorrelation der Residuen der Zeitreihe in Tabelle 6

14.5 Literatur

[1] Akaike, H., On Entropy Maximization Principle, in: Krishnaiah, P.R. (Hrsg.), Applications of Statistics, Amsterdam 1977, S. 27 ff.

[2] Box, G.E.P. und Jenkins, G.M., Time Series Analysis, Forecasting and Control, 2. Aufl., San Francisco 1976.

[3] Box, G.E.P. und Ljung, G.M., On a Measure of Lack of Fit in Time Series Models, Biometrika 65 (1978), S. 297 ff.

[4] Box, G.E.P. und Newbold, P., Some Comments on a Paper of Coen, Gomme and Kendall, Journal of the Royal Statistical Society A 134 (1971), S. 229.

[5] Box, G.E.P. und Pierce, D.A., Distribution of Residual Autocorrelations in Autoregressive-Integrated Moving Average Time Series Models, Journal of the American Statistical Association, 65 (1970), S. 1509 ff.

[6] Johnston, F.R., Exponentially Weighted Moving Average (EWMA) with Irregular Updating Periods, Journal of the Operational Research Society 44 (1993), S. 711 ff.

[7] SPSS Inc., SPSS/PC+ Trends for IBM PC/XT/AT and PS/2, Chicago 1990.

[8] Kallianpur, G. und Karandikar, R.L., White Noise Theory of Prediction, Filtering and Smoothing, New York u.a. 1988.

[9] Kalman, R.E. und Bucy, R.S., New Results in Linear Filtering and Prediction Theory, Transactions of the American Society of Mechanical Engineers D 83 (1961), S. 95 ff.

[10] Khintchine, A., Korrelationstheorie der stationären stochastischen Prozesse, Mathematische Annalen 109 (1934), S. 604 ff.

[11] Wiener, N., Extrapolation, Interpolation, and Smoothing of Stationary Time Series, Cambridge 1949.

15 FASTPROG - Einsatz von Prognosemethoden in der Praxis

von M. Helm

15.1 Mengenplanung in der Elektroindustrie

Ein erheblicher Anteil der betrieblichen Disposition muß aufgrund von Prognosen erfolgen. Die Fertigungszeiten haben sich zwar durch Just-in-time-Techniken extrem verkürzt. Die Beschaffungszeiten vieler Baugruppen lassen sich jedoch nicht beliebig reduzieren. Sie liegen häufig über der vom Kunden tolerierten Lieferzeit. Deshalb muß der Einkauf aufgrund von Prognosen tätig werden.

Die Fertigung ist aufgrund kleiner Lose, Variantenreichtum und hohem Automatisierungsgrad empfindlich gegen Fehlteile. Diese führen zu Terminverschiebungen, die vom Kunden nicht hingenommen werden. Andererseits sind hohe Lagerbestände wegen des heutigen Kostenwettbewerbs nicht tolerierbar.

Treffsichere Prognosen zur Steuerung der Disposition sind demnach nach wie vor von großer Bedeutung. Welche Rolle spielen dabei mathematische Prognosemethoden?

Die Analyse der Zeitreihen der in der Vergangenheit getätigten Lieferungen bzw. der eingegangenen Aufträge für die Systeme, Geräte, Module oder Baugruppen ist in den meisten Fällen die einzige verläßliche Informationsquelle für die Prognose. Zusätzliche, nicht aus der Vergangenheit extrapolierbare Informationen, die auf Marktkenntnisse zurückgehen, spielen demgegenüber in der Praxis eine untergeordnete Rolle, so bedauerlich diese Tatsache auch sein mag. Sie beschränken sich im wesentlichen auf den Anlauf neuer bzw. auf den Auslauf abzulösender Produkte.

Da die betrieblichen Prozesse durch die Datenverarbeitung stark durchdrungen sind, steht für das gelaufene Ist umfangreiches Datenmaterial bereit. Es liegt also nahe, die teure und ungenaue Extrapolation der Ist-Daten mittels händisch erstellter Prognosen durch den systematischen und umfassenden Einsatz automatisierter mathematischer Verfahren abzulösen bzw. zu unterstützen.

Der Disponent kann so von Routineprognosen entlastet werden und sich um die wirklich kritischen Fälle kümmern. Ein erheblicher Ratioeffekt zusammen mit der Verbesserung der Prognosequalität ist das Ergebnis.

Fazit: Der Einsatz von mathematischen Prognosemethoden ist im betrieblichen Geschehen unverzichtbar. Die hohe Objektivität der Ergebnisse führt zu besseren Planungen als personell erstellte Prognosen, die durch Wunschdenken verzerrt sein können.

15.2 Die Planungskette

Die Planungskette ist in das Abwicklungs- und Dispositionsgeschehen eingebunden. Auf jeder Stufe des Planungsprozesses, die jeweils einer organisatorischen Einheit entspricht, werden aus dem Auftragsabwicklungsverfahren Ist-Daten für die Planung übergeben. Daraus werden Prognosevorschläge ermittelt, die der Struktur der Organisationseinheit entsprechen. Die planende Einheit erstellt auf dieser Grundlage Planzahlen, welche zur Steuerung ihres Geschäftes herangezogen werden.

Eine planende Einheit gibt ihr Ergebnis an die jeweils folgende Einheit weiter. Dabei stimmt man sich untereinander ab und faßt entsprechende Beschlüsse.

Die dialogisierten DV-Verfahren begleiten den Abwicklungs-, Dispositions- und Planungsprozeß. Ziel der Verfahrenslandschaft ist die sofortige und umfassende Information sämtlicher an der Abwicklungs- und Planungskette beteiligten Mitarbeiter.

Die einzelnen Stufen des Planungsprozesses sind in Abbildung 1 schematisch dargestellt:

1. Der periphere Vertrieb ist das "Ohr am Markt". Er meldet die Absatzerwartungen für den von ihm betreuten Kundenkreis an die Zweigniederlassung bzw. die Landesgesellschaft, von der aus er sein Marktsegment betreut (idealerweise per PC direkt an das zentrale Planungsverfahren). Dieses unterstützt ihn bei der Planung des künftig zu erwartenden Absatzes durch Statistiken über sein bisher getätigtes Geschäft sowie durch Informationen über die Gesamtplanung.

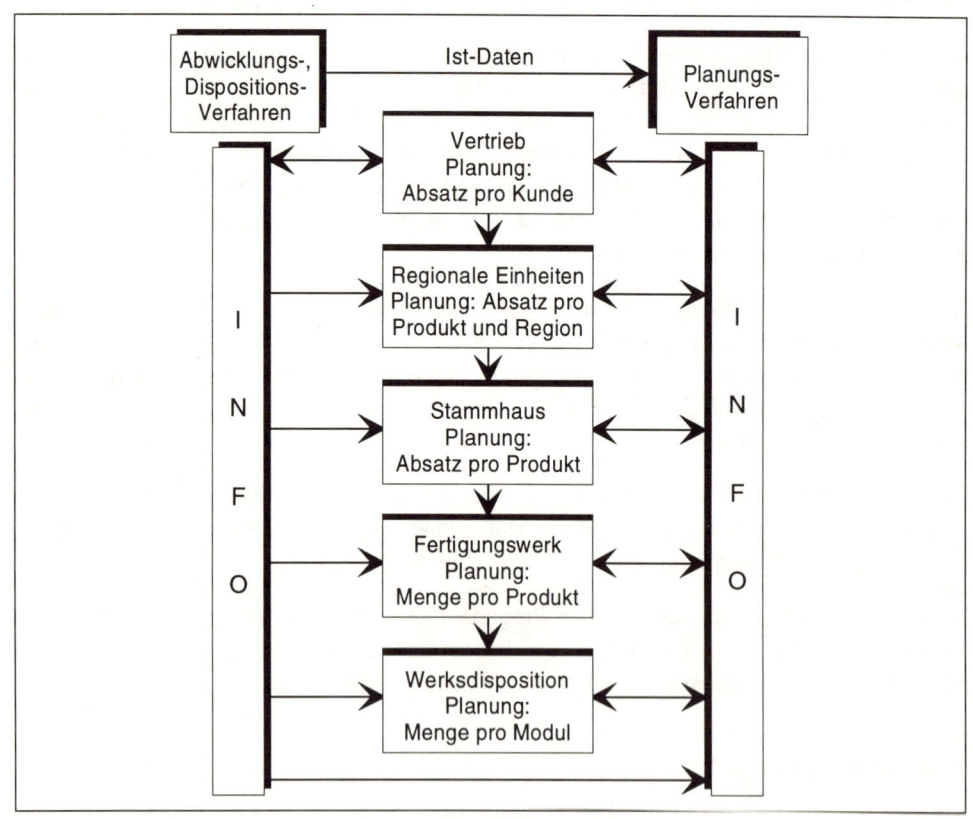

Abb. 1 Die Planungskette

2. In der Zweigniederlassung bzw. der Landesgesellschaft werden die Einzelinformationen verdichtet und beurteilt. Damit können die Kapazitäten des Vertriebspersonals für die Zukunft geplant werden.

3. Der zentrale Stammhausvertrieb ist für die übergreifende Produktstrategie zuständig. Er verdichtet sämtliche Einzelplanungen aus den Landesgesellschaften und den Zweigniederlassungen zu einer Gesamtplanung für jedes Produkt. In der Absatzplanung wird der zu erwartende Auftragseingang für die kommenden 24 Monate geschätzt. Die Planung erfolgt revolvierend quartalsweise.

4. Die Auftragserwartung des Vertriebes wird im Gespräch mit dem Fertigungswerk in die dispositive Lieferplanung umgesetzt. Dabei wird die benötigte Fertigungskapazität festgelegt.

5. Durch Auflösung der Systeme in Module und Baugruppen wird die Lieferplanung in die Disposition überführt. Dadurch steuert man die Beschaffung. Die Fertigung selbst wird aufgrund der kurzen Durchlaufzeiten fast ausschließlich durch vorliegende Aufträge angestoßen.

Die Planungsschritte an jedem Glied der Planungskette werden durch Informationen über das gelaufene Ist, durch Soll-Ist-Vergleiche und durch Prognosevorschläge unterstützt.

15.3 Voraussetzungen für den Methodeneinsatz

Um auf jeder Stufe des Planungsprozesses erfolgreich mathematische Methoden einsetzen zu können, müssen die folgenden Prämissen erfüllt sein:

- **Ist-Daten**

  Für jeden Planungsschritt müssen Vergangenheits-Zeitreihen in ausreichender Länge und in der richtigen Struktur zur Verfügung stehen. Die Bereitstellung absolut verläßlicher Ist-Zahlen für die Planung erfordert eine hervorragende Organisation der Abläufe und der DV-Landschaft.

- **Anwenderakzeptanz**

  Die Anwenderoberfläche des Methodeneinsatzes muß in einer für die Planer akzeptablen Form gestaltet sein. In den seltensten Fällen ist der Planer aufgrund seiner Vorbildung in der Lage, den mathematischen Gehalt auch einfacher Verfahren nachzuvollziehen. Das Verfahren ist für ihn Black-Box, er kann aber sehr wohl die Plausibilität der Ergebnisse beurteilen. Nur die Verfahren haben Aussicht auf Akzeptanz, die diesen Tatsachen Rechnung tragen. Dies bedeutet nicht den Verzicht auf etwas anspruchsvollere Methoden, wenn diese ausreichend automatisiert ablaufen können.

  Durch Schulung und Motivation muß vermieden werden, daß der Anwender im Verfahren einen Konkurrenten zu seiner eigenen Tätigkeit sieht und dieses deshalb ablehnt. Er muß so weit ertüchtigt werden, daß er darin ein Hilfsmittel für seine eigene Arbeit erkennt.

- **Abgestufter Methodeneinsatz**

Das Verfahren muß abgestuft einfachste bis relativ aufwendige Methoden enthalten, da der tatsächlichen Datensituation Rechnung zu tragen ist. Sehr kurze Zeitreihen sind bestenfalls mit den Methoden der exponentiellen Glättung zu behandeln, während lange Zeitreihen z. B. mit Saison- bzw. *Box-Jenkins*-Methoden analysiert werden können. Damit mögen eventuell bessere Ergebnisse erreicht werden.

Der Einsatz von multivariaten Filtern (z. B. Mehrdimensionale Filter nach *Wiener* [5]) ist für den automatisierten Massenbetrieb nicht geeignet, da diese Methoden für den Anwender in der Regel zu kompliziert sind.

- **Prognosekontrolle**

Durch laufende Soll-Ist-Vergleiche in geeigneter Darstellung und Verdichtung werden Schwachstellen in der Kette aufgedeckt und nach Möglichkeit beseitigt.

15.4 Prognosemethoden in FASTPROG

Das Verfahren FASTPROG wurde innerhalb der Siemens AG entwickelt und ist seit vielen Jahren in verschiedenen Geschäftsbereichen des Unternehmens im produktiven Einsatz. Es unterstützt die bereichsspezifischen Planungsketten durch geeignete Methoden, und zwar auf vertrieblicher und betrieblicher Seite.

FASTPROG analysiert die Zeitreihen durch die stufenweise Anwendung von Prognosefiltern zunehmender Komplexität. Ein Schema des Filtereinsatzes zeigt Abbildung 2.

Die Filterkette wird automatisch durchlaufen und durch zwei Kriterien beendet:

- Das nächste Filter kann nicht eingesetzt werden, da die Zeitreihe zu kurz ist.

- Das nächste Filter bringt keine Reduzierung der Standardabweichung der Rest-Zeitreihe und somit keine Verbesserung der Prognose.

Kernstück des Verfahrens sind ARIMA-Filter nach *Box* und *Jenkins*, die zusammenfassend in Kapitel 14 dieses Buches und ausführlich in [2] dargestellt sind.

- **Filter 1: Test auf Strukturbrüche, Ausreißer und Instabilitäten**

Um ARIMA-Filter einsetzen zu können, muß die Zeitreihe schwach stationär sein [1]. Sie hat demzufolge um einen konstanten Mittelwert zu fluktuieren. Dies ist oft für die Ausgangsreihe nicht gegeben.

Sie muß folgendermaßen darstellbar sein:

$$x_t = \tilde{x}_t + \mu \quad \text{mit} \quad t = 1, 2, \ldots, N \tag{1}$$

$$\mu = \frac{1}{N} \sum_{t=1}^{N} x_t \tag{2}$$

Der stationäre Mittelwert wird in der Regel auf 0 transformiert. Die Reihe ist dann auf 0 zentriert.

Liegt ein Strukturbruch vor, so bildet der Mittelwert eine Stufe. Diese muß man durch einen personellen Eingriff eliminieren. Ähnlich werden Ausreißer angezeigt, die ebenfalls durch Eingriffe bereinigt werden. Instabilitäten und Trends können entfernt werden, indem der Trend durch exponentielle Glättung erfaßt und von der Reihe subtrahiert wird (siehe Filter 2). Eine andere Möglichkeit ist der Einsatz von einfachen Differenzenfiltern (siehe Filter 3).

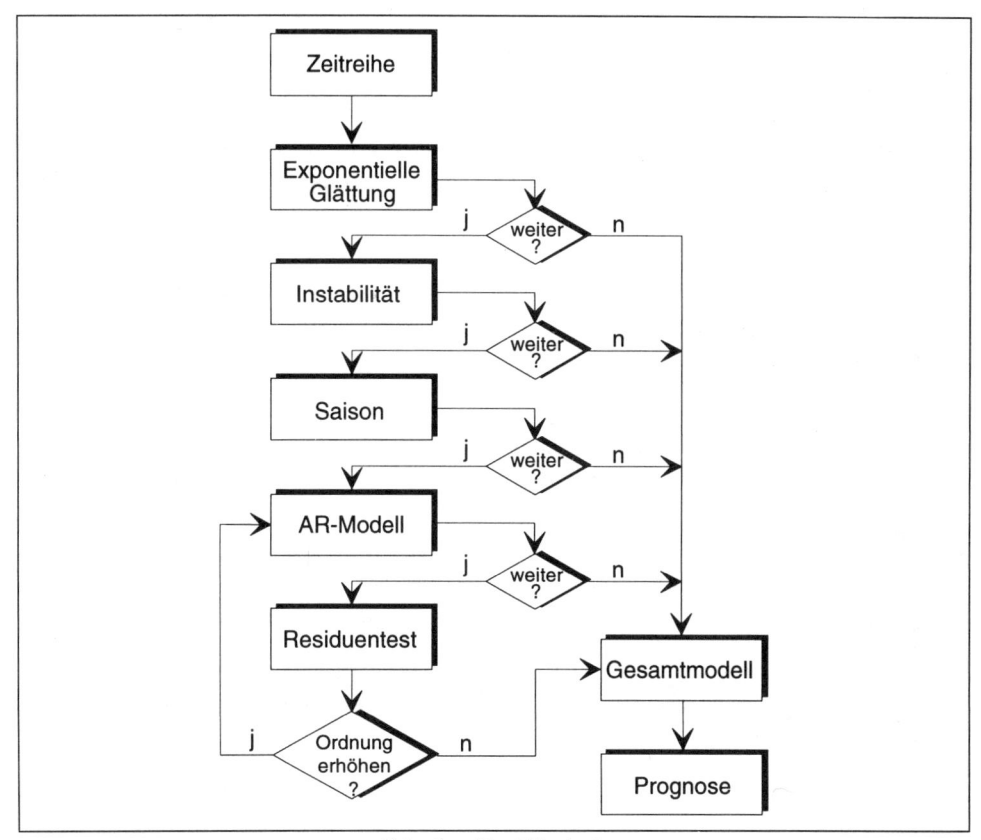

Abb. 2   Die Filterkette

- **Filter 2: Exponentielle Glättung**

Von den Methoden der exponentiellen Glättung haben sich in vielen Fällen die Algorithmen mit zeitabhängigen selbstregelnden Glättungskonstanten bewährt. Diese verkürzen bei starken Unregelmäßigkeiten den Stützbereich und verlängern ihn bei glattem Verhalten. Sie passen sich somit rasch an Veränderungen im Reihencharakter an.

Bei vielen Zeitreihen ist wegen des Fehlens weiterer Gesetzmäßigkeiten das Optimum der Prognose bereits mit dem konstanten Modell der exponentiellen Glättung erreicht, so daß die Analyse beendet werden kann. Der Einsatz komplexerer Verfahren würde in diesen Fällen die Prognose nur verschlechtern.

FASTPROG bietet die automatische Wahl zwischen konstanter Funktion und Trendmodell an, des weiteren für saisonale Effekte das *Winters*-Verfahren (vgl. Kapitel 3) mit automatischer Optimierung der drei Glättungskonstanten (siehe aber auch alternativ dazu Filter 3 und 4).

- **Filter 3: Instabilität**

Die Reihe kann noch Instabilitäten enthalten. Diese werden durch Differenzenfilter entfernt (vgl. Kapitel 14).

- **Filter 4: Saison**

Die Reihe wird mit dem Korrelogramm bzw. dem Spektrum auf Saison getestet. Wird Saison festgestellt, so entfernt man diese mit einem Saisonfilter (vgl. Kapitel 14/S. 233).

- **Filter 5: Autoregression**

Häufig tritt in der Zeitreihe eine sogenannte Nahordnung auf. Das bedeutet, daß die Fluktuationen benachbarter Reihenwerte nicht unabhängig voneinander sind. Diese Gesetzmäßigkeit wird in FASTPROG durch den automatisierten Einsatz von autoregressiven Modellen erfaßt.

Die Ordnung der Modelle (vgl. Kapitel 14/S. 239) wird durch Vergleich der Standardabweichung der Restreihen bzw. durch den Test auf "weißes Rauschen" bestimmt.

- **Test: "Weißes Rauschen"**

Die resultierende Restreihe darf keinerlei Gesetzmäßigkeiten enthalten. Sie bestimmt als "weißes Rauschen" die Breite des Toleranzbandes der Prognosen und ist nicht weiter auflösbar.

Dies wird durch einen Test auf "weißes Rauschen" bestätigt (Residuentest nach *Box* und *Pierce* [3]).

- **Gesamtmodell**

Durch Zusammenfügen der einzelnen Filter wird ein Gesamtmodell erstellt, aus dem die endgültige Prognoseformel zusammen mit dem Toleranzband ermittelt wird (vgl. Kapitel 14).

15.5 Ein Prognose-Beispiel

Die Funktion der aufeinander aufbauenden Filter soll an einem geeigneten Beispiel demonstriert werden.

15.5.1 Die Zeitreihe

Der Umsatz einer Produktfamilie in einer Vergangenheitsperiode von zehn Jahren - vom Oktober 81 bis zum April 91 - wird analysiert. Um die Treffsicherheit der Prognose zu überprüfen, soll diese zwei Jahre (März 89) vor Reihenende beginnen. Die beiden letzten Jahre werden dann zusammen mit den Prognosen zur Beurteilung der Vorhersagequalität dargestellt. Wir schreiben also im März 89 die Zeitreihe um zwei Jahre fort und beurteilen dann im Mai 91 rückblickend die Qualität der damaligen Prognose.

Der erste Analyseschritt ist die graphische Darstellung der Reihe (vgl. Abbildung 3). Man sieht, daß die Reihe einen Trend nach oben aufweist; dieser ist jedoch offensichtlich nicht konstant. Außerdem vermutet man Saison, wenn auch eine nicht regelmäßig ausgebildete.

Ein Strukturbruch läßt sich nicht ausmachen.

Diese Vermutung wird durch das Korrelogramm der Originalreihe bestätigt (vgl. Abbildung 4). Die Instabilität (variabler Trend) macht sich im linearen Abfall des Korrelogramms bemerkbar. Sie überdeckt alle weiteren Effekte.

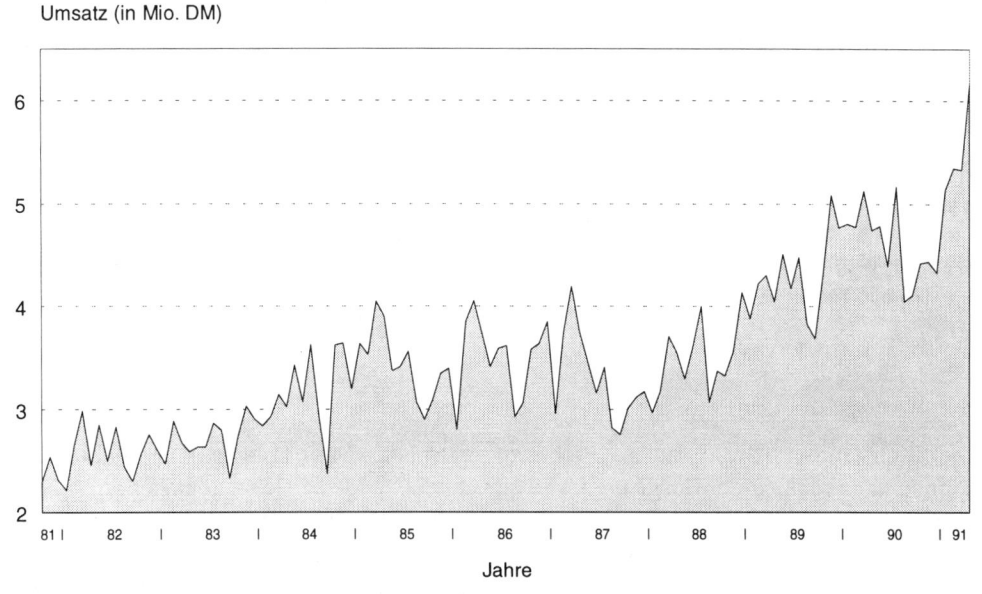

Abb. 3 Die Zeitreihe

Sämtliche Korrelogramme sind zusammen mit ihren nach *Bartlett* [1] berechneten Toleranzbändern ausgegeben; damit wird die Signifikanz der Korrelationen geprüft.

15.5.2 Das Instabilitätsfilter

Die Reihe wird durch das einfache Instabilitätsfilter

$$\tilde{x}_t = x_t - x_{t-1} \tag{3}$$

transformiert.

Das Korrelogramm der gefilterten Reihe wird untersucht (vgl. Abbildung 5). Man erkennt bei den LAGs 1, 2, 6, 18 sowie bei 10 signifikante Korrelationen, besonders jedoch bei 12. Das Korrelogramm weist somit auf Saisoneffekte hin (6, 12, 18). Die Korrelation bei 10 ist nicht interpretierbar. Bei 1 und 2 zeichnet sich Autokorrelation ab.

FASTPROG bietet auch die Möglichkeit, feinere Saisoneffekte anhand einer Spektraluntersuchung zu analysieren (vgl. [4]). In der Regel ist jedoch die Analyse der Korrelogramme einfacher und ausreichend.

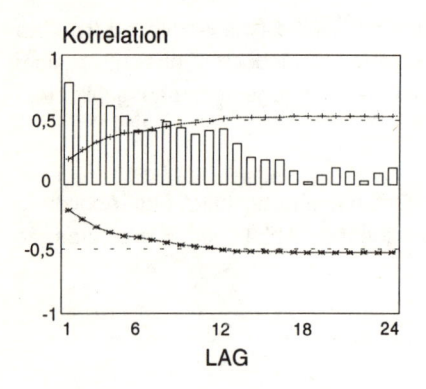

Abb. 4 Korrelogramm ohne Filter

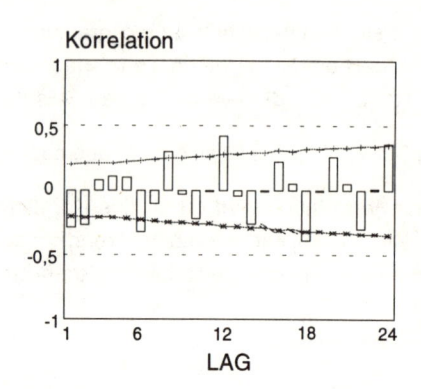

Abb. 5 Korrelogramm nach Instabilitätsfilter

15.5.3 Das Saisonfilter

Das Korrelogramm in Abbildung 5 deutet auf Saison hin. Deshalb wird als nächstes Filter die Transformation

$$\tilde{x}_t = x_t - \gamma\, x_{t-12} \tag{4}$$

gewählt.

Die Konstante γ wird durch Probieren optimiert. Das Kriterium ist dabei die Standardabweichung der Residuen. Es zeigt sich, daß $\gamma = 1$ die Reihe überfiltert, d. h., die Saison umkehrt. Besser ist der Wert $\gamma = 0{,}6$, der die signifikanten Korrelationen zum Verschwinden bringt (vgl. Abbildung 6). Es bleiben nur eine starke Korrelation bei LAG 1 übrig sowie schwach signifikante Korrelationen bei LAG 4 und 8, die auf restliche Autokorrelationen hinweisen.

15.5.4 Das Autoregressive Filter

Die Nahordnung der Reihe wird durch Autoregression beschrieben. Ein Modell der Ordnung 4 erweist sich als geeignet. Das Korrelogramm der Residuen zeigt keine signifikante Korrelation mehr (vgl. Abbildung 7).

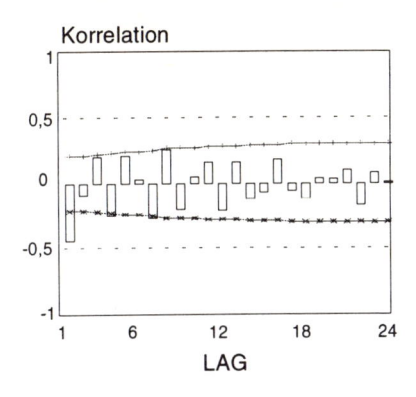

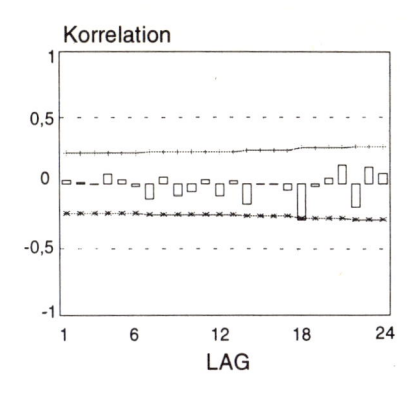

Abb. 6 Korrelogramm nach Saisonfilter

Abb. 7 Korrelogramm nach AR-Filter

Klarheit bringt der Residuentest nach *Box* und *Pierce*, der eindeutig positiv ausfällt. Dieser Transformationsschritt wird beschrieben durch:

$$\tilde{x}_t = \phi_1 x_{t-1} + \phi_2 x_{t-2} + \phi_3 x_{t-3} + \phi_4 x_{t-4} \tag{5}$$

Koeffizient	Toleranzintervall
$\phi_1 = -0,57$	$[-0,80 \quad -0,35]$
$\phi_2 = -0,39$	$[-0,65 \quad -0,13]$
$\phi_3 = -0,08$	$[-0,35 \quad +0,18]$
$\phi_4 = -0,20$	$[-0,43 \quad +0,03]$

15.5.5 Modelloptimierung

Wie erwähnt, wurde die Konstante γ empirisch bestimmt. Der Prognosefehler bzw. die Standardabweichung der Residuen wird als Funktion von γ dargestellt und das Minimum bestimmt. Ebenso wird die Ordnung des Autoregressiven Modells optimiert. Diese Optimierungen sind im Rechner automatisierbar.

Es ist übrigens zu erwähnen, daß nach unserer Erfahrung Modelle höherer Ordnung als 6 in der Regel keine Verbesserung mehr bringen.

15.5.6 Die Modellstabilität

Durch Verschieben des für die Prognose verwendeten Stützbereichs längs der Zeitreihe und durch Untersuchung der Konstanz der dabei resultierenden Modelle kann man sich ein Bild über die innere Stabilität der Zeitreihe verschaffen und somit Rückschlüsse auf künftige Schwankungen ziehen.

15.5.7 Das Prognosemodell

Das Gesamtmodell setzt sich der Reihe nach zusammen aus:

Instabilitätsfilter:

$$\tilde{x}_t = x_t - x_{t-1} \tag{6}$$

Saisonfilter:

$$\tilde{x}_t = x_t - 0{,}6\, x_{t-12} \tag{7}$$

Autoregressionsfilter:

$$\tilde{x}_t = -0{,}57 x_{t-1} - 0{,}39 x_{t-2} - 0{,}08 x_{t-3} - 0{,}2 x_{t-4} \tag{8}$$

Durch sukzessives Einsetzen von (6) in (7) und dann in (8) erhält man die Prognoseformel der Zeitreihe:

$$\begin{aligned}\tilde{x}_t = &+ 0{,}43\, x_{t-1} + 0{,}18\, x_{t-2} + 0{,}30\, x_{t-3} - 0{,}12\, x_{t-4} + \\ &+ 0{,}60\, x_{t-12} - 0{,}26\, x_{t-13} - 0{,}11\, x_{t-14} - 0{,}19\, x_{t-15} + \\ &+ 0{,}07\, x_{t-16} - 0{,}12\, x_{t-17} + a_t \end{aligned} \tag{9}$$

In der Formel sind der Trend-Koeffizient mit LAG 1 und die Saison LAG 12 dominierend, jedoch haben auch die Nahordnungskoeffizienten durchaus ihr Gewicht. Die Prognose ist für Vergleichszwecke in die letzten zwei Jahre der Zeitreihe, die nicht zur Prognose herangezogen wurden, hineingezeichnet (vgl. Abbildung 8).

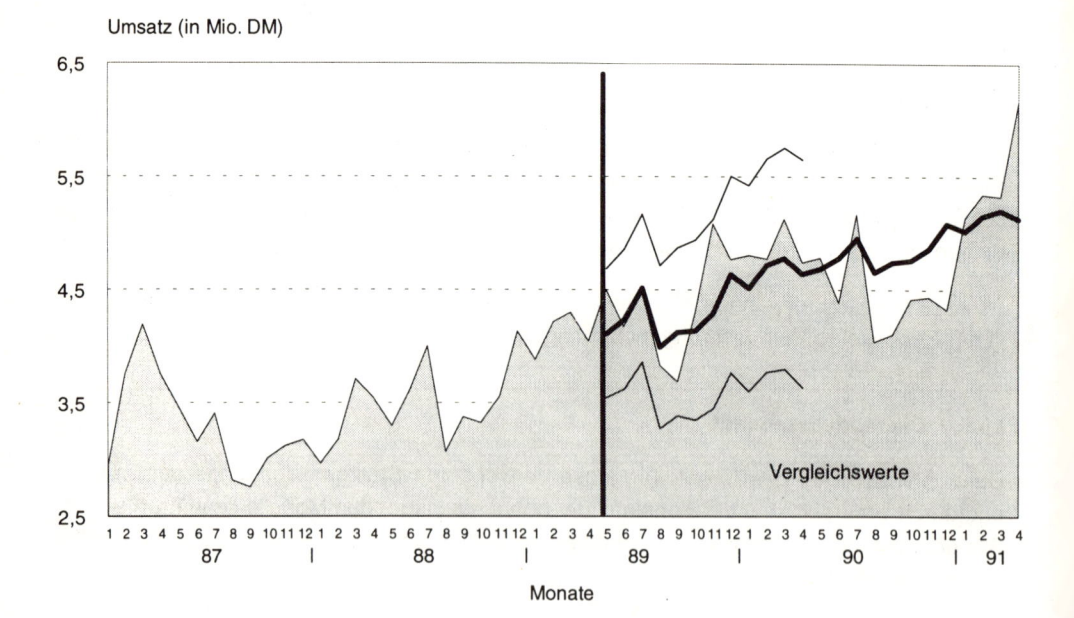

Abb. 8   Die Zeitreihe mit Prognose

Man sieht, daß das erste Prognosejahr recht gut nachgezeichnet wird (mittlere Abweichung zwischen Prognose und Ist: +2,4 %, größter Prognosefehler: 15 %). Im zweiten Prognosejahr verändert sich die Saisonfigur etwas. Dieses Jahr wird demgemäß nicht mehr so gut getroffen (mittlere Abweichung: -3,6 %, größter Fehler: 17 %). Das Toleranzband spreizt sich bedingt durch die Instabilität rasch auf und ist für die fernere Zukunft uninteressant. Die Einzelfehler sind durch das "Weiße Rauschen" der Residuen bestimmt und weder personell noch rechnerisch zu verkleinern. Wichtiger ist, daß der mittlere Fehler klein bleibt.

15.6 Fazit

Das einfache Filtermodell liefert akzeptable Prognosen, die die Extrapolation von Hand an Genauigkeit übertreffen. Von Praktikern erstellte händische Planungen werden in der Regel vom gerade erreichten Level aus konstant fortgesetzt, da man damit auf "Nummer sicher" gehen möchte. Damit werden kräftige Marktbewegungen stark verzögert nachgezeichnet. Erhebliche Planungsfehler sind die Folge.

Gerade das durchgerechnete Beispiel zeigt die sinnvolle Zusammenarbeit des Planers mit dem Verfahren: Der extrapolierte Trend wird natürlich irgendwann beendet sein. Aufgabe des Anwenders ist es, aufgrund von Randbedingungen die Trendprognose zeitlich zu begrenzen. So überführt er den Prognosevorschlag in eine sinnvolle Planung, die die nähere Zukunft gut beschreibt.

Aus dem Gesichtspunkt der Praxis ist zu hoffen, daß auf dem Gebiet der Prognoserechnung weitere Forschung stattfindet und daß neue Ansätze (z. B. Expertensysteme) in die Prognosepraxis Einzug halten können (vgl. hierzu Kapitel 19).

Auch scheinbar geringfügige Verbesserungen der Prognosen führen in den Betrieben zu erheblichen Kosteneinsparungen!

15.7 Literatur

[1] Bartlett, M.S., On the Theoretical Specification of Sampling Properties of Autocorrelated Time Series, Journal of the Royal Statistical Society B 8 (1946), S. 27 ff.
[2] Box, G.E.P. und Jenkins, G.M., Time Series Analysis, Forecasting and Control, San Francisco 1970.
[3] Box, G.E.P. und Pierce, D.A., Distribution of Residual Autocorrelations in Autoregressive-Integrated Moving Average Time Series Models, Journal of the American Statistical Association 65 (1970), S. 1509 ff.
[4] Jenkins, G.M. und Watts D.G., Spectral Analysis and its Applications, San Francisco 1968.
[5] Wiener, N., The Extrapolation, Interpolation, and Smoothing of Stationary Time Series with Engineering Applications, Cambridge 1949.

16 Prognose uni- und multivariater Zeitreihen

von M. Deistler und K. Neusser

16.1 Einführung

Eine verbreitete Möglichkeit der Formulierung von Unsicherheit über die Zukunft ist die Verwendung stochastischer Modelle, insbesondere stochastischer Prozesse. Für stationäre Prozesse wurde bereits vor ca. 50 Jahren eine elegante Prognosetheorie von *Kolmogorov* [20] und *Wiener* [31] entwickelt. Ein weiterer wesentlicher Beitrag geht auf *Kalman* [19] zurück. Diese Theorie behandelt die lineare Kleinst-Quadrate-Prognose unter der Voraussetzung, daß die zweiten Momente des zugrundeliegenden Prozesses bekannt sind. In den meisten Fällen sind diese zweiten Momente jedoch nicht bekannt und müssen geschätzt werden, so daß das Prognoseproblem mit einem Identifikationsproblem einhergeht. Die Theorie der linearen Kleinst-Quadrate-Prognose stationärer Prozesse bei bekannten zweiten Momenten und die Theorie der Identifikation von AR-, ARMA- und Zustandsraumsystemen stellen die beiden Herzstücke der theoretischen Analyse des Prognoseproblems dar. Unsere Darstellung beschränkt sich auf diese lineare Kleinst-Quadrate-Prognose und die Identifikation von linearen dynamischen Systemen. Nichtlineare Prognosefunktionen und von den quadratischen abweichende Kostenfunktionen werden demnach nicht behandelt. Die Praxis hat gezeigt, daß diese linearen Ansätze auch bei offensichtlich nichtlinearen Mechanismen erstaunlich erfolgreich sind.

In der Praxis müssen bei der Entwicklung von Prognosealgorithmen der Verwendungszweck, die vorhandenen a priori-Informationen und die spezifischen Besonderheiten der Daten berücksichtigt werden. Was die Verwendung betrifft, so sind u. a. zu überlegen: Die Fristigkeit, die gewünschte Genauigkeit, die sich auch im Aufwand für die Modellierung niederschlägt, und der erforderliche Rechenaufwand. Im speziellen kann man zwei Extremfälle unterscheiden: Zum einen schnell verfügbare, relativ ungenaue Prognosen, bei denen auf eine detaillierte Modellierung der Daten weitgehend verzichtet wird. Solche Verfahren könnte man als "automatisierte Kurvenlineale" bezeichnen. Sie finden z. B. in der Lagerbestandsprognose Verwendung. Zum anderen Prognosen, bei denen eine möglichst hohe Genauigkeit erwünscht und daher eine detaillierte und zeitaufwendige Modellierung der Daten angezeigt ist. Ein Beispiel hierfür liefert die Prognose des Bruttoinlandsproduktes (vgl. Abschnitt 16.7).

In vielen Fällen stehen zusätzlich a priori-Informationen zur Verfügung, die aber im Bereich der Wirtschaftswissenschaften, im Gegensatz zu vielen Anwendungen in den Naturwissenschaften oder den technischen Wissenschaften, oft unpräzise oder schwer quantifizierbar sind. Andererseits ist die Information aus den Daten in vielen Fällen alleine nicht ausreichend. In der Entscheidung über Art und Ausmaß der verwendeten a priori-Information zeigt sich ganz wesentlich die Kunst des Prognostikers. Abschnitt 16.7 bietet ein konkretes Beispiel für die bei der Prognose auftretenden Überlegungen und Vorgangsweisen.

16.2 Die Theorie der linearen Kleinst-Quadrate Prognose

In diesem Abschnitt behandeln wir die Theorie der linearen Kleinst-Quadrate (KQ)-Prognose für bekannte erste und zweite Grundgesamtheitsmomente. Wir nehmen an, daß die zu prognostizierende, n-dimensionale Zeitreihe durch einen zugrundeliegenden Zufallsmechanismus, einen n-dimensionalen stochastischen Prozeß $(x_t)_{t \in Z}$ mit Zustandsraum $\Re^n$ und Indexmenge Z, der Menge der ganzen Zahlen, erzeugt wird. Ferner sollen sämtliche Prozeßvariablen endliche zweite Momente besitzen:

$$E x'_t x_t < \infty \qquad \forall t \qquad (1)$$

(x_t ist ein n-dimensionaler Spaltenvektor, und x'_t bezeichnet den zugehörigen transponierten Vektor.) In diesem Fall existieren die Erwartungswerte $Ex_t = m_t$ und die Kovarianzen $\Gamma(t+\tau,t) = E(x_{t+\tau} - Ex_{t+\tau})(x_t - Ex_t)'$. Die Informationsgewinnung aus vergangenen und gegenwärtigen Werten x_s, $t-T \leq s \leq t$, zur Prognose eines zukünftigen Wertes $x_{t+\tau}$, $\tau > 0$, erfolgt durch die *Prognosefunktion (Prädiktor)* $p((x_s)|t-T \leq s \leq t)$. Dabei können endlich viele ($T < \infty$) oder unendlich viele vergangene Werte ($T = \infty$) berücksichtigt werden. Der Prädiktor hängt im allgemeinen vom Zeitpunkt t und dem Prognosehorizont τ ab. Um die Schreibweise zu erleichtern, verzichten wir auf die Indexierung des Prädiktors mit t oder τ. Die Werte $\hat{x}(t,\tau) = p((x_s)|t-T \leq s \leq t)$ der Prognosefunktion werden ebenfalls als Prädiktor bezeichnet. Zur konkreten Formulierung des Prognoseproblems muß festgelegt werden, was unter einer möglichst guten Annäherung des Prädiktors $\hat{x}(t,\tau)$ an den zukünftigen Wert $x_{t+\tau}$ zu verstehen ist. Mit anderen Worten, es muß ein Gütekriterium festgelegt werden. Wir beschränken uns hier auf das *Kleinst-Quadrate-Kriterium*: Der *Kleinst-Quadrate-Prädiktor* (KQ-Prädiktor) aus einer gewissen Klasse von Prognosefunktionen minimiert

$$E(x_{t+\tau} - \hat{x}(t,\tau))'(x_{t+\tau} - \hat{x}(t,\tau))$$

über diese Klasse.

Der KQ-Prädiktor schlechthin ist der bedingte Erwartungswert

$$E(x_{t+\tau}|x_t, x_{t-1}, \ldots)$$

Da die konkrete Berechnung des bedingten Erwartungswertes aber in vielen Fällen auf Schwierigkeiten stößt, beschränken wir uns auf lineare Prognosefunktionen und erhalten so lineare KQ-Prädiktoren. Die Beschränkung auf lineare Prognosefunktionen ist natürlich nur dann sinnvoll, wenn aufgrund der Struktur des Prozesses (x_t) die lineare KQ-Prognose und der bedingte Erwartungswert entweder zusammenfallen oder zumindest nicht stark voneinander abweichen.

Das Problem der linearen KQ-Prognose für $x_{t+\tau}$ aus endlicher oder unendlicher Vergangenheit kann folgendermaßen formuliert werden: Man suche unter allen linearen Prognosefunktionen $p((x_s)|t-T \leq s \leq t)$, also Linearkombinationen $b + \sum_{i=0}^{T} a_i x_{t-i}$ oder deren Grenzwerte, wobei b ein Element aus $\Re^n$ und die a_i $n \times n$ Matrizen sind, diejenige, die

$$E(x_{t+\tau} - p((x_s)|t-T \leq s \leq t))'(x_{t+\tau} - p((x_s)|t-T \leq s \leq t)) \qquad (2)$$

minimiert. Nach dem sogenannten Projektionssatz (siehe z. B. *Brockwell* und *Davis* [4/S. 51]) ist der lineare KQ-Prädiktor $\hat{x}(t,\tau)$ vollständig durch folgende Eigenschaften charakterisiert:

$$\hat{x}(t,\tau) = p((x_s)|t-T \leq s \leq t), \quad p \text{ linear} \tag{3}$$

$$E(x_{t+\tau} - \hat{x}(t,\tau))x'_s = 0, \quad t-T \leq s \leq t \tag{4}$$

$$Ex_{t+\tau} = E\hat{x}(t,\tau) \tag{5}$$

Zudem gibt es immer genau ein $\hat{x}(t,\tau)$ mit diesen Eigenschaften. Der lineare KQ-Prädiktor existiert also immer und ist eindeutig. Die Bedingungen (4) und (5) besagen, daß der Prognosefehler $x(t+\tau) - \hat{x}(t,\tau)$ orthogonal zu den vergangenen Zufallsvariablen x_s, $t-T \leq s \leq t$, und zur Konstanten 1 steht. Anschaulich gesagt bedeutet der Projektionssatz, daß man die beste lineare Approximation für einen Punkt durch einen Teilraum als orthogonale Projektion des Punktes auf den Teilraum erhält. Das wichtigste Maß für die Qualität der Prognose ist die *Prognosefehlervarianz*

$$\Sigma_\tau = E(x_{t+\tau} - \hat{x}(t,\tau))(x_{t+\tau} - \hat{x}(t,\tau))'$$

Im Fall der Prognose aus endlicher Vergangenheit ($T < \infty$) ist der Prädiktor durch die Normalengleichungen (4) und (5) folgendermaßen bestimmt:

$$(a_0 \cdots a_T) \begin{pmatrix} \Gamma(t,t) & \cdots & \Gamma(t-T,t) \\ \vdots & \ddots & \vdots \\ \Gamma(t,t-T) & \cdots & \Gamma(t-T,t-T) \end{pmatrix} = (\Gamma(t+\tau,t) \cdots \Gamma(t+\tau,t-T)) \tag{6}$$

$$Ex_{t+\tau} = b + \sum_{i=0}^{T} a_i Ex_{t-i} \tag{7}$$

Zur Lösung des linearen KQ-Prognoseproblems reicht die Kenntnis der ersten und zweiten Momente aus. Man erhält die Lösung durch Inversion der Matrix $(\Gamma(i,j))_{i,j=t,\ldots,t-T}$, falls diese regulär ist. Man kann zeigen, daß das System (6) auch dann lösbar ist, wenn die Matrix singulär ist. In diesem Fall bestimmt jede Lösung $b, a_0, \ldots, a_T$ den gleichen Prädiktor.

Zur Lösung des Prognoseproblems werden im allgemeinen weitere Annahmen über die Struktur des Prozesses (x_t) getroffen. Diese sind, zumindest wenn die zweiten Momente geschätzt werden müssen, aus statistischen Gründen praktisch immer erforderlich. Oft wird angenommen, daß der stochastische Prozeß *stationär* (im weiteren Sinn) ist, d. h., es gilt zusätzlich zu (1)

$$Ex_t = m = \text{konstant}, \quad \forall t$$

$\Gamma(t+s,t) = \gamma(s)$ hängt für alle t und s nicht von t, sondern nur von s ab.

In vielen Anwendungen kann der ursprüngliche Prozeß in eine Summe aus einem Trend ($Ex_t = m_t$) und einer stationären Komponente zerlegt werden. Da die Prognose des Trends, bei bekannten ersten Momenten, trivial ist, beschränken wir uns auf die Darstellung der Prognose stationärer zentrierter, d. h. erwartungswertbereinigter Prozesse. Oft ist es notwendig, Differenzen zu bilden, um Stationarität zu erreichen.

16.3 Die Prognose aus unendlicher Vergangenheit

Obwohl in der Praxis nur endliche Vergangenheit vorliegt, ist die Theorie der Prognose aus unendlicher Vergangenheit dennoch wichtig, da sie die tiefere Struktur des Problems aufzeigt. Die allgemeine Prognosetheorie stationärer Prozesse, die für den eindimensionalen Fall von *Kolmogorov* [20], *Wiener* [31] und *Wold* [32] und für den mehrdimensionalen Fall von z. B. *Rozanov* [28] behandelt wurde, wird heute in der Praxis weniger verwendet als ursprünglich angenommen. Wir werden diese Theorie daher hier nicht darstellen, sondern nur einige zentrale Ergebnisse festhalten.

Klassifiziert man stationäre Prozesse nach ihrem Prognoseverhalten, so kann man zwei Extreme herausgreifen: Die sogenannten *singulären* Prozesse lassen sich exakt aus unendlicher Vergangenheit prognostizieren:

$$\hat{x}(t,\tau) = x(t+\tau), \qquad \forall \tau > 0 \tag{8}$$

Die *regulären* Prozesse sind charakterisiert durch:

$$\lim_{\tau \to \infty} \hat{x}(t,\tau) = Ex_t = 0 \tag{9}$$

Für $\tau \to \infty$ kann also aus der Vergangenheit keine über den Erwartungswert hinausgehende Information zur linearen Prognose gewonnen werden[1].

Nach dem Satz von *Wold* läßt sich jeder stationäre Prozeß (x_t) eindeutig als Summe eines stationären regulären Prozesses (y_t) und eines stationären singulären Prozesses (z_t) darstellen:

$$x_t = y_t + z_t \tag{10}$$

wobei (y_t) und (z_t) unkorreliert sind und sich durch lineare Transformationen aus x_s, $s \leq t$, ergeben. Man kann das Prognoseproblem für beide Komponenten getrennt lösen. In der Praxis kann man sich fast immer auf die regulären Prozesse beschränken.

Jeder reguläre stationäre Prozeß (x_t) besitzt eine Darstellung (*Wold*-Darstellung) der Form

$$x_t = \sum_{i=0}^{\infty} C_i \varepsilon_{t-i} \tag{11}$$

wobei (ε_t) weißes Rauschen ist, also

$$E\varepsilon_t = 0, \qquad E\varepsilon_s \varepsilon_t' = \begin{cases} \Sigma & \text{für } s = t \\ 0 & \text{für } s \neq t \end{cases} \tag{12}$$

gilt und ε_t eine lineare Transformation von x_s, $s \leq t$, ist. Die $n \times n$ Matrizen C_i sind quadratisch summierbar[2] und es kann die Normierung $C_0 = I_n$ gewählt werden. Aus (11) kann man sehen, daß der lineare KQ-Prädiktor mit dem bedingten Erwartungswert $E(x_{t+\tau}|x_t, x_{t-1}, \ldots)$

---

[1] Von nun an soll Konvergenz als Konvergenz im quadratischen Mittel verstanden werden.

[2] Quadratisch summierbar bedeutet, daß $\sum_{i=0}^{\infty} \|C_i\|^2 < \infty$, wobei $\|C_i\|^2$ den größten Eigenwert von $C_i C_i'$ bezeichnet.

genau dann übereinstimmt, wenn gilt $E(\varepsilon_{t+1}|\varepsilon_t,\varepsilon_{t-1},...) = 0$, wenn also (ε_t) nicht nur weißes Rauschen, sondern auch ein Martingaldifferenzenprozeß ist.

Aufgrund der *Wold*-Darstellung gilt für den ersten Term auf der rechten Seite der folgenden Zerlegung

$$x_{t+\tau} = \sum_{i=\tau}^{\infty} C_i \varepsilon_{t+\tau-i} + \sum_{i=0}^{\tau-1} C_i \varepsilon_{t+\tau-i} \qquad (13)$$

daß er eine lineare Funktion der x_s, $s \leq t$, ist, und für den zweiten Term

$$E\left(\sum_{i=0}^{\tau-1} C_i \varepsilon_{t+\tau-i}\right) \cdot x_s' = 0 \quad \forall s \leq t$$

Aufgrund des Projektionssatzes gilt somit:

$$\hat{x}(t,\tau) = \sum_{i=\tau}^{\infty} C_i \varepsilon_{t+\tau-i} \qquad (14)$$

und der Prognosefehler ist

$$\sum_{i=0}^{\tau-1} C_i \varepsilon_{t+\tau-i}$$

Damit ist jedoch das Prognoseproblem noch keineswegs gelöst. Erstens müssen die Matrizen C_i bestimmt werden, und zweitens müssen, um die Prognosefunktion zu erhalten, in (14) die ε_s durch x_i, $i \leq s$, ersetzt werden.

Wir führen folgenden wichtigen Begriff ein: Für jeden regulären stationären Prozeß wird durch

$$f(\lambda) = \frac{1}{2\pi} \sum_{-\infty}^{\infty} \gamma(s) e^{i\lambda s} \quad \text{mit } \lambda \in [-\pi, \pi] \qquad (15)$$

$$\gamma(s) = \int_{-\pi}^{\pi} e^{-i\lambda s} f(\lambda) d\lambda \qquad (16)$$

der Kovarianzfunktion $\gamma(s)$ umkehrbar eindeutig die *spektrale Dichte* $f:[-\pi,\pi] \to C^{n \times n}$ zugeordnet[3]. Die unendliche Summe (15) ist dabei im Sinne der Konvergenz im quadratischen Mittel zu verstehen. Aus (11) folgt

$$f(\lambda) = \frac{1}{2\pi} \left(\sum_{s=0}^{\infty} C_s e^{-i\lambda s}\right) \cdot \Sigma \cdot \left(\sum_{s=0}^{\infty} C_s e^{-i\lambda s}\right)^* \qquad (17)$$

(* bedeutet konjugiert transponiert).

Die Ermittlung der C_s aus f, also aus den zweiten Momenten, bezeichnet man als die Faktorisierung der spektralen Dichte. Wir wollen uns mit diesem Problem hier in voller Allgemeinheit ebensowenig befassen wie mit der Ersetzung der ε_s durch $x_i, i \leq s$, also der Herleitung der Prognoseformel.

---

3   Die spektrale Dichte ist λ-fast überall bestimmt.

16.4 AR- und ARMA-Prozesse

Die wichtigste Klasse von Modellen für reguläre stationäre Prozesse sind die ARMA-Prozesse (x_t), definiert durch:

$$\sum_{i=0}^{p} A_i x_{t-i} = \sum_{i=0}^{q} B_i \varepsilon_{t-i} \tag{18}$$

dabei sind A_i und B_i $n \times n$ Matrizen und (ε_t) ist weißes Rauschen mit $\Sigma = E\varepsilon_t \varepsilon_t'$. Für $q=0$ erhält man als Spezialfall die autoregressiven Prozesse (AR-Prozesse), für $p=0$ die moving average-Prozesse (MA-Prozesse).

Wir nehmen weiters an:

$$\det \Sigma > 0 \tag{19}$$

$$\det \sum_{i=0}^{\infty} A_i z^i \neq 0 \quad \forall \, |z| \leq 1 \tag{20}$$

$$\det \sum_{i=0}^{\infty} B_i z^i \neq 0 \quad \forall \, |z| \leq 1 \tag{21}$$

Die große Bedeutung der ARMA-Prozesse in der Praxis liegt vor allem in zwei Tatsachen begründet. Zum ersten kann jeder reguläre stationäre Prozeß durch geeignete Wahl der Ordnungen p und q beliebig genau durch ARMA-Prozesse approximiert werden. Zum zweiten hängen die zweiten Momente von ARMA-Prozessen nur von endlich vielen Parametern ab. Der Parameterraum ist daher für gegebene Ordnungen p und q endlichdimensional, wodurch die Schätzung bedeutend vereinfacht wird.

Die Annahme (20) erlaubt es, die Lösung des ARMA-Systems (18) zu schreiben als:

$$x_t = \sum_{i=0}^{\infty} C_i \varepsilon_{t-i} \tag{22}$$

wobei die C_i bestimmt sind durch:

$$C(z) = \sum_{i=0}^{\infty} C_i z^i = A^{-1}(z) \cdot B(z) \tag{23}$$

mit $A(z) = \sum_{i=0}^{p} A_i z^i$ und $B(z) = \sum_{i=0}^{q} B_i z^i$. Die Stabilitätsbedingung (20) sichert somit auch die Stationarität der Lösung.

Die spektrale Dichte von (x_t) ist wegen (22) und (23) gegeben durch:

$$f(\lambda) = \frac{1}{2\pi} A^{-1}(e^{-i\lambda}) B(e^{-i\lambda}) \cdot \Sigma \cdot B^*(e^{-i\lambda}) A^{*-1}(e^{-i\lambda}) \tag{24}$$

Die spektrale Dichte repräsentiert in gewissem Sinne die äußeren, d. h. die aus den Beobachtungen direkt schätzbaren Eigenschaften des Prozesses. Sie kann konsistent geschätzt werden. Die Modellparameter A_i, B_i und Σ stellen hingegen die innere Struktur des Systems dar. Im allgemeinen können A_i, B_i und Σ nicht ohne weitere Annahmen aus $f(\lambda)$ eindeutig bestimmt werden. Das ist das sogenannte Identifizierbarkeitsproblem.

Dieses Identifizierbarkeitsproblem kann in zwei Schritte zerlegt werden. Im ersten geht es um die Eindeutigkeit von $C(z)$ und Σ bei gegebenem $f(\lambda)$; im zweiten um die Eindeutigkeit von $A(z)$ und $B(z)$ bei gegebenem $C(z)$ (siehe dazu Abschnitt 16.5). Für die Prognose ist primär der erste und einfachere Schritt wichtig. Unter unseren Annahmen, insbesondere unter (21), ist $C(z)$ eindeutig bis auf Nachmultiplikation mit einer konstanten nichtsingulären Matrix bestimmt (vgl. [16]). Durch eine einfache Normierung, wie z. B.

$$C_0 = I_n \tag{25}$$

können die C_i eindeutig festgelegt werden.

Aus (18) und (21) folgt:

$$\varepsilon_t = \sum_{i=0}^{\infty} D_i x_{t-i} \tag{26}$$

mit $\sum_{i=0}^{\infty} D_i z^i = B^{-1}(z) \cdot A(z)$. Die ε_t sind also lineare Funktionen der $x_s, s \leq t$, die Lösung (22) ist somit eine *Wold*-Darstellung (11). Aus (14) und (26) folgt daher:

$$\hat{x}(t,\tau) = \sum_{i=\tau}^{\infty} C_i \sum_{j=0}^{\infty} D_j x_{t+\tau-i-j} \tag{27}$$

Für bekannte C_i und daher bekannte D_i ist somit die Prognosefunktion durch (27) gegeben. Zur Bestimmung der C_i und daher der D_i aus $f(\lambda)$ siehe z. B. [28/Kapitel 1.10]. Heute werden die A_i, B_i und Σ meist direkt geschätzt.

Die Prognosefehlervarianz ist gegeben durch:

$$\Sigma_\tau = \sum_{i=0}^{\tau-1} C_i \cdot \Sigma \cdot C_i^* \tag{28}$$

Für AR-Prozesse ist die Prognose besonders einfach. Nimmt man $A_0 = B_0 = I_n$ an, so ist

$$x_t = -A_1 x_{t-1} - \ldots - A_p x_{t-p} + \varepsilon_t \tag{29}$$

Aus dem Projektionssatz folgt:

$$\hat{x}(t,1) = -A_1 x_t - \ldots - A_p x_{t+1-p} \tag{30}$$

da $\quad E\varepsilon_{t+1} \cdot x_s' = E\varepsilon_{t+1} \left(\sum_{i=0}^{\infty} C_i \varepsilon_{s-i}\right)' = 0 \quad \forall\, s \leq t$. Mit dem gleichen Argument gilt

$$\hat{x}(t,2) = -A_1 \hat{x}(t,1) - A_2 x_t - \ldots - A_p x_{t+2-p} \tag{31}$$

usw. Beim AR-Prozeß bestimmen die A_i also sehr direkt die Prognoseformel.

Man kann den Prädiktor aus gegebenen oder geschätzten Koeffizienten eines ARMA-Modells durch Koeffizientenvergleich aus $A(z)C(z) = B(z)$ blockrekursiv berechnen:

$$A_0 \cdot C_0 = B_0$$
$$A_1 \cdot C_0 + A_0 \cdot C_1 = B_1$$
$$\vdots \qquad \vdots \qquad\qquad\qquad\qquad\qquad\qquad (32)$$
$$A_p \cdot C_{i-p} + A_{p-1} \cdot C_{i-p+1} + \ldots + A_0 \cdot C_i = 0 \quad \text{für } i \geq \max(p, q+1)$$

Die C_i erhält man aus der Lösung dieses (unendlichen) linearen Gleichungssystems. Analog können auch die D_i in (27) bestimmt werden:

$$B_0 \cdot D_0 = A_0$$
$$B_1 \cdot D_0 + B_0 \cdot D_1 = A_1$$
$$\vdots \qquad \vdots \qquad\qquad\qquad\qquad\qquad\qquad (33)$$
$$B_q \cdot D_{i-q} + B_{q-1} \cdot D_{i-q+1} + \ldots + B_0 \cdot D_i = 0 \quad \text{für } i \geq \max(q, p+1)$$

Wegen (20) bzw. (21) konvergieren die C_i bzw. D_i für $i \to \infty$ geometrisch gegen 0. Für viele praktische Fälle ist diese Konvergenz sogar sehr schnell, so daß man oft mit relativ kleinen "Anfangsausschnitten" aus (32) und (33) eine hinreichend genaue Approximation für den Prädiktor aus unendlicher Vergangenheit erhält.

Eine zweite Möglichkeit der praktischen Berechnung ist die Verallgemeinerung der in (30) und (31) beschriebenen Iteration auf den ARMA-Fall. Durch Bildung der Prädiktoren auf beiden Seiten von (18) erhält man wegen der Linearität der Projektion:

$$\sum_{i=0}^{p} A_i \hat{x}(t, \tau - i) = \sum_{i=0}^{q} B_i \hat{\varepsilon}(t, \tau - i) \qquad (34)$$

wobei

$$\hat{\varepsilon}(t, \tau - i) = \begin{cases} \varepsilon_{t+\tau-i} & \text{für } \tau - i \leq 0 \\ 0 & \text{für } \tau - i > 0 \end{cases} \qquad (35)$$

$$\hat{x}(t, \tau - i) = x(t + \tau - i) \quad \text{für } \tau - i \leq 0 \qquad (36)$$

Ersetzt man die ε_s in (34) dann aus (18) durch $x_{s-i}, i \geq 0$, und $\varepsilon_{s-i}, i > 0$, so erhält man auf diese Weise eine Approximation für den Prädiktor. Dies ist nur eine Approximation, da die unbekannten Anfangswerte bei dieser Prozedur gleich Null gesetzt wurden. Für genügend großes t ist ihr Einfluß allerdings gering.

Betrachten wir als Beispiel ein einfaches ARMA-System mit $n = 1$, $p = q = 1$:

$$x_t + a x_{t-1} = \varepsilon_t + b \varepsilon_{t-1} \qquad (37)$$

für die Einschrittprognose gilt:

$$\hat{x}(t, 1) = -a x_t + b \varepsilon_t =$$
$$= -a x_t + b x_t + a b x_{t-1} + b^2 \varepsilon_{t-1} \qquad (38)$$
$$= -a x_t + b x_t + a b x_{t-1} + \ldots + b^{t+1} \varepsilon_0$$

und wir setzen $\varepsilon_0 = 0$. Die Zweischrittprognose erhält man aus

$$\hat{x}(t, 2) = (-a + b) \hat{x}(t, 1) + a b x_t + \ldots$$

usw.

16.5 Die Schätzung der Prädiktoren für ARMA-Systeme

In der Praxis sind die C_i oder f unbekannt und müssen aus den Beobachtungen geschätzt werden. Dieses Schätzproblem ist der vielleicht schwierigste Teil des Prognoseproblems. Bei ARMA-Modellen liegt es nahe, nicht die C_i oder f direkt zu schätzen, sondern A_i, B_i und Σ und, falls unbekannt, p und q. Das bietet den Vorteil, daß für vorgeschriebenes p und q der Parameterraum Teilmenge des Euklidischen Raumes ist, was die Schätzung sehr vereinfacht. Wir behandeln zunächst den Fall, daß p und q a priori bekannt sind.

Das Problem der Schätzung ist sehr eng mit dem zweiten Schritt des Identifizierbarkeitsproblems verzahnt, also dem Problem der eindeutigen Festlegung von A_i und B_i[4]. Dieses Identifizierbarkeitsproblem ist im mehrdimensionalen Fall bedeutend schwieriger zu lösen als im eindimensionalen Fall. Die wichtigsten Beiträge hierzu stammen von *Hannan* [15]. Einfache, jedoch nicht ganz allgemeine, hinreichende Bedingungen zur Identifizierbarkeit sind:

$$A_0 = B_0 = I_n \tag{39}$$

$A(z)$ und $B(z)$ sind relativ linksprim (40)

$(A(p), B(q))$ hat Rang n (41)

Bedingung (40) bedeutet, daß das ARMA-System keine künstlich aufgeblähte Dynamik besitzt, nämlich keine gemeinsamen Linksteiler, die nicht unimodular sind[5].

Die am häufigsten verwendeten Schätzverfahren erhält man aus der (*Gauß*schen) Maximum Likelihood (ML)-Schätzung, also der Schätzung, die man aus der Minimierung der Funktion

$$-\frac{2}{T}\ln L_T(\theta) = \frac{1}{T}\ln\det\Gamma_T(\theta) + \frac{1}{T}X_T'\Gamma_T^{-1}(\theta)X_T \tag{42}$$

erhält. Dabei enthält der Parametervektor θ die freien, d. h. unabhängig wählbaren Parameter in A_i, B_i und Σ in einer bestimmten Anordnung, und wir wählen folgende Notation:

$$X_T := \begin{pmatrix} x_1 \\ \vdots \\ x_T \end{pmatrix} \quad \Gamma_T(\theta) := \begin{pmatrix} \gamma_\theta(0) & \gamma_\theta(1) & \cdots & \gamma_\theta(T-1) \\ \vdots & \vdots & \ddots & \vdots \\ \gamma_\theta'(T-1) & \gamma_\theta'(T-2) & \cdots & \gamma_\theta(0) \end{pmatrix}$$

wobei $\gamma_\theta(s)$ die Kovarianzfunktion eines ARMA-Prozesses mit dem Parametervektor θ darstellt.

Gleichung (42) muß numerisch minimiert werden, wobei sie oft durch einfachere Approximationen ersetzt wird. Unter den Identifizierbarkeitsannahmen läßt sich mit einigen weiteren Voraussetzungen zeigen, daß der ML-Schätzer konsistent und asymptotisch normal ist (vgl. [18]).

---

[4] *Hannan* und *Deistler* [18] bzw. *Ljung* [23] geben eine ausführliche Darstellung der hier zusammengefaßten Ergebnisse.
[5] Eine Polynommatrix $U(z)$ heißt unimodular, falls $\det U(z) = \text{konstant} \neq 0$. Im Fall (37) würde künstlich aufgeblähte Dynamik bedeuten $a = b \neq 0$.

Betrachten wir nun den Fall, daß p und q unbekannt sind. Hier gibt es zwei Fehlermöglichkeiten: entweder sind die p und q zu groß ("overfitting") oder zu klein ("underfitting") gewählt. Im Fall von "overfitting" ist der ML-Schätzer nicht mehr konsistent für die A_i und B_i, wohl aber für die C_i. Mit anderen Worten, bei "overfitting" geht wohl die Konsistenz für die wahren Parameter A_i und B_i verloren, der ML-Schätzer konvergiert aber gegen die wahre Äquivalenzklasse, d. h. gegen die Menge aller A_i und B_i, die nach (23) die wahren C_i ergeben. Die C_i und damit die Prognosefunktion werden konsistent geschätzt. Das Schätzproblem ist also für die Prognose in diesem Sinne gutmütiger als für die Parameter A_i und B_i.

Wir erläutern diesen Sachverhalt anhand des eindimensionalen ARMA-Systems mit der Spezifikation (37). Gilt für das wahre System $a = b = 0$, so konvergiert der ML-Schätzer im allgemeinen nicht gegen $a = b = 0$, sondern nur gegen die Gerade $a = b$ mit der Einschränkung $|a| < 1$ und $|b| < 1$ (siehe Abbildung 1). Für die Gerade $a = b$ gilt $\sum C_i z^i = A^{-1}(z) \cdot B(z) = 1$. Der ML-Schätzer konvergiert also gegen die wahren C_i ($C_0 = 1$; $C_i = 0, i > 0$).

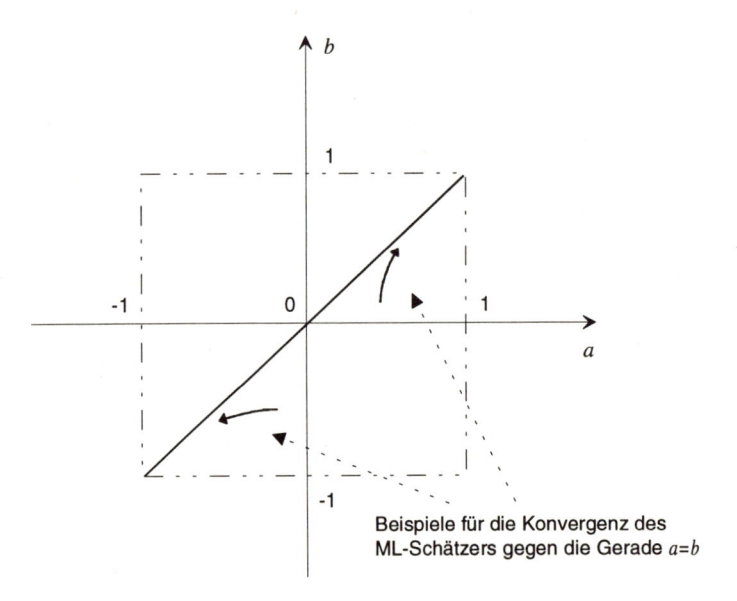

Beispiele für die Konvergenz des ML-Schätzers gegen die Gerade $a=b$

Abb. 1   Parameterraum der eindimensionalen ARMA-Systeme mit $p = q = 1$

Allerdings muß beim "overfitting" ein Verlust an asymptotischer Effizienz in Kauf genommen werden. Zudem wirft die Unbestimmtheit der Parameterschätzung auch numerische Probleme auf, die bei rein autoregressiven Prozessen nicht auftreten. Die Schätzer der "überzähligen" Parameter konvergieren in diesem Fall gegen Null. Außerdem ist der ML-Schätzer bei AR-Modellen vom Kleinst-Quadrate-Typ. Die Schätzformel ist daher im Gegensatz zum allgemeinen ARMA-Fall explizit gegeben und daher schnell auswertbar. Deshalb werden AR-Modelle oft bevorzugt (vgl. [27]), zumal auch sie reguläre stationäre Prozesse beliebig genau approximieren können. Um jedoch eine bestimmte Güte der Approximation zu erreichen, müssen beim reinen AR-Modell im allgemeinen viel mehr Parameter geschätzt werden als beim ARMA-Modell, was einen Nachteil des AR-Ansatzes darstellt.

Bei "underfitting" konvergieren die ML-Schätzer gegen die besten Prädiktoren, die der eingeschränkte Parameterraum zuläßt.

Zur Ermittlung von p und q für eindimensionale Prozesse haben *Box* und *Jenkins* [3] ein inzwischen sehr weit verbreitetes heuristisches Verfahren entwickelt. Dabei werden p und q im wesentlichen aus dem Verlauf der Kovarianzfunktion und der partiellen Kovarianzfunktion sowie aus der Analyse der Residuen gewonnen (vgl. Kapitel 14). Das *Box-Jenkins-*Verfahren ist jedoch nicht vollautomatisiert und erfordert eine gewisse Expertise.

Aufbauend auf den Arbeiten von *Akaike* [1] wurden vollautomatisierte Verfahren zur Schätzung von p und q entwickelt. Die Grundidee ist dabei die folgende: Der ML-Schätzer tendiert insofern zum "overfitting", als die Werte der Likelihoodfunktion für größeres p und q größer oder zumindest gleich sein werden. Aus diesem Grund liegt es nahe, die Likelihoodfunktion oder den ML-Schätzer für Σ mit einem Korrekturterm zu versehen, der von der Anzahl der freien Parameter und damit von p und q abhängt. Eine wichtige Klasse von Kriterien ist von der Form:

$$A(p,q) = \ln \det \hat{\Sigma}_T(p,q) + n^2(p+q)\frac{C(T)}{T} \tag{43}$$

wobei $\hat{\Sigma}_T(p,q)$ der ML-Schätzer von Σ für gegebenes p und q ist. Die Funktion $C(T)$ beschreibt den "trade-off" zwischen der Güte der Einpassung des Systems an die Daten und der Komplexität oder genauer der Dimension des Parameterraums. Konkrete Wahlen sind:

$C(T) = 2$ (AIC-Kriterium)

$C(T) = \ln T$ (BIC-Kriterium)

Die Schätzer von p und q werden durch Minimierung von $A(p,q)$ über einen bestimmten endlichen ganzzahligen Bereich gewonnen. Es kann gezeigt werden, daß das BIC-Kriterium unter allgemeinen Voraussetzungen konsistent ist, während das AIC-Kriterium asymptotisch zur Überschätzung neigt (vgl. [17]).

16.6 ARMAX-Modelle und bedingte Prognose

Bei vielen Anwendungen hängen die endogenen Variablen (x_t) noch von exogenen (z_t) ab. Dann erweitert man das ARMA-System (18) zu einem ARMAX-System:

$$\sum_{i=0}^{p} A_i x_{t-i} = \sum_{i=0}^{r} E_i z_{t-i} + \sum_{i=0}^{q} B_i \varepsilon_{t-i} \tag{44}$$

Analog spricht man von einem ARX-System, wenn $q = 0$ und $B_0 = I_n$ ist. Die "klassischen" linearen ökonometrischen Systeme sind ARX-Systeme.

Bei ARMAX-Systemen wird oft die Frage nach der *bedingten Prognose* für die endogenen Variablen, gegeben die exogenen Variablen, gestellt, z. B. um die Auswirkungen wirtschaftspolitischer Instrumente auf ökonomische "Zielvariablen" zu prognostizieren. Der lineare KQ-Prädiktor für $x_{t+\tau}$, gegeben x_s, $s \leq t$, und z_s, $s \leq t+\tau$, ist die lineare KQ-Approximation von $x_{t+\tau}$ durch diese gegebenen Variablen.

Wir nehmen an, daß (z_t) nichtstochastisch ist und (20) sowie (21) erfüllt sind. Der Erwartungswert von $x_{t+\tau}$ ist dann

$$Ex_{t+\tau} = \sum_{i=0}^{\infty} T_i z_{t+\tau-i} \qquad (45)$$

mit

$$T(z) = \sum_{i=0}^{\infty} T_i z^i = A^{-1}(z) \cdot E(z)$$
$$E(z) = \sum_{i=0}^{r} E_i z^i \qquad (46)$$

und dieser Erwartungswert kann aus der Kenntnis der A_i, E_i und z_s, $s \leq t+\tau$, berechnet werden. Die Abweichungen $x_{t+\tau} - Ex_{t+\tau}$ vom Erwartungswert genügen einem ARMA-System (18) und können mit der in Abschnitt 16.4 behandelten Theorie getrennt prognostiziert werden.

Die Annahme, daß (z_t) nichtstochastisch ist, wurde hier nur aus Gründen der Einfachheit der Notation gesetzt. Die Argumentation verläuft analog, falls $(x_t', z_t')'$ stationär ist und $Ez_s \varepsilon_t' = 0$ für alle s und t gilt.

Im "klassischen" ökonometrischen Fall genügt $x_t - Ex_t$ einem autoregressiven Prozeß. Der lineare KQ-Prädiktor ist daher:

$$\hat{x}(t,1) = -A_0^{-1}\left(\sum_{i=1}^{p} A_i x_{t+1-i} + \sum_{i=0}^{r} E_i z_{t+1-i}\right) \qquad (47)$$

und die Mehrschrittprognosen erhält man durch iteratives Einsetzen analog zu (31).

Wieder ist die Schätzung der A_i, B_i, E_i und Σ in (44) der komplizierteste Schritt zur tatsächlichen Ermittlung der Prädiktoren. Der eigentlichen Schätzung ist wiederum ein Identifizierbarkeitsproblem vorgelagert. Im ARMAX-Fall ist die "strukturelle" Identifizierbarkeit, also die Identifizierbarkeit der ökonomisch direkt interpretierbaren Parameter aufgrund von a priori-Information, besonders wichtig. Hier lassen sich meist aus der a priori-Kenntnis, daß gewisse Variable in gewissen Gleichungen nicht erscheinen, Nullrestriktionen an die Elemente von A_i und E_i ableiten. Diese a priori-Information reduziert in vielen praktischen Fällen die Dimension des Parameterraumes (durch Überidentifikation) bedeutend und erhöht dadurch die asymptotische Effizienz, ja sie macht oft bei einer relativ großen Zahl von Gleichungen und relativ kurzen Zeitreihen die Schätzung erst möglich.

Zur Schätzung selbst empfehlen sich wieder der ML-Schätzer oder geeignete Approximationen - praktisch alle ökonometrischen Schätzverfahren lassen sich als Approximation an den ML-Schätzer auffassen. Die negative logarithmierte Likelihoodfunktion ist in diesem Fall proportional zu

$$-\frac{2}{T} \ln L_T(\theta) = \frac{1}{T} \ln \det \Gamma_T(\theta) + \frac{1}{T}\left(X_T^a - Z_T^e\right)' \Gamma_T^{-1}(\theta)\left(X_T^a - Z_T^e\right) \qquad (48)$$

Dabei sind X_T^a, Z_T^e bzw. ε_T^b $nT \times 1$ Vektoren, bei denen der t-te Block $\sum A_i x_{t-i}$, $\sum E_i z_{t-i}$ bzw. $\sum B_i \varepsilon_{t-i}$ ist; $\Gamma_T(\theta)$ ist $E\varepsilon_T^b \left(\varepsilon_T^b\right)'$. Die ML-Schätzer sind unter allgemeinen Annahmen konsistent und asymptotisch normal.

Die dynamische Spezifikation des ARMAX-Systems, also die Festlegung der maximalen Lag-Längen p, r und q, erfolgt analog zum ARMA-Fall.

In wirtschaftspolitischen Anwendungen ist es oft nicht von vornherein klar, welche Variablen endogen und welche exogen sind. Wir geben folgende Definition von Exogenität: Sei (y_t) der Prozeß aller beobachtbaren Variablen, wobei noch nicht notwendigerweise zwischen endogenen und exogenen Variablen unterschieden worden ist, gegeben eine beliebige Partitionierung (eventuell nach Umordnung der Komponenten) $(y_t) = (x_t', z_t')'$, dann heißt (z_t) *exogen* für (x_t), falls die Projektion von x_t auf $(z_s)_{s \in Z}$ nicht von $(z_s)_{s > t}$ abhängt. Zukünftige Werte des Prozesses (z_t) verbessern diese Approximation nicht. Diese Definition der Exogenität entspricht dem Kausalitätskonzept von *Granger* [14] (siehe [30]). Diese Definition kann direkt für einen Test (Kausalitätstest) verwendet werden, bei dem man in der Regression

$$x_t = \sum_{i=-N}^{N} \beta_i z_{t-i} + u_t$$

die Koeffizienten β_i, $i < 0$, z. B. mit einem F-Test, auf Null testet. Es gibt eine umfangreiche Literatur über alternative Methoden (vgl. [13]).

Die praktische Bedeutung des Kausalitätstests für die Prognose besteht darin, daß man das Prognoseproblem in zwei Schritte zerlegen kann. Zuerst werden die exogenen Variablen aus ihrer eigenen Vergangenheit prognostiziert. Im zweiten Schritt werden die endogenen Variablen bedingt vorhergesagt, wobei für die exogenen Variablen die Prädiktoren der ersten Stufe eingesetzt werden. Bei gegebenen zweiten Momenten ist diese Prognose gleich der unbedingten Prognose für (y_t). Weiß man jedoch, daß (z_t) exogen ist, so hat man weniger Parameter zu schätzen und damit die Möglichkeit eines Effizienzgewinns.

16.7 Die Prognose gesamtwirtschaftlicher Größen

In diesem Abschnitt erstellen wir für die Bundesrepublik Deutschland ein Modell zur Prognose einiger zentraler makroökomischer Zeitreihen. An diesem konkreten Beispiel wird gezeigt, welche zusätzlichen inhaltlichen wie statistischen Überlegungen angestellt werden müssen, um ein aussagekräftiges Prognosemodell zu entwickeln. Wir haben folgende Zeitreihen ausgewählt: das reale Bruttosozialprodukt Y, das Niveau des Verbraucherpreisindex P, die Geldmenge $M1$ sowie das Zinssatzdifferential R zwischen dem 3-Monats-Geldmarktsatz und der Anleiherendite öffentlicher Schuldner mit Restlaufzeit zwischen sieben und 15 Jahren. Diese Zeitreihen stehen nicht nur im Mittelpunkt makroökonomischer Forschung, sondern beanspruchen auch das Interesse einer breiteren Öffentlichkeit. Wir haben das Zinssatzdifferential statt eines Zinssatzes verwendet, da die Differenz zwischen kurz- und langfristigem Zinssatz wichtige Informationen über den zukünftigen Verlauf der wirtschaftlichen Aktivität sowie der Inflationsrate enthält [11]. Die Daten wurden den Main Economic Indicators der OECD entnommen[6]. Die Analyse beschränkt sich auf die Periode erstes Quartal 1960 bis viertes Quartal 1990, um den offensichtlichen Strukturbrüchen im Zusammenhang mit der deutschen Wiedervereinigung zu entgehen.

Die oben genannten Variablen sind mit Ausnahme des Zinssatzdifferentials typischerweise nicht stationär, so daß eine entsprechende Transformation der Variablen notwendig ist. Es ist üblich, die Variablen, mit Ausnahme des Zinssatzdifferentials, erst zu logarithmieren, um die zweiten Momente zu "stationarisieren". Die transformierten Zeitreihen weisen jedoch nach wie vor eine starke Trendkomponente auf. Die adäquate Modellierung des Trends hat in der Makroökonomie zu heftigen Kontroversen geführt, da damit auch wichtige inhaltliche Probleme verbunden sind (vgl. [25]). Dabei geht es um die Frage, ob der Trend in makroökonomischen Zeitreihen, etwa im logarithmierten realen Bruttosozialprodukt, besser durch eine deterministische Funktion, z. B. durch einen linearen Trend ($Ex_t = m_t = \beta t$), oder durch einen stochastischen Trend ("random walk") approximiert wird[7]. Im zweiten Fall heißt die Zeitreihe "integriert der Ordnung Eins" (kurz: integriert oder differenzenstationär).

Zur Entscheidung dieser Frage wurden mehrere Testverfahren vorgeschlagen. Tabelle 1 führt die Werte der geläufigsten Teststatistik, dem *Dickey-Fuller*-Test, unter DF_μ und DF_τ an, wobei eine autoregressive Korrektur der Ordnung 4 vorgenommen wurde [8]. Im Rahmen eines AR-Modells ist die Nullhypothese (Integration der Ordnung Eins) dadurch beschrieben, daß eine Nullstelle des autoregressiven Polynoms $A(z)$ Eins ist (Einheitswurzel oder "unit root"), während alle anderen Wurzeln der Stabilitätsbedingung (20) genügen. Die Indizes μ und τ geben an, daß bei der Berechnung der Mittelwert bzw. der Mittelwert und ein linearer Trend berücksichtigt wurden. Die Ergebnisse zeigen, daß die Nullhypothese für die Variablen $\ln Y$, $\ln P$ und $\ln M1$ bei einem Signifikanzniveau von 5 % nicht abgelehnt werden kann. Die Nullhypothese wird jedoch für $\Delta \ln Y$ und $\Delta \ln M1$, nicht jedoch für die Inflationsrate $\Delta \ln P$, eindeutig abgelehnt. Bei Verwendung alternativer Testverfahren läßt sich die Nullhypothese aber auch für die Inflationsrate ablehnen. Für das Zinssatzdifferential R wird die Nullhypothese eindeutig abgelehnt.

Test	\multicolumn{7}{c	}{Variablen}
	$\ln Y$	$\Delta \ln Y$	$\ln P$	$\Delta \ln P$	$\ln M1$	$\Delta \ln M1$	R
DF_μ	-1,35	-4,52	-0,78	-1,93	-0,03	-5,35	-4,48
DF_τ	-1,91	-4,29	-2,68	-1,95	-2,63	-5,32	-4,75

Tabelle 1   Tests auf Einheitswurzel

DF_μ und DF_τ wurden mit einer autoregressiven Korrektur der Länge 4 berechnet. Die kritischen Werte betragen bei einem Signifikanzniveau von 5 % -2,86 bzw. -3,41.

Kwiatkowski u.a. [22] haben eine Methode vorgeschlagen, um die Stationarität als Nullhypothese zu testen. Da die Resultate von der Ordnung des verwendeten *Bartlett*-Fensters

---

[6] Bei den Variablen P, $M1$ und R handelt es sich um Quartalsdurchschnitte der jeweiligen Monatswerte.
[7] *Campbell* und *Perron* [5] geben wichtige weiterführende Literaturhinweise sowie eine Zusammenfassung des derzeitigen Standes der Diskussion.

abhängen[8], wurde die Teststatistik für verschiedene Werte in Abbildung 2 grafisch dargestellt. Es zeigt sich, daß die Nullhypothese lediglich bei sehr niedriger Ordnung für die Inflationsrate $\Delta \ln P$ abgelehnt werden kann.

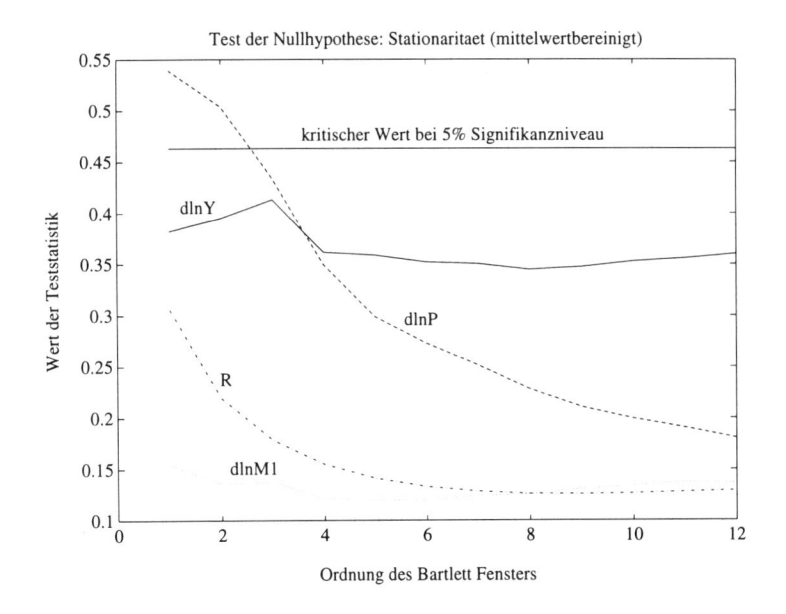

Abb. 2 Werte der Teststatistik nach *Kwiatkowski* u.a. [22]

Die Evidenz aus Tabelle 1 und Abbildung 1 legen nahe, $x_t = (\Delta \ln Y, \Delta \ln P, \Delta \ln M1, R)'$ als stationären multivariaten Prozeß aufzufassen und durch ein vektor-autoregressives Modell (VAR-Modell) der Ordnung p zu approximieren. Dieses kann auch als reduzierte Form eines strukturellen Modells interpretiert werden[9]. Die strukturelle Interpretation von VAR-Modellen ist ohne identifizierende Annahmen nicht möglich (vgl. [7] und [2]). Für das Prognoseproblem ist allerdings die Kenntnis der reduzierten Form ausreichend.

Der Schätzzeitraum wurde auf die Periode zweites Quartal 1960 bis viertes Quartal 1987 eingeschränkt, um die Güte der Prognose in den Jahren 1988 bis 1990 überprüfen zu können. Die Ordnung p des VAR-Modells wurde durch folgende Testprozedur ermittelt: Mittels eines "likelihood ratio"-Tests wurde das Modell mit Ordnung 8 jenem mit Ordnung 6 gegenübergestellt. Die Hypothese "$p=6$" konnte dabei nicht abgelehnt werden; eine weitere Reduktion der Ordnung von 6 auf 4, bei einem Signifikanzniveau von 5 %, hingegen schon. "$p=6$" stellt auch das Minimum des AIC-Kriteriums (43) dar.

Statt die einzelnen Koeffizienten, 25 in jeder Gleichung, anzuführen, haben wir in Abbildung 3 die statistisch bedeutsamsten Zusammenhänge zusammengefaßt. Ein Pfeil von X nach Y bedeutet, daß die Koeffizienten der Variablen X in der Gleichung für die Variable Y

---

8   Die Mächtigkeit des Tests ist für hohe Ordnungen der autoregressiven Korrektur relativ klein. Ordnungen zwischen 6 und 8 dürften einen "vernünftigen" Kompromiß zwischen der Dimension und der Mächtigkeit des Tests darstellen (vgl. [22]).
9   Die Verwendung autoregressiver Modelle zur Darstellung ökonomischer Zusammenhänge wurde von *Sims* [29] propagiert. Er schlägt allerdings vor, die Variablen nicht zu differenzieren.

signifikant von Null verschieden sind. Dabei wird ein F-Test verwendet. Eine durchgezogene Linie bedeutet, daß die Koeffizienten am 5 %-Niveau, eine strichlierte Linie, daß sie ungefähr am 10 %-Niveau signifikant sind. Es zeigt sich eine starke Wechselwirkung zwischen Y und P einerseits sowie P und R andererseits. Die Geldmenge hat nur einen wenig gesicherten Einfluß auf die Inflation und das reale Wachstum. Sie selbst wird signifikant vom Zinssatzdifferential beeinflußt, welches wiederum einen schwach gesicherten Einfluß auf das reale Wachstum hat.

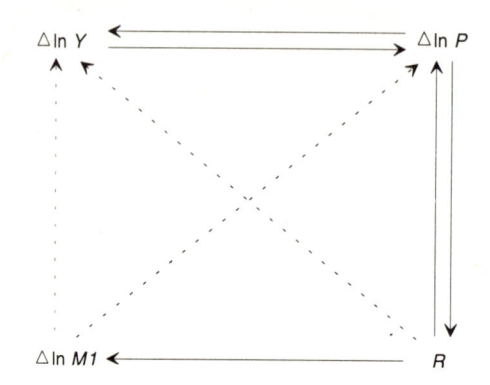

Abb. 3   Zusammenhang zwischen den Variablen

Die Prognosegüte des Modells wurde wie folgt untersucht. Zuerst wurde das Modell für den Beobachtungszeitraum erstes Quartal 1960 bis viertes Quartal 1987 geschätzt. Anschließend wurden mit diesem Modell Prognosen für die nächsten 12 Quartale erstellt. Im nächsten Schritt wurden der Schätzzeitraum um das erste Quartal 1988 erweitert und die Koeffizienten des Modells entsprechend modifiziert. Dieses modifizierte Modell wurde nun zur Prognose der nächsten 11 Quartale herangezogen. Danach wurde der Schätzzeitraum um ein weiteres Quartal erweitert, die Koeffizienten wiederum an die neue Information angepaßt und Prognosen für die nächsten 10 Quartale abgegeben. Insgesamt können auf diese Weise 12 Einschritt-, 11 Zweischritt-, und schließlich eine Zwölfschrittprognose erstellt werden. Die Güte der Prognosen kann anhand mehrerer Maßzahlen überprüft werden. Ein geläufiges Maß ist die Wurzel des mittleren quadrierten Prognosefehlers (Root Mean Squared Error, *RMSE*). Bei einem Prognosehorizont von τ Quartalen und einem Zeitraum N, für die die Prognosegüte evaluiert werden soll, ist der *RMSE* für die Variable (x_t) definiert durch:

$$\sqrt{\frac{1}{N+1-\tau} \sum_{i=0}^{N-\tau} (x_{t+\tau+i} - \hat{x}(t+i,\tau))^2}$$

Das Verhältnis zwischen dem *RMSE* der Modellprognosen und jenem der durch naive "no change"-Prognosen erzielt wird, heißt das *Theil*sche U (vgl. auch Kapitel 12). Ein Wert größer Eins bedeutet, daß die Verwendung des Modells keine Verbesserung gegenüber der naiven "no change"-Prognose darstellt.

Tabelle 2 zeigt, daß die Wachstumsrate des realen Bruttosozialprodukts nur sehr schlecht durch das Modell prognostiziert wird. Der *RMSE* für Einschrittprognosen beträgt zwar 1,14 % bei einer geschätzten Standardabweichung von 1,47 %, das *Theil*sche U macht jedoch deutlich, daß die Modellprognosen schlechter als die naiven "no change"-Prognosen sind.

Dies rührt daher, weil $\Delta \ln Y$ fast weißes Rauschen ist und deshalb kaum eigene Dynamik besitzt und weil der Einfluß der anderen Variablen schwach ist. Besser verhält es sich mit den restlichen Variablen. Die Inflationsrate kann kurzfristig relativ gut prognostiziert werden. Die Genauigkeit nimmt jedoch mit der Länge des Prognosehorizonts ab. Auch die Prognose der Wachstumsrate der Geldmenge kann durch das Modell verbessert werden. Obwohl diese Variable stark schwankt, liegt der Prognosefehler des Modells um etwa ein Viertel niedriger als bei der "no change"-Prognose. Die Prognose des Zinssatzdifferentials läßt sich kurzfristig zwar wenig verbessern, mit längerem Horizont gewinnt jedoch die Modellprognose zunehmend an Genauigkeit gegenüber der "no change"-Prognose.

Die erste Zeile in Tabelle 2 gibt den *RMSE* an, die zweite das *Theil*sche U.

Die schlechte Qualität der Prognose kommt auch durch die hohe Standardabweichung des Prognosefehlers zum Ausdruck. Sie beträgt 1,06 % für die Einschritt- und 1,33 % für die Achtschrittprognose der Wachstumsrate des realen Bruttosozialprodukts sowie 0,63 % bzw. 1,67 % für das Zinssatzdifferential.

Variable	Prognosehorizont						
	1	2	3	4	6	8	12
$\Delta \ln Y$	1,14	0,96	0,85	0,78	0,99	0,73	0,34
	1,17	1,33	0,86	1,01	1,36	0,87	0,87
$\Delta \ln P$	0,31	0,38	0,39	0,40	0,32	0,21	0,37
	0,56	0,51	0,76	1,00	0,48	0,50	0,43
$\Delta \ln M1$	0,93	1,10	1,01	1,13	1,00	0,92	0,81
	0,74	0,78	0,84	0,76	0,60	0,60	0,58
R	0,54	0,76	0,94	1,11	1,30	1,10	1,07
	0,91	0,77	0,71	0,69	0,62	0,50	0,46

Tabelle 2 Prognosegüte für den Prognosezeitraum 1988:1 bis 1990:4

Für das relativ schlechte Abschneiden kommen mehrere Gründe in Frage, auf die im einzelnen hier nicht eingegangen werden kann. Zum einen könnten sich während des Schätzzeitraums Strukturbrüche ereignet haben, z. B. die beiden Erdölpreisschocks 1973/74 und 1979/1980, der Zusammenbruch des Bretton Woods-Systems fester Wechselkurse usw. Besonders nachteilig wirkt sich jedoch die Überparametrisierung des Modells auf die Prognosegüte aus (vgl. [12] und [21]). In unserem Fall wurden bei 103 Beobachtungen 25 Koeffizienten in jeder Gleichung geschätzt. Eine Methode zur Lösung dieses Problems besteht in der Elimination statistisch nicht signifikanter Koeffizienten. Läßt man nur jene Beziehungen zu, die in Abbildung 3 dargestellt sind, und reduziert man die Lag-Länge jeder Variablen soweit, bis man auf einen signifikanten Koeffizienten trifft, so reduziert sich die Anzahl der Koeffizienten von 100 auf 66. Bereits diese einfache Vorgangsweise bringt eine deutliche Verbesserung der Prognosegüte, vor allem im kurzfristigen Bereich. Die Verbesserung gegenüber der "no change"-Prognose beträgt für die Wachstumsrate des Bruttoinlandsprodukts und das Zinssatzdifferential etwa 5 Prozentpunkte. Bei den beiden anderen Variablen fällt die Verbesserung geringer aus. Statt einfach bestimmte Koeffizienten Null zu setzen, haben sich auch *Bayes*ianische Verfahren bewährt, die eine bessere Gewichtung zwischen a priori-Information und Daten erlauben [9]. Außer rein statistischen Verfahren kann auch die ökonomische Theorie zur Gewinnung von a priori-Information beitragen. Diese ist jedoch bezüglich der Dynamik der Variablen meist wenig informativ.

Falls die Niveaus der betrachteten Zeitreihen integriert sind, es aber eine stationäre Linearkombinination gibt, heißen die Variablen *kointegriert* [10]. Eine kointegrierende Linearkombination kann als Gleichgewichtsbeziehung im Sinne der ökonomischen Theorie verstanden werden [26][10]. Wird ein kointegriertes System als VAR-Modell in Differenzen geschätzt, so ist dieses Modell insofern fehlspezifiziert, als die Dynamik zum Gleichgewicht nicht berücksichtigt wird. In diesem Fall müßte das Modell um verzögerte Abweichungen vom Gleichgewicht ergänzt werden. Die Berücksichtigung kointegrierender Beziehungen ist allerdings nicht unproblematisch, da eine weitere Möglichkeit der Fehlspezifikation besteht [6].

16.8 Literatur

[1] Akaike, H., A New Look at the Statistical Model Identification, IEEE Transactions on Automatic Control AC-19 (1974), S. 716 ff.
[2] Bernanke, B.S., Alternative Explanations of the Money-Income Correlation, Carnegie-Rochester Conference Series on Public Policy 25 (1986), S. 49 ff.
[3] Box, G.E.P. und Jenkins, G.M., Time Series Analysis, Forecasting and Control, San Francisco 1976.
[4] Brockwell, P.J. und Davis, R.A., Time Series: Theory and Methods, New York 1987.
[5] Campbell, J.Y. und Perron, P., Pitfalls and Opportunities: What Macroeconomists Should Know About Unit Roots, in: Blanchard, O.J. und Fischer, St. (Hrsg.), NBER Macroeconomics Annual 1991, Cambridge 1991, S. 141 ff.
[6] Clements, M.P. und Hendry, D.F., Forecasting in Cointegrated Systems, Mimeo 1992.
[7] Cooley, T. und LeRoy, S., Atheoretical Macroeconometrics: A Critique, Journal of Monetary Economics 16 (1985), S. 283 ff.
[8] Dickey, D.A. und Fuller, W.A., Distribution of the Estimators for Autoregressive Time Series With a Unit Root, Journal of the American Statistical Association 74 (1979), S. 427 ff.
[9] Doan, T., Litterman, R. und Sims, C.A., Forecasting and Conditional Projection Using Realistic Prior Distributions, Econometric Reviews 3 (1984), S. 1 ff.
[10] Engle, R.F. und Granger, C.W.J., Cointegration and Error Correction: Representation, Estimation and Testing, Econometrica 55 (1987), S. 251 ff.
[11] Estrella, A. und Hardouvelis, G.A., The Term Structure as a Predictor of Real Economic Activity, Journal of Finance 46 (1991), S. 555 ff.
[12] Fair, R., An Analysis of the Accuracy of Four Macroeconometric Models, Journal of Political Economy 87 (1979), S. 701 ff.
[13] Geweke, J., Inference and Causality in Economic Time Series Models, in: Griliches, Z. und Intriligator, M.D. (Hrsg.), Handbooks of Econometrics, Vol. 2, Amsterdam 1984, S. 1101 ff.
[14] Granger, C.W.J., Investing Causal Relations by Econometric Models and Cross-Spectral Methods, Econometrica 37 (1969), S. 424 ff.
[15] Hannan, E.J., The Identification of Vector Mixed Autoregressive-Moving Average Systems, Biometrika 57 (1969), S. 223 ff.
[16] Hannan, E.J., Multiple Time Series, New York 1970.
[17] Hannan, E.J., The Estimation of the Order of an ARMA Process, Annals of Statistics 8 (1980), S. 1071 ff.

---

10 In unserem Beispiel wäre eine stationäre Umlaufsgeschwindigkeit des Geldes eine ökonomisch interessante kointegrierende Linearkombination (d. h. $\ln M1 - \ln Y - \ln P \sim$ stationär). Diese wird aber von den Daten abgelehnt.

[18] Hannan, E.J. und Deistler, M., The Statistical Theory of Linear Systems, New York 1988.

[19] Kalman, R.E., A New Approach to Linear Filtering and Prediction Problems, Journal of Basic Engineering, Transactions of the American Society of Mechanical Engineers D 82 (1960), S. 35 ff.

[20] Kolmogorov, A.N., Sur l'interpolation et extrapolation des suites stationaires, Comptes rendus hebdomadaires des séances de l'Académie des Sciences 208 (1939), S. 208 ff.

[21] Kunst, R. und Neusser, K., A Forecasting Comparison of Some VAR Techniques, International Journal of Forecasting 2 (1986), S. 447 ff.

[22] Kwiatkowski, D., Phillips, P.C.B., Schmidt, P. und Shin, Y., Testing the Null Hypothesis of Stationarity against the Alternative of a Unit Root, Journal of Econometrics 54 (1992), S. 159 ff.

[23] Ljung, L., System Identification, Theory for the User, New Jersey 1987.

[24] Mishkin, F.S., A Multi-Country Study of the Information in the Shorter Maturity Term Structure About Future Inflation, Journal of International Money and Finance 10 (1991), S. 2 ff.

[25] Nelson, C.R. und Plosser, C.I., Trends versus Random Walks in Macroeconomic Time Series: Some Evidence and Implications, Journal of Monetary Economics 10 (1982), S. 139 ff.

[26] Neusser, K., Testing the Long-Run Implications of the Neoclassical Growth Model, Journal of Monetary Economics 27 (1991), S. 3 ff.

[27] Parzen, E., Multiple Time Series: Determining the Order of Approximating Autoregressive Schemes, in: Krishnaiah, P. (Hrsg.), Multivariate Analysis IV, Amsterdam 1977, S. 283 ff.

[28] Rozanov, Y.A., Stationary Random Processes, San Francisco 1967.

[29] Sims, C.A., Money, Income, and Causality, American Economic Review 62 (1972), S. 540 ff.

[30] Sims, C.A., Macroeconomics and Reality, Econometrica 48 (1980), S. 1 ff.

[31] Wiener, N., Extrapolations, Interpolation and Smoothing of Stationary Time Series with Engineering Applications, New York 1949.

[32] Wold, H., A Study in the Analysis of Stationary Time Series, Uppsala 1938.

17 Die Input-Output-Rechnung als Hilfsmittel der Prognose

von R. Stäglin

17.1 Einleitung

Die Prognose der wirtschaftlichen Entwicklung eines Unternehmens oder eines Sektors darf nicht isoliert vorgenommen, sondern muß in ein umfassendes Dateninformationssystem integriert werden. Will man z. B. für einen Sektor die Produktionsentwicklung in den nächsten Jahren prognostizieren, so muß man einerseits das Wachstum des Sozialprodukts bzw. Inlandsprodukts und seiner Komponenten, andererseits die für die Zukunft erwartete Produktionsentwicklung der wichtigsten Abnehmerbranchen des Sektors berücksichtigen. Darüber hinaus empfiehlt es sich - was oft übersehen wird -, auch die Entwicklung derjenigen Branchen zu beachten, die als Kunden des zu prognostizierenden Sektors zwar nicht direkt in Erscheinung treten, die seine künftige Entwicklung aber indirekt beeinflussen, weil sie Vorleistungsprodukte nachfragen, bei deren Erzeugung ebenfalls Produkte des zu prognostizierenden Sektors eingesetzt werden. Ein Beispiel soll dies veranschaulichen: Die Produktion der Elektrotechnischen Industrie hängt nicht nur vom künftigen Wachstum der Endnachfrage nach Erzeugnissen der Elektrotechnik und von der Produktionsentwicklung des Maschinenbaus, des Straßenfahrzeugbaus und des Baugewerbes als den wichtigsten direkten Beziehern ab. Sie wird indirekt auch durch eine veränderte Endnachfrage (Privater Verbrauch, Anlageinvestitionen, Exporte) nach Produkten aus anderen Sektoren sowie durch die Entwicklung des Stahlbaus, der Datenverarbeitung und der Feinmechanischen und Optischen Industrie mitbestimmt, weil in die End- und Vorleistungsproduktion dieser Branchen elektrotechnische Artikel als Vorprodukte eingehen.

Das einzige bisher bekannte System, das die angedeuteten vielfältigen Bezugs- und Lieferverflechtungen einschließlich der möglichen Anstoß-, Mitzieh- und Rückkoppelungseffekte erfaßt, ist die Input-Output-Rechnung. Sie bietet die Möglichkeit, die von Veränderungen ökonomischer Variablen auf die Sektoren und Unternehmen ausgehenden Wirkungen zu quantifizieren sowie einzel- und gesamtwirtschaftliche Prognosen auf Konsistenz zu prüfen. Die Berücksichtigung der Interdependenz aller Wirtschaftszweige durch die Input-Output-Rechnung hat dazu geführt, daß in zunehmendem Maße von ihr als Hilfsmittel der Prognose [18] und als ergänzendem Instrument der Wirtschaftspolitik (vgl. [34] und [35]) Gebrauch gemacht wird.

Die Input-Output-Rechnung besteht aus der Input-Output-Tabelle und aus der Input-Output-Analyse. Die Tabelle stellt das statistische Informationssystem dar, die Analyse liefert eine Interpretation des in der Tabelle enthaltenen Datenmaterials anhand von Input-Output-Modellen.

17.2 Input-Output-Tabelle als Informationssystem für die Prognose

17.2.1 Input-Output-Tabelle als Datensystem

Die Input-Output-Tabelle verzeichnet in Form eines konsistenten Rechenschemas die Waren- und Dienstleistungsströme, die zwischen den zu Sektoren zusammengefaßten Produktionseinheiten eines Wirtschaftsraumes in einer bestimmten Periode fließen. Außerdem zeigt sie die sektoralen Zulieferungen an die Endnachfragevektoren (u. a. Privater Verbrauch und Investitionen) und die Entstehung der primären Inputs (Einfuhren und Beiträge zum Bruttoinlandsprodukt bzw. nach Abzug der Einfuhrabgaben die Bruttowertschöpfung [38]) in den einzelnen Sektoren. Ihr Schema ist dem angegebenen Zahlenbeispiel (vgl. Tabelle 1) zu entnehmen, das eine gesamtwirtschaftliche Input-Output-Tabelle darstellt und aus drei Produktionssektoren, zwei Endnachfragevektoren (y_1, y_2) und zwei primären Inputs (p_1, p_2) besteht.

an von	1	2	3	y_1	y_2	x_i
1	30	100	90	60	20	300
2	80	225	100	55	40	500
3	90	100	240	80	90	600
p_1	30	45	120	35	20	250
p_2	70	30	50	-	-	150
x_j	300	500	600	230	170	1800

Tabelle 1   Input-Output-Tabelle

Für jeden Sektor zeigt die Tabelle zeilenweise die Verteilung seines Outputs (x_i) auf die Abnehmer und spaltenweise die Zusammensetzung seines Inputs (x_j) nach Lieferanten und primären Komponenten. Trägt z. B. der Sektor 2 mit 80 Einheiten zur Produktion des Sektors 1 bei, so kommt das im Felderwert x_{21} zum Ausdruck, der zugleich einen Teil des gesamten Outputs des Sektors 2 (500 Einheiten) und einen Teil des gesamten Inputs des Sektors 1 (300 Einheiten) darstellt. Nachgewiesen werden Werteinheiten, die sich durch Menge x Preis ergeben, wobei als gemeinsame Recheneinheit in der Regel die Landeswährung verwendet wird. Die Werteinheiten können zu jeweiligen Preisen oder zu konstanten Preisen eines Basisjahres ausgedrückt werden. Für jeden Produktionssektor ist Zeilensumme = Spaltensumme, d. h. Gesamtoutput = Gesamtinput; dabei handelt es sich in beiden Fällen um den Bruttoproduktionswert. Für die Endnachfragevektoren und die primären Inputs ist diese Gleichheit nicht sektoral, sondern nur summarisch gegeben [36].

Eine entsprechende Input-Output-Tabelle kann - je nach vorhandenem statistischen Material - auch für ein Unternehmen, einen Sektor oder eine Region aufgestellt werden. Die unternehmensbezogene oder auch betriebliche Tabelle zeigt den internen Produktionsfluß, d. h. die Liefer- und Bezugsverflechtungen zwischen den verschiedenen Bereichen des Unternehmens sowie die externen Outputs (Lieferungen an Kunden und an sog. Verrechnungssektoren) und die externen Inputs (Bezüge von Lieferanten und Leistungseinsatz); sie kann zu einer Matrix der Konzernverflechtung erweitert werden. Die sektorale Tabelle gibt die Verflechtung der Produktionseinheiten eines Sektors untereinander (z. B. innerhalb des Textilgewerbes zwischen der Spinnstoffaufbereitung, der Spinnstoffverarbeitung und der

Gespinstverarbeitung) und mit den übrigen Wirtschaftssektoren wieder (z. B. mit der Chemie auf der Bezugsseite und mit der Polstermöbelherstellung auf der Absatzseite), berücksichtigt aber nicht deren wechselseitige Beziehungen. Diese werden erst beim Übergang zur regionalen und gesamtwirtschaftlichen Input-Output-Tabelle einbezogen, in die wiederum ein Unternehmen eingefügt werden kann, wenn die dafür benötigten Input- und Output-Daten vorhanden sind. Soll z. B. ein Unternehmen aus dem Sektor 2 der Input-Output-Übersicht der Tabelle 1 herausgelöst und gesondert nachgewiesen werden, so müssen je eine neue Zeile und Spalte U_2 eingefügt und die Werte des Sektors 2 entsprechend gekürzt werden (vgl. Tabelle 2).

an von	1	2*	U_2	3	y_1	y_2	x_i
1	30	80	20	90	60	20	300
2*	70	210	10	75	45	40	450
U_2	10	5	0	25	10	0	50
3	90	90	10	240	80	90	600
p_1	30	40	5	120	35	20	250
p_2	70	25	5	50	-	-	150
x_j	300	450	50	600	230	170	1800

Tabelle 2   Input-Output-Tabelle mit eingefügtem Unternehmen

17.2.2 Deskriptive Auswertung der Input-Output-Tabelle

Die deskriptive Auswertung der Input-Output-Tabelle vermittelt ein quantitatives Bild von den direkten Verflechtungsbeziehungen, die zwischen den einzelnen Sektoren und Wirtschaftseinheiten bestehen. Durch Output- und Input-Koeffizienten sowie durch die Ergebnisse der Triangulation liefert sie ein Informationssystem für die Prognose.

17.2.2.1 Output-Koeffizienten

Die Output-Koeffizienten, definiert durch $b_{ij} = x_{ij} / x_i$, geben an, zu welchen Anteilen der Output jedes in der Vorspalte der Tabelle aufgeführten Sektors an die in der Kopfzeile ausgewiesenen Sektoren geht. Durch die Normierung der Zeilenwerte auf die jeweiligen Zeilensummen bringen die Koeffizienten die Absatzstrukturen zum Ausdruck, d. h., für die Produktionssektoren zeigen sie den sektoralen Verbleib der Bruttoproduktion und für die primären Inputs deren Verteilung auf die einzelnen Sektoren ([31] und [36]).

In Tabelle 3 sind die Output-Koeffizienten für die Input-Output-Tabelle der Tabelle 2 wiedergegeben. Sie lassen u. a. erkennen, daß für den Sektor 1 wie auch für das Unternehmen U_2 der Sektor 3 den wichtigsten Abnehmer darstellt. Kann der Sektor 1 - in % ausgedrückt - 30 % seiner Bruttoproduktion an den Sektor 3 absetzen, so sind es bei U_2 sogar 50 %, die von diesem Sektor abgenommen werden. Das bedeutet, daß eine Prognose der Produktionsentwicklung des Sektors 1 bzw. des Unternehmens U_2 eine Kenntnis der Entwicklung des Sektors 3 voraussetzt. Diese wiederum hängt aber von dem Wachstum der

Endnachfrage nach Produkten des Sektors 3 ab, die 28,3 (13,3 + 15,0) % des gesamten Sektor-Outputs auf sich vereinigt.

Nur eine Prognose der Bedarfsentwicklung auf den einzelnen Märkten gewährleistet eine ausreichende Abstimmung der sektoralen Produktion auf die Erfordernisse der Endnachfrage und die der anderen Sektoren; mit Hilfe von detaillierten Input-Output-Tabellen ist sie möglich [15].

	1	2*	U_2	3	y_1	y_2	Σ
1	0,1000	0,2667	0,0667	0,3000	0,2000	0,0667	1,0000
2*	0,1555	0,4667	0,0222	0,1667	0,1000	0,0889	1,0000
U_2	0,2000	0,1000	0,0000	0,5000	0,2000	0,0000	1,0000
3	0,1500	0,1500	0,0167	0,4000	0,1333	0,1500	1,0000
p_1	0,1200	0,1600	0,0200	0,4800	0,1400	0,0800	1,0000
p_2	0,4667	0,1667	0,0333	0,3333	0,0000	0,0000	1,0000
x_j	0,1667	0,2500	0,0278	0,3333	0,1278	0,0944	1,0000

Tabelle 3   Output-Koeffizienten für die Input-Output-Tabelle mit eingefügtem Unternehmen (die Summen sind ohne Berücksichtigung von Rundungsfehlern gebildet)

17.2.2.2 Input-Koeffizienten

Die Input-Koeffizienten, definiert durch $a_{ij} = x_{ij} / x_i$, geben an, zu welchen Anteilen jeder der in der Kopfzeile der Tabelle ausgewiesenen Sektoren Inputs von den in der Vorspalte aufgeführten Sektoren bezogen hat. Durch die Normierung der Spaltenwerte auf die jeweiligen Spaltensummen stellen die Koeffizienten die Kostenstrukturen dar, d. h., für die Produktionssektoren zeigen sie die sektorale Herkunft der Vorleistungen und die primären Kostenbestandteile der Bruttoproduktion, für die Endnachfragevektoren deren Belieferung durch die einzelnen Sektoren ([31] und [36]).

In Tabelle 4 sind die für die Input-Output-Übersicht der Tabelle 2 berechneten Input-Koeffizienten zusammengestellt. Sie machen deutlich, daß der Sektor 1 die meisten und der Sektor 2* die wenigsten primären Inputs zur Erzeugung von 100 Einheiten Bruttoproduktion einsetzt, nämlich 33,3 (10,0 + 23,3) bzw. 14,4 (8,9 + 5,5) Einheiten. Die Input-Relationen lassen ferner erkennen, daß der Sektor 1 am stärksten auf die Zulieferungen des Sektors 3 und das Unternehmen U_2 relativ noch mehr auf die Lieferungen des Sektors 1 angewiesen ist, wenn man die intrasektoralen Transaktionen, also die Bezüge bzw. Lieferungen innerhalb des gleichen Sektors, außer acht läßt.

Der Sektor 1 bezieht 30 % seiner gesamten Inputs vom Sektor 3, und U_2 ist mit Vorleistungsbezügen in Höhe von 40 % seiner Bruttoproduktion vom Sektor 1 abhängig. Da die Produktion nur erbracht werden kann, wenn die dafür notwendigen Rohstoffe, Vorprodukte, Einbauteile und dergleichen verfügbar sind, muß bei einer Prognose der Produktionsentwicklung z. B. des Unternehmens U_2 u. a. auch die künftige Entwicklung des Sektors 1 als dem wichtigsten Lieferanten von Vorleistungen beachtet werden.

	1	2*	U_2	3	y_1	y_2	x_i
1	0,1000	0,1778	0,4000	0,1500	0,2609	0,1176	0,1667
2*	0,2333	0,4667	0,2000	0,1250	0,1956	0,2353	0,2500
U_2	0,0333	0,0111	0,0000	0,0417	0,0435	0,0000	0,0278
3	0,3000	0,2000	0,2000	0,4000	0,3478	0,5294	0,3333
p_1	0,1000	0,0889	0,1000	0,2000	0,1522	0,1176	0,1389
p_2	0,2333	0,0556	0,1000	0,0833	0,0000	0,0000	0,0833
Σ	1,0000	1,0000	1,0000	1,0000	1,0000	1,0000	1,0000

Tabelle 4   Input-Koeffizienten für die Input-Output-Tabelle mit eingefügtem Unternehmen (die Summen sind ohne Berücksichtigung von Rundungsfehlern gebildet)

Bei der Prognose des Bedarfs an Produktgruppen genügt es also nicht, die in der Input-Output-Tabelle verzeichneten Transaktionen als Outputs zu interpretieren, vielmehr muß auch die Input-Bedeutung der Güterströme berücksichtigt werden. Und diese nimmt quantitativ zu, wenn Engpässe auf den Rohstoffmärkten auftreten, weil sie das Produktionswachstum beeinflussen.

17.2.2.3 Triangulation

Die Triangulation ist eine Methode zur Ermittlung der Hierarchie der Produktionssektoren in einem Wirtschaftsraum [13]. Sie besteht in der Umwandlung des Vorleistungsteils einer Input-Output-Tabelle in eine Matrix, bei der die Lieferungen oberhalb oder unterhalb der Hauptdiagonalen maximiert sind. Die Triangulation, die nach verschiedenen Verfahren vorgenommen werden kann [42], ist das Ergebnis eines iterativen Prozesses, bei dem schrittweise die Reihenfolge der Sektoren umgruppiert wird. Werden die Transaktionen z. B. oberhalb der Hauptdiagonalen maximiert, erhält man eine dem Produktionsfluß entsprechende Rangordnung; sie beginnt mit den Sektoren, die überwiegend an andere Produktionssektoren liefern, jedoch wenig von ihnen beziehen, und endet mit den Branchen, die am meisten an die Endnachfrage liefern, aber auch viele Vorleistungen beziehen.

Eine Triangulation der Input-Output-Übersichten der Tabellen 1 und 2 erübrigt sich, da die Sektoren bzw. Wirtschaftseinheiten in den Matrizen schon in einer dem Produktionsfluß entsprechenden Hierarchie angeordnet sind. Die Rangordnung bringt die Abhängigkeit (Dependenz) der für eine Prognose wichtigen Sektoren zum Ausdruck. Sitzen z. B. Branchenexperten zusammen, um die Produktionsentwicklung der von ihnen vertretenen Sektoren vorauszuschätzen, empfiehlt es sich, sie in der Reihenfolge der Hierarchie zu Wort kommen zu lassen. Dadurch wird erreicht, daß jeder Experte - außer dem letzten - durch seine Prognose mehr Informationen an seinen Nachfolger weitergibt (z. B. Sektor 2^* an U_2), als er von seinem Vorgänger erhalten hat (z. B. von Sektor 1).

Im Deutschen Institut für Wirtschaftsforschung (DIW), Berlin, finden jährlich zwei Prognosetagungen mit Vertretern aus dem Produzierenden Gewerbe und aus dem Dienstleistungsgewerbe statt, auf denen gemeinsam eine Vorstellung von der kurzfristigen Produktionsentwicklung der einzelnen Wirtschaftszweige erarbeitet wird. Der Prognosetätigkeit liegt eine entsprechende Hierarchie zugrunde, die bei Vorliegen von neuen Input-Output-Tabellen mit Hilfe der Triangulation immer aktualisiert wird.

17.3 Input-Output-Analyse als Hilfsmittel der Prognose

Die Input-Output-Tabelle, die durch die Beschreibung der zwischen den einzelnen Wirtschaftssektoren bestehenden Input- und Output-Verflechtungen ein wichtiges Informationssystem für die Prognose darstellt, kann auch für analytische Zwecke verwendet werden. Hierzu ist ein Modell erforderlich, mit dem die in der Tabelle gespeicherten Angaben interpretiert werden können.

17.3.1 Input-Output-Modell

17.3.1.1 Das traditionelle Modell

Das Produktionsmodell, das die Grundlage der Input-Output-Analyse bildet, ist in der Regel das offene statische *Leontief*-Modell. (Vom geschlossenen Modell, das zuerst von *Leontief* entwickelt wurde und in dem alle Sektoren nur unter Produktions- und Absatzgesichtspunkten analysiert werden, unterscheidet sich das offene System durch die Berücksichtigung autonomer Sektoren für die Endnachfrage und die primären Inputs [31].)

Das offene Modell geht von der Annahme konstanter Input-Koeffizienten aus, unterstellt also, daß die bezogenen Vorleistungsinputs eines Sektors proportional zum Output dieses Sektors sind: Die Relationen $x_{ij} = a_{ij} \cdot x_j$ stellen somit die *Leontief*sche Produktionsfunktion dar, die linear-homogen und limitational ist. Da sie für jeden Produktionssektor gebildet werden kann, läßt sich die Struktur einer Wirtschaft durch ein System von Gleichungen beschreiben, dessen spezifische strukturelle Eigenschaften durch die numerischen Werte der Input-Koeffizienten gegeben sind.

Für jeden Sektor i ergibt sich der Output durch

$$x_i = \sum_{j=1}^{n} a_{ij} x_j + y_i \quad (i = 1, 2, \ldots, n)$$

so daß das Gleichungssystem für ein offenes statisches Input-Output-Modell in Matrixschreibweise folgendes Aussehen hat:

$$x = Ax + y$$

Hierin sind x und y die Vektoren des technologisch abhängigen Gesamtoutputs (Bruttoproduktion) und der systemunabhängigen Endnachfrage, A ist die Matrix der Input-Koeffizienten.

Das Input-Output-Modell beschreibt ein Mengensystem, obwohl den Transaktionen der Input-Output-Tabelle stets Werte zugrunde liegen. Diese Wertangaben können aber als physische Mengen interpretiert werden, indem die Mengeneinheiten eines Produktes als genau der Gütermenge entsprechend definiert werden, die für eine Geldeinheit bei den jeweiligen Preisen gekauft werden kann (hierzu und zum Preissystem vgl. [27]).

Die Lösung des Modells besteht nun darin, die Bruttoproduktionswerte bzw. Produktionsmengen bei autonom vorgegebener Endnachfrage und konstanten Input-Koeffizienten zu bestimmen. Die Auflösung des Gleichungssystems nach x ergibt

$$x = (I - A)^{-1} \cdot y$$

wobei I die Einheitsmatrix ist; $(I - A)^{-1}$ wird inverse *Leontief*-Matrix genannt.

Die Bedeutung des offenen statischen Input-Output-Modells als Hilfsmittel der Prognose hängt von der Konstanz der Input-Koeffizienten ab. Für kurzfristige Betrachtungen ist diese Annahme durchaus vertretbar, für mittel- und langfristig ausgerichtete Analysen empfiehlt es sich dagegen - insbesondere wegen der strukturellen Veränderungen -, variable Koeffizienten zu verwenden, die dann ebenfalls prognostiziert werden müssen. Hierfür gibt es methodische Ansätze, die die Entwicklung der Input-Koeffizienten als zeit-, technologie- und preisabhängig zu erklären versuchen ([12] und [16]); außerdem gibt es mathematische Verfahren, mit deren Hilfe auf iterativem Wege - mit mehr oder weniger zusätzlicher originärer Information - Input-Output-Tabellen aktualisiert und prognostiziert werden können [26]. Ob mit konstanten oder mit veränderlichen Koeffizienten gearbeitet wird, in jedem Fall lassen sich Wirkungsanalysen durchführen, die die Bedeutung des Input-Output-Modells als Hilfsmittel der Prognose mitbegründen, zumal die Input-Output-Analyse selbst kein Prognoseinstrument darstellt.

17.3.1.2 Das erweiterte Modell

Diese Aussage gilt auch für das erweiterte offene statische Input-Output-Modell, das zusätzlich zu den direkten und indirekten Produktionswirkungen die durch eine Endnachfrageveränderung induzierten Folgereaktionen beim Einkommen und beim privaten Verbrauch berücksichtigt. Die Erweiterung des traditionellen Input-Output-Modells erfolgt durch eine teilweise modellendogene Erklärung des privaten Verbrauchs, der folgender Gedanke zugrunde liegt: Erhöht sich im Sinne eines exogenen Anstoßes die Endnachfrage (z. B. durch Staatsausgaben im Rahmen eines Konjunkturprogramms), so führt das zu Produktionsänderungen. Die im Zuge der Produktion entstehenden Einkommen werden teilweise wieder für Verbrauchszwecke ausgegeben, und aus dem zusätzlichen privaten Verbrauch resultieren wiederum direkte und indirekte Produktionseffekte sowie zugehörige Einkommenseffekte; diese ihrerseits bewirken eine erneute Veränderung des privaten Verbrauchs und geben den Anstoß zu einer neuen "Runde", der sukzessiv weitere folgen.

Formelmäßig läßt sich dieser Kreislauf von Endnachfrage-, Produktions- und Einkommensänderungen ausdrücken durch

$$x^* = (I - A)^{-1} \cdot (I - R)^{-1} \cdot y \quad \text{bzw.}$$

$$x^* = (I - Z)^{-1} \cdot y$$

Hierin bezeichnet x^* die mit dem erweiterten offenen statischen Modell errechnete Bruttoproduktion. $(I - R)^{-1}$ ist die Matrix der Verbrauchsmultiplikatoren, die zum Ausdruck bringt, wieviel Endnachfrage in den in der Vorspalte aufgeführten Sektoren durch die Nachfrage nach Gütern der in der Kopfzeile ausgewiesenen Sektoren und die daraus resultierenden produktions- und einkommensbedingten Folgewirkungen induziert wird. Die Matrix $(I - Z)^{-1}$ ergibt sich durch die Verknüpfung der traditionellen *Leontief*-Inversen mit der Matrix der Verbrauchsmultiplikatoren; sie berücksichtigt neben den Produktionseffekten im Sinne von *Leontief* auch die Einkommenseffekte im Sinne von *Keynes* [25].

17.3.1.3 Das dynamische Modell

Werden darüber hinaus die Investitionen modellendogen bestimmt, läßt sich auch die zu einer exogen vorgegebenen Endnachfragereihe gehörige sektorale Entwicklung von Investition, Produktion und Beschäftigung ermitteln. Das bedeutet eine zusätzliche Erweiterung des Input-Output-Modells als Mengensystem und führt zum dynamischen Modell. Die endogene Erklärung der sektoralen Investitionsprozesse (vgl. [6] und [28]) beruht auf folgenden Annahmen: In jeder Periode werden in jeder Branche Entscheidungen über den Ausbau von Produktionskapazitäten aufgrund der sektoralen Produktionsentwicklung der letzten Jahre getroffen. Diese Kapazitätserweiterungspläne basieren auf einem Akzelerationsprinzip. Einige Kapitalgüter - diese werden in Erweiterungs- und Ersatzinvestitionen unterteilt - müssen eine bestimmte Anzahl von Perioden im voraus produziert werden, bevor sie die Produktionskapazitäten in der investierenden Branche erhöhen. Eine Vollauslastung der Kapazitäten ist nicht notwendig.

Formelmäßig spiegeln sich diese Annahmen des dynamischen Modells in der folgenden Gleichung wider, deren Originalversion auf *Leontief* und *Duchin* [21] zurückgeht:

$$x_t = A_t x_t + R_t x_t + B_{t+1}(x_{t+1} - x_t) + y_t$$

Hierin sind die Vektoren der Produktion und der Endnachfrage sowie die Matrix der Input-Koeffizienten datiert, d. h., sie beziehen sich auf die Zeitperioden t und $t+1$. Die Matrix R_t enthält die Investitionskoeffizienten für Ersatz- und Modernisierungsanlagen in der Periode t, während B_{t+1} die Matrix der Erweiterungskapitalkoeffizienten in der Periode $t+1$ darstellt. Eine weitere Spezifikation der Produktionskapazität in t und ihrer Veränderung zwischen t und $t+1$ führt zu einem Modell, das für den gesamten Simulationszeitraum nur positive Outputs - also nicht-negative Lösungen - garantiert. Da in der Modellformulierung von einer sich im Zeitablauf ändernden Struktur und Technologie der Wirtschaft ausgegangen wird, erfordert die Implementierung des dynamischen Input-Output-Modells eine Zeitreihe von verschiedenen Matrizen, die untereinander vergleichbar und kompatibel sein müssen. Diese im Vergleich zum statischen Modell um ein vielfaches größeren Datenanforderungen haben einer weitreichenden empirischen Anwendung bisher im Wege gestanden.

17.3.2 Modellmäßige Auswertung der Input-Output-Tabelle

Die modellmäßige Auswertung der Input-Output-Tabelle bedeutet eine Analyse der wechselseitigen direkten und indirekten - beim erweiterten Modell auch der multiplikatorinduzierten - Beziehungen zwischen Endnachfrage, primären Inputs und Vorleistungsverflechtung (zu weiteren Auswertungsmöglichkeiten vgl. [17] und [36]). Zum Beispiel macht sie es möglich, die Auswirkungen künftiger Endnachfrage- und primärer Inputveränderungen auf die einzelnen Wirtschaftseinheiten und Sektoren sowie auf die Wirtschaft als Ganzes zu quantifizieren. Ausgegangen wird dabei immer von der inversen *Leontief*-Matrix als dem Kernstück der Input-Output-Analyse.

17.3.2.1 Inverse Koeffizienten

Wie die Lösung des offenen statischen *Leontief*-Modells gezeigt hat, ist die inverse Matrix durch $C = (I - A)^{-1}$ definiert. Ihre Koeffizienten c_{ij} geben an, wieviel jeder der in der Vorspalte aufgeführten Sektoren produzieren muß, damit eine Einheit Endnachfrage nach Gütern der in der Kopfzeile ausgewiesenen Sektoren befriedigt werden kann. Durch die Einbeziehung der sektoralen Interdependenzen wird es möglich, die zur Befriedigung einer Endnachfrage insgesamt, d. h. direkt und indirekt benötigte Bruttoproduktion festzustellen. Wenn z. B. die Nachfrage nach elektrotechnischen Haushaltsgeräten steigt, gehen von der Produktion der unmittelbar angesprochenen Elektrotechnischen Industrie nicht nur Wirkungen auf ihre direkten Zulieferindustrien wie die NE-Metallindustrie und die Chemie aus (direkte Effekte). Auch deren jeweilige Zulieferanten wie der Metallerzbergbau und die Energiewirtschaft, im nächsten Schritt wiederum deren Zuliefersektoren usw., müssen mehr Vorleistungsproduktion bereitstellen (indirekte Effekte), damit die Nachfrage nach Elektrogeräten letztlich befriedigt werden kann.

Formal läßt sich die durch die Endnachfrage ausgelöste Gesamtproduktion in die einzelnen Produktionsschritte zerlegen, wenn die Berechnung der inversen Matrix durch die Entwicklung der folgenden Potenzreihe approximiert wird:

$$C = (I - A)^{-1} = I + A + A^2 + A^3 + A^4 + \ldots$$

I repräsentiert dann die Endnachfrage nach Produkten jedes Sektors (Incentives), A die zur Befriedigung dieser Endnachfrage direkt notwendigen Vorleistungen bzw. Zulieferungen, während die verbleibenden Elemente $A^2 + A^3 + A^4 + \ldots$ die indirekte Vorleistungsproduktion ausdrücken, die zur Erbringung der direkten Zulieferungen erforderlich ist.

In den Tabellen 5 und 6 sind die inversen Koeffizienten für die beiden Input-Output-Übersichten (ohne bzw. mit eingefügtem Unternehmen) wiedergegeben. Aus der Tabelle 6 ist zu ersehen, daß zur Befriedigung einer Einheit Endnachfrage nach Produkten des Sektors 2*

der Sektor 1	0,76 Einheiten
der Sektor 2*	2,54 Einheiten
das Unternehmen U_2	0,11 Einheiten und
der Sektor 3	1,26 Einheiten

produzieren müssen.

Die Produktion des Sektors 2* in Höhe von 2,54 Einheiten läßt sich entsprechend der dargestellten Potenzreihe weiter zerlegen in:

1,00	Einheiten Endnachfrage,
0,47	Einheiten direkte Vorleistungen, die Unternehmen des gleichen Sektors beziehen (vgl. Tabelle 4), und
1,07	Einheiten indirekte Vorleistungen, die Unternehmen des Sektors 2* für andere Unternehmen der Sektoren 1, 2* und 3 sowie für das Unternehmen U_2 bereitstellen müssen. Das entspricht der Summe der Glieder $A^2 + A^3 + A^4$ usw. der Potenzreihe.

	1	2	3	Σ
1	1,5431	0,7802	0,6025	2,9259
2	1,0923	2,5748	0,9883	4,6554
3	1,1357	1,2484	2,2974	4,6814
Σ	3,7711	4,6034	3,8882	12,2627

Tabelle 5 Inverse Koeffizienten für die Input-Output-Tabelle

	1	2*	U_2	3	Σ
1	1,5432	0,7602	0,8905	0,6060	3,7999
2*	0,9824	2,5435	1,0717	0,8499	5,4476
U_2	0,1097	0,1062	1,0902	0,1253	1,4313
3	1,1356	1,2634	1,1659	2,2947	5,8596
Σ	3,7709	4,6733	4,2183	3,8759	16,5384

Tabelle 6 Inverse Koeffizienten für die Input-Output-Tabelle mit eingefügtem Unternehmen

Die Summenzeile der inversen Matrix zeigt, wieviel Einheiten insgesamt erzeugt werden müssen, damit eine Einheit Endnachfrage nach Produkten der in der Kopfzeile ausgewiesenen Sektoren befriedigt werden kann. Die Tabelle macht deutlich, daß der Produktionseffekt bei einer Veränderung der Nachfrage nach Erzeugnissen des Sektors 2* mit 4,67 am größten wäre.

Die inversen Koeffizienten - auch als Sektorenmultiplikatoren bezeichnet - bieten die Möglichkeit, bei einer Prognose der Bedarfsentwicklung auf den einzelnen Märkten und bei einer Vorausschätzung der sektoralen Produktionsentwicklung die anderweitig nicht quantifizierbaren indirekten Effekte zu berücksichtigen. Da sie die Interdependenz aller wirtschaftlichen Beziehungen widerspiegeln, sind sie wertmäßig größer als die nur die direkten Beziehungen beschreibenden Input-Koeffizienten.

17.3.2.2 Berechnung unternehmensbezogener Produktionseffekte

Die inversen Koeffizienten der Tabelle 6 zeigen, daß auch ein in eine Input-Output-Übersicht eingefügtes Unternehmen sofort in der Lage ist, den von einer Endnachfrageveränderung (z. B. einem staatlichen Konjunkturprogramm) auf seine Produktion ausgehenden Gesamteffekt zu quantifizieren. Steigt z. B. die Nachfrage nach Produkten des Sektors 1 bzw. des Sektors 3 um jeweils 100 Einheiten, bedeutet dies für das Unternehmen U_2 eine Mehrproduktion von rd. 11,0 bzw. 12,5 Einheiten. Davon sind 3,3 bzw. 4,2 Einheiten direkte Zulieferungen an die Sektoren 1 und 3 (vgl. Tabelle 4), die restlichen 7,7 bzw. 8,3 Einheiten stellen indirekte Vorleistungsproduktion dar.

Auch wenn ein Unternehmen nicht explizit in einer Input-Output-Tabelle erscheint, hat es die Möglichkeit, die von einer erwarteten Endnachfrageveränderung auf seine Bruttoproduktion ausgehenden Wirkungen abzuschätzen (vgl. auch [19/S. 80 ff.]). Hierfür muß es sich durch eine separate Zeile in eine vorhandene Input-Output-Tabelle hineinrechnen, d. h., es muß über die sektorale Verteilung seines Outputs Bescheid wissen [39].

Nehmen wir an, daß das Unternehmen U_2 - zum Sektor 2 gehörig - die in der Tabelle 2 angegebene Output-Verteilung hat. Da die gesamten Inputs x_j der drei Abnehmersektoren aus der Input-Output-Übersicht der Tabelle 1 ebenfalls bekannt sind, lassen sich für das Unternehmen die folgenden individuellen Input-Koeffizienten berechnen (der Input-Koeffizient $a_{U_{2,2}}$ weicht deshalb von dem der Tabelle 4 ab, weil er auf den gesamten Sektor 2, nicht auf den Sektor 2*, bezogen ist):

$$a_{U_{2,1}} = 0{,}0333 \quad a_{U_{2,2}} = 0{,}0100 \quad a_{U_{2,3}} = 0{,}0417$$

Werden sie mit den inversen Koeffizienten der Tabelle 5 kombiniert, geben sie Auskunft über die durch eine Endnachfrageerhöhung bewirkte Output-Zunahme bei dem Unternehmen U_2. Steigt z. B. - um bei dem oben gegebenen Beispiel zu bleiben - die Nachfrage nach Produkten des Sektors 1 bzw. des Sektors 3 um jeweils 100 Einheiten, so nehmen die Bruttoproduktionswerte aller (direkt und indirekt) betroffenen Sektoren entsprechend den inversen Koeffizienten der Spalten 1 und 3 der Tabelle 5 zu, also:

	$c_{i1} \cdot 100$	$c_{i3} \cdot 100$
1	154,31	60,25
2	109,23	98,83
3	113,57	229,74

Werden diese Output-Veränderungen mit den individuellen Input-Koeffizienten des Unternehmens multipliziert und die Sektorenergebnisse addiert, erhält man eine Angabe über die durch die gestiegene Endnachfrage ausgelöste Mehrproduktion beim Unternehmen U_2:

	$(c_{i1} \cdot 100) a_{U_{2,j}}$	$(c_{i3} \cdot 100) a_{U_{2,j}}$
1	5,14	2,01
2	1,09	0,99
3	4,74	9,58
Σ	10,97	12,58

Ein Vergleich mit den aufgrund der inversen Koeffizienten des Unternehmens U_2 aus Tabelle 6 unmittelbar ermittelten Produktionszunahmen zeigt - bis auf Rundungsfehler - volle Übereinstimmung. Somit hat ein Unternehmen, auch wenn es nicht explizit mit seiner Input- und Output-Struktur in der Verflechtungsmatrix erscheint, die Möglichkeit, die Auswirkung der Endnachfrage nach der Produktion aller Sektoren auf seinen eigenen Output zu quantifizieren.

17.3.2.3 Zusammenhang zwischen Endnachfrage und Bruttoproduktion

17.3.2.3.1 Diagnostische Bedeutung

Die Endnachfrage besteht aus verschiedenen Komponenten, die für die einzelnen Produktionssektoren und deren Entwicklung unterschiedliche Bedeutung haben. Diese auch für die Prognose wichtige Bedeutung ist aber nicht allein aus der direkten Nachfrage (Endproduktion) zu erkennen, sondern es muß die indirekte Nachfrage (Vorleistungsproduktion) mit berücksichtigt werden. Das ist durch die inverse Matrix möglich, die bei Multiplikation mit der

Endnachfrage (Y) die zur Befriedigung der Endnachfragekomponenten insgesamt (direkt und indirekt) notwendige sektorale Bruttoproduktion (X) zeigt:

$$X = C \cdot Y$$

In Tabelle 7 sind die Ergebnisse einer derartigen Transformation der Endnachfrage in Bruttoproduktion für die Input-Output-Übersicht der Tabelle 2 wiedergegeben.

Die Ergebnisse machen deutlich, daß der Sektor 1 z. B. 184 Einheiten Bruttoproduktion zur Befriedigung des Endnachfragevektors y_1 bereitstellen mußte, obwohl dessen direkte Nachfrage nach Produkten des Sektors 1 nur 60 Einheiten betrug (vgl. Tabelle 2). Das erklärt sich dadurch, daß der Sektor 1 auch die Sektoren 2* und 3 sowie U_2 beliefert, die ebenfalls für y_1 produzieren, so daß er einen erheblichen Teil seiner Bruttoproduktion (124 Einheiten) indirekt - durch Vorleistungslieferungen an die anderen Sektoren und an sich selbst - für die Befriedigung von y_1 zur Verfügung stellen muß.

	y_1	y_2	x_i
1	184	116	300
2*	252	198	450
U_2	32	18	50
3	320	280	600
Σ	788	612	1400

Tabelle 7   Den Endnachfragekomponenten zugerechnete Bruttoproduktion

Um festzustellen, wieviel Produkte des Sektors 1 in der für die Endnachfrage bestimmten Produktion der einzelnen Sektoren enthalten sind, oder anders ausgedrückt, durch welche Lieferbeziehungen die indirekte Abhängigkeit des Sektors 1 im einzelnen bedingt ist, müssen Marktverflechtungsanalysen durchgeführt werden (vgl. [32]). Hierzu wird die dem untersuchten Produktionssektor i entsprechende Zeile der inversen Matrix, als Diagonalmatrix geschrieben, mit der Matrix der Endnachfragekomponenten multipliziert:

$$X_i = {_D C_i} \cdot Y$$

Die Ergebnisse einer derartigen Marktverflechtungsanalyse sind für den Sektor 1 und das Unternehmen U_2 in Tabelle 8 zusammengestellt.

	Sektor 1		U_2	
	y_1	y_2	y_1	y_2
1	92	31	6	2
2*	34	30	5	4
U_2	9	0	11	0
3	49	55	10	12
Σ	184	116	32	18

Tabelle 8   Marktverflechtungsanalysen

Sie lassen z. B. erkennen, daß in den Lieferungen der Sektoren 2* und 3 sowie des Unternehmens U_2 an den Endnachfragevektor y_1 Produktionswerte des Sektor 1 in Höhe von 34, 49 und 9 Einheiten enthalten sind. Hinzu kommen 32 Einheiten Vorleistungsprodukte, die intrasektoral durch die Lieferbeziehungen zwischen den Unternehmen des Sektors 1 bedingt sind. Diese 32 Einheiten ergeben sich aus den 92 Einheiten Gesamtleistung (Tabelle 8) abzüglich 60 Einheiten direkte Lieferungen (Tabelle 2).

Wie bei den inversen Koeffizienten schon gezeigt wurde, ist es auch hier wieder möglich, die Interdependenzen von Endnachfrage und Bruttoproduktion für das Unternehmen U_2 ohne dessen explizite Berücksichtigung in der Input-Output-Tabelle zu quantifizieren. Gegeben sein müssen nur die Absatzwerte an die Endnachfragekomponenten [39].

17.3.2.3.2 Prognostische Bedeutung

Die bisherigen Berechnungen sind innerhalb des Systems einer vorliegenden Input-Output-Tabelle geblieben. Wird dieses System verlassen, d. h., werden Endnachfragevektoren von außen her vorgegeben - wobei es gleichgültig ist, ob sie geschätzt oder einem wirtschaftspolitischen Plan entnommen sind -, können durch Multiplikation mit der inversen Matrix die von diesen Endnachfragegrößen auf die einzelnen Sektoren ausgehenden Produktionswirkungen geschätzt werden. Auf gesamtwirtschaftlicher Ebene ist von der Möglichkeit, die Input-Output-Analyse in dieser Hinsicht als Hilfsmittel der Prognose einzusetzen, bereits mehrfach Gebrauch gemacht worden. Schon 1967 wurden mit Hilfe der im DIW erstellten Input-Output-Tabellen die Auswirkungen der beiden staatlichen Konjunkturprogramme auf die Bruttoproduktion der einzelnen Wirtschaftszweige quantifiziert [1]; diese Untersuchungen wurden mit den nachfolgenden Konjunkturprogrammen fortgeführt [3] und um Wirkungsanalysen erweitert, bei denen es um die Formulierung einer mittelfristigen Wachstumsstrategie [4] und um die Simulation der durch Angebotsverknappungen auf Rohstoffmärkten ausgelösten Störungen des Wirtschaftsablaufs [10] ging. Bei der letztgenannten Analyse wurden erstmals variable Input-Koeffizienten zur Berücksichtigung von Substitutionsmöglichkeiten herangezogen. Auch die Exportabhängigkeit der deutschen Industrie und der anderen Wirtschaftszweige wurde und wird weiterhin kontinuierlich analysiert, um sichtbar zu machen, welche direkten und indirekten Folgen ein Rückgang der Exporte eines Wirtschaftszweiges (z. B. der Automobilindustrie) haben könnte [37]. Hierzu zählen ferner die projektspezifischen Input-Output-Studien, mit denen die wirtschaftliche Bedeutung des Baus und des Betriebes von Kraftwerken [41], einer Verringerung der Steinkohlenförderung [14] und des Exports von Großanlagen [33] quantifiziert wurden. Hinzu kommen Untersuchungen, denen das traditionelle Input-Output-Modell in seiner Version als Preissystem zugrunde liegt. Bei ihnen ging es vor allem um die Simulation der Auswirkungen der Erdölkrise und von Stahlpreiserhöhungen auf das sektorale und gesamtwirtschaftliche Preis- und Kostenniveau ([9] und [11]).

Mit der Input-Output-Analyse können also die durch bestimmte wirtschaftspolitische Maßnahmen hervorgerufenen Effekte in Form eines Planspiels bereits vorher abgeschätzt werden. Dadurch gewinnt die für die Wirtschaftspolitik verantwortliche Stelle rechtzeitig einen Einblick in die Effizienz ihrer Maßnahmen, soweit der Strukturaspekt im Vordergrund der Untersuchungen steht. In welchem Ausmaß das auch für die Unternehmenspolitik zutrifft, ist eine Frage der Datenverfügbarkeit für betriebliche Input-Output-Tabellen (vgl. [22]).

Für die Prognose im engeren Sinn, d. h. für die eigentliche Vorausschätzung z. B. der Endnachfragegrößen, ist die Input-Output-Rechnung dagegen weniger geeignet. Das liegt nicht daran, daß die durch eine erhöhte Endnachfrage induzierten Reaktionen der Wirtschaftssubjekte, die einmal in einer Vermehrung der Investitionen (Akzeleratoreffekt) und zum anderen in einer Wiederverausgabung der entstandenen Einkommen in den Folgeperioden (Multiplikatoreffekt) zum Ausdruck kommen können, - trotz der Erweiterungen des offenen statischen Input-Output-Modells - nicht ausreichend berücksichtigt werden. Es ist vielmehr durch die andere Fragestellung begründet; der Input-Output-Analyse geht es nicht um die Prognose der Endnachfrage, sondern um die Berechnung der von dieser prognostizierten Nachfrage ausgehenden sektoralen Wirkungen.

Somit bietet sich die Input-Output-Analyse auch für die Konsistenzprüfung von Prognosen an, insbesondere dann, wenn voneinander unabhängig gewonnene Vorstellungen über die künftige Entwicklung der Endnachfrage und der Bruttoproduktion vorhanden sind, man aber nicht weiß, ob diese Vorstellungen kompatibel sind. Liegen z. B. nach Sektoren disaggregierte Endnachfragevorausschätzungen für das Jahr 2000 vor, so können die dazugehörigen Bruttoproduktionswerte ermittelt und mit den gesondert prognostizierten Produktionsgrößen für 2000 verglichen werden. Andererseits ist es auch möglich, die zu dem Produktionsvektor des Jahres 2000 "passende" Endnachfrage zu bestimmen und sie mit den Ergebnissen einer getrennten Endnachfrageprognose zu vergleichen. Hierzu ist nicht einmal eine inverse Matrix notwendig, denn die Berechnung erfolgt mit Hilfe der *Leontief*-Matrix durch

$$y = (I - A)x$$

Von der Möglichkeit, die Input-Output-Analyse zur Konsistenzprüfung einzusetzen, ist schon sehr früh bei Kurzfristprognosen [2] und bei Langfristprognosen [40] Gebrauch gemacht worden. Von Nachteil bei diesen Konsistenzprüfungen ist nur, daß man bei festgestellten Inkonsistenzen zwischen den unabhängig und den mit der Input-Output-Rechnung ermittelten Prognoseergebnissen nicht diskriminieren kann, ob die Abweichungen auf Fehler in der Endnachfrage- oder Produktionsvorausschätzung oder auf die meist als konstant angenommenen Koeffizienten zurückzuführen sind.

Die für die Beantwortung gesamtwirtschaftlicher Fragestellungen angeführten Einschränkungen gelten entsprechend für die Anwendung der Input-Output-Rechnung auf Unternehmens- bzw. betriebswirtschaftlicher Ebene. Trotzdem wird auch hier in zunehmendem Maße von diesem Hilfsmittel der Prognose Gebrauch gemacht; einmal, weil es möglich ist, den von gesamtwirtschaftlichen Maßnahmen auf das einzelne Unternehmen ausgehenden Produktionseffekt abzuschätzen, zum anderen, weil im günstigsten Falle - wie in den USA schon seit langem geschehen [30] - dem Unternehmen die Frage beantwortet werden kann: Welche Sektoren und welche Betriebe innerhalb dieser Sektoren kaufen meine Produkte, und wieviel kaufen sie? Diese Information ermöglicht dem Unternehmen, seine Marktposition zu bestimmen, Marktlücken zu erkennen und neue Absatzmärkte zu erschließen. Verfügt das Unternehmen darüber hinaus über eine eigene betriebliche Input-Output-Tabelle, so kann es auch folgende mit einer geplanten Marktausdehnung zusammenhängende Fragen beantworten: In welchem Umfang müßte bei gleichbleibender Belieferung der alten Kunden die Produktion auf den vorgelagerten Fertigungsstufen gesteigert werden? Wieviel mehr externe Inputs müßten bezogen werden? Wo könnten extern oder intern bedingte

Engpässe auftreten? (Zu weiteren Fragestellungen bei betriebswirtschaftlicher Input-Output-Rechnung und zur Durchführung eines unternehmensbezogenen Planspiels vgl. [22].)

17.3.3 Transformation der Input-Output-Ergebnisse in Beschäftigungsgrößen

Wenn mit den Input-Output-Tabellen abgestimmte sektorale Arbeitsmarktdaten vorliegen, können die Ergebnisse der Input-Output-Analyse in Erwerbstätigenzahlen (Personen) und Arbeitsvolumen (Stunden) transformiert werden. Hierfür werden sektorale (Brutto-)Arbeitskoeffizienten bzw. - reziprok - (Brutto-)Arbeitsproduktivitäten benötigt, definiert durch

$$\frac{\text{Erwerbstätige oder Volumen}}{\text{Bruttoproduktion}} \quad \text{bzw.} \quad \frac{\text{Bruttoproduktion}}{\text{Erwerbstätige oder Volumen}},$$

um die Input-Output-Tabellen, die zugehörigen inversen *Leontief*-Matrizen oder die Auswertungsergebnisse in Beschäftigungsgrößen umzurechnen.

Von der sogenannten input-output-orientierten Arbeitsmarktanalyse machen vor allem das Institut für Arbeitsmarkt- und Berufsforschung der Bundesanstalt für Arbeit (IAB), Nürnberg, und das DIW Gebrauch. Sie setzen die Input-Output-Analyse bei Fragestellungen ein, die im Zusammenhang mit der Bekämpfung der Arbeitslosigkeit auftreten und bei deren Beantwortung die bisher verwendeten Techniken der Global- und Partialanalyse nicht ausreichen. Unter dem Gesichtspunkt der Prognose standen bisher die direkten, indirekten und multiplikatorinduzierten Beschäftigungswirkungen wirtschaftspolitischer Maßnahmen auf die einzelnen Wirtschaftszweige im Mittelpunkt des Interesses (vgl. [34]). Aber auch die zukünftigen Beschäftigungswirkungen der Diffusion von Industrierobotern wurden mit Hilfe des dynamischen Input-Output-Modells geschätzt [6].

17.4 Input-Output-Auswertungsprogramme

Die deskriptiven und modellmäßigen Auswertungen der Input-Output-Tabelle, die anhand eines Zahlenbeispiels veranschaulicht worden sind, können heute mit jeder Software vorgenommen werden, die Matrizenoperationen enthält.

Soll die Input-Output-Tabelle auch als Basis für Alternativrechnungen verwendet werden, kann auf MICRO I-O (Input-Output-Software zur Lösung von Input-Output-Modellen im Mikrocomputer) zurückgegriffen werden [5]. Diese Software erlaubt dem Benutzer, die Endnachfrage, die Bruttoproduktionswerte und die Input-Strukturen der den Berechnungen zugrundeliegenden Input-Output-Matrix zu modifizieren. Ob einzelne Endnachfragewerte, ganze Endnachfragevektoren oder alle Endnachfragegrößen verändert werden, in jedem Falle lassen sich die von der neuen Endnachfragekonstellation auf die einzelnen Sektoren ausgehenden Produktionseffekte berechnen. Auch die umgekehrte Rechnung ist möglich, d. h., es kann ermittelt werden, wie die Endnachfrage aussehen muß, wenn ein bestimmter als Zielvorstellung vorgegebener Produktionsvektor erreicht werden soll.

Zusätzlich zu den generell und speziell verfügbaren Auswertungsprogrammen gibt es zahlreiche Programme, die von den mit der Input-Output-Rechnung befaßten Institutionen [35] intern eingesetzt werden, die aber nur teilweise erhältlich sind. So arbeitet z. B. das DIW bei der deskriptiven und modellmäßigen Auswertung seiner Input-Output-Tabellen mit einem umfangreichen Programmsystem, zu dem die Programme PUTPUT, MARKTA (Marktverflechtungs-Analysen) und MULIOS (Multiplikator im Input-Output-System) gehören. Hinzu kommt mit MODOP (Modell der doppelten Proportionalität) ein Programm, das zur Erstellung bzw. Vervollständigung von Input-Output-Tabellen herangezogen wird.

Ob die mit den Auswertungsprogrammen vorgenommenen Alternativrechnungen von der Endnachfrage oder von der Bruttoproduktion ausgehen, immer erfordern sie die Vorgabe exogener Größen. Das erklärt es auch, warum von der Input-Output-Rechnung nicht als Mittel, sondern nur als Hilfsmittel der Prognose gesprochen werden kann.

17.5 Literatur

[1] DIW (Hrsg.), Auswirkungen der beiden Konjunkturprogramme auf die einzelnen Wirtschaftszweige, Wochenbericht des DIW 34 (1967) 34, S. 203 ff.

[2] DIW (Hrsg.), Grundlinien der Wirtschaftsentwicklung 1974, Wochenbericht des DIW 40 (1973) 51/52, S. 474 ff.

[3] DIW-Arbeitskreis Arbeitsmarktperspektiven (Bearb.), Gefahr steigender Arbeitslosigkeit durch die bisherigen Konjunkturprogramme nicht gebannt, Wochenbericht des DIW 45 (1978) 2, S. 13 ff.

[4] DIW-Arbeitskreis Arbeitsmarktperspektiven (Bearb.), Eine mittelfristige Strategie zur Wiedergewinnung der Vollbeschäftigung, Wochenbericht des DIW 45 (1978) 15, S. 147 ff.

[5] Econometrica, Inc. (Hrsg.), MICRO I-O. A Package for Solving Input-Output Models in the Micro-Computer, Miami (ohne Datum).

[6] Edler, D., Ein dynamisches Input-Output-Modell zur Abschätzung der Auswirkungen ausgewählter neuer Technologien auf die Beschäftigung in der Bundesrepublik Deutschland, DIW-Beiträge zur Strukturforschung 116, Berlin 1990.

[7] Ehret, H., Die Anwendbarkeit von Input-Output-Modellen als Prognoseinstrument. Empirische Überprüfungen auf der Basis einer Input-Output-Tabelle für die Bundesrepublik Deutschland von 1954, Berlin 1970.

[8] Evers, I., Input-Output-Projektionen. Empirische Tests auf der Basis von Input-Output-Tabellen 1954 bis 1967 für die Bundesrepublik Deutschland, Schriften zur wirtschaftswissenschaftlichen Forschung 86, Meisenheim am Glan 1974.

[9] Filip-Köhn, R. (Bearb.), Erdölkrise: Auswirkungen auf Preisniveau und Preisgefüge in der Bundesrepublik Deutschland, Wochenbericht des DIW 41 (1974) 3, S. 16 ff.

[10] Filip-Köhn, R., Zur Abhängigkeit der Wirtschaft der Bundesrepublik Deutschland von Rohstoffimporten, Vierteljahreshefte zur Wirtschaftsforschung o.J. (1978) 4, S. 361 ff.

[11] Filip-Köhn, R. (Bearb.), Sektorale Kostenniveaueffekte der Stahlpreiserhöhungen 1981/82, Wochenbericht des DIW 48 (1981) 49, S. 582 ff.

[12] Frerichs, W. und Kübler, K., Input-Output-Prognosemodelle für die Bundesrepublik Deutschland, Zeitschrift für die gesamte Staatswissenschaft 133 (1977), S. 276 ff.

[13] Helmstädter, E., Die geordnete Input-Output-Struktur, Jahrbücher für Nationalökonomie und Statistik 174 (1962), S. 322 ff.

[14] Hennies-Rautenberg, H., Kruck, R. und Löbbe, K., Die Auswirkungen alternativer Entwicklungen bei der Förderung von Steinkohle auf das Ruhrgebiet, Teil I: Darstellung der Ergebnisse, Mitteilungen des RWI 27 (1976), S. 297 ff., und Teil II: Methodische Grundlagen, Mitteilungen des RWI 28 (1977), S. 155 ff.

[15] Jacobsen, W., Liebe, I. und Miliczek, H., Input-Output-Analysen und Einflußgrößenrechnung als Methoden der Marktforschung, Siemens-Schriftenreihe data praxis Nr. D 14/4182.

[16] Krelle, W., Ersetzung der Produktionsfunktion durch preis- und kapazitätsabhängige Produktionskoeffizienten, Jahrbücher für Nationalökonomie und Statistik 176 (1964), S. 289 ff.

[17] Krengel, R. (Hrsg.), Aufstellung und Analyse von Input-Output-Tabellen, Sonderhefte zum Allgemeinen Statistischen Archiv 5, Göttingen 1973.

[18] Krengel, R., Input-Output-Analyse in der wirtschaftlichen Prognostik, in: Matthöfer, H. (Hrsg.), Argumente in der Energiediskussion, Band 2, Energiebedarf und Energiebedarfsforschung, Villingen 1977, S. 25 ff.

[19] Lehbert, B., Bedeutung und Auswertung regionaler Input-Output-Tabellen, Mit Input-Output-Tabellen der Wirtschaft des Landes Schleswig-Holstein für 1962 und 1966, Kieler Studien, Nr. 105, Tübingen 1970.

[20] Leontief, W., The Structure of the American Economy, 1919 - 1939, An Empirical Application of Equilibrium Analysis, 2. Aufl., New York 1953.

[21] Leontief, W. und Duchin, F., The Future Impact of Automation on Workers, New York 1986.

[22] Liebe, I., Input-Output-Analyse. Lieferverflechtung in der Wirtschaft, Perspektiven, Publikation der Abt. Versuche und Erprobungen, Siemens AG o.J. (1971) 1, S. 2 ff.

[23] Liebe, I., Miliczek, H. und Zahrnt, A., Die Input-Output-Rechnung als Instrument für Prognose und Planung, or-praxis, Mitteilungen der Arbeitsgemeinschaft für Unternehmensforschung (AGUFO) für interne Anwender o.J. (1971) 1, S. 29 ff.

[24] Pischner, R., Stäglin, R. und Wessels, H., Input-Output-Rechnung für die Bundesrepublik Deutschland 1972, DIW-Beiträge zur Strukturforschung 38, Berlin 1975.

[25] Pischner, R. und Stäglin, R., Darstellung des um den Keynesschen Multiplikator erweiterten offenen statischen Input-Output-Modells, Mitteilungen aus der Arbeitsmarkt- und Berufsforschung 9 (1976), S. 345 ff.

[26] Schintke, J., Modell der doppelten Proportionalität zur Schätzung von nichtnegativen Matrizen, insbesondere Input-Output-Tabellen, Angewandte Informatik 15 (1973) 4, S. 153 ff.

[27] Schumann, J., Input-Output-Analyse, in: Kosiol, E. (Hrsg.), Handwörterbuch des Rechnungswesens, Stuttgart 1970, S. 690 ff.

[28] Schumann, J., Möglichkeiten und Bedeutung einer teilweise endogenen Erklärung des privaten Konsums und der privaten Investitionen im statischen offenen Leontief-Modell, Jahrbücher für Nationalökonomie und Statistik 189 (1975), S. 378 ff.

[29] Seetzen, J., Krengel, R. und von Kortzfleisch, G. (Hrsg.), Makroökonomische Input-Output-Analysen und dynamische Modelle zur Erfassung technischer Entwicklungen. Mit Beispielen aus der Energietechnik, Rohstofftechnik, Chemietechnik, Maschinenbautechnik, Interdisziplinäre Systemforschung 69, Basel-Boston-Stuttgart 1979.

[30] Stäglin, R., Zur Anwendung der Input-Output-Rechnung in den USA, Konjunkturpolitik 16 (1970), S. 327 ff.

[31] Stäglin, R., Methodische und rechnerische Grundlagen der Input-Output-Analyse, in: Krengel, R. [17], S. 27 ff.

[32] Stäglin, R., Hohe indirekte Abhängigkeiten bestimmen Kurs der Chemiekonjunktur, Eine absatzorientierte Input-Output-Analyse, Chemische Industrie 100 (1977) 4, S. 184 ff.

[33] Stäglin, R. (Bearb.), Auswirkungen der Auslandsnachfrage nach Großanlagen auf Produktion und Beschäftigung in der Bundesrepublik Deutschland, Wochenbericht des DIW 45 (1978) 46/47, S. 435 ff.

[34] Stäglin, R., Zum Einsatz der Input-Output-Technik bei Arbeitsmarktanalysen, Ein Überblick für die Bundesrepublik Deutschland, Mitteilungen aus der Arbeitsmarkt- und Berufsforschung 12 (1979), S. 178 ff.

[35] Stäglin, R., Überblick über die Aktivitäten auf dem Gebiet der Input-Output-Rechnung in der Bundesrepublik Deutschland, in: Krengel, R. (Hrsg.), Die Weiterentwicklung der Input-Output-Rechnung in der Bundesrepublik Deutschland, Sonderhefte zum Allgemeinen Statistischen Archiv 18, Göttingen 1982, S. 7 ff.

[36] Stäglin, R., Input-Output-Analyse, Spektrum der Wissenschaft o.J. (1985) 5, S. 44 ff.

[37] Stäglin, R. (Bearb.), Direkte und indirekte Exportabhängigkeit der Produktionsbereiche in der Bundesrepublik Deutschland 1986 bis 1989, Wochenbericht des DIW 59 (1992) 4, S. 41 ff.

[38] Statistisches Bundesamt (Hrsg.), Volkswirtschaftliche Gesamtrechnungen, Fachserie 18, Reihe 1.3, Konten und Standardtabellen, 1991, Hauptbericht, Wiesbaden 1992, S. 54.
[39] Tiebout, C.M., Input-Output and the Firm: A Technique for Using National and Regional Tables, The Review of Economics and Statistics 49 (1967), S. 260 ff.
[40] Weiß, J.-P., Projektion von Input-Output-Tabellen für die Bundesrepublik Deutschland für die Jahre 1980 und 1985, Schriften der Kommission für wirtschaftlichen und sozialen Wandel 129, Göttingen 1976.
[41] Weiß, J.-P., Produktions- und Beschäftigungseffekte des Baus von Kraftwerken, in: Hauff, V. (Hrsg.), Argumente in der Energiediskussion, Band 4/5, Energie - Wachstum - Arbeitsplätze, Villingen 1978, S. 588 ff.
[42] Wessels, H., Vergleich verschiedener Ansätze zur Triangulation von Input-Output-Matrizen, in: Wetzel, W. und Münzner, H. (Hrsg.), Anwendungen statistischer und mathematischer Methoden auf sozialwissenschaftliche Probleme, Würzburg 1972, S. 133 ff.

18 Prognose mit Hilfe von Markovprozessen

von K. Hansen

18.1 Einführung

Die Einführung in die Struktur der Markovprozesse soll am Beispiel einer einfachen Prognoseaufgabe erfolgen. Betrachtet werden Wanderbewegungen von Konsumenten zwischen unterschiedlichen Produkten sowie die sich daraus ergebenden Marktanteile. Dabei soll unterschieden werden zwischen Käufen der Marke A und der Marke B. Durch eine Verbraucherbefragung sei festgestellt worden, daß 30 % der Kunden von A im nächsten Monat das Produkt der Marke B kaufen, d. h., 70 % bleiben bei A, und von B 20 % zu A überwechseln. Zunächst wird davon ausgegangen, daß der Markt geschlossen ist, also weitere Wettbewerber und Konsumenten nicht auftreten. Vereinfachend wird zusätzlich angenommen, daß keine Werbemaßnahmen durchgeführt werden und auch Zyklen sowie saisonale Schwankungen unberücksichtigt bleiben, folglich das Einkaufsverhalten im Zeitablauf als konstant vorausgesetzt werden kann. Ebenso bleiben Erlöse und andere Bewertungen noch außer Betracht. Die hier gemachten Einschränkungen werden in den folgenden Abschnitten schrittweise aufgehoben.

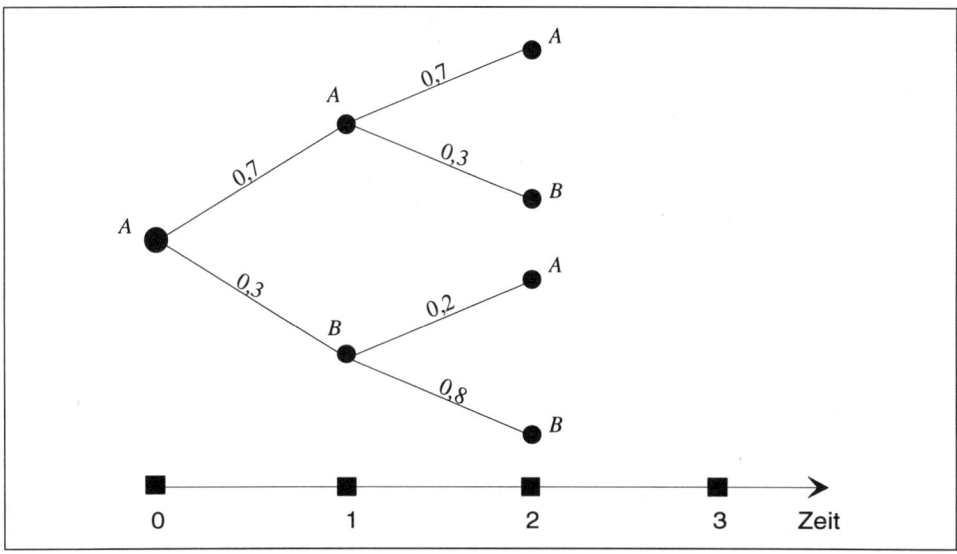

Abb. 1 Konsumentenverhalten unter der Voraussetzung, daß der Prozeß mit dem Kauf des Produktes A beginnt

Die Zusammenhänge der Aufgabe lassen sich mit den Baumdiagrammen der Abbildungen 1 und 2 veranschaulichen. Darin wird das Ereignis, A bzw. B zu kaufen, durch Knoten beschrieben. Die Prognose, mit welcher Wahrscheinlichkeit im darauf folgenden Zeitintervall das Produkt A bzw. B gekauft wird, ist an den die Knoten verbindenden Kanten notiert. Die Wahrscheinlichkeit für das Eintreten eines Ereignisses ist dabei ausschließlich "bedingt" durch das Ereignis der Vorperiode. Sei $X(t)$ die Funktion (Zufallsvariable), die den Übergang zum Folgeereignis ausdrückt, dann kann man auch allgemein schreiben

$$P(X_t = A \mid X_{t-1} = A) = p_{AA} = 0,7; \quad P(X_t = A \mid X_{t-1} = B) = p_{BA} = 0,2$$

$$P(X_t = B \mid X_{t-1} = B) = p_{BB} = 0,8; \quad P(X_t = B \mid X_{t-1} = A) = p_{AB} = 0,3$$

Neben der Darstellung durch Baumdiagramme können die stochastischen Abhängigkeiten durch gerichtete Graphen, man bezeichnet sie als Markovgraphen (Abbildung 3), dargestellt werden. Die Ereignisse werden durch Punkte in der Ebene und die Übergänge durch gerichtete Strecken gekennzeichnet. Schleifen symbolisieren Übergänge von Ereignissen in sich selbst. Mit Hilfe der Baumdiagramme läßt sich der Zeitablauf sichtbar machen, während die Markovgraphen ein statistisches Gleichgewicht beschreiben. Denn die Summe der Intensitäten der gerichteten Strecken aus jedem Punkt ist gleich Eins.

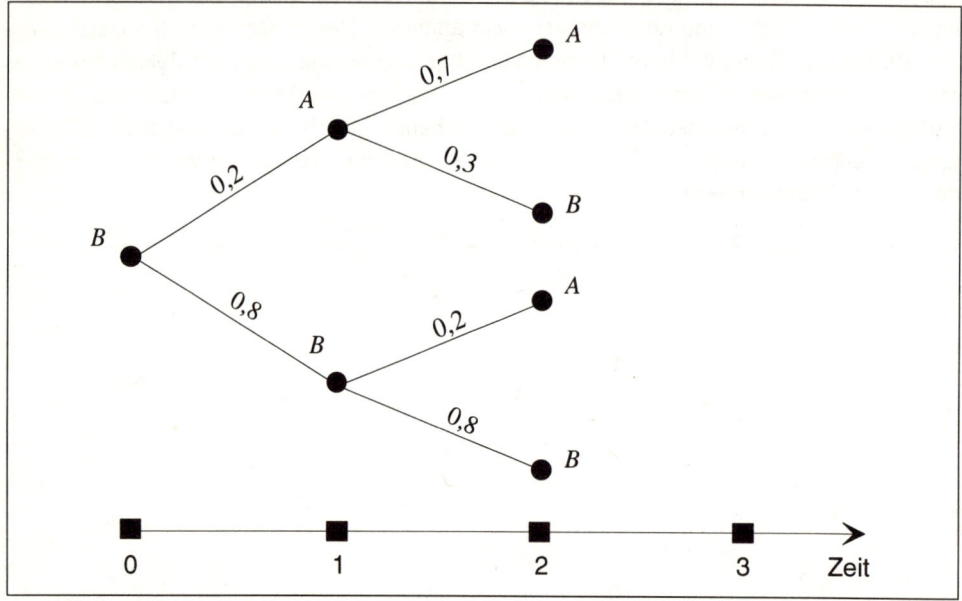

Abb. 2   Konsumentenverhalten unter der Voraussetzung, daß der Prozeß mit dem Kauf des Produktes B beginnt

Mit Hilfe der Fundamentalsätze der Wahrscheinlichkeitstheorie und der Definition für bedingte Wahrscheinlichkeiten kann man nun Vorhersagen für zukünftige Intervalle treffen. Dabei unterscheiden wir zwei Fälle:

1. Wird zum Zeitpunkt der Prognose A gekauft (Abbildung 1), dann erhält man als Wahrscheinlichkeit, daß A auch im zweiten Intervall erworben wird $(0,7 \cdot 0,7) + (0,3 \cdot 0,2) = 0,55$ und daß B gekauft wird $(0,7 \cdot 0,3) + (0,3 \cdot 0,8) = 0,45$.

2. Wird zum Zeitpunkt der Prognose B gekauft (Abbildung 2), erhält man für den Kauf von A im zweiten Zeitintervall $(0,2 \cdot 0,7) + (0,8 \cdot 0,2) = 0,3$, für B $(0,2 \cdot 0,3) + (0,8 \cdot 0,8) = 0,7$.

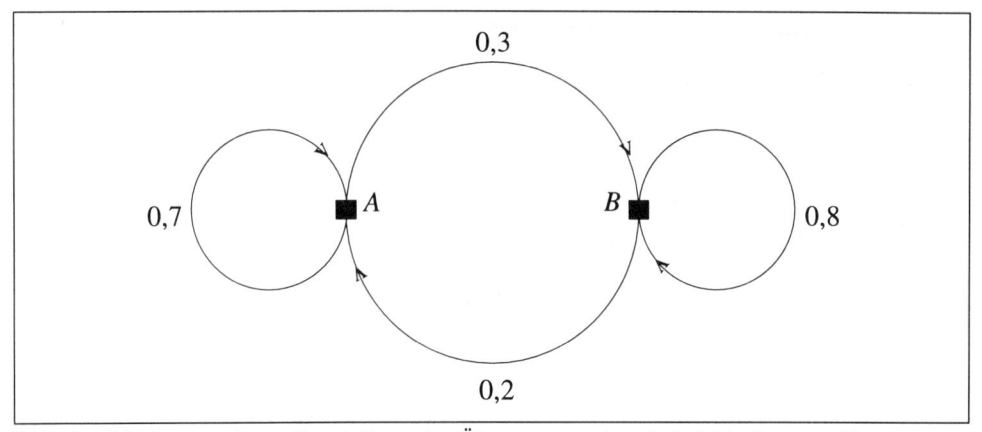

Abb. 3 Markovgraph zur Darstellung der Übergangswahrscheinlichkeiten von Konsumentenwanderbewegungen

18.2 Reguläre Markovprozesse

18.2.1 Definition und grundlegende Merkmale

Das in der Einführung beschriebene Prognoseproblem ist ein Beispiel für einen stochastischen Prozeß. Er ist definiert als eine Familie von zufälligen Variablen $\{X_t\}$. Bei Prognoserechnungen stellt der Parameter $t \in \Theta$ die Zeit dar. Der Parameterraum Θ ist ein Intervall mit kontinuierlicher Zeit oder diskreten (abzählbaren oder überabzählbaren) Zeitpunkten. Ist die Menge abzählbar, spricht man von einer stochastischen Kette. Die Realisationen eines stochastischen Prozesses liegen in einer Menge E, dem Zustandsraum. Das einführende Beispiel ist also eine stochastische Kette mit dem Zustandsraum $E = \{A, B\}$ und den diskreten Zeitpunkten $0, 1, 2, 3, \ldots$. Die Elemente der Menge E bezeichnet man als Zustände. Eine zweckmäßige Darstellung der stochastischen Kette gelingt in der Form einer quadratischen Matrix.

$$P = \begin{array}{c} A \\ B \end{array} \begin{pmatrix} p_{AA} & p_{AB} \\ p_{BA} & p_{BB} \end{pmatrix}$$

Für das Beispiel erhält man

$$P = \begin{pmatrix} 0,7 & 0,3 \\ 0,2 & 0,8 \end{pmatrix}$$

Hängt der Verlauf eines stochastischen Prozesses $\{X_t\}$ mit $t \in \Theta$ für $t > \tau$ nur von X_τ ab, nicht jedoch vom Verhalten von X_t für $t < \tau$, so hat der Prozeß die *Markov-Eigenschaft*. Offensichtlich gilt für Abbildung 1

$$P(X_t = A \mid X_{t-1} = A, X_{t-2} = A) = P(X_t = A \mid X_{t-1} = A) = 0,7$$

$$P(X_t = A \mid X_{t-1} = B, X_{t-2} = A) = P(X_t = A \mid X_{t-1} = B) = 0,2$$

und

$$P(X_t = B \mid X_{t-1} = B, X_{t-2} = A) = P(X_t = B \mid X_{t-1} = B) = 0,8$$

$$P(X_t = B \mid X_{t-1} = A, X_{t-2} = A) = P(X_t = B \mid X_{t-1} = A) = 0,3$$

Aus Abbildung 2 erhält man

$$P(X_t = A \mid X_{t-1} = A, X_{t-2} = B) = P(X_t = A \mid X_{t-1} = A) = 0,7$$

$$P(X_t = A \mid X_{t-1} = B, X_{t-2} = B) = P(X_t = A \mid X_{t-1} = B) = 0,2$$

und

$$P(X_t = B \mid X_{t-1} = A, X_{t-2} = B) = P(X_t = B \mid X_{t-1} = A) = 0,3$$

$$P(X_t = B \mid X_{t-1} = B, X_{t-2} = B) = P(X_t = B \mid X_{t-1} = B) = 0,8$$

Allgemein heißt ein stochastischer Prozeß ein Markovprozeß, wenn für alle

$k \geq 3$, alle $x_1, x_2, \ldots, x_k \in E$ und alle $t_1 < t_2 < \ldots < t_k \in \Theta$

gilt, daß

$$P(X_{t_k} \leq x_k \mid X_{t_{k-1}} = x_{k-1}, \ldots, X_{t_1} = x_1) =$$

$$P(X_{t_k} \leq x_k \mid X_{t_{k-1}} = x_{k-1})$$

Dies bedeutet, daß der Übergang des Systems von einem Zustand i in einen anderen Zustand j nur durch i und j bestimmt wird und nicht von Informationen des Modells vor dem Eintreten des Zustandes i abhängt. Wie wir im folgenden Abschnitt zeigen werden, eignen sich Markovprozesse dennoch sehr wohl zur Modellierung von Prognosesystemen unter Berücksichtigung vergangenheitsbezogener Zeitreihen.

Falls die Übergangswahrscheinlichkeiten

$$p_{ij}(s,t) = P(X_t = j \mid X_s = i) \text{ mit } i, j \in N,$$

$s, t \in \Theta$ und $s \leq t$ nur von der Zeitdifferenz $\tau = t - s$

abhängen, also stationär sind, bezeichnet man den Markovprozeß als *homogen*. Da im einführenden Beispiel die Übergangswahrscheinlichkeiten durch *eine*, sich im Zeitablauf nicht ändernde Matrix dargestellt werden können, handelt es sich um einen homogenen Markovprozeß. Ein homogener Markovprozeß bzw. eine homogene Markovkette ist durch die Übergangs- und Anfangsverteilung $P(X_0 = j)$ eindeutig bestimmt. Im Beispiel haben wir als Anfangsverteilungen $P(X_0 = A) = 1$ (vgl. Abbildung 1) bzw. $P(X_0 = B) = 1$ (vgl. Abbildung 2) gewählt. Ändert sich die Matrix der Übergangswahrscheinlichkeiten im Prozeßverlauf, so spricht man von nichthomogenen Markovprozessen. Sie werden bei den Anwendungen im folgenden Abschnitt behandelt.

Prognosewerte für den Zeitpunkt $(s+t)$ erhält man allgemein durch die *Chapman-Kolmogorov*sche Beziehung:

$$p_{ij} = \sum_k p_{ik}(s)\, p_{kj}(t) \text{ mit } i, j \in E \text{ und } s, t \in \Theta$$

oder in Matrixschreibweise

$P(s+t) = P(s)\ P(t)$ bzw.

$P^{k+l} = P^k\ P^l \quad k, l \in N_0$

dabei ist $P^{(0)}$ die Einheitsmatrix I.

Die Einheitsmatrix beschreibt sämtliche Anfangsverteilungen für die Fälle, in denen der Prozeß mit der Wahrscheinlichkeit Eins mit einem Ereignis $j \in E$ für alle j beginnt. Für das einführende Beispiel erhält man

$$P^1 = P^0 P^1 = \begin{pmatrix} 1 & 0 \\ 0 & 1 \end{pmatrix} \begin{pmatrix} 0,7 & 0,3 \\ 0,2 & 0,8 \end{pmatrix} = \begin{pmatrix} 0,7 & 0,3 \\ 0,2 & 0,8 \end{pmatrix}$$

$$P^2 = P^1 P^1 = \begin{pmatrix} 0,7 & 0,3 \\ 0,2 & 0,8 \end{pmatrix} \begin{pmatrix} 0,7 & 0,3 \\ 0,2 & 0,8 \end{pmatrix} = \begin{pmatrix} 0,55 & 0,45 \\ 0,30 & 0,70 \end{pmatrix}$$

$$\vdots \qquad \vdots$$

$$P^{14} = P^{13} P^1 = \begin{pmatrix} 0,40 & 0,60 \\ 0,40 & 0,60 \end{pmatrix}$$

$$P^{15} = P^{14} P^1 = \begin{pmatrix} 0,40 & 0,60 \\ 0,40 & 0,60 \end{pmatrix}$$

Ab der 14. und höheren Potenz ändert sich (innerhalb einer gewissen Genauigkeit) die potenzierte Matrix der Übergangswahrscheinlichkeiten nicht mehr. Dies bedeutet, daß sich die Prognosen nach 14 Zeitintervallen statistisch (innerhalb einer gewissen Genauigkeit) im Gleichgewicht befinden. Sie sind insbesondere unabhängig vom Ausgangszustand. Streng gilt, daß die Matrix für die Potenz $n \to \infty$ absolut konvergent ist. Dieser Zustand heißt ergodisch. Aus der Ergodizität ergibt sich unmittelbar

$$P^\infty = P^\infty P$$

Da die Wahrscheinlichkeitsvektoren (Zeilen der Matrix) im Gleichgewichtszustand identisch sind, folgt

$P^\infty = P^\infty P$ bzw.

$p^{(\infty)}(I - P) = 0$

mit $p^{(\infty)}$ als Zeile der P^∞.

Damit gewinnt man nun bei einer ergodischen Markovkette die Prognose für den Gleichgewichtszustand, ohne den Weg über die Berechnung der Potenzen der Matrix der Übergangswahrscheinlichkeiten zu gehen. Mit der Normierungsvorschrift, daß die Summe der Wahrscheinlichkeiten gleich Eins ist, ergibt sich für unser Beispiel das Gleichungssystem

$$0,3p_1 - 0,2p_2 = 0$$
$$-0,3p_1 + 0,2p_2 = 0$$
$$p_1 + p_2 = 1$$

mit der Lösung

$p_1 = 0,4$ und $p_2 = 0,6$ in Übereinstimmung mit P^∞.

Ein Kriterium für die Ergodizität homogener Markovketten ist die Positivität aller Koeffizienten in irgendeiner der Potenzen der Matrix der Übergangswahrscheinlichkeiten. Sie wird dann als *regulär* bezeichnet.

18.2.2 Anwendungen

Diskutiert werden ein Beispiel für eine mittel- bzw. langfristige Prognoserechnung und ein Fall für eine kurzfristige Vorhersage.

18.2.2.1 Prognose von Marktanteil und Absatzmengen

Prognostiziert werden soll der mittel- bzw. langfristige zeitliche Ablauf des mengen- und wertmäßigen Anteils einer Unternehmung A am gesamten Marktvolumen eines Konsumgutes. Dazu wird ein Markt mit einem Wirtschaftsgut betrachtet, an dem eine Unternehmung in Konkurrenz mit anderen Anbietern, die zusammen mit B bezeichnet werden, steht. Für eine Stichprobe von Nachfragern lassen sich die Kaufwahrscheinlichkeiten über einen bestimmten Zeitraum ermitteln. Sie sind in der folgenden Matrix der Übergangswahrscheinlichkeiten angegeben:

$$P_1 = \begin{pmatrix} 0,50 & 0,50 \\ 0,25 & 0,75 \end{pmatrix}$$

Die Marktanteile seien zum Zeitpunkt der Prognoseerstellung mit jeweils 50 % gleichverteilt. Daraus erhält man einen Anlaufvektor von

$$p^{(0)} = (0,5 \ \ 0,5)$$

Zur Bestimmung der Vorhersagewerte bilden wir

$$p^{(1)} = p^{(0)} P_1$$
$$p^{(2)} = p^{(1)} P_1$$
$$p^{(3)} = p^{(2)} P_1$$
$$\ldots$$
$$p^{(M)} = p^{(M-1)} P_1$$

Die Ergebnisse für die Perioden $M = 1$ bis $M = 4$ enthält Tabelle 1. Nach vier Perioden erwartet man eine Verhaltensänderung der Käufer, die sich durch die folgende Matrix der Übergangswahrscheinlichkeiten darstellen läßt:

$$P_2 = \begin{pmatrix} 0,20 & 0,80 \\ 0,90 & 0,10 \end{pmatrix}$$

Der Anlaufvektor für den zweiten Vorhersageabschnitt ist der Ergebnisvektor des ersten Vorhersageabschnittes. Das sind die Prognosewerte der vierten Periode (vgl. Tabelle 1):

$$p^{(0)}_{2.\text{Peri.}} = p^{(M)}_{1.\text{Peri.}} = (0,3340 \; 0,6660)$$

Damit bilden wir zur Bestimmung der Vorhersagewerte:

$$p^{(n)} = p^{(n-1)} P_2 \quad \text{für} \quad (n-1) = M = 4 \text{ bis } n = N$$

Die Ergebnisse findet man in Tabelle 1. Nach weiteren $N = 6$ Perioden erwartet man einen erneuten Strukturbruch dadurch, daß sich zwei zusätzliche Anbieter auf dem Markt etablieren. Die erwarteten Konsumentenwanderungen enthält die folgende Matrix der Übergangswahrscheinlichkeiten:

$$P_3 = \begin{pmatrix} 0,25 & 0,25 & 0,25 & 0,25 \\ 0,30 & 0,50 & 0,10 & 0,10 \\ 0,10 & 0,10 & 0,70 & 0,10 \\ 0,10 & 0,10 & 0,20 & 0,60 \end{pmatrix}$$

Den Anlaufvektor erhalten wir aus dem Ergebnisvektor des zweiten Vorhersageabschnitts (Prognosewerte der Periode 10 in Tabelle 1), ergänzt durch zwei Elemente mit dem Wert Null, die den aktuellen Marktanteil der neuen Anbieter angeben. Die Bestimmungsgleichung für die Prognose mit der geänderten Datenkonstellation lautet

$$p^{(r)} = p^{(r-1)} P_2 \quad \text{für} \quad (r-1) = (M+N) = 10 \text{ bis } r = R$$

Für die Periode 11 ergibt sich:

$$p^{(11)} = (0,5064 \; 0,4936 \; 0 \; 0) \begin{pmatrix} 0,25 & 0,25 & 0,25 & 0,25 \\ 0,30 & 0,50 & 0,10 & 0,10 \\ 0,10 & 0,10 & 0,70 & 0,10 \\ 0,10 & 0,10 & 0,20 & 0,60 \end{pmatrix}$$

Die Ergebnisse von Periode 11 bis zum stationären Gleichgewichtszustand sind ebenfalls aus Tabelle 1 ersichtlich.

Prognosen mit Hilfe von Zeitreihenanalysen stützen sich generell auf Werte mehrerer Vergangenheitsperioden. Das Grundmodell der Markovkette leistet dies nicht. Die Übergangswahrscheinlichkeiten sind durch den aktuellen Zustand, in dem sich das System gerade befindet, festgelegt. Definiert man nun aber die vergangene Zeitreihe als eine Folge von Zuständen, dann gelingt es, den vorausgegangenen Ablauf mit Hilfe von Markovketten zu modellieren (vgl. [6/S.195 f.]). Dazu definieren wir für eine Zeitreihe von zwei Perioden die Zustände AA, AB, BA und BB. Sie beschreiben in unserem Beispiel die Entscheidungen zweier aufeinanderfolgender Käufe. Der Zustand AA bedeutet, daß bei den letzten zwei Käufen die Marke A gekauft wurde. Analog gilt für BB, daß sich der Käufer bei den beiden letzten Käufen für B entschieden hat. Entsprechend sind die Folgen AB und BA zu verstehen. Mit Hilfe der definierten Zustände lassen sich Zeitreihen von Käufen darstellen. So kann z. B. eine Kaufgeschichte durch *BBBABAA* beschrieben werden. Sie begann im Zustand *BB*, blieb in der folgenden Periode in *BB*, wechselte dann nach *BA*, danach nach *AB*, zurück nach *BA* und endete im Zustand *AA*. Dabei gilt, daß der erste Buchstabe des Zustandes, in dessen Richtung sich der Käufer bewegt, mit dem zweiten Buchstaben des Zustandes, aus der er kam, übereinstimmen muß. Daraus ergibt sich als Matrix der Übergangswahrscheinlichkeiten:

$$\begin{array}{c} \\ AA \\ BA \\ AB \\ BB \end{array} \begin{pmatrix} AA & BA & AB & BB \\ 1-a & 0 & a & 0 \\ b & 0 & 1-b & 0 \\ 0 & 1-c & 0 & c \\ 0 & d & 0 & 1-d \end{pmatrix}$$

Die Übergangswahrscheinlichkeiten a, b, c, d können aus Vergangenheitsdaten oder aus Befragungen geschätzt werden.

Periode	Marktanteil			
	A	B	C	D
1	0,3750	0,6250	0,0000	0,0000
2	0,3438	0,6563	0,0000	0,0000
3	0,3359	0,6641	0,0000	0,0000
4	0,3340	0,6660	0,0000	0,0000
5	0,6662	0,3338	0,0000	0,0000
6	0,4337	0,5663	0,0000	0,0000
7	0,5964	0,4036	0,0000	0,0000
8	0,4825	0,5175	0,0000	0,0000
9	0,5623	0,4377	0,0000	0,0000
10	0,5064	0,4936	0,0000	0,0000
11	0,2747	0,3734	0,1760	0,1760
12	0,2159	0,2906	0,2644	0,2292
13	0,1905	0,2468	0,3139	0,2470
14	0,1783	0,2280	0,3416	0,2521
15	0,1723	0,2180	0,3569	0,2528
16	0,1694	0,2130	0,3653	0,2522
17	0,1680	0,2106	0,3698	0,2515
18	0,1673	0,2095	0,3722	0,2510
19	0,1670	0,2089	0,3735	0,2506
20	0,1668	0,2086	0,3742	0,2503
21	0,1667	0,2085	0,3746	0,2502
22	0,1667	0,2084	0,3748	0,2501
23	0,1667	0,2084	0,3749	0,2501
24	0,1667	0,2083	0,3749	0,2500
25	0,1667	0,2083	0,3750	0,2500
26	0,1667	0,2083	0,3750	0,2500

Tabelle 1   Prognose der Markanteile für A, B, C und D

In Abbildung 4 ist der Markovgraph mit einer Kaufgeschichte von zwei Perioden angegeben. Seine Struktur läßt sich relativ einfach auf Probleme mit mehr Perioden übertragen. So enthält Abbildung 5 ein Marktanteilsmodell mit zwei Anbietern und einer Kaufgeschichte von drei Perioden.

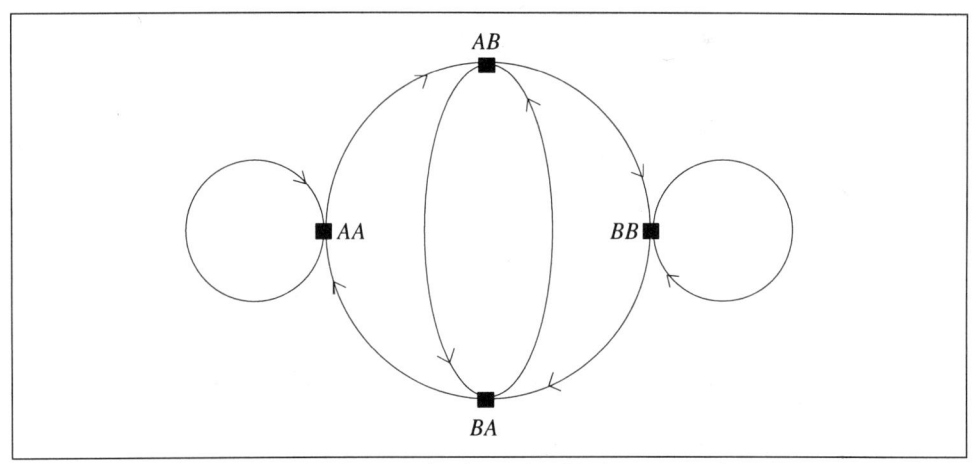

Abb. 4   Markovgraph mit zweiter Verkettungsordnung

Generell können die Markovgraphen und die dazugehörigen Matrizen der Übergangswahrscheinlichkeiten mit Hilfe von Matrixgeneratoren bequem für fast beliebige Konstellationen erstellt werden.

Bisher haben wir in dem Beispiel ausschließlich die Entwicklung von Marktanteilen betrachtet. Über gekaufte Mengen erhält man Aufschluß, wenn man im Anlauf- und Zustandsvektor die Marktanteile durch Mengen ersetzt. Relative Marktanteile und Marktvolumen lassen sich jedoch auch in einem Simultanmodell darstellen. Dies wird möglich, wenn Mengen und ihre Wahrscheinlichkeiten, sie zu kaufen, in einem Markovmodell erfaßt werden. In Abbildung 6 repräsentiert die Achse $i = 0,1,2,...,m$ die kumulierten Mengen der Marke A und die Achse $j = 0,1,2,...,n$ die entsprechenden Mengen der Marke B. So bedeutet z. B. der Knoten $i = 1$ und $j = 2$, daß ein Käufer bis zur aktuellen Periode eine Mengeneinheit der Marke A und 2 Mengeneinheiten der Marke B gekauft hat. Ersetzt man nun die Knoten der Abbildung 6 durch einen Graphen mit einer k-ten Verkettungsordnung, so werden in Abhängigkeit der Kaufgeschichte mit einer Zeitreihe von k Perioden der relative Marktanteil und die absoluten Mengen (Marktvolumen) in einem Modell simultan erfaßt.

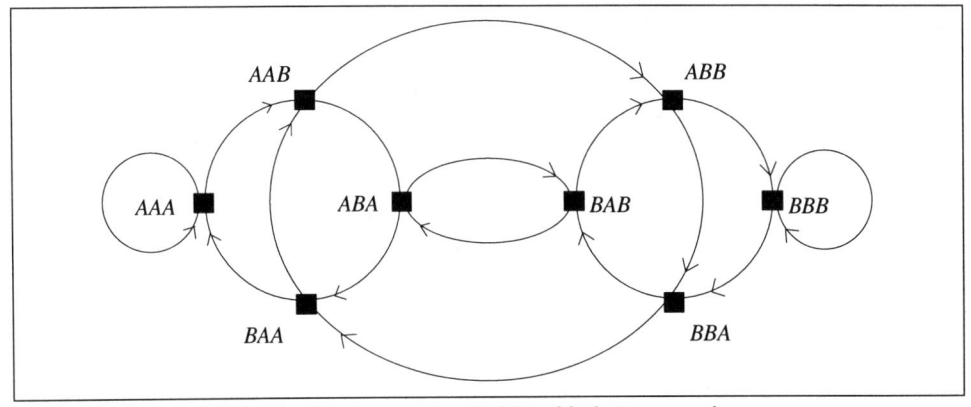

Abb. 5   Markovgraph mit dritter Verkettungsordnung

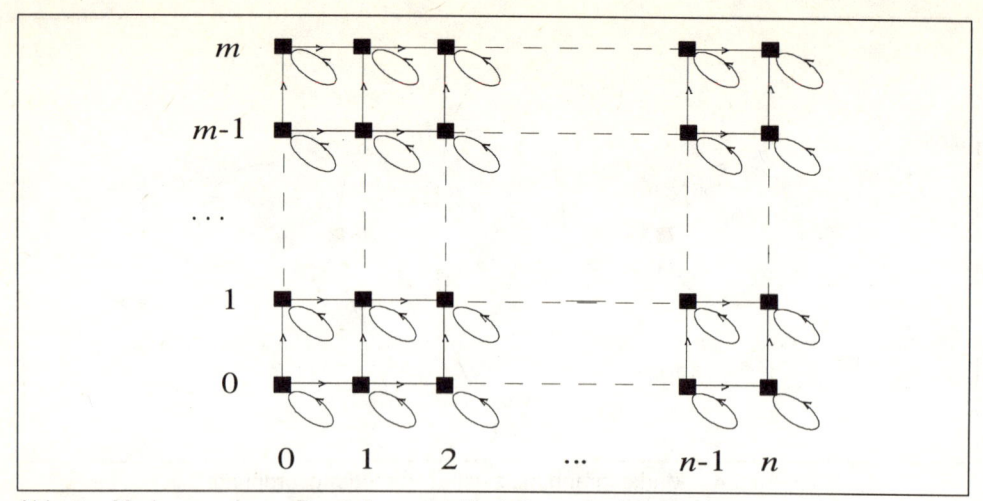

Abb. 6 Markovgraph zur Darstellung der Verteilung des Marktvolumens auf zwei Anbieter (vgl. [5/S. 87])

18.2.2.2 Prognose einer Lagerbestandsbewegung

Prognostiziert werden soll die kurzfristige Lagerbestandsbewegung eines Artikels, dessen Nachfrage aus Vergangenheitswerten gewonnen werden kann (vgl. [3/S. 9 ff.]). Zu Beginn einer Periode wird der Lagerbestand überprüft, ob und gegebenenfalls wieviel bestellt werden soll. Immer dann, wenn der Lagerbestand $s=2$ Einheiten erreicht oder unterschritten hat, füllt man das Lager auf $S=4$ Einheiten auf. Verfolgt wird also eine (s,S)-Politik. Man setzt ferner voraus, daß unbefriedigte Nachfrage nicht verloren geht. Liegen zu Beginn einer Periode $L>s$ auf Lager, so wird nicht bestellt, ist aber $L\leq s\leq S$, so erfolgt eine Bestellung in Höhe von $q=(S-L)$. Der Lagerbestand L ist eine Zufallsgröße und soll prognostiziert werden.

Das System läßt sich als Markovkette modellieren, wenn wir den positiven oder negativen Lagerbestand als Zustand definieren. Durch empirische Erhebungen sei festgestellt worden, daß sich der Bedarf x entsprechend der Verteilungsfunktion $P(X\leq x)$ in Tabelle 2 verhält.

x	$P(X\leq x)$
0	0,1
1	0,4
2	0,6
3	0,7
4	0,9
5	1,0

Tabelle 2   Verteilungsfunktion für den Lagerabgang pro Periode

Unter der Annahme, daß die Beschaffungsdauer relativ zur Periodenlänge gering ist, beträgt der Lagerbestand zu Beginn einer Periode gleich Vier oder gleich Drei. Da nach Tabelle 2 die Wahrscheinlichkeit, daß der Bedarf pro Periode größer als fünf Mengeneinheiten wird, gleich Null ist, ergibt sich das Lagerbestandsminimum zu -2. Die zu definierenden Zustände sind $4, 3, 2, 1, 0, -1, -2$. Die Übergangswahrscheinlichkeiten ergeben sich unmittelbar aus der Verteilungsfunktion des Lagerabgangs (vgl. Tabelle 3).

Zustand	Zustand						
	4	3	2	1	0	-1	-2
4	0,1	0,3	0,2	0,1	0,2	0,1	0,0
3	0,0	0,1	0,3	0,2	0,1	0,2	0,1
2	0,1	0,3	0,2	0,1	0,2	0,1	0,0
1	0,1	0,3	0,2	0,1	0,2	0,1	0,0
0	0,1	0,3	0,2	0,1	0,2	0,1	0,0
-1	0,1	0,3	0,2	0,1	0,2	0,1	0,0
-2	0,1	0,3	0,2	0,1	0,2	0,1	0,0

Tabelle 3   Matrix der Übergangswahrscheinlichkeiten für den Lagerabgang

Die Erwartungswertprognose für den Anfangszustand 3 enthält Tabelle 4.

Periode	Dichtefunktion						
	4	3	2	1	0	-1	-2
0	0,0000	1,0000	0,0000	0,0000	0,0000	0,0000	0,0000
1	0,0000	0,1000	0,3000	0,2000	0,1000	0,2000	0,1000
2	0,0900	0,2800	0,2100	0,1100	0,1900	0,1100	0,0100
3	0,0720	0,2440	0,2280	0,1280	0,1720	0,1280	0,0280
4	0,0756	0,2512	0,2244	0,1244	0,1756	0,1244	0,0244
5	0,0749	0,2498	0,2251	0,1251	0,1749	0,1251	0,0251
6	0,0750	0,2500	0,2250	0,1250	0,1750	0,1250	0,0250
7	0,0750	0,2500	0,2250	0,1250	0,1750	0,1250	0,0250

Tabelle 4   Dichtefunktion der Prognose des Lagerbestandsverlaufs für die Perioden 1 bis 7 beim Anfangsbestand von drei Mengeneinheiten

18.3 Absorbierende Markovprozesse

18.3.1 Definition und grundlegende Merkmale

Ein Zustand einer Markovkette heißt absorbierend, wenn es unmöglich ist, ihn zu verlassen. Eine Markovkette heißt absorbierend, wenn sie mindestens über einen absorbierenden Zustand verfügt und es möglich ist, von jedem nicht absorbierenden zu einem absorbierenden Zustand zu gelangen. Gegeben sei eine Matrix

$$P = \begin{pmatrix} & 1 & 2 & 3 & 4 & 5 \\ 1 & 1 & 0 & 0 & 0 & 0 \\ 2 & p_{21} & p_{22} & p_{23} & p_{24} & p_{25} \\ 3 & p_{31} & p_{32} & p_{33} & p_{34} & p_{35} \\ 4 & p_{41} & p_{42} & p_{43} & p_{44} & p_{45} \\ 5 & 0 & 0 & 0 & 0 & 1 \end{pmatrix}$$

Darin sind die Zustände 1 und 5 absorbierend. Es ist zweckmäßig, die Matrix so umzuschreiben, daß die Zustände in der Reihenfolge "absorbierend", "nicht absorbierend" auftreten:

$$P = \begin{pmatrix} & 1 & 5 & 2 & 3 & 4 \\ 1 & 1 & 0 & 0 & 0 & 0 \\ 5 & 0 & 1 & 0 & 0 & 0 \\ 2 & p_{21} & p_{25} & p_{22} & p_{23} & p_{24} \\ 3 & p_{31} & p_{35} & p_{32} & p_{33} & p_{34} \\ 4 & p_{41} & p_{45} & p_{42} & p_{43} & p_{44} \end{pmatrix}$$

Die Übergangsmatrix hat nun die Form

$$P = \begin{pmatrix} I_{2,2} & 0_{2,3} \\ R_{3,2} & Q_{3,3} \end{pmatrix}$$

wobei I eine $(2,2)$ Einheitsmatrix und 0 eine $(2,3)$ Nullmatrix ist. R ist eine $(3,2)$ Matrix, die den Übergang von einem nicht absorbierenden zu einem absorbierenden Zustand angibt, und Q ist eine $(3,3)$ Matrix für den Übergang innerhalb der nicht absorbierenden Zustände.

Grundsätzlich ist es auch hier wieder möglich, für die Prognoserechnung die *Chapman-Kolmogorov*-Beziehung anzuwenden. Die spezifische Struktur absorbierender Ketten gestattet es jedoch, die Potenzen der Matrix der Übergangswahrscheinlichkeiten auf einem kürzeren Weg zu bestimmen. Aus dem Bildungsgesetz zur Potenzierung von Matrizen ergibt sich unmittelbar

$$P^n = \begin{pmatrix} I & 0 \\ S^{(n)} & Q^n \end{pmatrix}$$

Da die Zeilensumme einer potenzierten stochastischen Matrix stets gleich 1 bleibt, kann man schließen, daß

$$Q^\infty \to 0, \text{ weil } \sum_j q_{ij} \to 0, \text{ wegen } \sum_j q_{ij} < 1$$

Zur Bestimmung von S bilden wir mit Hilfe der Regeln zur Matrixmultiplikation die ersten vier Potenzen von P:

$$P = \begin{pmatrix} I & 0 \\ R & Q^1 \end{pmatrix}, \text{ wir setzen } S^{(1)} = R$$

$$P^2 = \begin{pmatrix} I & 0 \\ S^{(2)} & Q^2 \end{pmatrix} \text{ mit } S^{(2)} = R\,I + Q\,R$$

$$P^3 = \begin{pmatrix} I & 0 \\ S^{(3)} & Q^3 \end{pmatrix} \text{ mit } S^{(3)} = S^{(2)}\,I + Q^2\,R = R\,I + Q\,R + Q^2\,R$$

Durch vollständige Induktion ergibt sich

$$P^\infty = \begin{pmatrix} I & 0 \\ S^{(\infty)} & Q^\infty \end{pmatrix} \text{ mit } S^{(\infty)} = \left[I + Q + Q^2 + Q^3 + \ldots \right] R$$

Mit $Q^\infty \to 0$ folgt für die geometrische Reihe

$$\left[I + Q + Q^2 + ...\right] R = (I-Q)^{-1} R = S^\infty$$

und damit für

$$P^\infty = \begin{pmatrix} I & 0 \\ S^{(\infty)} & 0 \end{pmatrix}$$

Bei absorbierenden Markovketten gibt es insbesondere drei interessierende Fragen:

1. Welche Wahrscheinlichkeit besteht dafür, daß der Prozeß in einem gegebenen absorbierenden Zustand endet?

$$S^{(\infty)} = (I-Q)^{-1} R$$

2. Wie oft wird sich durchschnittlich der Prozeß in jedem nicht absorbierenden Zustand befinden?

$$q_{ij}^{(k)}$$

gibt den Erwartungswert an, daß sich der Prozeß im k-ten Schritt im Zustand j befindet, falls er im Zustand i begann. Dann ist

$$\sum_{k=1}^{\infty} q_{ij}^{(k)}$$

der Erwartungswert dafür, wie häufig sich der Prozeß im Zustand j befindet, wenn er im Zustand i beginnt. In Matrixform erhält man

$$I + Q + Q^2 + Q^3 ... = (I-Q)^{-1}$$

3. Wie lange wird es durchschnittlich dauern, bis der Prozeß absorbiert wird?

$$\sum_{j=1}^{n} \sum_{k=1}^{\infty} q_{ij}^{(k)}$$

ist der Erwartungswert dafür, wieviel Schritte erforderlich sind (also er sich in $j = 1, 2, ..., n$ befindet), bis er absorbiert wird. In Matrixform erhält man

$$(I-Q)^{-1} \begin{pmatrix} 1 \\ \vdots \\ 1 \end{pmatrix}$$

18.3.2 Anwendungen

Ein Beratungsunternehmen bestehe aus den drei Abteilungen *I, II, III*. Die Aufträge durchlaufen den Betrieb gemäß der unten folgenden Matrix der Übergangswahrscheinlichkeiten. Darin bedeuten der Zustand 1, der Auftrag wurde ausgeführt sowie der Zustand 2, der Auftrag ist nicht durchführbar und wurde abgelehnt. Die Zeile *I* beinhaltet z. B., daß die Abteilung *I* 40 % selbst ausführt, 10 % als unausführbar beurteilt und 50 % an die Abteilung *II* weitergibt (vgl. [6/S. 299 f.]).

$$P = \begin{pmatrix} & 1 & 2 & I & II & III \\ 1 & 1{,}0 & 0{,}0 & 0{,}0 & 0{,}0 & 0{,}0 \\ 2 & 0{,}0 & 1{,}0 & 0{,}0 & 0{,}0 & 0{,}0 \\ I & 0{,}4 & 0{,}1 & 0{,}0 & 0{,}5 & 0{,}0 \\ II & 0{,}3 & 0{,}1 & 0{,}2 & 0{,}0 & 0{,}4 \\ III & 0{,}2 & 0{,}1 & 0{,}4 & 0{,}3 & 0{,}0 \end{pmatrix}$$

Man erhält

$$(I-Q)^{-1} = \begin{pmatrix} 1{,}257 & 0{,}714 & 0{,}286 \\ 0{,}514 & 1{,}429 & 0{,}571 \\ 0{,}657 & 0{,}714 & 1{,}286 \end{pmatrix}$$

$$(I-Q)^{-1} \begin{pmatrix} 1 \\ 1 \\ 1 \end{pmatrix} = \begin{pmatrix} 2{,}257 \\ 2{,}514 \\ 2{,}657 \end{pmatrix}$$

2,257 gibt z. B. den Prognosewert für die Zeit an, die durchschnittlich in Abteilung I zur Bearbeitung eines Auftrages benötigt wird. Weiter erhält man

$$(I-Q)^{-1} R = \begin{pmatrix} 0{,}7743 & 0{,}2257 \\ 0{,}7486 & 0{,}2514 \\ 0{,}7343 & 0{,}2657 \end{pmatrix}$$

0,7743 gibt z. B. die Prognose für einen erfolgreich durchgeführten Auftrag an.

18.4 Periodische Markovprozesse

18.4.1 Definition und grundlegende Merkmale

Nicht immer erreichen Prozesse einen stationären Zustand. Es kann Oszillieren auftreten, so daß Zustände periodisch durchlaufen werden. Die einfachste periodische Markovkette ist die mit zwei Zuständen und der Übergangsmatrix

$$P = \begin{pmatrix} 0 & 1 \\ 1 & 0 \end{pmatrix}$$

Wenn das System im Zustand 1 beginnt, wird es nach jeder geraden Anzahl von Übergängen wieder in den Zustand 1 und nach jeder ungeraden Anzahl von Übergängen in den Zustand 2 gelangen. Einen dreiperiodigen Zyklus erhält man mit

$$P = \begin{pmatrix} 0 & 1 & 0 \\ 0 & 0 & 1 \\ 1 & 0 & 0 \end{pmatrix}$$

18.4.2 Anwendungen

Neben Trends, saisonalen und zufallsabhängigen Schwankungen enthalten Vorhersageprobleme häufig zyklische Bewegungen. Letztere lassen sich mit Hilfe periodischer Übergangsmatrizen in der Form nichthomogener Markovketten modellieren. Dazu betrachten wir das Beispiel aus dem Abschnitt 18.2.1 mit der Übergangsmatrix

$$P_1 = \begin{pmatrix} 0{,}7 & 0{,}3 \\ 0{,}2 & 0{,}8 \end{pmatrix}$$

und nehmen an, daß der Prozeß einem zweiperiodigen Zyklus mit der Übergangsmatrix

$$P_2 = \begin{pmatrix} 0 & 1 \\ 1 & 0 \end{pmatrix}$$

unterliegt. Mit Hilfe des nichthomogenen Prozesses

$$P^{(1)} = P_1$$
$$P^{(2)} = P_1 P_2$$
$$P^{(3)} = P_1 P_2 P_3$$
$$P^{(4)} = P_1 P_2 P_3 P_4$$
$$\vdots \quad \vdots$$
$$P^{(n)} = (P_1 P_2)^{n/2}$$

superpositioniert man auf den Prozeß P_1 den zweiperiodigen Zyklus P_2. Die numerischen Werte mit dem Anlaufvektor

$$p^{(0)} = (1 \quad 0)$$

enthält Tabelle 5.

18.5 Bewertete Markovprozesse

18.5.1 Definition und grundlegende Merkmale

In realen Fällen sind bei Markovprozessen die Übergänge vom Zustand i zum Zustand j häufig mit Bewertungen, z. B. Erlösen oder Verlusten, verbunden. Der Markovprozeß erzeugt dann während seines Ablaufes eine Folge von positiven und/oder negativen Nutzengrößen, die von den realisierten Übergängen abhängen. Die Bewertungen, die sich beim Übergang vom Zustand i in den Zustand j ergeben, fassen wir in der Matrix

$$U = (u_{ij})_{i,j=1\ldots N}$$

zusammen. Der Prognosewert für den erwarteten Erlös bzw. Verlust der kommenden n Perioden ergibt sich aus dem mit den Übergangswahrscheinlichkeiten gewichteten Erlösen/Verlusten

$$v_i(n) = \sum_{j=1}^{N} p_{ij} \left[u_{ij} + v_j(n-1) \right]$$

für $i = 1,2,...,N$ und $n = 1,2,3,...$

Periode	Marktanteil	
	A	B
1	0,7	0,3
2	0,3	0,7
3	0,35	0,65
4	0,65	0,35
5	0,525	0,475
6	0,475	0,525
7	0,4375	0,5625
8	0,5625	0,4375
...	...	...
29	0,4667	0,5337
30	0,5333	0,4666
31	0,4666	0,5333
32	0,5333	0,4666

Tabelle 5   Prognosewerte eines nichthomogenen zweiperiodigen Prozesses

Darin sind

$$v_j(n-1)$$

die erwarteten Erlöse/Verluste für die verbleibende, um Eins reduzierte Anzahl von Übergängen mit dem Anfangszustand j. Definiert man

$$q_i = \sum_{j=1}^{N} p_{ij} u_{ij} \text{ für } i=1,2,...,N$$

folgt

$$v_i(n) = q_i + \sum_{j=1}^{N} p_{ij} v_j(n-1)$$

für $i=1,2,...,N$ und $n=1,2,3,...$

In vektorieller Schreibweise ergibt sich

$$v(n) = q + p\, v(n-1) \text{ für } n=1,2,3,...$$

Dabei ist $v(n)$ ein Spaltenvektor mit N Komponenten.

18.5.2 Anwendungen

In einem Betrieb treten im Produktionsablauf Störungen auf, die zur Produktionsunterbrechung führen. Man kann also zwei Betriebszustände unterscheiden: E_0, die Anlage steht still, und E_1, die Anlage läuft. Die Übergangsmatrix sei

$$P = \begin{matrix} & E_0 & E_1 \\ E_0 & \\ E_1 & \end{matrix} \begin{pmatrix} 0{,}75 & 0{,}25 \\ 0{,}20 & 0{,}80 \end{pmatrix}$$

Als Bewertungsmatrix wurde

$$U = \begin{pmatrix} -10 & +6 \\ -10 & +20 \end{pmatrix}$$

ermittelt. Die Unternehmung verliert also 10 Geldeinheiten, wenn nicht produziert wird. Behebt man einen Stillstand, werden in der nächsten Periode 6 Geldeinheiten und treten keine Störungen auf, werden 20 Geldeinheiten erzielt. Weiter wird angenommen, daß sich die Anfangswerte aus den Erlösen ergeben, die die Unternehmung durch den Verkauf der Anlage erzielen kann. Dabei sei der Verkaufspreis $v_0(0) = 100$ Geldeinheiten, wenn die Produktion unterbrochen ist, und $v_1(0) = 200$ Geldeinheiten, wenn die Anlage läuft.

Aus den Daten von P und U sowie den Randwerten erhält man die Prognosewerte als Funktion vom Ausgangszustand und der Anzahl der verbleibenden Übergänge. In der Tabelle 6 erkennt man, daß sich mit wachsendem n die Differenzen $|v_1(n) - v_0(n)|$ und $|v_1(n) - v_1(n-1)|$ offensichtlich konstanten Werten nähern. Konkret heißt dies, wenn die Anlage im Ausgangszustand läuft, dann ist das Periodenergebnis für ein großes n um etwa 44,44 Geldeinheiten höher, und außerdem erzielt der Unternehmer bei großem n für jede weitere Periode zusätzlich etwa 5,11 Geldeinheiten.

n	$v_0(n)$	$v_1(n)$	$v_1(n) - v_0(n)$	$v_1(n) - v_1(n-1)$
0	100	200	100	
1	119,00	194,00	75	-6
2	131,75	193,00	61,25	-1
3	141,0625	194,75	53,6875	1,75
4	148,4844	198,0125	49,5281	3,2625
5	154,8664	202,1069	47,2405	4,0944
6	160,6765	206,6588	45,9823	4,5519
7	166,1721	211,4624	45,2903	4,8036
8	171,4947	216,4043	44,9096	4,9419
9	176,7221	221,4224	44,7003	5,0181
10	181,8972	226,4823	44,5851	5,0599
11	187,0435	231,5653	44,5218	5,0830
12	192,1739	236,6609	44,4870	5,0956
13	197,2957	241,7635	44,4678	5,1026
14	202,4126	246,8700	44,4574	5,1065
15	207,5270	251,9785	44,4515	5,1085
16	323,6399	257,0882	44,4483	5,1097
17	217,7520	262,1986	44,4466	5,1104
18	222,8636	267,3092	44,4456	5,1106
19	227,9750	272,4201	44,4451	5,1119
20	233,0863	277,5311	44,4448	5,1110
21	238,1975	282,6421	44,4446	5,1110
22	243,3086	287,7532	44,4446	5,1111
23	248,4198	292,8643	44,4445	5,1111
24	253,5309	297,9754	44,4445	5,1111
25	258,6420	303,0865	44,4445	5,1111
26	263,7531	308,1976	44,4445	5,1111
27	268,8642	313,3087	44,4445	5,1111
28	273,9754	318,4198	44,4444	5,1111

Tabelle 6 Prognose der erwarteten Erlöse als Funktion vom Ausgangszustand und der Anzahl der verbleibenden Übergänge

Nehmen wir nun an, daß dem Unternehmer iterative Entscheidungsalternativen (Strategien) zur Verfügung stehen. Möglich seien eine verbesserte Reparaturplanung (Strategie I) und eine verbesserte vorbeugende Instandhaltung (Strategie II). Die Tabelle 7 beschreibt die gesamte Entscheidungssituation.

Ausgangs-zustand i	Strategie	Übergangswahrscheinlichkeit nach 0	1	Ergebnis bei Übergang nach 0	1
0	I	0,75	0,25	-10	6
0	II	0,20	0,80	-10	20
1	I	0,40	0,60	-10	5
1	II	0,50	0,50	-8	16

Tabelle 7   Sequentielles Entscheidungsproblem einer bewerteten Markovkette

Die optimale Entscheidungssequenz ist dann erreicht, wenn für jedes i und n das gesamte erwartete Betriebsergebnis maximal wird. Setzt man die Strategie k ein, so gilt

$$v_i(n) = \sum_{j=0}^{N-1} p_{ij}^{[k]} (u_{ij}^{[k]} + v_j(n-1)) =$$

$$q_i^{[k]} + \sum_{j=0}^{N} p_{ij}^{[k]} v_j(n-1)$$

und wenn k optimal ist,

$$\max(v_i(n)) = \max \left[q_i^{[k]} + \sum_{j=0}^{N-1} p_{ij}^{[k]} v_j(n-1) \right]$$

Mit den Randwerten $v_0(0) = 100$ und $v_1(0) = 200$ erhält man

$v_0(1) = \max[119{,}0000 \,;\, 194{,}0000]$, also Strategie II, $v_1(1) = \max[159{,}0000 \,;\, 154{,}0000]$, also Strategie I,

$v_0(2) = \max[179{,}2500 \,;\, 180{,}0000]$, also Strategie II, $v_1(2) = \max[172{,}0000 \,;\, 180{,}5000]$, also Strategie II,

$v_0(3) = \max[174{,}1250 \,;\, 194{,}4000]$, also Strategie II, $v_1(3) = \max[179{,}3000 \,;\, 184{,}2500]$, also Strategie II,

$v_0(4) = \max[185{,}8625 \,;\, 200{,}2800]$, also Strategie II, $v_1(4) = \max[187{,}3100 \,;\, 193{,}3250]$, also Strategie II,

$v_0(5) = \max[192{,}5413 \,;\, 208{,}7160]$, also Strategie II, $v_1(5) = \max[195{,}1070 \,;\, 200{,}8025]$, also Strategie II,

$v_0(6) = \max[200{,}7376 \,;\, 216{,}3852]$, also Strategie II, $v_1(6) = \max[202{,}9679 \,;\, 208{,}7593]$, also Strategie II usw.

Daraus gewinnt man als Prognose für die erwarteten Periodenergebnisse die in der folgenden Tabelle angegebenen Werte.

n	$v_0(n)$	$v_1(n)$
1	194,0000	159,0000
2	180,0000	180,5000
3	194,4000	184,2500
4	200,2800	193,3250
5	208,7160	200,8025
6	216,3852	208,7593
.	...	...

Tabelle 8   Prognose für die Periodenergebnisse bei optimaler Strategie

18.6 Literatur

[1] Buchholz, P., Die strukturierte Analyse Markovscher Modelle, Berlin u.a. 1991.
[2] Chung, K.L., Lectures from Markov Processes to Brownian Motion, New York u.a. 1982.
[3] Ferschl, F., Zufallsabhängige Wirtschaftsprozesse, Wien-Würzburg 1964.
[4] Heller, W.-D., Lindenberg, H., Nuske, M. und Schriever, K.-H., Stochastische Systeme: Markoffketten, Stochastische Prozesse, Warteschlangen, Berlin-New York 1978.
[5] Hilfer, R., Stochastische Modelle für die betriebliche Planung, München 1985.
[6] Kemeny, J.G., Schleifer, A., Snell, J.L. und Thompson, G.L., Finite Mathematics with Business Applications, Englewood Cliffs 1972.
[7] Küpper, W., Planung der Instandhaltung, Wiesbaden 1974.
[8] Wächter, K.H., Die Verwendung von Markov-Ketten in der Personalplanung, Zeitschrift für Betriebswirtschaft 44 (1974), S. 243 ff.
[9] Zanakis, S.H. und Maret, M.W., A Markovian Goal Programming Approach to Aggregate Manpower Planning, Journal of the Operations Research Society 32 (1981), S. 55 ff.
[10] Zurmühl, R. und Falk, S., Matrizen und ihre Anwendungen, Teil 1: Grundlagen, 5. Aufl., Berlin u.a. 1984.

19 Der Beitrag der Künstlichen Intelligenz zur betrieblichen Prognose

von Ph. Janetzke und J. Falk

19.1 Einleitung

Viele leistungsfähige Prognosesysteme enthalten eine größere Anzahl unterschiedlicher Verfahren. Dabei erfordern Auswahl und Bedienung meist mathematische Experten. Um derartige Systeme einem breiteren Benutzerspektrum zugänglich zu machen, bleibt einerseits, sie vollkommen zu automatisieren. Dann hat man aber das Problem, daß sich bei weniger plausiblen Ergebnissen kaum Akzeptanz in der betrieblichen Praxis erreichen läßt (vgl. Kapitel 15/S. 249). Es wird dort darauf Wert gelegt, daß der Lösungsweg nachvollziehbar ist. Andererseits bestehen Möglichkeiten, Prognosesysteme "intelligenter" zu machen: Der Benutzer könnte durch den Prognoseprozeß "geführt" und bei der Methodenauswahl und -parametrierung "beraten" werden. Es wäre denkbar, daß das System die Ergebnisse interpretiert und Korrekturen vorschlägt. Außerdem könnte man dem Benutzer Verfahren an die Hand geben, die den funktionalen Zusammenhang von Eingabe- und Prognosewerten anhand der Daten selbständig erlernen. Somit bräuchte er nicht mehr mit mathematisch-statistischen Details einer Modellbildung vertraut sein. In diesem Beitrag wollen wir untersuchen, ob, inwieweit und an welchen Stellen dies durch die Künstliche Intelligenz (KI) geleistet werden kann und welche Experimente und Vorschläge bereits bekannt sind. Dazu geben wir einen Überblick über derzeitige Einsatzmöglichkeiten der KI in der betrieblichen Prognose. Wir dehnen den Begriff der Künstlichen Intelligenz auf das Gebiet der Neuroinformatik aus, das sich mit der Erforschung und Nachbildung von Intelligenz biologischer Systeme beschäftigt.

19.2 Expertensysteme

19.2.1 Prognosespezifischer Aufbau

In Abbildung 1 ist das Modell eines Expertensystems (XPS) zur Prognoserechnung zu sehen. Bestandteile sind eine Inferenzkomponente, die den Arbeitsablauf des XPS steuert, eine Dialogkomponente als Schnittstelle zum Benutzer und eine Wissensbasis, die prognosespezifisches Wissen enthält. Über die Inferenzkomponente sind dem XPS eine Daten- und Methodenbank zugänglich, die beispielsweise Vergangenheitswerte und bestimmte Prognoseverfahren bzw. Verfahren zur Datenanalyse beinhalten.

Die Expertensystemtechnik bietet die Möglichkeit, Expertenwissen zu speichern und es heuristisch, nicht deterministisch zu verarbeiten. Ihr Einsatz liegt bei der Auswahl und Parametrierung von Prognosemethoden nahe, da man mit ihr die Wirkung und Abhängigkeit von Einflußfaktoren einschätzen kann. Dies sind Vorgänge, die meist nicht exakt formalisierbar sind (vgl. Abschnitt 19.2.4 sowie [82] und [4]).

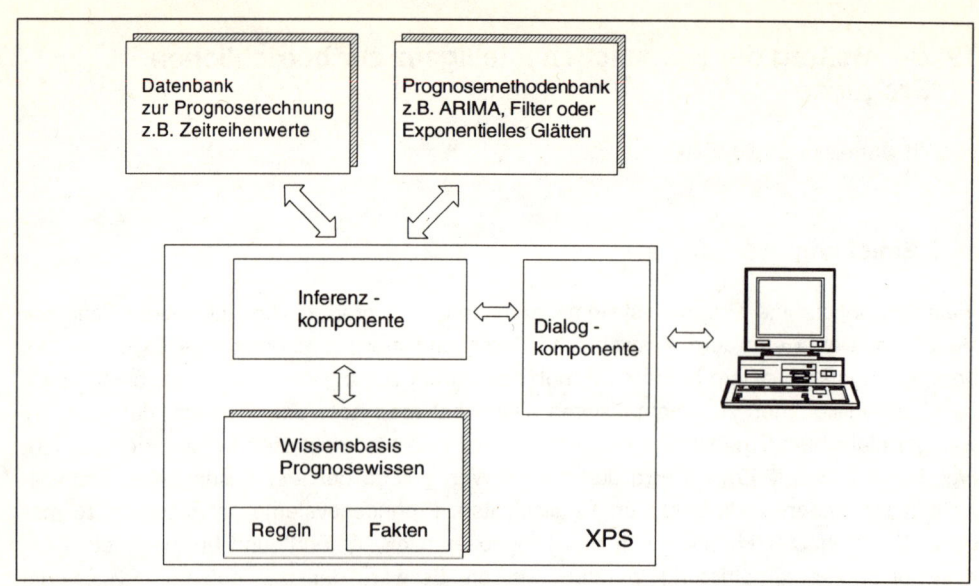

Abb. 1   Modell eines Expertensystems zur Prognoserechnung

19.2.2 Abgrenzung wissensbasierter Prognosesysteme von "intelligenten" Methodenbanken

Die Idee, dem Benutzer den Zugang zu Prognosesystemen zu erleichtern, findet man auch in nicht wissensbasierten Systemen wie den "intelligenten" Methodenbanken (vgl. Prometheus in [22]). Sie enthalten Dialogkomponenten und starten Prognosealgorithmen, die sie interaktiv mit dem Benutzer auswählen und parametrieren. Suchmechanismen über Deskriptoren erleichtern den Umgang und direkten Zugriff auf die Methoden. Expertensysteme, die Wissensbasis und Methodenbank getrennt enthalten (vgl. Abbildung 1), haben die Wissensbasis zwischen Anwender und Methodenbank implementiert und sind daher weniger für den Direktzugriff gedacht. Die wesentlichen Unterschiede liegen in der Darstellung und der Verarbeitung des Wissens. Nicht wissensbasierte Systeme repräsentieren das Wissen implizit, z. B. in Entscheidungstabellen, und verarbeiten es mit "hart codierten" Algorithmen [43].

19.2.3 Wissensrepräsentation

Zwei Repräsentationskonzepte, Regeln und Frames, ermöglichen die Wissensdarstellung. Regeln sind in der Logik 1. Stufe, die das menschliche Denken formalisiert, eingebettet und damit syntaktisch verständlicher [74/S. 101 ff.]. Ein Regelnetz basiert auf der Vorstellung, Konklusionen einer Regel seien wiederum Prämissen einer anderen. Diese Beziehung kann beispielsweise bei der Prognosemethodenauswahl folgendermaßen aufgebaut sein (vgl. Abbildung 2): Quadratischer Trend und vorhandene Saisoneinflüsse auf die zu prognostizierende Zeitreihe implizieren die Notwendigkeit eines komplizierten Modells. Liegt zusätzlich der erwünschte Prognosehorizont über 15 Perioden, so wird u. a. die multivariate Regression als Methode ausgewählt (vgl. [22]).

Frames beinhalten das Wissen über Objekte, für die eine Prognose erstellt werden soll [73/S. 85 ff.]. Ein Frame ist syntaktisch eine Datenstruktur, die sich aus mehreren Plätzen (Slots) zusammensetzt. In der Prognosepraxis werden Frames auch verwendet, um Prognosemethoden und einzelne Gleichungen darzustellen.

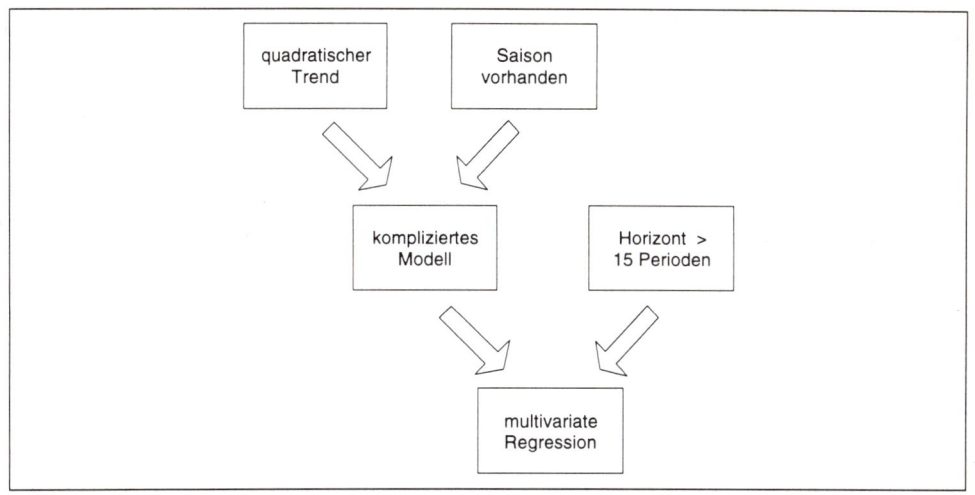

Abb. 2 Ausschnitt aus einer Wissensbasis zur Auswahl einer Methode

Streitberg und *Naeve* [88] bauen im XPS A4 einen Frame "Prognosemethode" (z. B. ARMA) auf, in dessen Slots sie u. a. Startwerte bzw. nach den entsprechenden Bearbeitungsschritten die jeweiligen Ergebniswerte, die Zahl der Parameter bzw. deren Werte sowie Einheiten und Ergebnisse der Voruntersuchung (z. B. Saison, Trend) eintragen. Das Objekt "Prognosegleichung", das *Riviere* u.a. [72] in einem XPS als Frame realisieren, enthält Werte bzw. Einheiten der Variablen, die Art und Bedeutung der Gleichung und die Abweichung der Zielvariablen von den aktuellen Werten. *Riviere* u.a., die die Fehler in den Gleichungen durch "add factors" (vgl. Abschnitt 19.2.5.1.2) ausgleichen, ergänzen den Frame noch um entsprechende Slots für diese Variablen. *Schweneker* [78/S. 70 ff.] stellt die Objekte in Frames dar, für die eine Vorhersage (z. B. Absatzprognose) getroffen wird. Der Frame "Buch" enthält Einträge u. a. über Autor, Preis, Absatz und Autorenakzeptanz. Gleiche Eigenschaften von Büchern können in "globale" Objekte ("Klassen" im XPS ELIED in [78/S. 70 ff.]) eingetragen werden, spezielle Eigenschaften in "lokale" ("Objekte" [78/S. 70 ff.]), um die Übersichtlichkeit zu erhöhen und den Speicherbedarf zu senken. Bei der Verarbeitung werden die globalen Eigenschaften an die lokalen Objekte vererbt ("multiple Vererbung" [78/S. 70 ff.]).

Eine "graphische Sicht auf die Wissensbasis", die im XPS ELIED [78/S. 70 ff.] implementiert ist, unterstreicht die Vorteile der Darstellung: "Verbindungen zwischen den Regeln einer Wissenbasis [...], Inferenz während der Konsultation [...] und ein Objektnetzwerk" können "parallel [...] aufgezeigt werden."

Unsicheres, d. h. mathematisch-statistisch nicht exakt formalisierbares Wissen, z. B. darüber, für welche Bedingung welche Prognosemethode die am besten geeignete ist, wird in regelbasierten Wissensbasen in Form von Wahrscheinlichkeiten, die an die entsprechenden Regeln gebunden sind, repräsentiert.

19.2.4 Wissensverarbeitung

Die nicht deterministische Arbeitsweise der Inferenzmaschine begünstigt die Verarbeitung unvollständigen Wissens, wie fehlende Benutzereingaben, die auch statistisch nicht ermittelt werden können (vgl. Automation in Abschnitt 19.2.5.3). Dabei verliert allerdings beispielsweise die Auswahl einer Methode an Genauigkeit und liefert statt einer besten eine Menge geeigneter Methoden. Die Verarbeitung unsicheren Wissens - Regel verknüpft mit Wahrscheinlichkeit - richtet sich nach der *Bayes*schen Wahrscheinlichkeitsfortpflanzung (vgl. [75/S. 17 ff.]) und ermöglicht so, in der Ergebnisdarstellung Unsicherheitsfaktoren zu berücksichtigen.

Experten denken nicht immer in scharfen Grenzen. Die Fuzzy-Logik versucht, über fließende Grenzen in Form überlappender Wahrscheinlichkeitsverteilungen diese Unschärfe im Expertendenken nachzubilden, um so die Leistung der Expertensysteme näher an die der menschlichen Experten zu bringen (vgl. z. B. XPS Interest Rate Insight in [40]). In der Prognoseauswahl wirkt sich beispielsweise der Prognosehorizont auf die Komplexitätsanforderung an die auszuwählende Methode aus. Die Grenzen der Auswahl der einen oder anderen Methode sind fließend, da algorithmisch nicht exakt entscheidbar.

Einen ähnlichen Weg zur genaueren Abbildung des Expertenschlußfolgerns beschreiten Systeme, die auf der *Dempster-Shafer*-Logik aufbauen (vgl. [25/S. 96 ff.]). In der Anwendung der Prognoseauswahl wird für jede Methode bzw. Menge von Methoden die Wahrscheinlichkeit, daß diese die beste ist, berechnet [19]. Diese Wahrscheinlichkeit wird allerdings - der auffälligste Unterschied - in Form eines Intervalls angegeben. Ober- und Untergrenze des Intervalls sind auf den Bereich [0,1] definiert. Die Intervalle werden in zweifacher Hinsicht interpretiert. Liegen die Ober- und Untergrenze "weit" auseinander, ist die Länge des Unsicherheitsintervalls - Maß der Unsicherheit - größer als im Idealfall, wenn Ober- und Untergrenze übereinstimmen. Die Unsicherheit ist dann gleich 0 bzw. die Gewißheit gleich 1 und die Eignungs-Wahrscheinlichkeit der Methode gleich dem Wert der Grenzen. Ist die Untergrenze nahe 0, so ist das Vertrauen in diese Methode gering - analog der exakten Wahrscheinlichkeit. Das Vertrauen ist um so größer, je näher die Obergrenze bei 1 liegt. Die Methode mit der größten Wahrscheinlichkeit verbunden mit einer geringen Unsicherheit sollte die am besten geeignete sein und wird ausgewählt.

19.2.5 Einsatz wissensbasierter Prognosesysteme

Expertensysteme zur betrieblichen Prognose lassen sich nach ihren Methodenbanken in zwei Klassen einteilen. Zur Klasse der mathematisch-statistisch orientierten zählen Systeme, die wissenschaftlich untersuchte Methoden wie Zeitreihenanalysen oder ökonometrische Modelle verwenden (z. B. XPS Panisse in [37]). Die zweite Klasse stellen Expertensysteme dar, die Methoden enthalten, welche aus dem Erfahrungsschatz betrieblicher Prognoseexperten stammen bzw. betriebswirtschaftliche Kausalzusammenhänge abbilden.

19.2.5.1 Expertensysteme mit mathematisch-statistischen Methoden

Mathematisch-statistisch orientierte Expertensysteme können weiter nach dem Aufbau ihrer Wissensbasis in Auswahlsysteme und integrierte Systeme untergliedert werden. Auswahlsysteme sind anwendungsunabhängig, während integrierte Systeme die Anforderungen des Anwendungsgebietes bei der Prognose berücksichtigen.

19.2.5.1.1 Auswahlsysteme

Das Expertensystem unterstützt den Benutzer bei der Auswahl der für ihn am besten geeigneten Methode und der Parametrierung der Modelle. Diese Eigenschaft als Zugangssystem (vgl. [51/S. 178]) ermöglicht einem größeren Anwenderkreis, die Prognosetechniken zu nutzen. Bislang setzten diese ein hohes Maß an Expertenwissen zum korrekten Einsatz voraus.

Ein von *Kumar* und *Hsu* [43] entwickeltes XPS unterstützt die Auswahl unter 25 verschiedenen Methoden, die in Zeitreihenmodelle, kausale und beurteilende Verfahren gegliedert sind. Während des Auswahlvorgangs bewertet das System die Methoden auf Basis von 16 unterschiedlichen Kriterien, z. B. Anzahl der Vergangenheitswerte und Prognosehorizont. Diese werden im Dialog mit dem Benutzer erfragt und gehen in die Prämissen unscharfer Auswahlregeln ein. Eine typische Regel hat z. B. folgenden Aufbau: "WENN (Anzahl der verfügbaren Vergangenheitswerte "mittel"), DANN (multipliziere "Score" der Naiven Extrapolationsmethode mit 1,0,...und der Input-Output-Methode mit 0,3)". Außer der höchstbewerteten Methode kann das System auch eine Kombination zweier Verfahren vorschlagen.

In [31] wird ein XPS-Ansatz geschildert, der die Analyse von Zeitreihen mit ARIMA-Modellen (vgl. Kapitel 14 und 16) unterstützt. Der Selektionsprozeß der Modelle bereitet in der Praxis Schwierigkeiten, da sich meist keine definierte Prozedur angeben läßt, die aus den Ergebnissen statistischer Zeitreihentests für jede gegebene Situation eine eindeutige Modellzugehörigkeit errechnet. Modellidentifikationsregeln enthalten vereinfachende und unscharfe Annahmen, die z. B. wie folgt lauten: "Die Autokorrelationsfunktion eines AR-Prozesses der Ordnung p zerfällt ab der ersten Periode, und seine partielle Autokorrelationsfunktion bricht nach einem Timelag von p Perioden ab" (vgl. z. B. [95/S. 358]). Der in [31] beschriebene Ansatz geht daher davon aus, daß die Klasse der ARIMA-Modelle ein "Fuzzy Set" bildet: Die Zugehörigkeit einer Zeitreihe zu einem ARIMA-Modell wird nicht eindeutig (0 oder 1), sondern mit einer Funktion, die alle Werte im reellen Intervall [0,1] annehmen kann, definiert. Die Ergebnisse der Statistiktests (z. B. Test auf Datenmenge, Test auf Maxima im Spektrum und in den Autokorrelationen, *Ljung-Box*-Test) gehen auch hier in die Bedingungen von unscharfen Auswahlregeln ein.

19.2.5.1.2 Integrierte Systeme

Integrierte Systeme sind Auswahlsysteme, deren Wissensbasen um anwendungsspezifisches Wissen erweitert sind. Die Praxis hat gezeigt, daß in den Anwendungsbereichen, z. B. Lagerabgangsprognose, zum einen Auswahlvorgänge durch betriebswirtschaftliche Faktoren mitbestimmt (z. B. Teileart: Rohteil, Halbfabrikat oder Enderzeugnis [51/S. 73]), zum anderen erstellte Prognosen im Falle ökonomischer Besonderheiten berichtet werden sollten.

Ökonomische Besonderheiten lassen sich nach ihrer Bedeutung in drei Kategorien einteilen: Marktspezifische ökonomische Besonderheiten wirken auf ganze Wirtschaftszweige, produktspezifische beeinflussen einzelne Produkte oder Standorte. So kann die Prognose einer Produktgruppe nicht auf jedes Produkt dieser Gruppe in gleicher Weise übertragen werden; Korrekturen sind nötig. Schließlich unterscheidet man noch die Kategorie der "besonderen" Ereignisse ("special events" [46], "occasional events" [65]), wie z. B. neue Konkurrenten oder unvorhergesehene Großaufträge.

Die Bedeutung ökonomischer Besonderheiten für die Vorhersagegenauigkeit stellen auch *Edmundson*, *Flores* und *Wolfe* fest. *Edmundson* [23] fand heraus, daß sich produktspezifisches Wissen signifikant auf die Prognosegenauigkeit auswirkt, und kommt in seiner Studie zu dem Ergebnis, daß die Vorhersagen mit Produktwissen denen überlegen sind, die ausschließlich mathematisch-statistische Methoden verwenden. *Flores* und *Wolfe* [28] zeigen, daß mathematisch-statistische Vorhersagen durch explizite Nachbesserungen, die allgemeine ökonomische Bedingungen berücksichtigen, genauer werden können. In ihrer Studie werden ARIMA-Prognosen von Analysten nachgebessert.

In Abbildung 3 ist ein Auszug aus einer Wissensbasis eines integrierten Systems in Form eines Regelnetzes ersichtlich. Regeln, die sich in der Prämisse nur im Wert unterscheiden, sind zusammengefaßt, um die Beziehungen der Wissensbereiche anwendungsspezifisches Wissen und Auswahlwissen zu verdeutlichen. Mit der hier dargestellten Wissensbasis könnte eine Methode zur Absatzprognose eines neu entwickelten Produkts ausgewählt werden. Neben Regeln, die den Auszug aus einer Wissensbasis eines Auswahlsystems repräsentieren, sind Brückenregeln zu sehen, die das anwendungsspezifische Wissen mit dem Auswahlwissen verbinden (XPS FOCA in [34]). Damit kann man ökonomische Bedingungen wie die Entwicklungsdauer eines Produkts berücksichtigen, um ein Verfahren auszuwählen, das in dem Prognosehorizont, der über die Entwicklungsdauer hinausgeht, genügend genau vorhersagen kann [34]. Eine ähnliche Brückenregel beinhaltet auch das XPS Sales Forecaster, dessen Prognose für die Produktion eine "16 to 24 week lead time" [85] besitzen muß. In dem Expertensystem XPS for Selecting a Marketing Forecasting Technique wird nach der "availability of exogenous data (such as advertising, product quality, price, distribution)" [85] gefragt und die Antwort bei der Auswahl über Brückenregeln eingearbeitet.

Überlagerungsregeln (vgl. Abbildung 3) berichtigen die Prognose a posteriori im Falle ökonomischer Besonderheiten - im Beispiel sind dies die Marketingstrategie, die Produktqualität (vgl. [38]) und der Zielmarkt (vgl. [86]). Weiterhin werden solche Überlagerungsregeln eingesetzt, um weltpolitische (vgl. XPS Petro-X in [17]) oder andere "besondere" Ereignisse (siehe oben) zu berücksichtigen.

Der Vorgang der Überlagerung läßt sich am dargestellten Beispiel wie folgt erklären (vgl. Abbildung 3): Der Benutzer muß entscheiden, ob er die vom System eingestellten Parameter für Qualität, die es aus den für das Produkt verwendeten Materialien und Verfahren ableitet, akzeptiert bzw. korrigiert. Es obliegt ihm außerdem, die Bewertung/Skalierung der Marketingvorhaben zu ändern (vgl. XPS zur Absatzprognose auf dem Reifenmarkt in [86]). Anschließend werden vom System Nachbesserungsprozeduren aufgerufen (vgl. XPS Elied in [78/S. 70 ff.]).

Wenn die Prognosen im kurzfristigen Bereich von den aktuellen Werten differieren, schlagen "early diagnostic systems" Überlagerungsregeln vor bzw. passen Vorhersagewerte nachträglich an. Vorher geben sie Warnungen aus und ergründen - entweder automatisch oder im interaktiven Dialog mit dem Benutzer (XPS ECO in [65]) - denkbare Ursachen (XPS ALFA in [46]).

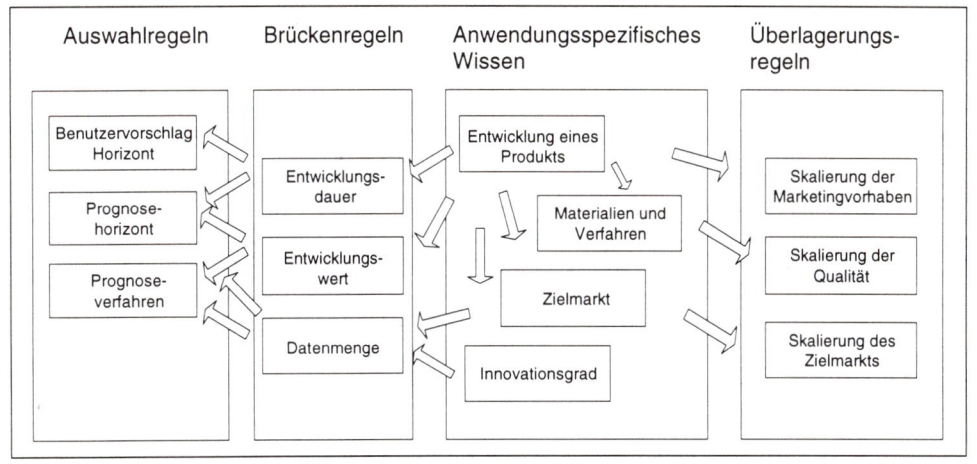

Abb. 3 Regelnetz eines integrierten Systems

Die Ergebnisse kann man weiter verbessern, indem man in die ausgewählten Methodengleichungen Berichtigungs- bzw. Kontrollvariablen, die "add factors" [72] (vgl. Abschnitt 19.2.3), einfügt, welche a posteriori zu bestimmen sind. Mit dieser mathematischen Korrektur, die automatisierbar ist, schränkt man allerdings die ökonomische Interpretation des Prognoseergebnisses ein ("Such a method can not explain the reasoning that led to values" [72]), da nicht wie bei der Überlagerungsmethode erklärbare Ereignisse oder Besonderheiten überlagert werden. Zusätzlich führt oft auch eine personelle Nachbearbeitung zu verbesserten Werten. Durch die "Eyeball Utility" des XPS SmartForecaster kann der Benutzer die Vorhersagen nachträglich direkt am Bildschirm ändern, um sie praktischen Erfordernissen anzupassen [63].

Integrierte Systeme lassen sich auch in größere Expertensysteme, die prognostizierte Daten verwenden, einbinden. Planungssysteme in der Produktion, wie der Sales Forecaster bei Texas Instruments (der Produktionsplan basiert auf dem vorhergesagten Bedarf (vgl. [85])), oder in der Distribution, wie der Distribution Network Analyser (Übertragung von "midterm" Prognosen auf Frachtrouten und Gewichtung der Ladung [59]), sind hier beispielhaft zu nennen.

19.2.5.2 Expertensysteme mit empirischen Methoden

Empirische Methoden, sog. Faust- und Daumenregeln, werden in der Praxis mathematisch-statistischen Methoden vorgezogen, wenn bestimmte Rahmenbedingungen erfüllt sind. *Kern* nennt in diesem Zusammenhang u. a. das Vorhandensein wichtiger "Ereignisse und Prämissen, die pro Jahr unterschiedlich und zueinander unterschiedlich in der Zeitachse liegen", ebenso "Überlagerungen von Ereignissen als erheblichen Bestimmungsfaktor für den Prognosewert" [39]. Wie in Abschnitt 19.2.5.1.2 gezeigt, ist die Lösung derartiger Probleme aber auch mit integrierten Systemen durchaus möglich. Expertensysteme mit einer empirischen Methodenbank sind in zweifacher Hinsicht empirisch: Die vom Experten definierten Regeln zur Auswahl geeigneter Methoden sind, da aus dem Erfahrungsschatz dieser, empirisch, ebenso die Prognosemethoden, da Faust- bzw. Daumenregeln. Innerhalb der "rules-of-thumb" unterscheiden *Humpert* und *Holley* [37] - je nach Vorgehensweise der Prognoseerstellung - zwischen "top-down"-Methoden (z. B. Gebrauch von Marktgröße und Marktanteil) bzw. "bottom-up"-Verfahren (z. B. Gebrauch von Produktionsplänen).

Beim XPS zur frühzeitigen Materialeinzelkostenprognose von *Seidlmeier* ist - im Gegensatz zu reinem Erfahrungswissen - vor allem Wissen über kausale Zusammenhänge in Form von Regeln und Frames (vgl. Abschnitt 19.2.3) rekonstruiert [79/S. 78]. Das Expertensystem erkennt die durch die Entscheidungen der Bereiche Konstruktion und Materialwirtschaft ausgelösten Kostenursachen (z. B. Materialeigenschaften) und ermittelt die Kostenwirkungen (z. B. Kosten für die Recherche unbekannter Lieferquellen). Die zugehörigen Schätzkosten werden für die einzelnen Materialien addiert; die Summe stellt den Prognosewert dar.

19.2.5.3 Vorteile

Transparenz des Lösungswegs. Für den Benutzer ist der Auswahlvorgang leichter nachvollziehbar. Dritte haben einen besseren Einblick in die Bedingungen, die der erstellten Prognose vorausgesetzt wurden. In einer Expertise beispielsweise führt das System FOCA ([34] und [96/S. 91]) neben der Dokumentation der ausgewählten Methode und der Methodenparameter auch die Bedingungen auf, die zur Auswahl entscheidend waren (Trend, Saison usw.) bzw. die Parameter (Einflußfaktoren in der Regression), welche verwendet wurden (vgl. XPS Prognex in [82]).

Interpretation und Validierung der Ergebnisse. Dem Benutzer wird aufgezeigt, wie geeignet die ausgewählte Methode ist und welche Schlüsse aus dem Ergebnis möglich sind. Das XPS Sales Forecaster analysiert "fluctuations in ratios or notes significant trends" [85]. Im XPS AMIA gilt, daß signifikante Resultate extrahiert und anhand fester Kriterien bewertet werden [4]. Die Ergebnisse der Änderungen an den ausgewählten Methoden durch den Anwender werden ebenfalls interpretiert und beurteilt (XPS FOCA in [34]). Das XPS EDI-PUSS [54] überprüft die Eignung des ausgewählten Modells durch konventionelle statistische Tests der Residualwerte, z. B. Test auf weißes Rauschen. Falls das Modell einem oder mehreren dieser Tests nicht standhält, nennt das System Ursachen und Korrekturmöglichkeiten. Wird z. B. Nichtstationarität erkannt, schlägt es vor, "zu alte" Daten zu eliminieren oder die Daten mit einem bestimmten Differenzenfilter vorzuverarbeiten.

Teilanwendungen und Alternativmöglichkeiten. Neben dem Erstellen einer Prognose erlauben manche Systeme auch, Teilanwendungen, wie Bestimmung von Einflußfaktoren (Regression), Vorliegen von Trends sowie deren Ausprägung, durchzuführen bzw. zu analysieren. Ist der Benutzer mit der ausgewählten Methode nicht zufrieden, werden vom XPS Alternativvorschläge angeboten.

Vollständigkeit. Alle für die Auswahl wichtigen Aspekte werden mit dem Anwender "besprochen" bzw. die entsprechenden Werte erfragt. Auch die weniger offensichtlichen Einflußfaktoren wie "allocated budget for the forecast" oder "amount of data available (sales history)" [85] werden dabei berücksichtigt.

Modellbildung. Der erfahrene Benutzer, der schon konkrete Vorstellungen über die verwendete Methode und die Parameter hat, wird durch ein Modellerstellungsinstrument direkt unterstützt (XPS AMIA in [4]). Hilfreich ist auch der in diesem System angebotene Formeleditor, der direkte Manipulationen gestattet.

Nutzung der Datenverarbeitungsmöglichkeiten. Stehen dem Anwender leistungsfähige Rechner zur Verfügung (z. B. Workstations), so kann das System komplizierte Methoden, die mehr Rechenleistung beanspruchen, stärker gewichten. Liegt eine leistungsschwächere Hardware vor (z. B. PC), so werden vom System einfachere Verfahren bevorzugt.

Plausibilitätskontrolle. Mit zunehmender Komplexität steigt auch die Wahrscheinlichkeit, daß Wünsche und Angaben des Benutzers nicht mehr konsistent sind. Das System überprüft die Benutzerangaben und korrigiert sie bei Bedarf. Im XPS AMIA existieren "consistency rules (they avoid the making contradictory choices)" [4]. Auch die notwendigen Datenvoraussetzungen werden geprüft. Gegebenenfalls informiert das System den Anwender, wenn es Irregularitäten in den Daten nicht selbst beheben kann (vgl. XPS Promotor in [1] und XPS FOCA in [34]).

Lernsysteme. Unerfahrenen Benutzern wird über Erklärungen, Dokumentationen, Plausibilitätskontrollen und Expertisen im Umgang mit der Prognose die Möglichkeit eröffnet, Theorie und Anwendung ohne zusätzliche menschliche Experten zu erlernen.

Entlastung der Experten und Steigerung des Expertenpotentials. Experten können ihre Anwendungen zeitsparend erstellen (vgl. XPS DNA in [59]), mehrere Methoden austesten und die in der Praxis beste Methode auswählen (vgl. XPS Merlin in [60]).

Kombination von Methoden. Die rechenintensiven Kombinationen verschiedener Methoden können die Prognoseergebnisse deutlich verbessern. Die Verknüpfung von Prognosen übertrifft oft die Genauigkeit einzelner Modelle (vgl. [2]). Auch *Guerrard Jr.* und *Clemen* [33] fanden heraus, daß diese durch Kombination von Prognosen verbessert werden kann. Da zudem in Experimenten gezeigt werden konnte, daß subjektives Zusammenfügen von Prognosen ähnlich genaue Resultate wie Methoden der objektiven Kombination erzielt (vgl. [27] und [16]), ist der Einsatz der Expertensystemtechnik anstelle von deterministischen Algorithmen besonders interessant. Bei dem XPS zur Methodenauswahl von *Cortes-Rello* und *Golshani* [19] bestimmt der Anwender eine Kombination verschiedener Methoden in einer interaktiven Sitzung.

What-if-Analysen. Der Benutzer kann Parameter (Eingabevariable, Methodenparameter usw.) variieren und die Auswirkung auf die Auswahl, insbesondere aber auf das Prognoseergebnis, begutachten. Vorteilhaft sind hier graphische Komponenten in den Systemen und ein Formeleditor, in dem die Funktionsgleichungen der Prognoseverfahren elegant modifiziert werden können (vgl. [4]).

Automation. Gerade dem unerfahrenen "ad hoc"-Anwender der Prognosemethode bietet die Automation Hilfen. So ermittelt das System vom Benutzer einzugebende Daten, wie Verdacht auf Trend, Periodizität oder Güte der Daten, durch statistische Verfahren selbsttätig (vgl. [88]). Im Bereich der Lagerbedarfsprognose teilt das System Merlin die Produkte in "low dollar", "medium dollar" bzw. "top dollar products" [60] ein. Die Prognose der low bzw. medium dollar products wird automatisiert. Dies ermöglicht dem Experten, sich auf die Vorhersagen der top dollar products zu konzentrieren.

Lernen. Das System ist in der Lage, a posteriori Prognosemethoden anhand der erzielten Ergebnisse im Vergleich zu den realen Werten zu beurteilen und diese Bewertungen bei späterer Auswahl und Parametrierung zu berücksichtigen (vgl. [34]).

19.3 Neuronale Netze

19.3.1 Motivation für den Prognoseeinsatz

Neuronale Netze (NN) entstanden mit der Zielsetzung, eine Rechnerabbildung der biologischen Intelligenz zu entwickeln. Ihre Arbeitsweise, die auf Methoden der Mustererkennung beruht, motiviert den Einsatz auch in der Prognoserechnung. Zum einen werden mathematisch-statistische Verfahren bei sehr stark nichtlinearen Prognoseanforderungen ungenauer (vgl. [52]), zum anderen lassen sich empirische Verfahren, insbesondere auch Überlagerungsmethoden (vgl. Abschnitt 19.2.5.1.2), bei schwer formalisierbaren Prognoseanforderungen kaum korrekt beschreiben.

In den folgenden Abschnitten werden drei unterschiedliche Neuronale Netzmodelle, die in der Prognoserechnung bereits Anwendung finden, vorgestellt und die zugehörigen Prognosemechanismen genauer beschrieben.

19.3.2 Prognose mit Multilayerperceptrons

19.3.2.1 Topologie

Multilayerperceptrons (MLP) bestehen aus mehreren Schichten von Neuronen (vgl. Abbildung 4), wobei die eine der zwei äußeren Schichten zur Informationseingabe, die andere zur Informationsausgabe dient. Oftmals ist jedes Neuron (Unit) der Schicht i-1 mit allen Neuronen der Schicht i verbunden - Schicht 0 entspricht der Eingabeschicht. Eingabeinformationen in das Netz könnten Vergangenheitswerte einer Zeitreihe sein, während nach der Informationsverarbeitung die prognostizierten Werte an den Ausgabeknoten abgelesen werden (vgl. [76]).

Voraussetzung der Prognosefähigkeit ist, daß das Netz im Rahmen eines Lernvorgangs trainiert wird. Hierzu paßt man die Gewichtung der Kanten und der Schwellwerte in den Neuronen so an, daß sich die Trainingsdaten und die im produktiven Prognosebetrieb abgelesenen Werte an der Ausgabeschicht nur unwesentlich unterscheiden. Dafür sind unabhängig von der Trainingsmethode (z. B. Error-Backpropagation) viele Beispieldaten erforderlich.

Auf diese Weise wird eine Abbildung definiert, die je nach Aktivierungsfunktion der Units linear oder nichtlinear sein kann und Muster des Eingaberaums in den der Ausgabe abbildet. Die Aktivierungsfunktion bestimmt, wann ein Neuron erregt wird und wie Informationen weitergegeben werden (siehe zu den Grundlagen Neuronaler Netze z. B. [11] oder [55]).

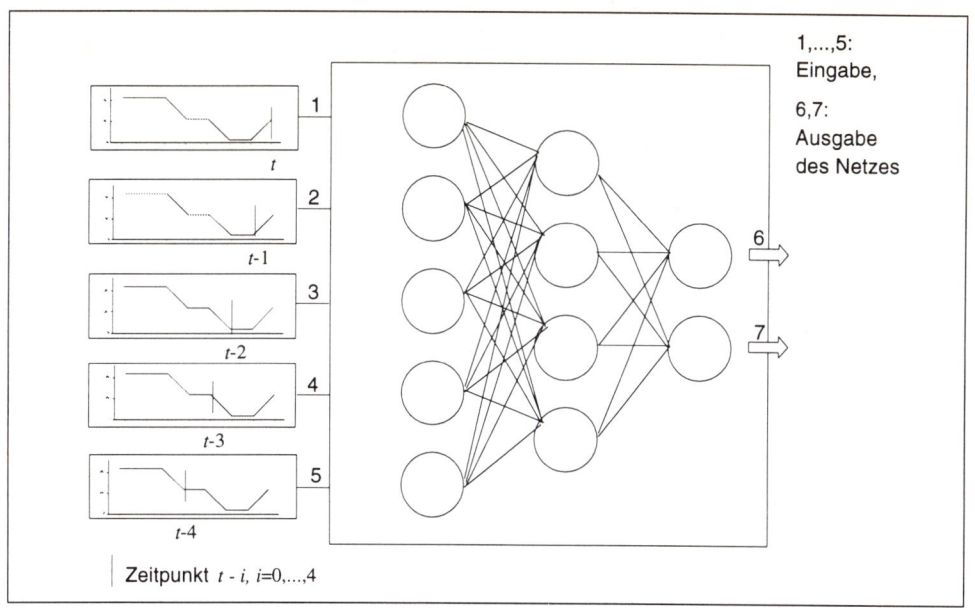

Abb. 4   Modell eines MLP mit Eingabe von Werten einer Zeitreihe

19.3.2.2 Topologieinduzierte Äquivalenzen mit mathematisch-statistischen Verfahren

Es wird gezeigt, inwieweit die Topologie eines MLP, d. h. Anzahl der Schichten, Anzahl der Units pro Schicht, Verknüpfungsart der Units und im weiteren Sinne auch der Aufbau der Aktivierungsfunktion, die Prognosemöglichkeit des Netzes beeinflußt. Je nach Komplexität des der beobachteten Zeitreihe zugrundeliegenden Prozesses (der beispielsweise mit Hilfe der Autokorrelation und der partiellen Autokorrelation zu ARIMA-(2,1,1) ermittelt wird, vgl. Kapitel 14/S. 235 ff.), muß ein geeignetes Netzwerk gewählt werden. Schreibt dieses dann die Zeitreihe ähnlich gut fort (gemessen z. B. am $MAPE$), so spricht man von einer topologieinduzierten Äquivalenz des Neuronalen Netzes mit dem mathematisch-statistischen Verfahren [18].

Verknüpfungsart der Units und Modalität der Aktivierungsfunktion. Die Schichten können vorwärts oder rückwärts verkettet sein (vgl. Abschnitt 19.3.2.1): Vorwärts heißt, daß der Informationsfluß nur von einer niedrigeren zu einer nächst höheren Schicht, rückwärts, daß der Informationsfluß auch von höheren zu niedrigeren Schichten möglich ist.

Bei Eingabe alter Zeitreihenwerte zur Prognose neuer Werte derselben Reihe ist im Falle der Vorwärtsverkettung die Anwendbarkeit der MLP äquivalent zu der von AR-Methoden, bei Eingabe von Werten unterschiedlicher Zeitreihen zu der von multivariaten Regressionsverfahren. Benutzt man speziell eine nichtlineare Aktivierungsfunktion, so ist eine Äquivalenz mit der nichtlinearen Autoregression (NAR) gegeben [18].

Sind die Units rückwärts verkettet, so steigen die Möglichkeiten des Netzes. *Connor* und *Atlas* [18] stellen anhand empirischer Untersuchungen eine Äquivalenz mit den ARMA und speziell bei nichtlinearer Aktivierungsfunktion mit den NARMA-Verfahren fest. *Lee* u.a. [45] kommen aber mit anderen Feldversuchen zu dem Ergebnis, daß auch ARMA-Prozesse durch vorwärts verkettete MLP modellierbar sind.

Anzahl der Schichten bzw. Anzahl der Units pro Schicht. Die Frage, welche Anzahl der Schichten und welche Anzahl der Units pro Schicht bei beliebig gegebener Voraussetzung die beste Prognose ermöglichen, ist mathematisch noch nicht beantwortet. Es hat sich zwar gezeigt, daß durch Variation der Anzahl unterschiedliche Ergebnisse erzielt werden, ein deterministisches Verfahren zur Auswahl der besten Topologie ist derzeit aber nicht bekannt (vgl. [76] und [69]). Dennoch nimmt die Generalisierungsfähigkeit des Netzes zu, wenn statt einer Verarbeitungsschicht mehrere verwendet werden. "The prediction probability is highly correlated with the generalisation ability of the network" [92].

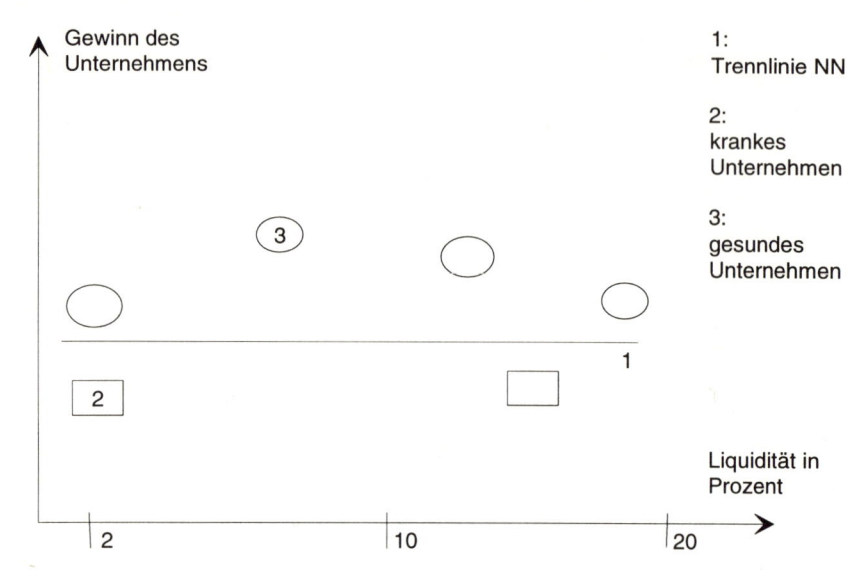

Abb. 5   Modell einer Merkmalsraum-Separation durch ein NN

19.3.2.3 Anwendung

19.3.2.3.1 Ereignisprognose

Durch Ereignisprognosen werden Vorkommnisse, etwa wie der Konkurs eines Unternehmens, vorausgesagt, indem in der Regel Eingaben aus einem Musterraum in eine der Ereignisklassen abgebildet werden. In der Arbeit *Erxlebens* u.a. [24] werden Neuronalen Netzen Unternehmenskenndaten als Merkmale eines Unternehmensmusters eingegeben. Nach der Berechnung durch das Netz ist an den Ausgabeknoten abzulesen, ob das Neuronale Netz das Unternehmen der Klasse der "Gesunden" oder der "Kranken" zuteilt und so das Ereignis "leistungsgestört" oder "nicht leistungsgestört" prognostiziert.

Geometrisch läßt sich die Wirkung der Neuronalen Netze wie folgt deuten: Das Neuronale Netz separiert den Musterraum der Unternehmen durch eine Hyperebene, z. B. im zweidimensionalen Fall, wie Abbildung 5 zeigt, durch eine Gerade. In der Abbildung sind exemplarisch die Merkmale Liquidität und Gewinn verschiedener Unternehmen aufgetragen. Der Verlauf der Separationsgeraden läßt sich auch ökonomisch interpretieren. So deutet im Beispiel die Parallelität zur Achse der Liquidität an, daß dieses Merkmal die Klassifikation überhaupt nicht beeinflußt.

19.3.2.3.2 Zeitverlaufsprognose

Unter einer Zeitverlaufsprognose versteht man die Prognose von Zukunftswerten aus Vergangenheitsdaten einer oder mehrerer Zeitreihen. Erstellt man die Prognose aus den Werten einer Zeitreihe (vgl. Abbildung 6) ähnlich der Autoregression, spricht man auch von einer horizontalen Prognose, werden Daten mehrerer Zeitreihen ähnlich der multiplen Regression verwendet und nimmt man im einfachsten Fall nur einen Wert je Zeitreihe zu jeweils dem gleichen Zeitpunkt, so spricht man von einer vertikalen Prognose.

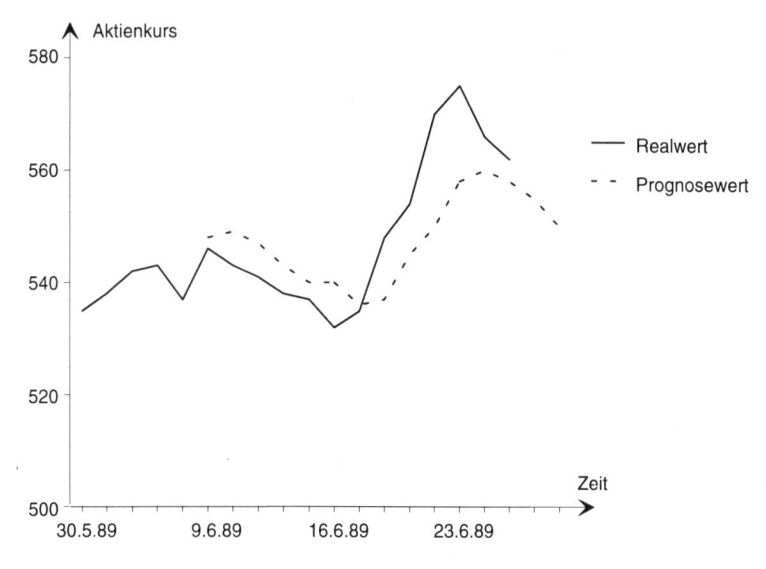

Abb. 6   Autoregressionsähnliche Zeitreihenprognose eines NN [76]

Windsor und Harker [98] verwenden zur Vorhersage des englischen FT-Aktienindex die Eingabereihen Zinssatz, Geldmenge M1 und alte Indexwerte. Kimoto u.a. [41] wählen für die Prognose des japanischen TOPIX-Index Umsatz, Zinssatz, Wechselkurse u. a. als Eingabereihen. Beliebte Anwendungsgebiete sind Finanzprognosen (Aktienkurse), Lagerabgangsprognosen sowie Absatz- oder Umsatzprognosen (vgl. die Systeme in Tabelle 2). Innerhalb der kurzfristigen Aktienprognose stellen Schöneburg u.a. [77] fest, daß Aktienkurse im kurzfristigen Bereich "chaotische Zeitreihen" darstellen, die sich mit herkömmlichen statistischen Verfahren nicht vorhersagen lassen. Dagegen lernen Neuronale Netze die Konstruktionsregeln chaotischer Zeitreihen beim Training (vgl. [11/S. 225 ff.], [32], [62], [64], [86/S. 461]).

Neuronale Netze erkennen Muster selbständig. "They [MLP] can recognize 'on their own' implicit independencies and relationship in data" [76]. Ökonomische Zusammenhänge, die nicht ausreichend formalisiert werden können, stellen daher kein Hindernis dar. Es ist nicht nötig, Annahmen über die zugrundeliegende Funktion zu treffen (vgl. [99]), "lediglich" - im Falle einer Zeitreihe - das Zeitfenster bzw. - im Falle mehrerer Zeitreihen - die Zusammenstellung der Eingabezeitreihen, aber nicht deren Gewichtung zueinander. Bei mathematisch-statistischen Verfahren hingegen gilt, daß alle relevanten Faktoren im voraus bekannt sein müssen [76]. Dadurch ergeben sich neue Möglichkeiten, Wissen zu akquirieren, das dem menschlichen Experten bislang verschlossen war.

19.3.3 Prognose mit Boltzmannmaschinen

19.3.3.1 Topologie

Die Anordnung der Units einer Boltzmannmaschine ist nicht strukturiert oder geschichtet, vielmehr ist jede Unit mit jeder anderen verbunden. Einige dieser Units sind als Eingabe-, andere als Ausgabeknoten gekennzeichnet, die übrigen "verborgen".

19.3.3.2 Anwendung

Die Anwendung der Boltzmannmaschinen ist für Ereignis- als auch für Zeitverlaufsprognosen möglich (vgl. [69]). Im Gegensatz zu MLP arbeitet man hier mit einer stochastischen Abbildungsfunktion. Die Unterschiede in der Arbeitsweise, die sich im Vergleich zu MLP schon aus dem andersartigen Aufbau ergeben, sind in [55/S. 119 ff.] nachzulesen. Aufgrund der geringen Verbreitung wird die Boltzmannmaschine in dieser Arbeit nicht genauer beleuchtet.

19.3.4 Prognose mit selbstorganisierenden Karten

19.3.4.1 Topologie

Selbstorganisierende Karten kann man sich als Neuronengitter vorstellen (vgl. [71/S. 1 ff.]), wobei jedes Neuron mit dem nächsten Gitternachbarn verbunden ist (vgl. Abbildung 7). Jedes dieser Neuronen enthält einen Referenzvektor, über den es für die Erregung ausgewählt wird.

19.3.4.2 Anwendung

Ein Prognosemechanismus läßt sich folgendermaßen darstellen: Außer dem Referenzvektor w besitzt das Neuron einen Aktionsvektor r. Letzterer kann aus Regressionskoeffizienten bestehen (vgl. [94]). Mit einem Erregungsvektor v, der die letzten Werte der zu prognostizierenden Zeitreihe enthält, wird das Neuron von der Erregungsfunktion ausgewählt, dessen Referenzvektor w den geringsten Abstand zu v im Vektorraum V hat (vgl. Abbildung 7). Das ausgewählte Neuron "errechnet" aus den im Aktionsvektor enthaltenen Regressionskoeffizienten und den im Vektor v enthaltenen letzten Zeitreihenwerten eine Prognose für den nächsten Zeitabschnitt.

Wählt man bei der Prognose die Zeitabschnitte klein genug, so lassen sich mit oben genannter Methode nichtlineare Prozesse approximieren (vgl. [94]) und mit einer Erweiterung auch direkt vorhersagen: Der Vektor v, in dem die Regressionskoeffizienten gespeichert sind, wird um Variablen verlängert, die die Regressionsfunktion - linear, quadratisch oder exponentiell - beschreiben.

Die Abstandsmessung des Erregungsvektors v zu den gespeicherten Referenzvektoren w im Gitter und die damit verbundene Auswahl (Erregung) können als Mustererkennung angesehen werden. Genauere Informationen u. a. über den Vorgang des Lernens der selbstorganisierenden Karten findet man in [71/S. 1 ff.].

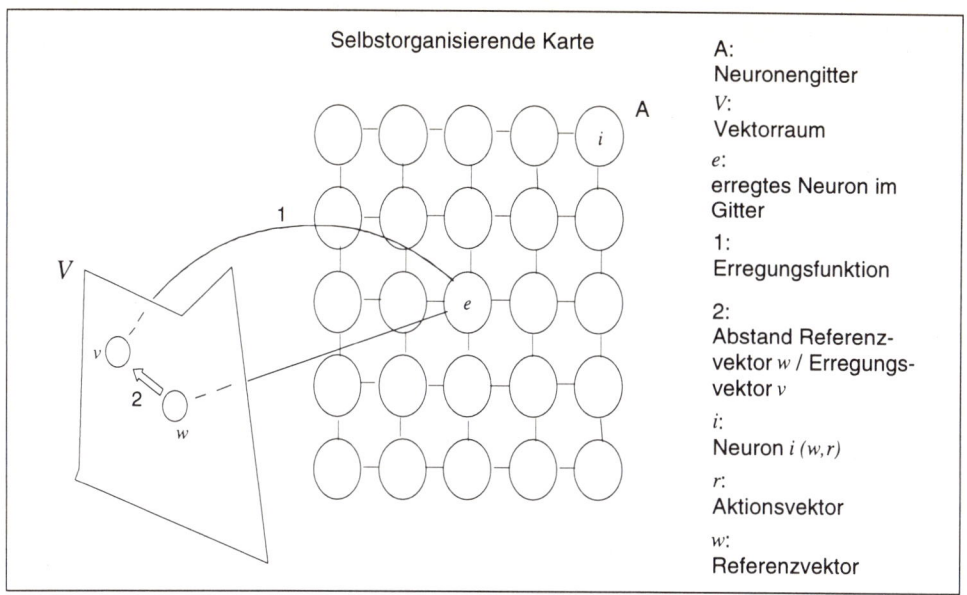

Abb. 7 Prognosemechanismus einer selbstorganisierenden Karte

Eine Implementierung zur Finanzprognose beschreiben *Binks* und *Allinson* [8]. Einer selbstorganisierenden Karte werden Zeitreihen gleicher Länge n angeboten. Jedes Neuron war vorher mit einem Zufallsvektor der Länge n (späterer Referenzvektor) initialisiert worden. Daraufhin werden aus einer Bibliothek für graphische Chartformationen Elemente, z. B. head and shoulders, als Erregungsvektoren ausgewählt und der Karte präsentiert. Die Antworten ermöglichen eine Clusterbildung gemäß der angebotenen Chartfiguren. Cluster x entspricht dabei der Menge der Neuronen, die eine der Chartfigur x ähnliche Zeitreihe (Referenzvektor) enthalten. Jeder Chartfigur wurde eine Information, z. B. Prognose der weiteren Kursentwicklung, zugeordnet, die an die Neuronen des zugehörigen Clusters übergeht, d. h. in einem zusätzlichen Vektor (Aktionsvektor) im Neuron abgelegt wird. Bei der Prognose wird der selbstorganisierenden Karte eine Zeitreihe angeboten, worauf ein Neuron eines Clusters aktiv wird und dessen Aktionsvektor die Prognose beschreibt.

19.3.5 Aspekte der betrieblichen Verwendung

Datenvoraussetzungen. Ähnlich mathematisch-statistischen Verfahren sind auch Neuronale Netze auf genügend viele Daten angewiesen, um optimal trainiert werden zu können. Die Relevanz der Daten bestimmt das Neuronale Netz dann "autonom" [Kra91]. Besteht das NN aus vielen Gewichten und liegen nur kurze Zeitreihen vor, besitzt es einen Hang zur Überanpassung an die Daten ("Overlearning" [6]). Das Netzwerk lernt in diesem Fall vergangene Verläufe "auswendig", d. h., es modelliert jeden einzelnen Datenpunkt, und verliert somit seine Generalisierungseigenschaft.

Optimale Topologie. Eine Strategie zur Wahl der optimalen Topologie existiert noch nicht. Es zeigt sich aber, daß bei MLP die Verwendung zumindest einer versteckten Schicht und einer nichtlinearen Aktivierungsfunktion sinnvoll ist. Anscheinend läßt sich das Prognoseergebnis durch Rückwärtsverkettung steigern (vgl. [93]); von einer Steigerung um 15 % berichten *Lee* und *Park* [44].

Stabilität/Reagibilität. Neuronale Netze sind aufgrund der Musterwahl auf stabileres bzw. reagibleres Verhalten trainierbar. Reagiblere Netze erhält man durch Verkürzung der Musterlängen.

Anwendungsunabhängigkeit. Neuronale Netze sind an keine spezielle Anwendung gebunden. Ihre universelle Einsetzbarkeit ermöglicht auch in den Bereichen Vorhersagen, in denen ökonomische Zusammenhänge nicht ausreichend formalisierbar sind.

Glattheit der Prognose. Die Glattheit der Prognose Neuronaler Netze ist u. a. über die Aktivierungsfunktion einstellbar. *Hoptroff* u.a. [36] erreichen glattere Prognosen gegenüber der Indikator- bzw. Regressionstechnik bei der Vorhersage des "gross domestic product" (Bruttoinlandsprodukt), die sie für die Prognose ökonomischer Wendepunkte verwendeten, und werden von "unbedeutenden" Schwankungen weniger irritiert. *Schöneburg* [76] nutzt hingegen die "kurzen" Schwankungen bei "short-term"-Prognosen von Aktienkursen im Tagesgeschäft aus.

19.4 Vergleich der vorgestellten Prognosemodelle

Bedienbarkeit und Leistungsfähigkeit, insbesondere die Prognosegenauigkeit, beeinflussen die Akzeptanz der vorgestellten Prognosemodelle. Daher werden diese sowohl untereinander als auch mit "akzeptierten" mathematisch-statistischen Verfahren verglichen (vgl. auch Kapitel 20).

19.4.1 Vergleiche der Prognosemodelle untereinander

19.4.1.1 Expertensysteme mit Neuronalen Netzen

Innerhalb einer Studie von *Bowen* und *Bowen* [10] über die Prognose eines Lagerbedarfs in US $ werden am Spezialfall der Bevorratung von Geldautomaten Expertensysteme mit Experten und Neuronalen Netzen verglichen. Resultat dieser Untersuchung ist, daß die Prognosegenauigkeit des Expertensystems der des menschlichen Experten zumindest gleichkommt und über der des Neuronalen Netzes liegt (vgl. Abbildung 8).

Das Neuronale Netz kann zufällige Ereignisse, die in Zeitreihen "random surges" [10] verursachten, nicht in ähnlicher Genauigkeit wie Experten berücksichtigen. *Bowen* und *Bowen* vermuten als Ursache, daß dem Neuronalen Netz zu wenig Wissen über Zukunftsereignisse antrainiert wurde.

Die Überlegenheit wissensbasierter Prognosesysteme gegenüber Neuronalen Netzen betonen auch *Pau* und *Gianotti* [66/S. 244 ff.] in ihrer Feststellung, "the result of *Pau* and *Gianotti* [66/S. 244 ff.] tends to indicate [...] that neural forecasting alone is less powerful than knowledge based forecasting".

Sharda und *Patil* [80] stimmen mit *Bowen* und *Bowen* überein, daß die Prognosefähigkeit eines automatisierbaren Expertensystems mit der menschlicher Experten vergleichbar ist. Allerdings widerspricht ihr Ergebnis der von *Bowen* und *Bowen* sowie von *Pau* und *Gianotti* beschriebenen Überlegenheit der Expertensystemtechnik gegenüber Neuronalen Netzen. Nach Ansicht von *Sharda* und *Patil* unterscheidet sich die Prognosegenauigkeit nicht signifikant, was sie anhand des Expertensystems Autobox (vgl. [96/S. 26 ff.]) belegen.

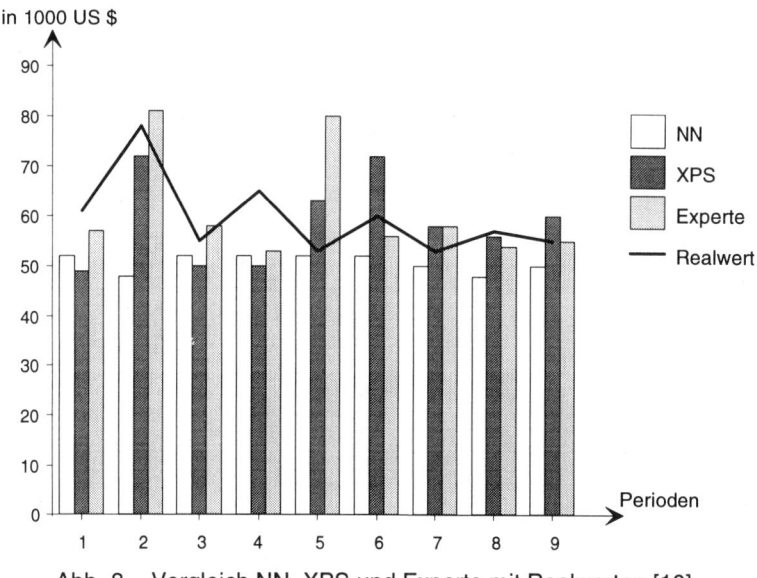

Abb. 8   Vergleich NN, XPS und Experte mit Realwerten [10]

19.4.1.2 Neuronale Netztypen untereinander

In Abschnitt 19.3 wurden unterschiedliche Netztypen behandelt, von denen nun zunächst die Boltzmannmaschine sowie zwei ihrer Varianten (MFT bzw. HHT) und MLP hinsichtlich ihrer Prognosegenauigkeit verglichen werden.

In einer Studie von *Rehkugler* und *Podding* [67] werden die Ergebnisse von "Steigt/Fällt"-Prognosen untersucht. Der naiven Prognose, die den letzten Veränderungswert als Prognose fortschreibt, erweisen sich Boltzmannmaschine und MLP als überlegen, wie in Abbildung 9 zu sehen ist.

Die Trefferquote der Boltzmannmaschine (ca. 62 %) liegt unter der der MLP (ca. 72 %), wenngleich die MFT- (ca. 64 %) bzw. die HHT-Variante der Boltzmannmaschine (ca. 67 %) die Genauigkeit steigern kann. Die Wahl geeigneter Eingabeparameter spielt für das Ergebnis eine nicht unwesentliche Rolle.

In einer weiteren Studie von *Rehkugler* und *Podding* [68] werden als Parameter für Dollarwechselkursprognosen Zinsindikator, Zinsindikator verbunden mit Kaufkraftparität bzw. Industrieproduktion bzw. Beschäftigungsindikator verwendet. Die Trefferraten von 64,4 %, 62,2 %, 65,6 % und 68 % der MLP lassen sich mit einer 4-2-1-Topologie und mit den Eingaben Zins- und Beschäftigungsindikator bis zu einer Trefferquote von 71,3 % optimieren, was die Trefferrate der naiven Prognose (58,3 %) um ca. 22 % übersteigt.

Die Möglichkeiten der selbstorganisierenden Karten und der MLP stellen *Cherkassky* u.a. [14] in einer Studie gegenüber, in der komplexe zweiparametrige Regressionsgleichungen trainiert werden. Vermutlich nicht optimierte MLP erzielen dabei schlechtere Näherungswerte hinsichtlich eines modifizierten mittleren quadratischen Fehlers bzw. der maximalen Abweichung als selbstorganisierende Karten. Inwieweit sich diese positiven Ansätze weiter bestätigen und sich selbstorganisierende Karten zu einer Alternative zu MLPs als Prognosemethode entwickeln, muß die Praxis zeigen.

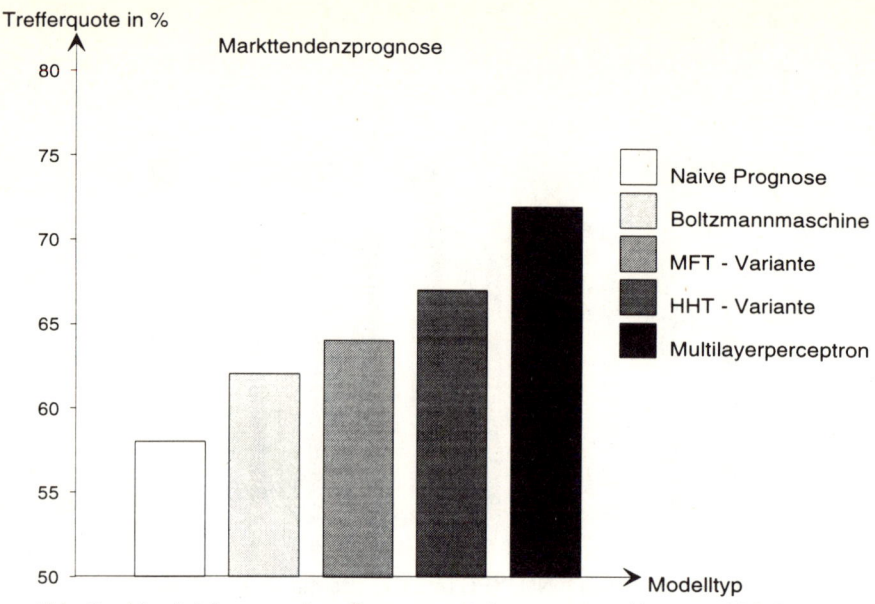

Abb. 9 Vergleich von naiver Prognose, Boltzmannmaschinen und MLP [67]

19.4.2 Vergleiche der Prognosemodelle mit mathematisch-statistischen Verfahren

19.4.2.1 Neuronale Netze mit Regressionsmethoden

Regressionstechniken erweisen sich den Neuronalen Netzen unterlegen. Innerhalb der schon in Abschnitt 19.4.1.2 beschriebenen Finanzprognose liegt die Trefferqualität der multivariaten Regression ca. 12 % unter der der MLP, erreicht aber die Performance der Boltzmannmaschine (vgl. [67]). Mit deren bester Variante HHL kann ein kleiner Vorsprung erzielt werden (ca. 67 % Trefferquote gegenüber 63 %).

In Abbildung 10 werden die Ergebnisse unterschiedlicher Topologien der MLP veranschaulicht. Auffallend ist zum einen, daß die Trefferwahrscheinlichkeit der Topologien um ca. 6 % schwanken, zum anderen, daß nicht die aufwendigste Topologie 3-4-1 die beste ist. Mit der Idee, die Topologie durch Neuronale Netze selbständig bestimmen zu lassen, verbessern *Rehkugler* und *Podding* [67] die Trefferquote auf 74 % (NN, die derartige Fähigkeiten aufweisen, werden auch als selbstoptimierende Netze bezeichnet).

Die Überlegenheit der Neuronalen Netze, insbesondere der MLP, gegenüber der multivariaten Regression bestätigen auch *Windsor* und *Harker* [98] (ca. 30 % geringerer mittlerer quadratischer Fehler (*MSE*)), *Dutta* und *Shekhar* [21], *DeSilets* u.a. [20] (ca. 5 % geringerer *MSE*) sowie *Kimoto* u.a. [41] in ihren Arbeiten. Eine um absolut 10 % höhere Prognosegenauigkeit ermitteln *Fletcher* und *Goss* [26] bei einem Vergleich der MLP mit der Logit Regression. *Shrinivasan* u.a. [81] unterstreichen die Überlegenheit der Neuronalen Netze gegenüber der Regression eindrucksvoll (ca. 40 % geringerer *MSE*). Im weiteren untersuchen sie die Methode des Exponentiellen Glättens, das Verfahren von *Winters*, eine Kombination aus Regression und *Box-Jenkins* u. a. mit dem Ergebnis, daß die Prognosegenauigkeit dieser Verfahren bezüglich des *MSE* signifikant (ca. 60-75 %) unter der der Neuronalen Netze liegt. Deutliche Vorteile gegenüber der ARMA-Methode beschreiben *Chakraborty* u.a. [13], wie die Verhältnisse der *MSE* zeigen (NN:ARMA, 0,1:2,4, 0,1:4,1 bzw. 1,4:7,5). Leichte Vorteile der MLP gegenüber der *Box-Jenkins-* und der adaptiven Filtermethode ermitteln *Graf* und *Nakhaeizadeh* [32] (NN:*Box-Jenkin*s:Adaptives Filtern, 59,4:62,6:59,5 bzw. 11,6:12,0:14,0). Bei Zielgruppenselektionen und Absatzprognosen im Pharmamarketing stellt *Sink* eine generelle Überlegenheit der Neuronalen Netze gegenüber traditionellen Verfahren fest [84/S. 67 ff. und S. 130 ff.]. Mit reduzierten Datenquellen ließ sich bei der Zielgruppenselektion sogar eine um bis zu 586 % höhere Trefferquote der NN gegenüber der Regressionsanalyse (lineare und logistische Mehrfachregression) erreichen [84/S. 95].

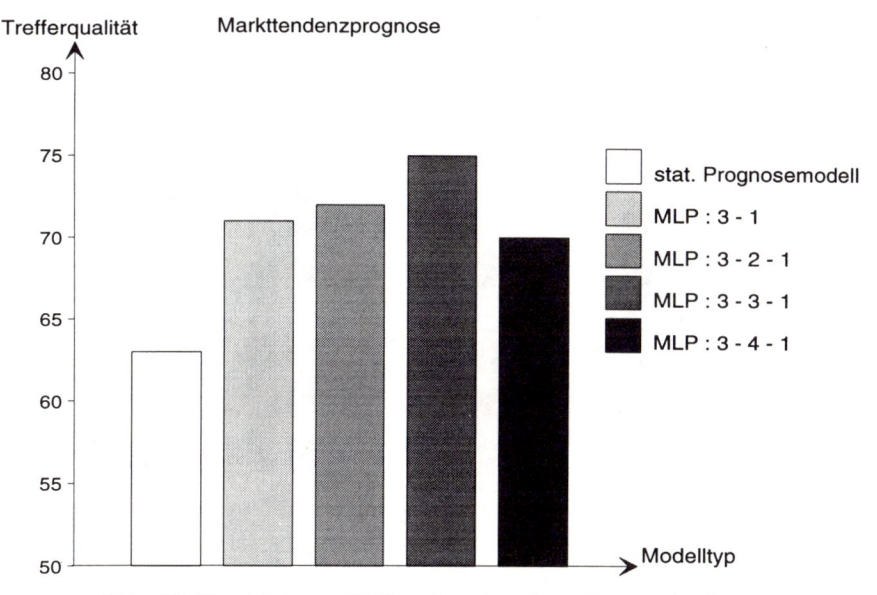

Abb. 10 Vergleich von MLPs mit multivariater Regression [67]

Im Vergleich zum Verfahren nach *Box-Jenkins* stellen *Sharda* und *Patil* [80] fest, "that neural networks forecast about as well as the Box-Jenkins technique". Die in ihrer Studie erzielten Unterschiede in der Prognosegenauigkeit von ca. 10 % bezüglich des *MSE* zugunsten der Neuronalen Netze halten sie aufgrund der hohen Standardabweichung für nicht signifikant.

19.4.2.2 Neuronale Netze mit der Diskriminanzanalyse

Zur Beurteilung der Qualität der Ereignisprognosen Neuronaler Netze ist ein Vergleich mit der Diskriminanzanalyse (DA) hilfreich. *Erxleben* u.a. [24] können eine pauschale Überlegenheit einer der beiden Verfahren nicht feststellen. Unterschiede zwischen den Methoden zeigen sich bei differenzierter Betrachtung im Hinblick auf Fehler 1. und 2. Art - mit der Nullhypothese, das Unternehmen sei leistungsgestört. Der Fehler 2. Art der Neuronalen Netze ist selbst für unterschiedliches Alter der Daten geringer als der der Diskriminanzanalyse. Hingegen klassifizieren Neuronale Netze, im Sinne eines Fehlers 1. Art, häufiger leistungsgestörte Unternehmen als nicht leistungsgestört (vgl. Abbildung 11).

Zu einem entgegengesetzten Ergebnis gelangen *Odom* und *Sharda* [57], in deren Studie das Neuronale Netz mehr "bankrotte" Unternehmen erkennt (80 %:60 %), dagegen bei den "nicht-bankrotten" ungenauer (80 %:90 %) klassifiziert. Weiterhin stellen sie fest, daß auch unterschiedliche Verhältnisse (50:50,..., 90:10 gesunde zu kranke Unternehmen) die grundsätzliche Differenzierung bezüglich der Fehler 1. und 2. Art mit einer Ausnahme - beim Mischungsverhältnis 90:10 beurteilt das Neuronale Netz sowohl nicht-bankrotte als auch bankrotte Unternehmen exakter - nicht beeinflussen.

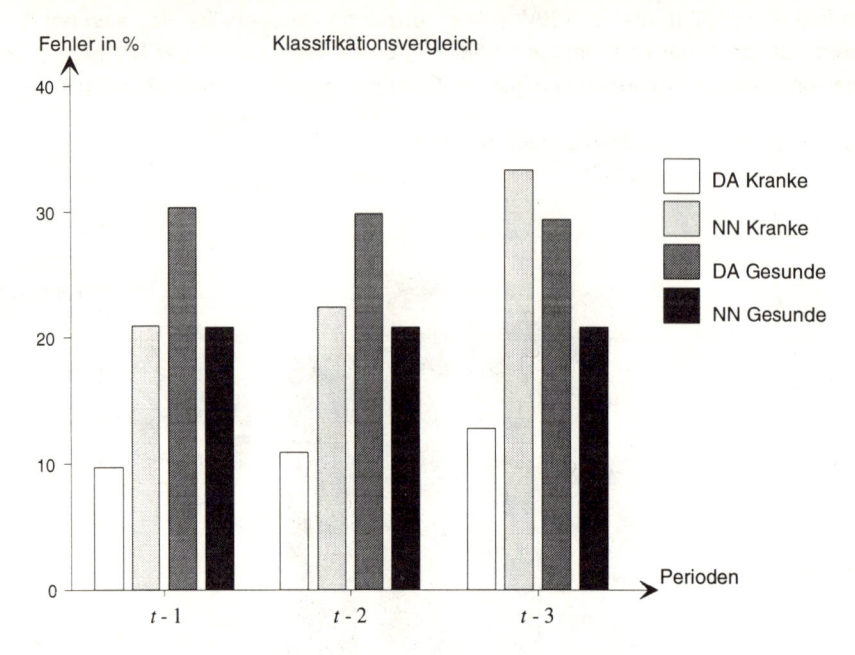

Abb. 11 Vergleich von NN und Diskriminanzanalyse (Fehler 1. und 2. Art) [24]

Tam und *Kiang* [91] bestätigen den Vorteil der Neuronalen Netze hinsichtlich des Fehlers 1. Art sowie die schlechteren Ergebnisse bezüglich des Fehlers 2. Art. In ihrer Studie vergleichen sie MLP mit DA, logistischer Regression mit vorgelagerter Faktoranalyse (LR) und dem nächsten Nachbar Klassifikator (NNb) ein bzw. zwei Jahre im voraus (NN:DA:LR:NNb, Fehler 1. Art: 9:22,7:22,7:36,4 für das erste Jahr bzw. 2,5:35:30:30 für das zweite Jahr im voraus, Fehler 2. Art: 18:9,1:9,1:9,1 für das erste Jahr bzw. 20:0:0:10 für das zweite Jahr im voraus).

Yoon u.a. [101] ermitteln als Klassifikationsergebnis, daß die MLP der DA mit 76 % zu 63 % um absolute 13 % überlegen sind. Allerdings unterscheiden sie dabei nicht nach Fehler 1. und 2. Art.

Grundsätzliche Vorteile der Neuronalen Netze gegenüber der Diskriminanzanalyse in bezug auf die Fähigkeit zur Klassentrennung, die man in theoretischen Studien herausarbeitete (vgl. [5] und [30]), lassen sich in der Praxis noch nicht bestätigen.

Eine schlechtere Prognosegenauigkeit von 5 % gegenüber konventionellen statistischen Verfahren und ökonometrischen Techniken (vgl. [58]) erzielen die Neuronalen Netze bei *Suret* u.a. [89]. Dabei prognostizieren sie mit auf zwei verschiedene Arten trainierten Multilayerperceptrons die Richtung der Gewinnänderung (Zunahme bzw. Einbuße) von 2940 amerikanischen Unternehmen anhand von 28 verschiedenen Unternehmensfinanzdaten.

19.5 Hybridsysteme

19.5.1 Aufbauformen

19.5.1.1 Expertensystem in Verbindung mit Neuronalem Netz

Die meisten Hybridsysteme der bisherigen betrieblichen Prognosepraxis sind aus einem Expertensystem und Neuronalen Netzen aufgebaut. Das Neuronale Netz dient dem Expertensystem vorwiegend als Methode.

Die Erweiterung von Experten- zu Hybridsystemen wird durch die flexible Wissensbasis (vgl. Abschnitt 19.2.3) und die Trennung der Wissensbasis von der Methodenbank unterstützt. Die Wissensbasis wird um Regeln, die geeignete Netze auswählen, die Methodenbank um bestimmte Neuronale Netze erweitert. Da das Expertensystem als Schnittstelle zwischen Anwender und Neuronalem Netz fungiert, kann das NN einerseits von einem Nichtexperten eingesetzt werden. Andererseits wird die Prognosegenauigkeit Neuronaler Netze vom Expertensystem dadurch gesteigert, daß es (unvorhergesehene) Ereignisse und Tatsachen, die in der Prognose der Neuronalen Netze nicht eskomptiert sind, a posteriori berücksichtigt. Expertensysteme verfügen über verschiedene Möglichkeiten, mit Prognosen angeschlossener Neuronaler Netze umzugehen. Die prognostizierten Daten können analysiert, gewertet und bei unberücksichtigten Veränderungen verworfen oder berichtigt werden.

In einer bisher weniger verbreiteten Form der Zusammenarbeit von Expertensystem und Neuronalem Netz identifiziert das XPS aus dem Datenmaterial problemspezifische Schlüsselindikatoren und bereitet Zwischenwerte auf, die das Neuronale Netz anschließend als Eingabedaten übernimmt. Durch diese intelligente Vorverarbeitung sollen die Trainingszeit des NN verkürzt und bessere Prognosen erreicht werden [48].

19.5.1.2 Erweiterung um Genetische Algorithmen

Genetische Algorithmen (GAs) sind in der Lage, regelbasierte Wissensbasen sowie Topologien, Gewichtsvektoren und Traingsdatensätze Neuronaler Netze zu optimieren (vgl. [35], [48], [70] und [97]).

Bei der Optimierung regelbasierter Wissensbasen betrachtet man Regeln als "Chromosome", deren Prämissen und Konklusionen durch Crossover und Mutation genetisch variiert werden. Diese neuen Regeln werden evaluiert und zur alten "Chromosomenmenge" hinzugefügt. Bei Neuronalen Netzen deutet man die Topologien sowie die Gewichte an den Kanten einzelner Netze als "Chromosome". Beispielsweise können dann die Spezifika des Netzaufbaus, wie Anzahl der Schichten oder Anzahl der Elemente pro Schicht, durch Crossover und Mutation "genetisch" verändert werden. Die besten der neu entstandenen Netze ergänzen die alte "Chromosomenmenge". Das Anlernen der MLP und damit die Approximation an Trainingsdatensätze wird durch genetisch veränderte Gewichtsvektoren erreicht. Bei einer geringfügig zunehmenden Rechenzeit kann man damit im Vergleich zu Error-Backpropagation eine deutlich höhere Genauigkeit erzielen [70].

19.5.1.3 Interagierende Neuronale Netze

Lerntechniken können sich nicht nur auf ein einzelnes, sondern auch auf einen Verbund von Neuronalen Netzen erstrecken. Error-Backpropagation und genetische Veränderung der Gewichtsvektoren gehören den Individualtechniken an. In einem "Netz von Netzen" lernen die einzelnen NN - in diesem Zusammenhang als adaptive Agenten bezeichnet - einerseits durch Imitation des beobachteten Verhaltens anderer Netze. Ein Agent ahmt dabei z. B. das leistungsstärkste Netz nach. Implementierungstechnisch realisiert man dies derart, daß der imitierende Agent seinen Ausgabewert mit dem des nachgeahmten Agenten vergleicht und die Differenz durch Backpropagation zurückführt. Andererseits können sich die Netze durch direkten Informationsaustausch trainieren, indem sie Resultate oder genetisch veränderte Gewichtswerte transferieren. In der betrieblichen Prognosepraxis sollen die Verbundtechniken bei Agentenmodellen von "neuronalen" Aktienhändlern, die dann Kursentwicklungen gemeinsam errechnen, eingesetzt werden [49].

19.5.2 Anwendungen

In einem Warenhandelssystem werden die Prognosen eines Neuronalen Netzes von einem XPS durch "money management rules" [7] weiterverarbeitet. Das Expertensystem sichert den Handel mit Waren durch ein Risikomanagement ab. Es bestimmt Stop-loss-Grenzen für den Fall falscher, nicht eingetretener Prognosen oder setzt Grenzen für Gewinnmitnahmen bzw. nachfolgende Stop-loss-Absicherungen fest. Der Unsicherheit, ob starke Veränderungen im "Umfeld" schon in den Prognosen der Neuronalen Netze berücksichtigt sind, begegnet das Expertensystem, indem es bei Schwankungen von Indikatoren, die über Sicherheitslimits hinaus als Zeichen hoher Marktvolatilität anzusehen sind, von einem Vetorecht Gebrauch macht - ohne aber Alternativprognosen zu generieren.

Das System ISSS [100], das in Abbildung 12 zu sehen ist, nutzt ebenfalls Synergieeffekte im Managementbereich. Ein Neuronales Netz, der "Neural Forecaster" [99], stellt dem Expertensystem, das als "Fuzzy Net" implementiert ist, "Stock Market Forecasts" zur Verfügung. Dieses wählt als Portfoliomanager mit Hilfe von "company-, industry- and country-based rules" geeignete Länder und Aktien aus. Der NeuroForecaster der NIBS Pte Ltd in Singapur [56] arbeitet mit zwölf verschiedenen Neuro-Fuzzy-Netzmodellen und eignet sich daher für unterschiedlichste Anwendungsgebiete. Neben Aktien- und Wechselkursprognosen sind beispielsweise auch Vorhersagen des Lagerabgangs oder des Bruttoinlandsprodukts möglich.

Den Nachteil Neuronaler Netze, ökonomisch-wirksame Besonderheiten in den prognostizierten Daten ungenau, im schlimmsten Fall nicht vorwegzunehmen, versucht das im folgenden beschriebene Hybridsystem durch Nachbesserungen der Prognose auszugleichen (vgl. auch die Ausführungen zu integrierten Systemen in Abschnitt 19.2.5.1.2). Dieser Mechanismus ist für die Prognoserechnung interessant, da das XPS überlagerte und damit neue Vorhersagen erstellt und nicht wie die beiden bisher vorgestellten Hybridsysteme die Prognosen der Neuronalen Netze "nur" bewertet.

Das Hybridsystem von *Bowen* und *Bowen* [10] versucht, ökonomisch-wirksame Besonderheiten durch Nachbesserungen zu berücksichtigen. Dabei wird der Lagerbedarf mit Wissen über "special events" [46] (vgl. Abschnitt 19.2.5.1.2), die das gesamte Lagernetzwerk betreffen, und Wissen über die aktuelle Lagerstätte vorhergesagt. Um allgemeine Lagerprognosen zu erstellen, trainiert man das Neuronale Netz nicht mit Daten über einzelne Standortfaktoren etc.; daher müssen solche Faktoren, ebenso die "special events", in die Korrektur des XPS einbezogen werden.

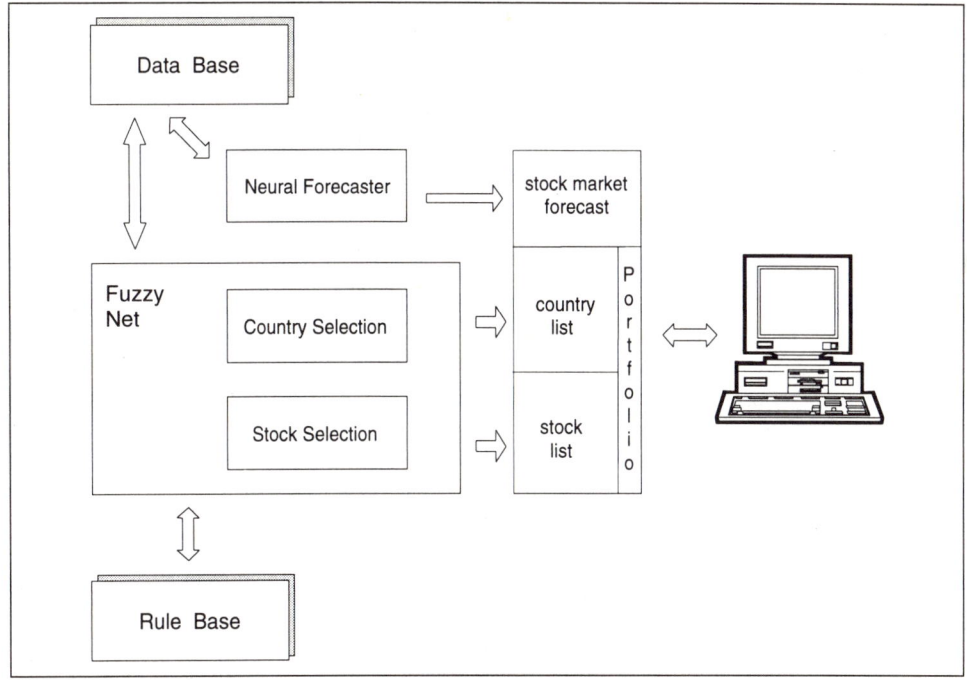

Abb. 12 Hybridsystem ISSS [100]

Der FX Trader der Citibank London ist ein aus Genetischen Algorithmen und Neuronalem Netz aufgebautes Hybridsystem, das Wechselkursänderungen prognostizieren kann [48]. Der GA stellt in einem Vorverarbeitungsprozeß geeignete Trainingsdatensätze zusammen, indem er solche Kombinationen technischer Indikatoren (z. B. bestimmte Wechselkurszeitreihen) identifiziert, die die größte "Forecasting Power" besitzen. Aus den Kombinationen abgeleitete Werte werden dem NN zugeführt, das anschließend eine "Kaufen"- oder "Verkaufen"-Entscheidung für die untersuchte Währung trifft.

19.6 Ausblick

Die Hybridsysteme aus Abschnitt 19.5 basieren zu einem Großteil auf dem Konzept, von Neuronalen Netzen erstellte Prognosen mit Hilfe der Expertensystemmethodik weiterzuverarbeiten. Da Neuronale Netze nur an Vergangenheitsdaten trainiert werden können, ist die Frage ungeklärt, ob es überhaupt möglich ist, mit "idealen" Netzen 100 %ige Vorhersagen der Zukunft zu erstellen. Bis zur Klärung dieser Frage bleiben Expertensysteme oder Experten, die die Prognosen Neuronaler Netze als "Master" korrigieren, unverzichtbar. Mit dieser Master/Slave-Implementation sind aber die Fähigkeiten Neuronaler Netze, die bisher nur in ihrer Verwendung als Prognosemethoden vorgestellt wurden, noch nicht ausgeschöpft. Ein vorverarbeitendes Neuronales Netz wäre z. B. in der Lage, Muster wie Trends, Saison usw.

in den Zeitreihen zu erkennen (vgl. [8]) und diese Informationen an ein Auswahlmodul weiterzugeben.

In Abbildung 13 ist ein Hybridsystem skizziert, das aus einem integrierten System (vgl. Abschnitt 19.2.5.1.2), Neuronalen Netzen und Genetischen Algorithmen aufgebaut ist. Die Wissensbasis des integrierten Systems ist um Topologieregeln (TR) erweitert, die den Prognoseanforderungen entsprechend geeignete Netztopologien (NN3) auswählen. Weiterhin sind ein Neuronales Netz (NN1) zur Vorverarbeitung und ein Netz zur Überlagerung (NN2) zu sehen. Die Überlagerung mit Hilfe Neuronaler Netze könnte dem bisherigen Vorgehen in diesem Bereich, bei dem meist Daumenregeln verwendet werden, durch Erkennen von Mustern überlegen sein und das Vorhersageergebnis verbessern.

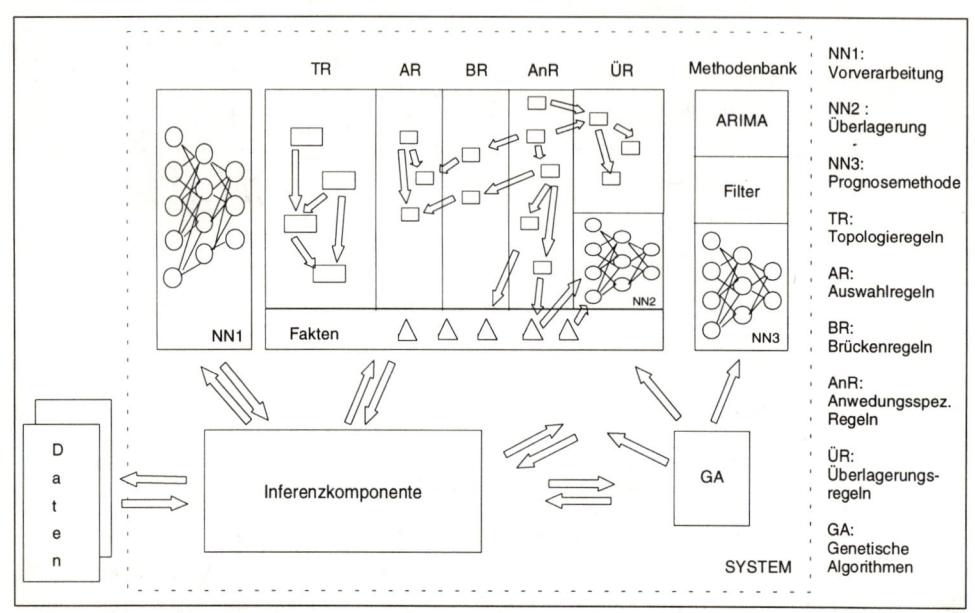

Abb. 13 Modell eines Hybridsystems der nächsten Generation

Damit wollen wir zeigen, daß das Potential der Künstlichen Intelligenz als Beitrag zur Prognoserechnung zum heutigen Zeitpunkt noch nicht ausgeschöpft ist.

19.7 Literatur

[1] Abraham, M.M. und Lodish, L.M., Promoter: An Expert Promotion Evaluation System, Marketing Science 6 (1987) 2, S. 101 ff.

[2] Anandalingan, G. und Cheng, L., Linear Combination of Forecasts: A General Bayesian Model, Journal of Forecasting 8 (1989), S. 199 ff.

[3] Armstrong, J.S. und Collopy, F., Causal Forces: Structuring Knowledge for Time-Series Extrapolation, Journal of Forecasting 12 (1993), S. 103 ff.

[4] Arrus, R., Ollivier, M., Deord, B., Duvillon, M.A. und Robert, S., AMIA: An Expert System for Simulation Modelling and Sectoral Forecasting, in: Hashemi S. u.a. (Hrsg.), Expersys-91, Gournay sur Marne 1991, S. 263 ff.

[5] Asoh, H. und Otsu, N., An Approximation of Nonlinear Discriminant Analysis by Multilayer Neural Networks, in: IEEE (Hrsg.), Proceedings of the International Joint Conference on Neural Networks, Vol. 2, Washington 1990, S. 211 ff.

[6] Baun, S. und Isbert, H.-O., Der Einsatz Neuronaler Netze in der Finanzwirtschaft, in: Nagl, M. (Hrsg.): Congressband VI zur 16. Europäischen Congressmesse für Technische Kommunikation, Software- und Information Engineering, Velbert 1993, S. C611.01 ff.

[7] Bergerson, K., A Commodity Trading Model Based on a Neural Network-Expert System Hybrid, in: IEEE (Hrsg.), Proceedings of the International Joint Conference on Neural Networks, Vol. 1, Seattle 1991, S. 289 ff.

[8] Binks D.L. und Allinson N.M., Financial Data Recognition and Prediction Using Neural Networks, in: Kohonen, T. u.a. (Hrsg.), Proceedings of the International Conference on Artificial Neural Networks, Vol. 2, Espoo 1991, S. 1709 ff.

[9] Blanchard, D., Expert System Predicts Top Five Stocks, Intelligent Systems Report 9 (1992) 2, S. 15.

[10] Bowen, J.E. und Bowen, W.E., Neural Nets vs. Expert Systems: Predicting in the Financial Field, in: IEEE (Hrsg.), Proceedings of the Conference on Artificial Intelligence Applications, Vol. 1, San Diego 1990, S. 72 ff.

[11] Brause, R., Neuronale Netze, Stuttgart 1991.

[12] Bunn, D., Forecasting with more than one Model, Journal of Forecasting 8 (1989), S. 161 ff.

[13] Chakraborty, K., Mehrotra, K., Mohan, C.K. und Ranka, S., Forecasting the Behavior of Multivariate Time Series Using Neural Networks, Neural Networks 5 (1992), S. 961 ff.

[14] Cherkassy, V., Lee, Y. und Hossein, L.H., Self-Organizing Network for Regression: Efficient Implementation and Comparative Evaluation, in: IEEE (Hrsg.), Proceedings of the International Joint Conference on Neural Networks, Vol. 1, Seattle 1991, S. 79 ff.

[15] Clark, J.A. und Gregor, S., An Expert System for Predicting Fluctuations in Currency Rates, in: Balagurusamy, E. (Hrsg.), Proceedings of the International Conference on Artificial Intelligence in Industry and Government, Hyderabad 1989, S. 24 ff.

[16] Collopy, F. und Armstrong, J.S., Rule-based Forecasting: Development and Validation of an Expert Systems Approach to Combining Time Series Extrapolations, Management Science 38 (1992), S. 1394 ff.

[17] Comtesse, X., Petro-X: A Forecasting System for Oil Prices, in: Bernold, T. und Pfeifer, R. (Hrsg.), Proceedings of the International Conference on Commercial Expert Systems in Banking and Finance, Lugano 1988, S. 47 ff.

[18] Connor, J. und Atlas, L., Recurrent Neural Networks and Time Series Prediction, in: IEEE (Hrsg.), Proceedings of the International Joint Conference on Neural Networks, Vol. 1, Seattle 1991, S. 301 ff.

[19] Cortes-Rello, E. und Golshani, F., Uncertain Reasoning Using the Dempster-Shafer Method: An Application in Forecasting and Marketing Management, Expert Systems 7 (1990) 1, S. 9 ff.

[20] DeSilets, L., Golden, B., Wang, Q. und Kumar, R., Prediction Salinity in the Chesapeake Bay Using Backpropagation, Computers and Operations Research 19 (1992), S. 277 ff.

[21] Dutta, S. und Shekhar, S., Bond Rating: A Non-Conservative Application of Neural Networks, in: IEEE (Hrsg.), Proceedings of the International Conference on Neural Networks, Vol. 1, San Diego 1988, S. 1 ff.

[22] Eckardt, T., Möglichkeiten, Grenzen und Wirtschaftlichkeit der Realisierung von Methodenbankelementen auf arbeitsplatzorientierten Kleinrechnern - dargestellt am Beispiel einer Prognosemethodenbank, Dissertation, Erlangen-Nürnberg 1981.

[23] Edmundson, R.H., The Use of Non-Time Series Information in Sales Forecasting: A Case Study, Journal of Forecasting 7 (1988), S. 201 ff.

[24] Erxleben, K., Baetge, J., Feidicker, M., Koch, H., Krause, C. und Mertens, P., Klassifikation von Unternehmen - Ein Vergleich von Neuronalen Netzen und Diskriminanzanalyse, Zeitschrift für Betriebswirtschaft 62 (1992), S. 1237 ff.

[25] Fischler, M. und Firschein, O., Intelligence, the Brain and the Computer, New York u.a. 1987.

[26] Fletcher, D. und Goss, E., Forecasting with Neural Networks - An Application Using Bankruptcy Data, Information & Management 24 (1993), S. 153 ff.

[27] Flores, B. und White, E., Subjective versus Objective Combining of Forecasts: an Experiment, Journal of Forecasting 8 (1989), S. 341 ff.

[28] Flores, B. und Wolfe, C., Judgemental Adjustment of Earning Forecasts, Journal of Forecasting 9 (1990), S. 389 ff.

[29] Frankel, D., Schiller, I., Draper, R. und Barnes, A.A., Use of Neural Networks to Predict Lightning at Kennedy Space Center, in: IEEE (Hrsg.), Proceedings of the International Joint Conference on Neural Networks, Vol. 1, Seattle 1991, S. 319 ff.

[30] Gallinari, P., Thiria, S., Badran, F. und Fogelman-Soulie, F., On Relations between Discriminant Analysis and Multilayer Perceptrons, Neural Networks 4 (1991), S. 349 ff.

[31] Geyer, A., Geyer-Schulz, A. und Taudes, A., An Expert System for Time-Series Analysis, in: Janko, W. (Hrsg.), Statistik, Informatik und Ökonomie, Berlin u.a. 1988.

[32] Graf, J. und Nakhaeizadeh, G., Application of Statistical and Connectionist Learning Systems for Prediction the Development for Financial Markets: A Case Study, in: Heilmann W.-R. u.a. (Hrsg.), Geld, Banken und Versicherungen 2 (1990), S. 1705 ff.

[33] Guerrard, J., Jr. und Clemen, R., Collinearity and the Use of Latent Root Regression for Combining GNP Forecasts, Journal of Forecasting 8 (1989), S. 238 ff.

[34] Hansmann, K. und Zetsche, W., Business Forecasts Using a Forecasting Expert System, in: Schader u.a. (Hrsg.), Knowledge, Data and Computer-Assisted Decisions, Berlin u.a. 1990, S. 289 ff.

[35] Harp, A., Genetic Optimization of Self-Organizing Feature Maps, in: IEEE (Hrsg.), Proceedings of the International Joint Conference on Neural Networks, Vol. 1, Seattle 1991, S. 341 ff.

[36] Hoptroff, R.G., Bramson, M.J. und Hall, T.J., Forecasting Economic Turning Points with Neural Networks, in: IEEE (Hrsg.), Proceedings of the International Joint Conference on Neural Networks, Vol. 1, Seattle 1991, S. 347 ff.

[37] Humpert, B. und Holley, P., Expert Systems in Finance Planning, Expert Systems 2 (1988) 2, S. 85 ff.

[38] Jian, C., A Predicting System Based on Combining an Adaptive Predictor and a Knowledge Base as Applied to a Blast Furnace, Journal of Forecasting 12 (1993), S. 93 ff.

[39] Kern, S., Die Konzipierung, Entwicklung und Einführung eines XPS bei VW, Künstliche Intelligenz 2 (1988) 2, S. 61 ff.

[40] Keyes, J., Expert Systems in Financial Services - Off-the-Shelf Financial Expertise, Expert Systems 2 (1991) 4, S. 54 ff.

[41] Kimoto, T., Asakawa, K., Yoda, M. und Takeoka, M., Stock Market Prediction with Modular Neural Networks, in: IEEE (Hrsg.), Proceedings of the International Joint Conference on Neural Networks, Vol. 1, San Diego 1990, S. 1 ff.

[42] Kratzer, K.P., Neuronale Realisierung von Prognoseverfahren, in: Nakhaeizadeh, G. (Hrsg.), Anwendungsaspekte von Prognoseverfahren, Betriebswirtschaftliche Beiträge 41, Heidelberg 1991, S.71 ff.

[43] Kumar, S. und Hsu, C., An Expert System Framework for Forecasting Method Selection, in: IEEE (Hrsg.), Proceedings of the Twenty-First Annual Hawaii International Conference on System Sciences, Band III: Decision Support and Knowledge-Based System Track, Honolulu 1988, S. 86 ff.

[44] Lee, C.H. und Park, K.C., Prediction of Monthly Transition of the Composition Stock Price Index Using Recurrent Back-Propagation, in: Aleksander, I. u.a. (Hrsg.), Proceedings of the International Conference on Artificial Neural Networks, Vol. 2, Brighton 1992, S. 1629 ff.

[45] Lee, K.C., Yang, J.S. und Park, S.J., Neural Network Based Time Series Modelling: ARMA Model Identification via ESCAF Approach, in: IEEE (Hrsg.), Proceedings of the International Joint Conference on Neural Networks, Vol. 1, Singapur 1991, S. 233 ff.

[46] Liu, X., Using Experimental and Fundamental Knowledge Diagnosis in Load Forecasting, in: Hashemi S. u.a. (Hrsg.), Expersys-91, 1991, S. 257 ff.

[47] Liu, X., Ang, B. und Goh, T., Forecasting of Electricity Consumption, in: IEEE (Hrsg.), Proceedings of the International Joint Conference on Neural Networks, Vol. 2, Singapure 1991, S. 1254 ff.

[48] Loofbourrow, T., Advanced Trading Technologies: Artificial Intelligence on Wall Street & Worldwide, Intelligent Software Strategies 8 (1992) 11, S. 1 ff.

[49] Margarita, S., Interacting Neural Networks: An Artificial Life Approach for Stock Markets, in: Aleksander, I. u.a. (Hrsg.), Proceedings of the International Conference on Artificial Neural Networks, Brighton 1992, S. 1343 ff.

[50] Matsuba, I., Application of Neural Sequential Associator to Long-Term Stock Price Prediction, in: IEEE (Hrsg.), Proceedings of the International Joint Conference on Neural Networks, Vol. 2, Singapur 1991, S. 1197 ff.

[51] Mertens, P., Integrierte Informationsverarbeitung 1, 9. Aufl., Wiesbaden 1993.

[52] Mertens, P. und Backert, K., Vergleich und Auswahl von Prognoseverfahren für betriebswirtschaftliche Zwecke, in: Mertens, P. (Hrsg.), Prognoserechnung, 4. Aufl., Würzburg-Wien 1981, S. 344 ff.

[53] Mertens, P., Borkowski, V. und Geis, W., Betriebliche Expertensystem-Anwendungen, 3. Aufl., Berlin u.a. 1993.

[54] Milanese, M., Vicino, A. und Borodani, P., Integration of Modeling and AI Techniques in KBDSS Generators: The EDIPUSS System, Information and Decision Technologies 17 (1991), S. 125 ff.

[55] Müller, B. und Reinhardt, J., Neural Networks: An Introduction, New York u.a. 1990.

[56] NIBS Pte Ltd (Hrsg.), Analyze it! Classify it! Forecast it! Intelligent Business Forecasting Software NeuroForecaster, Produktprospekt, Singapur 1993.

[57] Odom, M. und Sharda, R., Neural Network Model for Bankruptcy Prediction, in: IEEE (Hrsg.), Proceedings of the International Joint Conference on Neural Networks, Vol. 2, San Diego 1990, S. 163 ff.

[58] Ou, J.A. und Penman, S.H., Financial Statement Analysis and the Prediction of Stock Returns, Journal of Accounting and Economics o.J. (1989) 11, S. 295 ff.

[59] O.V., AISG Guide to Productivity - Applied Intelligent Systems Group, Broschüre der Firma DEC, Boston 1989.

[60] O.V., Merlin: A Factory Knowledge-Based System for Forecasting Product Demand, Intelligent Software Strategies 6 (1990) 11, S. 12 ff.

[61] O.V., Credit Assessment, Expert Systems Applications 7 (1991) 8, S. 24 ff.

[62] O.V., Time Dependent Data Prediction Using Neural Networks, Expert Systems Applications 8 (1992) 7, S. 5 ff.

[63] O.V., Expert Forecasting Software, Intelligent Systems Report 9 (1992) 12, S. 16.

[64] O.V., Financial Investment Analysis via Adaptive Network Forecasting and Allocation, Expert Systems Applications 9 (1993) 4, S. 9 f.

[65] Palies, O. und Philip, J.-M., Knowledge Bases for Economic Forecasting, in: Pau L.F. (Hrsg.), Expert Systems in Economics, Banking and Management, Elsevier 1989, S. 109 ff.

[66] Pau, L.F. und Gianotti, C., Economic and Financial Knowledge Based Processing, New York u.a. 1990.

[67] Rehkugler, H. und Podding, T., Statistische Methoden versus Künstliche Neuronale Netzwerke zur Aktienprognose, - Eine vergleichende Studie -, Bamberger Betriebswirtschaftliche Beiträge Nr. 73, Bamberg 1990.

[68] Rehkugler, H. und Podding, T., Entwicklung leistungsfähiger Prognosesysteme auf Basis Künstlicher Neuronaler Netzwerke am Beispiel des Dollars, - Eine Fallstudie -, Bamberger Betriebswirtschafliche Beiträge Nr. 76, Bamberg 1990.

[69] Rehkugler, H. und Podding, T., Künstliche Neuronale Netze in der Finanzprognose: Eine neue Ära der Kursprognosen, Wirtschaftsinformatik 33 (1991), S. 365 ff.

[70] Rehm, W. und Sterzing, V., Ein evolutionstheoretisches Optimierungsverfahren für Multilayerperceptrons, Informationstechnik 34 (1992), S. 307 ff.

[71] Ritter, H., Schulten, K. und Martinez, T., Eine Einführung in die Neuroinformatik selbstorganisierender Karten, Bonn u.a. 1990.

[72] Riviere, R., Brillet, J.-L. und Maurel, F., Using an Expert System as an Aid to Producing Realistic Economic Forecasts, in: Hashemi, S. u.a. (Hrsg.), Expersys-91, Gournay sur Marne 1991, S. 111 ff.
[73] Sagerer, G., Automatisches Verstehen gesprochener Sprache, Mannheim u.a. 1990.
[74] Schefe, P., Künstliche Intelligenz - Überblick und Grundlagen, 2. Aufl., Mannheim 1991.
[75] Schnupp, P. und Nguyen Huu, C.T., Expertensystempraktikum, Berlin u.a. 1987.
[76] Schöneburg, E., Stock Price Prediction Using Neural Networks: A Project Report, Neurocomputing 2 (1990), S. 17 ff.
[77] Schöneburg, E., Gentert, M. und Reiner, M., Aktienkursprognose mit Neuronalen Netzen, Computerwoche 16 (1989) 40, S. 121 ff.
[78] Schweneker, O., Entwicklung eines Expertensystems für Absatzprognosen durch konzeptionelles Prototyping, Berlin u.a. 1990.
[79] Seidlmeier, H., Kostenrechnung und wissensbasierte Systeme: Theoretische Überlegungen und Entwicklung eines prototypischen Anwendungssystems, (Unternehmensentwicklung, Band 10,) München 1991
[80] Sharda, R. und Patil, R.B., Neural Networks as Forecasting Experts: An Empirical Test, in: IEEE (Hrsg.), Proceedings of the International Joint Conference on Neural Networks, Vol. 2, Washington 1990, S. 491 ff.
[81] Shrinivasan, D., Liew, A.C. und Chen, J.S.P., A Novel Approach to Electrical Load Forecasting Based on a Neural Network, in: IEEE (Hrsg.), Proceedings of the International Joint Conference on Neural Networks, Vol. 2, Singapur 1991, S. 1173 ff.
[82] Sieben, G., Diedrich, R., Kirchner, M. und Krautheuser, R., Expertengestützte Ergebnisprognose zur Unternehmensbewertung, Wochenzeitschrift für Betriebswirtschaft, Steuer-, Wirtschafts- und Arbeitsrecht 43 (1990) 1, S. 1 ff.
[83] Siemens Nixdorf Informationssysteme AG, SENN++ - Software Environment for Neural Networks, Produktprospekt, Paderborn-München 1992.
[84] Sink, K., Einsatz Neuronaler Netze im Pharmamarketing, Dissertation, Freiburg 1992.
[85] Sisodia, R. und Warkentin, M., Marketing and Expert Systems: Review, Synthesis and Agenda, Liebowitz, J. (Hrsg.), Proceedings of the World Congress on Expert Systems, Orlando 1991, S. 276 ff.
[86] Steinmann, D. und Scheer, A.-W., Expertensysteme (ES) in Produktionsplanung und -steuerung (PPS) unter CIM - Aspekten, in: Wildemann H. (Hrsg.), Expertensysteme in der Produktionsplanung, Passau 1987, S. 202 ff.
[87] Steiner, M. und Wittkemper, H.-G., Neuronale Netze - Ein Hilfsmittel für betriebswirtschaftliche Probleme, Die Betriebswirtschaft 53 (1993), S. 447 ff.
[88] Streitberg, B. und Naeve, P., A Modesty Intelligent System for Identification, Estimation, and Forecasting of Univariant Time Series: A4: ARIMA, Artificial Intelligence, and APL2, in: Haux, R. (Hrsg.), Expert Systems in Statistics, New York 1986, S. 111 ff.
[89] Suret, J.-M., Roy, J. und Nicolas, J., Financial Forecasting Using Backpropagation of Error and the Learning Vector Quantization Methods, The Japan Society for Management Information (Hrsg.), Proceedings of the International Conference on Economics / Management and Information Technology, Tokio 1992, S. 109 ff.
[90] Swarnamala, S. und Looi, C.-K., On Using Backpropagation for Prediction: An Epirical Study, in: IEEE (Hrsg.), Proceedings of the International Joint Conference on Neural Networks, Vol. 2, Singapur 1991, S. 1284 ff.
[91] Tam, K.Y. und Kiang, M., Predicting Bank Failures: A Neural Network Approach, Applied Artificial Intelligence 4 (1990), S. 265 ff.
[92] Tishby, N. und Levin, E., Consistent Inference of Probabilities in Layered Networks: Prediction and Generalisation, in: IEEE (Hrsg.), Proceedings of the International Joint Conference on Neural Networks, Vol. 2, Washington 1989, S. 403 ff.
[93] Ulbricht, C., Dorffner, G., Canu, S., Guillemyn D., Marijuan G., Olarte, J., Rodriguez, C. und Martin, I., Mechanisms for Handling Sequences with Neural Networks, Bericht Nr. 29 des Österreichischen Forschungsinstituts für Artificial Intelligence, Wien 1992.

[94] Walter, J., Ritter, H. und Schulten, K., Non Linear Prediction with Selforganizing Maps, in: IEEE (Hrsg.), Proceedings of the International Joint Conference on Neural Networks, Vol. 1, San Diego 1990, S. 589 ff.
[95] Weber, K., Wirtschaftsprognostik, München 1990.
[96] Weber, K., Prognosemethoden und -Software, Idstein 1991.
[97] Whitley, D. und Hanson, T., Using Genetic Recombination to Optimize Neural Networks, in: IEEE (Hrsg.), Proceedings of the International Joint Conference on Neural Networks, Vol. 2, Washington 1989, S. 591 ff.
[98] Windsor, C. und Harker, A., Multi-Variate Financial Index Prediction - A Neural Network Study, in: IEEE (Hrsg.), Proceedings of the International Neural Network Conference, Vol. 1, Paris 1990, S. 357 ff.
[99] Wong, F.S., Time Series Forecasting Using Backpropagation Neural Networks, Neurocomputing 2 (1990/91), S. 147 ff.
[100] Wong, F.S. und Wang, P.Z., A Stock Selection Strategy Using Fuzzy Neural Networks, Neurocomputing 2 (1990/91), S. 233 ff.
[101] Yoon, Y., Swales, G. und Margavio, T.M., A Comparison of Discriminant Analysis versus Artificial Neural Networks, Journal of the Operational Research Society 44 (1993), S. 51 ff.

19.8 Anhang: Tabellarische Übersicht der im Beitrag erwähnten Systeme

Tabelle 1				
KI-Bereich	Systemname	Anwendung	Methoden	Quelle
Experten-systeme	A4	Methodenauswahl und -anwendung	m.-st.	[88]
	ALFA	Erstellung und Diagnose von Abgangsprognosen (z.B. Wasserverbrauch)	m.-st.	[46]
	AMIA	Prognosemethodenmodellierung und -anwendung	m.-st.	[4]
	DEMI	Methodenauswahl und -anwendung	m.-st.	[86]
	ECO	Diagnose betrieblicher Prognosen	DR	[65]
	ELIED	Absatzprognose auf dem Buchmarkt	m.-st., DR	[78]
	EDIPUSS	Methodenauswahl und -anwendung	m.-st.	[54]
	FOCA	Methodenauswahl und -anwendung	m.-st.	[34], [96]
	Forecast Pro	Methodenauswahl und -anwendung	m.-st.	[40], [96]
	Interest Rate Insight	Finanzprognose (z.B. Zinssatz)	ökon. Modelle	[40]
	Macro*World Investor	Finanzprognose (z.B. Aktien)	m.-st., DR	[9]
	Management Advisor	Absatzprognose, Planung	m.-st., DR	[37]
	Merlin	Lagerabgangsprognose	m.-st., DR	[60]
	Parmedine	Finanzprognose, Unternehmensbewertung	m.-st., DR	[61]
	Petro_X	Finanzprognose (z.B. Ölpreis)	charts, DR	[17]
	Prognex	Unternehmensbewertung	m.-st.	[82]
	Promoter	Absatzprognose, Bewertung von Marketingmaßnahmen	m.-st., DR	[1]
	Sales Forecaster	Absatzprognose	m.-st., DR	[85]
	SmartForecaster	Absatzprognose	m.-st., DR	[63]

Fortsetzung Tabelle 1				
KI-Bereich	Systemname	Anwendung	Methoden	Quelle
Experten-systeme	XPS ohne Namen	Methodenauswahl und -kombination	m.-st., DR	[16]
	XPS ohne Namen	Prognose des Silizium-gehalts in Roheisen	m.-st., DR	[38]
	XPS ohne Namen	Methodenauswahl	m.-st.	[43]
	XPS ohne Namen	Marketing, Methoden-auswahl	m.-st.(?)	[85]
	XPS ohne Namen	ARIMA-Modellauswahl	m.-st.	[31]
	XPS ohne Namen	Personalverfügbarkeits-prognose	DR	[39]
	XPS ohne Namen	Methodenauswahl und -anwendung, Marketing	m.-st., DR	[19]
	XPS ohne Namen	Methodenmodellierung und -anwendung	ökon. Modelle	[72]
	XPS ohne Namen	Absatzprognose, Absatzplanung	m.-st., DR	[86]
	XPS ohne Namen	frühzeitige Materialein-zelkostenprognose	DR	[79]
	XPS ohne Namen	Wechselkursprognose	DR	[15]
Hybrid-systeme	ATMES	Lagerabgangsprognose	NN, DR	[10]
	FX Trader	Wechselkursprognose	NN	[48]
	Interagierende NN (ohne Namen)	Aktienprognose	NN	[49]
	ISSS	Finanzprognose (z.B. Aktienkurs)	NN	[100]
	NeuroForecaster	verschieden (z.B. Finanz- und Absatzprognosen)	NN	[56]
	Hybridsystem zum Warenhandel	Finanzprognose, Planung	NN	[7]

Abkürzungen :
NN   Neuronales Netz
DR   Daumenregeln (empirisches Prognoseverfahren)
charts   Charttechniken
m.-st.   mathematisch-statistisch
ökon.   ökonometrisch

Tabelle 2			
KI-Bereich	Anwendung	Topologie	Quelle
Neuronale Netze	Finanzprognose	selbstorganisierende Karten	[8]
	Finanzprognose	selbstorganisierende Karten	[64]
	Finanzprognose (Zinssatz, Dollar)	MLP: x-x-x	[6]
	Finanzprognose	MLP: x-x-x (SENN++)	[83]
	Finanzprognose (Grundstückspreise)	MLP: 8-x-1	[13]
	Abgangsprognose (z.B. Stromverbrauch)	MLP: 5-x-x	[18]
	Prognose des Salzgehalts einer Bucht (Fischerei)	MLP: 6-1bis3-1	[20]
	Finanzprognose (Unternehmensklassifikation)	MLP: x-4-4-x	[24]
	Finanzprognose (Unternehmensbankrott)	MLP: 3-4-1	[26]
	Finanzprognose (Aktienkurse)	MLP: 10-10-10-1	[32]
	Finanzprognose (z.B. Bruttoinlandsprodukt)	MLP: x-x-x	[36]
	Finanzprognose (z.B. Aktienindex)	MLP: x-x-1	[41]
	Finanzprognose (Aktienindex)	MLP: 82-20-5	[44]
	Abgangsprognose (Stromverbrauch)	MLP: 3-8-1	[47]
	Finanzprognose (z.B. Aktienkurs)	MLP: x-6-x	[50]
	Finanzprognose (Unternehmensbankrott)	MLP: 5-x-1	[57]
	Finanzprognose (z.B. Aktienkurs)	MLP: 3-3-1	[67]
	Finanzprognose (z.B. Wechselkurs des Dollars)	MLP: 4-2-1	[68]
	Finanzprognose (Aktienkurs)	MLP: 10-10-10-1	[76]
	Abgangsprognose (z.B. Wasserverbrauch)	MLP: x-x-x-1	[81]
	Finanzprognose (Gewinnentwicklung)	MLP: 28-40-2	[89]
	Absatzprognose (z.B. Warenhausverkaufszahlen)	MLP: 12-10-1	[90]
	Finanzprognose (Unternehmensbankrott)	MLP: 19-10-1	[91]
	Finanzprognose (z.B. Zinssatz)	MLP: x-4-x	[98]
	Finanzprognose (z.B. Aktienkurs)	MLP: 10-16-9-1	[100]
	Finanzprognose (Aktienkursprognose)	MLP: 4-2-2	[101]

Abkürzung und Erläuterung:

x   (Topologie)   nicht mit Bestimmtheit angebbar bzw. nicht bekannt

3-3   (Topologie)   zwei Schichten mit je 3 Neuronenelementen

1bis2   (Topologie)   je nach Anwendung 1 bis 2 Neuronenelemente dieser Schicht

20 Vergleich und Auswahl von Prognoseverfahren für betriebswirtschaftliche Zwecke

von M. Hüttner

20.1 Einführung

In diesem Buch ist eine Vielzahl von Prognoseverfahren dargestellt. Obwohl dabei, wie *Mertens* im einleitenden Beitrag bemerkt (und begründet), "auf eine hierarchische Systematisierung verzichtet" wurde, handelt es sich - dem Titel und der Zielsetzung des Buches entsprechend - zumeist um *quantitative* Verfahren. In vielen *betriebswirtschaftlichen Anwendungen* - auf die sich die folgenden Betrachtungen konzentrieren - spielen jedoch auch *qualitative* Methoden eine wichtige Rolle.

Gegenstand betriebswirtschaftlicher Prognosen ist besonders häufig der (mengenmäßige) Absatz. In einer vom Verfasser betreuten empirischen Untersuchung [22][1] dominiert dieser eindeutig; danach folgt der "Umsatz" als Produkt aus Mengen und Preisen. Andere Bereiche, wie die Prognose von Kosten und Beschäftigten, treten erst mit niedrigerer Prioritätsangabe in Erscheinung. Markt- und Absatzprognosen finden allerdings auch in anderen Bereichen Verwendung. So zeigt sich etwa nach einer Untersuchung von *Dalrymple* [11] der Einsatz in folgenden Gebieten (in dieser Reihenfolge, von 80 % bis 19 %): Finanzen, Verwaltung, Budgetierung, Produktion, Lagerkontrolle, Verkauf, Planung, Rechnungswesen, Werbung, Personalkosten, Merchandising, Forschung und Entwicklung, Versand. Nach einer Studie von *Rothe* [33] ergeben sich ebenfalls sehr verschiedenartige Nutzer von Absatzprognosen, zusammengefaßt in großen Gruppen und in dieser Reihenfolge: Fertigungsplanung und -steuerung, Verkauf und Marketingmanagement, Finanzen und Rechnungswesen, Top Management, Personalwesen.

Gerade bei Absatzprognosen spielen qualitative Verfahren aber eine große Rolle. So erbrachte z. B. die persönliche Befragung von "High Level Marketing Decision Makers" in 40 britischen Unternehmungen [15], daß in bezug auf die drei meistbenutzten Methoden die "Sales-Force-Composite-Methode" ("bottom up"-Approach: sukzessive Zusammenfassung der Absatzvorausschätzungen der einzelnen Außendienstmitarbeiter) mit 66 % der Nennungen an der Spitze stand. Empirische Vergleiche von Prognosemethoden beschränken sich aber naturgemäß auf quantitative Verfahren (im engeren Sinne zumeist auf Zeitreihen-Extrapolationen). Schon deshalb ist es fraglich, ob sich solche Vergleiche allein zur Beurteilung der *Vorteilhaftigkeit* von Prognosemethoden eignen; dazu kommt, daß sie sich im Grunde auf nur ein Kriterium, die *Genauigkeit*, erstrecken.

Im folgenden ist deshalb nicht nur auf solche empirischen Vergleiche einzugehen. Vielmehr wird die Betrachtung dieser - im Abschnitt 20.2 - ergänzt durch verallgemeinernde Erörterungen über Selektion und Kombination von Prognoseverfahren (in Abschnitt 20.3; hier fin-

---

[1] Es existiert eine Vielzahl von - ganz unterschiedlich angelegten - empirischen Untersuchungen über den Einsatz von Prognoseverfahren in der Praxis. Darauf kann hier nicht näher eingegangen werden; siehe aber zu einem Überblick in *Hüttner* [18] und auch *Dalrymple* [12].

det man auch einige Bemerkungen zu Prognose-*Software*). Die Ausführungen enden mit einem kurzen Ausblick auf neuere Ansätze: "automatische Prognosen" und "regelbasierte Systeme". Letztere wurden ausführlicher in Kapitel 19 diskutiert und verglichen.

20.2 Der empirische Vergleich von Prognoseverfahren

Wie erwähnt, steht bei dem Versuch, über *Vergleiche* zu einer Anwendungsempfehlung für Prognoseverfahren zu gelangen, die *Genauigkeit* im Mittelpunkt. Damit ergibt sich aber das Problem, wie diese gemessen werden soll. In der Literatur sind eine Vielzahl von Fehlermaßen diskutiert und auch angewandt worden. (So wurden für den in einer DGOR-Arbeitsgruppe durchgeführten "Prognosevergleich" - siehe dazu auch noch unten - insgesamt 36 Fehlermaße berechnet; vgl. [37]. Siehe zu den Fehlermaßen ausführlicher *Schwarze* [36] oder *Hüttner* [18].) Hier soll nur kurz darauf eingegangen werden, unter Beschränkung im wesentlichen auf sogenannte *quantitative* Fehlermaße. Dazu muß zunächst der Fehler selbst definiert werden. Dabei kann man unterscheiden:

1. Prognosefehler

$$e_t = x_t - \hat{x}_t \tag{1}$$

2. Absoluter Fehler

$$AE_t = |e_t| \tag{2}$$

3. Prozentualer Fehler

$$PE_t = \frac{e_t}{x_t} \cdot 100 \tag{3}$$

4. Absoluter prozentualer Fehler

$$APE_t = \left|\frac{e_t}{x_t}\right| \cdot 100 \tag{4}$$

Daraus lassen sich u. a. folgende *Fehlermaße* berechnen:

1. *Mittlerer* Prognosefehler

$$ME = \frac{1}{l} \sum_{t=n+1}^{n+l} e_t \tag{5}$$

(mit n für das Ende des "Stützbereichs" und l für die Prognosedistanz)

2. *Mittlerer absoluter* Prognosefehler

$$MAE = \frac{1}{l} \sum_{t=n+1}^{n+l} |e_t| \tag{6a}$$

Im Rahmen des exponentiellen Glättens spielt dieses Fehlermaß (und auch CUSUM, der kumulierte Fehler: $\sum e_t$) eine große Rolle; es wird dort allerdings meist - zumal mehr im "laufenden Prozeß" verwandt - etwas anders bezeichnet:

Mittlere absolute Abweichung

$$MAD_t = \frac{1}{n} \sum_{t=1}^{n} |e_t| \tag{6b}$$

3. *Mittlerer prozentualer* Fehler

$$MPE = \frac{1}{l} \sum_{t=n+1}^{n+l} \frac{e_t}{x_t} \cdot 100 \tag{7}$$

4. *Mittlerer absoluter prozentualer* Fehler

$$MAPE = \frac{1}{l} \sum_{t=n+1}^{n+l} \left|\frac{e_t}{x_t}\right| \cdot 100 \tag{8}$$

5. *Mittlerer quadratischer* Fehler

$$MSE = \overline{e^2} \tag{9}$$

(z. B. mit l oder n als Summationsgrenzen)

bzw. *Wurzel* daraus

$$RMSE = \sqrt{\overline{e^2}} \tag{10}$$

Lange Zeit wurde der *RMSE* präferiert. Das ergibt sich aus der Inspektion vieler einzelner Vergleiche (siehe dazu unten), aber auch aus einer Befragung von 145 Experten [6]. Unter den Wissenschaftlern war dabei die Präferenz noch stärker als bei den Praktikern. Dies mag damit zusammenhängen, daß bei vielen Methoden dieses Maß den Schätzprozeß steuert. Andererseits ist es unanschaulich und hängt zudem von der Maßeinheit der Beobachtungswerte ab. In der letzten Zeit setzte sich deshalb immer stärker - so auch beim Verfasser - eine Bevorzugung des *MAPE* durch; sein "Schönheitsfehler", die Begünstigung zu niedriger Prognosen, galt oft als vernachlässigbar.

Ein zusätzliches Problem entsteht jedoch, wenn über *mehrere Reihen* verglichen werden soll. Dann muß man doppelt "mitteln": über die Distanzen (l) und über die Reihen (r), so führend zum $MAPE_{lr}$. (Die Durchschnittsbildung über die Reihen für den *RMSE* verbietet sich eigentlich - eben wegen der Skalenabhängigkeit.) Soll auch noch über verschiedene Fehlermaße gemittelt werden, so wäre dies dreifach. Zudem ergibt sich das Problem, daß manche Maße nahe verwandt sind, bei der Mittelung also deren Einfluß zu stark würde.

Der Verfasser hat deshalb vorgeschlagen, dieses Problem dadurch zu entschärfen, daß von *metrischer* zu rein *ordinaler* Information übergegangen wird, also *Rangplätze* errechnet werden. Nimmt man bei mehreren Fehlermaßen, Distanzen und/oder Reihen ebenfalls - nicht unproblematisch! - eine Mittelung vor, so erhält man letztlich auch "Durchschnitte" dreifacher Art: $RANG_{flr}$ (mit f für die einzelnen Fehlermaße).

Diese Methode wurde in einer der größten deutschen Verfahrensgegenüberstellungen, dem "DGOR-Prognosevergleich" [37], angewandt. Damit konnten auch "Sieger" ermittelt werden; tatsächlich waren dies eher "Personen" als "Verfahren", denn dasselbe Verfahren (*Box-*

Jenkins) war von zwei verschiedenen Teilnehmern benutzt worden. Damit zeigt sich ein weiteres Problem von empirischen Vergleichen: Es hätten alle subjektiven Faktoren (hier: Identifikation des *Box-Jenkins*-Modells) ausgeschaltet, im Ergebnis also ein "vollautomatisches Programm" verwandt werden müssen!

Viel verwirrender waren die Ergebnisse des größten bisher durchgeführten empirischen Vergleichs, der *M-Competition*. Die Anzahl der einbezogenen Reihen war dabei drastisch erhöht worden: 1001! (gegenüber 111 in einer früheren Studie [30] - und "nur" 15 beim DGOR-Vergleich). Die Analyse der Ergebnisse ([28] und [29]) wird dadurch erschwert, daß nicht für alle Verfahren sämtliche Reihen bearbeitet worden sind und insbesondere auch der *RMSE* Verwendung fand.

Im ganzen schien daraufhin eine gewisse Ratlosigkeit eingetreten zu sein. Zumindest haben sich die Hoffnungen vorerst nicht erfüllt, durch noch so groß angelegte Verfahrensvergleiche zu einer eindeutigen Aussage zu gelangen. Das veranlaßte etwa *Newbold* zu der Formulierung "The Competition to End All Competitions"![2]

In der Tat sind seither kaum mehr Prognosevergleiche durchgeführt worden[3]. Auch an der - schon lange angekündigten - "M2-Competition" wird noch gearbeitet. (Vgl. [24]; dort ist auch von der "M3-Competition data base" die Rede!)

Statt dessen scheint sich eine gewisse Annäherung bei der Frage eines adäquaten *Fehlermaßes* abzuzeichnen. (Eine Einigung hier würde eines der großen Probleme bei der Interpretation von Verfahrensvergleichen beseitigen.) So besteht, nachdem sich nach der M-Competition auch *Chatfield* [7] entschieden dagegen ausgesprochen hatte, nunmehr offenbar Einigkeit über den Verzicht auf den *RMSE* (vgl. [2] und [13] sowie dazu auch den "Commentary on Error Measures"). *Armstrong* und *Collopy* [2] empfehlen als neues Maß (wenn es nicht nur um wenige Reihen geht): "*Zentraler absoluter prozentualer* Fehler" (*MdAPE*).

Es wird also der *Median* statt des *arithmetischen Mittels* oder Durchschnitts verwandt. (Bei den obigen Formeln sollte deshalb der Klarheit halber "mittlerer" durch "durchschnittlicher" ersetzt werden!) Dies reduziert das erwähnte Bias des *MAPE* - zugunsten niedriger Prognosen - sowie ganz generell das Problem der "Ausreißer".

Fildes [13] empfiehlt darüber hinaus: Wurzel aus dem geometrischen Mittel des quadratischen Fehlers: *GRMSE* (Geometric Root Mean Squared Error).

Hierbei wird nun das *geometrische* Mittel statt des arithmetischen verwendet. (Wiederum sollte in Formel (9) der Klarheit halber "mittlerer" durch "durchschnittlicher" ersetzt werden; auch ist natürlich die n-te statt der Quadrat-Wurzel zu benutzen.) Das beseitigt die erwähnte Skalenabhängigkeit und macht damit quadrierte Fehler verwendbar für den Vergleich mehrerer Reihen.

---

2   Als Überschrift zu einem "Commentary on the Makridakis Time Series Competition" (Journal of Forecasting 2 (1983), S. 259 ff.).

3   Auf die Fortführung der Übersicht (Tabelle 2) in dem entsprechenden Aufsatz in der letzten Auflage dieses Buches (von *Mertens* und *Backert,* Kapitel 18) wird deshalb verzichtet. (Siehe zu solchen Zusammenstellungen auch bei *Mahmoud* [25] und bei *Armstrong* [1].) Um dem Leser aber wenigstens eine grobe Vorstellung zu geben, wird im Anhang über einige *Ergebnisse* berichtet.

In diesem Zusammenhang wird auch die alte Forderung von *Jenkins* [24] aufgegriffen, durchschnittliche Fehler aufgrund "rollierender Prognosen" zu berechnen, mit fortschreitendem zeitlichen Ursprung (und damit veränderter Datenbasis), gemäß Abbildung 1 (vgl. auch in [4])[4].

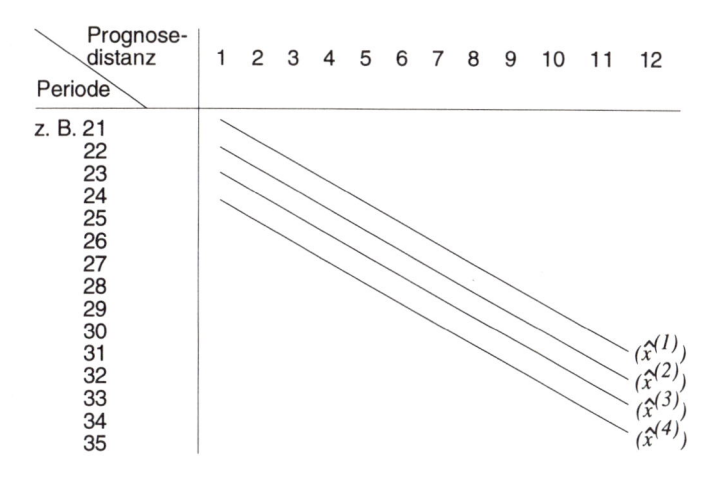

```
                Prognose-
                distanz   1  2  3  4  5  6  7  8  9  10  11  12
        Periode
        z. B. 21
             22
             23
             24
             25
             26
             27
             28
             29
             30
             31                                    ($\hat{x}^{(1)}$)
             32                                    ($\hat{x}^{(2)}$)
             33                                    ($\hat{x}^{(3)}$)
             34
             35                                    ($\hat{x}^{(4)}$)
```

Abb. 1   Rollierende Prognosen

20.3 Selektion und Kombination von Prognoseverfahren

20.3.1 Selektion einzelner Verfahren

Nach dem im vorstehenden Abschnitt Erörterten scheint es zumindest derzeit fraglich, ob Auswahlempfehlungen für Prognosemethoden allein aufgrund von Verfahrensvergleichen gegeben werden können. Sicherlich ist nicht zu bestreiten, daß ein neues Verfahren erst einmal seine Leistungsfähigkeit unter Beweis stellen muß; das kann offenbar nur im Vergleich zu anderen, bereits bekannten Methoden geschehen. Andererseits ist eben doch (und dies *unabhängig* von der möglicherweise lösbaren Problematik empirischer Vergleiche) zu fragen, ob nicht *andere Kriterien* neben der *Genauigkeit* eine Rolle spielen müssen. Das können im Einzelfall recht verschiedene sein: Aufgrund diverser Untersuchungen wird immer deutlicher, daß - und welche - *situative Faktoren* eine Rolle spielen können (Ausmaß der Produkt-Aggregation und dessen Lebensdauer [35], Marktanteil [5] und Kaufneigung [40] - in [32] wird hierzu sogar eine Segmentierung der "Intenders" vorgeschlagen). Gleichwohl gibt es sicher auch einige *generelle* Kriterien. Dazu seien hier genannt:

1. Genauigkeit (siehe oben)
2. Datenbedarf
3. Komplexität
4. Kosten
5. Zeitbedarf

---

[4]   Dieses Vorgehen wurde auch im DGOR-Prognosevergleich angewandt. Dort waren von den Teilnehmern (so auch vom Verfasser) - neben einer Prognose 12 Monate im voraus - 12 rollierende Prognosen für jeweils eine Periode "ahead" zu erstellen.

Zweifellos ist die *Genauigkeit* das wichtigste Kriterium (und rechtfertigt damit auch die ausführlichen Prognosevergleiche). So wurde es in der bereits erwähnten Umfrage unter Teilnehmern eines Prognose-Symposiums [6] in 82 % aller Fälle genannt. Fraglich bleibt, ob an die Stelle rein statistischer Maße (so meinen *Mahmoud* u.a. [27], daß etwa *MAD* "etwas für den Statistiker" sei, und schlagen stattdessen, unter Bezugnahme auf *Mahmoud* und *Pegels* [26], "dollar based forecast accuracy measures" vor) die Messung der "Business Performance" treten soll. Andererseits wird damit das ganze stark zu einer "situativen" Frage (und damit allgemeinen Betrachtungen weitgehend entzogen); zudem ist immer in der Diskussion über die Fehlermaße darauf hingewiesen worden, daß der *MSE* eine "quadratische *Verlustfunktion*" - im Unterschied zum *MAPE* mit einer "linearen" - unterstelle.

Die vorgenannten (und anderen) Kriterien können in verschiedener Weise als *Auswahlhilfe* verwendet werden. Man könnte die einzelnen Möglichkeiten danach systematisieren, ob nur ein Kriterium oder mehrere benutzt werden, ob die Heranziehung auf mehr subjektiver oder stärker objektiver Basis beruht und ob die Auswahl automatisch geschieht oder nicht. Darauf soll im folgenden verzichtet werden, zumal diese Systematisierung nicht überschneidungsfrei wäre.

Ein *rein subjektives* Verfahren steht dabei im Grunde hinter den weitgehend üblich gewordenen Vorgehen, Auswahlhilfen durch *vergleichende Zusammenstellung* zu geben. Dabei werden für eine Reihe von Verfahren nach einigen Kriterien - meist rein verbale - Beurteilungen vorgenommen.

Auch der Verfasser hat in [18] nach längerem Zögern (begründet durch das ganz offensichtlich hohe Maß an Subjektivität des Verfahrens) eine solche Zusammenstellung entwickelt. Sie unterscheidet sich von anderen u. a. darin, daß sie sich auf 20 Einzelverfahren bezieht. Als Kriterien dienen die vorstehend erwähnten; allerdings ist bei der "Genauigkeit" zunächst danach differenziert, ob es sich um Jahres- oder Monatsdaten (mit Saison) handelt. Bei jeder Datenart ist dann nach der Fristigkeit unterschieden worden: bei Monatsdaten "bis 3 Monate", "4-12 Monate" und "über 12 Monate", bei Jahresdaten "1 Jahr", "2-4 Jahre" und "5 und mehr Jahre". Als *zusätzliche* Kriterien wurden aufgenommen, ob die Verfahren zur Erfassung von "Saison", "Trend" und "Zyklus" geeignet sind. Bei letzteren erfolgt eine bloße Ja/Nein-Entscheidung. Bei den anderen Kriterien wurde eine Art - verbales - "Rating" durchgeführt: "niedrig" - "mittel" - "hoch" (mit der Zulassung von Zwischenformen), vgl. Abbildung 2.

Eine weitere Möglichkeit liegt in der *automatischen Verfahrensauswahl* und *Kriteriengewichtung* (vgl. Kapitel 7). Im Prinzip brauchen dazu nur die Kriterien einer Zusammenstellung gemäß Abbildung 2 mit einer festen Punktzahl versehen zu werden; ihre Aufsummierung - evtl. nach Multiplikation mit Kriteriengewichten - ergibt dann über die Gesamtpunktwerte das auszuwählende Verfahren. Diesen Weg möchte der Verfasser nicht weiter verfolgen: Die Subjektivität ist hier - obzwar verborgen - eher noch größer, wegen des festen Schemas, das zudem individuell notwendigerweise verschiedene Sachverhalte, wie etwa auch die Kosten, nicht einzubringen erlaubt. Statt dessen hat sich das Augenmerk verstärkt der *Kombination* von Prognoseverfahren zugewandt.

Prognoseverfahren	Genauigkeit						Daten-bedarf	Kom-plexität	Kosten	Zeit-bedarf	Erfassen von		
	Monatsdaten (mit Saison)			Jahresdaten							Saison	Trend	Zyklus
	bis 3 Monate	4 bis 12 Monate	über 12 Monate	1 Jahr	2 bis 4 Jahre	5 und mehr Jahre							
1. Naive I(a)[a]	n(-m)	n	n	m	n	n	n	n	n	n	nein	nein	nein
2. Naive II(a)[a]	m	m(-n)	n	-	-	-	h	m	m	m	ja	nein	nein
3. gleitende Durchschnitte (Naive IIIb)	m(-n)	n	n	m	m(-n)	n	n	n	n	n	nein	nein	nein
4. einfache Trend-extrapolation	n(-h)	n	n	m(-h)	m	n	n(-m)	n(-m)	n	n(-m)	nein	ja	nein
5. Wachstumsfunktionen	-	-	-	h(-m)	h(-m)	m(-h)	m	m	n(-m)	n	nein	ja	nein
6. Exponentielles Glätten 1. Ordnung	n(-m)	n	n	m	m(-n)	n	m	n	n(-m)	n	nein	nein	nein
7. Exponentielles Glätten 2. Ordnung	m(-n)	n(-m)	n	h(-m)	m	n	n(-m)	n(-m)	n	n	nein	ja	nein
8. Exponentielles Glätten nach Winters	h	h(-m)	m	-	-	-	h	m	m	m	ja	ja	nein
9. Regression mit Dummy-Variablen	m(-h)	m	n(-m)	-	-	-	m	m	m	m	ja	ja	nein
10. Regression mit verzö-gerten Variablen	h(-m)	m	n(-m)	h(-m)	m(-h)	m	m	m(-h)	m	m	ja	ja	ja
11. Mehrgleichungsmodelle (ökonometrische Modelle)	h	m(-h)	m	h	m(-h)	m	h	h	m	h	ja	ja	ja
12. Box/Jenkins (univariat)	h	h	m	h	h	m	h	h	h(-m)	h(-m)	ja	ja	ja
13. Box/Jenkins (multivariat)	h	h	m(-h)	h	h(-m)	h(-m)	h	h	h	h	ja	ja	ja
14. GAF (univariat)[b]	h	h(-m)	m(-n)	h	h(-m)	m	h	h	m(-h)	h	ja	ja	ja
15. Sales-Force-Prognosen	m(-h)	m	n	h	m	m	n	c	h	h(-m)	ja	ja	ja
16. Expertenprognosen	m(-h)	m	c	h	m	m(-h)	h	m(-n)	h	h	ja	ja	ja
17. Delphi	-	-	-	h	h(-m)	m(-h)	h	h	h	h	ja	ja	ja
18. Verbraucher-Marktforschung	m	m(-n)	n(-m)	m(-h)	m	m(-h)	h	h	h	h(-m)	ja	ja	ja
19. Leading-Indikatoren	h(-m)	m(-n)	n	m	m(-h)	n	m	m	m	m	ja	ja	ja
20. Analogien	-	-	-	m(-h)	m(-h)	m(-h)	m(-n)	m	m	m	ja	ja	ja

(n, m, h: vgl. Erläuterungen im Text)

a) Naive I(a): "no change"-Prognose: $\hat{x}_{t+1} = x_t$
Naive II(a): dto., aber unter Aus-/Einschaltung des Sai-soneinflusses ("De-/Resaisonalisierung")

b) GAF: Generalisiertes Adaptives Filtern (ursprünglich von *Makridakis* und *Wheelwright* unter diesem Namen propagiert, später - unter Veränderung - auch als AEP [Adaptive Estimation Procedure] bezeichnet; s. dazu z. B. in [18])

Abb. 2 Zusammenfassende Beurteilung einer Reihe von Prognoseverfahren nach verschiedenen Kriterien

20.3.2 Die Kombination von Prognoseverfahren

Wenn man schon dazu übergeht, *mehrere* Verfahren - sei es zunächst auch nur zum Vergleich - in Betracht zu ziehen, so liegt es nahe, auch die Zusammenfassung von deren Ergebnissen zu erwägen. In der Tat ist dies schon 1969 von *Bates* und *Granger* [3] vorgeschlagen worden, aber, wie erwähnt, erst in neuerer Zeit stärker in den Vordergrund gerückt. Man bemüht sich um den Nachweis, daß Kombinationen sowohl *theoretisch* als auch *empirisch* überlegen sind. Dabei geraten zunehmend auch *qualitative* Verfahren ins Blickfeld; im Einklang mit der These "N heads are better than one" wird gezeigt, daß die Mittelung der Vorhersagen mehrerer Personen zu einem besseren Resultat führt (vgl. etwa [41]).

Begrifflich wird dabei, gemäß Obigem, von der Kombination der *Ergebnisse* (nicht etwa von Elementen der Verfahren an sich) ausgegangen:

$$\hat{x}_{K(l)} = w_1 \hat{x}_{1(l)} + w_2 \hat{x}_{2(l)} + \ldots + w_n \hat{x}_{n(l)}$$
$$= \sum_{i=1}^{n} w_i \hat{x}_{i(l)} \tag{11}$$

(mit K für "Kombination", l für die Prognosedistanz und w_i für die Gewichte)

Damit sind auch die *Probleme* deutlich. Es sind vornehmlich die Anzahl der Verknüpfungen und das Gewichtungsschema. Die *Anzahl der möglichen Kombinationen* wird nämlich rasch sehr groß: Bei zwei Einzelverfahren gibt es nur eine Zweierkombination, bei drei dagegen schon Zweier- und Dreier-Kombinationen und bei (nur) sechs schon 57 solcher Verknüpfungen! Daraus bereits wird klar, daß das im vorigen Abschnitt erörterte Selektions-Problem durch die Kombination von Prognoseverfahren nicht völlig ersetzt werden kann; es verbleibt zumindest das Problem einer Vor-Auswahl. Denn abgesehen vom Aufwand haben empirische Untersuchungen [31] zwar gezeigt, daß der Genauigkeitsgewinn mit der Zahl der in die Kombination einbezogenen Verfahren ansteigt, bei vier oder fünf aber eine Art "Sättigung" erreicht wird. In diesem Zusammenhang sei darauf hingewiesen, daß auch noch grundsätzliche Einwände gegen die *Kombination* bestehen. So bemerkt *Chatfield* (in der Diskussion zu seinem Vortrag, vgl. [8]), daß man dadurch wohl die Genauigkeit erhöhe, aber kein Modell mehr habe, mit dem man Prognoseintervalle angeben könne.

Bezüglich des *Gewichtungsschemas* sind denkbar[5]:

Gleiche Gewichte

Hierbei wird nichts weiter getan, als - für die jeweilige Prognosedistanz - aus den Prognosewerten der Einzelverfahren das einfache arithmetische Mittel zu errechnen. Dennoch wird durch diese *Durchschnittsbildung* oft eine bedeutende Verbesserung der Prognosen erreicht (vgl. auch Kapitel 12/S. 208), da ja "Ausreißer", die bei einzelnen Prognoseverfahren insbesondere für einzelne Perioden immer vorkommen können, quasi weggemittelt werden. Das Verfahren hat sich in zahlreichen empirischen Vergleichen als besonders "robust" erwiesen; im allgemeinen liefert es bessere Ergebnisse als der Durchschnitt der

---

5   Zu *Beispielen* mit *Ergebnissen* siehe die Berechnungen vom Verfasser, beginnend in [18] und "fortgeschrieben", auch unter Bereinigung von Fehlern, in [19], [20] und [21].

Einzelverfahren, mitunter sogar die besten - im Vergleich der einzelnen Verfahren - überhaupt. Siehe dazu die in Anmerkung 5 erwähnten Ergebnisse des Verfassers und auch bei *Clemen* [9].

Ungleiche Gewichte

a) Die meisten bisherigen Ansätze gingen von *restringierten Gewichten*, d. h. praktisch meist: in ihrer Summe normiert auf Eins, aus.

(1) Das gilt selbst für völlig subjektive Gewichte, also solche, bei denen mehr oder weniger willkürlich bei drei Verfahren z. B. als Gewicht für Verfahren A 0,5, B 0,3 und C 0,2 festgelegt wird.

(2) Hinsichtlich der Bildung "objektiver" Gewichte liegt es nahe, auf den mit dem jeweiligen Verfahren verbundenen Fehler zurückzugreifen. Das Problem besteht allerdings darin, ob er bereits bekannt ist; speziell bei qualitativen Verfahren kann das aus diesen selbst heraus gar nicht der Fall sein. Als *Lösungsweg* bietet sich an, *ex post-Prognosen* zu erstellen. Von der gewählten Vorgehensweise hängt es dabei ab, ob es sich um *feste* oder *veränderliche* Gewichte handelt: Kürzt man z. B. bei Monatsdaten den vorliegenden Datensatz um die letzten 12 Monate, erstellt aufgrund der verbleibenden Daten 12 Prognosen ahead und berechnet aus den sich ergebenden Fehlern die Gewichte, so würden sich diese im Zeitablauf dann ändern, wenn die Prozedur mit jedem neuen Prognoselauf wiederholt wird.

b) Man kann aber auch für nicht-restringierte Gewichte plädieren (vgl. [14]). Konkret kann man dann einen *Regressionsansatz* bilden. Für die *ex ante*-Prognosen - ab Zeitpunkt t - bedeutet das:

$$\hat{x}_{t+l} = b_1 \hat{x}_{1,t+l} + \ldots + b_n \hat{x}_{n,t+l} + c \tag{12}$$

Die Gewichte b_i müßten auch hier aus *ex post*-Prognosen berechnet werden.

c) Die bisher rechnerisch abgeleiteten (ungleichen) Gewichte waren ihrer Natur nach metrisch. (So ging bei Verwendung des Fehlers eben der "Betrag" der Differenz zwischen Prognose- und Beobachtungswerten in die Berechnung ein.) Um einen ordinalen Ansatz handelt es sich dagegen bei der von *Gupta* und *Wilton* ([16] und [17]) vorgeschlagenen *OM ("Odds Matrix")-Methode*. Sie geht aus von der Auszählung der Fälle, in denen die Methode i das Verfahren j "übertrifft", also eine Prognose mit einem niedrigeren Fehler liefert. Über die Berechnung entsprechender Wahrscheinlichkeiten ergeben sich dann die Elemente der Matrix; die aus der Lösung des "Eigenwert-Problems" resultierenden - normalisierten - Eigenvektoren bilden den Gewichtungsvektor (siehe dazu ausführlicher, mit Beispiel, in [23]).

Es ist unmittelbar einsichtig, daß zur Berechnung der verschiedenen Einzelprognosen und der Kombinationen entsprechende *Programme* vorhanden sein müssen. Insofern ist an dieser Stelle auch auf *Prognose-Software* einzugehen. Das soll aber nur sehr kurz geschehen. Dafür sprechen einmal Raumgründe, zum anderen aber auch die schnelle Entwicklung. So schreibt *Fildes* in einer Rezension zu einem Kapitel über "econometric software": "Although only a year old, it is already out of date." Verwiesen sei jedoch auf eine Analyse von *Rycroft*

[34]; er untersucht 104 PC-Programme von 65 verschiedenen Herstellern (siehe auch [39] und die Bemerkungen dazu unten).

Dabei spielen - eben auch im Hinblick auf die Diskussion um Prognose-Kombinationen - zunehmend Programm*systeme* eine Rolle. Es kann sich einerseits um separate *Prognose-Packages* handeln. Zum anderen stehen verstärkt entsprechende Routinen in den großen *Statistik*-Packages zur Verfügung, entweder integriert oder in - zwar ebenfalls integriert ablaufenden, aber besonders zu beziehenden (und zu bezahlenden!) - "Ergänzungspaketen", wie etwa ETS (Econometric Time Series) bei SAS (Statistical Analysis System) oder Time Series Analysis bei NCSS (Number Cruncher Statistical System).

Aber auch *Einzelprogramme* können oft sehr wichtig (und auch umfangreich!) sein. Das sei am Beispiel der - in Deutschland eigentlich recht wenig diskutierten - einfachen *Desaisonalisierung/Resaisonalisierungs-Methode* (Ausschaltung der "Saison" mittels Saisonindizes, anschließend Extrapolation - mit "naiven Methoden" oder EXPO etc. - und schließlich "Resaisonalisierung" der Prognosewerte mittels der Saisonindizes) gezeigt: *Scott* [38] berichtet in der Rezension des X11ARIMA-Packages, daß X11.2, eine neue Version der "berühmten" X11-Variante von CENSUS II, 530 K benötigte; eine Testversion von X12ARIMA war sogar zu groß für seinen PC.

20.4 Neuere Ansätze

20.4.1 "Automatisierte Prognosen"

Bestechend erscheint der Gedanke einer *vollautomatisch* ablaufenden Prognose, insbesondere dann, wenn *sehr* viele Reihen zu prognostizieren sind. Dazu müßte dann einerseits ein Programmpaket vorliegen, das die wichtigsten Verfahren bereits enthält und deren Start und Vergleich selbsttätig vornimmt. Andererseits müßten eben diese *einzelnen Verfahren* automatisch arbeiten. (Das ist durchaus nicht selbstverständlich: Man denke etwa an die Problematik "automatischer" *Box-Jenkins*-Verfahren!) Im Extremfall würde der Befehl dann nur noch lauten: "Prognostiziere Reihe k für l Perioden!"

Der Verfasser hat aufgrund dieses bereits in [18] formulierten Gedankens später eine Umsetzung initiiert und darüber in [23] berichtet. Danach wurde von der Firma PROBIS in Bremen innerhalb des von ihr entwickelten Programmsystems PROGIS-PC ein Programm-Modul AUTOPROG entwickelt. Er arbeitet - als Testversion - wie folgt (und zwar für Monatswerte sowie, nachstehend vernachlässigt, Quartalswerte): Als Default werden die drei Einzelverfahren ABJ, EXPON und GAF herangezogen. (Zu GAF siehe die Anmerkung oben in Abbildung 2. Bei EXPON handelt es sich um ein auf dem Prinzip der Grid Search-Technik beruhendes Verfahren, indem das von *Winters* 1960 vorgeschlagene Vorgehen - bei einer bestimmten "Schrittweite" Kombinationen der Parameter durchzuspielen und die mit dem geringsten Prognosefehler auszuwählen - nicht nur einmal für die Startwerte, sondern "rollierend" angewandt wird. ABJ ist ein "automatisches" *Box-Jenkins*-Verfahren; der Verfasser steht ihm allerdings mit einer gewissen Reserviertheit gegenüber. - Die Voreinstellung mit den vorgenannten Methoden kann vom Benutzer verändert und somit ein anderes der in PROGIS enthaltenen Verfahren einbezogen werden.) Die Originalreihe wird um eine volle "Saisonlänge" verkürzt. Für die erstellten ex post-Prognosen wird der *MAPE* berechnet, und zwar nicht nur für die Einzelverfahren, sondern auch für alle möglichen (Zweier- und Dreier-)Kombinationen, als einfaches arithmetisches Mittel. Die Prognose erfolgt dann mit dem Verfahren bzw. der Kombination mit dem niedrigsten $MAPE$.

Das vorgeschlagene Vorgehen mit einer "Automatisierung" auf mehrfacher Ebene (der Einzelverfahren, der Kombinationen und des Fehlervergleichs) ist an den Zeitreihen des DGOR-Prognosevergleichs getestet worden. Diese - wie erwähnt - 15 Reihen sind in [37] ausführlich dokumentiert. Wie daraus ersichtlich, handelt es sich um zum Teil recht "schwierige" Reihen; das führte dazu, daß nicht von allen Teilnehmern für alle Fälle Prognosen abgegeben wurden. Mit AUTOPROG sind jedoch sämtliche Prognosen erstellt worden. Das sollte bei der Beurteilung der Ergebnisse berücksichtigt werden. Sie mögen eher mäßig erscheinen: Von den einschließlich AUTOPROG insgesamt 12 beteiligten Verfahren erreichte es nur den "mittleren" Rangplatz 4,5. Der Verfasser beurteilt dieses Resultat jedoch eher positiv. Man sollte nämlich bedenken, daß immer dann, wenn es darum geht, laufend recht viele Prognosen zu erstellen, das Ziel nicht in einer "maximalen" Prognosegenauigkeit liegen kann: "befriedigende" Prognosen müssen genügen. Natürlich sind noch Verbesserungen möglich. Es hat aber den Anschein, als ob der eingeschlagene Weg, d. h. die *Verbindung* von Selektion und Kombination von Prognoseverfahren, erfolgversprechend sei[6].

20.4.2 "Regelbasierte Systeme"

Einen anderen Weg schlagen *Collopy* und *Armstrong* [10] ein. Im Unterschied zu dem im vorigen Abschnitt geschilderten Vorgehen bezieht sich der Ansatz gerade nicht auf saisonale, sondern auf reine *Jahres*-Daten (was angesichts dessen, daß gerade in Anwendungen für betriebswirtschaftliche Zwecke *kurz*fristige Prognosen eine Rolle spielen, es wohl aber kaum ökonomische Zeitreihen *ohne* Saison gibt, eine starke Einschränkung darstellt - wie dies natürlich auch die Verfasser sehen). Ihr "*regelbasiertes*" Vorgehen besteht aus zwei Schritten:

1. Die "*Features*" der zu prognostizierenden Zeitreihen werden *identifiziert*. Dazu wird eine Liste mit - in Gruppen zusammengefaßten - *Definitionen* der Features aufgestellt (wiedergegeben im Anhang A von [10]). *Beispiel*: "Functional Form" (expresses the expected pattern of the trend of the series - multiplicative or additive) in der Gruppe "Input by the Analyst Based on Domain Knowledge" (eine andere Gruppe ist "... based on inspection of the data"). Hierbei handelt es sich also ganz offensichtlich um *subjektive Beurteilungen*; eine *Automatisierung* scheint aber zumindest nicht ausgeschlossen.

2. Die entsprechende Regel der "*Rule Base*" wird angewandt. *Beispiel* (Regel Nr. 2 über die Functional Form): "IF the functional form is multiplicative, THEN use a log transformation of the original series." In einem anderen *Beispiel* geht aus einer der für "Short

---

6   Aus einem Überblick über "Automatic Forecast Software" [39] geht hervor, daß in dem amerikanischen Programmsystem PC/SIBYL eine ähnliche Prozedur wie die oben beschriebene verwirklicht ist. (Ein weiteres Package enthält zwar ebenfalls Ähnliches; die Prozedur für die Prognosekombination ist jedoch "strictly withheld from the user, as the creators consider it proprietary" und bildet so "the ultimate black box" [39/S. 215].). Die Verfasser arbeiten in ihrem Überblick nochmals die - auch oben eingangs angedeuteten - Bedenken gegenüber der *Automatisierung* heraus.

Range Models" vorgesehenen Gruppe "Selecting Smoothing Factors for Level (*Browns Alpha*)" hervor, daß dieses minimal 0,2 und maximal 0,7 beträgt. Insgesamt handelt es sich um derzeit 99 Regeln (sämtlich abgedruckt in Anhang B von [10]).

Die Verfasser zeigen an 146 Reihen aus der M-Competition, daß ihr Vorgehen - das man wohl zusammenfassend als eine Mischung aus regelbasierter Inferenz und situativer Beurteilung bezeichnen kann (vgl. auch ihr "Example" [10/S. 1400]) - zu einer substantiellen Verbesserung des Prognosefehlers, gemessen am *MdMAPE*, führen kann. Damit ist die grundsätzliche Leistungsfähigkeit ihrer Vorgehensweise gezeigt. Der größte Wert liegt allerdings wohl - da, wie erwähnt, die Heranziehung anderer Reihen etc. zu einem anderen Ergebnis zu führen vermag - in der Offenlegung der "Regeldatenbank". Damit wird die Möglichkeit der kritischen Diskussion dieser Regeln (die Verfasser erwähnen selbst, daß einzelne davon keine Anwendung fanden) sowie zur Ausarbeitung weiterer eröffnet. Trotz einer gewissen Skepsis gegenüber "Expertensystemen" generell, die der Verfasser hat (und auch in [21] zum Ausdruck brachte), scheint damit ein erfolgversprechender Weg zu "echten" Systemen solcher Art geebnet, der letztlich auch in eine "Automatisierung" - quasi auf höherer Ebene - münden könnte (vgl. hierzu auch die Ausführungen mit Beispielen in Kapitel 19)!

20.5 Literatur

[1]   Armstrong, J.S., Long-Range Forecasting, 2. Aufl., New York 1985.
[2]   Armstrong, J.S. und Collopy, F., Error Measures for Generalizing about Forecasting Methods: Empirical Comparisons, International Journal of Forecasting 8 (1992), S. 69 ff.
[3]   Bates, J.M. und Granger, C.W.J., The Combination of Forecasts, Operational Research Quarterly 20 (1969), S. 451 ff.
[4]   Box, G.E.P. und Jenkins, G.M., Time Series Analysis: Forecasting and Control, rev. ed., San Francisco 1976.
[5]   Brodie, R.J. und De Kluyver, C.A., A Comparison of the Short Term Forecasting Accuracy of Econometric and Naive Extrapolation Models of Market Share, International Journal of Forecasting 3 (1987), S. 423 ff.
[6]   Carbone, R. und Armstrong, J.S., Evaluation of Extrapolative Forecasting Methods: Results of a Survey of Academicians and Practitioners, Journal of Forecasting 1 (1982), S. 215 ff.
[7]   Chatfield, C., Apples, Oranges and Mean Square Error, International Journal of Forecasting 4 (1988), S. 515 ff.
[8]   Chatfield, C., A Practical Review of Forecasting Methods, Allgemeines Statistisches Archiv, Band 75, 1991, S. 37 ff.
[9]   Clemen, R.T., Combined Forecasts: A Review and Annotated Bibliography, International Journal of Forecasting 5 (1989), S. 559 ff.
[10]   Collopy, F. und Armstrong, J.S., Rule-based Forecasting: Development and Validation of an Expert Systems Approach to Combining Time Series Extrapolations, Management Science 38 (1992), S. 1394 ff.
[11]   Dalrymple, D.J., Sales Forecasting Methods and Accuracy, Business Horizons, o.J. (1975) 6, S. 69 ff.
[12]   Dalrymple, D.J., Sales Forecasting Practices, International Journal of Forecasting 3 (1987), S. 379 ff.
[13]   Fildes, R., The Evaluation of Extrapolative Forecasting Methods, International Journal of Forecasting 8 (1992), S. 81 ff.
[14]   Granger, C.W.J. und Ramanathan, R., Improved Methods of Combining Forecasts, Journal of Forecasting 3 (1984), S. 197 ff.
[15]   Greenley, G.F., Where Marketing Planning Fails, Long Range Planning 16 (1983), S. 106 ff.

[16] Gupta, S. und Wilton, P.C., Combination of Economic Forecasts: An Odds-Matrix Approach, Journal of Business and Economic Statistics 6 (1988), S. 373 ff.

[17] Gupta, S. und Wilton, P.C., Combination of Forecasts: An Extension, Management Science 33 (1987), S. 356 ff.

[18] Hüttner, M., Prognoseverfahren und ihre Anwendung, Berlin 1986.

[19] Hüttner, M., Der Einsatz von Prognoseverfahren in der Praxis, Marktforschung 31 (1987), S. 29 ff.

[20] Hüttner, M., Markt- und Absatzprognosen für Marketingentscheidungen, in: Bruhn, M. (Hrsg.), Handbuch des Marketing, München 1988, S. 157 ff.

[21] Hüttner, M., Betriebswirtschaftslehre, Einführung und Überblick, Berlin 1990.

[22] Hüttner, M. (Hrsg.), Zur Anwendung von Markt- und Absatzprognosen in der Praxis, Bericht über eine empirische Untersuchung, Bremen 1981.

[23] Hüttner, M. und Bednarzik, U., Selektion und Kombination von Prognoseverfahren - Das System AUTOPROG, Jahrbuch der Absatz- und Verbrauchsforschung 36 (1990), S. 103 ff.

[24] Jenkins, G.M., Some Practical Aspects of Forecasting in Organizations, Journal of Forecasting 1 (1982), S. 3 ff.

[25] Mahmoud, E., Accuracy in Forecasting: A Survey, Journal of Forecasting 3 (1984), S. 139 ff.

[26] Mahmoud, E. und Pegels, C., An Approach to Selecting Time Series Forecasting Models, International Journal of Operations and Production Management 10 (1990), S. 50 ff.

[27] Mahmoud, E., De Roeck, R., Brown, R. und Rice, G., Bridging the Gap Between Theory and Practice in Forecasting, International Journal of Forecasting 8 (1992), S. 251 ff.

[28] Makridakis, S. (Hrsg.), The Forecasting Accuracy of Major Time Series Methods, Chichester 1984.

[29] Makridakis, S., Andersen, A., Carbone, R., Fildes, R., Hibon, M., Lewandowski, R., Newton, J., Parzen, E. und Winkler, R., The Accuracy of Extrapolation (Time Series) Methods: Results of a Forecasting Competition, Journal of Forecasting 1 (1982), S. 111 ff.

[30] Makridakis, S. und Hibon, M., Accuracy of Forecasting: An Empirical Investigation, Journal of the Royal Statistical Society, Series A 142 (1979), S. 97 ff.

[31] Makridakis, S. und Winkler, R.L., Averages of Forecasts: Some Empirical Results, Management Science 29 (1983), S. 987 ff.

[32] Morwitz, V.G. und Schmittlein, D., Using Segmentation to Improve Sales Forecasts Based on Purchase Intent: Which "Intenders" Actually Buy?, Journal of Marketing Research 29 (1992), S. 391 ff.

[33] Rothe, J.T., Effectiveness of Sales Forecasting Methods, Industrial Marketing Management 7 (1978), S. 114 ff.

[34] Rycroft, R., Microcomputer Software of Interest to Forecasters in Comparative Review, International Journal of Forecasting 5 (1989), S. 437 ff.

[35] Schnaars, S.P., Situational Factors Affecting Forecast Accuracy, Journal of Marketing Research 21 (1984), S. 290 ff.

[36] Schwarze, J., Statistische Kenngrößen zur Ex-post-Beurteilung von Prognosen (Prognosefehlermaße), in: Schwarze, J. (Hrsg.), Angewandte Prognoseverfahren, Herne 1980, S. 317 ff.

[37] Schwarze, J. und Weckerle, J. (Hrsg.), Prognoseverfahren im Vergleich, Braunschweig 1982.

[38] Scott, S., An Extended Review of the X11ARIMA Seasonal Adjustment Package, International Journal of Forecasting 8 (1992), S. 627 ff.

[39] Tashman, L.J. und Leach, M.L., Automatic Forecasting Software: A Survey and Evaluation, International Journal of Forecasting 7 (1991), S. 209 ff.

[40] Warshaw, P.R., Predicting Purchase and Other Behaviors from General and Contextually Specific Intentions, Journal of Marketing Research 17 (1980), S. 14 ff.

[41] Zarnowitz, V., The Accuracy of Individual and Group Forecasts from Business Outlook Surveys, Journal of Forecasting 3 (1984), S. 11 ff.

20.6 Anhang: Einige Ergebnisse von Prognosevergleichen

1. Vergleicht man die Resultate verschiedener Verfahren nur für eine *Reihe* und unter Verwendung nur eines *Fehlermaßes*, so verbleibt allein das Problem der Mitteilung über die einzelnen Prognose-*Distanzen*. Tabelle 1 beinhaltet die Prognosefehler, gemessen am *MAPE*, für eine - künstliche - Reihe und sechs Verfahren für jeweils eine Distanz von drei, sechs, neun und zwölf Monaten. (Vgl. dazu, auch zur Generierung und Dokumentation der Reihe, ausführlich in [18].) Man sieht, daß die Fehlermaße und die daraus abgeleiteten Rangplätze bisweilen nicht unbeachtlich voneinander abweichen. Jedoch war über alle Prognose-Horizonte "*Box-Jenkins*" das beste Verfahren.

Verfahren	bis 3 Monate		bis 6 Monate		bis 9 Monate		bis 12 Monate	
	MAPE	*Rang*	*MAPE*	*Rang*	*MAPE*	*Rang*	*MAPE*	*Rang*
Naive II ( )	6,4	2,5	6,0	4,5	5,2	5	4,7	3,5
EXPO *Winters*	8,3	6	7,1	6	5,7	6	5,2	5,5
Dummy-Variablen-Regression	6,6	4	6,0	4,5	4,8	4	4,7	3,5
Box-Jenkins (BJ)	2,3	1	3,0	1	2,8	1	2,5	1
GAF	6,4	2,5	4,3	2	3,8	2	5,2	5,5
AEP	6,7	5	5,0	3	4,1	3	4,4	2

Tabelle 1 *MAPE*s und Ränge bei verschiedenen Verfahren und Prognosedistanzen (für eine Reihe)

2. Ein gutes Abschneiden des *Box-Jenkins*-Verfahrens zeigt sich auch beim "DGOR-Vergleich". Wie erwähnt, bezieht sich dieser auf 15 Reihen. Ausführlich dokumentiert sind die Ergebnisse für elf sehr individuelle Verfahren. Verwendet wurden dabei insgesamt 35 Fehlermaße. Tabelle 2 enthält die Resultate aus zwölf Prognosen "ahead" zunächst für ein Fehlermaß, den *MAPE* und die daraus gebildete Rangordnung, sowie den "Durchschnittsrang" über alle 35 Maße (zusammengestellt aus [23] und [37]). Man sieht, daß die Fehler insgesamt doch recht hoch sind (siehe oben: "schwirige Reihen") und auch die Rangfolge der Verfahren offensichtlich nicht unbeachtlich vom verwendeten Fehlermaß abhängt.

Verfahren	Ein Fehlermaß		Alle Fehlermaße
	MAPE	*Rang$_{lr}$*	*Rang$_{flr}$*
1	14,8	7	7
2	15,1	8,5	9
3	16,1	11	5,5
4	13,3	3	3
5	14,7	6	4
6	15,1	8,5	10
7	13,0	2	5,5
8 (BJ)[a]	13,4	4	2
9	16,0	10	11
10	14,6	5	8
11[b]	10,6	1	1

[a] nicht auf alle Reihen angewandt
[b] Verfahren "Förster" (mit linear-rekursiven Funktionen)

Tabelle 2 *MAPE*s und Ränge sowie "Durchschnittsränge" bei verschiedenen Verfahren und Reihen ("DGOR-Vergleich")

3. Die Ergebnisse der "M-Competition" sind angesichts der Vielzahl der einbezogenen Verfahren, Fehlermaße und auch Reihen noch viel verwirrender. Tabelle 3 enthält (zusammengestellt aus [29]) allein die Resultate für den $MAPE$, als Durchschnitt aus 111 Reihen und für 12 Monate im voraus, bei ausgewählten Verfahren. Man sieht, daß hier auch "*Box-Jenkins*" relativ gut abschneidet, EXPO 2 dagegen außerordentlich schlecht (was angesichts der teilweise enthaltenen Reihen mit ausgeprägter Saison nicht so sehr verwunderlich ist).

Verfahren	$MAPE$	$Rang$
Naive I(a)	19,9	7
Naive II(a)	14,9	1
Naive III(b)	18,9	6
EXPO 1	17,8	5
EXPO 2	23,6	8
EXPO *Winters*	16,4	4
AEP	16,2	3
Box/Jenkins	15,1	2

Tabelle 3 $MAPE$s und Ränge bei verschiedenen Verfahren und Reihen ("M-Competition")

Stichwortverzeichnis

A

abbauende Regression 121
Absatzplanung 135
Abschätzung des Koeffizienten 16
Abweichsignal 92, 128
Adaptive Einflußgrößenkombination (AEK) 117
Adaptive Smoothing 127, 136
Adaptives Filtern 136, 355, 358
adaptives Gewichten 117
add factors 323
Additionstheorem 103
AIC-Kriterium 269
Aktivierungsfunktion 326
Anfangsschätzung 91, 120
Anwenderakzeptanz 249
Anzahlverteilung 76
AR-Prozeß 264
ARIMA-Modell 237
    multivariates 208
ARMA-Modell 237, 264, 327
ARMAX-Modell 269
Arten von Prognosemodellen 12
ASM 136
ATMES 347
aufbauende Regression 121
Ausgleichsrechnung 117
Auswahl eines Prognosemodells 87, 321, 353
Auswahlhilfe 354
Außenseiterereignis 79
Autokorrelation 238
    partielle 238
Automatisierte Prognose 358
AUTOPROG 358
Autoregressive Filter 254

B

Bartlett-Fenster 271
Bass-Modell
    erweitertes 180
    generalisiertes 172
    Grundmodell 166
Bayesian Forecast 136

Bedarf
    konstanter 66
    regelmäßiger 57
    sporadischer 57
    unregelmäßiger 58
bedingte Prognose 269
Bekanntheitsgrad 160
Bertalanffy-Funktion 171
Bestelldisposition 145
Bestwertroutinen 92
BIC-Kriterium 269
Boltzmannmaschine 330
Bonus-Modell 176
Box-Jenkins-Verfahren 136, 239, 269
Box-Ljung-Test 240
Brown-Verfahren 31, 117

C

CAS FSM 127
Chapman-Kolmogorov-Beziehung 300, 308
Chow-Verfahren 93, 137
Cochran-Satz 103, 110
COPICS 127
CUSUM 94, 350

D

DAF 136
Datenanalyse 10
Datenquellen 9
Dempster-Shafer-Logik 320
Deterministisch-stochastische Prognose 69
DGOR-Prognosevergleich 351, 359, 362
Dickey-Fuller-Test 272
Differenzenfilter 231
Diffusionsverlauf 157, 172, 180, 192
DIOS 127
DIS 1 141
DIS 1/L 141
DIS 2 147
DIS 2/L 147
Diskontierungsfaktor 95
Diskriminanzanalyse 335

Disponentenprognosen 135
Double Exponential Smoothing 31
Drei-Parameter-Modell mit
Fehlerdifferenzausdruck 38
Durchschnitte
    exponentiell gewogene 19
    gewogene gleitende 18
    gleitende 17
Durchschnittlicher Absoluter Fehler 136
Durchschnittsalter von Daten 25
Dynamisches Modell 286
Dynamisches Vorhersagemodell 63

E

Eingriffsmöglichkeiten 8
Einkommenswachstum 177, 179
Endogener Prozeß 158
Entscheidungsmatrix 91
Entscheidungstabellentechnik 90
Ergodizität 301
Ersatzbedarf 183
Erstkäufe 174
erwartungstreue Prognosen 103, 119
evolutionäre Spektren 96
ex ante-Prognosen 118, 357
ex post-Prognosen 92, 117, 188, 211, 357
EXFOR 127, 147
Exogener Prozeß 158
Expertensystem 210, 317, 360
EXPO 358
EXPON 358
Exponential Smoothing 19
Exponentiell glättende Filter 233
Exponentielle Funktion
    Grundmodell 165
    verallgemeinerte 172
Exponentielle Glättung 251
Exponentielles Glätten
    erster Ordnung 19
    mit Trendkorrektur 30
    nach Brown 31
    Prinzip 21
    zweiter Ordnung 31

F

FASTPROG 250
Fehlerdifferenzausdruck 38
Fehlermaß 142, 350
Filterkette 251
Filterkoeffizient 235
Finanzprognosen 147, 329, 331
Fisher-Verteilung 108
Flexible Modelle 170
FLOG-Modell 173
FOCA 322, 324
forecasting coefficient 139
Fourier-Koeffizient 49
Fourier-Reihe 49
Frühwarnsystem 190
Fuzzy-Logik 320
FX Trader 339

G

Gauß-Jordan-Algorithmus 124
Gauß-Markov-Theorem 117
Genauigkeit 8, 68, 350, 354
Genetischer Algorithmus 337
Gewichtungsfaktoren 19
Glättungsparameter 22, 91
    Funktionale Abhängigkeit 93
    Gleitender Katalog 93
Gompertz-Modell 168
greatest change-Version 123
Grundmodell 159
Grundwert 43, 47

H

Harmonische Analyse 49
Harmonische Synthese 49
Harrison-Modell 46
Heteroskedastizität 102
Hochrechnung 213
Holt-Modell 36, 117
Homogener Absatzmarkt 158
Homogenitätsbedingung 213
Homoskedastizität 102, 109
HOREST 119, 127, 130
Hybridsystem 337

I

Identifizierbarkeitsproblem 265
Imitatoren 165
IMPACT 57, 127
Indikatorverfahren 205
Indikatorvorlauf 207
Inhomogener Absatzmarkt 158
Initialisierung 44, 52, 87
Innovatoren 166
Input-Koeffizient 282
Input-Output-Auswertungsprogramme 293
Input-Output-Modell 284
Input-Output-Tabelle 280
Instabilitätsfilter 253
Instationärer Prozeß 237
Intervallprognose 101
Inverser Koeffizient 287
Investitionsmatrix 85

K

Kalman-Filter 137
Kamakura und Balasubramanian 184
Kausalmodell 90, 321, 324
Klassen von Nachfragern 66
Klassische Zeitreihen-Zerlegung 137
Kleinst-Quadrate-Kriterium 122, 260
kointegrierende Linearkombination 276
Kolmogoroff-Wiener-Filter 137, 233
Kombination von Methoden 325, 356
Kombinierte Vorhersage 71, 136, 208
Konsistenzprüfung 292
Konstante 117
Konstantes Modell 13
Kontaktkomponente 164
Kontrollsignal 142
Korrekturfaktor 119, 323
Korrelationsanalyse 206
Kostenprognosen 147, 324
Kovarianzfunktion 110, 237, 267
KQ-Prädiktor 260
Kundenstruktur 58
Künstliche Intelligenz 1, 317
Künstliches Neuronales Netz 97, 191, 326

L

Lag 206
Lagerbestand 61, 133
Lagerbestandsbewegung 306
Lagerbewirtschaftung 127
Lagerkosten 133
largest-increase rule 123
Lawrence und Lawton 182
Lead-Lag-Beziehung 205
Leontief-Matrix 284
Lewandowski 96, 171, 179
Lieferfaktor 70
Lineare Filter 229
Lineare Regression
 einfache 101
 multiple 108
Lineares Modell 14
Linearitätshypothese 102, 109
LOGIS 1 147
Logische Interpretierbarkeit 119
Logistische Funktion
 erweiterte 175
 generalisierte 171
 Grundmodell 160
Logit Regression 334
Logits 163
Lognormalverteilung 60

M

M-Competition 352, 363
MA-Prozeß 264
Mahajan und Peterson 180
MAPE 136, 351
MAPF 136, 351
Marketing-Mix-Modell 196
Markov-Eigenschaft 299
Markovprozeß 297
Marktanteilsprognose 185, 195, 302
Marktpotential 160
Marktverflechtungsanalyse 290
MARSIM 199
Maximum-Likelihood-Methode 103, 267
Mehr-Parameter-Modell 36
Menge je Bestellung 59
Mengenverteilung 76
Mertensschwelle 141

Methodenauswahl 90, 321
Methodenbank 90, 148, 318
MICRO I-O 293
Mittelwertbildung 16
Mittlere absolute Abweichung 92, 351
Mittlerer absoluter prozentualer
Fehler 136, 351
Mittlerer prozentualer Fehler 351
Modellauswahl 89
Modelle höherer Ordnung 14
Modellidentifikation 237, 239, 242
Modelloptimierung 255
Modellstabilität 255
Moving average-Prozeß 236
Multilayerperceptron 326
Multiplikativer Ansatz 132
Multiplikativer Regressionsansatz 197
Multivariater Ansatz 218
MURA 118, 147

N
Nachfrageintervall 66
Nächster Nachbar Klassifikator 336
Naive Prognose 127, 209, 274
NARMA-Modell 327
Neuronale Netze 326
   interagierende 338
Nichtlineare Regression 114
NP1 127, 137
NP2 127, 137
NSRL-Modell 173
NUI-Modell 173

O
Odds Matrix-Methode 357
Ökonometrie 148, 320, 336
Olson und Choi 183
Output-Koeffizient 281
overfitting 268

P
Paneldaten 195
Parfitt und Collins 184
Parzen-Verfahren 137
Pattern Search 137
Planungskette 247

Poisson-Verteilung 59
Prädiktor 260, 267
Produktionsmatrix 84
Produktionsplanung 83, 147, 157, 288
Produktlebenszyklus 158, 180
Prognose-Realisations-Diagramm 209
Prognose-Software 357
Prognosedialog 148
Prognosedistanz 350
Prognoseintervall 10
Prognosekosten 142
Prognosemodelle
   Anforderungen 7, 117
   Arten 12, 88, 128
   Systematik 2
Prozentualer Absoluter Fehler 136
Prozesse
   reguläre 262
   singuläre 262
   stationäre 262
Punktprognose 101

Q
Quelle-Verfahren 137

R
Random walk 272
RANG 351
Rationalisierung 1
Reagibilität 8, 332
Rechenzeit 7, 44, 52, 120, 121, 126, 138
Regelbasiertes System 359
Regelnetz 318
Regression
   abbauende 121
   aufbauende 121
   einfache lineare 101
   multiple lineare 108
   nichtlineare 114
   schrittweise 120
Regressionsanalyse 87, 101, 207
Regressionsgerade 106
Regressionshyperebene 113
Regressionsmethode 334
Rekursive Funktionen 137
Residuen 236

Restkomponente 41
RMSE 274, 351
Rollierende Prognose 149, 353
Roos und Szeliski 179
Root Mean Squared Error 274, 351

S
saisonbetonter Absatz 227
Saisonfaktor 43, 47
Saisonfilter 254
Saisonkomponente 41, 233
SAP RM 127
SARIMA-Modell 237
Sättigungsgrenze 157
Sättigungsmodell 157
Scannerdaten 202
Schrittweise Autoregression 137
Selbstorganisierende Karten 330
Selbsttätige Anpassung 93
Sicherheitsbestand 144
Signifikante Veränderungen 66
Signifikanzmaße 197
Signifikanzniveau 272, 273
Signifikanzprüfung 50, 124, 198, 202
Simulation 200, 291
Speicherplatzbedarf 7, 52, 133
spektrale Dichte 263
Splinefunktionen 96
Sporadische Nachfrage 60
Stabilität 8, 332
stagewise regression 148
Standardabweichung 87, 92, 120, 125, 136
Startwert 91
Stationärer Prozeß 235
Statistische Sicherheit 125
STEAM 187
stepwise regression 148
Störgröße 102, 236
Störpegel 58
Strukturanalyse 74
Strukturbruch 101, 106, 113, 251
Strukturveränderung 68
Student-Verteilung 88, 104, 124
Stufenmodell 137
stufenweise Regression 148

Stützbereich 350

T
Theilsches U 136, 209, 274, 275
Trend
   gedämpfter 39, 147
   linearer 30, 118, 149
   quadratischer 126, 232
Trendfaktor 44, 47
Trendkomponente 41
Triangulation 283
Trigg und Leach 94, 137
Trigonometrische Modelle 14

U
Übergangsfunktion 75
Übergangsgesetzmäßigkeit 75
Übergangswahrscheinlichkeit 299
Überwachung 87, 92
underfitting 268
Unternehmensplanung 147
Unternehmungsbewertung 147

V
Van Dobben de Bruyn 93, 137
variable selection procedure 148
VAR-Modell 273
Varianz 102, 107, 237, 261
Vektor-autoregressives Modell 273
Versandhandel 225
Verteilung
   einfache 77
   komplexe 77
Verteilungsvektor 77
Vertrauensintervall 101
Verweilzeitverteilung 73, 182
Vorhersagezeitraum 10

W
Wählerstromanalyse 215
Wählerströmekoeffizient 214
Wahlprognose 213
Weblus-Modell 176
Wedekind-Modell 60
Weibull-Funktion 62, 172

Weißes Rauschen 236, 252, 262
Wendepunkt 158, 162, 168, 171, 173
Wertverteilung 77
Wiederholungskäufe 181
Wiener-Filter 137, 233
Wiese-Verfahren 137
WINAS 137
Winters-Verfahren 42, 127
Wirksamkeitsmaß 136
Wissensbasis 318

Wold-Darstellung 262, 263

Z

Zielgruppenselektion 335
Zufallsabweichung 11
Zwei-Parameter-Modell
    mit gedämpftem Trend 38
    nach Holt 37
Zweidimensionale lineare
    Regression 111